明實錄大運河史料

上

何宝善 编

北京燕山出版社

图书在版编目（CIP）数据

明实录大运河史料 / 何宝善编．—北京：北京燕
山出版社，2019.11
ISBN 978-7-5402-5493-3

Ⅰ．①明…　Ⅱ．①何…　Ⅲ．①大运河—史料—明代
Ⅳ．①K928.42

中国版本图书馆 CIP 数据核字（2019）第 278597 号

明实录大运河史料

编　　者：何宝善
责任编辑：刘占凤　赵　琼
装帧设计：美信书装
出版发行：北京燕山出版社有限公司
社　　址：北京市丰台区东铁匠营苇子坑 138 号 C 座
邮　　编：100079
电话传真：86-010-65240430（总编室）
印　　刷：小森印刷霸州有限公司
开　　本：710 mm × 1000 mm　　1/16
字　　数：600 千字
印　　张：50.5
版　　次：2021 年 4 月第 1 版
印　　次：2021 年 4 月第 1 次印刷
书　　号：ISBN 978-7-5402-5493-3
定　　价：128.00 元（上下册）

本书为北京市古籍整理出版资助项目

前　言

明代的京杭大运河是在元代大运河的基础上进行改造创新发展而成，从此以后它便成为全国范围内的经济大动脉，对于促进经济发展、加强文化交流、巩固国家统一都发挥了重大作用。明朝灭亡以后，京杭大运河又被清朝传承使用，继续发挥其巨大功能。

明代的京杭大运河，虽然不是首次开凿的处女之作，但在270余年之中，在经受黄河60次决口、泛滥，数百次其他江河湖泊普涨的巨大冲击之下，天旱不雨又受到河道干涸的严重威胁，但这“一线之流”却始终能够保持畅通无阻，之所以如此，完全是前后不同时期的水利官员、工程技术人员，凭着他们的聪明才智和创造精神，以及缜密的组织才能，每次率领数万、数十万，乃至上百万的广大军夫民夫，以坚忍不拔的毅力、百折不挠的精神，共同奋斗抗争的结果。他们既创造了伟大的运河工程和运河文化，又给我们留下宝贵的大运河精神财富。

京杭大运河是全世界最伟大的人类工程之一，是中华民族的伟大创举，是中华民族的精神象征，早已列入联合国教科文文化遗产名录。但可惜的是，如此享誉世界的伟大工程却始终没有一本系统完整的官方史料问诸于世，只是和其他史料一同混记在《明实录》之中。由于卷帙浩繁，记载分散，无法形成一个完整的整体，不便于实用。

京杭大运河应该作为当今史学界的重大课题进行深入研究、发扬光大，以便为大运河的保护利用，为当今社会主义新时期的经济发展，尤其是旅游事业的发展，提供史料性的有力支持。

为了给研究中国大运河的中外学者提供方便研究条件，为了给北京市关于三个文化带（长城文化带、大运河文化带、京西永定河文化带）的建设，特别是为大运河的文化建设提供史料支持，本人在 2011 年《明实录长城史料》一书脱稿之后，立即着手《明实录大运河史料》的辑录工作，经过 7 年的努力，终于将相关史料辑录完毕。全书史料部分从洪武元年（公元 1368 年二月癸卯），诏“御史大夫汤和还明州，造海舟，漕运北征军饷”辑起，至崇祯十七年（1644 年）二月乙酉“以魏藻德、方岳贡为大学士，魏藻德总督河道，屯练往天津，岳贡总督漕运屯练往济宁……”为止，共辑录出相关史料 2316 条，共计 47 万字。

该书共分六个部分，一是明初海运罢运及中后期短时间的临时复运。二是穿过长江，跨越黄淮等五大水系，群策群力抗争水患干涸，使大运河始终保持畅通。三是粮运为主，兼运百物，形成南北交通和政治经济文化的大动脉。四是在整个明朝期间，黄河决口泛滥共达 60 次，其他大小江河湖泊普涨数百次，严重威胁着大运河的安全。五是运河总汇通州港和通惠河。六是其他相关史料。

《明实录大运河史料》一书，受到中国人民大学历史学院博士生导师毛佩琦教授、北京行政学院高寿仙教授二人的鼎力支持与帮助。毛教授特为该书题写了书名，高教授专门为该书作了序言。值此之际，特向二位教授表示衷心感谢！

本身年事已高，精力不足，视力较差，在辑录编纂过程中不免有脱漏疏失之处，敬请专家学者赐教指正。

何宝善

2018 年 3 月

夯实资料基础　推动运河研究

——写在《明实录大运河史料》出版之际

高寿仙*

文化是国家的根脉，民族的灵魂。纵贯中国东部平原地带的大运河，始建于公元前486年，迄今已有2500多年的历史，是世界上开凿最早、延续最久的运河；全长2700多公里，贯通海河、黄河、淮河、长江、钱塘江五大水系，是世界上规模最大、线路最长的运河。在漫长的历史时期，大运河不仅用于漕粮和货物运输，还兼有防洪、排涝、灌溉功能，对于中华民族的繁衍生息，对于中国的统一稳定，都发挥了积极而巨大的作用。可以说，大运河与万里长城一样，是中国也是世界优秀文化遗产，是根脉深广、绵延不绝的中华文明的结晶和象征。

在大运河发展史上，明代具有非常重要的历史地位。元朝时期，虽然通过开凿会通河，实现了京杭大运河全线通航，但由于会通河岸狭水浅，大船难行，大都粮食供应在很大程度上仍然依靠海运。到明朝永乐年间，彻底解决了会通河的水源问题，其后又陆续对运河各段进行了修建疏浚，保证了运河全线畅通，以致很快就彻

* 北京行政学院教授。

底停罢海运，北京粮食全靠运河漕运，故明人有“军国之需，尽仰给于东南”之说。除保障北京粮食和物资供应外，大运河对沿线地区的社会经济发展也起到巨大的推动作用，形成了一批著名的运河城市，从南向北，依次有杭州、湖州、嘉兴、苏州、无锡、常州、镇江、淮安、徐州、济宁、聊城、临清、德州、天津、通州等。可以说，在明代，大运河既是南北物资流通之河，又是南北文化交流之河，是大明王朝得以维持的生命线。

由于大运河地位十分重要，一向受到学界关注，先后发表了不少成果。但总起来看，现有研究无论在广度还是深度方面，都还有很大局限，很多问题都还没有搞清楚，有些方面甚至还是需要填补的空白。而要想把明代大运河研究推向深入，就必须首先做好基本资料的搜集和整理工作。明代很多文献中都包含与运河有关的资料，但若以资料之全面、系统、权威论，则无出《明实录》之右者。令人遗憾的是，由于卷帙浩繁，内容繁杂，整理起来至为不易，迄今为止，《明实录》中的大运河资料并未得到系统的汇集整理。朱偰先生所编《中国运河史料选辑》(中华书局 1962 年出版)，虽有一编“明代运河史料”，但字数仅有 15000 余字，而且限于条件未能利用《明实录》。姚伟军、李国祥等先生所编《明实录类纂·经济史料卷》(武汉出版社 1993 年出版)中有一部分“舟漕转运”，但限于篇幅和体例，辑录的资料数量较少，不够系统，难以反映明代漕政与运河的基本面貌及其沿革变易情况。

何宝善先生长期在北京十三陵特区管理处工作，对明代典籍和文物都很了解，曾出版《嘉靖皇帝朱厚熜》《万历皇帝朱翊钧》《永乐大帝》《明神宗与明定陵》等著作。他虽然年事已高，早就离开工作岗位，但却一直“退而不休”，倾注很大精力从事明史研究，尤其热心于资料整理，颇有甘愿“为他人做嫁衣裳”的奉献精神。

因在自己的研究中深切感到《明实录》翻检之难，从上世纪90年代开始，他便开始通检汇辑《明实录》中的长城资料，最终完成《明实录长城史料》一书，2014年由北京燕山出版社出版，受到学界的关注和好评，被认为是一部将建筑与历史融合一体的工具书性的著作，对明长城研究产生了积极的推动作用。

《明实录长城史料》甫一完成，何先生便立即将目光投向大运河。他逐页翻阅《明实录》，以年代为序，将与大运河相关的各种资料荟萃一编。经过数年勤奋努力，现已完成《明实录大运河史料》，凡2316条，47万字，仍将由北京燕山出版社出版。拜读初稿，深感这是一项非常具有学术价值的工作，并对何先生严谨细致的工作态度深表钦佩。本书有两个突出特点：一是体例严整，除以台湾“中央研究院”历史语言研究所影印本为底本外，还广泛参校了其他各种版本，并将台本校勘记以文内括号夹注的方式补入，非常方便研究者使用；二是内容全面，明代漕运是一个系统工程，涉及到漕政、运输、仓储、码头、河道、闸坝、堤防、水源等各个方面，本书对相关资料的辑录全面而系统。

著名清史专家戴逸先生指出：“历史科学之辉煌殿堂必须岿然耸立于丰富、确凿、可靠之史料基础上，不能构建于虚无缥缈之中。”任何一项研究，都必须以坚实的史料为基础，明代大运河研究涉及面广，头绪纷繁，更需要首先夯实史料基础。甚望此书早日面世，以供相关专家参阅使用，相信必将会对明代漕运及运河研究产生巨大的推动作用。

凡　例

一、《明实录》中载录明代各个时期修浚京杭大运河的史料极为丰富，但却混记于其他各类史料之间，由于卷帙浩繁，检阅十分费时费力。为了给研究明代大运河的学者们及广大爱好者提供方便条件，现将有关史料摘出，汇编成册，定名为《明实录大运河史料》。

二、摘录工作采用台湾“中央研究院”历史语言研究所影印本（以下简称台本）。台本中的校勘记，系用国立北平图书馆（今中国国家图书馆）所藏红格本为底本，引据多种版本及奇零散页对勘，校勘较为精审。为阅读方便计，现将台本校勘记补入。其主要用本及简称如下：

国立北平图书馆藏红格抄本	简称馆本
北京大学本	简称北大本
广方言馆本	简称广本
抱经楼本	简称抱本
内阁大库旧藏红本	简称红本
内阁大库旧藏抄本	简称库本

嘉叶堂本	简称嘉本
国立中央图书馆藏内府写本	简称中本
国立北平图书馆藏安乐堂本	简称安本
各朝宝训	简称宝训
天一阁本	简称阁本
高阳李氏（玄伯）看云忆弟居钞本	简称李本
梁鸿志影印江苏国学图书馆藏本	简称梁本
礼王府本	简称礼本

《明孝宗实录》《明穆宗实录》校记有称三本时，系指广本、抱本、阁本。

补入校勘记悉依用各本简称，用“〈校记〉”插于文句之尾。

三、对于史料中的个别明显错字、别字，而校勘记又未作注明者，特以“（按：应为）、（按：似为）”注示。

四、原书记事，按朝排列，每朝又以年、月、日为序。现编排仍依原书，以朝、年、月、日为序，年后注公元，尾注实录朝代、卷数、页数。原书为繁体字，无标点，现用简体字，加标点。书后作索引以利检索。

五、《明实录》不记建文年号，太宗即位，消除建文年号，将建文元年至四年改作洪武三十二年至三十五年，其事迹附于其中。英宗复辟，废黜景帝，改元天顺，又将“景帝实录”附于《明英宗实录》内，现编排仍依原书。崇祯一朝，主要从《崇祯长编》中摘录。

六、明代的京杭大运河是在元代运河的基础上改造创新、发展而成的。它是一项水利建设和内河航运技术含量很高的综合性、系统性的庞大工程。为了反映其本来面貌和丰富内涵，在运河管理方面，对黄河决口、泛滥的次数，南北摆动的规律；长江、淮水和其他河流湖泊普涨对运河的严重影响；官吏军民共同筑坝塞口、清淤筑堰的方法；捻汇山泉、预建水柜等防止运道干涸的措施；进驻缕堤、远筑遥堤，对运河进行双重保护的创新；绕过泛区，另筑弓形月河的“搭桥”之术；每项水利工程兴修起始竣工的时间；用工、用银、用粮的具体数量；言官弹劾和水利主官的奏辩；水利官员的升迁改调、奖励处罚；军夫、民夫的苦难生活等内容在明实录中凡有所载，均全部辑录入编。

在漕务运输管理方面，对何为支运、何为兑运、何为长运、何为挂欠、何时开帮、何时回空、何时过闸、何时过洪；漕船数量、漕粮任务、漕粮折银、仓廒分布；上纳贡物、商贾货运、漕船带砖；皇帝出行、亲王之国、官吏往返、万国来朝；漕务刑法、太监乱漕、奸人盗粮；漕务官吏的升迁改调、奖励处罚，以及军夫、民夫的苦难生活，亦全部辑录入编。

七、通州为漕运百汇之港，又有通惠河达于京师，最远西至巩华城，北至牛栏山，有关军卫驻守、城池建设、藏廒数量、藏廒规模、船只泊位、通京道路、运道疏浚等内容均录入其中。

八、明朝海运与漕运兼而用之，永乐中期以前以海运为主，中期以后则以漕运为主。但在漕河受阻、运道不通的情况下，亦采取短期临时复运。而天津至辽东的海运则常运不停，故有关航线、海船、海盗、海难、官吏军卒罢海运及临时复运等内容亦均记录。

九、永乐十三年三月己亥，正式罢海运，全力漕运，这是明代水运工程的重大转折，意义非常重大。但《明实录》中却未记载，为了凸显该事件的重要性和具体细节，特将谈迁先生所著《国榷》卷 16，1116 页的相关内容补录其中。

十、摘编多为一日一事一条（偶有一日多条），为索引方便，每条前首加列序号。

十一、序号均起编于新皇帝登基之日（该年所录条目仍用旧皇帝年号）。

十二、书中整理者为语意完整而补充的文字，均加括号，以与《明实录》原文相区别。

十三、书后所附条目索引依照不同内容（海运航务、运河工程、漕务管理、水旱频仍、通州港通惠河及其他相关史料）编订，试图为研究者提供切实可用的工具书，帮助其克服翻检之难。

目录

上

下

明太祖实录

洪武元年（1368）

1. 二月壬寅朔，癸卯，诏："御史大夫汤和还明州，造海舟漕运北征军饷。"

（明太祖实录，卷 30，0514—0515）

2. 闰七月己亥朔，庚戌，参政傅友德游骑获元将李宝臣〈校记：广本宝作寅〉、都事张处仁，遂以为向导。（徐）达因遣友德开道以通步骑，都督副使顾时浚闸以通舟师。

（明太祖实录，卷 33，0581）

3. 闰七月己亥朔，癸丑，平章韩政、都督副使孙兴祖，俱以师会临清。于是大将军徐达率马步舟师北上，命韩政守东昌并镇抚临清。达师至德州，常遇春、张兴祖及指挥高显、毛骧、程华等〈校记：广本华作相〉，俱以师会〈校记：旧校师下补来字〉。

（明太祖实录，卷 33，0592—0593）

4. 闰七月己亥朔，辛酉，大将军徐达等师至直沽，获其海舟七艘，作浮桥以济师。达又令副将军常遇春、都督同知张兴祖，各率舟师并河东西以进，令步骑尊陆而前〈校记：旧校改尊为遵〉。元丞相也速等捍御海口，望风奔遁〈校记：广本奔遁作遁去〉，元都大震。

（明太祖实录，卷 33，0594）

5. 十月戊辰朔，己丑，置京畿都漕运司，设漕运使，正四品。知事正八品，提控、案牍从九品，属官、监运正九品。都纲省注，以龚鲁、薛祥为漕运使。

（明太祖实录，卷 35，0636）

洪武二年（1369）

6. 二月丙寅朔，庚辰，故元丞相也速侵通州。时，大军征山西，北平守兵单寡，通州城中亦不满千人。也速将万余骑营于白河，守将平章曹良臣曰："吾兵少，不可以战！彼众虽多，然亡国之后，屡挫之兵可以计破。"乃密遣指挥仵勇等〈校记：广本中本仵作侔〉，于沿河舟中各树赤帜三亘十余里〈校记：广本三作连〉，钲鼓之声相闻，也速望之惊骇，遂引兵遁去。城中出精骑渡白河追之，至蓟州，不及而还。

（明太祖实录，卷39，0791）

洪武三年（1370）

7. 正月辛卯朔，甲午，命中书省符下山东行省召募水工，于莱州洋海仓运粮，以饷永平卫。时，永平军储所用数多，道途劳于挽运，故有是命〈校记：嘉本挽作转〉。

（明太祖实录，卷48，0949）

8. 正月辛卯朔，庚子，置通州卫指挥使司，以安吉卫军隶之。

（明太祖实录，卷48，0955）

9. 二月辛酉朔，丁亥，长淮泰州卫军士运粮至淮安，遇风覆舟漂没米二百七十余石，户部请责其偿。上曰："军士遇风涛覆舟岂得已也？！"令勿偿。

（明太祖实录，卷49，0972）

洪武四年（1371）

10. 春正月乙酉朔，甲辰，修治广西兴安县灵渠三十六陡〈校记：抱本陡作陡〉。兴安属桂林府，其水出海洋山。自秦开桂林象郡，凿渠兴安，分为湘漓二水，建三十六陡〈校记：抱本陡作陡〉，甃石为闸以防水泄。汉马援尝修筑之，故世传为援所立。岁久堤岸圮坏，至是始修治之，水可溉田万顷。

（明太祖实录，卷 60，1180）

洪武五年（1372）

11. 春正月己酉朔，甲戌，命靖海侯吴祯率舟师运粮辽东以给军饷。

（明太祖实录，卷 71，1322）

12. 二月己卯朔，辛巳，命："两淮都转运盐使司，移通、泰等州，批验所于仪真县。仍疏浚运河以便商旅。"

户部言："辽东军卫粮储，涉海转运动经数月，宜樽节支给，庶免军士乏食……"又奏："苏湖等府渔人、商人舟车〈校记：各本车作居，是也〉，不应徭役者凡一万三千九百九十户，宜令充漕运夫。"上命："有田者仍令应役，无田者充运夫。"

（明太祖实录，卷 72，1326）

13. 六月丙子朔，癸巳，定六部职掌，岁终考绩以行黜涉〈校记：广本嘉本抱本涉作陟，是也〉……户部，掌天下户口、田土、贡赋、经费、钱货之政。其属有四：一曰总部，掌天下户口、田土、贡赋、水旱灾伤。二曰度支部，掌管考校〈校记：广本、抱本无管字，是也〉、赏赐、禄秩。三曰金部，掌课程、市舶、库藏、钱帛、茶盐。四曰仓部，掌漕运、军储、出纳、料量〈校记：抱本量作粮〉……工部，掌天下百工、屯田、山泽之政。其属有四：一曰总部，掌城垣、工匠。二曰虞部，掌捕猎、窑冶、炉冶、军需、造纸、鼓铸。三曰水部，掌水利、水害、坝闸、桥梁、舟车。四曰屯田部，掌屯田、垦田、圩岸、廨舍、竹木、薪炭。各部设郎中、员外郎、主事，分掌其事，而以尚书、侍郎总其政务。

（明太祖实录，卷 74，1360—1362）

洪武六年（1373）

14. 春正月癸卯朔，辛未……降京畿漕运使吕熙为度支郎中。

（明太祖实录，卷 78，1433）

15. 二月癸酉朔，戊子，发松江、嘉兴民夫二万，开上海县胡家港。自海口至漕泾一千二百余丈，阔二十丈，以通海船及浚海盐县澉浦河。

（明太祖实录，卷 79，1442）

16. 三月癸卯朔，甲寅，命："德庆侯廖永忠，督运定辽粮储。仍以战衣皮鞋各二万五千给其军。"

（明太祖实录，卷 80，1452）

17. 夏四月壬申朔，甲戌，诏："以苏州府粮十二万石，由海道运赴定辽，十万石运赴北平。" 以时方用兵辽左及迤北故也。

（明太祖实录，卷 81，1457-1458）

18. 五月壬寅朔，癸卯，命："濠、梁行大都督府造渡淮浮桥。定其制为方舟七十二，联络横水，水涨舟稀则续以木板。" 既而临濠行大都督府奏："淮河浮桥始议用方舟，舟短而阔，遇河流泛涨恐为所冲，若改其式，俾中宽而长，首尾锐足以拒风涛之冲激。其舟止用四十有五。”诏：“从之。”

（明太祖实录，卷82，1472-1473）

19. 十二月丁酉朔，庚申，工部奏：“河南开封府，自小木至陈州河沙口一十八闸〈校记：嘉本沙河误，作河沙〉，淤塞者六十三处，宜疏浚以通漕运。计工二十五万，以万人役〈校记：嘉本以字下有一字〉，二十五日可成。”从之。

（明太祖实录，卷86，1539-1540）

洪武七年（1374）

20. 正月丁卯朔，乙亥，户部言：“定辽诸卫初设屯种，兵食未运。”诏：“命水军右卫指挥同知吴迈，广洋卫指挥佥事陈权，率舟师出海转运粮储，以备定辽边饷。”

（明太祖实录，卷87，1546）

21. 六月乙未朔，癸丑，命：“按金吾卫指挥佥事陆龄罪。”初，定辽卫都指挥使马云等，运粮一万二千四百石出海，值暴风，覆四十余舟，漂米四千七百余石，溺死官军七百一十七人，马四十余疋。上闻之恻然。命：“有司厚恤死者之家。”龄所部溺死者奏不以实，至是自桂阳还。上责龄曰：“彼七百余人一朝覆没，朕闻之深为之痛伤〈校记：嘉本作深为痛之〉。尔所部乃不以实闻，上则欺君下则壅蔽，令死者之志不白，其家不得沾恩，以此观之尔平日不恤军士可知也。罪安可逃。”遂下吏按之。

（明太祖实录，卷90，1584）

洪武八年（1375）

22. 正月辛酉朔，丁亥，河决开封府大黄寺堤百余丈。诏："河南参政安然，集民夫三万余人塞之。"（编者按：此为明代第一次黄河决）

（明太祖实录，卷96，1655-1656）

23. 三月辛酉朔，癸酉，置济南府堰头漕运所。

（明太祖实录，卷98，1674）

24. 春正月丙辰朔，癸未，山东行省言："辽东军士冬衣，每岁于秋冬运送，时多逆风，艰于渡海。宜先期于五六月顺风之时转运为便。"户部议以为"方今正拟运辽东粮储，宜令本省具舟下登州所储粮五万石，运赴辽东。就令附运绵布二十万疋，绵花一十万斤，顺风渡海为便"。从之。

（明太祖实录，卷103，1738）

洪武十一年（1378）

25. 二月甲辰朔，戊午，浚滹沱河。

（明太祖实录，卷117，1912）

26. 十月庚子朔，丙辰，开封府兰阳县言："河决伤稼。"诏："免其租。"

（明太祖实录，卷120，1956）

洪武十二年（1379）

27. 二月戊戌朔，丁巳，命："登州府于海口设官船渡军士遗骸。”初，辽东军士死者，家人归其遗骸，每渡海辄为舟人所弃，都指挥使司以闻。故有是命，违者论如弃尸律。

（明太祖实录，卷122，1978）

28. 三月戊辰朔，戊寅，改通州批验盐引所为通州盐仓，淮安批验盐引所为安东盐仓，设大使、副使各一员。

（明太祖实录，卷123，1984）

29. 八月甲子朔，庚辰，延安侯唐胜宗，督海运还京师，上辽东城池、军马、田粮之数。

（明太祖实录，卷126，2011）

洪武十三年（1380）

30. 正月癸巳朔，庚子，命："工部遣官督太仓、镇海、苏州三卫官军，造海船一百六十六艘以备海运。"

（明太祖实录，卷129，2051）

31. 六月庚申朔，丙寅，扬州火焚仓粮。

（明太祖实录，卷132，2094）

32. 六月庚申朔，甲申，诏："延安侯唐胜宗，督浙江属卫官军造海船，修城隍。"

（明太祖实录，卷132，2099）

洪武十四年（1381）

33. 十一月壬午朔，乙巳，浚扬州府官河，自扬子桥至黄泥滩，凡九千四百三十六丈。

（明太祖实录，卷140，2203-2204）

34. 十二月辛亥朔，庚辰，革京畿都漕运司。

（明太祖实录，卷 140，2216）

洪武十五年（1382）

35. 正月辛巳朔，庚寅，免开封府去年税粮，以河决故也。

（明太祖实录，卷 141，2224）

36. 三月庚戌朔，庚午，河决朝邑县募民塞之。

（明太祖实录，卷 143，2257）

37. 四月庚辰朔，壬辰，免浙江、江西、河南、山东、直隶府州税粮。诏曰："惟上帝眷我生民，自统一以来虽暂有雨旸之愆，而未至凶荒。然每念江左之民，减衣薄食，助我兴王，供亿浩繁，勤劳特甚。其江西、浙江次第归附。及定中原，越大江达淮河，漕河南之粟以抵北平，劳亦甚矣。近年以来，二布政司并直隶府州县官吏粮长，不恤小民，皆以逮问。其今年夏秋税粮，尽行蠲免，官田减半征收。河南、山东之民，淳厚笃实，毕力田亩，无有巧取愚强，凌弱之患。然山东，东给辽阳〈校记:《皇明诏制》作东供辽左〉，北给北平。河南北供山西，西入关中，劳费亦均。其今年夏秋税粮一例优免。

（明太祖实录，卷 144，2265）

38. 五月己酉朔，丁丑，士卒馈运渡海有溺死者。上闻之，命群臣议屯田之法。谕之曰："昔辽左之地，在元为富庶。至朕即位之二年，元臣来归，因时任之。其时有劝复立辽阳行省者，朕以其地早寒，土旷人稀，不欲建置劳民，但立卫以兵戍之。其粮饷岁输海上，每闻一夫有航海之行，家人怀诀别之意。然事非获已，忧在朕心。至其复命，士卒无虞，心乃释然。近闻有溺死者，朕终夕不寐。尔等其议屯田之法，以图长久之利。”

（明太祖实录，卷145，2283-2284）

39. 七月戊申朔，乙卯，河溢荥泽阳武二县。

（明太祖实录，卷146，2291）

40. 十二月乙亥朔，癸未，浚扬州仪真河九千一百二十丈，置闸坝十三处。

（明太祖实录，卷150，2368）

41. 十二月乙亥朔，戊戌，吏部奏："定河泊所官制，凡天下河泊所二百五十二，岁课米五千石之上，至万石者，设官三人。千石之上者，设二人。三百石之上者，设一人。"制可。

（明太祖实录，卷150，2370）

洪武十七年（1384）

42. 六月丁卯朔，乙未，睢州巴河决。

（明太祖实录，卷162，2521）

43. 八月丙寅朔，丙寅，开封府河决东月堤，自陈桥至陈留，横流数十里。

（明太祖实录，卷164，2533）

44. 八月丙寅朔，壬申，河决杞县入巴河。命："户部遣官督所司塞之。"

（明太祖实录，卷164，2534）

45. 十月乙丑朔，丁卯，命将士运粮往辽东。上谕之曰："海道险远，岛夷出没无常，尔等所部将校，毋离部伍，务令整肃以备之。舟回登州，就彼巡捕倭寇，因以立功可也。"

（明太祖实录，卷166，2550）

46. 十月乙丑朔，壬午，赐海运将校绮帛、胡椒、钞各有差。民夫则复其家一年，死者三年。

（明太祖实录，卷 166，2552-2553）

洪武十八年（1385）

47. 五月辛酉朔，己丑，命右军都督府都督张德（编者按：应为赫），督海运粮米七十五万二千二百余石往辽东。

（明太祖实录，卷 173，2638）

洪武二十一年（1388）

48. 九月壬申朔，壬申，航海侯张赫，督江阴等卫官军八万二千余人，出海运粮还自辽东。

（明太祖实录，卷 193，2901-2902）

洪武二十三年（1390）

49. 二月乙未朔，癸亥，筑归德州凤池河防。时，黄河决凤池，漂没夏邑、永城诸县，有司不以闻。州民李从义诣阙言："乞令军民合力筑防以遏水患。"上从其言。发兴武等十卫士卒，与归德属县民筑之，凡一月而成。命罪其有司，而授从义晋州知州。

（明太祖实录，卷 200，3000）

50. 七月辛卯朔，壬辰，河南河决，漂没民居。命："赈恤被灾之家一万五千七百一十三，凡钞二万五千二十锭。"

（明太祖实录，卷 203，3035）

51. 八月庚申朔，甲子，航海侯张赫卒。赫凤阳临淮石亭村人。少有勇略，元末兵乱，赫集众自称千户。上起兵濠州〈校记：嘉本无兵字〉，赫率众来附。甲午取滁州，升万户。乙未破和州，从上渡江克采石、太平，升管军总管。丙申从征蛮子海牙水寨，破陈野先营，克镇江。丁酉从徐达克常州，授定远将军，毗陵翼元帅。癸卯从常遇春征襄阳，甲辰从克武昌。丙午从徐达下湖州，围张士诚于苏州。吴元年克苏州，复从汤和取庆元，皆与有功。洪武元年授福州卫指挥使，二年率兵备倭寇于海上。三年升福建都司都指挥同知〈校记：各本建作州，抱本都司作都卫，中本作卫〉，六年率舟师巡海上，遇倭寇，追及于琉球大洋中，杀戮甚众，获其弓刀以还。九年调兴化卫，十一年升大都督府佥事，总督辽东海运。二十年九月封航海侯，赐号开国辅运推诚宣力武臣，阶荣禄大夫，勋柱国。二十一年复督运辽东，至是卒。追封恩国公，谥庄简。诰曰："自昔兴王之臣〈校记：嘉本王作国〉，竭忠效力，功业著于当时者。生则享爵禄之荣，死则锡褒封之典。尔赫从朕渡江三十余年，东征西讨，累有战功。迩年漕运，涉历风涛，厥绩尤著，朕尝封尔侯爵以报勤劳。今者因疾寿终于家，朕念相从之久，用遵彝典，追封尔为恩国公，谥庄简。尔其有知服兹宠命。"

（明太祖实录，卷203，3042-3043）

洪武二十四年（1391）

52. 九月乙酉朔，丁未，舳舻侯朱寿，左军都督佥事黄辂，督海运粮储还自辽东，人赐钞百五十锭〈校记：嘉本作五百十锭〉。

（明太祖实录，卷212，3145）

洪武二十五年（1392）

53. 正月癸未朔，庚寅，河决河南开封府之阳武县，浸淫及于陈州、中牟、原武、封丘、祥符、兰阳、陈留、通许、太康、扶沟，杞十一州县，有司具图以闻。乞发军民修筑堤岸以防水患。从之。

（明太祖实录，卷 215，3170）

54. 九月己卯朔，戊申，疏凿溧阳县银墅东坝河道，自十字港至沙子河，凡三千九百六十丈〈校记：广本十下有五字，中本九作六〉。又沙子河至胭脂坝，凡三百六十丈，计役嘉兴等府州民丁三十五万九千七百人。

（明太祖实录，卷 221，3236）

洪武二十七年（1394）

55. 十二月丙寅朔，辛未，广西郁林州民李友松上言："本州北流、南流二江，其间相去二十余里，乞凿河通舟楫以便行旅。仍乞蠲其所侵田税及设石陡诸闸。"诏从之。

（明太祖实录，卷 235，3436）

洪武二十九年（1396）

56. 二月己丑朔，丙午，常州府武进县言："本县奔牛、吕城二坝，河道浅涩，请浚深以便漕运。"从之。

（明太祖实录，卷 244，3548）

57. 四月戊子朔，戊戌，中军都督府都督佥事朱信言："比岁海运辽东粮六十万石，今海舟既多宜增其数。"上命增十万石，以苏州府嘉定县粮米输于太仓，俾转运之。

（明太祖实录，卷245，3560）

洪武三十年（1397）

58. 八月庚辰朔，丁亥，黄河决开封，城三面皆受水。水将及府之军储仓巨盈库，事闻。诏："于荥阳高阜筑仓库以储偫之。"

（明太祖实录，卷254，3669）

59. 十月己卯朔，戊子，上谕户部臣曰："辽东海运连岁不绝，近闻彼处军饷颇有赢余，今后不须转运，止令本处军人屯田自给。其三十一年海运粮米，可于太仓、镇海、苏州三卫仓收贮。仍令左军都督府移文辽东都司知之。其沙岭粮储，发军护守，次第运至辽东城中海州卫仓储之。"

（明太祖实录，卷255，3684）

明太宗实录

建文二年（1400）

1. 惠宗建文二年十一月辛酉朔，壬申，（燕王）驻军临清，上语诸将曰："盛庸聚众德州，而仰给御河运粮，若邀其粮，彼乏食必不得而出〈校记：广本抱本库本得下有已字，是也〉。出必虚声蹑我之后〈校记：抱本库本声下有为字〉，其实欲向南就食。今觇伺其出，还军击之，蔑不破矣。"

（明太宗实录，卷 7，0074-0075）

永乐元年（1403）

2. 三月戊寅朔，戊子，命江平伯陈瑄〈校记：旧校改江平为平江〉，及前军都督佥事宣信，俱充总兵官各帅舟师海运粮饷。瑄往辽东，信往北京。升指挥佥事粟彪〈校记：广本抱本粟作栗〉，为辽东都指挥佥事。

（明太宗实录，卷 18，0327）

3. 三月戊寅朔，戊戌，沈阳中屯卫军士唐顺言："卫河之源，出卫辉府辉县西北八里太行山下。其流自县治北，经卫辉城下抵直沽入海。南距河陆路才五十余里，若开卫河，距黄河百步置仓廒，受南方所运粮饷，转至卫河交运，公私两便。"上曰："此策亦是，命廷臣更详议，如议可行，亦俟民力稍苏行之。"

（明太宗实录，卷 18，0330-0331）

4. 四月丁未朔，戊午，浚松江华亭、上海运盐河，金山闸港

〈校记：广本抱本山下有卫字〉，曹泾分水港〈校记：广本抱本港下有等处二字〉。

（明太宗实录，卷19，0342）

5. 四月丁未朔，丁卯，设溧水县广通闸〈校记：广本抱本通下有镇字，是也〉，置坝官一员。初，溧水县民言："溧阳、溧水二县，田地洼下，数罹水患，乞于广通镇置闸以备潴泄。"命工部遣人视之，还言："二县水，由固城湖上纳宁国、广德诸水，每遇霖潦即注县境。且胭脂河与石臼湖诸水，不入大江，而奔注苏松皆被其患。宜于胭脂山广通镇，及固城、湖口二处，筑闸坝设管掌之〈校记：旧校改管作官〉，庶几便民。"故从之。

（明太宗实录，卷19，0347-0348）

6. 六月丁未朔，壬申，浚山东昌邑县河渠五所，长六千七百七十丈〈校记：广本十下有余字〉，各广一丈五尺，深五尺。

（明太宗实录，卷21，0392）

7. 七月丙子朔，丙申，户部尚书郁新等言："淮河至黄河多浅滩跌波，馈运艰阻，请至淮安用船〈校记：广本抱本至作自，是也〉，可载三百石以上者运入淮河。沙河至陈州颍岐口跌波下〈校记：广本抱本波作跛，下同，是也〉，复以浅船，可载二百石以上者运至跌波上，别以大船载入黄河至八柳树等处，令河南军夫，运赴卫河转，输北京。"从之。

（明太宗实录，卷21，0400）

8. 八月丙午朔，己酉，山东安丘县红河决，伤稼二百余顷。命：工部遣官修筑。

（明太宗实录，卷22，0407）

9. 八月丙午朔，乙丑，平江伯陈瑄总督海运粮四十九万二千六百三十七石，赴北京、辽东以备军储。

（明太宗实录，卷22，0412）

10. 九月丙子朔，壬午，工部言："河南陈州西华县沙河水溢，冲决堤堰以通黄河（按：以应该是已），伤民禾稼，乞量起民丁，趁农隙修筑。"从之。

（明太宗实录，卷23，0419）

11. 九月丙子朔，戊子，修兖州府郯城县，沭、沂二河决口。

（明太宗实录，卷23，0420）

12. 十月乙巳朔，辛酉，命湖广浙江、江西，改造海运船一百八十八艘。

（明太宗实录，卷24，0442）

13. 十月乙巳朔，壬戌，以河南道淤塞〈校记：抱本无南字，是也〉，革山东济宁州之耐牢坡，聊城县之周家店、来海务，临清县之临清闸、会通闸五埧官。河南布政司左参政蔡渊，自陈才力不及，愿别授一职。命"为山东盐运司运使。改本司运使孙秀，为陕西、河南〈校记：广本抱本南作东，是也〉盐运司运使。"

（明太宗实录，卷24，0443）

14. 闰十一月甲辰朔，癸亥，浚杨州府通州、徐灶、食利等港毕。工计万八千七十三丈，用工万一千七百有奇。

（明太宗实录，卷25，0467）

15. 闰十一月甲辰朔，庚午，浚扬州府江都县瓜州坝河道。

（明太宗实录，卷25，0471）

16. 十二月甲戌朔，己卯，修扬州府江都县永真沙边江圩岸。

（明太宗实录，卷26，0478）

永乐二年（1404）

17. 正月癸卯朔，戊申，扬州府高邮州耆民言："自州北门至张家沟湖岸，两京之要路，民田之巨防。湖纳天长、盱眙诸水，雨潦涨溢〈校记：广本潦作涝〉，风波冲决堤岸〈校记：旧校波作涛〉，每岁修筑施复倾圮〈校记：广本抱本库本施作旋〉，阻绝驿路，伤损民田。乞遣人相度，重为修理。”从之。

（明太宗实录，卷 27，0493）

18. 二月壬申朔，己亥，扬州府海门县言：“县有张港墩、东明港，相去百余里，旧遇风涛人多溺死，官为修筑堤岸，民赖以安。近因潮水冲激坏岸，其害尤甚。乞准旧例，拨淮安、苏、常三郡民丁，农隙之时修筑。”上谕工部臣曰：“淮安之民近方安业，苏、常二郡多苦水患，不可重劳。其遣人验视，果便于民，则发扬州府所属州县民丁协力修筑。”高邮州宝应县言：“境内范光、白马二湖堤岸，民资以御水患，而连岁为风浪冲啮。今东作方兴，乞权加修补，候农隙发丁夫筑砌。”〈校记：广本筑作修〉从之。

修直隶兴化县南北塘岸。

（明太宗实录，卷 28，0512-0513）

19. 夏六月庚午朔，庚辰，以河道未通，徙东昌递运所于陆路，为巢陵递运所。命兵部：“自今各都司、布政司，奏报军情急务，许给驿，余并给递运便船。”

（明太宗实录，卷 32，0567-0568）

20. 七月庚子朔，丁巳，命右军都督府佥事马荣，率海舟馈运北京。

（明太宗实录，卷 33，0579）

21. 九月己亥朔，戊辰，初，户部尚书夏原吉言：“苏松水患莫甚如太湖，泄太湖之水，莫急于疏下流。今各处旧泄水港浦，间有浅狭淤塞者，请及时疏浚。”从之。至是浚苏州千激浦〈校记：影印本州字不明晰，广本抱本明史河渠志激作墩〉、致和塘、安亭〈校记：广本抱本明史河渠志享作亭，是也〉、顾浦、陆皎浦、尤泾〈校记：广本尤误九〉、黄泾，共二万九千一百二十丈。浚松江大黄浦、赤雁浦、范家浜，共万二千丈，而下流疏通矣。

（明太宗实录，卷 34，0604-0605）

22. 十月己巳朔，丁丑，河南黄河水溢，命河南都司、布政司，城地有冲决者即修之。

（明太宗实录，卷 35，0612）

23. 十月己巳朔，乙酉，蒲城、河津二县黄河清。

（明太宗实录，卷 35，0614）

24. 十一月己亥朔，辛丑，江宁县民言："自龙江至三山门，河道窄狭，各处馈运之舟众集江浒〈校记：广本抱本集作聚，是也〉，卒遇风涛多致损坏。乞浚江东门外北河，令深广以纳馈运之舟。"从之。

（明太宗实录，卷 36，0621）

25. 十一月己亥朔，癸卯，镇守淮安都指挥施文言："淮安诸坝，舟航往来，每遇天旱坝下淤浅，重劳人力。近城旧有清江浦二闸，比年坍坏，乞命有司修砌以便往来。"从之。浚仪真清江坝下水港。

扬州府泰兴县言："缘江圩岸，东至新河，西尽丹阳界，长六千六百五十丈，高一丈五尺，顷被江水冲决，为民患。请发民丁修筑。"从之。

（明太宗实录，卷 36，0623）

26. 十一月己亥朔，丙辰，工部侍郎赵毅等奏："镇江府民言，乞于本处凿山开河，以便漕运，约用九十八万人，数月可成，请遣官验视。"上曰："尔任大臣，顾不能料制其事，而必欲遣人验视耶？数年以来民困为甚，非有大不得已之事，岂可轻役？且役九十八万人，即复用如许人，供给之骚动数十州县，为百姓植祸矣！岂不殆哉！”毅等惶恐顿首谢，遂寝不行。

（明太宗实录，卷 36，0626-0627）

27. 十一月己亥朔，己未，设天津卫。上以直沽海运商舶往来之冲，宜设军卫。且海口田土膏腴，命调缘海诸卫军士屯守。

（明太宗实录，卷 36，0628）

28. 十一月己亥朔，辛酉，上以海运粮船上抵直沽，欲于直沽置仓储粮，别以小船转运北京。命户部会议皆以为便，复请于天津等卫多置露囤，以广储蓄。从之。

（明太宗实录，卷 36，0628）

29. 十二月戊辰朔，丙子，设天津左卫。

（明太宗实录，卷 37，0632）

永乐三年（1405）

30. 正月戊戌朔，戊午，命右军都督佥事马荣，率舟师运粮北京。

（明太宗实录，卷 38，0645）

31. 二月丁卯朔，丁卯，河南布政司言：“河决马村堤。”命本司官躬督民丁修治。

（明太宗实录，卷 39，0649）

32. 二月丁卯朔，甲申，命平江伯陈瑄充总兵官，前军都督佥事宣信充副总兵，帅舟师海道运粮赴北京。

（明太宗实录，卷 39，0657）

33. 三月丙申朔，丙申，浚溧阳县胭脂河。

（明太宗实录，卷 40，0661）

34. 三月丙申朔，戊午，河南温县水决驮坞村堤堰四十余丈，济、劳二河水溢〈校记：广本抱本劳作涝〉，淹民田四十余里。事闻，命修筑堤防。

（明太宗实录，卷40，0667）

35. 六月乙丑朔，丙戌，命浙江等都司造海舟千一百八十艘。

（明太宗实录，卷43，0686）

36. 七月甲午朔，戊戌，浚淮安府山阳县运盐河计一十八里。

（明太宗实录，卷44，0691）

37. 七月甲午朔，庚戌，命平江伯陈瑄，于天津卫城北造露囤千四百所，储海运粮。

（明太宗实录，卷44，0697）

38. 冬十月癸亥朔，戊寅，命浙江、江西、湖广及直隶安庆等府，改造海运船八十艘。

（明太宗实录，卷47，0722）

39. 十一月癸巳，丁酉，命浙江、江西、湖广改造海运船十有三艘。

（明太宗实录，卷48，0731）

40. 十二月癸亥朔，乙丑，浚淮安府支河一万一千九百七十丈。

（明太宗实录，卷49，0737）

41. 十二月癸亥朔，己丑，浙江右参政刘思忠言："绍兴府曹娥坝江沙淤塞，难通舟楫。去坝东三里许通江甚近，乞移置为便。"从之。

（明太宗实录，卷49，0743）

永乐四年（1406）

42. 春正月壬辰朔，辛酉，命右军都督佥事马荣，率舟师运粮往北京。

（明太宗实录，卷50，0758）

43. 三月辛卯朔，戊申，户部奏："府军等卫千户姚旺等，率官军漕运，至江南遇暴风坏舟〈校记：广本抱本江作河，是也〉，漂溺粮万三千三百七十余石。宜责其偿，且请付法司治其不慎之罪。"上曰："仓猝风水之险，非人力所及，其宥之。"

（明太宗实录，卷52，0783-0784）

44. 六月己未朔，丁亥，先是命平江伯陈瑄督海运诣天津卫，所部海舟必约日同发，不得先后，违者治本舟部运官罪。至是瑄遣人奏："三十余艘违约，五日方行。虽同日俱达，亦无所损，然违同发之约，应罪各舟部运官，以戒后来。"上曰："姑宥之。"顾谓侍臣曰："始虑海寇为患，故敕令同发。今已济而无损，虽违约当惩，然海道甚艰，其功可以赎过矣。凡用人者，录功而略过，则人奋于功。若计过而略功，则救过之不遐〈校记：广本抱本遐作暇，是也〉，何暇懋功哉！"

（明太宗实录，卷55，0819）

45. 八月丁亥朔，癸巳，修河南阳武县黄河堤岸及中牟县汴河北堤。

（明太宗实录，卷58，0847）

46. 九月丁巳朔，癸亥，扬州府泰州判官黄通理言："州境旧有运盐官河，每遇霪雨，辄泛溢伤民田宅，乞于晋定泰河〈校记：广本抱本泰作秦〉，及西溪、南仪阡三处，各开水口，使下流经兴化盐城界入海。仍各置闸以时启闭，永为民利。"从之。

（明太宗实录，卷59，0858）

47. 十月丁亥朔，乙未，命浙江、江西、湖广，及直隶徽州、安庆、太平镇，江苏州等府卫，造海运船八十八艘。

（明太宗实录，卷60，0866）

48. 十一月丁巳朔，癸亥，户部言："高邮州东河等处，塘岸倾圮，江都县刘家圩港淤塞。"命有司发民修浚。

（明太宗实录，卷 61，0881-0882）

49. 十二月丙戌朔，丁亥，常州府孟渎河闸官裴让言："河自兰陵沟北至闸，六千三百三十丈，南至奔牛镇，一千二百二十丈，年久湮塞，艰于漕运。乞发民疏治。"命右通政张琏，发苏、松、镇江、常州民丁十万浚之。

（明太宗实录，卷 62，0889）

永乐五年（1407）

50. 正月丙辰朔，壬戌，命平江伯陈瑄都督宣信总督海运粮储。

（明太宗实录，卷 63，0902）

51. 正月丙辰朔，辛未，命右军都督佥事马荣、参议郭良，率河南、山东官军，运天津及德州仓粟储通州。

（明太宗实录，卷 63，0904）

52. 二月丙戌朔，辛亥，修淮安仓并淮堤。

（明太宗实录，卷 64，0912）

53，三月乙卯朔，庚午，东昌府言："卫河堤岸，自临清至渡口驲，溃决凡七处。"命工部遣官修筑。

（明太宗实录，卷 65，0919）

54. 五月甲寅朔，丁卯，北京行部言："自西湖景，至流通凡七闸〈校记：红本流通作通流，是也〉，河道淤塞。自昌平县东南白浮村，至西湖景东流水河口一百里，宜增置十二闸，请以民丁二十万，官给费用修置。"命："运粮军士浚道〈校记：旧校运上补以字，广本红本抱本浚下有河字〉，其置闸俟更议。"

（明太宗实录，卷 67，0938）

55. 五月甲寅朔，戊寅，工部言："北京文明河至通州五闸，每闸合设船二十艘，乞于龙江告用闸户十一户，水脚夫四百六十人，于湖广、江西、河南点充。"从之。

（明太宗实录，卷 67，0941）

56. 六月癸未朔，丙申，修扬州迤北闸堨。

（明太宗实录，卷 68，0960）

57. 六月癸未朔，庚戌，浙江布政司言："杭州府沿江堤岸，复沦于江。"上命左通政赵居任，督民修筑。

（明太宗实录，卷 68，0963）

58. 七月壬子朔，丁卯，都察院奏："海运官军，其舟被风胶浅沦没，所运粮米合当追陪，仍治其罪。"上曰："海涛险恶，舟胶浅必坏，官军得免溺死矣，幸矣！岂当仍治失粮之罪〈校记：抱本当作可〉？悉释不问。"

黄河泛溢河南伤濒河苗稼。

（明太宗实录，卷 69，0975）

59. 九月辛亥朔，乙卯，命都指挥汪浩，改造海运船二百四十九艘，备使西洋诸国。

（明太宗实录，卷 71，0988）

60. 冬十月辛巳朔，丙申，命广洋、淮安等卫，造海运船九十七艘。

（明太宗实录，卷 72，1007）

61. 十一月辛亥朔，丁巳，命浙江、湖广、江西改造海运船十六艘。

（明太宗实录，卷 73，1014-1015）

62. 十一月辛亥朔，戊辰，上以淮安、河南漕运皆至通州，特命增设左卫，建仓庾以贮所漕运之粟。

（明太宗实录，卷 73，1020）

永乐六年（1408）

63. 春正月庚戌朔，乙丑，命右军都督佥事马荣，统率舟师运粮往北京。

（明太宗实录，卷 75，1031）

64. 二月庚辰朔，丁未，命浙江金乡等卫，改造海运船三十三艘。

（明太宗实录，卷 76，1039）

65. 二月庚辰朔，己酉，命平江伯陈瑄总率官军，前军都督佥事宣信为副，海道运粮赴北京。

（明太宗实录，卷 76，1040）

66. 夏四月己卯朔，乙酉，设北京通州惠河、庆丰〈校记：广本丰作里，疑误〉、平津、澄清、通流、普济六闸，置官一员。

（明太宗实录，卷 78，1054）

67. 六月戊寅朔，丁亥，命户尚部尚书夏原吉："自南京抵北京，缘河巡视军民运木烧砖，务在抚绥得宜，作息以时。凡监工官员作毙害人及怠事者，悉治如律。"原吉陛辞，赐钞二千贯。

（明太宗实录，卷 80，1066-1067）

68. 十二月甲戌朔，癸巳，命右军都督佥事马荣，率舟师运粮诣北京。

（明太宗实录，卷 86，1142）

69. 十二月甲戌朔，辛丑，北京行部言："山东德州至北京良乡县，陆路未设递运所，每冬月，河冻舟楫不通，上供之物，俱从陆路发民间车牛载运，不免烦扰，宜设递运所。以附近之民及犯徒流罪者备之车牛〈校记：旧校删之字〉，充递运夫。而山东青州、乐安等递运所，河道不通者，悉宜革罢。”从之。

（明太宗实录，卷86，1148）

永乐七年（1409）

70. 正月甲辰朔，甲子，命平江伯陈瑄充总兵官，都督宣信副之，督馈运赴北京。

（明太宗实录，卷87，1155）

71. 正月甲辰朔，丙寅，命都督马荣，率山东、河南所属官军卫河馈运。赐其官军钞，指挥人八锭，千户、卫、镇抚六锭，百户、所、镇抚五锭，旗军四锭。

（明太宗实录，卷87，1156-1157）

72. 三月甲辰朔，丙辰，敕总兵官平江伯陈瑄等曰："海运粮舟发时，必会合安远侯柳升等，令以兵护送，或遇寇至，务协力剿杀，毋致踈虞。"

（明太宗实录，卷89，1178）

73. 六月壬寅朔，癸卯，顺天府固安县言："浑河决贺家口，伤禾稼。"命工部亟遣官修筑。

（明太宗实录，卷93，1228）

74. 六月壬寅朔，乙丑，凤阳府寿州言："淮水决州城。"命以时修筑。

（明太宗实录，卷93，1238）

75. 秋七月辛未朔，戊戌，设北京通州卫仓，置副使一员。

（明太宗实录，卷94，1252-1253）

76. 冬十月己亥朔，壬戌，命江西、湖广、浙江及苏州等府、卫，造海船三十五艘。

（明太宗实录，卷 97，1285）

77. 十一月己巳朔，戊寅，命龙虎等卫，造海运船九艘。

（明太宗实录，卷 98，1290）

78. 十一月己巳朔，壬辰，皇太子命医往视刑部侍郎张本疾。初，皇太子以运物赴行在者，河小水涩，运舟丛集，阻滞不进，特遣本沿河督视。本躬勤蚤暮为方略。立程度行，舟皆通，公私便之。至是有言本疾。皇太子曰："本真能视国事如家事，为臣尽心如本难得。"命太医院遣医驰往视之，仍赐本钞五百贯及狐帽狐裘。

（明太宗实录，卷 98，1292）

79. 十二月戊戌朔，庚戌，上谕行在户部臣曰："自济宁至良乡，数年民劳于递运，凡曾效力递运者，免户内税粮一年。"

（明太宗实录，卷 99，1296）

永乐八年（1410）

80. 正月戊辰朔，壬辰，上以济宁迤南至京师，水陆输运军需甚难〈校记：广本库本难作艰〉，命免输运之民差役一年。

（明太宗实录，卷 100，1305）

81. 三月丁卯朔，壬申，命湖广布政司运粮百万石，都司三十万石；浙江布政司运百二十万石，都司三十万石；江西布政司运十万石，都司二十万石，赴北京备官军俸粮。

（明太宗实录，卷 102，1325）

82. 八月乙未朔，庚申，河南按察司佥事张翥等言："五月八月霪雨，黄河泛溢，坏开封旧城，民被患者万四千一百余户，没田七千五百余顷。"上命户部遣人巡视安抚。

（明太宗实录，卷107，1390）

83. 十二月癸巳朔，戊戌，河南守臣言："汴梁河决，坏城二百余丈。宜及时修理。"上谕工部臣曰："汴梁城近黄河，不免冲决之患，而此国家藩屏之地，不可以缓，且闻黄河水增三尺，其急遣人往视堤防。"

（明太宗实录，卷111，1416）

永乐九年（1411）

84. 正月壬戌朔，甲申，浙江绍兴府上虞县言："境内通明坝，旧在七里滩河北，河道淤塞舟楫不通，民间别开小港，取坝纡阻，请改置于郑鉴山为便。"从之。

（明太宗实录，卷112，1433-1434）

85. 正月壬戌朔，丙戌，命都督费义率舟师，运卫辉府所储粟三十二万四千四百石赴北京。

是日扬州府高邮州言："城北张家沟塘岸三十里〈校记：广本沟误湾〉，旧用砖石包砌，防遏甓社等九湖〈校记：广本甓作檗〉，及天长诸水。近因夏雨浸淫，山水暴涨，冲决塘岸九百八十丈。又自张家沟，北至宝应县，南至江都县，东至兴化县界，塘岸百余里，间有坍塌，乞发丁夫如旧修治。"皇太子命工部核实修筑。

（明太宗实录，卷112，1434-1435）

86. 二月壬辰朔，己亥，山东沂州言："沭河口水冲决五百三十余丈，请发民修筑。"从之。

（明太宗实录，卷113，1439-1440）

87. 二月壬辰朔，己未，开会通河。河自济宁至临清，旧通舟楫。洪武中沙岸冲决〈校记：广本岸作崖〉，河道淤塞，故于陆路置八递运所。每所用民丁三千，车二百余辆，岁久民困其役。永乐初，屡有言开河便者。上重民力未许，至是济宁州同〈校记：广本抱本同下有知字，是也。〉潘叔正言："会通河道四百五十余里，其淤塞者三之一，浚而通之，非惟山东之民免转输之劳，实国家无穷之利。"乃命工部尚书宋礼、都督周长往视。礼等还，极陈疏浚之便。且言："天气和霁宜极时用工。"于是遣侍郎金纯，发山东及直隶徐州民丁，继发应天、镇江等府民丁，并力开浚。民丁皆给粮赏，而蠲免其他役，及今年田租。尚书宋礼总督之，遣吏部侍郎师逵，以大牢祭山川城隍之神。仍命御史二员监督。

（明太宗实录，卷113，1444-1445）

88. 三月辛酉朔，戊辰，修扬州府泰州河堤，万八千六百丈有奇。

（明太宗实录，卷114，1451）

89. 三月辛酉朔，壬申，浚扬州府瓜州坝河道，及修通江减水二闸。

（明太宗实录，卷114，1452）

90. 三月辛酉朔，壬午，浚河南黄河故道。盖河水累岁为患，修筑堤防，民用困毙，至是河决坏民田庐益甚。事闻，遣工部侍郎张信往视。信访得祥符县，鱼王□至中滦下二十余里，有旧黄河，岸与今河面平。浚而通之俾循故道，则水势可杀，遂绘图以进。诏："发河南民丁十万，命兴安伯徐亨，工部侍郎蒋廷瓒，率运木夫，同侍郎金纯相度开浚。丁夫给粮赏，且蠲户内今年租税。仍遣定国公徐景昌，以大牢祀河神。户部侍郎古朴，以大牢祭河南境内山川。"时工部尚书宋福〈校记：广本抱本福作礼，是也〉，督工开会通河，遂命礼兼董之。

（明太宗实录，卷114，1457-1458）

91. 三月辛酉朔，丙戌，命平江伯陈瑄充总兵官，都督宣信充副总兵，帅舟师海运粮储赴北京。

（明太宗实录，卷114，1460）

92. 三月辛酉朔，庚寅，修苏州至嘉兴，石土塘桥七十余里，泄水洞百三十一处。

（明太宗实录，卷114，1461）

93. 夏四月辛卯朔，癸卯，命户部开河自效民丁一体给粮赏，免租税。初，朝议开会通河及浚河南黄河，命户部凡民丁皆给米钞，及蠲户内是年租税，而山东、河南之人多有自愿效力者，上闻之遂有是命。

（明太宗实录，卷115，1466）

94. 六月庚寅朔，丁未，敕谕尚书朱礼等曰〈校记：广本抱本朱作宋，是也〉："曩命卿等浚黄河故道，及筑塞河港，以纾河南水患。今久未见成绩，而河水泛溢日加，为民害苦，卿等其协心并力无懈，夜脱民垫溺，用副朕委任之意。"

（明太宗实录，卷116，1479）

95. 六月庚寅朔，乙卯，会通河成。河以汶泗为源，汶水出宁阳县。泗水出兖州府，至济宁州而合。置天井闸以分其流，南流达于淮，而河自其西北流也〈校记：广本抱本自作则〉。由开河至东昌府入临清县〈校记：广本抱本至作过〉，计三百八十五里，深二丈三尺〈校记：广本抱本二作一〉，广三丈二尺。役军夫三十万，用二十旬〈校记：广本抱本二作工。明史宋礼传作二十旬而工成。按实录二月二十八日己未开会通河，六月二十六日乙卯工毕，计时一百二十天。则实录原文应作用工十二旬〉。蠲租税百一十万二千五百有奇，自济宁至临硫置闸十五〈校记：广本抱本硫作清，是也〉，闸置官。立水则以时启闭，舟行便之。

（明太宗实录，卷116，1482）

96. 七月庚申朔，壬戌，设山东济宁州之南城，东平州之安山，汶上县之关河〈校记：广本抱本关作开，是也〉，阳谷县之荆门，东昌之崇武五驿〈校记：广本抱本昌下有府字，是也〉，东平州之金线闸，东昌府之东昌二递运所。

（明太宗实录，卷 117，1486）

97. 七月庚申朔，癸未，修淮安府沭阳县奔墟庄南北二桥。

（明太宗实录，卷 117，1490）

98. 七月庚申朔，乙酉，河南浚黄河故道讫工，凡役民丁十一万四百有奇，月余而毕。自是河循故道与会通河合，而河南之水患息矣。

（明太宗实录，卷 117，1491）

99. 八月庚寅朔，壬寅，济宁州同知潘叔正及耆民百三十七人，以会通河成，诣阙谢恩。上以开河之议肇自叔正，赐纱衣一袭，钞十锭，耆民人五锭。

（明太宗实录，卷 118，1497）

100. 八月庚寅朔，庚戌，工部尚书宋礼等百六十人〈校记：广本抱本无十字〉，开会通河毕还京师。命礼部定赏格。礼部言："都督周长狥私废公，虐害军夫，不当给赏，其余宜分四等。总督官尚书宋礼等三员，人赏钞二百锭，彩币二表里。续差管事兴安伯徐亨等三员，人赏钞百锭，彩币一表里。分遣管工户部郎中窦奇等五十四员，人赏钞四十锭。工部办事官兰芳等三十五员〈校记：广本抱本兰作蔺，是也〉，人赏钞十锭。命如所定给之。

（明太宗实录，卷 118，1498）

101. 八月庚寅朔，戊午，工部尚书宋礼言："会通河以汶泗为源，夏秋霖潦泛溢，则马常泊之流亦八马〈校记：广本抱本八马作入焉，是也〉，汶泗合流，至济宁分为二河。一入徐州，一入临清。河流深浅，舟楫通塞，系乎治水之消长〈校记：广本抱本治作泊，是也〉。然泊水夏秋有余，冬春不足，非经理河源，及引别水以益之，必有浅涩之患。今汶河上流，自宁阳县堽城闸〈校记：广本抱本堽作堰，是也〉，已筑坝堰，使其水尽入新河。东平州之东境，有沙河一道，本汶河支流。至十路口通马常泊，比年流沙淤塞河口，宜趁时开浚。况沙河至十路口故道具存，不必施工，河口当浚者仅三里。河中宜筑堰计百八十丈〈校记：广本抱本中作口〉。”从之。

（明太宗实录，卷118，1502）

102. 十一月戊午朔，庚午，浚山东济南府邹平县，白修沟河三十余里。

（明太宗实录，卷121，1529）

永乐十年（1412）

103. 正月丙戌朔，丁未，敕都察院费义〈校记：广本抱本作都督费义，是也〉，尚书宋礼，领舟师运粮赴北京。

（明太宗实录，卷124，1560）

104. 正月丙戌朔，已酉，巡按山东监察御史许堪言：“去秋卫河水溢，河岸低洼之处四散漫衍，其时虽略修理，今已复有倒塌者。自临清至直沽大率皆然，乞敕有司预期修理。”上命工部移文尚书宋礼，相度措置。

（明太宗实录，卷124，1561）

105. 二月丙辰朔，庚午，赐平江伯陈瑄充总兵官〈校记：抱本赐作敕，是也〉，都督宣信副之，率舟师往海运粮饷赴北京〈校记：广本抱本无往字〉。

（明太宗实录，卷125，1569）

106. 四月乙卯朔，庚申，浚北京通流等四闸河道，共一万七百三十七丈。

（明太宗实录，卷127，1583）

107. 四月乙卯朔，壬戌，尚书宋礼奏："近因监察御史许堪，言卫河水患，命臣相度措置。臣尝自卫辉至直沽，视河岸低薄，非止一处。窃谓若不究其源，析其流，但务修筑堤岸，恐水复冲坍，不免连年动劳民力。今欲除患，须定长久之计。臣先视会通河，至魏家湾，与土河相连，宜于彼开二小河，以泄于土河，则虽遇水涨，下流卫河自然无漫衍之患。见已分拨军夫用工，今复视德州城西北，亦可开泄水小河一道。盖自卫河岸东北，至旧黄河一十五里〈校记：广本五作二，是也〉，内五里旧有沟渠五里，系古路二里系平地。今开通泄水以入旧黄河，则至海丰县大沽河，入海凡四百五十七里，约用军夫三千余人，十日可完。"上谕工部臣曰："礼所言诚当，但今农务方兴，可令俟秋成后为之。"

（明太宗实录，卷127，1583-1584）

108. 五月甲申朔，辛丑，命都督佥事费义，督运卫辉、馆陶仓粟二十一万一千四百五十余石赴德州。

（明太宗实录，卷128，1594）

109. 六月甲寅朔，辛未，初，河南阳武县言："河决中盐堤二百二十余丈，漫流中牟、祥符、尉氏诸县。中盐堤与武县大宾堤〈校记：广本抱本武上有原字，是也〉，皆河流之冲，屡塞屡决。"上遣工部主事蔺芳按视。至是芳言："堤当急流之冲，夏秋之交，雨水泛涨，往往决弛，请依新开河岸卷土为埽，树桩杆御之，庶不至重为民患。"从之。

（明太宗实录，卷129，1600-1601）

110. 七月甲申朔，丙戌，顺天府言："卢沟河水，涨坏桥及堤岸八百二十丈，及坏官民田庐，溺死人畜。"上命户部遣人绥抚，工部遣人修筑。

（明太宗实录，卷 130，1607）

111. 九月癸未朔，甲午，浚松江府上海蟠龙江，袤十四里，广十丈。

（明太宗实录，卷 132，1624）

112. 九月癸未朔，丙申，工部主事蔺芳言：“天下之水，惟河为大，故水患惟河为甚。今于中滦分导河流，使由故道北入于海，河南之民免于昏垫，诚万世之利。然缘河新筑护岸埽座，止用蒲绳泥草，不能经久。臣愚以为，若用木编成大囤，若栏圈然置之水中（按：若字应为将，然字应删去），以桩木钉之中，实以石，却以横木贯于桩表，牵筑堤上，则水可以杀，堤可以固，而河患可息。如允臣所言，乞令河南近河府卫，征军民于农隙，采木桩和修砌。”从之。

（明太宗实录，卷 132，1624）

113. 九月癸未朔，甲辰，升工部主事蔺芳为本部右侍郎。初，芳为吉安府知府，坐事谪为办事官，专治河渠以通漕运，累有建明。既还，授都水清吏司主事，至是尚书宋礼荐其才。故有是命。

（明太宗实录，卷 132，1626）

114. 九月癸未朔，丙午，以会通河开，革山东济宁州之东门，东平州之东平，汶上东阿之铜城，东昌府之茌平、高唐、恩县、巢陵九递运所。

（明太宗实录，卷 132，1627）

115. 十月癸丑朔，戊午，初平江伯陈瑄言：“苏州府嘉定县濒海之墟，正当江流，冲毁海舟停泊之所。其地平迤，无大山高屿，漕舟于此，或值风涛，触坚胶浅辄致倾覆。乞于县之清浦筑土为山，立堠表识。”从之。命有司征军夫，令瑄督其役。仍敕瑄曰：

“若工难成，宜速馈运，无失风堠〈校记：抱本堠作侯〉。候农隙为之〈校记：抱本候作俟〉。”至是成，方百丈，高三十余丈。赐名宝山。上亲制碑文记之〈校记：抱本记作纪〉。

修扬州府海门县捍潮堤岸。县故有堤，东抵海，南并江，延袤百三十余里。年久决溃，有司奏请修筑。上命平江伯陈瑄督丁夫四十万筑之，计万八千余丈。

（明太宗实录，卷133，1629-1630）

116. 冬十月癸丑朔，庚辰，命浙江、湖广、江西及镇江等府卫，造海运船百三十艘。

（明太宗实录，卷133，1634）

117. 十一月壬午朔，丙戌，修扬州府仪镇（按：镇应为征）县缘江堤岸，及浚夹港等处河道。

（明太宗实录，卷134，1637）

118. 十一月壬午朔，戊戌，北京行太仆寺卿杨砥言：“吴桥、东光、兴济、交河诸县，及天津等卫屯田，雨水决堤伤稼。切见德州良店驿东南二十五里，有黄河故道，州南有土河，与旧河通。若于二处开河置闸，则水势分，可以便民。”时土河已命置闸，上令工部侍郎蔺芳往经理之。

（明太宗实录，卷134，1639-1640）

永乐十一年（1413）

119. 二月庚戌朔，乙卯，命平江伯陈瑄充总兵官，都督宣信充副总兵，帅海舟运粮赴北京。

（明太宗实录，卷137，1664）

120. 夏四月己酉朔，丁丑，命都督程宽、马英、何璇，率舟师运粮赴北京。

（明太宗实录，卷 139，1677）

121. 八月丁未朔，己巳，是日河南遂平县言："河决堤岸，漂没民居四百余所〈校记：广本抱本四百作四百二十〉，坏田稼六十顷有奇。"皇太子遣官抚视修筑。

（明太宗实录，卷 142，1699-1700）

122. 八月丁未朔，辛未，徙梁山巡检司于会通河金线闸口。

（明太宗实录，卷 142，1700）

123. 九月丁丑朔，辛丑，命江西、湖广、浙江及镇江等府卫，改造海风船六十一艘〈校记：广本抱本一作三〉。

（明太宗实录，卷 143，1706）

124. 十二月丙午朔，丙辰，命平江伯陈瑄充总兵官，都督宣信副之，帅领舟师漕运粮储赴北京。

（明太宗实录，卷 146，1720）

125. 十二月丙午朔，乙亥……是岁馈运北京粮，二百四十二万一千九百七石。

（明太宗实录，卷 146，1724）

永乐十二年（1414）

126. 二月乙巳朔，丙午，敕都督谢芳，率领舟师漕运北京。

（明太宗实录，卷 148，1731）

127. 六月壬寅朔，戊申，后军都督佥事谢芳，运德州等处粮十一万四千六百石至北京。

（明太宗实录，卷 152，1765）

128. 八月辛丑朔，甲辰，浚淮安府海州城南，官河二百四十里。

（明太宗实录，卷 154，1775）

129. 八月辛丑朔，丁未，修通州三河等处水决堤岸。

（明太宗实录，卷 154，1775）

130. 八月辛丑朔，辛亥，黄河溢，坏河南土城二百余丈。事闻，命工部遣官修筑。

（明太宗实录，卷 154，1776）

131. 九月辛未朔，丙子，顺天府武清县言："河决洒儿渡口六百五十余丈。"命工部遣官备筑。

（明太宗实录，卷 155，1787）

132. 九月辛未朔，辛巳，修凤阳府安丰塘水门十六座〈校记：广本无十字〉，及牛角坝至新仓铺倾塌堤岸万三千五百余丈。

（明太宗实录，卷 155，1788）

133. 九月辛未朔，癸未，开北京下马闸海子。

（明太宗实录，卷 155，1788）

134. 闰九月辛丑朔，丁巳，徙陈州宛丘驿及递运所于沙河北岸。初置于州城之北，比年黄河淤塞，故徙之。

（明太宗实录，卷 156，1795）

135. 闰九月辛丑朔，丁卯，修山东聊城县龙湾河及濮州红船口、范县曹村河堤岸。

（明太宗实录，卷 156，1796）

136. 冬十月辛未朔，甲午，常州府江阴县，请浚万岁河及塘泾等河。从之。

（明太宗实录，卷 157，1799）

137. 十一月庚子朔，辛亥，浚苏州府昆山县太平河。

（明太宗实录，卷 158，1802）

138. 十二月庚午朔，己亥，是岁……馈运北京粮二百四十二万八千五百三十五石。

（明太宗实录，卷159，1813）

永乐十三年（1415）

139. 正月庚子朔，甲子，行在户部言："漕运至者渐多，请发民置仓贮之。"上曰："东作将兴不可役民，民失春种，则一岁之计废。可令法司，除死罪外，出徒流以下，定等第输作，后不为例。"

（明太宗实录，卷160，1821）

140. 正月庚子朔，戊辰，设淮安府常盈仓，徐州广运仓，德州广积仓，并置大使副使各一员。

（明太宗实录，卷160，1822）

141. 二月己巳朔，己巳，浚杨州府瓜州坝河道，一至瓜州巡检司，一至江口，通六百余丈。

（明太宗实录，卷161，1823）

142. 三月己亥朔，戊午，罢海运。令浙西、苏、常、松江，岁漕入淮安仓。镇江、庐凤、淮阳入徐州仓。徐、兖入济宁仓。令内河船于会通河，以三千艘支淮安，转至济宁。以二千艘之济宁，转至通州。其天津、通州等卫，派官军于通州转至北京。又浙、直、湖广、江西，除存留及饷南京外，坐拨二百五十万石，令民舟运赴北京、通州、河西务，盖军民半之。

（国榷卷16，1116，实录无载，特补之）

143. 五月丁酉朔，乙丑，开清江浦河道，凡漕运北京，舟至淮安，过坝度淮以达清江口挽运者，不胜劳。平江伯陈瑄，时总漕运。故老为瑄言："淮安城西有管家湖，自湖至淮河鸭陈口，仅二十里，与清和口相直〈校记：抱本与作於，广本抱本和作河〉，宜凿河引湖水入淮，以通漕舟。”瑄以闻，遂发军民开河，置四闸：曰移风、曰清江、曰福兴、曰新庄，以时启闭，人甚便之。

（明太宗实录，卷164，1852-1853）

144. 夏六月丙寅朔，癸未，移山东德州广积仓于临清县永清坝，储漕运粮。

（明太宗实录，卷165，1856）

145. 夏六月丙寅朔，甲午，苏州府吴江县丞李昇言：“苏松水患莫甚于太湖，欲泄太湖之水，莫急于疏下流。近时所疏河道，岁久不免淤塞，今观常熟之白泖诸港，昆山之千墩等河，长洲十八都港汊，及吴县无锡等处近湖河道，皆太湖之下流，若循其故迹浚而深之，仍修蔡泾等闸，俟潮水来往以时启闭，庶免泛滥之患，而民获耕种之利。”从之。

（明太宗实录，卷165，1857）

146. 秋七月丙申朔，丙辰，修沿河驿舍，自南京抵北京凡四十五所。

（明太宗实录，卷166，1860）

147. 九月乙未朔，丙申，修河间府兴济县水决堤岸。

（明太宗实录，卷168，1869）

148. 九月乙未朔，庚子，设武清卫仓于河西务，置副使二员，隶北京留守行后军都督府。

（明太宗实录，卷168，1869）

149. 十二月甲子朔，癸巳，是岁……馈运北京粮六百四十六万二千九百九十石。

（明太宗实录，卷171，1908）

永乐十四年（1416）

150. 正月甲午朔，戊午，敕平江伯陈瑄，都督陈恭、谢芳率领舟师攒运粮储赴北京。

（明太宗实录，卷 172，1910）

151. 二月甲子朔，庚午，东昌府临清县临清坝成，置坝官一员。

（明太宗实录，卷 173，1913）

152. 夏四月癸亥朔，壬午，设直隶淮安府山阳县之清河、福兴，清河县之新庄，邳州之乾沟，徐州之沽头上、沽头下，沛县之金沟，山东济宁州之谷亭，孟阳泊鲁桥十闸〈校记：抱本桥作槁，疑误〉。置闸官各一员。

（明太宗实录，卷 175，1921）

153. 五月壬辰朔，庚子，修扬州府郡下镇上、下二闸

（明太宗实录，卷 176，1924）

154. 七月庚寅朔，壬寅，河南开封等府十四州县淫雨，黄河决堤岸，没民居田稼。

（明太宗实录，卷 178，1939-1940）

155. 冬十月己未朔，丙寅，设徐州沛县刁阳湖板闸〈校记：广本湖作河，按《明史·地理志》，沛县有昭阳湖，实录此处刁疑应作昭〉。

（明太宗实录，卷 181，1960）

156. 十二月戊午朔，甲申，是岁……馈运北京粮二百八十一万三千四百六十三石。

（明太宗实录，卷 183，1975）

永乐十五年（1417）

157. 正月戊子朔，壬子，命平江伯陈瑄充总兵官，率领官军攒运粮储，并提督沿河运木赴北京。

（明太宗实录，卷 184，1980）

158. 五月丙戌朔，乙未，遣官巡视北京通州至仪真河道。

（明太宗实录，卷 188，2004）

159. 十二月壬午朔，丁酉，命平江伯陈瑄充总兵官，率领舟师漕运粮储赴北京。

（明太宗实录，卷 195，2049）

160. 十二月壬午朔，是岁……馈运北京粮五百八万八千五百四十四石。

（明太宗实录，卷 195，2052）

永乐十六年（1418）

161. 十月丁丑朔，甲申，行在工部言："河南黄河溢，决埽座四十余丈。"（按：实录原文即为埽，校勘为扫）命遣官修筑。

（明太宗实录，卷 205，2107）

162. 十一月丁未朔，辛未，免浙江、江西、湖广、苏松民营造，令馈运北京。

（明太宗实录，卷 206，2112）

163. 十二月丙子朔，乙丑，是岁……馈运北京粮四百六十四万六千五百三十石。

（明太宗实录，卷 207，2117）

永乐十七年（1419）

164. 正月丙午朔，乙亥，命平江伯陈瑄充总兵官，率领舟师漕运粮储北京。

（明太宗实录，卷208，2121）

165. 四月乙亥朔，癸卯，绍兴府萧山县言："境内河渠四十五里，灌溉田万顷，比年淤塞，乞候农隙疏浚。仍于钱青小江坝东置闸〈校记：广本青作清〉，以时启闭，庶免旱涝。"济南府新城县言："县东有郑黄沟，源出淄川，下流淤塞，霖潦妨农。陈家庄南故有乾河，上接郑黄沟，下通乌河，乞浚治为便。"并从之。

（明太宗实录，卷210，2134）

166. 秋七月甲辰朔，辛亥，有司请以平江伯陈瑄所统运粮军士，明年俱赴北京营造，岁用粮储，宜令各处粮自输北京〈校记：广本抱本粮下有户字，是也〉。上曰："国以农为本，人之劳莫如农。三时耕获力殚形瘵，旱暵水溢，岁则寡收。辛足供税〈校记：广本抱本辛作幸，是也。广本供下有租字。抱本租税作税租〉，而官吏需索不出〈校记：广本抱本不作百，是也〉，终岁不免饥寒，又可令输数千里之外乎？且令秋收后运来，则北方河以冻〈校记：广本抱本以作已〉，候春暖冻开，又妨农作，如其所言公私俱不便。其令户部议两便者。"于是行在户部议："宜令浙江、江西、湖广〈校记：广本抱本广下有及在京水军等卫军士，仍留转运。其余卫所军士令营造，如运输不敷，则于浙江、江西、湖广三十五字。抱本无余字〉，及直隶应天、安庆、池州、太平、宁国、和州，量调民于淮安、临清诸路，给粮转运。其余各处岁征〈校记：抱本无余字〉，原在淮安等处输纳者如故〈校记：广本输纳作转运，误〉，庶官民两便。"从之。

（明太宗实录，卷 214，2146-2147）

167. 十二月辛未朔，己亥，是岁，馈运北京粮二百七万九千七百石。

（明太宗实录，卷 219，2182）

永乐十八年（1420）

168. 春正月庚子朔，乙丑，命平江伯陈瑄，总兵官率领舟师漕运粮储往赴北京〈校记：广本抱本无往字，是也〉。

（明太宗实录，卷 220，2188）

169. 九月丙寅朔，乙亥，设大通关提举司〈校记：广本通作同〉，置官如南京龙江。提举司专造舟舰。

（明太宗实录，卷 229，2226）

170. 十二月乙未朔，癸亥，是岁，馈运北京粮六十万七千三百二十八石。

（明太宗实录，卷 232，2245）

永乐十九年（1421）

171. 春正月甲子朔，己卯，命平江伯陈瑄充总兵官，率领舟师攒运粮储赴北京。谕之曰："北京所需粮饷为切，而人力漕运不易，卿能公勤御众，使仓庾充实〈校记：广本庾作廪〉，所助多矣。然民力有限，国用无穷。卿宜益勤抚恤，俾军士乐于趋事，虽久而不怨，斯国家所赖不浅也，勉之勿怠。"

（明太宗实录，卷 233，2253）

172. 秋八月辛卯朔，癸卯，山东临清县南板闸各置官。

（明太宗实录，卷 240，2286）

173. 冬十二月庚寅朔，戊午，是岁，馈运北京粮三百五十四万三千一百九十四石有奇。

（明太宗实录，卷 244，2301）

永乐二十年（1422）

174. 春二月戊子朔，乙未。命平江伯陈瑄充总兵官，率领舟师攒运粮储赴北京。

（明太宗实录，卷 246，2307）

175. 十月乙酉朔，壬寅，工部言："河南开封府，仁和门外土城堤，旧离黄河五里余，河自边村，经独乐冈南入淮。北河决而西荡啮城堤，虽屡修筑，旋复冲决，宜浚故道以弭其患。"从之。

（明太宗实录，卷 252，2354）

176. 闰十二月甲寅朔，壬午，是岁，馈运北京粮三百二十五一千七百二十三万石。

（明太宗实录，卷 254 下，2364）

永乐二十一年（1423）

177. 春正月癸未朔，庚寅，巡按山东监察御史陈济言："淮安、济宁、东昌、临清、德州、直沽，商贩往来之所聚，今建都北京，而四方百货倍于往时，其商税宜遣人监闸一年，以为定额，庶无侵欺之弊。"从之。

（明太宗实录，卷 255，2365）

178. 春正月癸未朔，丁未，命平江伯陈瑄充总兵官，率领舟师漕运粮储赴北京。

（明太宗实录，卷255，2366）

179. 夏四月辛亥朔，己卯，兵部言：“河南新开河道淤塞，其所设封丘县之中滦，仪封县之大冈，祥符县之清河，山东曹县之宁川、双河，郓城县之顺〈校记：广本抱本顺下有济字，是也〉，濮州之飞云七驿，船夫空间〈校记：抱本间作闲〉，请设河南卫辉府之卫源、彰德府安阳县之回隆、山东馆陶县之陶山、临清县之清泉、大名府之大名县之艾家口〈校记：旧校大名府之，删掉之字〉、浚县之新镇、平川，内黄县之黄池，凡八驿。而移中滦等七驿夫及船，于彼递送。革开河一路〈校记：广本抱本革下有新字，是也〉，大冈、陈桥、双河、顺济递运所，以夫船添拨。卫辉至东昌一路，旧有南管陶五等处递运所递送。”〈校记：旧校五等改等五〉从之。

（明太宗实录，卷258，2377-2378）

180. 夏五月庚辰朔，丙戌，设直隶淮安府山阳县移风闸，置闸官一员。

（明太宗实录，卷259，2379）

181. 秋七月己卯朔，壬寅，是日，皇太子令工部筑通州抵直沽河岸。

（明太宗实录，卷261，2389）

182. 十月戊申朔，己酉，平江伯陈瑄言：“每岁馈运，若悉令输京仓，陆行往还八十余里，不免延迟妨误。计官军一岁可三运，请以两运赴京仓，一运贮通州仓为便。”皇太子从之。

（明太宗实录，卷264，2405）

183. 十二月戊申朔，丁丑，是岁……馈运北京粮二百五十七万三千五百八十三石。

（明太宗实录，卷266，2421）

永乐二十二年（1424）

184. 春正月戊寅朔，癸巳，命平江伯陈瑄充总兵官，率领舟师攒运粮储赴北京。

（明太宗实录，卷267，2425）

185. 夏五月乙亥朔，丁丑，浙江台州府临海县言："广济等处河道淤塞，水闸颓坏，乞修浚。"皇太子谕工部臣曰："春秋慎用民力，而饥不时〈校记：抱本饥作机，是也〉，可令农隙修筑。"

（明太宗实录，卷271，2451）

明仁宗实录

1. 永乐二十二年九月癸酉朔，壬辰，致仕平江伯陈瑄上言七事："一曰……二曰……三曰苏民力。今天下岁运粮饷，惟湖广、浙江、江西三布政司，及直隶苏松等府州〈校记：三本州下有县字，是也〉，去北京甚远，又河道有洪闸坝及浅冻之阻，往复踰岁，所费数倍正粮。上逋公祖下妨农务〈校记：旧校祖作租，是也〉，皆由于此。乞令运于近便淮安、徐州等处交纳。别令官军接运至北京，如此则民力可苏，而农务不妨。又快船、马船二三百料者，所装运物货不过五六十石，每船已有官军二三十人，又于缘河军卫有司添差军民递送。常拘集军民听候接递，听候日久，有至冻饿失所者，乞行革罢。"

（明仁宗实录，卷2下，0070-0072）

2. 永乐二十二年十二月壬寅朔，是岁，馈运北京粮二百五十七万三千五百八十三石。

（明仁宗实录，卷9，0194）

明宣宗实录

洪熙元年（1425）

1. 六月己亥朔，甲寅，命平江伯陈瑄充总兵官，率舟师漕运赴北京，兼镇守淮安抚辑军民，所领官军悉听节制。

（明宣宗实录，卷 2，0033）

2. 六月己亥朔，乙卯，上以营建山陵，敕平江伯陈瑄发运粮军五万人助役。

（明宣宗实录，卷 2，0042）

3. 十一月丙申朔，癸亥，浚仪真瓜州坝河。先是平江伯陈瑄奏：“仪真瓜州坝下河道，年久淤塞，请发附近军民疏浚。”上以冬作方兴，姑俟农隙。至是命镇江、扬州、常州三府，仪真、扬州、镇江三卫，共以军民二万疏浚。仍命瑄董之。

（明宣宗实录，卷 11，0316-0317）

4. 十二月丙寅朔，乙未，是岁……漕运北京米豆二百三十万九千一百五十石。

（明宣宗实录，卷 12，0343）

宣德元年（1426）

5. 三月乙未朔，庚申，行在工部尚书吴中奏：“自通州抵仪真缘河所贮材木，宜令平江伯陈瑄所部粮舟回还者顺载赴南京。”又言：“南京修殿宇缺材木，请关钞遣人于湖广、江西买用。”上曰：“若往湖广江西买木，道远劳民，可以运回南京材木用之。”

（明宣宗实录，卷15，0416-0417）

6. 五月甲午朔，丙午，陕西邠州淳化县丞吴整言："去岁秋，臣自京师通州，舟行抵河南卫指挥府，缘河两岸见漂流骨骸〈校记：旧校改作骸骨〉，并往者坏钞法，枭令示众之尸，俱未埋瘗，乖天地中和之气。亏皇上覆载之仁，乞令郡县悉为埋瘗。仍常遣人巡视，遇有遗骸官为瘗之，毋使暴露。"上谕行在礼部尚书吕震曰〈校记：吕震前已卒，实录此条所记有误。宝训亦作吕震〉："文王仁及朽骨，丞所言当从之，即施行勿缓。"

（明宣宗实录，卷17，0460-0461）

7. 五月甲午朔，庚申，总兵官平江伯陈瑄奏："山东临清至徐州河水多浅，置闸亦多，宜常加修浚，庶几漕运无阻。今岁雨少舟行尤难，比年山东按察司副使郭振，缘河专督疏浚，后取回司，事遂废弛。乞仍令振与山东运粮都指挥辛显同督疏浚。"从之。

（明宣宗实录，卷17，0469）

8. 八月壬戌朔，己巳，（按：宣宗即将亲征汉王高煦）命："丰城侯李贤，侍郎郭琎、郭敦、李昶等督饷运。"

（明宣宗实录，卷20，0529）

9 冬十一月庚寅朔，癸巳，行在工部奏："去年冬，平江伯陈瑄总军夫疏浚仪真瓜洲坝下河道，至岁终罢役。今尚有未疏导者，请仍以旧集军夫及时用工。"从之。

（明宣宗实录，卷22，0592）

10. 十二月庚申朔，己丑，是岁……漕运北京米豆二百三十九万八千九百九十七石。

（明宣宗实录，卷23，0625）

宣德二年（1427）

11. 三月己丑朔，癸巳，行在户部奏："浙江等布政司，直隶苏松等府，秋粮应纳淮安、徐州仓者，为数甚多，恐催征稽缓，有妨攒运，请分遣廷臣督之。"上命都察院右佥都御史李浚，通政司左通政朱侃，鸿胪寺少卿刘顺、王勉〈校记：广本王误黄。王勉官鸿胪寺少卿，见宣宗实录497，2080页〉，及巡抚苏松大理寺卿胡概，参政叶春分督。

（明宣宗实录，卷26，0675）

12. 八月丙辰朔，乙酉，赐平江伯陈瑄所统运粮官军钞，指挥八锭，千户、卫镇抚六锭，百户、所、镇抚五锭，旗军四锭，俱于淮安杨州官库支给。

（明宣宗实录，卷30，0792）

13. 九月丙戌朔，己酉，行在户部尚书夏原吉奏："京师文武官吏旗军，并工作军士夫匠，用粮数多，虑仓储不给，请以浙江、江西、湖广并直隶苏松等府，今年定拨淮安、徐州秋粮，发民运赴通州仓。其平江伯所运淮安等仓粮，少则于南京仓内关运。"上从之。命侍郎王让、曹本金、庠苏瓒，副都御史陈勉往督其事。

（明宣宗实录，卷31，0812）

14. 十二月甲寅朔，癸未，是岁……漕运北京米豆三百六十八万三千四百三十六石。减免天下官田等项税粮，计米麦一十万四千八百七十九石有奇。

（明宣宗实录，卷34，0873）

宣德三年（1428）

15. 二月癸丑朔，庚午，行在户部尚书夏原吉奏："今河冰已解，去年秋粮多运至通州。询知无赖军民及官攒斗级，或邀截揽纳，或令堆积近仓留难不收，相与盗窃。请遣官巡察。"上曰："江南军民运粮至此，艰难已极，而小人为害如此，其令侍郎李昶及监察御史主事各二人，亟往巡视。粮未收者即收〈校记：影印本即字模糊〉，奸人偷盗及揽纳者擒之。"

（明宣宗实录，卷37，0911）

16. 三月癸未朔，癸巳，上谕行在工部曰："畿内百姓采运柴薪，闻甚艰难，自今止发军夫于白河、浑河上流山中采伐。顺流运至通州及芦沟桥积贮以供用，可少苏民力。"

（明宣宗实录，卷40，0974）

17. 三月癸未朔，癸卯，行在户部尚书夏原吉言："钦奉敕旨，仓廪之粮，为奸人盗窃常数万计，当加关防之术。谨遵圣谕究其作弊之端，皆亡赖者私通官攒人等偷盗〈校记：皆亡赖者，广本作皆无赖之人〉。又或揽纳虚收，亦或冒支倍出，所以亏耗为数不少。犯者虽皆问罪，不悛者仍蹈作非〈校记：广本礼本作作前，是也〉，而北京各仓尤甚。今拟内外卫所仓，各就一处，各筑垣墙。每仓各置一门，榜曰：某卫仓。屋三间为一廒，廒复置一门，榜曰；某卫某字号廒。若收支之际，验是纳户及应关粮之人许入，余人不许。其斗斛准洪武中制度。官为较勘，印烙木筹于上刊年月〈校记：广本于作之〉，及提调官吏姓名，上青下红，亦用印烙。凡斗斛筹非官印烙者不用，私造者问罪。京仓每季以监察御史，户部属官，锦衣卫千、百户各一员，往来巡察。各仓门，以致仕武官二员，率老幼军丁十人守把。仓垣墙外置冷铺，以军丁三人提铃巡警。其致仕官半年而更。外仓令都司，布政司，按察司设法关防，巡按御史常加点视。凡内外仓军民偷盗，官吏斗级通同者，被人首告得实，正犯处斩。仍追所盗粮，全家徙戍边卫，给其家产一半赏首告者。尝同盗后能首者免本罪，亦给被首者家产之半充赏。其揽纳虚收及虚出通关者，罪同偷盗。”上从原吉言，命揭榜中外戒约。

（明宣宗实录，卷40，0985-0986）

18. 四月癸丑朔，壬戌，上谕行在兵部侍郎王骥等曰：“南北两京官船络绎往来，须当爱惜人力。近闻南京运送诸物，来者每船所装皆未及半，而经过之处，一体添拨军夫接送，虚劳人力，宜如旧例，令襄城伯李隆及南京工部，都察院，锦衣卫，各委官监视。凡有运送务令满载，若仍踵前弊具奏罪之。”

（明宣宗实录，卷41，1005）

19. 夏四月癸丑朔，丙子，直隶清河县知县李信圭奏：“本县地广人稀，路当要冲〈校记：广本礼本要冲作冲要〉。南北二京，直隶、浙江等十布政司，及诸番国运送官物，俱经本县发民挽舟。初无定数，部运之官，挟势多索逼迫无厌，壮丁尽行，役及老幼，妨废生理，不得休息。宣德元年，兵部尝移文有司，公事急者每船与民夫五人，缓者不与。二年以来，官船往来愈多，民夫不限名数，管运官旗军校，任意需索。一船或二十五人，或三十人，甚至四五十人，凶威所加莫敢谁何。本船军士日给行粮，坐卧自得，或遇风顺，民夫步追不及，则尽取所赍衣粮，俾受寒饿。且本县南至山阳县，北至桃源县，皆六十里，总百二十里。视前途桃源县至宿迁县，宿迁县至邳州，俱百二十里。其道里适均，乞以清河、安东、沭阳三县民，更番附桃源县助役为便。仍乞申明元年定例，量事缓急，定与人数，庶得少宽民力。”上命行在兵部如例处置。

（明宣宗实录，卷41，1017-1018）

20. 六月壬午朔，甲申，行在工部奏："北京浑河水溢，冲决卢沟河堤百余丈。今水势日增，伤民田稼，请令北京行部，行都督府，役军民兼修。"上曰："此不可缓，令昼夜并力用工。"

（明宣宗实录，卷44，1077）

21. 六月壬午朔，庚寅，上谕行在工部臣曰："缘河堤岸，每岁多是预防，今年雨多，潦水泛溢必伤田禾，宜遣官督军卫有司巡视。稍有溃决，即用修筑。其他卑薄之处，亦令增高培厚，庶不为患。"

（明宣宗实录，卷44，1079）

22. 六月壬午朔，辛卯，总兵官平江伯陈瑄奏："初选武职能干者运粮，近都司卫所〈校记:《圣歌记》近下有各字〉，别以小弱老病者代之，又岁限正月起运。今有稽延至三四月未至者，操船军有故，亦不拨补。乞令各都司卫所，皆委能干官，造册记名专令督运，不许别差。操船军缺，即为拨补，庶免漕运稽迟。"上谕行在户部臣曰："北京仰给漕运，用非其人，则事堕矣！今后敢有不差原委官及军缺不补，都司卫所正官首领官，俱罚俸半年。仍敕瑄漕运，或别有长策，足使公私两利者计议以闻。"

（明宣宗实录，卷44，1080-1081）

23. 六月壬午朔，丁酉，霖雨，通州河溢，水及城趾深一丈余〈校记：抱本趾作址〉，城坏者一百三十余丈。

（明宣宗实录，卷44，1083）

24. 六月壬午朔，丙午，直隶大名府滑县民奏："运官豆七千六百石至通州，已输仓者五千余石，余皆在舟。忽风雨暴至，舟覆并操舟者七人皆溺死，乞免陪输。"上谓行在户部臣曰："人且溺死豆可问乎？其免之。"

（明宣宗实录，卷 44，1092）

25. 六月壬午朔，丁未，命左都御史刘观巡视河道，敕谕之曰："比年以来，缘河提督官徇私灭公，贪弊百出。侍郎曹本催督秋粮，所至诸闸作威肆虐，唯已所督运者得度，其他处运粮及军民商贾皆不得行。舟楫积滞雨水骤发，伤坏者多。今特命卿自北京直抵南京巡视，凡河道淤浅，闸坝损坏，躬自提督修浚，务俾舟楫顺利输运无阻，公私两便。卿其夙夜尽心无怠，所事庶称委任。"

（明宣宗实录，卷 44，1092）

26. 秋七月辛亥朔，乙亥，命行在工部修通州白富二河桥梁。

（明宣宗实录，卷 45，1112-1113）

27. 十二月戊寅朔，辛巳，行在工部言："通州要儿渡河决，水从东注，而正河浅涩舟行不便，请发民修筑。"从之。

（明宣宗实录，卷 49，1181）

28. 十二月戊寅朔，壬午，总兵官平江伯陈瑄奏："今年应赏运粮官军钞未给，请俟明年春运粮至京给之。"上谓行在户部尚书郭敦曰："一年勤苦赏以酬劳，岂可候明年？"敦言："淮安，山东德州等处官库，所收钞多，请遣官会同平江伯如例支给。"从之。

（明宣宗实录，卷 49，1181）

29. 十二月戊寅朔，丁未，是岁……漕运北京米麦豆，五百四十八万八千八百石。减免天下官田等项税粮，计米麦一万一千八百六石有奇。

（明宣宗实录，卷 49，1197）

宣德四年（1429）

30. 正月戊申朔，戊辰，总兵官平江伯陈瑄言："山东济宁以北旧河，自长沟至枣林闸百二十里，沙土淤塞漕舟难行。今冻渐解，馈运将兴，约计用十二万人疏浚，半月可成。”命山东起集民丁，与今运木军士相兼同工。

（明宣宗实录，卷50，1206）

31. 二月丁丑朔，戊寅，命隆平侯张信，同太监沐敬，浚河西务河道及修堤岸。先是河西务要儿渡等处河岸冲决，命行在工部修筑，水急民少久无成功。至是命信等往，督发在京操备军士万五千人益之。

（明宣宗实录，卷51，1213）

32. 二月丁丑朔，乙巳，德州民奏：“本州路当冲要，每遇运物官船经过，例给丁夫，而督运者多不守法，威逼有司，以一索十，以十索百。前者未行，后者踵至。本处丁夫不敷，有司无计，或执商贩行道贫人，以足其数。督运者中路逼取其资，无资者，至解其衣而纵之。有为所逼迫不胜而赴水死者。在船军士本用操舟，乃得袖手而坐。所载私货多于官物，缘路发卖率以为常。乞敕所司禁约。”事下行在兵部兵部奏：“请自今运物马船快船，俱令掌船者每船预置木牌一，大书本船军夫数目、姓名。有急运应增者，上水不过七人，所司给与印信、帖子，大书所增贴于牌上，以牌竖于船头，所过有司如牌所增给之。下水不给，违者许被害之人及有司指实以闻。仍遣内外官，不时缘路搜检，私载物货〈校记：抱本物货作货物〉，究治其罪，庶使小人知所警惧。”从之。

（明宣宗实录，卷51，1236-1237）

33. 三月丁未朔，乙亥，行在户部左侍郎李昶奏：“江南官吏率民运粮至者京师，力士军校工匠之亡赖者，多端诈伪，强索财物及揽纳诓骗，扰害非小，乞严禁止。”上命行在都察院揭榜禁戒，锦衣卫遣人缉捕。

（明宣宗实录，卷 52，1260-1261）

34. 四月丙子朔，丁亥，上语右都御史顾佐等曰："临清以南诸闸，专为蓄水以便行舟，比闻闸官罢软，多为权势所协〈校记：广本抱本协作胁，是也〉，不时开放轻泄水利。强梁者即度，良善者候经旬日，甚至忿斗，溺死者有之。尔即揭榜禁约，惟进荐新物者舟行不禁，其余不分公私，必候积水及则方得开闸。若有公事不可缓者，即于所在官司，转给马驴以行。有仍前胁制，及听从者皆论罪不贷。"

（明宣宗实录，卷 53，1276-1277）

35. 四月丙子朔，戊子，上以军民每岁漕运劳苦，欲少苏其力，使岁运不乏。命行在工部尚书黄福，往经略之。敕谕福曰："国家馈饷悉出江南，比岁以来输运转艰，必尽处置之宜，庶几经久之道。今命卿同平江伯陈瑄计议，凡民间所运税粮，当于何处置仓收贮，令官转运或不必置仓，令军民输运如旧，务处置得宜，使公私两便。其缘河运木，皆由河水浅涩，用力故劳，当如何疏导人乐趋事。诸闸积水旧有定规，而挠于豪横，启闭不时，水利日消，公私皆滞。甚者至于颓废，当如何修治，使上下通行无壅。凡诸漕事一以委卿，必皆适所宜，必悉革旧弊。尤须抚绥军民，斟酌其力，不可过于烦劳。且严禁下人毋肆扰害。卿国之大臣，朕所倚任，必夙夜祗勤悉心殚力〈校记：广本抱本力作虑〉，上副朝廷之命，下副军民之望。钦哉！"

（明宣宗实录，卷 53，1277-1278）

36. 六月丙子朔，辛巳，命山东三司遣官专理河道〈校记：广本遣作选〉。时，总兵官平江伯陈瑄奏："济宁长沟至枣林闸，河道淤浅，漕运不便。初朝廷专命侍郎蔺芳，及山东三司遣官督视疏浚，往来无阻。比年不遣大臣，惟都司、按察司有官如旧督视，而布政司亦不遣官，乞令遣官如故。仍乞敕三司所遣官专理河道，不与他事，庶几以便遭运〈校记：礼本遭作漕，是也〉。”从之。

（明宣宗实录，卷55，1308-1309）

37. 六月丙子朔，壬午，浙江山阴县主簿李孟吉奏：“本县粮八万四千五百九十六石有奇，中以一万四千五百石运赴北京通州，水陆之费凡费三石可致一石。其余输于缘海卫所者，过洋度坝，每石亦须加倍有奇。又有遭风沦溺者，以此粮多亏欠。乞以所纳于通州者，改纳淮安、徐州，令官军催运。其纳缘海卫所者，改于宁波府仓收贮，以俟关支，庶民易输纳军饷不缺。”上命行在户部从之。

（明宣宗实录，卷55，1309-1310）

38. 六月丙子朔，壬午，湖广华容县耆民言：“去年十月，兵部移文湖广布政司，分拟驿船递运船〈校记：广本抱本拟作拨，是也〉，赴直隶杨州〈校记：抱本礼本州下有府字〉、仪真递运。缘本府城陵驿并递运所，上至长沙、常德、澧州、荆州，下至湖广，俱有六七驿之程。明山古楼驿船八艘，上至常德小江驿，并安乡驿〈校记：礼本乡作县〉。南平驿水行一百八十里，至华容驿一百六十里，又下至城陵驿一百一十里，析为四路，而总三江。况路当要冲，若云南、四川、贵州、广西等处土官贡献，皆由于此，递运往来，尚且未定〈校记：旧校改定作足〉。乞免分拟〈校记：广本抱本拟作拨，是也〉。”上皆从之。

（明宣宗实录，卷55，1310-1311）

39. 六月丙子朔，庚子，行在户部掌部事、太子太师郭资等奏所议漕运便宜事。先是敕工部尚书黄福，同平江伯陈瑄议催运粮储〈校记：广本抱本催改作攒，是也〉，瑄等言：“江南民粮，昔于淮安、徐州、临清置仓收贮，令军转运赴北京。后因官军多有调遣，江南之粮令民自运北京，路远违期，有误供给。今淮、徐、临清仓廒犹存，宜令江西、湖广、浙江之民，运粮一百五十万石贮淮安仓。

苏、松、宁国、池、庐、安庆、广德，民运粮二百五十万石贮徐州仓。应天、镇江、常州、太平、淮安、杨州、凤阳及滁、和、徐三州，民运粮一百五十万石贮临清仓。山东、河南、北直隶府州县粮，俱令运赴北京仓为便。”又言：“运粮官军多调发营造，并下西洋等项，各卫拨补皆老弱余丁，及有畏难而逃者。又运粮至京，因缺仓廒及少斗斛，收受迟误。又连年催运，军船虽遣人采木修理，然损坏者多。民粮既就近上仓，减省其力，请以明年为始，量地远近与粮多寡，如淮安上粮民船十抽其一，徐州十三抽一，临清十五抽一，给与官军兼旧船运载。若河道淤浅，闸霸损坏〈校记：旧校改霸作坝〉，即时用工修浚，然后移咨工部，庶不稽误。”上命行在户部同尚书蹇义、夏原吉、杨士奇、杨荣及六部都察院堂上官，六科给事中议可否。至是义等议：“除淮安仓收贮及河南、山东、北京郡县粮如瑄所言外，会计徐州仓可增粮二十四万石，临清仓可增七十余万石。其官军差遣者，令各卫拨补，并预定空闲仓廒，增置斗斛。江南民船量地远近，抽摘及浚河修闸，俱请依瑄所奏。”从之。

（明宣宗实录，卷 55，1320-1322）

40. 七月乙巳朔，己未，直隶河间府献县奏：“本县柳林口堤岸，为水冲决，计一十丈有奇。水势骤急，奔注漫散。长丰荣乡，三堤口等村，淹没军民田苗。乞命河间卫及有司发军民协力修筑。”从之。

（明宣宗实录，卷 56，1335-1336）

41. 八月乙亥朔，辛巳，浙江海盐县耆民奏：“本县岁征马草一十二万包输京师，舟涉江海，运载艰难，往往于近京之地市纳。乞如永乐间例，远县马草，每包折米或料豆五升，如秋粮上仓于近京州县。每粮五升征草一包为便。”命行在户部议。

（明宣宗实录，卷57，1351）

42. 八月乙亥朔，甲午，监察御史陈祚奏："扬州府邵伯闸坝，旧设官二员，民夫二百三十人，置盘车挽过舟船。今高邮湖堤及仪真瓜州坝岸高固，河水积满，舟经邵伯皆是平流，闸坝官夫尽为虚设。而白塔河上通邵伯，下注大江，凡直隶、苏、松、常州及浙江诸郡公私舟楫，以孟子河至瓜州〈校记：抱本州作洲〉，江涛险恶，多从白塔河往来〈校记：抱本塔作答，明史地理志作塔〉。然河既浅狭，且有不平之处，若遇少水未免艰阻。如以邵伯闸坝官及夫，移于白塔河，稍加疏浚，又置闸积水，以通浙江苏松之舟，实为利便。"上命行在工部勘实，果利便则从之。

（明宣宗实录，卷57，1365）

43. 十一月癸卯朔，戊申，运粮指挥卢贞奏："率军士漕运，因风浪坏船，滞留在途，今天气已寒，乞于近河仓分收贮为便。"上谓行在户部曰："河冰将合，粮船难行，其已过武清者令于通州仓收，未至者于武清仓收。"

（明宣宗实录，卷59，1413）

44. 十一月癸卯朔，丙辰，总兵官平江伯陈瑄奏："自徐州至济宁，河水多浅，转运甚难，今遣官巡视谢沟、胡陵城、八里湾、南阳浅，及东昌梁家乡浅，师家庄仲家浅，皆当置闸。其徂徕诸山泉源所出，旧有湖塘今多淤塞。乞加修浚，庶有停蓄得以通利往来。"从之。

（明宣宗实录，卷59，1418-1419）

45. 十一月癸卯朔，戊午，平江伯陈瑄奏："指挥王成及千百户等官，漕运违期，并军士输粮不足者，悉请罪之。"上谕行在户部臣曰："漕运甚艰，违限官记罪，军士粮不足者，令来年补纳。"

（明宣宗实录，卷59，1419）

46. 十二月癸酉朔，甲申，增置通州等卫仓副使。时，行在户部左侍郎李昶，专督仓廪言：“通州等卫仓，岁收粮各四五十万石，每仓止副使一员，攒典一人。虽有经历，常以计事赴部不在职，又各仓文籍，皆识字军掌行，历久弊多。乞每卫仓增置副使二员，及通书算攒典四人。”上命行在吏部悉从之。原用识字军尽令还伍。

（明宣宗实录，卷60，1430）

47. 十二月癸酉朔，乙酉，南京大理寺少卿吕升言：“江南之民，运粮至北京者，不谙河道险易，稍与官军漕舟相遇，势不能敌，被其欺凌。至吕梁则负米登岸，俟船上洪。又负入舟，迟留不下半月，宜于洪之西岸置仓收贮，如平江伯所行事例，令军船运载。”又言：“江南粮长之设，专督粮赋，近时永充粮长。恃其富豪，肆为亡赖，交结有司，承揽军需买办。往往移已收粮米别用，辄假风涛漂流为词，重复追征，深为民患。请令郡县各增置官一员，专率粮长催征，使不得干预诸事。”上谕行在户部臣曰：“吕梁洪贮粮，宜令平江伯陈瑄，尚书黄福，计议可否？粮长害民事，令郡县官督察究治之。”

（明宣宗实录，卷60，1431-1432）

48. 十二月癸酉朔，辛丑，是岁漕运北京米豆，三百八十五万八千八百二十四石。减免天下官田等项税粮，计米麦二万一千五百七十九石有奇。

（明宣宗实录，卷60，1441）

宣德五年（1430）

49. 三月辛丑朔，己巳，平江伯陈瑄言馈运四事：“一南京及直隶卫所运粮官军，递年选下西洋及征进交阯，分调北京通计二万余人。又水军右等卫官军，今年选下西洋者亦多，俱无军拨补。今江南民粮止运于淮、徐、临清三处，却令官军运赴北京，比之上年须增攒运以足岁用。然军少加运亦艰，乞以南京并湖广、江西、浙江及直隶卫所附近府县，清出远年迷失旗军，见在寄留操备者，选其精壮补数。一山东都司旧调兖州护卫旗军一千三百人运粮，宣德元年，鲁府奏留修理王府，本司以登、莱、宁海、胶州四卫所旗军拨补。缘俱近海路远来迟，况其军士不谙水运，往往误事。今济宁等卫旗军，亦有拨缘海备御者，请令所有司计议〈校记：旧校删去有字〉，以登、莱等卫所官军遣还备御。仍以兖州护卫所留官军，或济宁等卫，贴守捕倭官军运粮。一湖广都司瞿塘、衡州、九溪、永州、永定〈校记：广本无此二字〉、茶陵、长宁、夷陵，直隶宁山、潼关、汝宁等卫所官军，每岁以路远来迟有误运粮，请以湖广武昌及河南宣武等卫所，清出寄操旗军代之。其湖广瞿塘等卫运粮官军，止令专于本处采木，每年一送至淮安造船，庶省民力。一浙江缘海昌国等卫运粮官军，已经奏内地卫所官军易换。然嘉兴、松江等处，俱系偏僻之地，守御官军别无操备，亦无他役。请以拨补各卫欠数，领船运粮。”上悉从之。

（明宣宗实录，卷 64，1524-1526）

50. 夏四月辛未朔，壬申，上御左顺门，谕行在工部尚书吴中等曰：“方今正当播种，缘河烧砖运石军民，皆罢遣归农，毋以末务妨之。”

（明宣宗实录，卷 65，1527）

51. 五月庚子朔，癸卯，总兵官平江伯陈瑄言：“淮安西湖河岸，乃牵挽舟船往来通路，比因风浪冲激，岸多崩塌，桩木不存。淮安府满浦五坝，闸废已久，其官吏坝夫俱无差役，乞令守视西湖堤岸，遇有损坏就令修治。”从之。

（明宣宗实录，卷 66，1552）

52. 五月庚子朔，丁卯，命永康侯徐安，行在工部侍郎罗汝敬，自张家湾抵直沽，缘河提督运木。

敕令设法俾军民商贾舟楫通行，不相妨碍。如何岸冲决〈校记：旧校改何作河〉，就督军夫修筑。

（明宣宗实录，卷 66，1567）

53. 六月庚午朔，丙戌，命行在户部揭榜禁戒〈校记：广本戒作约〉，中官人等不许官船夹带私盐货物。

（明宣宗实录，卷 67，1582）

54. 六月庚午朔，己丑，行在户部奏：“自仪真瓜州北至临清，河水浅涩，舟行争殴，至有伤人命者。请于各洪闸及人烟辐辏之处，令法司官一员监视〈校记：馆本无一员二字〉，遇有争殴就治之。”上命行在刑部遣主事，都察院遣监察御史各一人，满岁则更，事轻即决遣。若干人命重事，则奏来。

（明宣宗实录，卷 67，1584）

55. 七月己亥朔，己酉，行在都察院右都御史顾佐奏：“户部言，仪真、瓜洲、淮安、吕梁、徐州、济宁、临清，公私舟船往来交错，阻塞河道，漕运不便，奏请遣御史等官巡视禁约。今仪真等处俱有御史监收课钞〈校记：广本课下有税字〉，就令通行巡视瓜洲、淮安、吕梁三处。请令刑部各遣官一员，遇有犯者，同御史依律鞫治。”从之。

（明宣宗实录，卷 68，1597）

56. 七月己亥朔，丁巳，行在吏部郎中赵新，自江西还言：“临清河道窄狭，往来舟楫阻滞。广积仓纳粮民船，离仓湾舶〈校记：广本抱本舶作泊，是也〉，负米上仓甚艰。乞遣官会平江伯陈瑄，于仓东南开月河泊船。于河北置坝一所，则车船往来皆便〈校记：广本车船作舟船，抱本礼本作车船〉。”又言：“今两河民船俱计料收钞，而官船及运粮船一概征纳，民力既艰，宜加蠲免。”上谕行在户部臣曰：“二事皆利于民，开河置闸令平江伯计议。用人力多少，即及时兴功〈校记：旧校改功为工〉。船载官物及秋粮者俱免收钞。”

（明宣宗实录，卷 68，1600-1601）

57. 七月己亥朔，戊午，巡按直隶监察御史余思宽言：“张家湾两河，多有逋逃军民工匠，或潜匿人家，或为盗贼〈校记：抱本盗贼作贼盗〉，宜遣人密察捕治。”上谓行在户部曰〈校记：广本部下有臣字，是也。〉：“逃岂人情所欲，必有不淂已者，可揭榜示之。合十日内，凡逃逸者许自首。军匠还役，民还原籍。限外不首者治罪，若非逃逸而于河岸生理者，听。”

（明宣宗实录，卷 68，1601-1602）

58. 七月己亥朔，壬戌，行在户部奏：“各处仓粮多有欺弊，请遣官于京城新旧大仓，直抵临清、淮安、徐州等处巡视，一应事宜俱从区画，遇有奸弊具实奏闻。又各处仓廒收受之时，宜别委官监督都，庶几关防严密，出纳分明，宿弊可革。”

（明宣宗实录，卷 68，1606）

59. 八月己巳朔，丙申，山东都指挥佥事辛显卒。显，秦州秦安县人，累官至陕西临洮卫指挥佥事。永乐二十二年，升山东都指挥佥事。洪熙元年，领军于淮安，隶总兵官平江伯陈瑄运粮。宣德元年，奉命同山东按察司副使郭振，往来提督临清等处河道闸坝，至是卒。讣闻，赐祭。子铭，袭山东济南卫指挥佥事〈校记：广本袭下有为字〉。

（明宣宗实录，卷 69，1632-1633）

60. 冬十月戊辰朔，癸酉，总兵官平江伯陈瑄言：“运粮官军，例以九月终休息修船〈校记：广本终作中〉。南京中都留守司，直隶卫所船，于淮安修。山东等都司船，于临清修。湖广、江西、浙江都司，皆回原卫修。俱令有司给材料，乞如例遣放。”又言：“往年俱选能干精壮官旗管运，军船俱集，馈运易完。比因河浅，转漕颇艰〈校记：广本漕作运〉，原选官旗贿求他役，来者皆老疾幼弱，不能钤束军士。乞敕巡按御史，布政按察二司，及原漕运都指挥，凡军多卫分，选举指挥二员，军少者一员。其千百户下〈校记：旧校删下字〉，皆选能干之人运粮，军士亦选精壮者，悉限明年正月至淮安攒运为便。”又言：“自临清至安山河道，春夏水浅舟难行，漳湫西南旧有汉河通汴，朝廷尝遣官修治。遇水小时，于金龙口堰水入河，下注临清，以便漕运。比年缺官，遂失水利，漕运实难，乞仍其旧。”上命行在户部悉从其言。

（明宣宗实录，卷 71，1661-1663）

61. 闰十二月丁酉朔，乙丑，是岁……漕运北京米麦豆五百四十五万三千七百一十石。减免天下官田等项税粮，计米麦七十四万六千一百四十四石。钞四百九十八锭绵一百二斤有奇。

（明宣宗实录，卷 74，1733）

宣德六年（1431）

62. 二月丙申朔，己亥，命浚金龙口，引河水达徐州以便漕运。用御史白圭之言也。

河南布政司言：“祥符县旧有新开河，直抵仪封县黄陵冈，凡四百五十余里，中多淤塞，请加疏浚。”从之。

（明宣宗实录，卷 76，1761）

63. 六月癸巳朔，乙巳，行在工部言：“通州西门通京师，仓廒亦在门外，而月城、角门旧砌窄狭，止通小车单行。今行者多，常壅塞不便，请更而广之。”上命侯农隙改作。

（明宣宗实录，卷 80，1854-1855）

64. 六月癸巳朔，丁未，顺天府固安县奏：“今夏久雨，浑河涨溢，冲决徐家等口。”上命行在工部发民修筑。

（明宣宗实录，卷 80，1857）

65. 六月癸巳朔，乙卯，上临朝谕通政司官曰：“今官军别无调遣，止是运粮。比者小人怀奸〈校记：广本者作年〉，辄造诬词，牵连告讦，以求苟免。今后运粮官军，有诉讼者，皆遣还平江伯运粮，事毕送法司鞫问，著为令。”

平江伯陈瑄奏：“岁运北京粮四百余万石，役军士一十二万人。连年输运，当苏其力，乞于浙江、湖广、江西，苏、松、常、镇，太平等府，佥民丁及军多卫所添军，与见运军士通二十四万人，分为两班。每岁用一十二万人攒运，余一十二万人伺候更替，可为经久之计，少节军人之劳。又法司所问囚徒，内有宥死、充军、赎罪者，请发临清以北，缘河置卫编伍为军，令其屯种。又江南之民，运粮赴临清、淮安、徐州上仓，往返将近一年，有误生理。而湖广、江西、浙江及苏、松、安庆等官军，每岁以船至淮安载粮，若令江南民粮，对拨附近卫所，官军运载至京，仍令部运官会计〈校记：三本令下有户字，抱本无部字〉，给与路费耗米，则军民两便。又自仪真至通州，闸坝或时损坏，泉源或时壅塞，请于济宁置都水司设官吏。而缘河州县，依浙江治水之例，各铨官专职其事。又委在京堂上官二员总督，以时役民修筑闸坝，浚导水源，不必琐碎申达，则舟行无阻转输不误〈校记：广本作而转输亦不误矣〉。”上谓行在户部曰：“所言可行，然不知于军民果利便否？遣侍郎王佐，往淮安与瑄及尚书黄福，再议可否以闻。发囚徒立卫，置都水司，缘河设官姑止之。”

（明宣宗实录，卷80，1860-1862）

66. 八月癸巳朔，癸巳，巡抚侍郎于谦奏：“今年七月黄河暴溢，淹没河南开封府所属，祥符、中牟、阳武、通许、荥泽、尉氏、原武、陈留八县民居田稼。

（明宣宗实录，卷82，1891）

67. 八月癸巳朔，甲辰，天津右卫仓副使纪拳奏：“比城外军家失火，飞焰入城，烧三千余家，延及仓廒，焚粮七万一千石有奇，焦灼不堪用者一万五千五百石有奇。今法司追问，令臣等陪纳，缘火起有因，陪补实难。“上命都察院遣人勘实以闻。

（明宣宗实录，卷82，1898）

68. 八月癸巳朔，己未，浚白塔河及仪真等坝河。先是监察御史陈祚言：“白塔河宜开浚置闸。”又侍郎赵新言：“宜浚白塔河及仪真旧江口、钥匙河、黄泥滩、清江闸，俱宜疏导。”上遣主事潘厚及扬州、淮安府官审视，仍与平江伯陈瑄议可否，及所用人力。至是厚还奏：“开浚实便，白塔河、仪真坝河，约用四万五千八十人，计四十日可完。清江闸河，用一万八千人，计十五日可完。”上从之。于是行在工部，请发扬州、淮安军夫，先开白塔河置闸，工毕，就浚清江闸、仪真钥匙河。上曰：“三处用工劳人太甚，其仪真钥匙河，俟明年农闲修浚。”

（明宣宗实录，卷82，1907-1908）

69. 九月壬戌朔，庚午，命增造临清广积仓，度可容三百万石。

（明宣宗实录，卷83，1915）

70. 九月壬戌朔，辛未，修张家湾并通州南门桥道。

（明宣宗实录，卷83，1915）

71. 九月壬戌朔，戊子，直隶武进县民奏：“闽浙官民舟船及今漕运，必由本县孟渎河出，逆行三百余里始达瓜洲坝〈校记：抱本洲作州〉，往往为风浪漂溺。县旧有新河四十余里，出江正对扬州府泰兴县新河。入至泰州坝一百二十余里，至扬子湾，出运粮大河，比今白塔河尤为便利。第岁久泥淤，难通重载，乞加修浚实为便利。”命平江伯陈瑄侍郎周忱审计。

（明宣宗实录，卷 83，1926-1927）

72. 冬十月壬辰朔，丁巳，行在兵科给事中李蕃言：“每岁里河运粮军士，及送官船之民有病死者，官旗夫甲辄弃尸水中，及河两岸波浪漂流，犬狸啮噬，深负圣明恤下之意。乞敕所在郡县，及总兵官平江伯陈瑄等，严戒官旗夫甲，凡有疾者，令医疗治。死者所管之人，即与收殡立牌〈校记：广本牌作碑〉，识其姓名，于回日令旗甲亲邻，收骨归葬。”上闻之恻然，命行在礼部即如所言行之。

（明宣宗实录，卷 84，1938）

73. 十一月壬戌朔，戊辰，初，天津右卫仓副使纪拳奏，因军士家失火，延烧居民三千余家，并及仓廒米，被焚者一万五千五百石有奇。法司责限追偿〈校记：抱本偿作赔〉，命行在都察院勘实以闻。至是勘复所言皆实。上曰：“风火非人力所能制，其免追。”

（明宣宗实录，卷 84，1947-1948）

74. 十一月壬戌朔，丙子，行在户部定官军兑运民粮，加耗则例。先是平江伯陈瑄言：“江南民运粮赴临清等仓，若与官军兑运加耗，与之民免劳苦，得以务农，军亦少有赢利。”命侍郎王佐往淮安，与瑄等再议，以为可行，上复命群臣议。至是吏部尚书蹇义等议奏：“其法实便军民，加耗之例，请每石湖广八斗，江西、浙江七斗，南直隶六斗，北直隶五斗。民有运至淮安，兑与军运者，止加四斗。如有兑运不尽，令民运赴原定官仓交纳。不愿兑者听。自运官军补数不及，仍于杨州卫所〈校记：礼本杨作扬〉，备倭官军内摘拨。其宣德六年以前，军告漂流运纳不足者，不为常例。许将粟米、黄、黑豆、小麦抵斗于通州上仓。军兑民粮，请限本年终及次年正月，完就出通关，不许迁延妨误农业。其路远卫所，就于本都司填给勘合。”从之。

（明宣宗实录，卷 84，1948-1949）

75. 十二月壬辰朔，庚戌，增置北京及通州仓。命成国公朱勇拨军士用工，丰城候李贤董其役。

（明宣宗实录，卷 85，1973）

76. 十二月壬辰朔，庚申，是岁……漕运北京米麦豆，五百四十八万八千八百石有奇。减免天下官田等顷税粮，计米麦六万五百九十一石，丝一百七十三斤有奇。

（明宣宗实录，卷 85，1978）

宣德七年（1432）

77. 春正月辛酉朔，己丑，重建大兴县平津闸，修通州羊营闸桥。时，平津之水冲闸，堤岸皆圮。羊营者輓运所经之路，桥坏已久，行在工部以闻。故有是命。

（明宣宗实录，卷 86，1994）

78. 二月庚寅朔，辛亥，命行在刑部右侍郎樊敬，往同平江伯陈瑄，工部尚书李友直，查理缘河漂失竹木。时，缘河所运竹木漂失者，军民多私取之。上闻之曰：“此皆取自深山，劳费不赀，朝廷不得用而为奸人之利，岂可不究？”于是命敬往。又戒其详慎，毋事烦扰。

（明宣宗实录，卷 87，2008）

79. 三月庚申朔，壬戌，顺天府言：“坝州范家口河，旧设官舟三艘，以济往来，年久坏烂，请改造，仍置水夫四人操济〈校记：广本人作名〉。”从之。

水决固安县马庄等处堤岸，命顺天府发民修筑。

（明宣宗实录，卷88，2025）

80. 三月庚申朔，癸亥，行在工部尚书李友直奏：“通州至直沽河道，纡曲尤多，滩浅舟行阻滞。永乐中尝命侯伯一人总督浚治，乃得通行。请如故事。”上命行在户部侍即王佐往督之。

（明宣宗实录，卷88，2026）

81. 四月己丑朔，辛卯，总兵官平江伯陈瑄等言：“新开白塔河工毕，其河南出大江，北通扬州，去旧所设巡检司颇远，宜于江口添置巡检司〈校记：广本置作设〉，以御盗贼。”从之。

（明宣宗实录，卷89，2038-2039）

82. 四月己丑朔，丙辰，设……直隶扬州府江都县潘家庄闸、大桥闸、江口闸、新开闸，各置闸官一员。

（明宣宗实录，卷89，2053-2054）

83. 七月丁巳朔，壬申，置吕梁漕渠石闸。初，平江伯陈瑄，以吕梁上洪，地陡水急，漕舟难行。奏准令民于旧洪西岸凿渠，深二尺阔五丈有奇，夏秋有水可以行舟。至是复欲深凿置石闸二，时其启闭以节水，庶几往来无虞。事闻。命附近军卫及山东布政司，量发民夫工匠协力成之。

（明宣宗实录，卷93，2116-2117）

84. 秋七月丁巳朔，乙酉，平江伯陈瑄言：“高邮郡城西北湖中有神祠古碑，载神姓耿，名遇德，宋哲宗时人。其天性忠实聪明，死而为神，屡昭灵感，累封至灵应侯，庙额曰康泽。至今其神有灵，人祷之者，舟行无没溺之患，旱熯有甘澍之应，请令有司春秋祭祀。”上谓礼部尚书胡荧曰（按：荧作濙）：“神有功德及民，应在祀典，果如瑄所言有应，其令有司以时致祭。”

（明宣宗实录，卷 93，2120-2121）

85. 八月丁亥朔，壬寅，修通州通流闸及南海子红桥等闸。

（明宣宗实录，卷 94，2131）

86. 九月丙辰朔，甲申，行在户部奏：“比者平江伯陈瑄言，总督官军一十三万，岁运淮安、临清等仓粮，五百万余石赴北京，人运粮四十石。春初河浅，舟行甚艰，夏秋有水，又多漂流损失。而军士亦有疾病逃亡者，粮多不足，请增兵。今议于南京豹韬左等卫及各都司，直隶卫所军余内增拨，通一十六万人。”从之。

（明宣宗实录，卷 95，2162）

87. 冬十月丙戌朔，丙戌，增置通州卫通济仓。通州卫、定边卫、神武中卫、通州左卫、通州右卫仓，副使各一员。

（明宣宗实录，卷 96，2163）

88. 十一月丙辰朔，辛酉，命行在户部遣人驿〈校记：广本驿作驰〉，召平江伯陈瑄及各处催粮侍郎赵新等，俱以岁终至京。时，上欲知漕运难易，粮赋征收，一切军民利病，各令面陈其事。故召之。

初行在户部右侍郎王佐言：“通州至河西务，河道浅狭〈校记：广本狭作窄〉，漕船动以万计，兼四方商旅，舟楫往来无港汊可泊。张家湾之西，旧有浑河，若疏浚，近京师一二十里，更加充广，潴为巨浸，令可泊船，公私俱便。”命都督冯斌，尚书李友直，同佐审视。至是斌等以图进。上览之，谓：“其役重大，命姑止之。”

（明宣宗实录，卷 96，2174-2175）

89. 十一月丙辰朔，壬戌，总兵官平江伯陈瑄奏：“近浙江等都司所属绍兴等卫所，选运粮，少壮军士不足，仍以老弱代之。又有中途逃匿者，共六千余人。乞敕行在五军都督府，兵部审究。原卫果无堪补，别于军多卫所，选精壮者足之。”上命成国公朱勇同兵部议。勇等言：“各卫所军士，近年止是运粮，别无差调。若老弱逃匿者遽于别卫拨补，彼为得计，来年仿傚愈多，请遣人如数追补。仍领原督官率领〈校记：广本抱本仍领作仍令，是也〉。”从之。

（明宣宗实录，卷96，2176）

90. 十二月丙戌朔，辛亥，总兵官平江伯陈瑄至京，言运粮四事：“一浙江等都司所属卫所，运粮最多，每至岁终始得休息。春初复行，其官军有缺者须补，船有坏者须修治。然每都司止都指挥一人总之，地里广远，催督难遍，或致稽误。诸卫官军，又有往运遵化诸处粮储者，军船亦多，亦无都指挥总督。窃议每都司宜用都指挥二人总之。其一专理船军，其一专督转运，互相更代，庶几责有所归。今龙江卫指挥李琮等总督粮运，岁久勤慎，可胜其任，乞敕铨注。一永乐中，运粮官皆历练老成之人，故粮储不乏。今直隶仪真诸卫，指挥张纲等，率皆懦弱奸顽，往往粮运耗欠，船坏不修。来年若更用之，误事兹甚〈校记：广本抱本兹作滋，是也〉。乞敕选能干指挥代之。一各卫运粮军士，有为所管官以公事责罚，心坏小忿〈校记：广本抱本坏作怀，是也〉，搜求细故，诬害之者。亦有官畏运粮，谋托军士诬告，以图罚役就闲者，往往如此，有误军饷。乞敕该府该部，继今有如此者，准在京运粮例，自备船，令缺船官军管运，有情重者别议，庶使讼简弊革。一河南都司，弘农卫指挥吕源等，宣德五年，于徐州广运仓，转运官粮凡四千八百石，中道委弃逃归。已摘别卫官军为之看守，责令次年补运。又于蒲沟，守冻露积在岸，仍复弃归已，别遣指挥李进督运。今岁所运粮，又欠运一万六千余石。如此顽慢弛事，法所难恕。乞敕法司鞫治以警其余。”上命所司详择以闻。

（明宣宗实录，卷 97，2199-2201）

91. 十二月丙戌朔，甲寅，是岁漕运北京米麦豆，六百七十四万二千八百五十四石。减免天下官田等项税粮，计米麦七十九万七千五百五十二石，绵一百五十五斤，绵布二百九十八匹有奇。

（明宣宗实录，卷 97，2202）

宣德八年（1433）

92. 春正月乙卯朔，癸亥，行在工部奏："总兵官平江伯陈瑄言，运粮军士增多，宜再造船三千艘，请于湖广、江西、浙江三布政司支官钞，市木造二千艘，四川布政司产木州县，造五百艘。旧海船损敝者，改造五百艘。"从之。

（明宣宗实录，卷 98，2204）

93. 二月乙酉朔，壬寅，设直隶沛县新兴闸、谢沟闸、湖陵城闸，山东鱼台县南阳闸、八里湾闸、堂邑县梁家乡闸，置闸官各一员。

（明宣宗实录，卷 99，2225-2226）

94. 三月甲寅朔，己巳，行在工部尚书吴中奏："京城及通州仓廒未完，缺坻匠〈校记：旧校改坻为瓦〉、窑匠，请用武功三卫及大兴、宛平二县，黑窑等匠余丁，给与口粮助役，工毕遣回。"从之。

（明宣宗实录，卷 100，2246）

95. 四月甲申朔，丙戌，命都督同知冯斌、郑铭，尚书李友直等董修在京及通州仓。上谕之曰："务为坚久毋徒劳民。"

（明宣宗实录，卷 101，2257）

96. 八月辛巳朔，癸未，平江伯陈瑄之子仪奏："臣父董漕事在淮安患痰气疾，乞归省。上命太医院选良医一人，同仪驰驿往视瑄。敕瑄曰："闻卿婴疾，深轸朕怀，卿历事祖宗多历年岁，矧今南方饷运，国之重务。倚卿董督，任尤匪轻，今特遣卿之子仪，以名医一人往视卿。其专精神，慎药食〈校记：广本食作石〉，蚤臻康复，以副付托。"

（明宣宗实录，卷104，2323）

97. 八月辛巳朔，丁未，改作通州驿。时，行在工部奏："通州水马驿，俱隘陋弊坏〈校记：广本弊作敝〉，外夷朝贡使臣，往来者多，无宿顿之舍，请增广并为一所。"上命尚书李友直，督本州民，同通州五卫军士协力营之。

（明宣宗实录，卷104，2336）

98. 闰八月辛亥，壬申，以杖罪及徒流人充通州递运夫。时，顺天府奏："通州路当要冲，四方贡献方物日多，递运所旧额夫少，乞益以罪囚千人充夫，满日如旧拨补。"上命法司议。请如所言："以民人、弓兵、皂隶、及受赃官吏，犯杖徒流者充役。杖罪役一年，徒流依年限供役。"从之。

（明宣宗实录，卷105，2352）

99. 十月庚戌朔，丙寅，平江伯陈瑄卒。瑄字彦纯，直隶庐州合肥县人。自少机警，有智略，善骑射。初随父官成都，以舍人参侍大将。屡试以事，甚见奖重，袭父职，为成都右卫指挥同知。率所部兵，会云南兵，讨小百夷，力战败贼。复讨番寇贾哈剌，主将使瑄将轻兵，从间道袭贼砦，击破之。获其酋，械送京师。升四川行都司都指挥同知，寻升右军都督佥事。建文中，命瑄总舟师江上防御。太宗皇帝举兵靖内难，至江北，瑄以舟迎济。授奉天翊运宣力武臣，特进荣禄大夫、柱国，封平江伯，食禄一千石。赐白金钞币，追封其三世。永乐中，岁董漕事。初率舟师由海道运粮百万石，以给北京及辽东。又建百万仓于直沽，筑天津城。四年归至沙门岛，遇倭寇，追剿至金州白山岛〈校记：抱本山作沙，明史陈瑄传作山〉。后数备倭海上。十年，复领海运。十一年，筑通州捍海堤。时，朝议以海运艰险，浚山东旧河通北京。瑄建议造平底浅舟以运，人便之，岁增运至三百万石。又建议于淮安城北，开清江浦，由管家湖入鸭陈口，以达清河，免度坝及风涛之患〈校记：广本免上有庶字〉。又缘管家湖筑堤十余里，以畜水益河，且便行者。于清江浦河上，及徐州、临清、通州皆置仓受粮〈校记：广本受下有收字〉，以次转运。疏仪真、瓜洲坝下渠，凿吕梁徐州洪，徬乱石于刁阳湖。南望湖皆筑堤〈校记:《明史·陈瑄传》望作旺〉。缘河多置闸以时闭泄，利舟楫，凡所经营具有条理。洪熙初，言经国利民七事。曰："重基本、择贤良〈校记：抱本良作才〉、苏民力、兴学校、整军伍、谨边备、定漕运。"仁宗皇帝嘉之，降敕奖谕赐钞币，令子孙世袭伯爵，至是有疾。上敕赐慰谕，遣名医往视。瑄自知不起，封上所受制命，及漕运印，遂卒。讣闻。上悼惜之，辍视朝一日。追封平江侯，谥恭襄，赐祭。命有司治丧葬。

（明宣宗实录，卷 106，2378-2380）

100. 十二月庚戌朔，丙子，是岁……漕运北京米五百五十三万一百八十一石。减免天下官田等项税粮，计米麦一十八万二千三百七十八石有奇。

（明宣宗实录，卷 107，2406）

宣德九年（1434）

101. 三月戊寅朔，丁亥，上以都督冯斌〈校记：礼本冯作马〉、尚书李友直、参政李新督修在京及通州仓久不完，而漕运至者多露积，降敕切责之。时，工部方修城楼，敕令停工，夫匠皆往通州仓助役。令尚书吴中往来提督，御史一员巡视，迟误罪之。

（明宣宗实录，卷109，2445-2446）

102. 三月戊寅朔，丙午，通州卫把总、都指挥佥事刘斌奏："运粮及递送官船，皆泊通州东关，河道不足以容。按城北旧有海子，宜开凿置二闸，可以积水通船。"上命成国公朱勇，同工部尚书吴中等往视之。勇等还言："工费浩繁，卒难就绪。"上曰："今东作方兴，乌可役民？俟秋成再议之。"

（明宣宗实录，卷109，2458）

103. 六月丙午朔，丙辰，行在工部尚书吴中奏："北京城东南，有雨水磨及通惠河诸闸，皆为河水所坏。今南门外旧有减水河，若加疏凿长二十余丈，即与郊坛后河通流，可泄水势。"上曰："盛夏炎暑，未宜疲劳民力，姑缓之。"

（明宣宗实录，卷111，2490）

104. 六月丙午朔，庚午，水决北京浑河东崖〈校记：三本崖作岸，是也〉，自狼窝口至小屯厂。

（明宣宗实录，卷111，2497）

105 六月丙午朔，乙亥，右副总兵都指挥佥事吴亮言："督粮船万余艘已达北河，而河水泛溢难进，且河西务东西上下水，决堤岸一十五处，奔流迅激，势益猛悍，重载之舟恐失利，乞早修筑。"上命行在工部发军民修筑，命丰城侯李贤总督之。

（明宣宗实录，卷111，2499）

106. 秋七月丙子朔，辛巳，修淮安府常盈仓。

（明宣宗实录，卷111，2501）

107. 八月乙巳朔，壬子，行在工部奏："通州城垣及北门坝道，俱为雨潦颓坏，请令通州左等卫修葺，令都指挥刘斌董之。"上曰："城垣为雨坏者非止通州，宜及农隙并力修治。"

（明宣宗实录，卷 112，2514）

108. 八月乙巳朔，戊午，行在工部言："浑河东狼窝口等岸，比为水冲决，已役军夫二千五百人修筑。工力不足，请于直隶河间、真定、保定三府无水灾之处，起民夫协力修治，庶易成功。"从之。命都督郑铭董其役，凡役夫俱给口粮。

（明宣宗实录，卷 112，2516）

109. 冬十月甲辰朔，甲子，行在兵部右侍郎李郁言："比奉命往通州至仪真，视水驿路程远近，增置之宜。盖通州至仪真驿，俱洪武永乐中所设。路程无甚间远，惟通州杨村至杨（按：杨下应有柳字）青，山东梁家庄至甲马营，开河至济宁州南城驿，比之他驿稍远。每驿可添船五艘，请以法司罪囚应徒者，编发各驿，买船递送，满日更代。"从之。

（明宣宗实录，卷 113，2554-2555）

110. 冬十月甲辰朔，乙丑，修北京文明门外桥及南门外减水河闸。

（明宣宗实录，卷 113，2556）

111. 冬十月甲辰朔，丙寅，行在户部奏："比者平江伯陈瑄言：'漕运官军有犯，除重罪外，无黜降迁调。请量轻重，罚运淮安、徐州仓米赴京赎罪，'已准所言。今议流罪六十石，徒罪五等，自五十石至二十五石。杖罪五等，自二十石至八石。笞罪六石至二石。"上览之曰："所罚过重，命流徒各减十石，杖罪每一十运一石，笞罪一十运五斗。"

（明宣宗实录，卷 113，2558）

112. 十一月甲戌朔，癸巳，上以天寒河冻，命罢遣缘河运木军民各归休息，候来年春暖赴工。

（明宣宗实录，卷 114，2570）

113. 十二月甲辰朔，壬申，是岁……漕运北京米麦豆，五百二十一万三千三百三十石。减免天下官田等项税粮，计米麦七千三百九十三石有奇。

（明宣宗实录，卷115，2595）

明英宗实录

宣德十年（1435）

1. 三月癸酉朔，丙子，行在工部奏："见修在京仓廒未完，欲借漕运军一千名助工，请令督运官减所运粮，先遣至京。"从之。

（明英宗实录，卷 3，0064）

2. 五月壬申朔，己亥，罢文明、惠河闸官吏，减文明门至通州六闸夫〈校记：旧校删门字〉。初，永乐间欲通漕舟，直至京城，置此六闸，俱设官吏。征取江西、湖广、河南民二千三百余人为闸夫。其后漕舟竟不能至，而闸夫逃亡者过半。至是吏部侍郎赵新言："闸夫逃避，所司逮捕累及无辜。"事下行在工部奏〈校记：广本抱本部下有复字，是也〉："止将在役者七百五十余人存留，其老疾者放遣，逃亡者俱勿追。文明、惠河二闸既展入城中，宜罢其官吏。"从之。

（明英宗实录，卷 5，0113）

3. 秋七月庚午朔，己卯，修桑干河桥，通州直沽要儿渡口等处堤岸〈校记：抱本要作要〉。

（明英宗实录，卷 7，0135）

4. 九月己巳朔，壬辰，攒运粮储总兵官及各处巡抚、侍郎与廷臣会议军民利益，及正统元年合行事宜上闻："一、运粮官军兑运各处民粮赴京者，量加耗米，以地之远近为差。湖广、江西、浙江每米一石加耗六斗〈校记：广本耗下有米字〉，南直隶五斗，江北直隶四斗〈校记：旧校删江字〉，徐州三斗五升，山东、河南二斗五升。民运至瓜州、淮安兑运者，正粮尖斛耗粮、平斛耗粮，以三分为率，二分与米一分，以物折之。民愿自运者，于临清收受。一、正统元年运粮四百万石，京仓收十之四，通州十之六。一、各处置立济农义仓，收贮赈济米，及诸色种子。令州县正官提督，遇有凶札，依旧制及时给散。秋成偿官，每季具数申部〈校记：广本部作详〉，不许侵欺及他用，违者治罪〈校记：广本治罪作重治〉。一、临清、徐州、淮安仓粮，各差监察御史一员监收。一、山东、河南、湖广、江西运粮官军，今岁存留本处操备及他役者，正统元年悉仍运粮。一、松江府近因少米〈校记：广本少米作米少〉，征收黄豆一万石。比运到京〈校记：广本到作至〉，多有湿烂〈校记：广本烂下有不堪二字〉，宜依时直，改收绵布解京。一、运粮官军每岁止关行粮二石，各仓收粮多有势豪无藉之徒〈校记：抱本各下有处字〉，通同仓官攒典诳诱民财〈校记：广本攒作吏〉，宜令巡仓巡按、监察御史伺察究治。一、瓜州风浪险恶，舟难久泊，宜令民就高阜囤米听兑。一、淮安清江浦、淮河口及济宁至东昌运河浅滞，宜加疏浚。一、徐州吕梁洪，原引睢水入焉，今睢水过隋堤，会汴入淮，各洪浅狭，宜于凤池口或归德州新堤处设闸，复引睢水以济各洪。一、沙湾张秋运河，旧引黄河支流，自金龙口入焉。今年久沙聚，河水壅塞，而运河几绝，宜加疏凿。一、彰德河往时东入卫河，至临清与运河会，今北流入滹沱，而卫河亦浅，宜障而东之。一、运粮总兵官及巡抚官，岁以八月赴京议事。”上以所议皆当，从之。

（明英宗实录，卷 9，0179-0181）

5. 十一月戊辰朔，辛未，山东布政司右参政王晉言三事：“……三、临清县客旅、军囚、盗贼人等，变易姓名，混淆杂处不下数千余家。舟车辐辏，物货停积，况有百万仓粮，实为要地，无城池门禁。泰安州四面皆山，濮州草泊旷荡，乞于临清筑城。泰安州、濮州各调一千户所守御，庶地方无虞。”上命行在礼部会官议行。

（明英宗实录，卷 11，0203-0204）

6. 十一月戊辰朔，甲申，浚治金龙口。初，巡按河南监察御史李懋言："河南开封府，祥符县金龙口旧河，西通黄河，东接张秋、临清，近来淤塞，乞令所司疏浚以通舟楫。"事下行在工部复奏："请于农隙时，量起附近军民协力疏浚〈校记：广本浚作通〉，仍以所在官员董役。"从之。

（明英宗实录，卷 11，0208-0209）

7. 十二月戊戌朔，丙寅，是岁，漕运京师攒运过粮四百五十万石。

（明英宗实录，卷 12，0228）

正统元年（1436）

8. 三月丁卯朔，壬申，行在户部奏："各处漕运将至。仓廒无空闲者，请预给在京官吏军校人等夏季三月俸粮。"从之。

（明英宗实录，卷 15，0279）

9. 三月丁卯朔，乙酉，行在工部奏："修在京并通州仓及造三百万石仓。已摘拨运粮军士及通州左等卫军余协助。乞敕行在右军都督府左都督陈怀同本部尚书李友直董役。"从之。

（明英宗实录，卷 15，0291）

10. 六月丙申朔，乙巳，南京装运胡椒、苏木快船一百艘至京〈校记：广本抱本快上有马字〉。上命留五十艘备用。非奉敕旨不得应付以次更代。故为留难者，罪之。

（明英宗实录，卷 18，0355）

11. 七月甲午朔，己酉，运河要儿渡决，行在工部奏："请令副总兵、都督佥事武兴发漕运军士，及近河军卫有司发丁夫并力修筑。”上以漕卒不可重劳，特敕太监沐敬、安远侯柳溥、尚书李友直别为从宜区处。

（明英宗实录，卷20，0393）

12. 八月甲子朔，丙子，修通州城垣坝道。

（明英宗实录，卷21，0411）

13. 九月癸巳朔，甲午，攒运粮储总兵官及各处巡抚侍郎至京，会议军民利便事宜以闻。一、运粮官军兑运各处民粮，来京输纳加耗则例：湖广、江西、浙江每石六斗五升，南直隶五斗五升，江北扬州、淮安、凤阳四斗五升，徐州四斗，山东、河南三斗。若民人自运至淮安、瓜洲等处兑与军运者三斗。正粮尖斛，耗粮平斛。务令军士装载原兑，干圆洁净粮输纳，抵易粗粝者罪之。民不愿兑，令自运至临清仓纳。一、兑运民粮，务挨年终及次年正二月以里兑完，毋令迁延妨误农事。一、正统二年运粮四百五十万石内，兑运二百八十万一千七百三十五石。淮安仓支运五十五万二百六十五石，徐州仓支运三十四万八千石，临清仓支运三十万石，德州仓支运五十万石。通州收六分，京仓收四分。林南东店仓收二十万石〈校记：抱本店作东，无十字〉。一、正统元年，浙江、江西、湖广、河南、南北直隶，该起运临清、徐州、淮安仓粮，量数改拨存留以苏民力〈校记：抱本拨作派〉。一、民人载粮至瓜洲、淮安兑运，就令杨州、淮安府卫，委官与仓官、攒典见数交兑。一、河南凤阳淮安等府州县，岁歉薄收之处，许将菉豆小麦抵斗兑运。一、镇江府新港坝，至常州奔牛坝运河一百五十里，原有水车。车卷江潮灌注河内，通利舟楫。浸溉田禾，年久废弛。宜命巡抚侍郎提督有司，支给官钱置车，给坝官领之，以时灌注通漕溉田。一、浙江等处军民运船，俱由常州夏港孟渎河出，或河道浅涩争占搀钺〈校记：广本抱本钺作越，是也〉。宜专委工部主事一员提督，令军民粮船务循资次，争占搀越者罪之。主事事闲之时，仍听巡抚侍郎差遣催粮。一、松江华亭、上海二县，灶户充粮长者，止令办纳本户盐课，不许谋充总催头目，庶税粮盐课两不妨误。一、东南漕运船，俱于瓜洲过坝。原有东西二港，置坝一十五座。永乐中营造立厂贮木，东港淤塞，止存西港七坝。比年大江风浪险恶，粮船无港收泊，多至失所。请以堆贮木植归并附近，取回看厂内外官员。革去厂房，仍疏东港，修筑旧坝以通漕运。一、南京运粮官军行粮，就于应天原定南京各卫，秋粮内平斛兑支。一、运粮军士有年老软弱，家道贫窘者，宜于西洋停止军旗及减省跟官军伴内选补。一、金龙口水接张秋大黄寺，风池口水接徐州吕梁二洪，俱是引水通运之处。宜令工部委官一员巡视提督，遇有淤塞，会同河南三司鸠工疏浚〈校记：抱本三作二〉。一、徐吕二洪，中溜窄狭〈校记：抱本溜作流，疑误〉，水浅石峻，重船至彼，剥空方可往来。洪西原有小河，运木剥浅甚为便利。宜于农隙之时，量起附近军夫，命管洪官提督疏浚。合用剥船水车，令江西、湖广、浙江卫所给之。仍令淮安船厂改造小船备用。一、运粮总兵官，处词讼繁夥，必得理刑官员。见有刑部郎中一员，在彼提督税粮，合就委之相兼问理。一、浙江沿海三十七卫所，因无府县令，卫所掌管仓廒官军，怙势胁制仓攒，虚出通关，掯勒纳户，索取财物，其害为甚。请特差风厉御史一员〈校记：抱本厉作力，疑是也〉，一年一代巡视仓粮，禁革奸弊……一、南京三十五卫所，浙江等都司，中都留守司，南直隶卫所运船，俱在淮安清江浦修改放支物料，动计百万。原无衙门，止委龙江提举司掌管，工部委官提督。宜如卫河提举司例，设立清江提举司，铨官铸印，拨吏书办。一、苏松等处官仓，原有洪武中颁降铁斛升、斗。年久废失，出纳之际，军民受弊。合令府县，量计合用铁斛升、斗，备料送付南京该部，会官依式铸造，颁给备用。一、直隶睢阳、归德二卫，与河南所属睢州、归德州等处民人兑运粮米，就于本处交兑。每石加耗三斗。一、运粮官军口粮二石五斗，于本处仓给之，不许以豆麦支与。本处仓无粮，许于存留内平斛兑支。一、南京各卫，合用都指挥一员提督屯种。一、运粮总兵官、巡抚侍郎，正统二年俱于八月赴京议事。上命："俱准行之。其差拨官员，必遴选公廉干济之人以往，毋使因而扰民违者，必罪不宥。"

直隶河间府献县奏："滹沱河溢决大郭鼋窝口堤〈校记：抱本鼋作灶〉，乞命河间府遣官及河间等卫，与献县协力修筑。"从之。

（明英宗实录，卷22，0421-0426）

14. 九月癸巳朔，己酉，升行在工部郎中王孜为行在通政使司右通政。孜巡视济宁等处河道九年考满。运粮总兵、都督佥事武兴保留复任。事下行在吏部奏："拟复职升正四品俸。"上以孜勤谨无过，宜升其职。故有是命。

（明英宗实录，卷22，0439）

15. 十月癸亥朔，甲戌，造通州白河浮桥，以马快船及预备运砖船为之。

（明英宗实录，卷23，0461）

16. 十一月壬辰朔，丁未，总督漕运都督佥事王瑜等奏："验视得清河等县老人康守中等所言，淮河清澈已踰一月，是实事。"下行在礼部尚书胡濙等以为祯祥，率百官称贺。上不允。

（明英宗实录，卷24，0479）

17. 十一月壬辰朔，己酉，命在京官军俸粮于通州支给。时，行户部奏〈校记：广本抱本行下有在字，是也〉："粮储输京城者十之四，输通州者十之六，以便漕挽。然京城仓有余而粮不给，通州粮有余而仓不足。请令在京军于通州转运赴京。"上以转运重劳军士，令就于通州支给。

（明英宗实录，卷 24，0482）

18. 十一月壬辰朔，丁巳，修张家湾通济仓。先是管粮通政使李暹奏："欲移置张家湾通济仓于通州。"行在户部、工部议如所请。令漕运总兵官、都督佥事王瑜量遣运粮军三千人兴役。至是瑜奏："臣所领运粮船二万有奇〈校记：抱本二作三〉，今两处交纳，河道稍得疏通。若并于一处〈校记：抱本并作遇〉，不免阻塞。况通济仓虽有损敝，易为修葺。若欲移之，则其所费数倍。三千人必不能办，请仍旧修葺为便。"从之。

（明英宗实录，卷 24，0487）

19. 十二月壬戌朔，乙丑，是岁……漕运京师攒运过粮：四百五十万石。各处运纳粮：一百四万三千六百八十五石。减免天下官田等项税粮：计米麦四十三万九百八十二石有奇。

（明英宗实录，卷 25，0514）

正统二年（1437）

20. 春正月辛卯朔，丁巳，遣行在工部尚书李友直祭告潞河之神。以堤岸冲决欲兴工修理也。

（明英宗实录，卷 26，0526）

21. 春正月辛卯朔，戊午，减省直隶扬州府邵伯镇闸坝官吏，并江都等县守塘夫。先是扬州府奏："邵伯镇二闸、二坝〈校记：广本抱本二作一〉，各设官吏人夫，以防高邮湖水泛溢。今湖水既平，往来无虞，乞裁其半。又江都仪真二县，有雷公上、下，句城、陈公四塘，旧设夫三百三十五人守之。今运河转输不绝，塘水宜泄入河，夫可尽罢。"事下巡抚侍郎曹弘核实。至是弘奏："塘水无源，若尽泄之，则涸矣。请仍留二百人，时其蓄泄以济运河。但旧夫隶盐运司，今改隶扬州府为便〈校记：抱本脱今以上七字，广本抱本今下有宜字〉。其邵伯镇闸坝官吏各一人，夫九十人俱宜减省。”从之。

（明英宗实录，卷 26，0528-0529）

22. 二月辛酉朔，癸酉，以运河耍儿渡决，敕五军各营发军一万，工部发畿内夫一万往筑之。

（明英宗实录，卷 27，0540）

23. 二月辛酉朔，丁丑，行在工部左侍郎李庸奏：“狼窝口堤岸累修累决，劳民无已。今修筑已完，恐犹有后患。请建龙神庙于堤上以镇之。且令宛平县复民二十户（按：应改复为富，下同），自石景山至芦沟桥往来巡视。遇水薄堤坏，辄加修治。若水势泛急，则速驰报官〈校记：抱本无官字〉，庶易修葺。”从之。

（明英宗实录，卷 27，0543-0544）

24. 二月辛酉朔，甲申，遣行在工部左侍郎李庸祭浑河神，以河岸冲决，兴工修筑也。

（明英宗实录，卷 27，0547）

25. 三月辛卯朔，庚戌，行在工部奏：“耍儿渡口修堤已完。又新开河，人甚便之。乞令武清县复民三十家（按：应改复为富），常巡视其堤，毋致倾坏。且立神庙以镇之。”上从其请。赐神号为：通济河之神。

（明英宗实录，卷 28，0566）

26. 三月辛卯朔，丙辰，行在工部奏：“运河时有淤浅，恐妨粮船往来，乞命官总督。”上以河道重事，济宁以南，敕侍郎郑辰治之。以北，敕副都御史贾谅治之。王瑜、武兴亦令更相往来，协心提督，务使河通人便。且须处分得宜，毋重劳扰。

（明英宗实录，卷 28，0570）

27. 夏四月庚申朔，戊辰，敕太监李德、都督陈怀、尚书李友直曰：“京城及通州仓所系甚重，尔等提督修葺，必令完固可以经久。毋苟且，毋偏徇，毋重劳扰。”

（明英宗实录，卷 29，0577-0578）

28. 五月庚寅朔，丙午，宥山东都指挥佥事张安罪。初，安攒运粮储，提调临清闸，擅役官军以造私室。事觉，上命安自陈。安输罪。乃宥之。

（明英宗实录，卷 30，0599-0600）

29. 秋七月己丑朔，丙午，遣尚书李友直祭通济河之神。侍郎李庸祭卢沟河之神，以开筑功成也。

（明英宗实录，卷 32，0633）

30. 八月戊午朔，甲子，修八里桥。桥自京至通州往来之路，其地平广，车可兼行，今为水所败，故令修之。

（明英宗实录，卷 33，0640）

31. 九月戊子朔，壬寅，改通济废仓为通州四卫草场。从提督京仓通政使李暹奏请也。

（明英宗实录，卷 34，0662）

32. 十月丁巳朔，己未，濮州范县奏：“八月黄河溢，决民居牲畜。禾稼皆被漂没。”上命该部勘实，从宜修筑优恤。

（明英宗实录，卷 35，0674）

33. 十月丁巳朔，乙丑，修直隶六安卫城，山东聊城、阳谷二县堤岸，山西汾州、陕西金州二守御千户所城，以积雨冲决故也。

（明英宗实录，卷 35，0680）

34. 十一月丁亥朔，庚子，停追徐州广运仓亏折粮米。初，中官银作局副使阮汝丛奏：“徐州广运仓官攒人等，亏折粮米一万五千六百三石有奇。”命行在户部移文追征。至是斗级二百七十余人诉：“今年水灾，人民艰食，俟明年收成，将豆麦抵斗陪偿。”从之。

（明英宗实录，卷36，0702-0703）

35. 十二月丙辰朔，乙酉，是岁……漕运京师攒运过粮：四百五十万石。

（明英宗实录，卷37，0728）

正统三年（1438）

36. 三月乙酉朔，壬寅，巡抚直隶监察御史丘俊言〈校记：抱本抚作按，是也〉：“比闻徐州至临清闸河方春，漕舟胶浅，余舟可行。而闸官以不得贿固阻，或漕卒胁使，不得启闸。遇驰驿及豪势者过时，一启辄复闭之。及夏秋水泛，则又于闸上横桥以阻规求小利。且各闸及二洪下舟，往往失势，呼号乞救。洪闸官坐视舟坏人溺，若不闻见，其管洪闸主事等官亦恬不顾。臣思往来运河者，大抵趋事朝廷之人，而道路艰难如此，乞为禁约。且于每闸下造二小舟，每洪下造四小舟，遇凡舟过有急，官即救之，违者俱治其罪，庶使往来无虞。”上命巡按御史记洪闸官罪状。仍令管洪闸官及监收课钞御史巡察河道，不许仍蹈前非，违者必罪不宥。

（明英宗实录，卷40，0778-0779）

37. 三月乙酉朔，戊申，行在工部奏：“顺天府言：‘通州白河，自正统元年水溢，决孩儿等口，伤民田稼。’请令把总都指挥同知刘斌，及通州发夫筑塞之。”上从其请。且曰：“河决非细事，再踰年乃言之，何缓也？”工部言：“今年三月始得顺天府实报。”上命下顺天府府尹姜涛，通州掌州事、治中杨衡等于狱。

（明英宗实录，卷40，0784-0785）

38. 三月乙酉朔，壬子，升山东按察司佥事袁文为本司副使。

文提督济宁等处河道，兴水利以通输运，军民便之。九载任满，东昌等府耆民二千余人奏乞留之。故有是命。

（明英宗实录，卷40，0787）

39. 五月甲申朔，庚寅，增置山东兖州府通判一员，专督闸坝河道。从知府吾肇奏请也。

先是监察御史李在修奏："提督漕运总兵王瑜及巡河管洪、闸官，不能禁戢下人。"上令巡河官陈实。至是巡河官大理寺右少卿徐仪、通政司右通政王孜、工部郎中邓诚、员外郎郭诚、山东布政司参议孙子良等，各伏罪。上以其吐实，宥之。敕瑜等曰："比闻运粮军旗不守法度，故将船只横栏河道，沮滞民船，或逞凶殴人，夺去篙橹等物。或以整船为由，辄棰缚人，勒要财物。该管军职坐视不理。敕至，尔等即严督该管官员钤束军旗，不许仍蹈前非。如违，一体治罪不宥。"

（明英宗实录，卷42，0815-0817）

40. 五月甲申朔，壬寅，造大通桥闸成。行在工部请拨丁夫监守，且以隶附近庆丰闸官。从之。

（明英宗实录，卷42，0822）

41. 七月癸未朔，庚寅，时，有言各卫所运粮军官〈校记：抱本作官军〉，比试违限问罚，运粮、米、砖、灰，多所迟滞，误下年攒运。刑部议将各官定拟罪名，并该罚米数住俸。作为事官，送户部，令领军回还攒运。该罚粮米，就行淮安府仓关领。自备船脚赴京，纳完复职〈校记：广本纳完作完纳〉。及先次擒治运粮官，见罚工者，请查取照今例发遣。上俱从之。仍诏其余比试违限〈校记：自仍字起至次页一行之字止，馆本误复，旧校删〉，罚运米灰等项者，俱限一月纳完复职。无力罚工者，请查取照今例发遣。上俱从之。仍诏其余比试违限，罚运米灰等项者，俱限一月纳完复职。无力罚工者，俱放免。违限三年以上者，住俸。二年半二年以上者，住俸一年半。一年以上者，住俸一年。未满一年者，宥之。永为定制〈校记：广本制作例〉。

（明英宗实录，卷44，0852-0853）

42. 七月癸未朔，癸卯，巡抚河南、山西、行在兵部右侍郎于谦奏："开封府阳武县黄河决。怀庆府武陟县沁河决。归德州蝗。"直隶广平、顺德二府亦奏："漳河决，俱伤禾稼。"上命行在户部遣官复视。谦又奏："请修筑沁河以便民耕种。"从之。

（明英宗实录，卷44，0859）

43. 八月癸丑朔，己未，筑高邮湖堤，堤长四百二十五丈。旧用土筑，遇风浪撞激辄败。间用木橛、苇束蔽护，亦不经久。至是甃以砖石，复以糯米糊和灰固之，始坚致可久矣。

（明英宗实录，卷45，0870）

44. 八月癸丑朔，乙丑，直隶淮安府邳州河决，田禾伤损。山东鱼台、望乡、嘉祥三县尤甚。巡抚侍郎曹弘以闻〈校记：广本抱本抚下有右字〉。诏令随宜修筑。

（明英宗实录，卷45，0875）

45. 八月癸丑朔，辛巳，漕运总兵及各处巡抚官与廷臣会议事宜。一、近制，运粮官军犯笞杖徒流者，罚运米赎罪。然罚运之数不及该运之数，以此轻于犯法。自今有犯者，罚运之外仍运该运之米。其无力者，谪戍极边，则人知所警矣。……一、运粮官有比试违限，已经法司论断者，即令复任。于次年自备米九石，运赴京仓赎罪。上悉从之。

（明英宗实录，卷45，0882-0883）

46. 九月壬午朔，甲申，漕运左副总兵、都督佥事王瑜奏："朝廷运储皆仰给东南，柰何近年各处公差官员，多不遵禁令。上洪过闸务为搀越，致粮船违期限，军士无休日。乞申禁约。”上谓工部臣曰：“瑜言良是，其从之。”

（明英宗实录，卷46，0888）

47. 九月壬午朔，庚戌，增置山东东昌府通判一员，专理河道。以本府通判戴浩言：“所属河道八百余里，坝闸十有二所。督理疏浚必得专职。”故也。

（明英宗实录，卷46，0902）

48. 冬十月壬子朔，乙卯，先是，巡按直隶监察御史胡鉴劾奏：“巡河右通政王孜，郎中邓诚，主事侯恽，修船主事罗复礼、冯冕，放砖主事庞毅，各携家以往。居室、资费悉取给部属有司〈校记：广本抱本给下有於字，是也〉。上命都察院逮治孜等。复谕工部臣曰：“遣官多则为民害，其议并省之。”

（明英宗实录，卷47，0908）

49. 冬十月壬子朔，戊午，修崇文门外三里河桥，筑张家湾土桥〈校记：抱本土作上〉。以年久损坏，民病涉故也。

（明英宗实录，卷47，0911）

50. 十二月辛亥朔，是岁……漕运京师攒运过粮：四百五十万石。各处运纳粮：六十三万六千二百二十石。减免天下官田等项税粮：计米麦八万三千四百三十六石有奇。

（明英宗实录，卷49，0956-0957）

正统四年（1439）

51. 正月庚辰朔，戊戌，先是巡按监察御史胡鉴奏〈校记：广本胡误刘〉：“省运河官，惟存右少卿徐仪、右通政王孜南北分巡。”至是管理漕运左副总兵、都督佥事王瑜奏：“自通州至仪真三千余里，河水盈缩不时，洪闸疏治功多，而漕舟二万余艘，及官民客商往来舟楫，不可胜计。永乐间督理运河者至百二十余人。后渐裁省，宣德间犹有十余人。今若止令二人巡视，恐非所能办。”事下行在工部复奏：“请仍遣郎中孙昇等六人分督，俟漕运毕日还任，岁以为常，庶官不冗而事不误。”从之。

（明英宗实录，卷 50，0964-0965）

52. 闰二月己卯朔，庚寅，时，运粮官旗人等多有弃粮来京告讦。刑部请：“今后运粮官旗人等，有讦诉该管指挥千百户者，即将原告递回运粮。完日将应问军职，另行奏请提问。”从之。

（明英宗实录，卷 52，0998）

53. 四月戊寅朔，庚寅，张家湾通济仓草场火。凡烧草二十三万束有奇。

（明英宗实录，卷 54，1040）

54. 六月丁丑朔，壬午，小屯厂西堤为浑河水所决。通州至直沽堤闸三十一处，为雨潦所决。诏：“发附近丁夫修筑，以工部侍郎李庸董之。”

（明英宗实录，卷 56，1067-1068）

55. 六月丁丑朔，癸卯，裁省正阳门及沿河收钞监察御史，并户部主事。

（明英宗实录，卷 56，1081）

56. 七月丁未朔，庚戌，久雨，滹沱、沁、漳等水决饶阳丑女堤，献县郭家口堤，卫辉、彰德等处堤。有司以闻。诏：“随宜修筑。”

（明英宗实录，卷 57，1087）

57. 七月丁未朔，乙丑，修江都县邵伯驿起，至宝应白马湖一带堤。

（明英宗实录，卷 57，1093）

58. 八月丙子朔，丙子，久雨，白沟、浑河二水溢，决顺天府保定县及保定府安州堤五十余处。有司乞借附近丁夫协力修理。从之。

（明英宗实录，卷 58，1105）

59. 八月丙子朔，壬午，先是雨水决河西务堤岸，发顺天府宝坻等县民夫修筑。至是行在大理寺右少卿李畛，奉敕存问被灾州县。具疏请罢修不急堤堰，征回督工官员。从之。

（明英宗实录，卷 58，1108）

60. 八月丙子朔，乙未，命都督佥事武兴佩印充总兵官，管领漕运。时，左副总兵都督佥事王瑜卒，故有是命。

（明英宗实录，卷 58，1117）

61. 九月丙午朔，戊申，行在户部会廷臣并运粮等官议奏："正统五年，合运粮四百五十万石，内林南东店收二十万石。其余支运粮，俱于通州仓收兑。运粮六分京仓收四分。通州收兑运粮：二百八十万七千四百三十五石。支运粮：一百六十九万二千五百六十五石。俱于淮安、徐州、德州、临清仓关支。其官军兑运民粮加耗则例：湖广、江西、浙江三处，六斗五升。南直隶五斗五升，徐州四斗，山东三斗。浙江苏松等府人民，自愿至瓜洲兑与军者，三斗七升。至淮安兑者三斗。不愿兑者，令自运至淮安仓交纳。"上是其议，悉从之。

（明英宗实录，卷 59，1128）

62. 九月丙午朔，庚戌，行在户部会官议奏漕运船二事〈校记：广本运下有粮字〉："一、洪武、永乐中，海运粮船损坏，俱有司修造。今遮洋船亦是过海之数，年久损坏。虽称官支物料，多系军仕陪办〈校记：广本抱本仕作士，是也〉。以此船不坚固，稍遇风涛人船俱丧。合拨旧海船，着落龙江提举司添料改造。遮洋船三百五十只，送赴淮安与官军领驾。一、永乐中，里河运粮船坏，例于清江浦提举司修改。每一船官给旧料三分，新料七分，旗军同民匠修造。近年止支杉木十二根，杂木九根，旗军陪办艰难。合令南京宝船厂，支与四尺以下木及油麻等料，令军船顺带赴临清〈校记：抱本无顺字〉、淮安二提举司交收修造。庶粮船坚固漕运易完。”上是其议。命关防严密，若有透漏作毙者，令管工官具实以闻。

（明英宗实录，卷 59，1130）

63. 九月丙午朔，壬子，直隶深州滹沱河决，淹民居田稼百余里。命有司修筑之。

（明英宗实录，卷 59，1131）

64. 九月丙午朔，庚申，敕南京守备襄城伯李隆参赞机务。少保兼户部尚书王福选补运粮军士。时，漕运总兵官都督佥事武兴言：“南京各卫运粮官军，往年多有逃回者，今岁龙虎左卫逃者几二百名，若不勾补未免负累。见在军士包运，非惟粮数有亏，且使小人得计。”奏下，行在户部请敕隆等，令于本卫屯军，及见在京各卫食粮军内选补原数漕运。仍令挨捕在逃正身，依律惩治，庶奸顽有警。从之。

（明英宗实录，卷 59，1133）

65. 九月丙午朔，辛酉，给修通济河并固安堤军夫口粮，人二斗。

（明英宗实录，卷 59，1134）

66. 十月丙子朔，丁丑，工部右侍郎李庸，奉命修通济河并固安等堤，逼取平谷等县民白金事觉。逮下锦衣卫狱鞫之，皆实。上特宥庸。但罪其同行官吏分赃者。

（明英宗实录，卷 60，1141）

67. 十月丙子朔，壬午，广东道监察御史张受言：“南京差拨马快船装运荐新果品及御用物，每船所载官物甚少，而官旗私自附载客商货物，殆十倍之。甚至妇女婴儿污秽亵渎，殊无敬谨之意。乞行禁革。”从之。

顺天府大兴县请修平津闸。河间府青县请筑卫河堤岸。俱从之。

（明英宗实录，卷60，1143-1144）

68. 十月丙子朔，己丑，命工部造海运船十六艘，从山东登州卫奏请也。

（明英宗实录，卷60，1147）

69. 十二月乙亥朔，甲辰，是岁漕运京师粮四百二十万石。

（明英宗实录，卷62，1194）

正统五年（1440）

70. 春正月甲辰朔，壬子，初，监察御史李匡等言〈校记：抱本匡作佳〉：“仪真、瓜洲二坝下港浅狭，水落则大舟俱舣于江，宜浚其港。邵伯至宝应湖堤，或决辄坏民田。宜令漕舟归者载石，付所司筑堤。”事下督漕总兵官、都督佥事武兴等复之。至是兴奏：“坝下港以潮泥淤浅，农暇辄浚以为常。湖堤坏者，方兴役筑塞。若欲尽甃以石，又役漕卒，恐劳费过当。”上是其言。

（明英宗实录，卷63，1199）

71. 春正月甲辰朔，丁巳，命在京官吏旗校，预给今年二月、三月俸粮，俱于通州五卫仓关支。以各仓粮米充溢，缺仓收受新粮。从行在户部左侍郎王佐奏请也。

（明英宗实录，卷63，1201）

72. 二月甲戌朔，壬午，初，直隶淮安府知府彭远言：“永乐间，平江伯陈瑄总督漕运，于淮安西湖中筑堤十余里，为挽舟路。令淮安、满浦、南琐，三坝夫巡视之。又令漕卒顺载小木及土积之堤上，遇堤坏即修。今坝夫止役故堤弗完，请仍行瑄故事。”事下巡按御史及总督漕运总兵官核实。至是御史李彬等奏：“宜令淮安府邳州等州县，发丁夫于旁近地采杂木运之河岸，候漕舟还令载以往。若土，则令漕舟及商舟皆载以输。”从之。

（明英宗实录，卷 64，1220-1221）

73. 三月癸卯朔，乙巳，直隶淮安府盐城县奏：“伍祐、新兴二场运河壅塞〈校记：广本伍作五，抱本祐下有所字〉，阻商旅行舟，乞浚之。”事下行在工部复奏：“请下淮安府俟丰年兴役。”从之。

通州张家湾军余邵斌等九人，各立郎头、铁脸、阎王、太岁、先锋、土地等名号，往来上下马头，欺侮良善，吓骗财物，肆恶恃强，莫敢谁何。行在锦衣卫奉命擒付，三法司鞫之。狱具，当赎罪宁家。上曰：“斌等情犯深重，岂可以常律处之？皆决杖一百，与妻孥械发戍边。再犯及逃，处死。”

（明英宗实录，卷 65，1238-1239）

74. 三月癸卯朔，己未，敕南京守备、襄城伯李隆参赞机务、兵部右侍郎徐琦得奏言：“二月二十二日夜〈校记：抱本作二十五日，宝训与馆本同〉，风雨之异，朕惕然祇慎。尔等亦宜体朕心，敬天恤人。其江上所损漕运人舟，既皆漂溺无存，即令户部验数除豁，不许复有科征。各门所损垂脊兽牌等件〈校记：广本无垂字〉，悉令所司如旧修理。不许托此以重扰人。”

（明英宗实录，卷 65，1250-1251）

75. 五月壬寅朔，丁未，直隶淮安府知府彭远言：“满浦、淮安二坝及窑沟一带堤，旧用木石修筑，辄为水所败。近者复欲如前修筑，恐虚縻财力。乞更以猫竹编篓，盛石块于中，为数十矶觜，以支水势。水不能撞激堤岸，则沙土壅积益坚久矣。”上是之，令于秋后兴役。

（明英宗实录，卷 67，1285）

76. 六月辛未朔，辛未，筑溧水县叶家桥坝，浚胭脂河。初，溧水县广通镇之西，有固城湖入大江。镇之东，有三塔堆河入太湖〈校记：广本抱本堆作堰，下同，是也〉。东西之间，陆地十五里，水不相通。洪武间，凿通固城湖，水入三塔偃河，舟行甚便。后水溢为灾，筑坝于广通镇以御之。而三塔偃河，水不能至坝下，故复改筑坝于叶家桥。胭脂河自溧水入古秦淮，苏松船皆自此达南京。近为沙石壅塞，故浚之。

（明英宗实录，卷 68，1301-1302）

77. 六月辛未朔，辛卯，运河水涨〈校记：抱本运作浑〉，决龙王庙南石堤。诏遣侍郎李庸往治之。

（明英宗实录，卷 68，1313）

78. 七月辛丑朔，甲辰，修金河坝。坝在淮安山阳县，上接官河，下接盐城。永乐间，置绞关以通舟楫。后绞关坏，舟楫辄阻。又恐人窃毁坝以泄水，遂筑塞河口，而往来舟楫皆纡绕不便。至是，盐城知县乞修旧坝，置绞关以利往来。从之。

（明英宗实录，卷 69，1334）

79. 九月庚子朔，辛亥，修河西务及直沽等处河堤。

（明英宗实录，卷 71，1378）

80. 冬十月庚午朔，戊寅，命修香河县白河堤。从知县张嵩言河水冲决，民田被淹故也。

（明英宗实录，卷 72，1394）

81. 十一月庚子朔，辛亥，工部右侍郎吴政言："近者，江淮卫奏准，开疏泊船新、旧二河，欲用应天府卫军夫万人。今旱涝相仍人皆艰食，请暂罢。俟年丰疏浚。"从之。

（明英宗实录，卷 73，1415）

82. 十二月己巳朔，庚午，行在工部左侍郎李庸言：“固安堤通济河，皆已建祠设像，而祀典未秩，称谓无名，请令礼官定议封号，太常岁修时祀。”事下行在礼部议尚书胡濙等言：“洪武中，以狱镇海渎封爵〈校记：广本抱本狱作岳，是也〉，不经止称为某岳，某渎之神，一洗相沿之陋。今固安通济无缘复袭缪典，至欲秩祀太常，则永乐中开浚济宁通漕，为万世利，其祠庙尚未有常祀。今崇报之典不应有加于彼。请但于朔望，令耆老土人供奉香火。其固安堤称为泸沟河之神，通济河称为通济河之神，于礼为当。”从之。

（明英宗实录，卷 74，1431）

83. 十二月己巳朔，丁酉，是岁，漕运北京攒运过粮：四百五十万石。各处运纳粮：七十二万九千五石。减免天下官田等顷税粮：计米麦五十九万六百九十二石有奇。

（明英宗实录，卷 74，1451）

正统六年（1441）

84. 二月戊辰朔，庚辰，山东昌邑县民王坦言：“漕河时时水浅，舟行不便，漕卒至终年不得少休往者。江南尝海运自苏州太仓，转输山东胶州。胶州有河故道，可浚之。转运至掖县，再浮海至直沽，可避东北海险数千里，较之漕河似为便近。”章下行在工部言：“漕运已有成规。”事遂寝。

（明英宗实录，卷 76，1492）

85. 二月戊辰朔，辛巳，直隶高邮州知州韩简言：“州官河，西接新开湖，东通兴化县。旧设上下二闸以时启闭，舟行甚便。今闸坏河不通，且子婴沟塞，沟旁田皆荒芜。又减水阴洞常闭塞，其岸东田，旱涝辄不收，请俱浚治之。”事下行在工部，请“令扬州府核实兴役，毋轻扰民。”从之。

（明英宗实录，卷 76，1493）

86. 夏四月丁卯朔，癸巳，通州抽分竹木局言：“马快等船私货竹木，不赴局抽税。请行通州把总都、指挥同知刘斌禁之。违者治其罪，没入其货。且凡军民告拆船只，小者过广利闸，得至局前。大者不能过，则白之工部，俟得报方拆，不无琐屑。请自今不必白工部。”从之。

（明英宗实录，卷 78，1550）

87. 五月丙申朔，乙丑，徙张家湾至河西务沿河民舍三百十三家，以碍运船牵路故也。

（明英宗实录，卷 79，1579）

88. 六月丙寅朔，己卯，直隶当涂县大信巡检司前，漕河南通大江，舟行避险者悉由此行，后以江水泛涨，沙土壅积不通，有司请疏浚。从之。

（明英宗实录，卷 80，1591-1592）

89. 六月丙寅朔，壬辰，漕运右参将、都指挥佥事汤节言：“徐州至济宁诸闸，本积水以便漕舟。今使客怙威，至即起闸，吏胥莫能禁。臣见徐州吕梁二洪剥浅小船，可令给与各闸，传送使客，庶利于积水。”从之。

（明英宗实录，卷 80，1606）

90. 秋七月乙未朔，甲寅，漕运右参将、都指挥佥事汤节言：“每岁漕卒附载土物以益路费，往往为抽分司盘诘，军甚苦之，臣请勿抽分。”又言：“闸河水浅，粮艘不能进。缘河南金龙口，及山东徂徕金沟等泉，缺官提督疏浚之。故臣请遴选廉干官，分投提督，及移文河南、山东各委官及时疏理。”上皆从之。

（明英宗实录，卷 81，1626-1627）

91. 秋七月乙未朔，辛酉，总督粮储、都督佥事武兴言："湖广都司德安守御千户所，漕舟遭风破坏，其捞晒粮米二千九百九十余石。虽堪食用，不耐久积。乞将湖广都司所属卫分，该纳京仓粮内，摘拨一万九千九百四十六石于通州仓纳。撙出脚钱，补纳捞晒米数。仍将前米给与本都司各卫旗军食用。准作次年该给口粮。"从之。

（明英宗实录，卷 81，1632）

92. 十月甲子朔，戊寅，命行在户部左侍郎王佐理本部事。佐，先差巡视通州一带仓储，至是以尚书刘中敷等坐事，故有是命。

（明英宗实录，卷 84，1674-1675）

93. 十一月甲午朔，庚子，移通州递运所于潞河水马驿之傍，以驿递相远，不便使客故也。

（明英宗实录，卷 85，1702）

94. 十二月癸巳朔，丁酉，命庙祀平江恭襄侯陈瑄。初，瑄为总兵官，督漕运、疏凿清江浦等处；增设移风等闸；坚筑堤防，以畜水行舟；立常盈仓〈校记：抱本盈作行〉，积粮甚多。及殁，民感其惠，于清江浦东立祠堂，塑像崇奉，祷者屡有灵应。至是事闻，命有司春秋致祭。

（明英宗实录，卷 87，1737

95. 十二月癸巳朔，壬戌，是岁……漕运京师米豆：四百二十万石。

（明英宗实录，卷 87，1757）

正统七年（1442）

96. 五月庚申朔，辛未，命南京造遮洋船三百五十艘给官军。

由海道运粮赴蓟州等仓收贮。

（明英宗实录，卷 92，1860）

97. 六月庚寅朔，戊申，漕运右参将、都指挥佥事汤节言：“自通州张家湾，抵朝阳等门四十余里，每夏运粮者多伤暑渴。请令所司三里置一水缸，仍植柳道傍，以供休息。”上是其言。

（明英宗实录，卷 93，1882-1883）

98. 秋七月己未朔，癸亥，修扬州卫通州守御千户所城楼水关。

（明英宗实录，卷 94，1891）

99. 秋七月己未朔，甲戌，户部尚书王佐等奏：“漕运官军，有遭风破舟，粮米漂流者，欲令独偿，人不堪命。请今后一卫有数舟遭风者，委官核实，会计所漂之数。量其多寡，改拨全卫于通州及天津上纳。用省僦车之费以补漂流之数，则人不独困，而粮储足矣。”从之。

（明英宗实录，卷 94，1896）

100. 秋七月己未朔，癸未，修筑淮安西湖中路十余里以便漕运。

（明英宗实录，卷 94，1902）

101. 冬十月戊子朔，辛丑，漕运总兵官都督佥事武兴奏：“工部主事赵简督理粮船，刑部主事鱼侃专理词讼，始及一年，又以例将更替。恐后代之者，未能周知事之始末，或有稽误。乞存留管事为便。”从之。

（明英宗实录，卷 97，1950-1051）

102. 十二月丁亥朔，丙辰，是岁……漕运北京攒运过粮：四百五十万石。

（明英宗实录，卷 99，2009）

正统八年（1443）

103. 春正月丁己朔，乙酉，工部郎中王佑言二事〈校记：抱本佑作郎〉："一、清江、卫河二提举司，以修造漕舟，留赴京匠若人夫匠赴京者〈校记：旧校改人作干〉，虽欲止三月〈校记：旧校改欲作役〉，而往来道路劳费过当，故有力者辄营求造舟。宜令督漕总兵官廉其丁力少者留之，役须半年，岁终具数以报。一、各处造军器，奏留该班匠教习一年。今有经数年不赴班者，宜究治，勿使隐匿。"上曰："修漕舟，匠用工仍毋踰三月。须与赴京者更番，务使劳逸均平。教造军器者，其令踰三年不得更留〈校记：抱本其作有〉。"

（明英宗实录，卷100，2030）

104. 二月丁亥朔，丙午，户部右侍郎李暹奏："通州至京城崇文门外，道不坦夷，行者勿便〈校记：广本抱本勿作弗，是也〉。州民陈经言：'近河有古道，请自食，官夫四五十人修筑之。'"事下工部议："宜从所言。"上曰可。

（明英宗实录，卷101，2046）

105. 三月丙辰朔，癸未，浚瓜州坝东港。洪武间，瓜州坝有东西二港，永乐间，废东港坝为厂，以贮材木。正统初，廷臣议徙木浚港未果。至是督漕总兵官、都督佥事武兴言："坝废港塞，非惟舟往来迟延，且舣泊大江有风涛之虞。请俟秋成于镇江、扬州二府，佥夫七千余人修复。"从之。

（明英宗实录，卷102，2072）

106. 三月丙辰朔，乙酉，漕运总兵官都督佥事武兴、巡抚侍郎周忱等奏："常州府武进县民言：'漕舟出夏港，泝大江，风涛险阻害不可胜言。常州西城有德胜新河，北入江。江北扬州府泰兴县，有北新河。中间有淤浅者，俱宜浚之，以避大江险阻。”浙江都司署都指挥佥事萧华言〈校记：抱本华作莘〉：“永乐、宣德间，漕舟自常州府孟渎河出江入白塔河，江行不踰半日。今孟渎河淤浅，请浚之。”广东按察司知事黄武，浙江处州卫指挥使牛通，皆以为言。事下臣等计议：“华等所言皆有据，请先浚孟渎河。其白塔河有四闸，可于其中大桥闸筑坝。候运河水泛，则启闸行舟。水落，则仍闭塞。德胜河亦宜修浚。惟北新河，计当役一十五万五千人，一月方完。比者连年灾伤，不可兴大役。请俟浚理孟渎河、白塔河、德胜河完，再议。”上从之。

（明英宗实录，卷 102，2073-2074）

107. 夏四月丙戌朔，辛丑，漕运总兵官、都督武兴奏：“南京水军左等卫官军兑运粮，七千二百六十余石，皆因风浪碎舟，漂流无存。请将原定京仓粮扣数，改于通州输纳。存省耗费脚钱，陪补漂流粮数。”从之。

（明英宗实录，卷 103，2086）

108. 夏四月丙戌朔，丙午，天津卫城外濒河挽舟路，为居民所侵，舟行弗便，或以为言。事下工部复实：“请令所司勒居者，及所侵距河四丈许，方许作屋。”从之。

（明英宗实录，卷 103，2089）

109. 夏四月丙戌朔，甲寅，先是光禄寺少卿王贤，淮安府知府彭远，皆请修淮安西湖挽舟堤。事下督漕总兵官武兴等，请令直隶及湖广、江西府卫，出物料，给用漕舟顺便载输。上许之。至是泰州判官王思旻奏：“是役之兴，计其所费，物直白金当不下万万余两。比者旱涝不收，人民饥窘，财何由出？臣见朝廷建三殿二宫及文武公署〈校记：广本公作官〉，不役天下一夫。今西湖堤无大关涉，纵不修治，不过挽舟迟缓而已。柰何以此困民？请罢各处征需〈校记：广本需作检，下同〉。惟鬫往来舟税钞，量取杂木等料，随时修理事。”下工部言：“征需不可罢，第可少减。其言鬫钞，恐格废钞法，不可从。”上曰：“方今军民艰难，其毋扰之。堤损坏者，总兵官量度修治。物料已征在官者，仍令漕舟载至淮安。未征者巳之。敢侵欺作奸者，必罪不宥。”

（明英宗实录，卷 103，2093-2094）

110. 六月甲申朔，己亥，山东德州奏：“本州陆行抵京，必涉卫河。水不冻则渡以船，水冻则渡以桥。旧船朽烂，欲集材修理。桥则每岁更置。乞令本府平原等五县协修。”从之。

（明英宗实录，卷 105，2137-2138）

111. 六月甲申朔，己酉，浑河水溢，决固安县贾家里、张家口等堤。诏邻近郡县协力修筑之。

（明英宗实录，卷 105，2144）

112. 七月甲寅朔，辛酉，漕运右参将、都指挥汤节奏：“浙江绍兴、台州二卫，漕船被风浪损坏，漂流粮米一千六百一十五石。乞将原定京仓粮数，改拨通州仓交纳。撙出脚钱陪补漂流之数。”从之。

（明英宗实录，卷 106，2152）

113. 七月甲寅朔，癸亥，改山东济宁州岗城闸，隶宁阳县，以去州治远也。

（明英宗实录，卷 106，2153）

114. 七月甲寅朔，甲子，久雨〈校记：抱本久作大〉，黄河、汴水泛溢，坏堤堰甚多。诏随宜浚筑之。

（明英宗实录，卷 106，2153）

115. 九月壬子朔，庚申，修通州普济闸。

（明英宗实录，卷 108，2187）

116. 十二月辛巳朔，庚戌，是岁……漕运京师米豆：四百五十万石。

（明英宗实录，卷 111，2245）

正统九年（1444）

117. 春正月辛亥朔，戊辰，设山东兖州府东阿县张秋镇税课局，置大使一员。先是钦天监春官正王巽奏："张秋镇，适临南北往来河道约有十余里，许街道市肆客商买卖及船只屯聚。宜于是开局收办课税。"至是户部勘复，请如巽言。从之。

（明英宗实录，卷 112，2255）

118. 三月辛亥朔，癸亥，时，有言总督遭运官〈校记：抱本遭作漕，是也〉，不得委军职分管闸坝者，上是其言。总兵官都督佥事武兴、参将都指挥佥事汤节已得命〈校记：广本抱本汤作杨〉。复擅委官分管。御史吴镒劾其故违罪。且乞选遣六部都察院堂上官，往理其事。上曰："兴等姑不问，在京堂上官不必遣。第命提督河道官〈校记：广本作但令〉，时严禁约，有犯辄以法惩治。徇情弗究者罪之。"

（明英宗实录，卷 114，2299）

119. 三月辛亥朔，丙寅，命修芦沟桥。通州白河、富河桥。

（明英宗实录，卷 114，2304）

120. 五月庚戌朔，甲寅，直隶保定府新安县言："县城南，古有长沟河。西通徐、曹二河，东连雄县直沽，近为沙土淤塞者数里。请发丁夫疏浚。"从之。

（明英宗实录，卷 116，2335-2336）

121. 闰七月戊寅朔，辛巳，工部右侍郎王佑言："臣奉敕与太监阮安往视水决河岸，自蒲沟儿至漷县二十余处〈校记：抱本无儿字〉，其要儿渡尤甚。乞发丁夫物料修筑为便。”从之。

（明英宗实录，卷119，2398）

122. 闰七月戊寅朔，丁亥，巡按直隶监察御史吴鉴劾奏〈校记：广本抱本鉴作镒，是也〉：“漕运总兵官都督佥事武兴，参将都指挥佥事杨节〈校记：广本抱本杨作汤〉，私带家小，虐害军人，累支官料造船盖屋，请治其罪。”上曰：“兴、节家小见在淮安者，听其随任〈校记：抱本随任作随住，是也〉。但不许子弟生事害人，及占役官军经营买卖，侵夺民利。违者重治不恕。座船每人止留一只〈校记：广本座作坐〉，提督运粮时乘用。多余者，俱入官给军运粮。房屋每人留一所居住，多余者，令巡按御史拨与无房军人住。”

（明英宗实录，卷119，2404-2405）

123. 八月丁未朔，壬子，革临清坝官。初，平江伯陈瑄奏设临清闸坝，遂废。至是乃革其官。

（明英宗实录，卷120，2421）

124. 冬十月丙午朔，丙午，修德州耿家湾等处堤。

（明英宗实录，卷122，2443）

125. 十二月乙巳朔，戊申，疏镇江常州运河。

（明英宗实录，卷124，2470）

126. 十二月乙巳朔，甲戌，是岁……漕运北京攒运过粮：四百四十六万五千石。

（明英宗实录，卷124，2491），

正统十年（1445）

127. 正月乙亥朔，壬寅，升两淮都转运盐使司同知耿九畴，为本司运使。九畴以丁忧去，盐商诉本司缺运使，乞起复九畴补之。

中官王振言于上曰："此人廉介，众所通知。"故有是命。

（明英宗实录，卷125，2509）

128. 三月甲戌朔，己亥，漕运总兵官、都督佥事武兴言："巡按御史吴镒奏称：'造船官军多支物料，欲减其半。且追惩其多支者。'工部移文臣等议。臣等以造船物料，皆永乐、宣德定例。其彼此之不均者，以船之多寡也。况皆工部委官躬视放支，岂有他弊？必如所言，诚恐船料薄小，有误漕运，负累官军。其造船止令提举司，而罢官军，诚军之便。然恐工力不足，乞仍旧为便。"上曰："旧例岂可擅改？造船宜坚致，敢有侵欺物料，致不坚固者，监督及修造官军皆重罪不宥。过支物料船已修完者，免追未完者，促之使完。"

（明英宗实录，卷127，2544-2545）

129. 夏四月甲辰朔，甲寅，命拆临清、德州、河西务仓，三分之一改为通州，及在京仓。时，各仓皆空闲，而通州、京仓皆不足故也。

（明英宗实录，卷128，2555-2556）

130. 五月甲戌朔，丙子，漕运参将、都指挥佥事汤节言："滕县七里河，近者淤塞，水不至运河，致粮船不能进。乞浚自沛县魏家潭，直抵鸡鸣台。流出运河仍置闸以时开闭。其沙河泥沟泉河，济宁州卢家沟等泉源，邹县渊源旧泉河口，亦宜疏通。各置小闸蓄水。"事下工部尚书王卺言："宜令所司按实起夫疏浚。"从之。

（明英宗实录，卷129，2566-2567）

131. 秋七月壬申朔，戊寅，直隶太仓卫运粮指挥曹胜奏："兑运苏州府昆山县秋粮，四万三千余石，遭风破船，漂流粮米六百六十八石。乞将该运京仓米内摘拨通州交纳，撙出脚钱补纳漂流之数。"从之。

（明英宗实录，卷131，2602）

132. 秋七月壬申朔，癸巳，通州义勇右卫仓火，焚毁米谷一万八千五百四十石有奇。提督仓场户部右侍郎焦宏自陈罪，且请罪典守者。上悉宥之。

（明英宗实录，卷131，2612）

133. 八月壬寅朔，戊申，命筑治通州抵京师一带路道。

（明英宗实录，卷132，2622）

134. 九月辛未朔，丁酉，命户部右侍郎张睿同内官阮忠等，巡视提督在京及通州，直抵临清、徐州、淮安仓粮，并在京象、马、牛、羊房屋、仓场粮草。

（明英宗实录，卷133，2657）

135. 九月辛未朔，丁酉，河南按察司副使荣华言〈校记：广本作华荣〉："运河沽头上闸，至金沟闸，几十里淤浅，粮船停滞。虽减粮挑浅，然终非长久计，宜于浅处置金沟上闸。如遇沽头上闸粮船胶浅，即启二闸。雨水交下，积水必深，可无停滞。又吕梁上洪之西，旧有石闸二。因水势陡险，无船经行，徒为虚设，宜拆之，以为金沟上闸，庶不劳他费〈校记：广本无他〉。"事下工部尚书王卺等请："移文漕运总兵官、都督武兴勘视宜否。"从之。

（明英宗实录，卷133，2657-2658）

136. 九月辛未朔，庚子，河决金龙口阳穀堤，张家黑龙庙口。上命山东三司亟修完之。

（明英宗实录，卷133，2658）

137. 十二月庚子朔，戊辰，是岁……漕运京师攒运过米豆：四百四十六万五千石。

（明英宗实录，卷136，2715）

正统十一年（1446）

138. 三月戊辰朔，庚午，顺天府固安县奏："吴家口堤岸决，坏浑河及黑洋淀。水俱从此冲入，其势弥漫，不得闭塞。决岸之西南有地，距水源里许，可凿沟以泄其势，庶水落而工力可施。"从之。

（明英宗实录，卷139，2754）

139. 三月戊辰朔，癸巳，巡按直隶监察御史奏："淮安府满浦、淮安、南锁三坝，旧以无闸而设。后立移风等五闸，其三坝皆废不用。扬州邵伯闸坝，旧以筑堤，恐泄水利而设。今堤已完，其闸坝亦皆不用。白塔河大桥、潘家庄新开、江口等闸，旧以地势陡峻，泄水而设。今筑塞年久，其所设官吏人夫皆冗滥，乞减省之。"事下工部复奏："满浦、淮安、南锁，每坝留官吏各一员，人夫去其半。邵伯闸坝官吏革去，止留夫四十名，隶邵伯驿。大桥、潘家庄二闸官吏革去，其夫隶新开、江口二闸。"从之。

（明英宗实录，卷139，2764-2765）

140. 夏四月戊戌朔，癸卯，直隶河间府任丘县奏："凌城港去县二十五里，内有安定桥。河北十八里俱见流水，惟东七里许为沙土雍塞〈校记：广本抱本雍作壅，是也〉。微征税粮经由此者〈校记：广本抱本作征收，是也〉，以千万，皆用牛车陆运，于民不便。欲倩丁夫疏浚，令接大河入直沽、张家湾等处，以便舟楫。"从之。

（明英宗实录，卷140，2771）

141. 五月戊辰朔，己丑，南京豹韬等卫官军，兑运直隶苏州府粮米赴京，至扬子江，风潮险恶，舟为所覆，漂流米七百四十余石。督运指挥朱谅等奏："乞将应运京仓米七千四十余石于通州上纳，撙节路费以补漂流之数。”从之。

（明英宗实录，卷141，2796-2797）

142. 六月丁酉朔，甲子，户部奏：“直隶苏州府葛山县民〈校记：抱本葛作昆，是也〉，运白粮一百四十七石赴京，舟至大江为暴风所覆。追陪之米杂色不纯，告乞送收京仓〈校记：抱本无收字〉，准下年攒运之数支给官军。候下年起运白粮如数补纳。”上曰：“风波之险，有人力所不及者，虽不陪纳可也。况又愿于下年补纳，其从之。”

久雨，浑河水泛〈校记：抱本浑作泽，按：误，应是浑〉，决固安县贾家等里屯、张家等口堤。命有司修筑之。

（明英宗实录，卷142，2819-2820）

143. 八月丙申朔，丁未，建通州八里庄桥，命工部右侍郎王永和督工。

（明英宗实录，卷144，2841）

144. 八月丙申朔，戊午，直隶扬州府通州金沙场盐课司副使陈昇奏：“本场有八里河通运河，洪武间开挑，以便烧盐盘灶。而附近农田往来客商，亦皆利之。近年淤浅不通，乞敕所司疏浚。”从之。

（明英宗实录，卷144，2845）

145. 九月丙寅朔，丁亥，敕谕漕运总兵及各处巡抚官曰〈校记：广本兵作督〉：“租税出于民，而漕挽以军，其劳苦甚矣。该管官司不知存问，复加侵扰〈校记：广本复作反〉，以致失所者众，卿等当加意抚恤。暴官污吏必致之法，务俾军民得所，粮饷充足。其有利可兴，有害可除者，具实以闻。”

（明英宗实录，卷145，2861）

146. 十月乙未朔，丙申，漕运总兵官、都督佥事武兴奏：“各处军民兑粮之际，因官司不相统属，以致争兢者多〈校记：广本抱本兢作竞，是也，次行同〉。乞遣户部主事一员，提督各该军民官员，公同交兑，庶免争竞。”从之。

升漕运总兵官、后军都督府都督佥事武兴，为都督同知。右参将、锦衣卫带俸都指挥佥事汤节，为都指挥同知。仍督漕运。

（明英宗实录，卷146，2867）

147. 十月乙未朔，丁酉，疏直隶常州府孟渎河。

（明英宗实录，卷146，2869）

148. 十二月甲午朔，癸亥，是岁……漕运北京攒运过粮：四百三十万石。

（明英宗实录，卷148，2920）

正统十二年（1447）

149. 二月癸巳朔，壬子，增设户部主事二员，于临清、淮安监收船料钞课。先是二处钞课令收粮主事兼理，至是巡按监察御史周鉴言其不便，故有是命。

（明英宗实录，卷150，2946）

150. 五月辛卯朔，丙午，吏部听选官陈伦奏："洪武时，夏秋二税但输正耗，后因兑军运至京师，乃量地近远，每石耗米增二、三斗。今增至六、七斗之上。其收纳也官吏粮里，又索费用米多者至三、四斗，且俱淋尖收之。计纳正税一石，通用二石二、三斗。其递年所积附余米，皆假公事花销之，为弊百端。夫朝廷取于民也廉，而下人之刻剥也甚。宜令所部定议兑运则例，都察院给榜晓示，巡按御史潜行察纠，庶奸弊革民困苏。"章下户部，以为："近例兑运粮，湖广、江西、浙江每石增耗六斗五升。南直隶五斗五升，徐州四斗。山东、河南三斗。浙江苏松诸府，运至瓜洲兑军者三斗七升。至淮安兑军者三斗。正粮尖斛，耗粮平斛，此已定议。但官府欲为奸未尝通谕于民，故其弊如伦言。今请榜示，使小民周知，征收之际不得一概尖斛。如积有附余，即作次年兑运之耗，或当年夏税农桑、丝绢、马草支费，亦以准焉。更有余又存待次年。”上不从，但令如故。

（明英宗实录，卷 154，3014-3015）

151. 六月辛酉朔，戊子，漕运总兵官都督同知武兴，以中都留守司缺运粮官，移文取都指挥佥事张玉。言官论兴擅取方面官，玉辄听从，俱当究问。上曰：“尔等所言甚当，但兴等一时之失，姑宥之。”

（明英宗实录，卷 155，3034-3035）

152. 七月辛卯朔，乙巳，山东右参议王聪巡视河道，盗决河堤，聪不能禁。漕运参将汤节劾其不职。事下巡按监察御史鞫问。当聪赎徒还职。从之。

（明英宗实录，卷 156，3044-3045）

153. 九月庚寅朔，乙未，减征船户课钞。时，以钞法流通，各处往来船户所纳课钞，尚仍旧额。浙江杭州府知府高安以为言。下户部议：“令每船一百料纳钞二十贯，较旧例十去其八。”从之。

（明英宗实录，卷 158，3072）

154. 十二月戊午朔，丁亥，是岁……漕运京师米豆：四百三十万石。

（明英宗实录，卷 161，3138-3139）

正统十三年（1448）

155. 二月丁巳朔，己巳，漕运都督同知武兴奏：“淮安至仪真瓜洲河道，以郎中郭逞兼理。近奉诏令逞专理瓜洲、仪真兑粮，宜令主事一员理河道。”从之。

徐州、吕梁二洪，皆分黄河水以通舟楫。其泰黄寺巴河，原系分水之处，年久淤塞，水脉微细。先此都督同知武兴奏请疏浚，以冬寒土坚而止，至十复请〈校记：广本抱本十作是，是也〉。上命所司发军夫疏浚之。

（明英宗实录，卷 163，3163-3164）

156. 二月丁巳朔，丙子，升……戴诚为河南布政司右参议，疏通河道。

（明英宗实录，卷 163，3168）

157. 六月乙卯朔，乙亥，命修大兴县平津大、中、小三闸，及越河土坝。

（明英宗实录，卷 167，3235）

158. 七月乙酉朔，乙酉，直隶大名府奏：“六月淫雨河决，淹没三百余里。坏军民庐舍二万区有奇，男妇死者千余人。”上命户部遣官赈恤，除其租税。

（明英宗实录，卷 168，3243）

159. 七月乙酉朔，己酉，河决河南八柳树口，漫流山东曹州、濮州，抵东昌，坏沙湾等堤，伤民田庐无算。事闻。工部言：“水势汹涌，恐败各州县城垣，请令山东三司，于附近不被灾府卫发工修筑。视其缓急而先后之，察其穷乏而抚恤之。”上命工部右侍郎王永和往理其事。

（明英宗实录，卷 168，3253）

160. 九月甲申朔，戊子，户部奏：“山东临清、德州仓收贮小麦数多，恐岁久朽烂。乞许附近人民借食，俟年来秋成抵还粟米〈校记：旧校改作来年〉。”从之。

兵部奏："直隶仓州同知程旼言〈校记：广本仓作沧，是也〉；'漕运总兵官都督武兴，参将都指挥汤节，督粮经过本州，兴起夫八十人，节起一百人牵挽私舟。臣惟兴等俱系大臣，往来既乘驿舟，而又以私舟载货，扰害沿河人民，乞治其罪。"上命姑置之。

（明英宗实录，卷170，3274-3275）

161. 九月甲申朔，辛卯，遣工部尚书石璞祭司工之神。以兴工修砌南沙等河故也。

（明英宗实录，卷170，3278）

162. 十月甲寅朔，乙亥，命工部巡河官三年更代。旧制，巡河官九载更代。后有言其久住敝民者，命一年更代。未几复旧，至是，又有言其岁久因循误事者。乃有是命。

（明英宗实录，卷171，3296-3297）

163. 十月甲寅朔，辛巳，调浙江漕运军二万人，江西漕运军七千人，往总兵宁阳侯陈懋处征福建贼。

（明英宗实录，卷171，3300）

164. 十一月癸未朔，戊子，升通判朱昂、蒋勤，都司经历莫道生，俱为工部都水司郎中。推官孔诩，知县张祥、马聪、成伟俱为主事，专理河渠。比工部以管河缺官，闻会昂等九载考绩，至部故皆擢之。

（明英宗实录，卷172，3304-3305）

165. 十一月癸未朔，乙未，吏部听选司务江昱言："蒙工部差往直隶河间等府，起取失班匠运砖赴京。臣惟匠之失班，多以贫窘。今令运砖，情似可悯。若以直隶、山东、河南等府卫州县囚，该纳米炒铁赎罪者，视罪之轻重，定砖之多寡，令自备船自临清运赴张家湾。狱固无淹，砖亦易完。"事下工部尚书王卺言："除炒铁者勿动，余悉如其言。"上曰："在京法司罪囚有力者，皆令运砖。

缘河之砖，仍令失班人匠运。直隶、山东、河南府卫州县罪囚，路途遥远，搬运艰辛，其已之。”

（明英宗实录，卷172，3309-3310）

166. 十二月癸丑朔，乙亥，给修筑山东沙湾等口军匠夫役口粮，月一斗五升。从工部右侍郎王永和奏请也。

（明英宗实录，卷173，3337）

167. 十二月癸丑朔，丁丑，工部右侍郎王永和修沙湾等堤未成，以冬寒停工。且奏：“河决自卫辉八柳树口，宜敕河南巡河及三司官修塞。”上敕责之曰：“八柳树河决，不由金龙口故道东流徐州、吕梁以溢运河〈校记：宝训溢作益〉，致妨漕运患及山东。特简命尔往董其事，冀在急恤其患，预定其谋，躬询其源以副朕意。乃辄以天寒罢工，且以筑塞之工诿之与人，不知朝廷所以委任尔之所以尽职者何在？且治水有术，当先其源。先治八柳树口，然后及沙湾，则易成功。苟治其末，不事其源，朕知春冬水小，暂能闭塞。夏秋水涨，必仍决溢。今正用功之时，其令山东三司筑沙湾。尔即往河南督同三司等官躬措置八柳树。上流如何修塞？金龙口等处如何疏通？务在河由故道，不为民害。仍先以尔等经画方略，及合用军夫物料之数以闻。或尔不能独理，宜添重臣亦可奏来。”

（明英宗实录，卷173，3338-3339）

168. 十二月癸丑朔，辛巳，是岁……漕运北京攒运过粮：四百万石。

（明英宗实录，卷173，3342）

正统十四年（1449）

169. 正月壬午朔，辛卯，修山东金口堰坝。坝旧用瓦甃蓄水，接济会通河，以助漕运。洪武间，取其石筑城，易土为之。后屡为山水冲坏，至是仍甃以石。

（明英宗实录，卷174，3347）

170. 正月壬午朔，戊戌，河决山东聊城县堤。上命工部右侍郎王永和往筑之。

（明英宗实录，卷174，3349）

171. 二月壬子朔，甲寅，敕太监阮安、陈鼎，行视自通州抵南京漕运水路。

（明英宗实录，卷175，3362-3363）

172. 二月壬子朔，辛酉，命征鲁府护卫军七百人，协筑沙湾堤。以有司工役不足也。

（明英宗实录，卷175，3366）

173. 三月辛巳朔，癸巳，工部右侍郎王永和奏〈校记：广本和下有等字〉："黑洋山西湾已通，其水由泰黄寺资运河。东昌之水复置分水闸，设三空放水，自大青河入海。其八柳树犹未，宜用工。沙湾堤，宜常启分水闸二空以泄上流之水，则不为后患。"上皆从之。仍戒永和等速修完，以休君夫〈校记：广本抱本君作军是也〉。毋久惫人误其生业。

（明英宗实录，卷176，3395）

174. 三月辛巳朔，癸卯，上谕户部臣曰："江西、浙江运粮官军勤劳已甚，明年暂令各府县粮长，及殷实大户代运赴京。仍遣廉干郎中二员，督同攒运，毋令违误。"

（明英宗实录，卷176，3402-3403）

175. 五月庚辰朔，辛卯，上闻沙湾等河修理略有成绩，诏工部臣曰："河道既通漕运，今农务方殷，其令军夫休役。河南、山东河口堤岸，仍命各巡河及三司官，乘时率工浚筑。"

（明英宗实录，卷178，3436）

［编者按］

正统十四年九月初六，景帝即位。以下至“天顺元年”条，实为景帝实录。

1. 十月戊申朔，己酉，定运米则例。通州运至京仓，杂犯、斩、绞三百六十石。三流并杖一百徒三年者二百八十石。余四等递减四十石，杖每一十八石，笞每一十四石。通州运至居庸关隆庆卫等仓，杂犯、斩、绞九十石。三流并杖一百徒三年七十石。余四等递减十石，杖每一十二石，笞每一十一石。

（明英宗实录，卷184，3614）

2. 十月戊申朔，癸丑，命各卫所漕运官军，见留在京操备并绩起取者〈校记：广本抱本绩作续，是也〉，悉如例给赏。

（明英宗实录，卷184，3622-3623）

3. 十月戊申朔，甲戌，太子太傅兼礼部尚书胡濙等奏：“运粮船，因官军存留在京操备，每船止有军士三名，撑驾不前，多致沿河漂流。请选拨原卫见操官军软弱者，协同掌驾回还。”帝命户部右侍郎沈翼，兵部右侍郎邹干，同都指挥汤节速往理之〈校记：抱本汤作杨，误〉。

（明英宗实录，卷184，3652-3653）

4. 十月戊申朔，乙亥，应天府江宁县前任主薄王冕言：“南京快马船供送官物，船夫岁食粮米，近者每供送辄贿其官〈校记：广本抱本每下有遇，是也〉。将一船所载官物，散十余船。甚至暴露船仓之外，而以仓承揽客货。沿途起夫拽送，动辄百余船。有司承送不暇，如马槽本粗物，暴露日久，至则朽裂不堪用矣。今后在京易办不急之物，可不必远取。其快船朽烂者可停造。船夫可令还伍。”命工部议行之。

（明英宗实录，卷 184，3653-3654）

5. 十一月丁丑朔，丁丑，诏直隶苏松等府及浙江等布政司造盔甲九十余万，以给边用。

（明英宗实录，卷 185，3665-3666）

6. 十一月丁丑朔，丁酉，总兵官昌平侯杨洪等陈御寇三事：“……三、通州河上在仓粮料，除攒运入城，尚有一千九百余万石，卒难搬运。宜将在京并通州旗军人等半年粮米〈校记：广本米作料，误〉，俱各预先关支。其料豆、小麦，每石给脚钱银二分，雇军民人等运入通州城内官仓收贮。毋使存留城外，资寇遗患。”从之。

（明英宗实录，卷 185，3698-3699）

7. 十一月丁丑朔，壬寅，自通州至南京河道，例以御史二人巡督，至是诏复增二人。各定其处，使不得避事相推。

（明英宗实录，卷 185，3703）

8. 十二月丁未朔，丙子，是岁……漕运京师攒运过粮：四百三十万五千石。

（明英宗实录，卷 186，3767）

景泰元年（1450）

9. 正月丁丑朔，庚辰，命平江侯陈豫、右副都御史孙曰良镇守临清，从少保兵部尚书于谦奏也。

（明英宗实录，卷 187，3772）

10. 闰正月丙午朔，庚戌，户部以天下所输粮多，请拆通州空仓益造于京城空地。从之。

（明英宗实录，卷 188，3822）

11. 四月甲戌朔，癸巳，监察御史陈全言：“初，黄河水决山东沙湾堤，已修其大半，止留两岸二缺口泄水。近者东安县以西〈校记：抱本安作阿，是也〉，大洪口、鲤连河水落，河身渐露，与缺口相去甚近，恐将会通河水掣入东去，不便漕运。乞筑其二缺口为便。”从之。

（明英宗实录，卷 191，3965）

12. 六月癸酉朔，癸酉，敕户部右侍郎沈翼，自直沽抵徐州沿河催督攒运粮储。

（明英宗实录，卷 193，4025）

13. 六月癸酉朔，癸酉，久雨，决通济河东西岸，命有司修筑之。

（明英宗实录，卷 193，4027）

14. 六月癸酉朔，丁亥，都察院奏：“司礼监太监金英家人李庆等，多支官盐及挟取淮安府民船六十余艘载盐，因而杖死船夫。坐庆绞，余俱杖，不以劾英。刑科给事中劾英怙宠欺君〈校记：广本中下有林璁二字，是也〉，怀奸稔恶。左都御史陈镒、王文，监察御史宋璪、谢琚，畏权避势纵恶长奸。”帝曰：“英朕自处之，镒等其命锦衣卫逮治。”时，十三道监察御史亦以不劾英恐及罪，遽上章自伏〈校记：广本遽作俱〉。皆宥之。

（明英宗实录，卷 193，4047-4048）

15. 六月癸酉朔，甲午，敕平江侯陈豫，副都御史孙曰良、洪英，巡按山东御史及山东都司、布政司、按察司曰：“临清系南北水陆要冲，仓粮动经数十余万。加以四方供输，军民漕运，商旅买卖，公私货物并在道路，其数不可胜计。非有城池可恃，倘遇有警将何所守？敕至，尔英等并三司堂上正官，即亲诣临清，会同尔豫等，趁此虏寇声息稍缓之时，量起倩居民人等筑城，以安军民，以护粮储，以守闸填物料。或官为措办，或自行设法。当于何时起工？计至何时可完？毋分昼夜，作急整理。不许似前迁延怠忽〈校记：广本似作仍〉，致误事机。如或未能筑城，别有长策可以保护，亦须明白开奏。不许视为泛常，互相推调。尤须抚谕所在军民，不许虚相传报声息，辄自迁徙。因而抛荒家业，自贻后悔。尔其钦承朕命，毋怠毋忽！”

（明英宗实录，卷193，4054-4055）

16. 七月癸卯朔，甲辰，平江候陈豫言二事：“一、漕运之重，国计所关。近年以来官不得人，漕法废弛，闸坝砖石损坏，经年不修。河道舟船壅塞阻滞。运粮军士又被所管官员剥削财物〈校记：广本运粮作漕运〉，嗟怨不胜。乞敕该部禁约。一、南京各卫马快船军士，例支月粮外，每遇差遣，又各支行粮。比之征操官军非惟劳逸不均，实亦虚费粮赏。乞命该部量与减省，俟边务宁息，仍旧关支。”事下户部议：“自通州直至扬州一带河道，近工部已奏。差郎中主事莫道生等十人，分督修理。宜各移文令其用心整治。攒运官员剥削军士，宜令巡按、巡河监察御史及按察司官纠劾擒治。马快船军夫行粮宜暂住支。”从之。

（明英宗实录，卷194，4073）

17，七月癸卯朔，己巳，先是以山东临清县，为南北水陆要冲，敕平江候陈豫等城其地，至是豫以兴工。闻诏量发军夫修筑，毋概扰于人。

（明英宗实录，卷194，4103）

18. 八月壬申朔，己卯，谪直隶淮安府知府程宗成辽东〈校记：抱本宗作宋〉，坐擅集民船六十余艘〈校记：抱本十作千〉，为太监金英家奴李庆等载货，且事后受其纻丝等贿也。

（明英宗实录，卷195，4119）

19. 九月壬寅朔，癸卯，以通州大运西仓在城外，命镇守及巡仓官筑城以护之。从户部奏请也。

（明英宗实录，卷 196，4148）

20. 九月壬寅朔，辛酉，户部奏："昨会官议景泰二年事宜，以其在京军马数多，宜于各处存留粮内，增运二十万石赴京备用。应赏运粮军钞，俱于淮安、临清二处取给。放回运粮官军，其船有损坏者，责令本卫掌印官办料协同修理。修造遮洋船，乞于宝船厂见卸木料支用。各处管洪闸官，毋得坐视河岸坍塌不理，及推故躲避，致令船只挤塞河路。民运京粮，不许有司放富差贫。各卫运粮军，已有指挥千百户管理〈校记：广本抱本管上有等官二字〉。其把总等官多者，宜从革去，免致科扰。辽东开中浙盐，因价重无人上纳，宜比旧减三斗。"奏上，诏以漕运重务，管河道部官，及各布按二司委官，敢有仍前慢事者，听巡河御史具奏，治以重罪。御史有阿徇者并罪之，余悉如议。

（明英宗实录，卷 196，4163-4164）

21. 九月壬寅朔，癸亥，置通州大运西仓土堡，仓居通州城外。先是虏犯京师，监守者无以保障，悉逃去，故令立堡。

（明英宗实录，卷 196，4165）

22. 九月壬寅朔，甲子，升提督漕运南京广洋等卫指挥佥事朱谅、王瑗俱为署都指挥佥事，协同总兵官漕运。以巡按直隶监察御史赵缙，言谅等漕运年久，谙历事情，乞加旌擢也。

（明英宗实录，卷 196，4165）

23. 十一月辛丑朔，壬寅，户科都给事中马显奏："供给京师粮储动以百万计，其事至重。比者总督其事，惟都督佥事徐恭。请推选廉能干济在廷大臣一员，协同攒运。"事下户部会官，推选都察院、右佥都御史王竑堪任其事。其把都指挥等官私役运粮军者〈校记：广本抱本把下有总字，是也〉，许即具奏执问。"从之。

（明英宗实录，卷 198，4198）

24. 十二月辛未朔，丁酉，工部奏："近闻通州抵徐州运河一带皆淤塞不通。不预疏浚恐妨漕运。徐州等处请敕佥都御史王竑，通州等处宜遣在京大臣一员提督疏浚。"诏不必遣大臣，其令都察院择御史廉能者一人往理之。

（明英宗实录，卷 199，4237-4238）

25. 十二月辛未朔，庚子，是岁……漕运京师米豆：四百三万五千石。

（明英宗实录，卷 199，4240）

景泰二年（1451）

26. 正月辛丑朔，甲子，浚直隶镇江常州运河。

（明英宗实录，卷 200，4264）

27. 二月庚午朔，壬午，敕山东左参政王聰、按察司佥事王琬，督工浚沙湾运河，以河决水浅故也。

（明英宗实录，卷 201，4292）

28. 二月庚午朔，丙戌，巡按直隶监察御史陈全奏："运河沙湾尝以冲决，修置土坝，故今损坏不能蓄水〈校记：广本故今作致今〉，致妨漕运〈校记：广本致作有〉。请以拆毁旧船，改造板闸二座。"从之。

（明英宗实录，卷 201，4299）

29. 二月庚午朔，戊子，给疏徐州至淮安河道人夫口粮。

（明英宗实录，卷 201，4301）

30. 二月庚午朔，戊戌，修临清清会等闸。

（明英宗实录，卷 201，4314）

31. 三月庚子朔，戊辰，移直隶武清卫仓于通州大运西仓废廒旧基。以户部左侍郎张睿，言旧仓设在旷野，收粮不便也。

（明英宗实录，卷 202，4334-4335）

32. 五月戊戌朔，丁巳，南京龙虎左并龙江左卫〈校记：广本左下有卫字〉，运粮船有遭风漂没者，总督漕运右佥都御史王竑，请量减应运京仓米于通州仓，纳省脚费以补其数。从之。

（明英宗实录，卷 204，4375）

33. 五月戊戌朔，己未，革直隶淮安府满浦、淮安、南锁三坝官〈校记：广本锁作镇〉。

（明英宗实录，卷 204，4376）

34. 六月戊辰朔，戊辰，敕巡抚山东、河南左副都御史洪英、右副都御史王暹曰："近者黄河冲决，水失故道。自临清抵徐州以南，漕运艰难。尔等即各督两处三司官，从长计议，相度地形水势，画图计工，量起军民夫，河南疏涤故道。淤塞，或取捷径，分引水势，灌注徐州以南。山东因其水势缓处，修筑岸口，使分灌南北。济宁、临清闸河，应用物料，俱听尔等从宜措办。务令水归漕河，军民攒运，商旅往来无阻。尔等钦哉毋负朕命。"

（明英宗实录，卷 205，4385）

35. 六月戊辰朔，丙戌，以张家湾入官客盐，准给通州等卫官吏俸。

（明英宗实录，卷 205，4406）

36. 六月戊辰朔，丙申，以漕运迟滞，敕总兵官都督佥事徐恭并右佥都御史王竑，令速攒运。如或玩愒重罪不恕。

（明英宗实录，卷 205，4411）

37. 七月丁酉朔，庚戌，监察御史赵缙奏："通州大运仓，时有损坏，随即修理。其砖瓦材木，悉取给于军，于递年官积铺廒材木中取用。其他物料，则以垫仓苇席变易修理。苇席不堪用者，令军士关领，烧造砖瓦，庶无损于军。"从之。

（明英宗实录，卷206，4421）

38. 七月丁酉朔，庚申，户部奏："江南民运上供白米，有于临清诸处，遇风破舟漂流湿烂者。欲追之，则米非他处所产，人实不堪。欲蠲之，则恐奸人故自破舟，乘机作弊。请今后运上供白米而舟坏湿烂者，悉令次年追偿，仍运赴京。"从之。

初，以河决沙湾，水皆东注，徐吕二洪浅涩，敕右副都御史王暹处置。至是暹上言："黄河自昆仑发源流入中国。其所经历之处，自陕州以西，有山峡不能为害。陕州以东，则地势平缓，水易泛溢〈校记：广本溢作滥〉，故为害甚多。国朝自洪武二十四年河改流，从汴梁北，相离四五里许，东南转至凤阳入淮，为大黄河。其支流分出，徐州以南者为小黄河，以通漕运。自正统十三年以来，河复故道，从黑洋山后，径趋沙湾入海，止存小黄河，从徐州出。岸高水低，随浚随塞，以是徐州之南不得饱水。臣等遵圣谕，自黑洋山东南直至徐州，督同河南三司疏浚。其临清以南，可令副都御史洪英，督同山东三司疏浚。"从之。

（明英宗实录，卷206，4428-4430）

39. 九月丙申朔，甲辰，初，自济宁至徐州，设管河主事三员，至是以官多民扰减一员。从总督漕运左佥都御史王竑请也。

（明英宗实录，卷208，4470）

40. 冬十月丙寅朔，癸未，命江西等布政司及南直隶府县，造遮洋船一百八十艘。时，右佥都御史王竑言："运粮舟船年久朽蔽〈校记：广本敝作坏，抱本作敝〉，乞令有司修造。"故有是命。

（明英宗实录，卷209，4498）

41. 冬十月丙寅朔，己丑，浙江台州卫百户王武奏："徐州洪，先因岩石岖崄，舟船失利。平江伯陈瑄，于洪东设二闸行船。后以闸逼水激，仍于旧洪行船。近者黄河水小，洪闸浅涸，臣见旧闸北有土岸，长二百余步，可凿成河道。将闸移置此处，则水势平缓，舟楫可行。”事下工部复奏：“令总督漕运右佥都御史王竑相度处置。”从之。

（明英宗实录，卷209，4503-4504）

42. 十一月乙未朔，庚子，户部奏：“河南固治县民金文贵〈校记：旧校改治作始〉，解送粮豆赴京，至直沽潮涌舟沉。内五百八十石漂流不存，令于原籍借备〈校记：广本抱本作措备，是也〉，候至下年输粮之时，同运至通州仓补纳。”从之。

（明英宗实录，卷210，4512）

43. 十二月乙丑朔，甲午，是岁……漕运北京攒运过粮：四百二十三万五千石。

（明英宗实录，卷211，4556）

景泰三年（1452）

44. 春正月乙未朔，乙卯，监察御史练纲言：“江南漕舟，俱从江阴夏港并孟渎河出大江，溯流三百里抵瓜州，往往风水失利。今江南岸有南新河，在常州府城西。江北岸有北新河，在泰兴县，正相对。江北又有白塔河，在江都县，与江南孟渎河参差相对。若由此二处横渡江面甚近。但北新河、白塔河淤塞，俱用疏浚。北新河须二十万夫，白塔河须七万夫可就。宣德间，曾于白塔河置闸。潮涨入闸，则沙土积塞，潮落启闸，则运水河泄。今可易闸以坝。”章下工部复奏：“纲言可行，当以苏松常镇杨淮六府共事〈校记：旧校杨淮改作淮杨〉。”帝以未经按视，令移文尚书石璞措置。

（明英宗实录，卷212，4568-4569）

45. 春正月乙未朔，戊午，都察院劾奏：“镇守通州署都指挥佥事汪礼，擅以官舟给驸马都尉石璟，令家奴载所货私盐等物，请治其罪。”宥之。

（明英宗实录，卷212，4573）

46. 五月癸巳朔，丙申，筑沙湾堤成。自河决沙湾，水住趋海〈校记：广本抱本住作径，是也〉，运河胶浅。或言沙湾以南地高，水不得南入运河；或言引耐牵坡〈校记：广本抱本牵作牢，下同，是也〉，水可灌运河。但不免经湾〈校记：广本抱本经下有沙字，是也〉，宜别开河以避其冲决之势。或言引耐牵坡，水南去，则自此以北枯涩矣。或言沙水势湍急〈校记：广本抱本沙下有湾字，是也〉，石铁沉下若羽，非人力可图〈校记：广本抱本图作为〉。宜以戒行僧道，设斋醮符咒〈校记：抱本符作持〉。命工部尚书兼太常寺卿石璞往治之。封河神为：朝宗顺正惠通灵显广济河伯之神。璞至，决口未易筑浚〈校记：广本抱本决上有以字，是也〉，自黑洋山至徐州以通卤舟〈校记：旧校改卤作漕〉，而沙湾之决如故。乃命内官黎贤、阮落，御史彭谊，往协璞等，于沙湾筑石堤以御决河。开月河二，引水以益运河，且杀其决势。至是水流渐微细，始克筑塞之。

（明英宗实录，卷216，4654-4655）

47. 六月壬戌朔，戊子，户部奏：“近登州卫言：‘洪武、永乐中，本卫海船攒运军需百物，赴辽东者，俱旅顺口交卸甚便〈校记：广本抱本俱下有於字，是也〉。近令运至小凌〈校记：广本抱本凌下有河字，是也〉、六州河、旅顺口、牛庄河四处交收。缘小凌河等处滩浅河淤，往往损失。即今运去回船〈校记：广本抱本去下有未字，是也〉，回再运，秋深风高，海洋险远，尤为不便。请于所余布花〈校记：广本余作以，是也〉、钞锭六十余万，暂运于旅顺口，以后年分仍运于小凌河四处，宜暂允所请。”从之。

（明英宗实录，卷217，4691）

48. 六月壬戌朔，庚寅，是月，大雨浹旬，河复决沙湾北马头七十余丈，掣运河之水以东，旁近田地悉皆淹没。

（明英宗实录，卷217，4693）

49. 七月壬辰朔，壬辰，罢两淮并长芦巡盐御史。盐法、河道，令巡抚、巡按官兼理之。

（明英宗实录，卷218，4695-4696）

50. 秋七月壬辰朔，戊戌，河南按察司佥事刘清奏："沁河至武陟入黄河，正统四年，沁河决马曲湾入卫〈校记：广本抱本卫下有河字，是也〉。因此，沁河、黄河、卫三水相通〈校记：广本抱本卫下有河字，是也〉，舟楫往来将及半年。今决口已塞，卫河胶浅，运船皆由黄河，常遭沉溺。请敕廷臣相沁河原决之处，浚其水，以资卫河。使军民运船或由黄河，或由卫河，视其远近之便，而为转输长久之计。"事下工部，"请移文巡抚右都御史王暹，率三司议其利否而为行止〈校记：广本抱本司下有官字，是也〉。"从之。

（明英宗实录，卷218，4701）

51. 八月辛酉朔，甲子，直隶清河县儒学训导唐学成言："临清河涸，自沙湾决。而然其所以决者，以地下堤薄，黄河径趋甚急，势莫能御。故今年四月修完，而五月即决也。沙湾决，而临清宁有不涸者乎？临清至沙湾有闸十二，有水之日其势甚陡，请俟今秋漕运毕日，泄乾闸河。于临清浚月河以通船，不必由闸。其临清以南，俱从月河疏浚，不动原闸，直抵沙湾。其堤岸低薄者培厚之，河道狭窄者浚广之，如此则水势自缓，冲决无由，而漕运通矣。"章下工部，"请令学成往同巡抚山东右都御史洪英，及巡河御史有司等官，相度宜否。"从之。

（明英宗实录，卷219，4725）

52. 八月辛酉朔，乙丑，浙江参政胡清言："直隶镇江府有河通常州府河，有新港、奔牛等坝，止能容小船往来。而输运粮草大船俱涉历大江，风涛不测常致损溺，请敕有司开疏其河，革去其坝。惟置石闸以蓄水，则船通而害除矣。”事下工部移文核实咸以为便。从之。

（明英宗实录，卷219，4728）

53. 八月辛酉朔，丁丑，先是总兵官都督佥事徐恭奏：“沙湾北马头复决，乞敕有司修筑。”诏巡抚山东右都御史洪英督三司官理之。至言〈校记：广本抱本言作是，是也〉英言：“水势汹涌，未易用工，请俟冬月水消，量添夫料修筑。”奏下，工部请如英言。从之。

（明英宗实录，卷219，4735-4736）

54. 九月庚寅朔，辛卯，敕谕太子太保兼都察院左都御史王文：“近闻南京地震，江淮以北直至济宁，水涨淹没房屋、禾稼，远近乏食，栖止无所，或至流移。及东昌府接连河南地方，往因黄河奔溃北流，散漫冲决漕河堤岸，阻滞官民运输。虽尝遣人修浚，尚未有经久计〈校记：广本久下有之字〉。此皆朕所昼夜在心，不遑安于寝食者也。朕以尔为宪臣之长，素有干济之才，特命往理其事。凡所至处，苟有可以安辑国家，拯济生民，通顺河道，一切兴利除害之事，悉听尔广询访便宜而行〈校记：广本询下有博字，是也〉。有应奏请及与山东、河南巡抚方面府州县，及公差官员同计议，从长处置者，并听议行，务在停当，举之有益，行之无弊。凡前数事，为之果有成效，尔即具奏还京。尔其钦承朕命，毋怠毋忽。”仍命文以太牢，致祭于朝宗顺正惠通灵显广济河伯之神。曰：“朕为民敬神为河伯，皆上天所命。今河水为患，民不聊生，伊谁之责？因朕不德所致。神亦岂能独辞？必使河循故道，民以为利，而不以为患，然后各得其所，而俯无所愧。专俟感通，以慰悬切。”

（明英宗实录，卷220，4748-4749）

55. 九月庚寅朔，辛丑，蠲山东登州卫风漂海运布钞粮米。

（明英宗实录，卷 220，4758）

56. 九月庚寅朔，癸卯，山东参议刘整奏〈校记：广本抱本参上有右字〉："臣同佥事王琬专理河道，北抵河间之吴桥，南至徐州之沛县，道路一千余里，闸坝四十余座。臣等不能周历，凡有急务，必移文各州县官，奈各官不即躬视修理，止令阴阳医生等董率夫役，致常逃窜误事。乞敕吏部于邻河府州县，各添设官一员，专理河道。仍赐臣等敕，提督修理，庶事有统属，不致乖误。"从之。

（明英宗实录，卷 220，4761）

57. 九月庚寅朔，戊申，敕山东布政司右参议刘整、按察司佥事王琬修筑沙湾堤岸。以已完之堤，又复冲决也。

（明英宗实录，卷 220，4764）

58. 九月庚寅朔，辛亥，户部右侍郎张睿奏："通州仓，自正统十四年以来，收粮五十五万余石，至今年久，诚恐陈腐不堪食用，请先行放支。"从之。

（明英宗实录，卷 220，4766）

59. 九月庚寅朔，壬子，初，训导陈冕以治沙湾河升教授，至是沙湾复决。冕奏："欲息斯患在用臣言。"事下工部，恶冕诈妄，"请遣人送往山东巡抚都御史等官处，责其成功，否则械赴京师惩治。"诏从之。给事中陈嘉猷言："朝廷尝降榜求治河之略，然而未有言者也〈校记：广本无也字〉，冕尝有修治之绩矣。今以为言而工部嫉之，必欲置诸有罪之地。臣惟河决莫大之患，若仗一人之力而能成功，则原遣诸臣已成之于曩昔而无复告患于今日矣。况区区一冕，而使之受制于巡抚等官，望其有效，不亦难哉。且冕所言皆为朝廷也，若以言而见罪，臣恐圣谕虽切，人皆缄口，不言其河道，通行方略终不得以上闻。而其他利病有甚于此者，孰肯复言哉！

一冕不足恤，而国体所关甚重。伏望令冕协同巡抚等官设法集筑修为巡抚者〈校记：旧校改作修筑〉，毋贱其卑而自尊，为冕者，亦毋是其言而自肆，在和同计议以求成功。果有优绩，量加赏擢。若然臣将见天下之人有长策者，俱为陛下言也，又何忧乎？河道之功之不成哉！”从之。

（明英宗实录，卷220，4768-4769）

60. 九月庚寅朔，己未，命山东诸司罪囚，除真犯死罪有赃官吏外，余俱赴修河处纳桩木赎罪。

（明英宗实录，卷220，4772）

61. 十二月己丑朔，癸巳，以沙湾河决久未成功，而运河胶浅有阻漕运，复敕内官黎贤武艮，工部左侍郎赵荣往理之。

（明英宗实录，卷224，4862）

62. 十二月己丑朔，丙辰，遣工部左侍郎赵荣祭河泊之神〈校记：广本抱本泊作伯〉，以疏浚东昌沙湾河道故也。

（明英宗实录，卷224，4881）

63. 十二月己丑朔，戊午，漕运京师攒运过粮：四百二十三万五千石。

（明英宗实录，卷224，4887）

景泰四年（1453）

64. 正月己未朔，甲子，命平江侯陈豫复镇守临清。

（明英宗实录，卷225，4893）

65. 正月己未朔，戊辰，刑科言：“法司论笞杖罪，遣运粮、运石、运灰，俱以笞杖数多寡，定所运物多寡。惟输作者不论多寡，五笞概输作三月，五杖概输作六月，轻重未当。及比者刑部有同论杖罪，而或令纳钞，或令运粮、运石，轻重亦未尽惬舆论。”章下三法司议：“当输赎者笞罪纳钞，无力者输作。杂犯死罪及流徒杖罪，运粮、运石。无力者煎盐、炒铁、输作。死罪五年，流四年，徒如本限杖一百，六月。笞五十，三月。杖自九十笞自五十而下，每降一等递减，俱以半月为差。其在京守卫操备官旗军校，例难的决者，俱纳钞。无力纳钞者住俸输作。妇人坐诖误等轻罪，愿纳钞赎者听。”俱从之。

（明英宗实录，卷225，4899）

66. 正月己未朔，壬午，是日，河复决沙湾新塞口之南。

（明英宗实录，卷225，4915）

67. 二月戊子朔，乙未，以沙湾累修累决，诏加封河神为：朝宗顺正惠通灵显广济大河之神。命巡抚山东刑部尚书薛希琏以太牢祭之。

（明英宗实录，卷226，4931）

68. 二月戊子朔，戊戌，工部左侍郎赵荣言：“黄河之趋运河，势甚峻急，而沙湾抵张秋旧岸低薄〈校记：广本旧作堤〉，故此方筑完被复决溢，不为长计恐其患终不息也。臣等议请于新决之处，用石置减水坝以杀其势，使东入盐河，则运河之水可畜以通运舟矣〈校记：旧校畜作蓄〉。然后加高厚其堤岸，填实其缺口，庶无后患。”从之。仍命京厂给铁牛十八，铁牌十二与之。

（明英宗实录，卷226，4932-4933）

69. 二月戊子朔，己亥，诏填筑京城内外直抵通州街道，以便往来粮车，从户部奏请也。

（明英宗实录，卷226，4933）

70. 四月戊子朔，戊子，户部以山东东昌及直隶凤阳等府民饥，又沙湾修筑河道夫匠众多，粮储当为撙节。奏请移文山东巡抚尚书薛希琏，并布按二司："各委官于济南有粮官仓支粮一万石起倩，递年里长有丁大户，运赴沙湾备用。其山东三司官，及东昌、兖州、济南三府，直隶淮安、扬州、凤阳三府州县，并卫所官员应支本色俸粮，俱自四月初一日为始，暂支一石。生员廪米减支五斗。其余折支钞贯，自德州抵淮安驿，使客廪给行支二升，坐支三升。一日经过两驿，不许重支。待收成有粮之日，如旧关给。"从之。

（明英宗实录，卷228，4973）

71. 四月戊子朔，戊子，复筑沙湾决口毕工。监察御史彭谊言："河堤仅完人力实罢，今民夫虽已疏放宁家，而原设看桥捞浅者犹供役，且贫难无食。乞每人月给粮三斗。"从之。

（明英宗实录，卷228，4974）

72. 四月戊子朔，癸丑，诏沿河有司以收贮杂木，易米赈民饥。从内官武艮言也。

（明英宗实录，卷228，4995）

73. 四月戊子朔，丙辰，直隶淮安府安东县典史黄镇言："山东徐邳等处饿殍盈野，臣见运河船皆顺带砖。乞暂免运砖，令其该运一砖者纳粮一升，贮于沿河官仓，用赈饥馑。"从之。

（明英宗实录，卷228，4996）

74. 四月五月丁巳朔，癸酉，山东布政司右参议陈云鹏奏："运河之水偶尔泛涨，三月四日败沙湾减水坝，越七日又败南分水墩。自是抵五月水益浩瀚，墩岸桥梁皆被冲坏。而北马头决五丈有奇，漕舟今虽暂通，臣恐此后水势益大，一带堤岸皆未能必其无虞，宜预积工料为修筑计。竹木之类，已于浙江等处顺带。其石料、柴草动亿万计，虽有山东诸司罪人折纳，恐不足用。臣谓在京造作已息，请以山东、河南、南北直隶等处该班石、铁等匠，量发前来，于附近山场采运，准其班次。其河南囚犯，亦如山东之例，运石于沙湾赎罪。”事下工部言：“河南北直隶旱涝〈校记：广本南下有南字〉，人民艰食，听其于山东起取匠二万人采运物料，务在修筑坚完，漕运不阻。”从之。

（明英宗实录，卷229，5011-5012）

75. 五月丁巳朔，乙酉，沙湾大雷雨，决北马头河岸四十余丈。运河水掣入盐河，漕运之舟悉阻不行。

（明英宗实录，卷229，5017）

76. 六月丙戌朔，己丑，巡抚河南右都御史王暹奏：“黄河旧从开封北，转流东南入淮，不为害。自正统十三年改流为二，自新乡八柳树决，由故道东，经延津、封丘入沙湾。一决荥泽，漫流原武，抵开封、祥符、扶沟、通许、洧川、尉氏、临颍、郾城、陈州、商水、西华、项城、太康等处，没田数十万顷，而开封为患特甚。虽尝于城西沿河筑小堤，内又筑大堤，皆约三十余里。然沙土易坏，随筑随决。往岁久雨，已没小堤。今岁复坏大堤之半，不即修塞必及城垣，其害非小。臣会同三司计议，请于不被灾府卫州县，起倩军夫倍筑大堤，用防后艰。”从之。

（明英宗实录，卷230，5021-5022）

77. 六月丙戌朔，壬辰，命漕运官军运粮一万五千石，赴隆庆卫仓交纳。

（明英宗实录，卷230，5025）

78. 秋七月丙辰朔，己未，太仆寺少卿黄仕俊奏：“臣经过河南，见黄河一派，自荥泽县南流入项城县界。一派自新乡县八柳树北，流入张秋会通河。两派河流皆经六七州县，约有二千余里，俱系民间耕植之地。民皆荡析离居，老稚不相保聚，或死、或徙、或聚为盗。而有司犹征其税，民屡诉告。户部恐失粮额，不与分豁。夫古者计地征税，犹恐伤民，况取无地之税乎？乞敕所司复视免征，加意抚恤。”从之。

（明英宗实录，卷231，5038-5039）

79. 七月丙辰朔，乙丑，命太子太保、兼工部尚书石璞往治沙湾决河。时，有旨命工部司务吴福往治，已就道。给事中国盛等言：“沙湾之决，累敕大臣尚不能为经久计，吴福庸下岂能济事？况决口颇大，费用、工料甚繁，亦不宜独仗山东。其河南并直隶人匠〈校记：广本抱本并下有南北二字，疑是也〉，淮安、临清及龙江瓦屑坝，诸抽分木料，亦宜许其取用。”诏是之，乃征福还而以璞往。

（明英宗实录，卷231，5051）

80. 七月丙辰朔，乙丑，监察御史练纲言：“沙湾之决，昨见教谕彭埙，请立闸以节制水势，开河以分析上流，其言颇似近理。又往来舟人淹留日久，必皆愁困躁急，但得设法前进。虽或稍伤其财力，无不乐趋事功者。可因借用之。”诏是其言。令与尚书石璞措置。

（明英宗实录，卷231，5051）

81. 七月丙辰朔，丁卯，河南右参议丰庆言：“江南漕船阻于张秋之决，计无所出。臣请自淮河安清河口入黄河，至开封府荥泽县河口，转至卫辉府胙城县，泊于沙门。陆挽三十里至卫河，船运至京。往时议者以河道初改，恐阻碍不行。今河道已通，数年往来船不绝，岂粮船独不可行。”章上，命总督漕运都督佥事徐恭等覆实回报。

（明英宗实录，卷231，5053）

82. 七月丙辰朔，戊辰，户部奏：“比者，集丁壮于沙湾浚治漕河，该给口粮。已令山东、河南，及直隶大名等府粮税，并山东囚犯赎罪米及种纳盐粮等米〈校记：抱本种作中，是也〉，俱于临清、济宁二处上纳备用。然沙湾之去二处，动隔一、二百里，支运诚有不便。请令山东布、按二司官，于沙湾相视空闲房屋收受支用。”从之。

（明英宗实录，卷231，5054）

83. 七月丙辰朔，庚午，先是户科都给事中刘烨等奏：“镇守临清平江侯陈豫违法扰害军民。”至是巡按御史顾睢勘报〈按：校勘记中此条看不清〉：“豫占用随从官军舍余五十名，擅立巡视地方老人十五名。乞敕巡河御史协同镇守，庶有所警。”命豫洗心改过，抚恤军民，御史不必协同。

（明英宗实录，卷231，5055）

84. 七月丙辰朔，丙子，巡抚山东刑部尚书薛希琏奏：“沙湾决〈校记：广本抱本湾下有河字，是也〉，舟胶不得前。臣借倩江西等处运粮军民一万九千六百人，协助山东丁壮浚治。然运粮军民劳力已久，乞将所运粮该输京仓者，改于通州上纳，庶省僦车之费，以偿浚河之劳。”从之。

（明英宗实录，卷231，5059）

85. 七月丙辰朔，壬午，漕运总兵官都督佥事徐泰奏〈校记：旧校改泰作恭〉：“沙湾河决，水皆东注，以致运河无水，舟不得进者过半。虽设法令漕运军民，挑浚月河筑坝，遏水北流。然北高东下，时遇东南风，则水暂北，上舟可通行。设遇西北风，则水仍东注，舟不得动。况秋气已深，西北之风，常多经旬，累日舟行不过数里。诚恐天寒水冻，不敢必其得达京师。乞早为定计。”事下户部议：“宜敕恭与石璞、王竑计议。如舟可前进，则令运赴通州上纳。如不得进，则令沙湾以北者于临清上纳。以南者，于东昌及济宁上纳。漕挽军民今回本处，运次年粮储。”从之。

（明英宗实录，卷231，5064-5065）

86. 八月乙酉朔，乙酉，户部养病主事钟成奏：“黄河冲决，被其患者，尤莫甚于原武县。盖原武北自旧黄河黑羊山界，南自古汴河陈桥铺界，相去五十余里，水皆浸灌，县治居其中于今已六年矣。男欲耕而无高燥之地，女欲织而无蚕桑之所，束手愁叹，坐待其毙。屡蒙朝廷发廪赈济，然水患未除，民饥无已，仓廪之积恐不能继。乞敕有司疏浚筑塞，以消水患，转运邻近粮储〈校记：广本邻作附〉，以备赈济。"从之。

（明英宗实录，卷232，5068）

87. 八月乙酉朔，辛卯……河南按察司佥事刘清奏："东南漕舟，水浅不能进。可自淮入黄河，至荥泽转入沁河。经武陟县马曲湾，装载冈头，浚一百十九里以通卫河。张秋之决，由沁水合黄河，遂成奔急之势。若引沁水入卫河，则张秋无冲决之患矣。"行人王晏亦言："开岗至闸分沁水〈校记：广本抱本岗下有头字，抱本至作置，是也〉，使南入黄河，北达卫河，水涨即闭闸。如此，漕运可永无患。卫辉税粮十四万余，每一石令民出石一尺，可得一万四千余。夹粮一石，令挑河二尺，可挑一百六十余里。今所浚地不过百三十里，免卫辉一府粮，可成其事。何恤小费而弃莫大之利也〈校记：广本抱本恤下有此字，是也〉。"章上。诏令总督漕运右佥都御史王竑等覆实以闻。

南京户部尚书沈翼奏："先因济宁诸处水灾，转运淮安府常盈仓粮十五万于彼赈济。今秋成在迩，彼处亦有别项粮储〈校记：广本抱本亦作已，是也〉，足给民食，乞将所运常盈仓米转运京师。"又言："比者，出内帑白金三万两，命侍郎邹干等于济宁州诸处济民〈校记：广本抱本宁下有徐字，是也〉。今干等已于德州、淮安二处官廪出米，用白金五千余两，僦舟挽运赈济。余未用者，宜令仍还内帑。"又言："巡河风宪等官，每获运粮官军所载私货，即没入所在官司，及至支用，多有贸易侵欺。今后，宜令牙侩当时估直易米上仓。"

从之。

（明英宗实录，卷232，5072-5073）

88. 九月甲寅朔，庚申，常州府江阴县民言："本处顺塘河长十里许，东接永利仓运河，西通夏港及杨子江，可通舟楫，灌溉田亩。近为沙土淤塞，乞敕巡抚侍郎李敏，勘实开通以为民利。"从之。

（明英宗实录，卷233，5090）

89. 九月甲寅朔，乙丑，沙湾之决，尚书石璞等新凿一河，长三里以避决口，上下与运河通。其决口亦筑拦截，令新河、运河俱可行船，至是以毕工闻。工部欲取璞回。帝恐不能经久，令璞且留处置。

（明英宗实录，卷233，5092-5093）

90. 九月甲寅朔，己卯，加水神萧公封号为：水府灵通广济显应英佑侯神。自永乐中已封为英佑侯，至是巡抚湖广都御史李实言："近岁神降于其乡人王灏，附鸾箕以言祸福有验，乞加崇奖。"于是降敕加封号而赐冠带终其身〈校记：广本抱本赐下有灏字，是也〉。

（明英宗实录，卷233，5098）

91. 十月甲申朔，乙酉，吏部言："太子太保兼工部尚书石璞，奏保东昌府推官田畯〈校记：广本畯作峻〉，鱼台县典史彭旭，俱有才能，乞各量升一职，俾专理修河。缘近河府县，已增管河官员，难从所保。"帝曰："璞整理河道未见成功，惟务滥保官员，本当究问，但无他故，姑恕之。"

（明英宗实录，卷234，5101）

92. 十月甲申朔，丙戌，江西瑞州府运粮通判史宗礼奏："总督漕运右佥都御史王竑，将军民船编号相兼而行，缘军船多装私物，但过市镇湾泊，买卖延住日久，民船亦被淹留。今河道有水可容五船并行，乞令竑将军民船各自编号，凡遇洪闸军船一日，民船一日，挨次放过，庶免搀越争竞之患。”从之。

（明英宗实录，卷 234，5102）

93. 十月甲申朔，甲午……升右春坊右谕德兼翰林院侍讲徐有贞为都察院右佥都御史，往治沙湾。

升……都察院右佥都御史王竑为左副都御史，仍理漕运。时，太子太保兼户部尚书金濂奏：“昨者，徐淮等处水灾，人民艰食，竑身任其责，往来设法赈济，活人数多。况总督漕运，奸贪畏惮，兼理巡抚，军民爱慕。”会少保兼太子太傅、户部尚书文渊阁大学士陈循亦言：“竑尽心救济，宜量升擢，以励劳勤。”帝以恭与竑同理漕运，久著勤劳〈校记：广本作久著劳勤〉，故并进之。

（明英宗实录，卷 234，5108）

94. 十一月癸丑朔，庚午，户部奏：“山东武定州言：‘每岁分派本州粮，在德州水次兑军攒运，本以便民，然加耗既多，兑军又守候日久，反致负累。’今民自愿运赴通州或京仓输纳，请从其便。”从之。

（明英宗实录，卷 235，5130）

95. 十一月癸丑朔，丁丑，户部右侍郎张睿等言：“通州仓所收粮储，中间有因天阴，反恐河冻〈校记：旧校改反为及〉，运舟不能回还。未曾晒晾〈校记：广本抱本晾作暭〉，不无潮润，恐至春，地气蒸湿腐烂。又通州空廒数少，下年无所收受，请将在京官军俸粮，自景泰五年正月至六月，先行放支。”户部复奏，从之。

（明英宗实录，卷 235，5133）

96. 十二月癸未朔，壬子，是岁……漕运北京攒运过米：四百二十五万五千石。

（明英宗实录，卷 236，5156）

景泰五年（1454）

97. 正月癸丑朔，戊午，巡按山西监察御史何琛奏："黄河自龙门至芮城，清同一色，此实皇上至德所感万万年太平之兆也。廷臣欲行贺礼。"诏曰："此乃偶然不必贺。"

（明英宗实录，卷 237，5159）

98. 正月癸丑朔，己未，总督漕运左副都御史王竑奏："运河自通州抵扬州，俱有员外郎等官监督，收放粮收、船料、钞及管理洪闸〈校记：广本粮下收字作料〉，造船放甑〈校记：广本抱本甑作砖，是也〉。此等官员，辄携家以往，占居公馆，役使人夫，日需供给，生事扰人。又南京马快船，有例禁约，不许附带私货及往来人等。近来公差官员每私乘之〈校记：广本抱本来作年〉，宜通行禁约，违者治罪。其掌船官吏妄自应付者，一体罪之。"章下都察院谓："宜允所言，请出榜晓谕。"从之。

（明英宗实录，卷 237，5160-5161）

99. 正月癸丑朔，壬申，少保兼兵部尚书于谦言："天津等卫官军，间有将带私盐来京，被官司执问，拟口外守哨。然此等俱衣食不给者，乞宽贷之。"诏："免哨了，杖一百送操。后有犯者仍照常例。"

（明英宗实录，卷 237，5166）

100. 七月庚戌朔，癸丑，白沟河涨，决保定杜村口堤。诏有司俟水降修筑。

（明英宗实录，卷 243，5283）

101. 七月庚戌朔，壬申……遣户部官催攒沿河粮船，勿令迟误。

（明英宗实录，卷 243，5291）

102. 八月庚辰朔，甲午，召镇守临清平江侯陈豫回京师。

（明英宗实录，卷244，5304）

103. 八月庚辰朔，戊戌，巡按河南监察御史张澜奏："原于原武县黄河东岸开二河〈校记：广本抱本原于作先于，是也〉，合黑洋山旧河道，引水济徐吕二洪。今黄河改决而北，其新闻一河淤塞不通〈校记：广本抱本闻作开，是也，旧校改一作二〉，臣恐徐吕乏水，有妨漕运。请于黑洋山北，黄河纡回之处，自其缺口改挑一河，以接旧道，用灌徐吕。其工可二万人，其期可一月完。"从之。

（明英宗实录，卷244，5309-5310）

104. 九月己酉朔，壬戌，户部尚书张凤等奏："浙江杭、嘉、湖，直隶苏、松、常、杨等府被灾〈校记：抱本杨作扬〉，臣会同少傅兼太子太师、吏部尚书王直计议当行十事以闻〈广本抱本直下有等字，疑是也〉：一、被灾等处，今年兑军粮一百三十四万余石，民运粮八十三万二千余石，宜停免。令军就淮安常盈、太军等仓支运五十万石〈广本抱本太作大，疑是也〉，每石加耗二斗五升。徐州仓支运四十六万石，邳州仓支运四万石，每石加耗五升〈校记：广本抱本五上有一斗二字〉，临清仓支运十万石，每石加耗六升。德州仓支运二十四万石〈校记：抱本万下有余字〉，每石加耗五升，以补盘剥之费，俱赴通州仓交纳。其民运粮数并各项起运存留、马草、折银等项，候差官踏勘灾伤，至日奏请定夺……"诏允议行。

（明英宗实录，卷245，5323）

105. 九月己酉朔，戊寅，户部右给事中何升言〈校记：广本部作科，是也〉："臣往年使河南，见卫南沁河有漏港〈广本抱本卫下有辉字，是也〉，今年水滥决已成河〈校记：旧校改滥作溢〉，商船皆由之往来。其临清屯聚胶浅之舟，若令其从漏港出沁河入黄河，顺流而下，不二十日可至淮，敕遣官往勘〈校记：广本抱本敕作乞，是也〉。果如臣言，即令以卸粮空船，从漏港试其险易，庶事有变通，船无阻滞。"章入。诏："不必遣官，其令都御史王竑、徐有贞理之〈华夔按：广本之下误复，自河南二字起，至以闻二字止，见馆本5072面第六行至5073面第三行〉。"

（明英宗实录，卷245，5329）

106. 十月己卯朔，甲申〈校记：旧校删此二字，按：因本页七行已有甲申二字〉，增置仪真坝闸官一员。先是，闸官二员，以例省去一员，至是添造新坝讫功。故复增之。

（明英宗实录，卷246，5333）

107. 十月己卯朔，丁亥，工部奏："近闻仪真、瓜州二坝，每遇冬春潮水退缩之时，往来舟船胶浅难行。宜于二坝下各置闸，于潮水涨时闭闸蓄水，用通舟船。"从之。

（明英宗实录，卷246，5334）

108. 十月己卯朔，辛卯，先是行人王宴〈校记：旧校改宴作晏〉，请疏沁河运漕〈校记：旧校改作漕运〉。诏以其事，廉问于有司及邻河故老，皆言弗利。至是，晏复备陈地势水性之宜，以质廉报之非。帝命工部会文武臣议。少傅兼太子太师、吏部尚书王直等言："地形水势非可遥度，宜遣官往彼相度利害，狥诸众诸必惬乎公无患于后〈校记：旧校改狥作询，广本抱本众诸作众议，是也〉。或如晏言，或外有长策，奏报区处。"诏是之。命工部右侍郎赵荣同晏往。已而，荣亦言："弗利，请治晏罪。"诏宥之。

（明英宗实录，卷246，5337-5338）

109. 十一月戊申朔，辛酉，镇守福建兵部尚书孙原贞奏："……其二，论漕运曰：永乐中，开疏北河以通转漕〈校记：抱本转下有运字〉，岁用米六百万石。用军十有余万，造船百有千艘〈校记：广本抱本百作万〉。又有民间漕运之数，远者三四千里，近者千数百里。虽无海运风涛之虞，然其车坝盘浅，上洪过闸〈校记：影印本闸字不明晰〉，得行日少，停滋日久〈校记：广本抱本滋作滞，是也〉。及至通州，又用雇车，所费不资〈校记：旧校改资作赀〉。如近年浙江，粮与官军兑运，每石加耗米七斗，民运每石耗米八斗〈校记：广本抱本石下有加字，是也〉。其江西、湖广、直隶等处〈校记：广本抱本广下有南字，是也〉，亦各计水程远近加耗。是则，田不加多，赋敛实倍〈校记：广本抱本赋上有而字〉，欲民不穷困不可得也。况今太仓无十数年之积，倘遇水旱，内而军国之供，外而边塞之给，何以接济？为今之计，当量入为出，汰冗食之众，候仓储积实〈校记：广本抱本积作充〉，渐减漕运。传曰：食之者寡，则财恒。足可不念哉！”

（明英宗实录，卷 247，5354-5356）

110. 十一月戊申朔，丙子，左佥都御史徐有贞言：“沙湾治河三策。一、置造水门。臣闻水之胜〈校记：广本抱本胜作性，是也〉，可使之流通，不可使之埋塞。昔禹凿龙门，辟伊阙，无非为疏导计。故汉武之埋瓠子终弗成功，汉明之疏汴渠踰年著积〈校记：广本抱本积作绩，是也〉，此其明验也。世之言治水者虽多，然于沙湾独乐浪，王景所述制水门之法可取。盖沙湾地土尽沙〈校记：广本抱本尽作皆〉，易致坍决，故作坝、作闸皆非善计。臣请依景法为之，而加损益。于其间置门于水，而实其底。令高常水五尺，水少则可拘之〈校记：旧校改少作小〉，以济运河。水大则疏之，使趋于海。於是则有疏通之利〈校记：广本抱本於作如〉，无堙塞之患矣。一、开分水河。凡水势大者宜分，小者宜合。分以去其害，合以取其利。今黄河之势大，故恒冲决。运河之势小，故干浅〈校记：广本抱本故下有恒字，是也〉。必分黄河水合运河，则去其害而取其利〈校记：广本抱本则下有可字，是也〉。请相黄河地形水势，于可分之处，开成济河一道〈校记：广本抱本成下有广字，是也〉。下穿濮阳、博陵二泊〈校记：广本泊作坝〉，及旧河沙二十余里〈校记：旧校改作旧沙河〉，上连东西影塘，及小岭等地。又数十里余，其内，则有古大全堤可倚以为固〈校记：广本抱本全作金，是也〉，其外，则有八里梁山泊可恃以为池〈校记：广本抱本八下有百字，抱本池作泄〉。至于新置二闸，亦坚牢可以宣节之，使黄河水大，不至泛滥为害〈校记：广本抱本滥作溢〉，小亦不至干浅以阻漕运。一、挑深运河。臣为水行地中〈校记：广本抱本为作惟，是也〉，避高趋卑，势莫能遏。故运道深〈校记：广本抱本运作河，是也〉，则能蓄水，浅则弗，能令运。自永乐间，尚书宋礼，即会通河浚之，其深三丈，其水丈余，但以流少恒多於塞后〈校记：广本抱本少作沙，是也。广本於作淤，是也〉。平江伯陈瑄，为设浅铺，又督军丁兼挑故常疏通，久乃废弛。而沙河亦淤不已〈校记：旧校改沙河作河沙，广本亦作益〉，渐至浅狭。今之河底，乃与昔日之岸平〈校记：抱本无日字〉。其视盐河上下固悬绝，上比黄河来处亦差丈余，下比卫河接处，亦差数尺，所以取水则难，走水则易，诚宜浚之如旧。”章入。诏：“工部移文，谕有贞使即如其言从之。”

（明英宗实录，卷 247，5362-5363）

111. 十二月丁丑朔，戊戌，诏工部左侍郎赵荣还京〈校记：广本抱本诏作招〉。初，命荣视河道，就同佥都御史徐有贞董治，至是以有贞独能任之，故诏荣还。

（明英宗实录，卷 248，5376）

112. 十二月丁丑朔，丙午，是岁……漕运京师攒运粮：四百二十五万五千石。

（明英宗实录，卷 248，5383）

景泰六年（1455）

113. 二月丁丑朔，丙申，户部尚书张凤言：“景泰四年，因沙湾河决，漕运不便，将湖广都司官军攒运粮米三十六万余石，寄放天津等三卫〈校记：广本抱本放作收〉。除陆续顺带放支外，尚有八万二千石在彼积露〈校记：旧校改作路积〉。恐年久则腐坏，欲移文漕运总兵官都督同知徐恭，左副都御史王竑，尽分与今年漕运官军，顺带赴通州仓交纳。如有附余，就存原寄仓内，支给官军月粮。”从之。

增置通州仓。

（明英宗实录，卷250，5417）

114. 二月丁丑朔，壬寅，湖广华容县医学训科王正中言：“本县民岁运京储，皆经行洞庭洞，春夏水涨，人多被溺，秋冬水涸，舟复不通，往返搬运劳苦万状。臣见附近有河一道，昔晋杜预所开者。但淤浅少水，乞敕有司于农闲之日，督率工役如旧疏浚，使运船悉由此达大江之京仓，实为民便。”帝命工部移文有司，视其果利无害而后为之〈校记：广本果作有〉。

（明英宗实录，卷250，5423-5424）

115. 三月丙午朔，癸丑，户部奏：“正统十三年，浙江漕运军二万二千六百七十人，后因征处州寇贼，军有不足，令民代运。今寇贼既平，民运艰苦，宜命镇守浙江及管漕运等官，拣选浙江军余，补足正统十三年漕运军数。凡民运粮米，尽令军运，用宽民力。”从之。

（明英宗实录，卷251，5430）

116. 三月丙午朔，己巳，先是，帝谕工部臣曰：“国家重务在漕运。今里河自沙湾抵临清皆淤塞不通，尔工部其集文武群臣，议其疏治方略以闻。”于是太子少师工部尚书江渊，会同五府六部官议言：“运河之阻，在疏浚之而已。但今山东、河南人力已罢，且农事伊始，难起夫役。请将在京存操步队官军五万人，敕内臣及文武大臣各一人，往同佥都御史徐有贞计度疏浚。斯明年二月兴工，四月可毕。其器具乞量给银两，令自置之。仍先敕河南、山东有司，预积物料，蓄军粮以俟。”帝遂敕有贞集河南、山东，殷实余夫民壮各一万人先治之。有贞言：“宜以渐疏浚，工力相继。若官军一动，粮储、银两、辄有千万之费（按：有前之字看不清）。遇水涨，则复坐费无所施智。今泄口已合，决堤已坚，挑河者已如命用工。臣请仍旧例，置榜浅夫〈校记：旧校改榜作捞〉。惟用沿河州县之民〈校记：广本无惟字〉，免其徭役，牧养之事，使专事于此。付管河官督领〈校记：广本官下有吏字〉。役小，则量数起之，役大，则举户皆行。其非近河之人，皆休放，使力农亩。如比，将远者得安业，近者甘事河道。不久利无弊者，臣未之信也。”帝以为言〈校记：广本抱本言作然，是也〉，工部之议遂寝。

（明英宗实录，卷 251，5436-5437）

117. 夏四月丙子朔，己卯，巡抚南直隶、户部尚书李敏奏：“浙江等处，各卫所运粮官军，往因边警，存留在京操备，该运粮米，暂令民代运。今民运六年，负累艰难，乞放。官军仍回漕运以苏民困。”事下户部会官议：“除遣往边关守备及草场牧马者不放，止有存操者五千三百人放回运粮，其余仍暂令民运，候边境宁靖再议。”从之。

（明英宗实录，卷 252，5442）

118. 五月乙巳朔，辛亥，右佥都御史徐有贞奏：“运河疏浚功成。”帝谓工部曰：“河虽暂通，恐不能久，其移文有贞，尚宜督沿河夫役以时挑浚，勿致阻滞舟船。”

（明英宗实录，卷 253，5463）

119. 六月乙亥朔，乙亥，敕监察御史张蓥曰：“山东临清县地方虽不广，而实两京咽喉。四方官民商旅之所往还、住止，水陆货物之所储蓄、贸迁，公私输运舟车去来，未尝少息。争竞攘夺，欺压凌暴，无日无之。词讼之所从兴，盗贼之所由发。虽有巡抚、巡按，该管司府官员，不得专临。公差管河催事，收放物料职役，各务偏向，强暴得志，良善受亏。今特命尔往彼，专一整理词讼，禁防盗贼。遇有前项事情，听尔轻则惩治，重则解京。其有刁泼豪强之徒，及恃势官吏，沮挠风宪，嘱托公事，除京官及文官五品以上，并军职具奏外，其余即时拿问，依律照例发落。尔受朝廷委任，务在持廉秉公，正已率人。毋枉良善，无纵奸邪〈校记：广本抱本无作毋，是也〉，使兹一方。事妥民安，斯为称职。如或故违，取罪非轻，尔其勉之！慎之！”

（明英宗实录，卷254，5477-5478）

120. 六月乙亥朔，癸未，河决河南开封府高门堤二十余里。诏三司督军夫积物料修筑之。

（明英宗实录，卷254，5482）

121. 闰六月乙巳朔，庚午，命工部修宛平闸〈校记：广本抱本平下有县华家三字，是也〉，以水涨堤决故也。

（明英宗实录，卷255，5503）

122. 七月甲戌朔，乙亥，筑沙湾决口成。沙湾之决垂十年，至是黄河南流入淮〈校记：广本抱本是下有会字〉。左佥都御史徐有贞始克奏功：“凡费木铁竹石等物累计万〈校记：广本抱本计作数，是也〉。计工，五百五十五日。”帝以河道虽完尚恐未坚，命有贞明年春仍往视之。

（明英宗实录，卷256，5511）

123. 七月甲戌朔，丙戌，命修直隶容城县白沟河杜村口，及固安县杨家等口决堤。

（明英宗实录，卷256，5519）

124. 八月甲辰朔，丁巳，管河主事李蕃奏：“初为徐吕二洪水浅，凿阳武脾沙冈〈校记：广本抱本冈作岗，是也〉，引黄河之水，然后舟楫流通。近又见起失浚封丘县新集等处〈校记：广本抱本失作夫，是也〉，分脾沙冈外水以济沙湾〈校记：广本抱本无外字，疑是也〉。缘脾沙冈水微细，不能兼济二处，恐沙湾得水而徐吕干涸〈校记：广本抱本涸作涩〉，得一失一非计之善。况新集地高费用颇多，乞敕左佥都御史徐有贞等量度处置。”从之。

（明英宗实录，卷 257，5533）

125. 九月癸酉朔，戊子，左佥都御史陈泰，先奉敕督浚仪真、瓜州、江都、高邮、宝应及淮安一带河道，至是以功完上闻。凡浚河百八十里，筑决口九处，埧三座，役人夫六万余。

（明英宗实录，卷 258，5548）

126. 九月癸酉朔，丙申，四川宜宾县民奏：“臣等采木于万山之中，辛勤万余里始至北京。自南京已抽分五分之一，淮安抽分三十分之一，至张家湾又抽分五分之一。并僦载费用通计之，不满原本，之木客多不至京〈校记：广本抱本之作乃知，是也〉，盖有由矣。乞令张家湾，自后抽分如淮安例。”从之。

（明英宗实录，卷 258，5549-5550）

127. 九月癸酉朔，庚子，沿漕河盗贼横甚，漕军为有杀掠者〈校记：旧校改为有作有为〉。副都御史王竑以闻。命监察御史王用同锦衣卫官严捕之。

（明英宗实录，卷 258，5551）

128. 十二月壬寅朔，戊午，免征沿河济宁等十三州县，修河民所负官马并杂科役。以左佥都御史徐有贞奏：“力役方勤不宜并取。”故也。

（明英宗实录，卷 261，5585）

129. 十二月壬寅朔，庚午，是岁……漕运北京攒运过粮：

四百三十八万四千石。

（明英宗实录，卷 261，5591）

景泰七年（1456）

130. 正月辛未朔，丁丑，吏部听选官谢荣奏：“比年江南米贵，漕运军士，将允运粮米就彼出粜〈校记：旧校改允作兑，广本抱本粜作粜，是也〉，却以银货赴京易米上仓，以此京城米价亦贵。乞加禁约，务令各运原兑粮米赴京。”从之。

（明英宗实录，卷 262，5594）

131. 六月己亥朔，辛丑，镇守浙江兵部尚书孙原贞奏：“杭州西湖，旧有二闸蓄泄水利。近者二闸倾圮，湖水淤塞。积有葑滩，往往被势豪之人占据，水塞不通，居民不便。而应征渔课，累年渔户陪纳。臣近阅郡志，内载宋苏轼奏疏，云：‘杭州为州〈校记：广本抱本作杭之为州，是也〉，本江海故地。水泉醎苦，自唐李泌引湖水入城为六井，然后民足于水。井邑日富，百万生聚，待此而食。放水溉田，濒河千顷，可无凶岁。运河亦皆取足于湖，不可许人租佃水面，侵占种植。”周淙亦言：“西湖所贵深阔，引水入城中诸井，尤在清洁，因禁止栽植菱芡。招兵工百人，专一捞湖。其后有力之家，又复请佃，湖面日益填塞。及后大旱水涸，诏镇守赵兴慧开浚〈校记：广本抱本镇作郡，是也〉。凡茭荷茭荡（按：校记中茭作何看不清），悉薙去之，杭民获利。此皆前代经理，西湖大略也。迩岁势豪之徒，日逐堆叠，塍围包占，种植菱藕，蓄养鱼鲜，渐至湖水浅狭。加之闸石毁坏，时遇旱乾，湖已先涸。旁田既无溉灌之利〈校记：旧校溉灌改为灌溉〉，而运河亦遂淤浅，公私舟船往来不通〈校记：广本船作楫〉。近与镇守少监阮随，询之父老，合辞陈请〈校记：广本抱本辞作词〉，仍旧置闸蓄泄水利，革民圈占。使湖得深广涓洁，周通六井支流〈校记：广本周作用〉。运河旁溉田亩，且免渔户陪课之扰。已令有司勘复所占池荡，并令偿官，而修筑之二闸事不可缓〈校记：旧校删之字〉。尝与阮随劝借赈济之余，尚存米谷可备木石之费，及时僦工，俾令修筑。乞敕有司于农隙之时，量工开浚。禁止豪右之人，不许侵占湖利，则一郡军民永远获利矣。"命该部如所言行之。

（明英宗实录，卷 267，5666-5667）

132. 六月己亥朔，丁卯，是月，直隶淮安、扬州、凤阳三府大旱蝗。徐州大雨水，河南亦大雨，河决开封。河南彰德三府田庐淹没无算。

（明英宗实录，卷 267，5676）

133. 七月戊辰朔，癸未，巡抚山东、刑部尚书薛希琏等奏："运粮指挥千百户等官，沿途迁延且生事扰人。及佥事陈简催攒仍抗拒不服。"诏曰："此漕运总兵等官号令不严所致也。都察院其录状以示。徐恭、王竑后若不严，必罪不宥。"

（明英宗实录，卷 268，5684）

134. 九月戊辰朔，戊辰，命右佥都御史陈泰，巡抚南直隶苏州、松江等处。时，泰在扬州疏浚河道，巡抚南直隶都御史邹来学卒，户部以闻。故命泰代之。

（明英宗实录，卷 270，5717）

135. 九月戊辰朔，辛巳，左佥都御史徐有贞奏："京畿及山东，自七月大雨起至于八月，诸河水溢。虽高阜亦有丈余，堤岸冲决，民田庐淹没，商舟船漂溺者无算。幸新造水门一带堤堰无患，其冲决不甚害者，臣已率有司督工修理。惟感应祠旧堤所决既大所系，尤要必置御水埽，如水门埽堰之制。仍于济宁抵临清增置减水闸，始可经久。其修筑人夫，乞免他徭，仍人给口粮〈校记：广本人作令〉，庶易成绩。”帝是之。仍敕有贞等督军卫有司置物料〈校记：旧校置补上拨字〉，务在坚完，勿遗后患。

（明英宗实录，卷270，5726-5727）

136. 十二月丙申朔，癸卯，升都察院左佥都御史徐有贞为左副都御史。有贞以修河事竣回京〈校记：广本抱本事竣作竣事〉，入见帝，顾问良久，奖劳甚至。因命吏部臣特升之。

（明英宗实录，卷273，5764）

137. 十二月丙申朔，丁巳，山东按察司佥事陈兰巡运河，夜至南阳闸，值杭州前卫、运粮指挥佥事杜成，千户张斌，百户汪昇纵饮闸听中〈校记：广本抱本听作厅，是也〉，粮船阻弗行。兰令闸官催其行，昇醉惧逃避，误坠堑死。成斌等集众围兰舟，掠其衣物，且拘系之，明日始释。兰愤奏成等，诬其有“不若谋反”之语。下都察院，成等俱抵罪，兰坐奏事不实，赎徒还职。

（明英宗实录，卷273，5770-5771）

138. 十二月丙申朔，乙丑，是岁……漕运京师攒运过粮：四百四十三万七十石。

（明英宗实录，卷273，5780）

天顺元年（1457）

1. 正月丙寅朔，辛卯，减淮安、临清、沙湾巡河主事三员，从定襄伯郭登言也。

（明英宗实录，卷274，5822）

2. 三月甲子朔，癸酉，工部奏：“河南祥符县逼近黄河，旧有大堤四十余里，用护城垣。近年为雨水冲决千百余丈〈校记：抱本百作有〉，不即修筑恐妨城垣，请令河南三司于无灾州县量起夫修筑。”从之。

（明英宗实录，卷276，5874）

3. 四月甲午朔，丁未，命临清船料钞改收粮米以备赈济，每钞二贯折米一升。从刑科给事中刘洙奏请也。

（明英宗实录，卷277，5913）

4. 四月甲午朔，庚申，漕运总兵官都督同知徐恭奏：“昔年平江伯陈瑄总兵漕运，且兼镇守淮安督理河道。景泰间，增设都御史巡抚，臣止督漕运。今都御史王竑已取回京，请敕臣如昔平江伯之事。”上不允。

（明英宗实录，卷277，5928-5929）

5. 秋七月壬戌朔，癸亥，修理朝阳门至通州一带桥道。时，夏雨骤集，道多积水，桥亦损坏，粮运不便，故命修理之。

（明英宗实录，卷280，5992）

6. 秋七月壬戌朔，戊子，初，工部奏：“河道有郎中、主事及巡河御史管理。”上敕右都督徐恭专管漕运。至是恭言：“平江伯陈瑄总督漕运兼理河道，今若令臣不得兼理河道恐有误漕运。”上从之，令如平江伯故事〈校记：广本令作命〉。

（明英宗实录，卷280，6022-6023）

7. 十月辛卯朔，壬辰，命河南布政司右参议杨恕复任〈校记：广本议作政〉，仍理河道。先是吏部会官议恕老懦无闻，奏允冠带闲住。至是漕运总兵都督同知徐恭言：“其年力未衰，尚堪理任。”故有是命。

（明英宗实录，卷283，6071）

8. 十月辛卯朔，乙巳，漕运总兵右都督徐恭奏：“扬州一带宝应、泛光、邵伯、高邮等处堤岸冲决数多，清江提举司造船主事不能兼理，乞增设管河主事一员。”从之。

（明英宗实录，卷283，6077）

9. 十月辛卯朔，甲寅，命都督刘深、雷通、王端督官军一十万，于通州仓运米二百万石赴京交纳。

（明英宗实录，卷283，6079）

10. 十一月辛酉朔，甲戌，锦衣卫百户陈以节，因差遣还言：“济宁州管闸主事陈溱，勒受往来舟船赂遗。”遂征溱下狱，谪戍边卫。溱诉冤，不允。

（明英宗实录，卷284，6090）

11. 十一月辛酉朔，乙亥，命漕运参将署都督佥事黄鉴实授前职。

（明英宗实录，卷284，6091）

12. 十二月辛卯朔，丁巳，尚宝司少卿凌信奏：“江南运粮者，泛大江至瓜洲坝，有风浪之险，宜从镇江府里河。而里河自新港至奔牛一百六十余里，河道浅狭，又有三坝，大船不利车盘。七里港口又有金山横阻，江水不得入，以故粮舟多冒险损坏。宜通七里港口引江水灌入，浚新港至奔牛一带为便。”奏下工部覆复奏：“宜令管理粮储河道官佥都御史李秉，及郎中沈彬提调附近有司通浚。”从之。

（明英宗实录，卷285，6113-6114）

13. 十二月辛卯朔，己未，是岁……漕运北京攒运过粮：四百三十五万石。

（明英宗实录，卷285，6117）

天顺二年（1458）

14. 三月戊子朔，癸丑，管河主事陈凑奏〈校记：旧校改凑作溱〉：

“济宁州济安闸水势陡峻，损坏船只可移入二十余步。其旧闸岸改砌月样以顺水性，令不得撞激〈校记：广本撞作冲〉。”上命所司勘实移之。

（明英宗实录，卷289，6189）

15. 夏四月戊午朔，辛未，户部奏：“浙江安吉县吏王雍，解地产栗果赴京，遇闸沉舟，内七十四石漂流不存。已移文法司逮问如律，请监督追偿以足原数。”上曰：“此非其罪，姑宥之，不必追偿。”

（明英宗实录，卷290，6198）

16. 六月丁巳朔，丁卯，直隶大河等卫，运粮赴直隶天津等卫仓，舟至东洋海口遭风，漂没粮九千五百余石，旗军郑福等诉于户部，乞分豁。户部议：“将大河等卫明年应运蓟州仓粮内，改四万七千六百余石赴天津卫仓纳，省雇直米九千五百余石以补漂流之数。”从之。

（明英宗实录，卷292，6239）

17. 六月丁巳朔，甲戌，漕运总兵官右都督徐恭奏：“天久不雨，各洪闸水浅，漕运艰难。盘浅雇直之费甚重，军士疲惫不堪。乞敕户部将今六月以后运至者，京仓量改通州仓以纾其困。”章下户部议：“京粮缺少难从其请。”上曰：“京储固为重务，而军士之困亦所当念，其如恭请。六月以后运至者京仓、通州仓各中半上纳〈校记：旧校改为运至京仓者〉。”

（明英宗实录，卷292，6243）

18. 冬十月乙卯朔，壬午，江西建昌府南城县考满知县陈升言三事：“……一、臣以考满来京，见马快等船所载官物少而私货多，甚至夹带商旅以规厚利。沿河索军卫有司挽夫以千百计，稍其稽缓辄加笞辱〈校记：安本其作有，是也。广本稍作迟〉。丁夫到舟受诸棰楚，质其衣鞋。而后使者有之，要其钱米而纵放者有之，忍视其饥寒，至于僵殍而不恤者亦有之。乞敕今后每舟令载官物若干著为定式，不许擅带私货及客商人等。仍将其舟会数，分定班次，如差前次舟，即拨后次舟所编军夫一半助驾。沿河亦酌定，每舟一只，贴助挽夫若干，余外不许多索。至差后舟亦然。一、臣见南京上新河、扬州、淮安、临清、河西务等处，经过客船既要带砖又要输钞。其诸处量船之人，于船户有所赂者，减其船之丈尺。钞虽腐软，亦收无嫌。于船户无所赂者，则增其丈尺〈校记：抱本脱尺以上二十字〉。钞虽坚完，亦择不受，甚至上下串同，侵欺盗卖，为弊多端，乞敕该部计议。今后止令带砖以备营修，其各处收钞宜悉革之。”上命礼部会官议行。

（明英宗实录，卷296，6311-6313）

19. 十二月乙卯朔，己巳，先是直隶大河卫百户闵恭奏：“南京并直隶各卫，岁运蓟州等卫仓粮三十万石，驾船三百五十只，用旗军六千三百人，越大海七十余里〈校记：广本十作千〉。风涛险恶，滞留旬月，及有顺风开船，行至中途，忽尔又值风变，人船粮米多被沉溺，实非漕运之便。臣见新开沽河，北望蓟州，正与水套沽河相对，止有四十余里。河径水深，堪行舟楫。但其间十里之地阻隔，若挑通之，由此攒运，则海涛之患可免。虽劳人力于一时，实千百年之计也。”事下工部，请移文镇守蓟州总兵、巡按直隶御史勘其利否〈校记：广本安本隶下有监察二字〉。至是，都督佥事宗胜、监察御史李敏，皆报恭言善：“其河应挑阔五丈，深一丈五尺，于附近天津、永平、蓟州、宝坻等卫府州县，发一万人夫，委官督领，俟明年春和农暇之日兴工。然各处军民艰辛者多，宜一月人与行粮三斗，仍官给器具，庶无劳损而工易成。”从之。

（明英宗实录，卷298，6336-6337）

20. 十二月乙卯朔，癸未，是岁……漕运京师攒运过米豆：四百三十五万石。

（明英宗实录，卷 298，6346）

天顺三年（1459）

21. 二月甲寅朔，庚辰，增置通州大运仓。

（明英宗实录，卷 300，6378）

22. 夏四月壬子朔，辛未，漕运总兵官右都督徐恭奏："南京水军等卫，原运粮旗军，以更替操备为言，弃撇船粮逃躲他处。乞将前项旗军一千六百五十八名，仍旧存留运粮。其缺操之数，移文南京守备官，于南京有军卫分如数选补送操。"事下户部复奏〈校记：抱本户作兵〉。从之。

（明英宗实录，卷 302，6403-6404）

23. 夏四月壬子朔，辛巳，工部奏："国家大计莫先于粮运。今闻自通州以南直抵扬州，河道胶浅，粮运艰行〈校记：广本艰作难〉。宜驰文于管河道军民官，令量起附近卫所府州县军民，设法疏浚。其水塘、泉源亦须疏通以济运河。"从之。

（明英宗实录，卷 302，6408）

24. 十二月己酉朔，戊寅，是岁……漕运北京攒运过粮：四百三十五万石。

（明英宗实录，卷 310，6524）

天顺四年（1460）

25. 二月戊申朔，甲寅，漕运总兵官右都督徐恭奏："运粮官军为事，自流罪以下者，旧有运罚米数〈校记：旧校运罚改作罚运〉，其杂犯死罪则未定拟。事下户部，“请比流罪加米三十石，共八十石，俱于徐、淮二仓支粮，运赴京仓交纳。”从之。

（明英宗实录，卷312，6545-6546）

26. 二月戊申朔，乙丑，命浙江四川、湖广、江西等布政司及应天并直隶苏州等府，造运粮舟一千二百艘。从漕运右都督徐恭奏也〈校记：广本奏下有请〉。

（明英宗实录，卷312，6550）

27. 五月丙子朔，己丑，设直隶徐州黄家闸，置闸官一员。

（明英宗实录，卷315，6590）

28. 六月丙午朔，乙卯，户部奏：“通州大运西仓，墙南草场，新设二门。合用把门办事官四员，致仕军官四员，军二十名及墙外冷铺五处。合用守铺军二十五名。欲行吏、兵二部如例拨送。”从之。

（明英宗实录，卷316，6599）

29. 六月丙午朔，丙辰，命通州草场新盖仓廒，名曰：大运南仓。

（明英宗实录，卷316，6599）

30. 七月乙亥朔，辛卯，直隶凤阳府，自五月连雨抵七月，淮水溢，决坝埂，败城垣，没军民田庐甚多，至是事闻。命巡按御史、中都留守司，各遣官于被灾军民加意存恤。冲决城坝逐渐筑之。

（明英宗实录，卷317，6617）

31. 七月乙亥朔，癸卯，命工部左侍郎霍瑄督运木植。初，以各处输运木植露积于运河之侧，未上厂。命工部右侍郎翁世资同都督佥事赵辅督运，至是世资得罪，故命瑄代之。

（明英宗实录，卷317，6623）

32. 十二月癸酉朔，辛丑，是岁，漕运北京攒运过粮：四百三十五万石。

（明英宗实录，卷323，6700）

天顺五年（1461）

33. 二月壬申朔，丙戌，漕运总兵官右都督徐恭奏："运河诸闸多狭隘，临清一闸尤甚。而近造粮舟高大，闸殆不能容。请敕山东军卫有司，积工措料，修移旧闸五十丈，浚深三尺六寸，增广三尺，庶不阻漕运。"上曰："临清南北要冲之地，其闸乃浅狭如此，即令有司修筑之。"

（明英宗实录，卷325，6716）

34. 四月辛未朔，辛未，筑直隶河间府沧州城，从知州贾忠奏请也。

（明英宗实录，卷327，6735）

35. 五月庚子朔，戊申，户部奏："南京广洋卫运粮赴蓟州，至山东德州，军士炊爨遗火，焚其八舟粮一千六百余石〈校记：广本无八字〉，绵布一千九百余匹，兹欲如例，改拨本卫应纳京粮于通州仓，省脚费米以补所焚之数。其布乞免追偿。"上曰："遗火本非有意，军士艰难，悉如所请。"

（明英宗实录，卷328，6754-6755）

36. 七月己亥朔，丁巳，巡按河南监察御史陈璧同都、布、按三司奏："自六月终霖雨，黄河溢涨。七月初四日，决汴梁土城。当时筑塞砖城五门以备。至初六日，砖城北门亦决，城中稍低之处水深丈余，官舍民居漂没过半，公帑私积荡然一空，周府宫眷并臣等各乘舟筏避于城外高处。速召邻近州县官，多率舟筏赴城救济军民，然死者已不可胜纪。"许州、襄城县亦奏："水决城门，淹没官民庐舍，死者甚众。”上命工部右侍郎薛远往视之。远陛辞，赐敕谕之曰：“黄河冲决为患非小，卿须多方设法消除水患，筑塞河堤，务令坚完。仍巡视下流，开通疏浚，以泄城中积水。尤先抚恤被灾之家，有缺食者，于附近官廪出粟给之。或劝谕富家赈贷，被灾田亩蠲其租税，官舍民居以次修理。须水患止息，事妥民安，然后回京。”

（明英宗实录，卷 330，6794-6795）

37. 七月己亥朔，乙丑，修河西务要儿渡口。

（明英宗实录，卷 330，6798）

38. 九月戊戌朔，甲子，户部奏：“直隶徐州卫，攒运官军遇水冲舟，漂流粮米不能补纳。请候次年将本卫该运京仓米内存一万四千四百九十石，于通州上纳，省脚米一千四百四十九石，仍纳通州以补漂流之数。”从之。

（明英宗实录，卷 332，6821）

39. 冬十月丁卯朔，壬申，敕湖广都指挥同知杨茂曰：“今命尔充参将，协同总兵官右都督徐恭攒运粮储。循守旧规，提督湖广等都司及直隶卫所官军，各照岁定兑支粮数，依期运至京仓。遇有河道淤阻，随即督同委官设法疏理。仍镇守淮安，抚恤军民，修治城池。遇有贼寇生发，先机捕灭。尔为朝廷武臣，受兹重寄，凡事宜持廉秉公，庶不负委任之意，尔其慎之！”

（明英宗实录，卷 333，6825）

40. 十二月丁卯朔，乙未，是岁……漕运北京攒运过粮：四百三十五万石。

（明英宗实录，卷 335，6860）

天顺六年（1462）

41. 春正月丙申朔，辛丑，印绶监太监阮通奏："旧制，漕运遇风破舟者，令所在官司复验无伪，即令全卫所皆于通州上纳，免赴京仓，省其僦车之费，以补漂流之数。行之既久，奸弊滋甚多，有私贿沿河官司，虚报遭风，以致上纳京仓者少，乞行禁革，犯者治以重罪。"

（明英宗实录，卷 336，6862）

42. 二月丙寅朔，丙寅，增造荐新黄船十二只，从南京守备太监怀忠等奏也。

（明英宗实录，卷 337，6877）

43. 二月丙寅朔，戊子，发丁夫一千，开祥符县曹蒙溜（按：蒙似为家字）。

（明英宗实录，卷 337，6883）

44. 三月丙申朔，丁巳，命疏浚淮安以南运河。

（明英宗实录，卷 338，6893）

45. 八月癸亥朔，戊寅，命户部差官攒催沿河粮船，勿令迟误。

（明英宗实录，卷 343，6947）

46. 十月壬戌朔，甲戌，周王子堕奏："七月初六日，河水溢，入城，坏宫室物产，其宗支底册亦沦没无存。"上命宗人府更录一本赐之。

（明英宗实录，卷 345，6976）

47. 十月壬戌朔，丁亥，内阁臣奏："近闻运粮船尚有三四千在临清，其前行者约二十余日方到通州。已在十月尽间，若交纳而回，河已冻矣，况后行者乎？船既冻阻必误下年运粮〈校记：广本作粮运〉，今宜速令户部官前去催趱。除冻前到通州外，其余可到天津者，可到德州者，俱就彼收贮，以待下年带运。如此，则船无冻阻，粮无亏欠。”上然之。命户部侍郎杨鼎等往理其事。

（明英宗实录，卷345，6979）

48. 十二月辛酉朔，癸酉，内阁臣言：“臣等闻知南京马快船只装载官物〈校记：广本知作之〉，一船可载者分作十船，却搭客商人等私货，俱要人夫拽送，动经二、三百号，又阻滞粮船深为不便。乞令南京守备官员，今后若有进来品物，惟该用冰者，一船只载十五扛〈校记：广本无五字〉，其余一应供用官物，或用半船，尽船装载，不许仍前多拨船只，劳人拽送。”上从其言。敕谕南京守备太监怀忠、魏国公徐承宗等如所言行之。

（明英宗实录，卷347，6996-6997）

49. 十二月辛酉朔，庚寅，是岁……漕运京师攒运过粮：四百三十五万石。

（明英宗实录，卷347，7005）

天顺七年（1463）

50. 春正月辛卯朔，丁未，漕运参将都指挥同知杨茂奏：“绍兴卫指挥何洪等，侵欺漕运米七千七百石有奇，诈称遭风，请下理官讯治。”从之。

（明英宗实录，卷348，7009-7010）

51. 二月庚申朔，庚辰，河南布政司照磨金景辉，考满至京奏：“黄河国初在封丘，后徙康王马头，去城北三十里。复有二支河，一由沙门注运河，一由金龙口达徐、吕二洪入海。正统戊辰，决荥泽，转趋城南并流入淮旧河〈校记：广本无旧字〉，支河俱淹，漕河因而浅涩。景泰癸酉，因水逼城，命筑堤四十余里，劳费过甚，而水发辄复轻溃〈校记：广本抱本安本轻作倾〉。然尚未至决城壕，为人害也。至天顺辛巳，水暴至土城既决，砖城随崩，公私庐舍尽没，男妇溺死不可胜纪。数十年官民资畜漂失无遗〈校记：广本失作没〉，七郡财力所筑之堤，俱委为无用之地矣〈校记：旧校删为字〉。皇上悯视元元，遣工部右侍郎薛远往治，虽稍平复，而人心尚尔疑惧。臣惟黄河四渎之宗，天下水之莫大者也。今不循故道而并流入淮，是为妄行〈校记：广本为作以〉。为今之计，在疏导以分杀其势。若止委之一淮，仍行堤防之策，臣恐开封终为鱼鳖之区矣。不此虑者，或谓疏浚之事〈校记：广本浚作濬〉，劳费不任。殊不知欲为长久平治之道，虽劳费有弗足计，不愈累年修筑之劳费哉〈校记：广本抱本愈下有于字，是也〉！或谓浚河不如迁城，此尤其妄者。城为民设，水患不息，民困未已，城何为焉。又况所费不资，岂易为哉！臣愚，则始终惟疏浚之是计也。伏乞皇上不鄙刍荛，即敕该部计议，移文巡抚河南右副都御史贾铨〈校记：抱本铨上衍钦字〉，令所在三司，先以金龙口河开浚宽阔，俾水流通，以接漕河。仍相度旧河，或另有泄水之处，讲求古法，酌为时宜而兴工开挑，不必计其速成，务为经久之计。合用军夫人等，皆设法给以器具、口粮，则劳而弗怨，费而弗伤，何水患之不息哉！”章下工部，以“其言颇合时议，请敕吏部如例升擢。即命其往同河南管河参议何升，如其言而行之。仍命右副都御史贾铨总督而责其成功。”从之。

（明英宗实录，卷349，7027-7029）

52. 三月庚寅朔，甲辰，敕谕都察院左副都御史王竑〈校记：抱本左作右〉："命特〈校记：广本命作今，是也〉命尔总督漕运，与总兵官右都督徐恭等同理其事。务在用心规画，禁革奸弊，官军有犯，依尔先会议事例而行。水利当蓄当泄者，严督该管官司并巡河御史等官筑塞疏浚，以便粮运。仍兼巡抚凤阳、淮安、扬州、庐州并徐、滁、和府州地方，抚安军民……”

（明英宗实录，卷 350，7039）

53. 五月己丑朔，辛卯，户部言：“京师及通州仓，去年所收粮因天寒河冻，恐误粮船回程，不及晒干，日后虑有热蒸亏损之患。请不必挨陈，先为放支。”从之。

（明英宗实录，卷 352，7057）

54. 秋七月戊子朔，丙辰，革淮安府常盈仓、徐州广运仓、东昌府临清仓及临清县广积仓大使等官共九员，攒典斗级、修仓夫匠共八百八十一名。从户部奏，各仓粮比旧攒运数多，储积数少故也。

（明英宗实录，卷 354，7089）

55. 八月丁亥朔，庚寅，漕运总兵官右都督徐恭自陈老病不能任事，乞解职任。上命户部别举官代之（按：徐恭同年十月丁酉卒）。

（明英宗实录，卷 356，7106）

56. 冬十月丙戌朔，庚寅，总督漕运左副都御史王竑言：“去年积贮天津仓粮米二十八万余石，恐岁久浥烂，请令各处运粮官军，明年粮船至天津仓支带，前赴通州仓交纳。”从之。

（明英宗实录，卷 358，7129-7130）

57. 冬十月丙戌朔，乙未，总督漕运副都御史王竑言〈校记：抱本副上有右字〉：“运粮官军得罪者，令于淮安常盈等仓支米，另行倩船运之京仓〈校记：广本之作至，是也〉。比来支米者，并载于原运粮船，重累军士不便。请自今得罪者纳米赎罪，如京师常例。”从之。

（明英宗实录，卷 358，7130）

58. 十二月乙酉朔，癸丑，是岁……漕运京师攒运过粮：四百万石。

（明英宗实录，卷360，7166）

天顺八年（1464）

59. 春正月甲寅朔，己未，命修高邮湖岸三十余丈〈校记：抱本嘉本安本丈作里〉，以年久风浪撞激，其砖石桩木皆脱落故也。

（明英宗实录，卷361，7168）

明宪宗实录

1. 天顺八年七月壬子朔，壬申，都察院都事金景辉言："会通河自安山北，至临清二百五十余里，仅有汶水，若春月少雨，则水渐微〈校记：抱本水下有脉字，是也〉，舟行浅滞。其汴梁城北，陈桥旧有古河一道，北由长垣经曹州，至拒野县〈校记：抱本拒作钜，是也〉，安兴墓巡检司地界，乃出会通河，合汶水通临清。每秋水溢，有舟往来其间。惟陈桥迤西一舍许，水道浅狭，水小之际不能流通，请兴工开浚，亦可分引沁水〈校记：抱本无可字〉。仍置二闸，以司启闭。则徐州、临清二河均得利济，而卫河之水亦皆增长。且长垣、曹郓诸处粮税，可免飞挽之劳。而江淮民舟，又可由徐之浮桥达陈桥临清〈校记：抱本桥下有至字〉，而无济宁一路壅塞之苦，其利多矣。"事下工部，请按实以闻。

（明宪宗实录，卷 7，0170-0171）

2. 天顺八年九月辛亥朔，庚申，免漕运军士应输耗粮，四万六千石有奇。初，黄州、安庆、南昌、宁波、衢州诸卫所运粮赴京，值天旱运河浅涩，盘剥费用耗米无存，户部累奏追征。至是又以为言。上曰："军士漕运，遇天旱水涸，盘剥艰难，所亏耗米其免之，勿追。总督及攒运官员亦免其罪。"

（明宪宗实录，卷 9，0195）

3. 天顺八年十二月庚辰朔，戊申，是岁……漕运京师偕运粮三百三十五万石。

（明宪宗实录，卷 12，0274）

成化元年（1465）

4. 春正月己酉朔，丙寅，升漕运参将、锦衣卫带俸都指挥使杨茂，为前军都督府署都督佥事，佩漕运印，充总兵官。

（明宪宗实录，卷13，0283）

5. 三月戊申朔，戊申，浚通济河耍儿渡口，命工部主事蒋瑄、都指挥同知陈逵董其役〈校记：广本抱本指挥作督，陈作董〉。

（明宪宗实录，卷15，0331）

6. 夏四月丁丑朔，庚辰，设临清县常盈仓〈校记：广本抱本东本仓下有"德州常丰仓。先是，二处预备仓各置于城外，官司难于出纳，至是有司奏二处城内各有空廒，请即以为仓"四十一字，是也〉，储预备粮。而名以常盈、常丰，各设官掌管为便。从之。

（明宪宗实录，卷16，0344）

7. 五月丁未朔，庚午，总督漕运副都御史陈泰，请修筑高陲〈校记：广本抱本东本作高邮，是也〉湖岸。自杭家觜北起〈校记：广本觜作嘴，杭作沈〉，至张家沟镇南止，凡三十里有奇。从之。

（明宪宗实录，卷17，0365）

8. 九月乙巳朔，丙午，修通州城，以城为淫雨所坏也。

（明宪宗实录，卷21，0413）

9. 九月乙巳朔，辛未，户部会官议各处巡抚、漕运等官所陈事宜："……一、各处逃军、逃囚不逞之徒，私造遮洋大船，兴贩私盐，每船聚百余人，张旗号、持军器，起自苏扬，上至九江湖广发卖。沿途但遇往来官民客商等船，辄肆劫掠。所在虽有巡检、巡捕官兵，俱寡弱不能敌。请敕南京守备总兵等官，自镇江至九江等处，差拨操江官军，自孟渎河，至苏松通泰等处，差拨备倭官军巡捕，给以口粮，候贼徒屏息革罢〈校记：广本候作俟〉……”议上俱从。

（明宪宗实录，卷21，0424-0425）

10. 九月乙巳朔，癸酉，漕运总兵都督佥事杨茂奏：“各处运粮旗军，以洪闸滩浅盘剥多费，各带土产物货以资用度，乞免河西务、张家湾等处税课，以纾军困。”上下其议而行之。

（明宪宗实录，卷21，0426）

11. 十二月甲戌朔，癸卯，是岁……漕运京师攒运粮三百三十五万石。

（明宪宗实录，卷24，0480）

成化二年（1466）

12. 夏四月辛丑朔，壬寅，六科给事中金绅等言：“即今沿河道路阻涩〈校记：广本涩作滞〉，京师米价腾踊，欲绝二者之患，当除盗贼、去游食。乞自通州至临清，敕镇守都指挥同御史一员，自临清至仪真，敕锦衣堂上官同御史一员，专一督捕贼盗……”上是其言，命该部区处停当以行。

（明宪宗实录，卷29，0565）

13. 十二月戊戌朔，甲子，命御史一员，提督通州迤南抵临清及卫辉一带河道。先是，命巡盐御史兼巡河道，至是总督漕运右副都御史滕昭言：“河道浅涩，非专任不能疏通。”工部请如所言，从之。

（明宪宗实录，卷37，0745-0746）

14. 十二月戊戌朔，丁卯，是岁……漕运京师攒运粮三百三十五万石。

（明宪宗实录，卷37，0749）

成化三年（1467）

15，九月癸亥朔，戊辰，刑部主事袁洁言：“自通州抵仪真，沿河人民编定夫甲，拽送官船，每岁自冬月河冰之外〈校记：广本河冰作冰冻，抱本作河冰冻〉，昼夜不息，民遭重困，典妻卖子，日就流离。请自今沿河州县杂办正徭，但出十分之二，余派不当夫役之处，则劳逸适均，而民得安业矣。”户部复，奏从之。

（明宪宗实录，卷46，0949）

16.九月癸亥朔，癸酉，户部会六部等衙门官，议漕运总兵及各处巡抚等官所言事宜，条奏：“一、兑运。成化三年，秋粮三百二十六万石，淮安徐州、临清、德州仓支粮七十四万石。如有灾伤停免，就令漕运官于淮安等仓照数支运。一、兑运粮米。正粮每石两尖，加耗平斛。其加耗则例，湖广、江西浙江六斗五升。江南直隶并庐州府五斗五升〈校记：广本州下有五字〉。江北四斗五升。徐州四斗。山东、河南三斗。一、兑运米以十分为率，京仓收六分，通州仓收四分。支运俱通州仓收。一、官军攒运，如遇风水坏船，百里内，府州县正官；百里外，所在官司视验，申漕运官依例处分。一、运粮官军行粮，浙江、江西、湖广、江南、直隶卫所，并南京各卫，俱于本处支米三石。江北凤阳等八卫所并直隶庐州、安庆、陆安〈校记：旧校改陆作六〉、滁州、泗州、寿州、仪真、扬州八卫，俱于淮安仓，支米麦二石八斗。高邮、淮安、大河、邳州、徐州、徐州左六卫，俱于徐州仓，支米麦二石六斗。遮洋船并南京水军左等八卫，于南京各卫仓，大河等五卫〈校记：广本无五字〉，于淮安、常盈仓，山东于临清仓，俱支米二石四斗。德州、天津等九卫〈校记：广本九作五〉，于德州仓支米二石。一、南京有无籍之徒，名为跟子。遇各处起解粮草、布、绢到京，先于舣舟处，迎引赴官，每米一百石、草一千包〈校记：广本包作束〉，索取歇家银一钱。其歇家亦百端遮（税）说取利。事败，法司罪如常例，人无所惩。请令南京法司，如有犯此徒罪以上者，枷号三月，谪戍边方……一、济宁州至汶上县，先因雨雪泥淖，添置康庄驿，设马二十五匹，驴六十头。寻以驴拨南城、开河，二驿改置，置站船，而马仍留本驿，宜革去之。而以马拨谭城、晏城、刘普、桃园四驿……一、徐、吕二洪，全藉河南脾沙冈等处水灌注，接济运船。先年设主事一员，后又添设河南参议一员专理。近乃罢去，兼管于河南布政司分巡官，以致上源淤塞，水利不兴。请如旧增置参议为便。一、济宁州小长沟，至开河驿堤，上接汶泗等河，下通黑马等沟，导引泉水以济粮运。元时，州之西，蓄孙村、南望二湖之水，设减水闸十余座。水大，量为减泄，小则流入官河，甚利。今久失修葺，日就坍塌，且每岁山水冲坏堤岸，春时无水接济。夏则漫流，淹没田禾，舟楫难行，请如前修筑。一、仪真至通州，俱系运道，而淮扬一带水路，各有专官管理，惟自直沽至通州事多废坠。请令张家湾收砖主事，督同所在军卫有司，委官提调各浅夫老〈校记：广本老作役，是也〉，以时采取捲草，每春初粮运之时，遇有水浅漫流，如去筑置坝堰〈校记：广本抱本去作法，是也〉，逼水归洪，庶粮运无滞留之患……”上皆准议行之。

（明宪宗实录，卷46，0951-0956）

17. 十二月癸巳朔，辛酉，是岁……漕运京师攒运粮三百三十五万石。

（明宪宗实录，卷49，1012）

18. 十二月丁亥朔，乙卯，是岁……漕运京师攒运粮三百三十五万石。

（明宪宗实录，卷61，1257）

成化五年（1469）

19. 三月乙酉朔，丁未，工部奏："自通州抵天津卫，河道淤塞，漕运不通，宜加疏浚。其自天津迤南直抵扬州一带河道，亦有淤浅，宜敕总督等官通行疏通，以便漕运。"从之。

（明宪宗实录，卷65，1318）

20. 九月辛巳朔，乙酉，户部会同各部都察院、漕运总兵等官，议行各处巡抚及漕运官所奏事宜："一、运粮旗军艰苦逃窜，所司亦相隐蔽收用，须连坐禁革之。其应给行粮，如湖广布政司，每米一石止折布一匹，值银二钱五分，每军行粮三石，才给银七钱五分。估以时价计米八斗耳，是致军士重困。乞令有司给以米毋以他物为折。所司有违怠者，许总兵漕运等官参奏究治……一、京通二仓铺廒板木芦苇，俱系运粮官军随粮带来。成化六年以后，该纳者以十分为率，各收三分，暂免七分，以备铺廒支用。"议上，俱从之。

（明宪宗实录，卷71，1389-1390）

21. 十二月庚戌朔，己卯，是岁……漕运京师攒运粮三百三十五万石。

（明宪宗实录，卷74，1435）

成化六年（1470）

22. 秋七月丁丑朔，壬寅，工部奏："通州至武清县蔡家口河口，并堤岸被水冲开一十九处，宜起倩兵民并工修筑以便漕运。"上从之，命侍郎李颙董其役。

（明宪宗实录，卷81，1588）

23. 九月丙子朔，甲申，升总督漕运署都督佥事杨茂为都督同知。

（明宪宗实录，卷83，1619）

24. 冬十月乙巳朔，己酉，户部会官议巡抚漕运等官所陈事宜："……一、运粮船只凡遇淤浅之处，宜行漕运衙门令各该把总、都指挥、指挥等官，督各管粮船旗军及当地浅夫，并力挑捞淤沙，疏通河洪，使前船既过，后船接续而行，违者究问。一、旧例，运粮船挨帮而行，近年多不挨次。旗军旧许令附□土物〈校记：广本旧下有例字，旧校改□作载〉，以补助正粮盘费。今多以原兑耗米尽卖，轻赍置买私货，于沿途发卖，以致稽迟。及至来京，反买仓米补纳〈校记：广本反作乃，抱本作贩〉，多不足数。请行漕运总兵等官，令各把总、指挥〈校记：广本挥下有等官二字〉，督各管卫所，船务照例挨帮行〈校记：广本行上有而字〉。其所运粮，必先尽载京通二仓，该纳正耗米数，然后量带私物〈校记：广本物作货〉，违者参问。一、苏州、松江、常州及嘉兴、湖州五府，输运内府白熟粳糯米，并各府部糙粳米，每岁十六万石，俱官给以船。今经沿途砖厂、钞关，必欲如民船带砖纳钞。兼遇水涸，守闸又为运军凌逼，及抵扬村等处，则揽头、包揽巧肆刻削，是以留滞日久，困于负贷，请罢带纳之例及禁包揽之害。仍移文漕运官，令军民船皆鱼贯而行。其言漂流粮米，以该纳京仓者改纳通州，省脚价以补其数〈校记：广本作以省脚费，以补偿其数〉，并禁革精壮运粮旗军营求别差，俱如上年例。"议上，从之。

（明宪宗实录，卷84，1632-1633）

25. 十二月甲辰朔，癸酉，是岁……漕运京师僭运粮三百七十万石。

（明宪宗实录，卷86，1682）

成化七年（1471）

26. 二月甲辰朔，戊辰，改注南京都察院右佥都御史张鹏于都察院，总督漕运兼巡抚淮扬等处。

（明宪宗实录，卷 88，1715）

27. 三月甲戌朔，乙未，监察御史左钰言四事："一、易州等处柴厂，采办柴薪以供惜薪司之用。近运到者，根株悉拔，岁久山空，若不预先措置，恐日后无以应用。今淮扬等处直抵通州河道两旁，俱有闲地，乞敕管河京官，督同所司分立界限，于春时令看浅人夫栽种榆柳。候其长成，剪伐堆积，付来京船只顺带至张家湾交割，以备官用，庶于无用之地得不费之惠……"下所司知之。

（明宪宗实录，卷 89，1737-1738）

28. 九月庚午朔，癸未，总督漕运都督同知杨茂自陈老疾，乞致仕。许之。

（明宪宗实录，卷 95，1820）

29. 九月庚午朔，丁亥，户部会官议巡抚漕运官所陈事宜："一、各处兑运粮米，每石再加耗米七升，该会支运米七十万石，内减一十万石。却将应天、苏州、松江，该运淮安常盈仓米，兑运一十万石，准作支运之数。每石加耗米三斗，后俱不为例。一、瓜、淮二处粮米，听官军过江，各就水次交兑。每石除加耗外，再加脚价米六升。一、常州府江阴县，马驮东、西二沙地，在杨子江心。原有坍江无征税粮，岁该米麦三千七百三十余石，马草三千四百五十余包。每年包陪于通县者，合令岁折银布为便。本沙既经奏准建立县治，其旧添设收粮县丞，则俟县治成，新官到，送部别用。一、山东兖州府钜野河，起长沟至曹井桥，三十余里水冲沙壅，且为东西湖水所荡。岸多坍决，须官管理。寿张县自沙湾至戴家庙仅一十八里，地岸平实，素无他患，今宜改寿张县管河县丞于钜野县，照旧管河。东昌府堂邑、博平二县河道，南自梁家乡，北至戴家闸，相去十余里。中多流沙，旱则捞浅，涝则筑灞，殊为劳费。今宜于土桥口设立石闸一座，名土桥闸，设官理之……”疏上，诏悉如议。

（明宪宗实录，卷95，1823-1824）

30. 九月庚午朔，戊子，命南京协同守备泰宁侯陈泾，佩漕运印充总兵官，总督漕运镇守淮安等处。

（明宪宗实录，卷95，1825）

31. 冬十月己巳朔，乙亥，改南京刑部左侍郎王恕为刑部左侍郎，奉敕总理河道。升工部员外郎郭昇为郎中，山东按察司佥事陈善为副使，与工部郎中陆镛分理。之时，太监韦焕等奏：“运河淤浅，请量增昇等京职专理河道。”事下户部，会同吏部尚书姚夔等议拟复奏。以为“太宗皇帝肇建北京，以元人海运非便，命平江伯陈瑄经略粮运河道。是以六七十年间漕运通利，京储山峙其良法，美意度越前代。近年以来，河道旧规日以废弛，滩沙壅涩不加挑洗；泉源漫伏不加搜涤。湖泊占为田园；铺舍废为荒落。人夫虚设，树井皆枯。运船遇浅动经旬日，转雇盘剥，财殚力耗。及至通州，雨水淫潦，僦车费力〈校记：广本抱本力作多，是也〉，出息称贷，劳苦万状，皆以河道阻碍所致。因循既久，日坏一日，殊非经国利便，焕所言诚为急务。然自通州至仪真、瓜州二三千里，往来修治非一二人能办。况首尾不接，岁月不常，事无统制，功难责成。今宜进昇郎中，专理沛县至仪真、瓜州一带。善副使，专理山东地方。见管通州河道郎中陆镛，专理通州至德州一带。仍简命风力大臣一员，赐敕总理其事。凡河道事宜，根究本末，以次修复。

其旧务为久便禁。侵占阻滞者，仍须审度人情事势，随其缓急轻重，以为先后。他有便宜方略可举行者，听斟酌之。限以三年底于成效，不得虚应故事，致误国计。”上从其议。赐恕敕曰：“朕惟京师粮储，仰给东南漕运。自平江伯陈瑄经理河道之后，管河者多不得人。旧规日以废驰〈校记：广本抱本驰作弛，是也〉，粮船阻浅，转输延迟。若非委任责成，岂不有误国计？今分官管理一带河道，特命尔总理其事。尔宜往来巡视，严督各官并一带军卫有司人等，用心整理闸坝，损坏者修之，河道淤塞者浚之。湖泊务谨堤防，泉源毋令浅涩。沿河浅铺、树井及一应河道事宜，但系平江伯旧规者，一一修复，不许诸人侵占阻滞。凡有便宜方略，可举行者，悉听尔斟酌施行〈校记：旧校改斟作斟〉。一应官员人等，敢有违误者，或量情惩治，或具奏挐问。尔仍须审度人情事势，随其缓急轻重，以为后先。毋急以扰人，毋怠以废事，限以三年务底成绩。如或因循不理，致误国计责有所归，尔其勉之！慎之！”

（明宪宗实录，卷97，1843-1845）

32.冬十月己巳朔，丙戌，户部尚书杨鼎、工部侍郎乔毅，上浚通惠河旧道事宜。先是漕运总兵官都督杨茂奏：“每岁漕运，自张家湾舍舟陆运，遇雨泥泞，每车雇银一两，仅载八九石，其费皆出于军。看得通州至京城四十余里，古有通惠河故道，石闸尚存。永乐间，曾于此河般运大木，以此度之，船亦可行。先年曾奏，欲于此河积水般运。又有议，欲于三里河，从张家湾烟墩桥以西，疏挑二十里，湾泊粮船，以避水患者，二事俱未施行。今此河道通流，其水约深二尺，不劳疏挑，惟用闸蓄水。令运粮卫所，每船二十五只，造一剥船，自备米袋，挨次剥运，如此则运士得省脚费，而困惫少苏矣。”事下工部尚书王复，同太傅会昌侯孙继宗、吏部尚书姚夔等官议：“得古通惠河道闸座，设若开通修砌可以泊船，可以运粮，诚有益于国计。但地形水势高下，并合用军夫、物料俱难约度。宜请旨简命户、工二部堂上官各一员，会漕运参将袁佑，率识达水利官匠，前往相度。如果相应，就将该用军夫、物料修理事宜，具奏会议定夺。”上以命鼎、毅。谕以“前元曾引西北诸水行船尤为便宜，通行踏勘明白来闻。”于是，鼎、毅遂同参将袁佑等，亲诣昌平县元人引水去处，及宛平、大兴、通州地方三里河，各河道将行船故迹，逐一踏勘，及据元史并各闸见树碑文所载事迹，稽考回奏云：“闸河原有旧闸二十四座以通水道，但元时水在宫墙外，船得进入城内海子湾泊。今水从皇城中金水河流出，难循故道行船，须用从宜改图。除元人旧引昌平东南山白浮泉水，往西逆流，经过祖宗山陵，恐于地理不宜。及一亩泉水，经过白羊口山沟，雨水冲截，俱难导引外，及勘得城南三里河，至张家湾运河口，袤延六十余里，旧无河源。正统年间，因修城壕作坝蓄水，虑恐雨多水溢，故于正阳桥东南低洼处，开通壕口，以泄其水，始有三里河名。自壕口三里至八里始接浑河。旧渠两岸多人家庐舍、坟墓。流向十里迤南，全接旧河，流入张家湾白河。其水深处止有二、三尺，浅处一尺余。阔处仅丈余，窄处未及一丈。今若用此河行船，凡河身窄狭淤浅处，必用浚深开阔，凡遇人家房垣坟所，必须折毁那移。且以今宽处一丈计之，水深二尺，若散于五丈之宽，止深四寸。况春夏天旱，泉脉易干，流水更少，粮船、剥船俱难行使。兼且沿河堤岸，高者必须铲削，低者、缺者必须增筑、填塞。又有走沙急湍处，俱要创闸派夫修挑。傥水浅少，又须增引别处水来相济。若引西湖之水，则自河口迤西，直至西湖堤岸，未免添置闸座。若引草桥之水，必须于大祀坛边，一路创造沟渠〈校记：广本抱本造作凿，是也〉，亦恐有碍。况其源又止出彰义门外玉匠局等处。马跑等地泉，亦不深远，大抵此河，天旱则淤壅浅涩，雨涝则漫散冲突，徒劳人力卒难成功，决不可开。况元人开此河曾用金口之水，其势汹涌，冲没民舍，船不能行，卒为废河，此乃不可行之明验也。今会勘得玉泉、龙泉，及月儿、柳沙等泉诸水，其源皆出于西北一带山麓。堪以导引汇于西湖，见今太半流出清河。若从西湖源头，将分水青龙闸闭住，引至玉泉诸水，从高梁河量其分数一半，仍从皇城金水河流出。其余从都城外壕，流转通会，流于正阳门东城壕，再将泄入三里河水闸住，并流入大通桥闸河，随时开闭。天旱水小，则闭闸潴水，短运剥船；雨涝水大，则开闸泄水，放行大舟。况河道闸座见成，不用增造。官吏闸夫见有不须添设。臣等勘时，曾将庆丰、平津、通流等闸，下板七叶，剥船已验可行。若板下至官定水则，其大船亦可通行。止是闸座、河渠间有决坏淤浅处，要逐加修浚，较之欲创三里河工程甚省。况前元开创此河，漕运七八十年，公私便宜，后来废弛。今若复兴，则舟楫得以环城湾泊，粮储得以近仓上纳。在内食粮官军得以就近关给，通州该上粮储〈校记：广本抱本上下有纳字〉，又得运米都城〈校记：广本米作来〉。与夫天下百官之朝觐，四方外夷之贡献，其行李方物皆得直抵都城下卸。此事举行，实天意畅快，人心欢悦，足以壮观我圣朝京师，万万年太平之气象也。伏望圣明早赐裁处，乞敕各该衙门会计物料，量拨官匠并在营见操官军人等，自西山玉泉一带并都城周围壕堑，及大通桥直抵通州张家湾一路河道，分工逐一修浚，如此则不惟省一时粮运之脚价，实足以垂万世无穷之利益矣。"疏入，命下于所司。

（明宪宗实录，卷 97，1850-1855）

33. 十二月戊辰朔，丁酉，是岁……漕运京师攒运粮三百三十五万石。

（明宪宗实录，卷 99，1928）

成化八年（1472）

34. 春正月戊戌朔，戊戌，十三道监察御史张敩等以星变陈言修省八事："……南京黄船并马快船，岁载荐新等物赴京，而管解官官多起船数〈校记：旧校删一官字〉，勒取帮钱，私附商货，沿途起夫，请敕兵部，每岁会计装载之物，定与船数，移文南京兵部依数派拨，违者问罪……"

（明宪宗实录，卷 100，1929-1930）

35. 春正月戊戌朔，辛亥，给淮、杨二府浚河人夫口粮〈校记：广本杨作扬〉，日米一升、麦一升五合，俱于本府官仓及常盈仓关支。从管河郎中郭昇请也。

（明宪宗实录，卷 100，1939）

36. 春正月戊戌朔，丁巳，工部议："广东盐课提举司同提举郭祐，所言暂塞淮河口以蓄淮水，令往来舟楫不阻，遭运可通〈校记：广本抱本遭作漕，是也〉。其事宜行，巡视河道侍郎王恕、漕运都御史等官会议可否。从之。

（明宪宗实录，卷 100，1944）

37. 春正月戊戌朔，己未，工部奏："漕运总兵官杨茂，先乞修通州至大通桥旧河石闸，以免官军车运之费。有旨命户部尚书杨鼎等勘报，鼎等报云：'自西山玉泉并京城壕堑，抵张家湾一路河道，俱宜修浚。'已准拨官军九万余名修理矣。会有灾异，停各项工役，而修河一事宜取旨。"上命："依原拟量拨官军四万，令总兵官赵辅、郭登统领，先浚京城壕堑。仍以太监黄顺，工部尚书王复兼董其役。其通州一路俟工完以闻。"

（明宪宗实录，卷 100，1946-1947）

38. 春正月戊戌朔，乙丑，漕运总兵官泰宁候陈泾自陈求代〈校记：旧校改候作侯〉，上不允，令勉图所事以副委任。

（明宪宗实录，卷 100，1951）

39. 夏四月丁卯朔，乙亥，命南京兵部右侍郎马显，巡视淮扬等处。吏部奏："淮扬、凤阳诸府水旱相仍，人多死徙。且河道枯涸，粮运稽滞，虽有都御史张鹏总督漕运兼理巡抚，恐不能遍历州县，乞令鹏专理漕事，而别选一员巡视江北诸州县。"故有是命。

（明宪宗实录，卷 103，2010）

40. 秋七月丙申朔，丁酉，长卢等处巡盐监察御史娄谦，陈言二事："一、近例漕运船回于济宁、仪真二处，盘验私盐，沿河官兵则不许拘留。扰害运粮官军，因欲将所载私盐随处发卖，以致在途延缓稽误程期。且临清南北，各有行盐地方，盘验亦有常处。今至济宁方许盘验，不惟违法越境，抑恐发卖无余。乞改于临清盘验为宜……"从之。

（明宪宗实录，卷 106，2065）

41. 秋七月丙申朔，丙辰，命镇守两广平江伯陈锐，佩漕运印充总兵官镇守淮安。

（明宪宗实录，卷 106，2074-2075）

42. 八月乙丑朔，戊辰，革漕运理刑主事，以扬州府知府周源，奏岁旱民艰，官多政紊故也。

（明宪宗实录，卷 107，2081）

43. 八月乙丑朔，戊寅，兵部尚书兼翰林院学士商辂等奏："……臣等又闻漕运粮船尚未过闸，济宁一带河道浅涩，或未能尽数到京，依期回卫。及至天寒冰冻，或弃船逃归，或折船变卖，似此情弊势所必至。乞敕大臣驰往济宁，上下趣令来京，庶来岁运粮不致稽误〈校记：抱本作粮运〉。"上可其奏。遂命吏部左侍郎尹旻往督运船……。

（明宪宗实录，卷107，2085-2086）

44. 八月乙丑朔，癸巳，修筑淮安抵仪真、瓜洲湖河堤岸冲决者，一十五处。

（明宪宗实录，卷107，2093）

45. 十一月癸巳朔，己亥，户部奏："岁漕京仓米四百万余石，今年将尽，尚有未到者一百一十余万石，请贮于天津等五处水次仓，以俟支运。又恐粮数既多，收贮难久，宜令在京官吏旗军，原该通州仓食粮者，悉于天津仓，预支明年正月五月俸粮。石与脚价银五分。"疏上，命俱与假半月，令自往支。仍禁沿途粜卖以绝他弊。

（明宪宗实录，卷110，2137）

46. 十一月癸巳朔，己酉，命总督漕运右佥都御史张鹏，专巡视淮扬等处。初，鹏督漕兼巡抚后，以力不遍及，命南京兵部右侍郎马显暂代巡视，而鹏专督漕。至是御史刘城等奏："显擅执军职及五品以上官，其所罢黜不分贤否，变法坏事，贻患地方。"因命显还南京，复改鹏巡视。而令户部别举堪督漕运者以闻。

（明宪宗实录，卷110，2141-2142）

47. 十一月癸巳朔，丁巳，命巡抚北直隶右副都御史陈濂总督漕运。

（明宪宗实录，卷110，2153）

48. 十二月癸亥朔，癸酉，南京监察御史戴琥，以灾异言九事："一、国家粮饷全倚江南漕运，今管河、管运各委一人，事多牵制，宜令一人兼理之。……一、江南漕运军民交兑之处，虽有各官监催，原无统属。乞敕管运都御史，严立兑完起程，过坝日期，所司各委官一员，提督催攒，违者治罪……"下其奏于所司。

（明宪宗实录，卷111，2159-2160）

49. 十二月癸亥朔，辛卯，是岁……漕运京师攒运粮三百七十万石。

（明宪宗实录，卷111，2169）

成化九年（1473）

50. 春正月壬辰朔，辛亥，巡按直隶监察御史娄谦言〈校记：广本谦下有奏字〉："漕河自通州直抵临清多淤浅，请于通州一带各设管河官一员，及委军卫官相兼管理疏通，并令捕盗。"事下总理河道侍郎王恕议以为当〈校记：抱本脱恕以上十九字〉。工部遂"请移文吏部，于顺天、河间、淮扬四府，各添设管河通判一员。通州等州各设判官一员。各该卫所，俱推选廉干官相兼管理。仍行总理管河等官往来提督。"奏上。上曰："河道只仍旧委官管理，不必添设。"

（明宪宗实录，卷112，2174）

51. 春正月壬辰朔，丙辰，镇守淮安漕运总兵官平江伯陈锐奏漕运事宜："一、各都司运粮把总，都指挥，千、百户等官，多有不畏法律，贪赃害军者〈校记：广本赃作虐〉。乞皆退回原卫，带俸差操，别选廉干者代之。自后凡借债者，皆令停俸运粮，候债完日支俸。若年久不完，及剥削害军者，照例问发〈校记：抱本例问作律例〉。立功哨了其果廉干者，依文职旌异例，或量升署职以励后人。一、淮、扬、徐、吕、济宁、临清一带河道浅涩〈校记：广本涩作塞〉，以致船被冻阻，军多逃亡。乞从宽恤，减运其阻冻之船，量其地近，可以不误领兑者，促回兑运〈校记：抱本促回作修舱，误〉。果地远有误及船或损坏者〈校记：抱本果上有其字〉，修舱坚完，将兑运并下年支运，俱于附近仓领纳。却将各该官军下年兑运〈校记：广本该下有管字〉，暂不为例，令有司以正耗米卖银解京，就给官军准作月粮。一、运粮军士费用多端，至于交纳不完未免借贷，岁久利息日加，一卫一所，有至本利七八千两者。以此军士月粮、行粮、冬衣、布花，皆用偿债。今欲以前所借银，除加利不还外，如本银全负，暂以淮、浙余盐给还。或许本船回载北河盐于江南卖还。一、各府州县官，通同粮里长，滥收恶米，及兑粮之际复发水和沙〈校记：广本抱本发作泼，是也〉，其河南、山东等处米益不精。领兑在船蒸湿浥烂，难于上纳。乞敕各处巡抚、巡按等官，严督所司，痛革其弊，违者究治。一、各仓收粮，每斛例一尖一平，近年俱摊薄晒晾数日。又有五、七人成行，号为耕米，往来躏践，多年久空腐者〈校记：广本抱本多上有其粮二字，是也〉，半作灰尘。及平米又淋尖踢斛，外增官堆，计收粮一石加耗三斗有余〈校记：抱本斗作升〉，亏折甚多。盖因前官得其积，出羡余以为功迹〈校记：抱本迹作绩，是也〉，是以递相做效〈校记：广本抱本作仿效，是也〉。今不改正，疲敝愈深，乞敕管粮内外官员，并巡仓御史严加禁约，务遵旧制而收。仍令旗军，行概斛下余米，尽还本军，违者罪之，庶使军困稍苏，而粮获早完。”疏入。下户部议：“皆可行。惟请官盐以偿私债为不可”诏从之。

（明宪宗实录，卷112，2177-2179）

52. 春正月壬辰朔，己未，总督漕运平江伯陈锐奏：“仪真、瓜州运河，原无水源，全赖扬州雷公、陈公二塘及高邮、宝应、邵伯等湖积水接济。清河迤北至徐吕三洪，则籍河南黄河凤池口〈校记：旧校改籍作藉〉、金龙口、沁河等处诸水。济宁南北闸河，则赖徂徕、沂、泗，泰山曲阜等处诸泉源，并昭阳南旺、孙村等湖诸水。近所司视为泛常，不为疏浚修筑，是到水利不通〈校记：广本抱本到作致，是也〉，粮运有阻。揆厥所由，盖因通州至仪真，相离二、三千里，往来巡视，非一二人力所能办。宜酌量远近，自通州至德州，责令郎中陆镛专理。自德州至济宁，则责之副使陈善。自沛县至仪真，则责之郎中郭昇。仍敕大臣一员总督其事，庶事体归一，而工力可成。”工部议以为宜〈校记：广本工上有下字〉。从之。

（明宪宗实录，卷112，2182-2183）

53. 三月辛卯朔，丙申，总理河道刑部左侍郎王恕言：“淮安南抵仪真、瓜州湖河堤岸，被水冲决者一十五处，其余坍塌者二百余里，及仪真三坝冲倒，修理物料俱扬州出办〈校记：广本俱下有于字〉。今连年灾伤，民力不给，欲于池州、安庆二府，支所遗砖并南京龙江、瓦屑坝二竹木局所，抽分支作桩木，令南京兵部马快船运送。”事下工部，“请行南京工部查勘定夺。”从之。

（明宪宗实录，卷114，2208-2209）

54. 夏四月辛酉朔，壬申，改总理河道刑部左侍郎王恕为南京户部左侍郎。

（明宪宗实录，卷115，2228）

55. 夏四月辛酉朔，丁丑，免是岁运粮官军带运德州等仓粮。初，以水浅运迟，其粮寄收于德州、临清、东昌、济宁、天津等仓，令今岁带运。至是总漕右副都御史陈濂奏：“军多逃亡〈校记：抱本军下有士字〉，而舟亦少，宜暂免一年〈校记：广本抱本宜下有复字〉。”从之。

（明宪宗实录，卷115，2230）

56. 六月庚申朔，壬申，漕运参将、锦衣卫带俸都指挥同知袁佑卒。佑，直隶颍上县人，袭祖职南京留守卫指挥同知。天顺七年，升都指挥佥事，领漕卒运粮。成化初，充参将，令锦衣卫带俸，升都指挥同知，至是卒。平江伯陈锐言：“佑转漕十余年，善抚士卒，以死勤事，乞赐祭葬。”礼部以为“都指挥于例不当得。”上特命与之祭。子勋，袭南京留守卫指挥同知〈校记：广本南上有为字，是也〉。

（明宪宗实录，卷 117，2262）

57. 六月庚申朔，癸未，升顺天府府尹李裕，为都察院右副都御史，总督漕运。

（明宪宗实录，卷 117，2265）

58. 九月己丑朔，甲午，命以临清、德州二仓，去年寄收粮米，各存二万五千石，以备赈济。先是，巡抚山东左佥都御史牟俸奏："留漕粮五万石于二仓以备赈济。"至是总漕右副都御史李裕、总兵官平江伯陈锐言："今岁漕舟已过天津，难以复回，请以二仓上年寄收漕粮如数补之。"户部复奏，制可。

（明宪宗实录，卷 120，2310）

59. 九月己丑朔，乙巳，户部复奏漕运巡抚等官会议事宜："一、递年民运赴淮安、徐州、临清、德州仓粮，官军领运原无加耗，然民苦远运之劳，军乏盘剥之助。今宜免民远运，就同本处兑军粮，运赴水次，与官军领运，仍作支运之数〈校记：抱本运作粮〉。其粮每石加耗，湖广、浙江、江西四斗，应天并江南直隶诸府三斗，江北直隶诸府二斗五升〈校记：广本升下有徐州二斗四升六字，抱本有徐州二斗四字〉，山东、河南一斗五升。如兑支不尽，仍令民运，赴各仓上纳。其各该官军原兑粮，每石仍加七升，不为例。一、成化十年，南京运粮官军，行粮二万五千余石，宜就于直隶、苏、松、常〈校记：广本常下有镇字〉，及浙江嘉兴等府，该兑粮县分抵支，每石再增二斗，而以九年起运。南京仓粮，照数准除，省民运纳。原在济宁等处寄收，并补支及应带补者，俱与暂免。一、湖广荆州左、右，荆州、襄阳四卫，运粮旗军三千八百五十六名，原运粮一十二万余石。各军于成化六年存留操守，其粮派各卫所代运。今漕运官以为代运艰难，欲取回四卫旗军自运。宜仍留操守，代运如旧。一、各处司府州县兑军民粮，岁既稽迟，又多腐烂，屡行禁约不改。此后该兑民粮〈校记：广本兑下有军字〉，务尽兑军，不许混作灾伤。其米晒扬必精，俱于十二月以里运赴水次。敢复故违者，管粮委官，悉照违限月日停俸，其经该官吏通行参问〈校记：广本该作管〉。如米已精，而官军生事扰害者，听漕运官惩治。一、徐州左卫及凤阳凤阳中、右，留守左、中，怀远六卫，运粮旗军逃亡者多，该运遗累于人。今宜以曾经运粮，且密迩徐凤地方，归德、武平、沂州、宿州四卫，除京操不动，余于守城屯田等项内选补。一、漕运京粮，自张家湾起车赴仓，或阴雨泥泞，车价顿增，累军陪补。宜暂借京操旗军及火甲人等，自朝阳门抵张家湾修筑道路，约宽四丈，务在高坦坚实。道傍植柳，每五里置铺凿井，令人守之。仍敕工部于兔儿山，将旧余石板可用者，令在京为事官吏，运以甃砌。不足，则于沿河安山、泗州、徐州、龙潭、苏州产石处所采运〈校记：广本处所作之处〉，庶为久计〈校记：广本庶下有可字〉……”上诏以为“荆襄四卫官军，以其半仍旧漕运。南京国子监仓粮，其令御史巡察，余俱如议。”

（明宪宗实录，卷120，2315-2318）

60. 九月己丑朔，戊申，户部复议漕运总兵官平江伯陈锐、总督漕运都御史李裕言：“运粮旗军连年守冻，至有四年不得回家者。今岁粮虽已完，然通州空廒数少，前此蒙改后船，京粮一十八万余石于通州上纳。今拟仍运京仓，必再守冻，愈益艰难。宜以南昌前卫起至嘉兴所止，该通州仓上纳，兑运、支运并改拨陪补火烧漂流粮。自后船扣出四五十万石〈校记：广本作四十五〉，照成化六年例，沿河就船兑与京卫官军，作本年十月十一月俸粮〈校记：广本无十月二字〉，于九月以里支尽。且定河西务兑者，每石脚价银四分，或米五升。张家湾者，银二分，或米三升。通州河下者，不与脚价为便。”从之。且令速往兑支，无得留滞。

（明宪宗实录，卷120，2319-2320）

61. 冬十月己未朔，庚申，增设顺天、河间、淮安、扬州四府通判各一员，通、沧、景、德、徐、邳、高邮七州判官各一员，武清、靖海、青、兴济、吴桥、清河、沛、宿迁、桃源、清河、山阳、宝应、江都十三县主簿各一员，专理河道。从总督漕运都御史李裕等请也〈校记：广本等下有奏字〉。

（明宪宗实录，卷121，2334）

62. 冬十月己未朔，甲申，河西务通济河厂火，焚椿木五百三十五株，杂草五万七千余束。工部参奏监督郎中邢干怠忽不谨，请究其罪。上命锦衣卫执京鞫之。

（明宪宗实录，卷121，2344）

63. 十二月丁巳朔，丙戌，是岁……漕运京师攒运粮三百七十万。

（明宪宗实录，卷123，2370）

成化十年（1474）

64. 春正月丁亥朔，己酉，总督漕运左副都御史李裕奏："山东原派兑运粮，并河南、凤阳、苏、松，改兑粮共六十六万三千七十余石。今各处被灾无兑，欲以淮安、徐州二仓所储补支。今二仓见存者，仅有五十三万八千四百五十二石，以该补之数计之〈校记：广本抱本补下有支字〉，尚欠一十二万四千六百二十余石，请为区处。"户部议："河南改兑粮，岁应一十七万八千石，除以水灾，但征十万石外，则所欠者止二万四千六百余石而已。今裕既奏淮、徐二仓不给补支，请行南直隶巡抚官，令拨苏、松二府余剩官粮补之，并行河南巡抚督征该纳之数。"上允其议。

（明宪宗实录，卷124，2378）

65. 二月丙辰朔，戊午，工部言："管理河道郎中郭昇，请更造轻便荐新官船，已行南京内外守备等官复勘〈校记：馆本勘字为签条遮盖，致影印本未刊出〉，宜如所议。"从之。

（明宪宗实录，卷125，2383）

66. 八月癸未朔，甲申，户部尚书杨鼎等奏："自永乐间，岁运东南粮四五百万石输之京仓。其余沿河若临清、德州、淮安、徐州，皆置仓收纳。各仓所积多至百余万石，少亦不下五六十万。盖以两京缺用，俱可转运，此祖宗立法之深意也。正统十四年以来，但遇边卫缺粮，郡县饥馑，辄请借用，故今诸仓皆匮。兹欲设法以实诸仓，谨议上事宜：一、直隶淮安、扬州，山东临清，钞关钱钞及今丰，宜暂折收米麦，每钞十贯折收米一斗，或小麦一斗五升。淮扬地方于常盈仓，临清于广积仓上纳，候明年四月终如旧。一、南直隶江北府州，北直隶南四府，并山东、河南二布政司罪囚，除死罪外，杖罪以上，俱照纳米事例，各发附近水次仓上纳。米少处，准令折银，送部转发籴米……"疏入，从之。

（明宪宗实录，卷132，2485-2487）

67. 八月癸未朔，辛亥，户部会官议复漕运巡抚等官所言事宜："一、睢宁县所管运河，北自徐州南至宿迁，二百余里，水多浅涩，宜添设管理河道官一员。其通州、仪真一带管河官〈校记：广本真下有扬州二字〉，止令专理河道，不许别有差委。一、南京各卫所运粮储数多，宜添差官员分投催督。一、江浦县地方北城圩，旧有古沟河一道，北通滁河。其浦子口城东，亦有黑水泉古沟一道，南入大江，两沟之间中有冈垄截断。若因其旧迹，去其冈垄，开城河道〈校记：广本抱本城作成，是也〉，旱则可引江潮以资灌溉，潦则可杀水势。宜行令巡视屯田御史，督同应天府及浦子口，横海等五卫军民开通，务责成效……”疏入，悉从其议。

（明宪宗实录，卷132，2498-2500）

68. 九月癸丑朔，癸亥，户部以淮安、徐州、临清、德州诸水次，京储措拨已尽，宜及时措置以备不虞。遂定拟开中盐引，随纳米麦则例：临清、广积二仓，两淮盐十万引，引粟米五斗，麦则五斗五升〈校记：旧校删则字〉；两浙盐十万引，粟米四斗〈校记：广本抱本引下有引字，是也〉，麦四斗五升；长芦、山东盐十万引，引粟米二斗五升，麦三斗；常丰、德州二仓，两淮盐五万引，引粟米五斗，麦五斗五升；两浙盐五万引，引粟米四斗，麦四斗五升；长芦、山东盐四万引，引粟米二斗五升〈校记：广本二作四〉，麦二斗〈广本抱本二作三〉；淮安常盈仓，两淮盐十万引，引粳粟米五斗，麦五斗五升；两淮盐十万引〈校记：广本抱本淮作浙，是也〉，引粳粟米四斗，麦四斗五升；长芦、山东盐八万引，引粳米二斗五升〈校记：广本抱本粳下有粟字，是也〉，麦三斗；徐州广运仓〈校记：广本运作盈〉，两淮盐十万引，引粳粟米五斗，麦五斗五升；两淮盐十万引〈校记：旧校改淮作浙〉，引粳粟米四斗，麦四斗五升；长芦、山东盐八万引，引粳粟米二斗五升，麦三斗。得旨从之。

（明宪宗实录，卷133，2505-2506）

69. 十二月壬午朔，庚戌，是岁……漕运京师攒运粮三百七十万石。

（明宪宗实录，卷136，2567）

成化十一年（1475）

70. 二月庚辰朔，壬午，改定淮安常盈仓，并临清广积仓所中盐课则例。先是二仓乏粮，开中淮、浙等处盐共五十八万引，至是户部以米价增贵，则例太高，奏请更之。两淮盐，每引原拟粳粟米五斗，两浙盐原拟粳粟米四斗，今俱减五升。长庐、山东盐，每引原拟粳粟米二斗五升，今俱减三升。

（明宪宗实录，卷138，2583-2584）

71. 三月庚戌朔，辛未，命工部员外郎张敏，督工修砌京城至张家湾粮运道路。先是漕运总兵官陈锐言："每岁漕运京粮，至张家湾陆运至京，遇夏雨连绵，道途泥泞，车辆难行，脚价增倍，皆运军办给，艰苦不胜。请暂拨京操旗军兼用随路火夫修砌，以便往来。"上下廷臣会议，英国公张懋等咸以为宜，且具陈用工事宜。故有是命。

（明宪宗实录，卷139，2603-2604）

72. 秋七月戊申朔，癸亥，工部复奏疏浚杭州西湖，许之。西湖之水，自唐杭州刺史李泌、白居易，于城西凿渠导入城中运河，溉及仁和、海宁、上塘之田，其利甚博。宋守臣苏轼复凿渠九道以疏浚之，后渐堙塞，居民侵以为业，渠失故道，田无所溉，动辄告灾。至是浙江左布政使甯良〈校记：抱本左作右〉、按察副使杨瑄等佥议："钱塘门左，涌金门右，其间有九渠之一，宜因其旧迹，疏浚为河，构石为桥，以通湖水。外置一闸，时其启闭，以御横流，庶几水利可复。"镇守浙江太监李义上其议："其事得行，民颇利焉。"

（明宪宗实录，卷143，2652）

73. 八月丁丑朔，辛巳，命浚旧通惠河。敕："平江伯陈锐、右副都御史李裕、户部左侍郎翁世资、工部左侍郎王诏，督漕卒疏浚。"先是，锐等奏："通州至京旧有运河一道，废闸尚存。但年久淤塞损坏，欲照尚书杨鼎奏准事理，就借漕卒用工疏浚，闭闸积水以运粮储。"至是特令锐等会议，提督漕卒，自下流为始，疏浚壅塞，修闸造船，合用粮料匠作，于各司取用，务求成功。仍委附近公差、御史察其不听约束者以闻。

（明宪宗实录，卷144，2656）

74. 九月丁未朔，己酉，巡抚山东左佥都御史牟俸奏："山东旧有小清河，上接济南趵突等泉，下通乐安沿海高家港等盐场。大清河上接东平坎河等泉〈校记：抱本坎作改〉，下通滨州海丰、利津，沿海富国等盐场。后因淤塞冲决，舟楫不通，民苦般剥，兼雨水淹没，其患尤甚。近劝农参政唐濂〈校记：广本濂作濬，疑误〉为之修浚造闸），水利始通。继今非得人提督，恐久而或废，令濂兼治水利〈校记：广本令上有祈字〉，后继任者亦如之。"诏可。

（明宪宗实录，卷145，2663）

75. 九月丁未朔，丙辰，直隶淮安府知府远洁等奏〈校记：广本抱本远作袁，是也〉："故平江伯陈瑄，永乐初，督漕以给京师，宣德间卒，淮人相与立庙以祀。乞赐庙额及纪功之石。"礼科给事中驳之曰："瑄漕运有功，已蒙朝廷祠祭，今洁等为瑄之孙，锐仍掌漕运。"又奏："乞立碑赐额，不过欲假朝廷之恩以售已谄附之私耳。"事遂寝。

（明宪宗实录，卷145，2669-2670）

76. 九月丁未朔，辛未，户部会官议巡抚漕运官所陈事宜："一、京通二仓缺廒，今宜将支运粮三十五万石，于通州仓收贮，其余三十五万石，则如本年民运淮安等粮事例，每石正耗折银五钱，交与官军带赴太仓收贮。间月折给官军俸粮，后不为例。一、漕运军士近年多纳京粮一分，而各处兑支别无脚价贴补，且河路般剥，车路雇直，费用数多，况有开河之劳。宜每石暂加耗米七升，不为例。一、北河剥浅船户，积年朋合为奸，多索脚价，甚至谋害人命。宜令管河郎中杨恭，查拘通州至直沽船户，核其姓名贯址，编定字号。每十人为一甲，人给一票船，尾标以粉牌，仍籍其船料地里定价与之。一、孝陵神宫监，内府御马等监，及南京中军等衙门，各属草场所收稻草，例派浙江嘉兴及直隶苏松等府，运赴南京户部交纳。所司以大江险阻征价，以往其草一包数止十五斤，而所征价有米七八升者，或银三四分至一钱以上者，而包揽诓诈，为弊多端。宜定与则例，每草一包，或银或货估不过三分，听令纳户赍赴南京近地买草送纳。且严禁包揽挟诈之弊。一、南京各仓，所收浙江、江西、湖广并南直隶粮米，大约多在春夏之交运至城下，循次收纳，或有浥损退出，重买久不完结。今宜仿往年进仓未晒加三之例，每米一石，带耗并脚费折加平米三斗，就船兑与官军人等充俸粮之用……一、直隶镇江府所辖扬子江，自焦山迤东至圌山洪〈校记：广本洪作港〉，江面广阔，居民稀少，屡被强贼劫掠人船，宜于开沙五圣庙港东姜家觜，置巡检司以时巡捕……一、苏州、太仓、镇江三卫，并守御嘉兴中、左千户所，浅船计五百一十三只，宜仍旧例军三民七出备工料造之……一、河南开封、怀庆、河南三府并归德州，税粮繁重，且逼近黄河，类多冲决。宜于布政司增设参政一员，府设通判，州设同知各一员〈校记：抱本脱员以上十一字〉，专理粮储兼理河道……一、济宁运河，全资泰安、宁阳诸泉，汶、泗二河，而其要又在金口堽城二坝。比年坝坏，率用桩草修筑，水至随决，所费不赀。自工部员外郎张盛用石改造，遂得经久。盛今已升山东参议，宜令不妨司事，仍旧兼理〈校记：广本兼作管〉。"疏上。诏："支运粮不允折银。……军三民七造船例须通行。余悉如议。"

（明宪宗实录，卷 145，2677-2681）

77. 冬十月丁丑朔，癸未，增设工部专理河道官一员。漕运总兵官平江伯陈锐等奏："比奉诏疏浚通州至京河道，工将就绪，请设官理之。并提督青龙等桥〈校记：抱本青作清〉、广源等闸及西山一带泉源。"时，工部郎中陆镛丁忧服阕，因以命之。

（明宪宗实录，卷 146，2684）

78. 十二月丙子朔，庚寅，命漕运把总指挥陈裕〈校记：广本挥下有使字〉、王瑾、吴昇署都指挥事。初，漕运总兵官平江伯陈锐议："裕等以指挥督漕运，与所统卫官名分相等，难于行事，乞进其职。"兵科驳以"裕等历年有浅深，行事有贤否，不宜滥升。"而兵部亦以"裕等别无军功"为言。上不从，而有是命。

（明宪宗实录，卷 148，2713）

79. 十二月丙子朔，辛卯，置仪真县河港三闸。先是工部郎中郭昇奏："江南进贡粮运等船，至仪真坝，虽夏月潮盛，亦须人力绞挽，方能达河，少有错失船即损坏。而里河坝岸，恐为潮水冲决，多开缺口以杀其势，水退复修为费甚大。仪真县罗四桥，旧有通江河港，上至里河几四里许。潮大之时，内外水势相等，此港可置三闸。潮来先启临江闸，使船随潮而进。俟潮既平，乃启中二闸放之。如此，不惟往舟船利便，而里河水势亦即疏泄，不待决口重费也。"诏可之。昇会总督漕运都御史李裕，勘议修完，而仪真店户，恶其夺己利，贿嘱所司，假以走泄水利闭之。至是昇复条陈开闸之利，不开之患。工部复奏，以"昇言诚有益，经久之策宜允所请。"从之。

（明宪宗实录，卷 148，2713-2714）

80. 十二月丙子朔，乙巳，是岁……漕运京师攒运粮三百七十万（石）。

（明宪宗实录，卷 148，2723）

成化十二年（1476）

81. 二月乙亥朔，己丑，工部言："永平府暨通州等卫各奏，

‘原派疏浚通惠河并直沽新开沽，人夫、地方，各有远近，欲得彼此相易为便。’会保定等县亦言，‘各县河岸冲决数多，有妨耕种，乞存留原派协济通惠河人夫，以便修筑。’而本部委官，徐九思等亦各言，‘芦沟桥及直沽、天津迤北、南营儿、耍儿渡中一带河道〈校记：抱本无中字〉，冲决淤塞，有妨漕运，比之通惠河尤急。宜如所奏，准其存留移易。其直沽、芦沟一带河岸道路，亦宜酌量缓急，暂拨通惠河人夫用工〈校记：抱本脱河以上卅四字〉。惟耍儿等渡，则照原定人夫不必更动为便。’”从之。

（明宪宗实录，卷150，2737-2738）

82. 五月癸卯朔，壬戌，漕运总兵官平江伯陈锐等奏：“迩者，修造通惠河闸成，欲将西山泉源、河道，并通州等处水关闸坐〈校记：广本抱本坐作座，是也〉，与永通桥圈，俱量为疏浚修改以便漕运。”上从其议，下所司知之。

（明宪宗实录，卷153，2794）

83. 六月壬申朔，丁亥，浚通惠河成。自都城东大通桥，至张家湾浑河口六十里，兴卒七千人，费城砖二十万，石灰一百五十万斤，闸板、桩木四万余，麻、铁、桐油、炭，各数万计，浚泉三，增闸四，凡十月而毕。漕舟稍通，都人聚观。命增平江伯陈锐禄米，岁二百石。赏侍郎翁世资、王诏彩段表里。锐又为浚河官乞恩，乃命邳州卫指挥佥事单镛，高邮州判官林烈等十员，俱升署职一级，其余职役匠卒，皆赐彩段绢布有差。是河之源，在元时，引昌平县之三泉，俱不深广，今三泉俱有故难引。独西湖一泉又仅分其半，而河制窄狭，漕舟首尾相衔，至者仅数十艘而已，无停泊之处。河又沙水易淤，雨则涨溢，旱则浅冱，不踰二载而浅涩如旧，舟不复通。然锐之所增禄米犹岁给不绝，识者愧之。

（明宪宗实录，卷154，2805-2806）

84. 六月壬申朔，丙申，升山东兖州府通判陈翼为顺天府通判，专理通州以上河道，并西山一带泉源。漕运总兵官平江伯陈锐等言："翼长于治水，尝疏济宁州永通河，改修耐牢坡等闸，具有成绩，故有是命。"

（明宪宗实录，卷154，2812）

85. 秋七月壬寅朔，丙午，总督漕运右副都御史李裕等奏："新开扬州府白塔河，潮水往来，恐久而淤浅，宜下所司与瓜洲、仪真诸河道三年一浚。"又言："江南孟渎河，亦多淤浅，乞下巡抚巡按等官勘验疏浚，以便漕运。"工部复奏，从之。

（明宪宗实录，卷155，2819）

86. 秋七月壬寅朔，甲寅，增设直隶江都县留潮、通江二闸。

（明宪宗实录，卷155，2826）

87. 九月辛丑朔，癸卯，户部会议各处巡抚、漕运都御史等官，所陈事宜："一、工部以各卫遭风失火，粮船多因旗军侵盗惧罪，或遇别船有此故自焚溺，以觊免罪，欲令本卫旗军备料造船，以革此弊。然风火之起，众所共见，若令军自造船，恐误京储。请如旧例，有司并提举司相兼修造为便。一、漕运指挥等官，年六十者例许更代，而代者率多少年，不谙漕务。请自今虽有年及六十，筋力精健，公勤办事者，听总督漕运官审验，仍留在运。一、九江、镇江、安庆等卫，自永乐年来，屯军皆自耕自食，后以选征麓川，逃亡者多，乃以运粮旗军拨补。每田三十，亩纳子粒六石，身既运粮，又纳子粒，每月又赴各仓支粮，诚为不便。请各军月粮一石，止关本色二斗，折色二斗。其六斗存积至一年，则有七石二斗，以六石抵纳子粒，余为加耗，各都司仿此。……一、军士运粮，近例每石有耗米七升，以备盘剥、雇直之用。近因修浚河闸，并造剥船，已摘取其半。而各军运送本色赴仓，并各船所带修通惠河砖石，雇直全资于此，若将七升之数一例扣除，则军士愈困。今宜斟酌每石只加四升，后不为例……”疏入。上曰：“遭风失火船，令依旧例，军民兼造。增添耗米，准加五升……”

（明宪宗实录，卷157，2859-2863）

88. 九月辛丑朔，丙辰，漕运总兵官平江伯陈锐奏：“通惠河虽已通行，然其间犹有未毕工者，欲再疏浚使加深阔。拟摘江北运粮卫所，军余一万名，委都指挥等官督管，于明年二月兴工。乞官给以廪，给口粮食盐……”从之。

（明宪宗实录，卷157，2875-2876）

89. 十月辛未朔，甲申，浙江温、台二卫，运纳通州仓粮四千八百七十余石，后至合石收银六钱〈校记：广本合作命，抱本作每〉，送太仓交纳。以平江伯陈锐言时将阻冻，恐误下年漕运也。

（明宪宗实录，卷158，2895）

90. 十一月辛丑朔，壬戌，镇守通州都督同知陈逵、监察御史徐镛各奏：“通州密迩京城，四夷贡献，南北粮运，皆往来贮积于此，城池之制不可不谨。正统十四年，虏贼侵境，以仓廒在西城外，乃筑新城障之。仓卒经营未如制度。旧城高三丈五尺，垛口五尺，基广三丈五尺，而新城不及其半。请拆旧城西面，而展新城北角，与相连接，增其丈尺，使上下齐一。仍建瓮城、敌台，于城北开一门，以通河道。又于城内空地，起造仓廒，遇霖雨途淖，暂以应运京粮收贮，俟冬月运京。乞敕所司会官勘议修理。”上命逵会巡抚右佥都御史汪霖，复勘以闻。

（明宪宗实录，卷159，2914）

91. 十一月辛丑朔，甲子，提督通州等仓、监察御史徐镛言：“京通二仓，收粮事例，有每石两平明加八升者；有每石一尖一平者。然其间斛，尖及撼下，余米通约六升，平斛上留二指，亦有二升，大约暗合八升之数。然法令不一，军斗得以高下。其乎无赂则加多，或过一斗有赂，则减少不及五升，今欲得明加八升为便。”户部以为“此事屡经奏行，乞立定例永为遵守。”命继今收粮，每石别加八升，听纳户刮铁行概。

（明宪宗实录，卷 159，2915-2916）

92. 十二月庚午朔，己亥，是岁……漕运京师攒运粮三百七十万石。

（明宪宗实录，卷 160，2945）

成化十三年（1477）

93. 二月庚午朔，癸酉，总督漕运右副都御史李裕奏：“工部管河郎中郭昇、杨恭，职非风宪，遇有犯法难于逮问，乞照山东管河按察司副使陈善例，升昇等在外宪职，仍令管河。”事下工部复奏，以为“陈善虽职风宪，终是外官，且所管地方止于山东，其南、北真隶〈校记：广本真作直，是也〉，则非所属。宜循旧例，以南、北河道，分委郭昇、杨恭。且请敕二道，遇有犯法听从举奏，庶事体归一，而经久可行。”诏可，令善还理司事。

（明宪宗实录，卷 162，2955-2956）

94. 五月丁卯朔，庚午，都察院左都御史李宾等奏：“有旨命臣等看详太监汪直所遣官校韦瑛等缉访事情。瑛等访得官员人等，舟经运河，倚恃势豪，于滨河州县〈抱本脱县以上十三字〉，多索人夫、皂隶，为害甚酷。御史郭瑞巡按北直隶，在其境内不能禁约，反令官府奉承，宜加之罪。且公差人所驾马船、快船〈校记：旧校删快上船字〉，用一索十，多至百余艘。往往夹带私盐、重货，所经之处尤被扰害。至于势豪违法中盐，侵夺民利，其京官又多不顾名节，交通府县。若收粮者，卖法取利，克减官粮，其弊多端，并宜禁约。臣等议直所奏，深切时弊，请揭榜晓谕御史郭瑞，合依律问罪。”从之。

（明宪宗实录，卷166，3000-3001）

95. 五月丁卯朔，戊子，徒山东东平州金线闸递运所于安山镇〈校记：旧校改徒作徙〉。

（明宪宗实录，卷166，3015）

96. 七月丙寅朔，戊子，管理河道工部郎中杨恭奏：“六月以来，久雨，水溢运河，东西两岸冲决甚多，有妨粮运。乞拨京营官军修筑，仍命文武大臣董之，庶克济事。”章下工部议：“宜移文都督同知陈逵，同杨恭于通州、直隶、天津等卫附近处所，量起军余三千名，顺天府沿河州县，起民夫一千名，相兼堤浅人夫〈校记：广本堤作防，是也〉，并工修筑，以便漕运。并行户部每名给与行粮，仍令董工官尽心提督〈校记：广本董作管〉，务在坚厚以图经久。”诏从之。

（明宪宗实录，卷168，3052-3053）

97. 冬十月乙未朔，乙卯，巡按山东监察御史梁泽，请革临清管粮内官，不许。泽奏：“德州、临清各有水次仓，每岁户部委属官监督出纳，其事体无异。而临清独增设内官二员，故各州县输纳，皆愿于德州，而不愿于临清。乞为裁革，庶民不被扰。”户部复奏，诏令仍旧。

（明宪宗实录，卷171，3097-3098）

98. 十一月甲子朔，癸酉，管理河道工部郎中郭昇言河道利病。大略欲清驿递、造驿船、设丁壮、增坊堡，且开盗贼自新之路。诏以盗贼为从者，自有律例。丁壮不必设，只令火甲、浅夫缉捕，余准拟。

（明宪宗实录，卷172，3107）

99. 十一月甲子朔，辛卯，户科都给事中张海言漕运数事：“一、国家岁漕江南米四百万石以给京师，有兑运，有支运。其兑运，若有灾伤减免，则为改补，务不失原额。但每岁各司出给通关，惟据各该仓，分开报收数，此足彼欠，莫能周知，遂致夤缘为弊。请自明年为始，行令总督漕运官，每岁以所运粮具兑运。支运及改补漂流之数，造册奏缴，令户部各司以出给过通关，赴科注销，庶有稽考。一、所运粮多抵换搀和，以致亏损，请行所司辨验。其有犯者，除徒流以下常罪，俱不分官军，谪戍边卫。一、运船漂流粮米岁多于旧，良由船不坚固，人不协力。乞行总督官禁约官军不许离船，慎选舟师教习操舟。仍行提举司及造船卫所，务令修造坚固。其有漂流，虽经所司勘实，亦必加罪。若漂流粮至万石以上者，罪及总督官。一、漕运官军，以到京馈送为由，多方科敛，请行所司禁约。京通二仓收粮官吏，不许留难需索。仍行总督官，禁管运官科敛，及行巡河、巡仓御史内外纠察，违者罪之。一、运粮官军无升赏之格，以故人不知劝。请自明年为始，有漕运三年船无损失，粮不漂流及不违限者，官量升俸，军加行粮，或将该赏钞锭加折铜钱。其受赏之后无功者，即以所加俸粮截日住支。”下户部议谓：“其言可行。”从之。

（明宪宗实录，卷172，3115-3116）

100. 十二月甲午朔，癸亥，是岁……漕运京师攒运粮三百七十万石。

（明宪宗实录，卷173，3136）

成化十四年（1478）

101. 二月甲午朔，丙午，管河郎中杨恭奏：“兖州汶上县直抵济宁，运河堤岸冲决一百一十里，今欲葺理，每夫一名，乞月支口粮三斗。”从之。

（明宪宗实录，卷175，3157）

102. 九月己未朔，癸亥，黄河水溢，冲决开封府护城堤五十丈，居民被灾者五百余家。

（明宪宗实录，卷182，3282）

103. 冬十月己丑朔，甲午，总督漕运、兼巡抚凤阳等处右副都御史李裕，以亲丧去任。

（明宪宗实录，卷183，3296）

104. 冬十月己丑朔，丁酉，升都察院右佥都御史李纲，为左佥都御史，总督漕运兼巡抚凤阳等处。

（明宪宗实录，卷183，3297）

105. 十一月戊午朔，癸亥，巡抚河南、右副都御史李衍等奏："河南地方累有河患，皆由下流壅塞，以致冲决散漫，淹没民居。今宜自开封西南，地名新城，下抵梁家浅旧河口七里，疏浚壅塞，以泄杏花营上流水势。又自八角河口，直抵南顿，分道散漫，以免祥符、鄢陵诸县，睢、陈、归德诸州淹没。其冲决堤口，则俟水落之日兴工修筑。"工部复奏。上仍命衍等斟酌行之。

（明宪宗实录，卷184，3308）

106. 十一月戊午朔，乙酉，南京内官监太监覃力朋进贡还，有马快船百艘，多载私盐，役民夫牵挽。且遍索州县驿递，得银五百余两，钱帛称是。至甲马营巡检司〈校记：抱本甲作中〉，申报武城县。县遣典史率人盘诘，力朋以其众，拒击典史，折其齿，射一人杀之，伤者甚众。内官汪直廉得以闻，逮力朋等治得实。刑部"坐以私盐拒捕律当斩。"从之。其后力朋竟以幸免。

（明宪宗实录，卷184，3314-3315）

107. 十二月戊子朔，丁巳，是岁……漕运京师攒运粮三百七十万石。

（明宪宗实录，卷185，3331）

成化十五年（1479）

108. 五月丙辰朔，丙辰，命添铸铁斛，给散所司为式。先是，总督漕运总兵、都御史等官奏："运粮官军告言，'有司粮、里长交兑粮米，多用小斛，不依原领印烙木斛，少米凡六七合。'而粮、里长又告称'官军印烙木斛，较之本处铁斛，多米至五六合。'今宜于山东、河南、浙江、江西、湖广五布政司，应天、苏、松等十三府，及徐州瓜、淮二水次兑粮处所，京、通、天津、蓟州四收粮仓，淮安、徐州、临清、德州四支粮仓，并两总督漕运，十二把总官，共四十三处，各给一铁斛。就令漕运官军措置工料，如成化六年所降式铸之。送户部较勘，相同，给发各处仓分，依式置造，印烙木斛应用。敢有私造木斛，大小不同者，皆治以罪。"事下户部议，以为"前此铁斛，俱依式铸造，岂有大小不一？但有未及降到处。今拟京、通二仓，及江南、北、山东、河南四处已有旨，不必另铸。其余合如所请铸造给降。每斛识以'成化十五年奏准铸成永为法则'十三字，及监铸官员、匠作姓名，较定送部。仍取京仓旧斛重较，令漕运官顺带给发。较造印烙木斛收用。"疏上，从之。

（明宪宗实录，卷190，3375-3376）

109. 六月丙戌朔，庚寅，修通州大运西仓一百四十间〈校记：广本抱本运作通〉。

（明宪宗实录，卷191，3394）

110. 秋七月乙卯朔，癸未，漕运总兵官平江伯陈锐等奏："左佥都御史李纲〈校记：广本纲作刚〉，总督漕运兼巡抚凤阳等处，廉明勤慎，殁于王事，例止得一祭，乞特为赐葬。”上从之，命不为例。

（明宪宗实录，卷192，3410）

111. 九月甲寅朔，辛未，户部议漕运巡抚等官所奏事宜：“一、漕运船遭风失火，例应所司给料成造。近皆视为不急之务，宜趣各该司府州县，及清江、卫河二提举司急为补造。一、卫河提举司，造船人匠五百四十余名，多逃故，及不通匠艺者。乞如清江提举司例，每一名，季纳银一两八钱，官为收贮。遇有工役，支给佣工庀事。一、清江、卫河二提举司造船木料，三年两派于各布政司府州买办，近减其半，军士连年陪补甚艰。乞仍旧派买，或将浙江、湖广、芜湖三处抽分木植，尽贸为银，送二提举司支用。一、各处铁斛近为更铸，乞将新斛给发兑粮司府放粮水次仓，及把总等官遵用，而尽收其旧斛……”上曰：“船料既不给，再增木价银三千两……”

（明宪宗实录，卷194，3426-3428）

112. 冬十月癸未朔，壬子，升工部郎中杨恭为通政司右通政，仍管河道〈校记：抱本道下有事字〉。恭管理北河直抵济宁一带河道，六年考满。漕运总兵等官奏保升职，仍旧任事。吏部议拟（按：校勘记上写为吏部拟议）通政司参议〈校记：抱本吏上有时字，司下有左字〉。诏曰〈校记：抱本诏作上〉：“恭既管河勤能〈校记：抱本能下有可嘉二字〉，准升右通政〈校记：抱本升下有通政司三字〉。”恭在河道承奉太监汪直，故有不次之擢也。

（明宪宗实录，卷195，3449）

113. 十二月壬子朔，辛巳，是岁……漕运京师攒运粮三百七（十）万石。

（明宪宗实录，卷198，3489）

成化十六年（1480）

114. 秋七月己卯朔，癸卯，命工部右侍郎胡睿，提督修理京通二仓。

（明宪宗实录，卷205，3587）

115. 八月戊申朔，癸亥，升南京鹰扬卫指挥佥事赵德，为署都指挥佥事，调江西都司总领漕，卒。从平江伯陈锐等荐也。

（明宪宗实录，卷206，3597）

116. 九月戊寅朔，戊戌，户部会官议漕运及巡抚等官所陈事宜："一、南京并浙江等卫缺官漕运，请以京卫曾经保举将材，与平居廉干者铨选补缺。一、运粮官缺，听漕运官调取。其所取除军政官外，所在巡抚、巡按官，不得稽留沮换，亦不得以在运官，留于原卫管事。一、运粮军余逃亡事故，并贫难无补者，各都司卫所，必以守城操练，及空闲军余内选补。其逃者既获不得，收充别差，遂其奸计，违者坐罪。若在运病亡者，即佥补本户空丁。无则，选于别户。不可重复差拨。一、清江、卫河二提举司，岁造船六百六十余艘。艘计银一百两，则用银六万六千余两。今三年两次派造五百艘，再加木价三万两，该造船三百艘，则三年之间通止造船八百艘。其余一千一百八十九艘，俱无船料。岁计赔银三万三千六百余两，是皆出自军士。况又有风火不测之虞，兼所派木植多不能全领，是以军士赔补，鬻及子女产业。宜行工部每岁量添木价银二千两，庶军困少苏……"

（明宪宗实录，卷207，3611-3612）

117. 十一月丁丑朔，乙未，停漕运把总都指挥谢雄等俸，令戴罪攒运。而宥总漕平江伯陈锐、左副都御史张瓒、参将署都指挥都胜罪〈校记：广本胜下有等字〉。以户部参奏是岁粮运逾期故也。

（明宪宗实录，卷209，3648）

118. 十二月丙午朔，乙亥，是岁……漕运京师攒运粮三百七十万石。

（明宪宗实录，卷210，3673）

成化十七年（1481）

119. 秋七月甲戌朔，丁亥，河南布政司右参议于懋、按察司副使胡谧、怀庆府知府倪颙、河南府知府刘本，俱以迟误兑军粮，为总督漕运都御史张瓒所劾。都察院请下巡按御史逮治如律。从之。

（明宪宗实录，卷217，3761）

120. 八月癸卯朔，壬子，命户部侍郎潘荣，催督漕运粮船。先是，天旱河浅，漕运后期，总督粮储、户部尚书殷谦，请敕大臣往督之。故以命荣。

（明宪宗实录，卷218，3771）

121. 九月壬申朔，丁亥，户部尚书翁世资奏："是岁天旱，河流浅涩，以致漕运违期。今欲如常例晒米上仓，恐岁暮河冻，有误明年漕运。乞免湖广、江西、浙江所运米摊晒。每石加米四升以充折耗。"从之。

（明宪宗实录，卷219，3789）

122. 冬十月壬寅朔，乙巳，改河南兑运京储，及真定、保定、德州、易州等处仓粮之半为折征。是岁河南额运粮六十五万一千石，所司以频年水旱乞宽省。户部奏："定京储每石折银六钱，德州、临清二仓，每石折银五钱。其余折征者有差。"从之。

户部会议漕运并巡抚官所奏事宜："一、各处运粮浅船，每岁浙江、湖广、芜湖三处抽分厂，支银一万二千两修造。但船多银少用度不足，是以军士逃窜，有妨漕运。自今岁宜增银五千两，永为定例。一、兑运军粮，所司欲依先年事例，每石加耗米七升。但今诸处水旱相仍，民困已极，宜照旧不必增。一、常州府岁运上供细米到有常期〈校记：抱本细作纳〉，近因多载私货，以致阻浅。宜行巡抚官禁约……”上命兑军耗米每石准加二升。常州府供应米船，遇洪闸发人拽送……

（明宪宗实录，卷220，3803-3805）

123. 十一月辛未朔，丁丑，户部奏：“漕运过期三月以上者，官请戴罪停俸。其总督平江伯陈锐、副都御史张瓒、参将都胜，亦当坐以不行严督之罪。”上曰：“今岁河道阻滞，其过期两月以下者姑宥之，锐等俱勿论。”

（明宪宗实录，卷221，3814-3815）

124. 十二月辛丑朔，己巳，是岁……漕运京师攒运粮三百七十万石。

（明宪宗实录，卷222，3833）

成化十八年（1482）

125. 二月庚子朔，己未，工部以管河右通政杨恭，巡河监察御史赵英，会勘漕运总兵官陈锐所奏：“欲于临清县南三里，开通月河，分减水势，诚为利便。但言东平州戴村，修砌减水石堰，欲行山东科派夫料，而岁荒不能给，宜于锐原借本部修路银数内支用。或人力不足于附近无灾县分取之，庶事易集而民不劳。”从之。

（明宪宗实录，卷224，3853-3854）

126. 夏四月己亥朔，辛酉，漕运总兵等官、平江伯陈锐等奏：

“各卫运粮官员，类因攒运违期如例住俸，候在明年期限不误，方许关支。缘各官频年在公，家口全资俸给。况粮运近制三年不误，有量加升擢之赏。兼旬失期，有住俸戴罪之罚，孰不欲争先早完，以图赏避罚？第初兑时，或因民粮到迟在途，或为风波胶浅所阻，将到仓，或值连雨，难于盘运交纳，此皆人谋所不能免者。万一下年亦然，又复一年，则运粮官员终无支俸之期矣。且违限少或一月余，多或三两月，一例住俸，人情实难。乞照违限月日暂住，满则关支。”事下户部以为“粮运后期法固当惩，但事势诚有不测者。兹宜如成化七年，所定南北完纳日期，凡违二十日以上者，各照所违月日住俸，限满关支。其连违二年者科罪。三年者降级。两年不违期少奖〈校记：广本抱本期下有者字，是也〉。三年者量升。则事体适中，人心知劝矣。”疏上，从之。

（明宪宗实录，卷 226，3880-3881）

127. 秋八月丁酉朔，己亥，久雨，卫、漳、滹沱等河涨溢，运河口岸多决。自清平县至天津卫凡八十六处，大蒙等村屯凡九处。

（明宪宗实录，卷 230，3931）

128. 秋八月丁酉朔，乙丑，南京尚膳监奉御董庆，率官船载荐新品物，行及沛县，其下殴伤县人。至济宁南旺湖，复执人笞之，悬于墙而死〈校记：广本抱本墙作桥〉。管河右通政杨恭奏其事。命刑部郎中朱守孚等往勘。因言：“恭与工部郎中顾余庆、监察御史朱钦，俱以巡河为职，不能疏通禁约，皆当究治。”命宥之，停其俸二月。守孚等奏：“内误及御史赵英。”亦置不问。

（明宪宗实录，卷 230，3941-3942）

129. 秋八月丁酉朔，丙寅，命山东临清县，岁春秋祭故平江侯陈豫。临清军民奏：“豫有立城之功，请建祠祀之。”故有是命。

（明宪宗实录，卷 230，3942）

130. 闰八月丁卯朔，丙戌，升河南布政司左布政使徐英，为都察院右副都御史，总督漕运兼巡抚凤阳等府地方。

（明宪宗实录，卷 231，3949）

131. 九月丙申朔，己亥，户部等衙门会议漕运巡抚等官所奏事宜："一、通州原设六卫仓，收受粮米，仓有限而粮无穷，宜添盖廒二百座……"上批答曰："通州添盖仓廒，便酌量来奏。私茶夹带至五百斤者充军。余如议行。"

（明宪宗实录，卷 232，3957-3959）

132. 冬十月丙寅朔，辛未，命总督漕运右副都御史李裕理院事。时，裕丁忧服阕也。

（明宪宗实录，卷 233，3970）

133. 十一月乙未朔，庚戌，平江伯陈锐奏："管洪主事费瑄，深知河道，勤于职事，三年期满，例应代还，请留更历三年〈校记：广本抱本留下有瑄字，历作莅〉。"从之。

（明宪宗实录，卷 234，3983）

134. 十二月乙丑朔，癸巳，是岁……漕运京师攒运粮三百七十（万）石。

（明宪宗实录，卷 235，4015）

成化十九年（1483）

135. 春正月甲午朔，戊午，总督粮储、户部尚书殷谦奏："京通二处仓廒数少，乞展地添造，招拨官军一万人。"命太监张兴、都督冯昇、工部右侍郎张颐董其役。

（明宪宗实录，卷 236，4020-4021）

136. 二月甲子朔，乙亥，建丰盈仓于丰润县以贮岁运粮储。先是，提督永平等处粮草、户部郎中官廉奏："永平、山海边关，官军俱于蓟州仓支粮。远者五六百里，近者三四百里，往还颇艰。丰润县有河西流，经玉田县折而南，与蓟州运河相通。宜于丰润立仓以便支给，仍将一带河道量起丁夫疏浚，以通粮运。"从之。

（明宪宗实录，卷237，4025）

137. 三月癸巳朔，丙申，给修造京通二仓官军一万人，月支口粮四斗。

（明宪宗实录，卷238，4036）

138. 九月辛卯朔，丁巳，户部会官，议奏漕运巡抚等官所上事宜："……一、武陟等县沁河，其源出太行山，下流接徐州运河。旧各县无管河官，巡视修理。遇夏秋水泛，堤岸多被冲决。请于武陟、新乡、获嘉、原武、阳武、封丘、祥符等县，各增设主簿一员，专巡河道……。"

（明宪宗实录，卷244，4144-4146）

139. 冬十月庚申朔，辛酉，总督漕运兼巡抚凤阳等处、右副都御史徐英奏："乞复旧例专差刑部主事一员，随之问刑，三年而代。"奏上，命所司知之。

（明宪宗实录，卷245，4149）

140. 冬十月庚申朔，乙丑，南京兵部奏："正统间，马快船岁以五十艘北上听差，半年一更。驾船军粮，于南京官仓尽给与之。尔后快船余丁仅支两月行粮六斗，其往返计踰十月，率多匮乏，弃船以逃。乞仍旧例，应支月一石者〈校记：旧校改支月作月支〉，内除家小，米四斗按月支用，其听守六月，每月六斗，共三石六斗。并余丁止支两月凡六斗者，今加再倍为六月共一石八斗，尽数给之，庶船运无误。"事下户部以为，"军夫守役于北，而粮月给于南，诚为非便。余丁粮给诚少，宜如所请，一一预给。或逃则如数追之。”报可。

（明宪宗实录，卷245，4149-4150）

141. 十二月庚申朔，戊子，是岁……漕运京师攒运粮三百七十万石。

（明宪宗实录，卷247，4193）

成化二十年（1484）

142. 春正月己丑朔，壬子，发蓟州迤东等处军民，大疏浚鸦鸿桥河道，并造丰润县海运粮储仓。宝坻县迤西等处军民夫，疏浚蓟州新开沽河道。先是，二役东西二路丁夫混派，至是巡抚都御史李田，请各移附近为便。从之。

（明宪宗实录，卷248，4204）

143. 五月丁亥朔，甲午，命荆、襄等卫，原留漕运旗军一千九百二十八名内，止存一半在卫防守，余皆仍旧漕运。以荆、襄流贼渐平，从巡按御史吴哲等奏请也。

（明宪宗实录，卷252，4262）

144. 冬十月乙卯朔，丁巳，停总理河道通政司，右通政杨恭俸三月，以漕河浅涩，运船多过期不至。为户部所参奏也。

（明宪宗实录，卷257，4339）

145. 十一月甲申朔，壬子，户部复议南京户部主事张伦，所陈馈运事言："黄河自河南入淮，直抵南京，水路无碍。请量摘淮安、瓜洲兑运粮十万石，南京常平乌龙潭等仓粮十万石〈校记：抱本无常字，疑误〉，运至沔池县。……”俱从之。

（明宪宗实录，卷258，4364）

146. 十二月甲寅朔，戊午，吏部尚书、兼华盖殿大学士万安等言："我朝建都于北，而上下供用多取给于江南，然必藉船运而后可达于京师，是运道水利所系甚重。如河南怀庆府地方筑堤，障沁水以济徐吕二洪，及邳州、宿迁桃源运道。山东兖州等处，导引汶、泗、洸河诸泉，以济济宁上下运道。今沁水冲决堤岸，流入黄河。汶、泗、洸诸泉岁久不浚，亦多壅塞，以致河身浅涩，粮运稽迟，及四方进贡方物等船不便往来。虽工部已尝奏行两地巡抚、巡按管河官员督工修理，但恐仍前视常，来岁运道不得水利接济，所误非轻。请敕工部重臣一员，选领谙练属官一员，诣彼，会巡抚、巡按督有司一一踏勘，冲决壅塞之处修筑疏浚。"上是之。命工部侍郎杜谦，率其属郎中萧冕，员外郎李浚，往董其事。因敕谦曰："朕惟国家公私物用，取给江南，而运道水利关系甚重。近年以来，河水淤浅，加以天旱，沁水决入黄河。汶、泗、洸诸泉又多壅塞，以致水利不通，有妨漕运。特命尔谦，自通州、临清直抵淮、扬一带，会同山东、河南巡抚、巡按，督责三司府卫官，并管河、管泉官员，逐一踏勘。凡系蓄水接济运河，堤岸何处冲决所当修筑，泉源何处壅塞所当疏浚，及会计合用工作、木、料预为措办。待明年冻开，相度事势缓急，工程小大，起集军民趁时修理。务俾水利道行舟楫无阻，斯为有益，此诚国家大计。凡事有相关及敕内该载不尽者，听尔计议，便宜而行。文武官敢有怠慢误事者，轻则量情责罚，重则文职五品以下，径自执送问刑衙门问理。四品以上并方面军职，参奏执问。各巡抚、巡按有不用心者，亦具实来闻。"

（明宪宗实录，卷259，4368-4369）

147. 十二月甲寅朔，戊辰，诏以漕运粮储及两淮盐课给三边。时，总督大同军务、户部尚书余子俊复奏："辽东、陕西、山西荒旱之余，人民流徙，边储缺乏，迩者虽蒙朝廷多方赈贷。然财用有限，调度无穷。今须大为拯济，庶可无虞。"事下户部核奏："请于浙江等处，明年漕运粮内，量免七十五万石兑运，令每石并耗米粜银五钱。苏、松、常三府仓粮，粜卖二十五万石，每石银四钱。俱解京转运，以助军饷〈校记：广本抱本助作给〉。仍摘两淮盐课二十万引，令大同管粮官招商中纳，以补不足。”从之。

（明宪宗实录，卷259，4373-4374）

148. 十二月甲寅朔，癸未，是岁……漕运京师攒运粮三百七十（万）石。

（明宪宗实录，卷259，4385）

成化二十一年（1485）

149. 春正月，庚戌，诏修河夫月给米人三斗。时，遣工部左侍郎杜谦，自通州抵淮扬督修谦以所在民饥，请量给官廪，户部议如其言。从之。

（明宪宗实录，卷261，4429）

150. 二月癸丑朔，乙亥，顺天府管河治中、陈翼建言二事：“其一〈校记：广本一下有言字〉，真定府抽分厂木植，原有人匠，免其上班存留，运送张家湾石厂，交收磁州烧造器皿。亦有雇直，给付大户运送工部交纳。近来管厂内臣，乃役及沿河人夫、递驿〈校记：旧校改作驿递〉、车辆，不知前项存留人匠，何处用使？原领雇直何处支销？其二言顺天府河道，自通州至天津三百五十余里，管领夫役，虽各分于有司卫所，然俱统于工部委官，事体归一。近年本府又添该管河通判一员，管辖民夫。兵部又添委千户一员，管辖军夫。人夫虽可分管，地方实难分工。及照通州以上，庆丰等八闸五十余里内，止是每岁六七月间拽送。南京马快等船带来竹木，今以主事一员管理，诚为事少官闲。宜以通州至天津三百余里河道，尽付管闸主事管理。而取回添设通判等官。”下工部议：“运送磁州器皿，已有节次奏行事例。其抽分木植宜如所言，行令真定、顺德、大名、广平四府，将原有班匠运送，不许扰害沿河递驿人夫〈校记：旧校改作驿递〉。其言取回管河官员，先因军民杂处不能统一，乃各设官。况庆丰等闸密迩京畿，竹木所经亦须专理，所言窒碍难行，宜令照旧为是。”俱从之。

（明宪宗实录，卷262，4445-4447）

151. 三月壬午朔，己丑，南京河南道御史邹霦等应诏言十事：“……一、南京各卫军籍，实计兵一十五万，今操备者不过四万一千三百。其在漕运者不过二万一千，驾马快等舟者不过一万八千。其余多为内、外势要官私役，纳贿支粮数多，操备数少……。”上批答曰：“所条时事多已行矣，置之。”下其章于所司。

（明宪宗实录，卷263，4455-4457）

152. 夏四月壬子朔，己卯，户部奏：“山东比岁灾甚，兹宜量留漕粮四万石，于东昌、临清二仓，两平交纳。内二万石，听巡抚都御史盛颙，坐拨灾重州县赈济，秋成抵斗还官，余俟本部别用。其纳完空船，令于天津囤内，领粮四万石，并所留耗粮斛夫，运赴通州仓补纳。”从之。

（明宪宗实录，卷264，4483-4484）

153. 闰四月辛巳朔，丙申，增京通二仓太监、军斗、总督人三十名，监督人二十名。前此总督一百五十，许留三十。监督一百，许留二十。至是太监杨寅，以役使不足请，故有是命。

（明宪宗实录，卷265，4492）

154. 五月庚戌朔，丁巳，升中兵马司指挥胡观，为顺天府治中管理河道。

（明宪宗实录，卷266，4500）

155. 秋七月己酉朔，乙丑，监察御史等官谢文等奏："近者奉敕往清漕运宿弊，如兑运民粮已有加耗。近除正耗之外，往浙江、江西兑者，每石各有过江耗米一斗，过湖七升。又有免晒加润等米，每石或七八升至一斗四五升。官军行粮随军兑支者，亦有湿润加增之数，计其所得耗米，反逾正粮之外，此兑运之弊也。造船亦有料价，近每船一名，或每十船减留一只，或因无船，尽数存留。在家办银，又有因浚河放回，及因灾伤无粮兑运者，定为上中下三等。如徐州大河二卫，共存留军余六千余名，办银一万六千余两，钱七十一万二千文。其余卫所各有存留之数，此办料之弊也。又如，行粮赏钞，所以优恤运军。今乃以在家军余粮钞，概关卖银别用。月粮所以养赡运军家口，今乃预为关给，或临仓支出卖银偿债。他如一所欠债，尽以五所耗米偿之。一卫欠债，并以八卫耗米补之。又如，一卫粮船，分派江西、苏、松等处兑运。以江西所兑米，每石止留加耗米在船，其余并过湖加润等项，准作苏松正粮之数。止以一二贴补江西脚价，余悉扣除。每年总计侵克不知其数，指称费用难以稽考。军士困敝，粮运稽迟，正在于此。今宜一遵旧规，必得其人，庶克有济。其总兵平江伯陈锐，在运年久，贪声大著，虽有微劳，功不赎罪。参将署都指挥佥事都胜，守己虽可，干事迂疏。右副都御史刘璋，党比陈锐，依阿行事，兼理巡抚才识有限，俱乞罢黜，别行简命。"奏下户部会议，谓："宜如文等所言，治锐以罪，或解其漕运之寄。胜虽才力无为，持守可取，宜仍共职〈校记：广本共作供，是也〉。璋兼二任，才实不赡，宜专领巡抚之事。"议入，命调锐管南京中府事，璋抚治郧阳，胜仍旧。已而锐乞罢，不许。

（明宪宗实录，卷268，4532-4534）

156. 秋七月己酉朔，辛未，工部左侍郎杜谦奏："奉敕修浚河南、山东等处运道，沁、卫二水，已经相度缓急修浚，颇有次第。臣今窃究其弊，缘无大臣总理，虽有管河官员，多为亲临上司改委，顾彼失此，不得专于职务。乞如侍郎王恕，总理河道事例，增设工部侍郎一员。其沁、卫二河之水，经涉地远，遇有旱涝，人夫浚治，无官管摄，乞如山东泉、源事例，增设主事一员。及临清以北至德州，俱无管河官，乞依临清以南事例，增设管河判官、主簿一员。”本部议复。上曰：“侍郎不必增设，余如所议。”

（明宪宗实录，卷268，4536-4537）

157. 八月己卯朔，庚辰，命镇守湖广都督同知王信，充总兵官提督漕运，仍镇守淮阳地方。升巡抚辽东左副都御史马文升，为右都御史，总督漕运兼巡抚凤阳等处。

（明宪宗实录，卷269，4541）

158. 八月己卯朔，庚寅，户部议复：“御史等官谢文等，所奏漕运事宜：一、兑粮各有原定水次，近乃变更，惟欲多得耗米还债，不思远运之苦。所兑粮，往往湿润，多不晒扬，概令交兑。及上仓，亏折累军陪补。况又指称，使用情弊多端。其京、通二仓收粮，亦有原定则例，近多过收，及百计勒银，使不禁治，人何以堪？乞照漕运旧规，并会议见行事例兑运。如一省粮，止许分派于本省，官军有余，方许派别省。仍将各行事宜著为定例，揭榜禁约，及敕上司一体加意抚恤军士。一、军士负债岁多，皆系军官刻剥所致〈校记：抱本作官军〉，乞敕巡仓御史，同管运官清理，候运粮完日查算。有余剩耗米，除本银外，不分年月远近，止许加利三分偿足。若延迟不完以借者，退回原卫陪偿。今后管运官，有借银至一千两以上者，革去官带〈校记：广本抱本官作冠，是也〉。五千两者，停俸。一万者，降一级革退闲住。若果能抚恤军士，早完粮运，不负债六年之上者，听总督等官具奏，量加升赏，以旌其劳。“议入，从之。

（明宪宗实录，卷269，4545-4546）

159. 十二月戊寅朔，丁未，是岁……漕运京师攒运粮三百七（十）万石〈校记：馆本十字残缺〉。

（明宪宗实录，卷273，4610）

成化二十二年（1486）

160. 三月丙午朔，丙辰，总督漕运左副都御史李敏，总兵官都督同知王信会奏："攒运粮储，旧例俱是民人运至淮安、徐州、临清、德州水次四仓，交卸官军支领交纳。斛面一尖一平，两无亏损。后令官军就民兑运，已自为难，虽有外加耗米，仅足以充盘剥雇觅之费。及临仓上纳，官攒人等又兢以多收，斛面积出羡余为能，致将正粮亏折，累军借债补纳。虽屡经奏议，得旨俱用平斛，听旗军刮铁行概，每石耗米自五升加至八升。近年各仓官攒，每石既明加八升之外，又不容刮铁行概，每斛务令加至三四指。高斛下余米，号为官堆，俱收入廒，甚至额外罚米。以此羡余虽积，而正粮实亏，累军借债陪纳。若不申明禁革，切恐窘迫不已，因而逃亡，有误漕运大计。乞敕该部转行京通二仓，收粮内外官员、巡仓御史，严加禁约。自成化二十二年为始，俱依钦定八升事例，听令旗军刮铁行概，两平收受，不许外加斛面，及罚米官堆。敢有故违，并听御史参问。仍乞将改兑粮米，免其二分上京，俱于通州仓上纳，永为定例。"疏入，上命户部知之。

（明宪宗实录，卷276，4648-4649）

161. 八月癸酉朔，丙申，升漕运参将署都指挥佥事都胜，为署都指挥使。佩漕运印，充总兵官提督漕运，仍镇守淮安地方。

（明宪宗实录，卷 281，4748）

162. 冬十月壬申朔，己丑，户部会官议复漕运巡抚等官，所陈事宜："一、漕舟遭风漂流粮米，所在官司勘实者，宜令出给执照，径自开奏。随其多寡之数，将京粮省于通州上纳，以其脚价补之……" 如议。

（明宪宗实录，卷 283，4789-4794）

163. 十二月壬申朔，丁亥，降刑部右侍郎侣钟〈校记：旧校改鐘作锺，下同〉，为云南曲靖府知府，太仆寺卿张海，鹤庆府知府。先是，钟、海俱以忧去。钟以借漕运船载其母柩还，遇漕运总兵王信为所奏，下狱，命降二级调外任。海，服阕，吏部请复任，亦命降一级调外任，二人皆与吏部尚书尹旻同乡里故也。

（明宪宗实录，卷 285，4822）

164. 十二月壬申朔，辛丑，是岁京通二仓实在粮二千万五千五百五十余石。料二十万六千六百三十余石。草七百八十二万五千九百余束。粮草等项折银八十一万九千八百一十一两有奇。钱二百二十五万三千四百余文。

漕运京师攒运粮三百七十万石。

（明宪宗实录，卷 285，4827-4828）

成化二十三年（1487）

165. 二月辛未朔，癸酉，升四川右布政使周鼒〈校记：广本抱本鼒作鼎〉，为都察院右副都御史，总督漕运巡抚凤阳等处。

（明宪宗实录，卷 287，4846）

166. 二月辛未朔，庚辰，工部奏："直沽迤东海口，新开沽河道，例应三年一浚，宜遣官并行巡抚都御史李田等，如例起军夫六千，给以口粮，并工疏浚。”从之。

（明宪宗实录，卷 287，4850）

167. 夏四月庚午朔，丁丑，诏南京运粮军余月粮仍给一石。初，漕运京军月支一石，而外卫止支六斗。都御史刘璋援例为请，特加二斗。南京户部遂将京卫通给八斗，至是成国公朱仪等以为言。故命如旧云。

（明宪宗实录，卷 289，4886）

168. 五月庚子朔，丁巳，河南开封府州县黄河水溢，淹没禾稼。

（明宪宗实录，卷 290，4906）

明孝宗实录

1. 成化二十三年九月丁酉朔，辛酉，总督漕运、兼巡抚凤阳等处右副都御史周鼒，乞复姓丘，从之。

（明孝宗实录，卷3，0050）

2. 成化二十三年十月丁卯朔，戊寅，升漕运总兵官、署都指挥使都胜，为中军都督府署都督佥事，仍旧任。时，胜具疏乞休，兵部复奏："胜，职任以总兵为名，而其官乃都督府属职，文移不便，且效劳最久，精力未衰，请量加升擢。"故有是命。

（明孝宗实录，卷4，0078-0079）

3. 成化二十三年十一月丙申朔，戊戌，革京通等处仓场总督太监二员。京通二仓及淮安、徐州、临清三仓监督内官七员，俱天顺元年以后增设者也。

（明孝宗实录，卷6，0098）

4. 成化二十三年十二月丙寅朔，丙子，先是监察御史葛萱言："凤阳修陵军士乏粮，乞贷明年漕运京储数万石以给之。"户部言："徐、滁二州，近亦奏军粮久乏，今请以原会凤阳府攒运米三万石，及起运徐州仓米三万石，并徐州攒运米二万八千石，俱免运京。于内以三分为率，二分运给凤阳，一分运给徐、滁。"从之。

（明孝宗实录，卷8，0165-0166）

5. 成化二十三年十二月丙寅朔，丙申，是岁……攒运粮四百万石。

（明孝宗实录，卷8，0184）

弘治元年（1488）

6. 正月丙申朔，乙卯，朝鲜国来贡，陪臣有没于通州者，礼部以闻。命传送归国。

（明孝宗实录，卷 9，0192）

7. 二月乙未朔，辛亥，修仪真、瓜洲二处坝下河口，及淮安府福兴闸。

（明孝宗实录 11，0251-0252）

8. 二月乙未朔，丙辰，都察院左都御史马文升言："臣尝承乏总督漕运，及参赞南京守备机务，颇知运军之苦。盖湖广、江西、浙江运船，本布政司造。南京、南直隶运船，淮安清江提举司造。河南、山东、北直隶运船，临青卫河提举司造〈校记：三本青作清，是也〉。价皆给于工部，或有损坏亦为缮治。近漕运总兵，以工部价不时给，请领价自造。工部又虑军士不加意爱护，议令本部出料四分，军卫出三分，旧船准作三分。然军卫无从措办，皆军士卖资产鬻男女以供之，此运军造船之苦也。正军逃亡数多，而额数不减，俱以余丁充之，一户至有三四人应役者。每年春初，兑粮至八九月以后始回卫，劳苦万状。船至张家湾，又顾车船剥〈校记：三本船作搬，是也〉，多称贷以济用，来春复然，此运军往来之苦也。况所称贷，把总等官有因而侵渔责偿倍息者。军士或自载土产之物，以易薪米，人制于禁例，多被检夺，此运军科害之苦也。乞命所司每船一艘，加银二十两。禁约运官及有司科害搜检之弊，庶用急少苏，而转漕无滞。"得旨："造船银两令工部查处加添，余皆从之。"

（明孝宗实录 11，0254-0255）

9. 八月壬辰朔，丁巳，南京守备太监蒋琮奏："扬州、仪真地方罗肆桥〈校记：阁本肆作四〉，旧有通江港可开闸放船。成化间，巡河工部郎中郭昇，奏浚通河面，置二闸。潮满则开，潮退则闭，船只经过，无复盘费损伤之患。时有奸豪侵占牵路，于沿河水次，起盖浮铺为买卖者，恐斯闸一开，必致拆改，往往以河水易泄为辞，欲隳其成。昇因力辩浮议，条陈五利，冀以行之久远。而司漕运者，误听奸词，擅行筑塞，致令往来船艘仍前受害。近坝居民谓为得计，就于临河牵路起盖文天祥祠宇，欲使后来不敢轻易改拆。而守备指挥亦于闸上擅自盖亭，索取财物。乞依前修浚开放，及将奸豪侵占牵路所盖铺店、祠宇，俱为拆改，则奸弊可革，便利可兴。”工部复奏。命巡抚官会同总兵官，从公勘议以闻。

（明孝宗实录，卷 17，0422-0423）

10. 九月辛酉朔，壬申，命户部每岁三月，选差属官一员，奉敕自通州抵仪真，催督漕舟。往岁差官例不请敕，至是从南京守备太监蒋琮奏，以为责轻人玩〈校记：抱本责作职〉，故有是命。

（明孝宗实录，卷 18，0432）

11. 九月辛酉朔，甲戌，守备南京太监蒋琮言：“自张家湾至仪真坝，增设巡河等官数多，乞取回。以其事各委所在官司带管便。”吏部言：“各官因事增设似难裁革。”命：“查永乐以来各官名数以闻。”吏部复奏：“命革沽头闸主事，并南直隶巡河郎中。其事委两淮巡盐御史兼管，余如旧。”

（明孝宗实录，卷 18，0433）

12. 十二月庚寅朔，己未，是岁……攒运粮四百万石。

（明孝宗实录，卷 21，0504）

弘治二年(1489)

13. 正月庚申朔，丙戌，升山东临清县为临清州，以馆陶县及丘县隶之，仍属东昌府。从巡抚都御史钱钺奏也。

(明孝宗实录，卷22，0514)

14. 二月己丑朔，癸巳，以四川旱灾，截湖广岁漕京仓米二十万石赈济。遣户部郎中田铎，同漕运参将郭鋐督运至夷陵州等处，听四川布政司遣官就彼交收。仍遣户部郎中江汉，先赴四川会巡抚等官从宜赈济。

(明孝宗实录，卷23，0521-0522)

15. 三月己未朔，乙丑，升总督漕运都察院左副都御史秦纮，为右都御史，总督两广军务兼理巡抚……

(明孝宗实录，卷24，0541)

16. 三月己未朔，庚午，巡抚湖广都御史梁璟奏："免征湖广岁运两京、安庆、庐州、贵州等处本色折色粮，六十四万石，并兑军漕运粮二十五万石，以纾民困。令运军如所免兑运之数，支运淮安等处水次仓米于京通二仓，以足岁漕之数。"下户部复议，从之。

(明孝宗实录，卷24，0549)

17. 三月己未朔，辛未，命巡抚江西都察院右副都御史李昂，总督漕运兼巡抚凤阳等处……。

(明孝宗实录，卷24，0549)

18. 四月己丑朔，辛丑，初，湖广无岁进鱼鲊例，成化七年，镇守太监始进二千五百斤。十七年以后，增至二万一百二十二斤，用船至十一二艘。至是礼部以巡抚等官恤灾之奏请止。令有司减数进献，毋重为沿途军民驿递之扰。上命："镇守内官造办如成化七年之数，船止用二艘。科扰需索为害者罪之。”

（明孝宗实录，卷25，0566）

19. 四月己丑朔，丙午，修滹沱河白马口及近城堤，共三千九百余丈。

（明孝宗实录，卷25，0569）

20. 五月戊午朔，庚申，河南守臣奏：“河决开封黄沙冈，苏村野场至洛里堤、莲池、高门岗〈校记：广本抱本岗作冈〉、王马头、红船湾六处。又决埽头五处，入沁河。所经郡县多被害，而汴梁尤甚。”上曰：“黄河冲决，民居荡析，朕深悯念。其即行巡抚官，督所司役五万人修筑，务使河复故道，不为民害，以副朝廷捄灾恤患之意。”

（明孝宗实录，卷26，0580）

21. 六月戊子朔，庚寅，户科都给事中张九功等，以黄河为害言防水三策：“一、欲迁徙居民以避水患；一、欲多穿漕渠分杀水势；一、谓修筑故基，频年劳费，终难成立。”事下工部议，谓：“河南自古都会之地，今王府城池、司府卫大小衙门，军民居址所在规制已定，若乃一旦迁移，未易轻议。况安土重迁人心所系，亦难遥度。宜仍行镇巡等官详议其利害以闻。”从之。

（明孝宗实录，卷27，0595-0596）

22. 八月丙戌朔，壬寅，卢沟河堤坏，命新宁伯谭祐〈校记：广本祐作佑〉、工部侍郎陈政，同内官监太监李兴及科道官各一员，督官军二万筑之。

（明孝宗实录，卷29，0657-0658）

23. 九月丙辰朔，庚辰，南京兵部左侍郎白昂为户部左侍郎〈校记：三本南上有改字〉，修治河道。赐之敕曰：“近闻河南黄河泛溢，自金龙等口分为二股，流经北直隶、山东地方入于运河〈校记：三本运上有张秋二字，是也〉。所过闸座间有淹没，堤岸多被冲塌，若不趁时预先整理，明年夏秋大水，必至溃决旁出，有妨漕运，所系非轻。今以尔曾监督工程，绩效著闻，特改前职。驰驿会同山东、河南、北直隶巡抚都御史，督同三处分巡、分守、知府等官〈校记：三本守下有并字〉，自上源决口〈校记：抱本源作流〉，至于运河一带经行地方，逐一踏看明白，从长计议修筑疏浚。应改图者，从便别图〈校记：三本别作改，是也〉，各照地方量起军民人夫，趁时兴工。务要随在有益，各为经久，不可虚应故事。仍须禁约所司，毋得指此妄加科派骚扰地方。凡用工军夫，皆须抚恤周备，毋令下人逼迫剥害。违者轻则听尔量加惩治，重则送各该按察司及问刑衙门问理。尔为朝廷重臣，受兹委托，尤须昼夜用心，躬亲勤劳，博采众长，相机行事。务使军民不扰，工程易集，斯为尔能。事完之日，尔即回京，仍将修过缘由并用过工料数目，造册奏缴以凭查考。故敕。”

（明孝宗实录，卷 30，0678-0679）

24. 九月丙辰朔，癸未，命宁晋伯刘福及科道官并工部郎中各一员，督官军八修通州弘仁桥〈校记：广本八作入，抱本阁本八作八千，抱本是也〉。

（明孝宗实录，卷 30，0679-0680）

25. 十一月乙卯朔，庚辰，巡按监察御史陈宽等，奉旨议迁汴城以避河患。上疏言：“黄河之水自古为患，所以防御之者亦惟修筑堤岸耳。今幸下流冲决分为数派，徐图修塞岂无善策？固不必多穿漕渠分杀水势，亦不宜辄议迁城，摇动人心。况当饥馑之余，公私匮乏，百尔财力于何仰给？”上令所司知之〈校记：广本抱本令作命〉。迁城之议遂不果行。

（明孝宗实录，卷 32，0720）

26. 十二月甲申朔，庚子，吏部听选官徐灏言：“自通州至南京河路牵船，夫数愈多，而弊愈甚。乞照旧例各处止派二千名，分为两班以苏民困。”从之。

（明孝宗实录，卷 33，0727）

27. 十二月甲申朔，癸丑，是岁……攒运粮四百万石。

（明孝宗实录，卷 33，0732）

弘治三年（1490）

28. 正月甲寅朔，壬申，命改建料砖厂于长家湾之浑河口。以工部主事陈雍言旧厂去水次颇远，军民船运纳料砖不便故也。

（明孝宗实录，卷 34，0742）

29. 正月甲寅朔，辛巳，户部侍郎白昂奏〈校记：三本部下有左字〉：“臣奉敕修治张秋决河，由淮河相度水势，至于河南中牟等县。见其上源决口，水入南岸者十之三，入北岸者十之七。南决者，自中牟县杨桥等处，至于祥符县界，析为二支。一经尉氏等县，合颍水下涂山入于淮。一经通许等县，入涡河下荆山入于淮。又一支，自归德州，通凤阳之亳县，亦合涡河入于淮。北决者，自原武经阳武、祥符、封丘、兰阳、仪封、考城诸县。其一支决入金龙等口，至山东曹州等处，冲入张秋运河。去冬水消沙积，决口已淤，因并为一大支。由祥符之翟家口，合沁河出丁家道口等处，俱下徐州，此河流南北分行之大势也。臣以为，合赖、涡二水而入于淮者〈校记：三本赖作颖，是也〉，其间各有滩碛，水脉颇微，宜疏浚以杀河势。合沁水而入于徐者，则以河道浅隘，不能容受，方有漂没之虞。况上流金龙等口，虽幸暂淤，久将复决，宜于北流所经七县，筑为堤岸，以卫张秋，已与河南巡抚等官议行之。然所司原议第开山东、河南、北直隶河道，而南直隶徐、淮境内，实河所经要地，议拟未及。其事尚无所统。”下工部议：“请复令昂仍会同巡抚等官〈校记：广本抚作按〉，详议修浚事宜以闻。”从之。

（明孝宗实录，卷34，0750-0751）

30. 二月癸未朔，己丑，遣官祭大河之神。以户部侍郎白昂奏，欲开浚河道故也。

（明孝宗实录，卷35，0755）

31. 二月癸未朔，辛卯，疏浚直沽迤东海口新开沽一带河道。

（明孝宗实录，卷35，0756）

32. 四月癸未朔，丙午……改巡抚宁夏右副都御史张玮，总督漕运兼巡抚凤阳等处。

（明孝宗实录，卷37，0798）

33. 五月壬子朔，壬戌，修筑卢沟桥成。……

（明孝宗实录，卷38，0808）

34. 五月壬子朔，丙子，先是，工部以山东登州卫岁运布钞，自海道往给辽东军士，乞下福建布政司造海船二艘以助之。镇守福建太监陈道言：“福州近年山木消乏，且自此至登州海道险远，恐有人船俱没之患。请备银万五千两〈校记：广本银下有一字〉，送南京龙江提举司造海船为便。”从之。

（明孝宗实录，卷38，0814）

35. 九月庚戌朔，戊寅，户部会议漕运各处巡抚都御史所陈事宜：……漕运军士有风水致溺死者，管官员备棺埋瘗〈校记：三本管下有运字，是也。广本瘗作瘗，是也，抱本作葬〉，与溺无身尸者，俱行原卫所量给布一匹，米一石，存恤其家……皆如议。

（明孝宗实录，卷42，0875-0877）

36. 十一月己卯朔，癸未，刑部左侍郎白昂奏：“处置河道事，宜乞令杨州府管河通判常居瓜洲，总管闸坝，不许回府营干他事。

南、北直隶、山东府州县管河官，令其沿河居住，管理河道，不许别有差委。其兖州府通判，则令常居南旺分水地方，专管捞浅并提调各闸。若山东布政司劝农参政，则令兼管河道修理疏浚。”事下兵部复奏，从之。

（明孝宗实录，卷 45，0906-0907）

37. 十一月己卯朔，乙未……先是刑部侍郎白昂言〈校记：抱本阁本部下有左字〉：“天津之地，水路咽喉，所系甚重，请增设宪职一员，为兵备官。”从之。赐（刘）福敕曰：“天津三卫，系畿内重地，东濒大海，比拱京师。因无上司钤束，以致奸盗窃发，军政废弛，地方骚扰不宁。今特命尔整饬彼处兵备，专在天津驻扎。自天津至德州止，沿河附近军卫有司衙门，悉听管辖。尔须不时往来巡历，操练兵马〈校记：抱本阁本兵作军〉，修理城池，禁革奸弊。遇有盗贼生发，即督应捕官员，率领军夫民快火甲相机扑捕，勿令滋蔓。巡司驿递衙门损坏，即与修理。兵夫吏役人等时常点闸，河道淤浅与巡河御史工部管河官会议疏浚。运粮官民船只往来停泊，须令人防护，勿致劫害。一应军民词讼应受理者，即与问理。官员有犯，文职五品以下听尔拿问，五品以上并军职奏闻区处。其操练一事，河间、德州，已有署都指挥薛瑛等专官，尔不必预。天津则分守通州署指挥同知王宣〈校记：广本抱本署下有都字，是也〉，已尝往来提督，尔不须协和行事〈校记：抱本阁本无不字，是也〉。但有捕盗事情，应与薛瑛、王宣约会者计议而行，仍听经该巡抚都御史节制。故谕。”

（明孝宗实录，卷 45，0909-0910）

38. 十二月戊申朔，庚戌，总督漕运都御史张玮言：“徐州小黄河，旧在州城西北，上通沁水，下接漕渠。宋熙宁间，河决为患。守臣苏轼堤以巨石，镇以黄楼，自是水不为患。近年黄河复决，改流城北，其势汹涌，坏两岸军民居舍及城郭，俱可忧。臣会巡按管河等官议疏浚，但上流地属河南，请敕工部移文河南巡抚都御史钱钺等，协同勘处并工修浚，务为经久之计。”从之。

（明孝宗实录，卷46，0919）

39. 十二月戊申朔，庚申，命总督漕运都御史张玮，取两淮运司余盐银三万两，为挑浚漕河工食之费。从其请也。

（明孝宗实录，卷46，0923）

40. 十二月戊申朔，丙子，是岁……攒运粮四百万石。

（明孝宗实录，卷46，0942）

弘治四年（1491）

41. 十月甲辰朔，戊午，黄河溢，命有司量赈开封、怀庆二府及归德、宣武、睢阳三卫被灾之家。

（明孝宗实录，卷56，1086-1087）

42. 十二月癸卯朔，辛未，是岁……攒运粮四百万石。

（明孝宗实录，卷58，1130）

弘治五年（1492）

43. 五月庚午朔，乙未，鸿胪寺右少卿李鐩应诏言十二事：“……一，均遭运〈校记：遭应作漕〉。各处运粮官军远近劳逸不均，乞将极远者分为两班，而以所运粮本色折价各半。之如今年头班运本卫米五千〈校记：三本千下有石字，是也〉，即带运二班折价，使二班得以休息。或三年二运，或俱运之仪真〈校记：三本之作至〉、瓜洲〈校记：抱本阁本洲作州〉、淮扬等处水次，却令近京卫所二年三次转运，务使劳逸适均。一、便造船。乞将清江、卫河二提举司改并芜湖地方，即令抽分委官兼管造船。……一、添州治。天津南至静海县百余里，北至通州二百余里，中间俱无有司衙门，事多废弛，乞开设一州于天津城内。……一、除水患。黄河为患多在夏秋之时，惟今岁才及春初，水已泛溢不由故道，恐为害非常，乞预遣大臣往治之。”疏入，命所司看详以闻。

（明孝宗实录，卷63，1224-1226）

44. 六月庚子朔，己未，南京户科给事中罗鉴等应诏言五事：“一、理漕河〈校记：广本一下衍清字〉。金沟浅之阻，宜于大河西岸开河避之，阻宜于孙村西岸开河避之〈校记：广本阻上有南旺湖之四字，是也。抱本湖作河，阁本无湖字〉……

（明孝宗实录，卷64，1238）

45. 八月己亥朔，庚戌，命工部左侍郎陈政兼都察院右佥都御史总理河南等处水道。工部议复：“鸿胪寺右少卿李鐩所言差官治水事，宜从所请。”命工部会推两人。于是吏部尚书王恕等，举政及南京工部右侍郎萧祯，且请令兼宪职以便行事，遂有是命。赐政敕曰：“朕闻黄河流经河南、山东、南北直隶平旷之地，迁徙不常，为患久矣，近者颇甚。盖旧自开封东南入淮，今故道淤浅，渐徙而北与沁水合流，势益奔放。河南兰阳、考城，山东曹县、郓城等处，俱被淹没，势逼张秋运道，潦水一盛难保无虞。廷臣屡请修浚，且言事连四省不相统摄，须得大臣总理，庶克济事。今特命尔带同本部员外郎陶嵩，署员外郎主事张谟，前去会同各该巡抚、巡按，督同布、按二司，直隶府卫掌印并管河官员，自河南上流及山东直隶一带直抵运河，躬亲踏勘计议。何处应疏浚以杀其势？何处应修筑以防其决。会计桩木等料若干，著落各该军卫有司措办。然后相度事势缓急，工程大小，起倩附近军民相兼在官人夫，趁时用工。务使民患消弭，运道通〈校记：抱本阁本通下有行字，是也〉，不可虚应故事。然此系国家大计，凡事有相关及敕内该载不尽者，听尔计议停当，便宜而行。文武职官敢有怠慢误事者，轻则量情责罚，重则文职五品以下径自送问。四品以上并方面军职参奏。尔受兹重托，尤当昼夜筹画，勉图成功。仍抚恤下人，使皆乐于趋事，则工役完而人不怨，斯无负委任，其勉之！慎之！故敕。”

（明孝宗实录，卷66，1266-1267）

46. 九月己巳朔，直隶凤阳府知府章锐应诏言六事：“……一、增保障。近京地名深沟、泥井、卢沟桥等处，经过官吏、解户、客商人等，贼来无御，每被劫杀。其在外杨青（按：杨下应该有柳字）、甲马营等处一带河道，抽帮劫船为害尤甚，乞差官踏勘。自京城至通州张家湾、良乡、涿州、真定、保定、河间、临清等处陆路，并杨青迤南，直抵瓜州水路，量其远近，审其要害，各立土堡一座。招集附近军民开店买卖，安泊商旅。仍拨千、百户一二员管领官军一百名，或佥选老人一二名管领民壮，亦以百名为率，分番备御。一、谨河防。沛县迤北，临清迤南，闸座多被附近无藉小人作弊。有于始建之时，通同匠作将闸底高起，致水抟激。又有阳虽闭畜，阴实泄放。乞敕各处管河郎中御史等官禁治。”下所司知之。

（明孝宗实录，卷67，1275-1276）

47. 十二月丁酉朔，丙寅，是岁……攒运粮四百万石。

（明孝宗实录，卷70，1329）

弘治六年（1493）

48. 二月丙申朔，丁巳，升浙江布政司左布政使刘大夏为都察院右副都御史，修治决河。先是河决张秋戴家庙，遣工部左侍郎陈政总领疏浚修筑之。政历山东、河南，会守臣行视水势疏言：“河之故道有二，一在荥泽县之孙家渡口，经中牟县朱仙镇直抵陈州。一在归德州之饮马池，与凤阳府亳县地相连属，旧俱入淮。今已淤塞，因致上流冲激，势尽北趋。自祥符县地名孙家口、杨家口、车船口，兰阳县地名铜瓦厢，决为数道，俱入运河，以致张秋一带势甚危急。自堂邑至济宁堤岸多崩圮，而戴家庙减水闸浅隘，不能泄水，亦有冲决。今欲浚旧河以杀上流之势，塞决河以防下流之患。修筑堤岸，增广闸座，已集河南丁夫八万人，山东丁夫五万人，凤阳大名二府丁夫二万人，随地兴工，分官督役。”奏上未几，政卒，管河郎中陈绮请仍遣大臣总其事。上命会荐才识可用者三四人，务在得人，不限内外。于是，吏部尚书王恕等荐工部右侍郎谢绶，南京工部右侍郎萧祯，四川布政司、左布政使何鉴及大夏皆可用。上曰：“今日治河，不但恐其为民害，抑恐有妨运道，致误国计，所系尤非轻。必得通古今，识地势，有巧思者久任之，而后可。汝等举此四人，孰可以允当是任，于中宜定拟一人，或再推可用者以闻。”佥谓大夏才识最优，可当是任，而大理寺右少卿马中锡，南京通政使司左通政郑纪亦次之。请简命一人以往，遂以命大夏。赐之敕曰：“朕闻黄河自宋元以来与淮河合流，由南清河口入海。所经河南、山东、南北直隶之境，迁徙不常，屡为民患。近年汴城东南旧道淤浅，河流北徙，合于沁水，势益奔放。河南之兰阳、考城，山东之曹县、郓城等处，俱被淹没，逼近张秋，有妨运道。先命工部侍郎陈政会同各该巡抚、巡按等官设法修理，今几半年未及即工，而政物故，有司以闻。朕念古人治河，只是除民之害，今日治河，乃是恐妨运道，致误国计，其所关系盖非细故。且闻陈政所行多有非宜，故诏有司会举。佥以尔大夏名闻，故特升尔为都察院右副都御史往理其事。尔至彼，先须案查陈政所行事务，酌量其当否。当者绪续之，否则改正之。会同各该巡抚、巡按、都布按三司，及南北直隶府州掌印官并管河官，自河南上流及山东、两直隶河患所在之处〈校记：阁本及作至〉，逐一躬亲踏勘，从长计议。何处应疏浚以杀其势，何处应修筑以防其决，及会计合用桩木等料有无，而设法分派军民夫役多寡，趁时起集，必须相度地势，询访人言，务出万全，毋贻后患。然事有缓急，而施行之际，必以当急为先。今春暮运船将至〈校记：广本抱本今下有已字〉，敕至，尔即移文总督漕运，巡河管河等官约会，自济宁循会通河一带，至于临清，相视见今河水漫散，其于运河有无妨碍？今年运船往来有无阻滞？多方设法，必使粮运通行不至过期以失岁额。粮运既通，方可溯流寻源，按视地势，商度工用以施疏塞之方，以为经久之计。必须役不再兴，河流循轨，国计不亏，斯尔之能。此系国家大事，凡敕内该载不尽事理，尔有所见，或人言可采，听尔便宜而行。一应文武职官，敢有怠慢误事者，轻则量情责罚，重则文职五品以下迳自送问刑衙门问理，四品以上并方面军职参奏。尔受朝廷重托，尤当昼夜筹画，勉图成功。不许苟且粗率，劳民力于无用，縻财用于不赀〈校记：抱本阁本縻作糜，是也〉，以致生他变。仍须抚恤下人，使皆乐于趋事，则工易完，人不怨，斯无负于委任。其勉之！慎之！故敕。”

（明孝宗实录，卷72，1353-1357）

49. 闰五月甲午朔，庚子，礼部复奏平江伯陈锐，所言节省供用事谓：“天时亢旱，河道干涸，凡进鲜船俱令漕河一带军民递送，劳苦万状。其押运之人，所过凌虐索取财物，诚有如锐所言者。乞量减进贡品数，以息转输之苦，并禁押运人员需索馈送之弊。”上曰：“今岁进鲜船多已到京，品数不必减。押运人员今后不许沿途生事扰人，违者究治不贷！”

（明孝宗实录，卷76，1450）

50. 六月癸亥朔，癸未，以黄河水患免河南兰阳、仪封、考城三县夏税麦四千六百七十余石，丝二千六百四十余两，秋粮一万一千六百四十余石，草一万五千七百余束。

（明孝宗实录，卷77，1491）

51. 十月壬戌朔，戊辰，户部会议漕运及巡抚官所奏事宜："一、漕运遮洋船，旧运水次仓粮二十四万石，每石折解银七钱，明年请减一钱。一、山东近年增改充粮米九万石〈校记：广本抱本充作兑，是也〉，明年以后请听民自运至临清、德州二仓，令官军支运上京。……一、江北凤阳、颍川等三十一卫所漕运官军行粮，请如旧于淮安关支。徐、邳、临、德四卫行粮，于徐州关支。如淮、徐二处粮乏，则仍于临、德二仓支给。……一、河间府等处沿河浅铺，其原设浅夫存留应役添拨者，请并其岁出桩木等项革去，以宽民力。……"得旨，俱从所议。

（明孝宗实录，卷81，1534-1535）

52. 十月壬戌朔，甲申，增设工部主事一员，管理沽头上中下三闸。先是，大理寺左少卿屠勋言："沽头水势最为易涸，往年尝设主事管理人以为便。近因革出〈校记：三本出作去，是也〉，往来有势力者不时启闭，民船动淹旬月，乞敕工部移文管河郎中常川在彼管理。"工部复奏，以为"管河郎中自济宁以至仪真，所经地方千有余里，若坐守一方，不免顾此失彼，宜仍设主事一员专理。"从之。

（明孝宗实录，卷81，1543）

53. 十二月辛酉朔，丁亥，巡按河南监察御史涂昇言："河之为患，或决而南，则其患在河南。或决而北，则其患在山东。汉既决酸枣，复决瓠子。宋既决馆陶，复决澶州。元既决汴梁，复决蒲口。然汉、宋都关中或都大梁，河决为患不过害濒河数郡而已。今京师在北，专藉会通一河，漕东南之粟，以供军国之需。若河决而北，则漕河受患，其害有不可胜言者。臣尝因巡历所至，博采舆论，得治河之策，大要有四：一曰疏浚。夫长河西来一泻千里，非杀其势而利道之，其冲突有不可御者。昔荥、郑之东，五河之西，饮马白露等河，皆黄河由涡入淮之故道。其后南流日久，或河口以淤高而泄，或河身以狭隘而难容水势，无所分杀，遂泛溢北决。今惟宜躧上流东南之故道，相度地势，可疏者疏之，可浚者浚之。凡堪杀水势之处，无不加疏浚之功，则正流归道，余波就壑，下流无奔溃之害，北岸无冲决之患矣。二曰扼塞。夫既杀水势于东南，又须筑堤岸于西北。今黄陵冈等处旧堤坏缺，岂可因循迁就纵水奔啮？宜广起丁夫，多收桩料，相下流东北之形势，去水远近可补者补之，可筑者筑之。排障百川，悉归东南，由淮以入于海，则张秋等处无患，而漕河可保矣。三曰用人。窃见河南按察司佥事张鼐廉干老成，熟知河道，今治河之务请悉以付之，俾往巡视〈校记：广本抱本往下有来字，是也〉，随宜疏塞，庶几财不浪费而河患可除。四曰久任。迩者，都御史刘大夏〈校记：三本夏下有“奉命修河，单车就道，戴星出入，不常厥居。谓宜如各巡抚事例，令大夏”二十七字，是也〉，以归德州或东昌府为公馆，居中裁决，分属治事，凡所建白一一准行。久任专信，使之展布，四体竭尽，才猷，庶几久远之功可就。”上命所司看详以闻。工部复奏，谓；“所言可行，请移文巡抚并治河等官，各司其事。”吏部复请升张鼐为布政司参议，专管修河。俱从之。

（明孝宗实录，卷 83，1566-1568）

54. 十二月辛酉朔，庚寅，是岁……攒运粮四百万石。

（明孝宗实录，卷 83，1571）

弘治七年（1494）

55. 正月辛卯朔，庚戌，巡抚河南都御史徐恪陈四事：“一、河患未已役巨费多。河南、山东灾伤，民贫失业，加以科率，必不能堪。请检徐有贞塞河事例，借拨九江、淮扬等处钞关折银，或荆州、芜湖等处抽分料银各数万两，以佐桩草之费。一、漕事甚重。近岁军病纲运，民病加耗，逃亡者过半。请下廷臣议，若京仓储粟足支数年，乞暂免岁漕四之一。所免漕粟，每石定例折银若干，令输纳太仓。遇丰岁如时估与米兼支，则二万七千余军得以番休，二千七百余船得以修理，行粮八万余石得以节省，民间五十余万石之耗粮得以量减，不无少裨国计。……”下所司知之。

（明孝宗实录，卷84，1577-1578）

56. 三月庚寅朔，壬子，工部言："顷河决张秋，命副都御史刘大夏往治之。今闻河防修筑未完，自临清至沛县运河俱淤浅，而管河郎中陈绮方在彼董役，恐不能周历诸地，本部欲遣属官有斡局者往会大夏计处，以相其成。遇淤浅之所，则多方疏浚，事毕而还。"从之。

（明孝宗实录，卷86，1607-1608）

57. 五月戊子朔，甲辰，命内官监太监李兴、平江伯陈锐往同都御史刘大夏治张秋河决。赐之敕曰："朕惟天下之水，黄河为大，国家之计，漕运为重。即今河决张秋，有妨运道。先命都御史刘大夏往治之，未见成功，兹特命尔等前去总督修理。尔等至彼，会同大夏相与讲究，次第施行。仍会各该巡抚、巡按并管河官，自河南上流及山东、直隶河患所经之处，逐一躬亲踏勘，从长计议。何处应疏导以杀其势，何处应修补以防其决，何处应筑塞以制其横溃，何处应浚深以收其泛滥。或多为之委，使水力分散以泻其大势，或疏塞并举，使挽河入淮以复其故道。虽然事有缓急，而施行之际必以当急为先。今河既中决，运渠干浅，京储不继，事莫急焉。尔等必须多方设法，使粮运通行，不致过期，以亏岁额，斯尔之能。然此乃国家大事，或敕内该载不尽事理，尔等有所见闻，听尔便宜而行。其一应合用竹木麻铁等料，应役军民夫匠人力，如原先科派起集不勾，方许量为加添，不可轻人言过为科差〈校记：三本轻下有信字，是也〉。恒念此时濒河军民方困饥疫，不幸值此大役〈校记：阁本大作夫〉，甚不聊生。万一功有不成，物为徒费，或生他变，悔之何及！各该司府州卫等衙门，委任集办并借用顺带夫料等项，不许推调稽违误事。有应奏闻者，奏来处置。其见用官属非不胜任者，不必改委。所委文武职官，敢有误事作弊者，轻则听尔量情责罚，重则文职五品以下，拿送问刑衙门问理。四品以上方面军职〈校记：三本方上有并字，是也〉，参奏究治。尔等受兹重任，必思廉以律已，勤以建功，广询博访，事不必专于一己，深谋远虑，计必出于万全。仍禁戢下人，使不敢怙势作威以凌人招贿。爱惜物用，使不至假公营私以浪费冒支。所用军夫，尤宜用心抚恤，必使劳逸均平，不至失所，如此，则役不徒兴而大功可成矣。不然则劳民力于无用之地，弃民财于不测之渊，咎将谁归！尔等其钦承朕命，毋怠毋忽！”

（明孝宗实录，卷 88，1628-1631）

58. 五月戊子朔，丁巳，太监李兴、平江伯陈锐奏：“今兹修筑河防，固以粮运为急，尤以恤民为先。必须处置财力之所从出，乃可济事。若全藉一方民力，实有不能堪者。乞敕该部议处其宜。”工部复奏谓：“先是会官奏准，已将本部原贮抽分银二万两，运送都御史刘大夏为修河之用。凡河南、山东在官钱粮，除送运外，其存留者悉听取用。如尚不足，请以浙江、芜湖二抽分厂银之半济之。其山东、河南京班人匠，亦听存留应役。修理闸座、石坝、堤岸所用砖石，请以粮船民船带运〈校记：阁本无民船二字〉，城砖量留备用。文武职官人等，有智识过人，可备咨询办理者，悉听径自延访取用。惟假此以希进者不得参与。”从之。

（明孝宗实录，卷 88，1635-1636）

59. 六月戊午朔，乙丑，高邮康济河成。初，南京兵部左侍郎白昂奏：“凡高邮湖行船，最忌西北风，往来舟楫多致覆溺。若于砖塘内开复河一道，引水行舟，可免风涛之患。”于是，巡河监察御史孙衍，管河郎中吴瑞，因共挑浚，并置闸堰筑堤岸以利牵挽，往来称便焉。

（明孝宗实录，卷 89，1640）

60. 八月丁巳朔，戊午，监察御史张缙言：“张家湾至京城一路，实为京师要冲，凡入贡军需粮运，以至商贾经营官民趋赴，率皆由此。但桥梁坍塌，道途低洼，一经淫雨，水积不流。今者粮运赴京，车陷不前，以致脚价翔贵。白昼之间，盗贼乘之出没，无籍之徒故坎平地，使泥泞车陷，因以为利。乞敕该部量拨军夫，委官专管，并行通州巡仓御史往来提督，削平填垫，旁用石砌，中以土杂瓦砾筑实，外开沟渠以通水道。所用大石定为则例，募人收买，给与冠带。或预行各处军民运船，带纳砖石足用。然后与桥梁并工修理，仍下所司时加甃补。岁令巡城御史，每于季首由京城至张家湾巡视一次，仍有盗石坎土者从重究治。”工部复奏，从之。

（明孝宗实录，卷 91，1665-1666）

61. 九月丙戌朔，丁酉，礼科给事中孙孺奏：“黄河自国初以来，虽迁徙不常，然其势北高南下，至成化间始南高而北下，以至贻今日之患。今欲治之，莫若先自丁家道口浚其南岸，广二、三仞以容狂澜。复浚桃源、宿迁，深三、四仞以杀水势。开符离、归德使其势北高南下。沿张秋而上，以竿测之，于其浅处树木横箔，下石筑土以栏上流。又恐明年春水泛涨冲决土坝，先于张秋迤西开旷之处，挑浚湖荡以潴潦水。然后于其决口如先年徐有贞故事，厚筑堤岸，修砌石崖为便。”工部复奏：“请下治河太监李兴、平江伯陈锐、都御史刘大夏斟酌施行。”从之。

（明孝宗实录，卷 92，1693）

62. 十月丙辰朔，甲戌，山东按察司副使杨茂元奏：“张秋之役，官多而责任不专，供亿甚巨，日费百金。臣闻各官初祭河神，天气阴晦，帛不能燃。久之，似焚不焚之处，宛然人面，耳目口鼻皆具，万目咸见〈校记：影印本咸字模糊〉，众口骇叹，神示此怪，岂偶然哉！乞取太监李兴、总兵陈锐回京，专任都御史刘大夏以责其成功。若太监、总兵官不可取回，亦乞将带来匠作人等尽行取回，量留一、二名以备役使。”又言：“黄河之水，必当浚流其上〈校记：旧校改作竣其上流〉，使复故道，则漕运可通。今欲作滚水坝，徒费力工〈校记：旧校改力工作工力〉。”又言：“河南之民不欲黄河入境，但见山东委官往彼增筑贾鲁堤，即谋欲杀之，此非细故。乞令河南巡抚等官严加禁约。”事下工部议，谓：“治水患恤民隐，俱朝廷重事，茂元所言取回差官人匠乞为裁处，其欲止滚水坝，请行兴等会议处置。河南之民阻筑河堤，亦请行巡抚等官禁约。”上令会官议处以闻。于是工部会多官廷议，以为：“自兴等至张秋之后，始与大夏相地势水势所宜，即决口西南开越河一道，致粮运可以通济。且今霜降水落，正系修筑之时，而调到官军民夫数多，亦正可并工修筑。请仍令兴、锐、大夏同心协力，务底成功。仍惜财恤民减省冗费，严禁所部人匠不许生事害人。其工役人等加意抚恤，毋致失所。河南之民，该管有司不行禁止者一体治以重罪。”从之。

（明孝宗实录，卷 93，1712-1713）

63. 十一月丙戌朔，丙午，镇江卫指挥同知陆潮，督运船至临清潘官屯，所部船中失火，延烧运船五十三只，损正粮万八千余石，军夫死者五人。户部言：“潮及本管千、百户并本船军士，俱当重治追陪。把总、都指挥佥事张勇，亦当从重问拟。”并劾漕运参将都指挥佥事耿麟、总督漕运都御史张伟〈校记：三本伟作玮〉、总兵官都督佥事都胜之罪。下刑部复奏，命俱逮来京治之。

（明孝宗实录，卷 94，1730-1731）

64. 十一月丙戌朔，辛亥，以岐王将之国，命兵部右侍郎李介、工部右侍郎谢绶，同往通州整理车船夫役。

（明孝宗实录，卷 94，1734）

65. 十二月丙辰朔，甲子，户部右侍郎秦民悦上漕运事宜：“一、张秋河决修筑未成，恐明年粮运阻滞，请如江南折纳例，将明年兑运粮，于彼灾处折五万石〈校记：三本彼做被，是也〉。而以北直隶、山东、河南边粮，改输太仓，却以太仓银兑补之。所省运军，令分班休息。一、回船运军，阻冻德州以南者，支与口粮一月。天津以北者，与两月。至明年运粮，至时每米一斗，折银三分还官。一、各处兑粮，分遣部属往监之，俱有成绩。弘治三年以后罢遣，今宜复旧。其官民粮船遇浅，剥船凡过钞关毋令纳钞。一、各处坐派各水次仓小麦，久而浥蛀，宜令改派粟米。一、运军盘费全籍耗米〈校记：抱本阁本籍作藉，是也〉，今以折银，故损其耗米之助。宜令兑运改兑皆加耗五升，且暂免带砖一半〈校记：三本半作年〉，以恤其苦。一、运河淤塞及闸坝坍坏，宜令工部委官，即发该管夫役修治。如闸座隔远，量为添设。或工程浩大，于附近州县调发，不许全用漕卒。一、打造运船料价，宜令有司每岁十月以前给与，过期者，听漕运衙门究治，以免军士称贷之困。”事下户工二部复奏，从之。

（明孝宗实录，卷 95，1740-1741）

66. 十二月丙辰朔，甲戌，太监李兴、平江伯陈锐、都御史刘大夏，以筑塞张秋决口功成。闻奏，上遣行人赍羊酒往劳之。以黄陵冈工程未可即也〈校记：三本也作已，是也〉，命工部集议以闻。于是，议谓："张秋决口虽已塞完，但今天寒土冻，恐来春冻土融化，或雨水泛溢，复有后患。其黄陵冈在张秋上流，亦宜筑塞。但水势汹涌，随筑随决，恐非一时所能成功。请仍留兴等三人，来春量起丁夫，再培筑。张秋决口及新旧河岸，务令坚厚，以期永久。其东昌、临清、德州一带河道，亦须逐一经理。"复讲究黄陵冈事宜，"可疏可筑相机而行，必求允当而后已。俟事毕，兴、锐具奏先回。大夏仍会同各巡抚等官用心修理。如贾鲁河、孙家渡口、四府营并马雄家口等处，亦宜再加疏筑，使运道疏通以为经久之计。"议上，有旨："命安平镇等处河道及南旺湖水利，仍令兴、锐、大夏设法疏筑修浚，功完具奏，待报回京。"

（明孝宗实录，卷 95，1747-1748）

67. 十二月丙辰朔，甲申，是岁……攒运粮四百万石。

（明孝宗实录，卷 95，1757）

弘治八年（1495）

68. 二月乙卯朔，甲戌，山东衮州府推官丁伯通〈校记：阁本衮作兖，是也〉，上疏言三事：一、修河防。谓："黄河为中国患其来久矣，今张秋之决虽已塞，而当为后图。臣以为，塞下流为力似易而有后患，塞上流为力似难而免后虞。为今日计，莫若舍张秋之工役，而专意于黄陵冈。虽曰未可责效旦夕，然委任之专，议论之同上下齐心，财力俱备，未有无成效者也……"疏上，命所部司详议以闻。

（明孝宗实录，卷 97，1782-1784）

69. 二月乙卯朔，己卯，河复南流故道。先是，都御史刘大夏等言："安平镇决口已塞，河下流北入东昌、临清，至天津入海，运道已通。然必筑黄陵冈河口，导河上流南下徐、淮，庶可为运道久安之计。"事下廷臣集议如大夏等言。大夏等乃以正月十日兴工，筑塞黄陵冈及荆隆等口七处，凡旬有五日而完。盖黄陵冈居安平镇之上流，其广九十余丈，荆隆等口又居黄陵冈之上流，其广四百三十余丈，河流至此宽漫奔放，皆喉襟要地。诸口既塞，于是上流河势复归兰阳、考成分流〈校记：三本成作城，是也〉。经徐州、归德、宿迁南入运河，会淮水东注于海。而大名府之长堤，起河南胙城，历滑县、长垣、东明等处，又历山东曹州曹县，直抵河南虞城县界，凡三百六十里。荆隆口等处新堤，起于家店及铜瓦厢陈桥，抵小宋集，凡一百六十里。其石坝俱培筑坚厚，而溃决之患于是息矣。

（明孝宗实录，卷97，1786-1787）

70. 三月甲申朔，壬辰，升河南布政司右参议张鼐，为河南按察司副使，专治河道。大名府知府李瓒，为山东布政司右参政，仍掌府事兼防守河堤。时，修河功成。太监李兴等言："鼐、瓒及按察司佥事李善，劳效尤著，请各进秩以劝来者，且为善后之计。"吏部言："鼐、瓒资格当升，善升未久，请俟别用。"从之。

修筑黄陵冈河口功成。建黄河神祠以镇之。赐额曰"昭应"，令有司春秋致祭，从太监李兴等请也。

（明孝宗实录，卷98，1793）

71. 三月甲申朔，乙未，先是，有旨下兵部拨船八十一艘，送长随内使小火者五十四人，往南京各衙门应役。时，适无官船，兵部欲借倩民船，因请以通州等水次仓米，或顺天府都税司课钞，给船户为雇直。户部言："钱粮本部所掌，非兵部所得拟议，且二项所储皆未可轻动。"上令河西务管钞关官，验民船大小给与雇直，不为例。

（明孝宗实录，卷98，1794-1795）

72. 四月甲寅朔，辛巳，先是，都御史刘大夏、太监李兴、平江伯陈锐，奉命治张秋河决。初至祭大河之神，时天气阴晦，帛不能燃。久之，欲焚不焚之处，宛如人面，耳目口鼻皆具。山东按察司副使杨茂元闻之，以为神明示此，必有警戒。

（明孝宗实录，卷99，1826-1827）

73. 七月辛巳朔，丁酉，内官监太监李兴、平江伯陈锐、都御史刘大夏言："臣等奉命修河，今安平镇、黄陵冈、荆隆等决口与大名府等处堤岸，俱修筑坚固。贾鲁河、孙家渡、四府营、南旺湖及诸处泉源，并兖州东昌一带漕河，俱疏浚通利。回京之期伏俟进止。"上赐敕召还。

（明孝宗实录，卷102，1870-1871）

74. 八月辛亥朔，丁丑，太子太保兵部尚书马文升奏："……今天下之民，河南者，因黄河迁徙不常，岁起夫五六万，每夫道里费须银一二两，逐年挑塞以为常。近因修筑决河，又起河南、山东夫不下二十万，江南苏、松等府挑浚海道亦起夫二十万。南、北直隶、河南、山东，沿河沿江烧造官砖及湖广前后修吉、兴、岐、雍四王府，用夫匠役不下五十余万。……"疏入，命所司看详以闻。

（明孝宗实录，卷103，1892-1895）

75. 九月辛巳朔，丁未，裁革淮安、扬州二府管河通判及山阳、清河、睢宁、仪真四县管河主簿各一员。

（明孝宗实录，卷104，1908）

76. 十月庚戌朔，丙寅，内官监太监李兴、平江伯陈锐、都御史刘大夏奏河防粮运六事。一谓："漕河水利全藉泰山诸泉，每年夏秋潴畜南旺等湖，至旱干时以济粮舟。近豪强军民或决堤泄水以图栽莳，或阻遏泉源以资灌溉，乞照先年侍郎白昂奏行事例禁治。”一谓：“南北运河，止是汶水分流接济，春夏旱干水源微细，必藉各闸积水以时启闭，庶可行船。往往官员随到随开，以致粮运阻滞，乞申明列圣诏旨，严加榜示。”一谓：“管河官员责任太轻，事多掣肘，乞敕河南管河副使张鼐、大名府带管堤防参政李瓒，俱照管河、管屯官事例，常川巡视，听其便宜行事。巡抚等衙门不得有所阻挠。”一谓：“安平镇、黄陵冈、荆隆口及新筑于家店以下堤防，俱用人守视，水涸则积土备用，水涨则防护修筑。若有重大工程，临时调附近丁夫协同修理。”一谓：“大名府所筑长堤，必须递年增修，庶保经久。乞行参政李瓒，以所属堤北人户编定班次，每年农隙之时调发若干增修，一月疏放。堤北军屯与寄居人户，亦一体从轻编定，轮流调发，庶免起夫科扰之弊。”一谓：“济宁迤北南旺开河戴家庙一带，比之他处最要，而安平镇地方土脉疏薄，新筑决口尤须提调官员不时检点。今自济宁直抵通州相去一千八百余里，而天津北上逆水尤难，若止责与一人提调，恐致误事，乞敕该部依臣等前奏，仍分其地为三，南、北各设工部郎中一员，中间增设通政一员提调。”下工部覆奏〈校记：抱本无下字〉，俱从之。

（明孝宗实录，卷105，1916-1918）

77. 十一月庚辰朔，乙酉，户部会各部、都察院，议处明年漕运并各处合行事宜。一、遮洋船运粮于蓟州仓者，近例以十二万石，每石折收银七钱，请石减五分，不为例。一、请令漕运巡抚官会同管河通政，疏浚南旺龙王庙前湖，蓄水以备春初泉源微时，放入运河接济。一、请令江西、湖广僻远山县，难于般运者兑军粮免支兑本色。每粮一石，连耗折银一两一钱扣算给军，准作概卫转易轻赍车脚之费。一、江西并苏松等府，该起运南京仓粮，请免民起运，就于兑粮水次如数支与南京漕运官军，准作行粮。每石加水脚米一斗三升。一、漕运兑军粮，每石请如上年加耗米五升，后不为例。……

（明孝宗实录，卷 106，1935-1936）

78. 十二月庚戌朔，己卯，是岁……攒运粮四百万石。

（明孝宗实录，卷 107，1973）

弘治九年（1496）

79. 三月己卯朔，己丑，户部右侍郎黄杰奏："凡漕粟至通州，俱自朝阳、崇文、东直三门挽载入仓。往岁霖雨连绵，道途淖陷，脚价腾贵，官军岁贷太仓之银以供所费，而不能偿。乞命官修筑桥道，开浚沟渠，庶车行无阻，而漕卒之困可以少苏。"章下工部覆奏："顷因御史建议已行，兵部推择都指挥二员，三营官军二千及令通州并该城兵马指挥司，各委官修理。本部遣属官一员及通州巡仓御史督之。日久未完，今宜再行督趣。官军改命武职大臣一员，管领。"从之。命各委官速行修筑，或不完固，仍命总督粮储内外官奏闻。

（明孝宗实录，卷 110，2011-2012）

80. 七月丙午朔，壬子，提督苏松水利工部主事姚文灏言："近年以来，黄河决于北，三江溢于南，患亦甚矣。陛下哀悯元元，分遣大臣奔走治理，筑河而河成，浚江而江道〈校记：阁本道作导〉，民食以足，漕运以通。然创制立度，以为经久之计，又今日事也。臣幸得备使令，在三江之间，讲求六事以闻，伏乞裁择。一、设导河之夫。苏松常镇，沿江近海诸港，浦潮沙之积有常，而疏导之功不继，所以患多而利少。前代或设撩清之夫，或置开江之卒，专一浚治，不限时月。近岁役夫皆临期取于里甲而无经制，小民劳扰，吏缘为奸。富者累年不役，贫者无岁不差。乞将各府导河夫役，悉照江北运河及浙西海塘夫例〈校记：抱本西作江〉，每年于均徭内，定拨专一用工，庶几无患。一、发济农之米。宣德初，巡抚侍郎周忱建议，苏松等处田地虽饶，农民甚苦，其修筑圩岸，开浚沟渠类皆乏食，遂于各府设济农仓，积贮余米，每年百姓修浚沟圩支给赈助。历岁既久，名存实废。水旱之备日弛，公私之积渐微。乞申明旧例，每年修圩治渠之日，量给农民一月食〈校记：三本月下有之字，是也〉。所费不多而利实宏博。一、给修闸之钱。臣历考浙西水功，未有不赖官钱而成，故前代提督之使，任内往往有用缗钱数十万者。今江北运河及各洪闸，每年额收椿草等钱以备应用。惟臣所治，无一钱之畀。况各处闸坝颓废颇多，修理工价动以千计，非得官钱决不可为。乞自今修理闸坝，合用料价，请于府县无碍官钱支用，庶无废事。一、开议水之局。臣闻浙西水利，国之大事。宋儒胡瑗，教授苏湖，尚且置斋教学者讲此。范仲淹知苏州，亦尝令所司每年秋冬讲求利害，春二月用工修浚。诚以他州之官，来治此州之水，不资讲究何以施为？乞于苏州府开一局，访求境内素习水利者四五人，每岁初冬至局〈校记：广本抱本初作秋，是也〉，行移各府治农通判，皆来会集备议利害及修治方略，一月而罢，事似微而效则大也。一、重农官之选。臣又观范仲淹水利议，曰：'苏湖常秀，膏腴千里，国之仓廪，数郡之守，宜择精心尽力之吏，不可以寻常资格而授。况今治农官，专理农田水利，尤宜慎选。乞将各府治农通判，俱于进士内选用。治农县丞，俱于举人内选用。果有成绩应内补者，照例行取。应外转者，比众超迁。如此，则任用得人而水利自广矣。一、专农官之任。臣惟浙西水事，与三时务农之功相表里，非其他土木之役，必待农隙而为。故各府治农官，虽终岁勤动，尚不能举其职。近年以来，例以闲官目之，或差遣勘事，或委令捕盗，职既不专，事难为效，乞今后府县治农官，俱照推官例不许别差，专一治水与农，庶责任有归而偷惰无所容矣。”命所司看详以闻。工部复奏：“导河夫役，宜行巡抚与本官酌量地方缓急佥典备用〈校记：广本抱本典作点，是也〉，可省之处不须滥设。修理坝闸，听量支官钱。若海口〈校记：阁本作河口〉、河滩生长芦苇，亦可取以易银，收贮备用。岁终，皆籍其数以凭稽考。府县治农官，俱准推官例，不许杂差。讲议水利，不必开局。乞令各官躬自巡历，悉其源委〈校记：阁本源作原〉，以为疏治之宜。”议上，从之。

（明孝宗实录，卷 115，2083-2086）

81. 九月甲辰朔，丁巳，命漕运每年加耗折银，除还太仓外，尚有余者，贮于淮安府库。来年有缺价，卫所许其贷支，令次年偿之，著为令。从总督漕运都御史李蕙等奏也。

（明孝宗实录，卷 117，2116）

82. 十月甲戌朔，丙戌，户部会议各处巡抚都御史所奏事宜：“一、南京运粮指挥、千、百户员缺，请听漕运衙门，于管屯管操杂差内选补。一、外江漂流船粮，事出不虞，今后官旗人等请免逮问。若连年以漂流报者，虽有勘实文凭，仍逮问之。……”上俱从之。

（明孝宗实录，卷 118，2132-2134）

83. 十月甲戌朔，戊戌，户部奏：“河南中牟、兰阳、仪封、考城四县，以河决民田尽没，今年夏税秋粮〈校记：抱本无秋字〉，尽宜令折布〈校记：旧校改尽宜作宜尽〉。每匹折麦一石二斗，折米一石。本色布止征银三钱。”从之。

（明孝宗实录，卷 118，2135-2136）

84. 十二月甲戌朔，壬寅，是岁……攒运粮四百万石。

（明孝宗实录，卷 120，2166）

弘治十年（1497）

85. 十月己巳朔，丙子，户部会官，议处总督漕运并各巡抚都御史等官所奏事宜："一、弘治十一年，漕运京通仓粮四百万石内，请以五十万石暂折银，每石六钱五分。其兑运加耗米每石折银四钱。……"上命漕运折征米每石折银六钱。

（明孝宗实录，卷130，2299-2300）

86. 十月己巳朔，丙戌，总督漕运都御史李蕙，"请于瓜洲新坝至仓坝，一坝至四坝港口，仪真钥匙河及歇马亭各建一闸，以便运粮〈校记：广本阁本运粮作粮运〉。"工部覆奏谓："二坝边临大江，潮长则坝低，水高固易于车放，潮落则坝高水低，殊不为便。莫若于江口总港内各建一闸，潮平之时下板蓄水，令与坝相平为便。"从之。

（明孝宗实录，卷130，2305）

87. 十一月戊戌朔，庚戌，降工部主事盛应期为云南安宁驿驿丞，范璋为吕合驿驿丞。应期管济宁等闸，璋管卫河船只，颇能举法。南京进贡内官弗获满意，奏其阻滞荐新品物，械至京下狱，拟赎杖还职。时，降调之。

（明孝宗实录，卷131，2319）

88. 十二月戊辰朔，丙申，是岁……攒运粮四百万石。

（明孝宗实录，卷132，2342）

弘治十一年（1498）

89. 七月乙未朔，壬子，工部管河员外郎谢缉言："黄河一支，先自徐州城东小浮桥流入漕河，南抵邳州、宿迁地方，水利通行河无浅阻，往来船只省盘剥之费。今黄河上流，于归德州小坝子等处冲决，与黄河别支会流，经宿州、绥宁等处，通由宿迁小河口流入漕河。其小河口北抵徐州，水流渐细，河道浅阻。又吕梁、徐州二洪〈校记：阁本脱州以上十三字〉，全赖沁水接济。其源出自山西沁源县，经河内归德等州县，至徐州小浮桥流出。虽与黄河异源，然近年河沁之流混合为一，即今黄河既自归德南决，恐牵引沁水俱往南流，则徐、吕二洪必至浅阻，为忧滋甚。乞敕工部行直隶并河南巡抚都御史各委官，于归德冲决处所，量为筑塞疏浚，遏黄河之水，流入徐州以济漕运。其沁水仍行河南管河官员，常加挑浚淤浅，修筑堤防，务使流入徐州，以济徐、吕二洪，不致为黄河牵引别流。如此，庶水利深广，漕运通利。”工部覆奏：“请下所司会勘，计议筑塞挑浚。”从之。

（明孝宗实录，卷139，2410-2411）

90. 十一月癸巳朔，己未，河南按察司管河副使张鼐言：“臣前此奏，拟修筑侯家潭口决河，接济徐、吕二洪以便运道。今自六月以来，河流四溢，堤防尽决，而潭口决啮弥深，比旧广阔数倍，工费浩大，卒难成功。臣尝行视河势，见荆隆口堤内旧河通贾鲁河，由丁家道口下入徐淮，其故迹尚在。若于上源武陟县木栾店别凿一渠（按：木栾店校勘记看不清），下接荆隆口旧河，倘此后河流南迁，就引入渠，庶沛然之势可以接济二洪，而粮运不致艰阻。”事下工部覆奏：“请移文漕运都御史李蕙与同议处。”从之。

（明孝宗实录，卷143，2504-2505）

91. 十二月壬辰朔，丙申，时，寿王将之国。有司奉旨，依益王事例，给船七百艘，车千四百六辆〈校记：抱本无千字〉。宫人不支廪给，军校四人共一车，车给银二两四钱，令自雇用。本府承奉长史等官告王谓：“兴、岐二府启行时船九百余艘，军校二人用车一两〈校记：抱本用作共，阁本两作辆，下同〉。”王遂具奏：“请照二府例。”兵部议谓：“前二府出京之后，官校暴横甚于狼虎，虽方面官亦被凌轹。余船则装载私盐，余车则多索银两，经过地方不胜烦扰，坏乱盐法，重困斯民，此不可以为例。且郑、淮、荆、襄、梁五府，皆仁宗皇帝之子，宣宗皇帝之弟。彼时之国，所用船不过二三百艘，而军校俱无车两。德、秀、吉、崇、徽五府，皆英宗皇帝之子，宪宗皇帝之弟。彼时之国，船亦多不过七百余艘，军校无车两，宫人无廪给。而各府亦远涉江湖，从容至国〈校记：阁本至作之〉。比来所用车船，比之宣德、成化中已增数倍，若不立为定制，将来之弊殆有不可胜言者。此后亲王之国，请给船照吉府例，多不过七百艘。官员、军校，俱照益府例。军校每四人一车，官员照合得车数，每两银二两四钱，送本府长史司交收给散，令其自雇。王府物件并内官行李，俱与本等车两，勿得多取钱物。军校口粮，计其程途总于在京官仓支给。其之国南方者，果粮数不足，至南京再与补支。拽船人夫，亲王并妃船，每船下水五十名，上水八十名。其余装载物件，每船上水二十五名，下水十五名。本府官员船上水二十名，军校船上水十名，下水俱五名。其宫人食米，就于本府禄米内支给。经过有司止供柴薪，不必逐驿应付廪给。若赴河南、山东者，船只斟酌随时减去。如有投托王府，乘势装载私货者，治以重罪。著为令！”命：“今后俱照此例行，王府辅导官，敢有拨置奏请者，治罪不宥。”

（明孝宗实录，卷145，2529-2531）

92. 十二月壬辰朔，庚申，是岁……攒运粮四百万石。

（明孝宗实录，卷145，2555）

弘治十二年（1499）

93. 二月辛卯朔，戊申，镇守淮安漕运总兵、都督佥事郭鋐等言〈校记：广本鋐作鉉，抱本作铉〉："河南按察司副使张鼐奏，欲将荆隆口等处旧河随宜修浚，傥后黄河南迁，就引沁水入渠，庶使徐、吕二洪粮运不致艰阻。又欲停征侯家潭缺口买办桩草等项银两，止将各该军卫有司人夫起倩疏浚。缘本官专管河道年久，且才力足以办此，宜即令其督理，待工完，量请旌擢。"工部覆奏，从之。

（明孝宗实录，卷147，2587-2588）

94. 四月庚寅朔，辛丑，南京兵科给事中杨廉奏："……又各处接递人夫，莫苦于里河，而里河之苦，莫甚于济宁，尤莫甚于沛县。济宁以南至沛县十有三闸，水浅舟胶之时，闸慎启闭，往返旬日。沛县以北至济宁，舟行逆水，往回愈迟，而沛为县小，故其困为甚，民穷如此。或有盗起之虑，是岂可不预为之所哉！臣以为，济、沛之间，宜增置夫厂一所。先年曾于谷亭镇置二厂，民稍息肩。其地去鱼台县十八里，遗址尚存，但不知废自何时。窃意为山东之说者，必欲返之于直隶。为鱼台之说者，必欲并之于济、沛〈校记：阁本济沛作沛济〉。望特敕该衙门详议，通行直隶、山东抚臣，计处增立夫厂，俾鱼台人夫于彼接递。仍令附近州县多为贴助，使新差更轻于旧则，济宁、豊、沛之民庶得少苏。……"命下其言于礼部。

（明孝宗实录，卷149，2626-2630）

95. 七月己未朔，庚辰，命户部右侍郎李孟旸催督漕运，以雍王之国，恐随行旗校船与漕船有碍也。

（明孝宗实录，卷152，2695）

96. 八月戊子朔，丁未，监察御史王献臣言："……大通河至张家湾一带，旧设有闸坝及官夫，见在工部又岁差主事提督，今皆付之无用乞仍修立疏浚，令民造剥船以资转输，实多便利。"下所司知之。

（明孝宗实录，卷153，2716-2719）

97. 九月戊午朔，戊午，工部复奏刑科右给事中周旋〈校记：抱本无右字〉，所言疏浚南旺湖事。谓："管河右通政张缙，留心水利，亦以得人〈校记：三本以作已，是也〉，若又差官，不免掣肘，宜令缙自行处置修浚为便。"从之。

（明孝宗实录，卷154，2731）

98. 十月丁亥朔，壬子，巡按直隶监察御史史载德奏："修筑泰州运河堤岸三千二百一十三丈，请令所司给役夫工雇之直。"从之。

（明孝宗实录，卷155，2784）

99. 十一月丁巳朔，乙亥，户部再议前会官所拟乞哀怜等四事："一、漕运军士原兑运及改兑粮米，旧有加耗事例，近总督等官请每石再量加耗米，佥谓难准所言。但军士实困苦，请弘治十三年，兑改粮米每石暂加耗三升，以苏军困……"上曰："岁办红花仍旧，余从所议。"

（明孝宗实录，卷156，2800）

100. 十二月丙戌朔，乙卯，是岁……攒运粮四百万石。

（明孝宗实录，卷157，2836）

弘治十三年（1500）

101. 正月丙辰朔，丙子，时，有旨命尚衣监太监赵荣监督通州仓。户部尚书周经等言："本部前奉登极诏旨，令各处管粮内外官员，自天顺元年以后添设可并省者，俱取回别用。弘治十年又以言官奏，令各仓场管事内官见在者姑留，以后仍照诏例减革〈校记：阁本诏下有书字〉，天下相传以为美事。讵意近日京通二仓总督、监督添至五六员，役占馈送科索不胜其扰。乞如前旨裁革以俟有缺再补。”上曰：“各官既已差用，姑置之。以后止许设总督二员，京通监督各三员。著为令。”

（明孝宗实录，卷 158，2841）

102. 二月乙酉朔，戊戌，山东兖州府知府龚弘奏：“近河南管河副使张鼐，见河势南行，奏欲自荆隆口分沁水入贾鲁河。又自归德州迤西王牌口等处分水，亦入贾鲁河，俱令由丁家道口入徐州以便运道。但今秋以来，水从王牌口等处东行，仍逆流至东北至黄陵冈〈校记：阁本无至字〉，又自曹县入单县南连虞城〈校记：抱本虞作冀〉，漂没庐舍人畜。乞行山东、河南守臣，会勘二省地土之高下，水势之逆顺。河南地方，如黄河水势不从丁家道口以入徐州，当听其南行。将归德州等处王牌等决口，修筑坚固，不使水往东流。山东地方，将大小堤岸，俱筑至丁家道口为止，以防漕运，及将兖州府管河通判，专在黄陵冈至丁家道口管理堤岸。管泉同知，不妨疏浚泉源兼管河道。”事下工部议，以“预防水患接济运河，各官处置略同。然无归一之论，难以遥度。宜行河南、山东巡抚都御史，带同管水利官亲诣二省地界，相度计处。其管泉同知，仍会管泉主事定议管理。”从之。

（明孝宗实录，卷 159，2856-2858）

103. 三月乙卯朔，丙辰，命给总督京、通仓场太监蔡用关防。户部尚书周经等言：“两仓事宜，总于本部内外官员，监督者分理收放，总督者执其大纲，文移甚简，故开设之时止给关防一颗，命本部侍郎掌之。凡事与太监同堂而议，会案而行，正欲彼此协心一事权，而示至公。今别给关防，则议同心异，事本定而人自扰，非所宜也。”不听。

（明孝宗实录，卷 160，2867）

104. 三月乙卯朔，乙丑，四川平茶司长官司吏目许瀚，陈四事：“……一、通剥运以苏漕卒之罢。都城西山之水，流注通州白河，向年浚之以通漕运〈校记：影印本年字模糊〉，粮船至大通桥矣。但以河狭岸峻，沙土易壅，不能久耳。设欲浚堀深广，恐犯拘忌。今拟止于河身仍旧，惟于旧闸坝上及张家湾河口，量增坝堰，略高数尺，引水贮满。其傍各为减闸以泄潦涨。每坝之上，置造剥船，如浙江市河船式。每遇粮船到坝以之递送，每坝倒换无间阴晴。民间有能造船装载者，亦听其便。仍于大通桥南一带创造榻房，暂上堆停。旋令小车驴骡运入各仓收纳，甚为利便。窃计车运工价，若遇泥泞时，每米一石约银一钱。以剥船运之，每船贮米一百余石，每石止钱几文，较之车价奚止倍蓰。乞敕该部讲议舟车利便，定为经久之规，以济民用。……”下其奏于所司。

（明孝宗实录，卷 160，2870-2873）

105. 三月乙卯朔，己巳，初，安平镇决河既塞之后，侯家潭口复有冲决之患，河南按察司副使张鼐议塞之。既而，以工费浩大，再议于丁家道口上下，另凿河渠一道，下入徐州以便漕运。有旨，命行漕运都御史议处未报。而兖州知府龚弘奏谓：“河水从王牌口等处而东，不由丁家口而南，至黄陵冈入曹、单、虞城诸县，乞赈给诸被患之家，仍令山东、河南守臣议疏浚修筑之策。”于是，河南巡抚都御史郑龄奏谓：“徐、吕二洪为漕运要道，藉河、沁二水合流，东下以接济之。今丁家道口，上下河决堤岸者十有二处，共阔三百余丈，而河道淤塞者三十余里。上源奔放，则曹、单受害，而安平可虞。下流散溢，则萧砀被患，而漕流有阻，疏浚修筑诚今日急务。臣等请各尽其力。”工部覆奏，从之。

（明孝宗实录，卷160，2874-2875）

106. 八月癸未朔，乙未，升南京通政司左参议韩鼎，为通政司右通政，提督沙河至德州河道。

（明孝宗实录，卷165，3005）

107. 十月壬午朔，戊申，户部会议巡抚都御史及漕运官所奏事宜：“一、浙江等处有司兑军粮，每岁迟至四月不兑者，请照军职例降级。一、请禁芜湖抽分厂、浒墅等钞关，勿妄抽运船所带备用竹木及征船钞。德州至扬州关隘，勿盘诘回船军带盐五十斤以下者。一、运粮指挥等官私役漕军者，依多役军伴例治罪。一、南京各卫漕船，旧用杉木十年一造，泊仪真、瓜州坝上。别雇船兑粮转漕，费多军困，请令改作杂木船七年一造，听下坝就水次兑粮。……”

（明孝宗实录，卷167，3041）

108. 十二月辛巳朔，己酉，是岁……攒运粮四百万石。

（明孝宗实录，卷169，3076）

弘治十四年（1501）

109. 四月戊寅朔，丙戌，漕运参将都指挥佥事周瓒卒。瓒，初袭大河卫指挥佥事，成化二十三年，以催运粮功升署都指挥佥事。弘治五年，例实授都指挥佥事。八年，充漕运参将兼守淮安。九年，改锦衣卫带俸，至是卒。赐祭如例。

（明孝宗实录，卷173，3152）

110. 五月戊申朔，戊辰，革通州至德州管河指挥千户等官。从工部奏也。

（明孝宗实录，卷 174，3184）

111. 六月丁丑朔，丙午，府部等衙门以灾异陈言三十一事：“……一、节船只。南京进贡荐新等船，宜差科道官一员，同该部委官看验拨载。其应带家人、军伴，不许过五人，亦不许沿途索取钱物。回时仍不许多用快船及附搭商货。……”

（明孝宗实录，卷 175，3201-3203）

112. 闰七月丁丑朔，壬寅，户科给事中徐昂，请修大通桥以东，张家湾以西，一带道路，以便粮运并改庆丰等闸闸夫为路夫，专备修理。从之。

（明孝宗实录，卷 177，3262）

113. 九月丙子朔，丙戌，改漕运京仓米五十八万石于通州仓，州受每石除正耗外〈校记：三本改州受作收受〉，加免晒米四升，扣脚价银五分。时，夏秋多雨，其运至京者，不得收受，而至张家湾者，厄于泥泞难行。又值亲王之团〈校记：改团作国，是也〉，车价踊贵，且九月将终，天气渐寒，运船恐为东阻〈校记：旧校改东作冻〉。总督漕运都御史张敷华等以为言。户部复奏，从之。

（明孝宗实录，卷 179，3301）

114. 十二月乙巳朔，癸酉，是岁……攒运粮四百万石。

（明孝宗实录，卷 182，3370）

弘治十五年（1502）

115. 九月庚午朔，乙未，以河水为患，免河南开封府及直隶归德衢夏粮子粒有差〈校记：旧校改衢作卫〉。

（明孝宗实录，卷 191，3535）

116. 十二月己亥朔，甲寅，太傅兼太子太傅平江伯陈锐卒。

锐，直隶合肥县人，故平江侯豫之子〈校记：抱本侯误伯〉。天顺八年袭伯爵，命坐营管操，领兵侍卫。成化六年命镇守两广，充总兵官，杀获蛮贼有功，玺书褒之。八年，改镇守总扬等处兼督漕运〈校记：三本总作淮，是也〉。修大同桥抵张家湾一带河闸及邵伯、高邮等湖堤岸，粮运以通。……

（明孝宗实录，卷194，3675）

117. 十二月己亥朔，戊辰，是岁……攒运粮四百万石。

（明孝宗实录，卷194，3585）

弘治十六年（1503）

118. 正月己巳朔，戊寅，工部管理河道郎中商良辅，以直隶、河间、天津等处堤岸被水冲决者，凡一百四十一处，长七千九百八十余丈。

（明孝宗实录，卷195，3588）

119. 二月戊戌朔，丙午，增筑山东临清州河西墙垣，长五里九十五步〈校记：广本无五字〉。

（明孝宗实录，卷196，3615）

120. 七月乙丑朔，癸未，旧例，亲王之国用船不过五百艘，除王府及各官应付车辆〈校记：广本无应付二字，误〉、人夫其军校人等船，令其自备〈校记：三本无其字〉，在途亦自曳送不起人夫。至吉王始奏乞获送人夫〈校记：三本获作护，是也〉，然每船不过五名。兴、岐二王之国，分外陈乞，至用船九百余，沿途起夫至数万。其后，复加撙节止用船七百。行李、车辆，自承奉、长史而下，各有等差。而吏典军校四人共车一辆，近过州县驲递〈校记：三本近作所，是也〉，止供柴薪，不支廪给。遵行未久〈校记：广本阁本久作几〉，而寿、泾二府官校恣横，至敺辱宪臣，逼取财物，地方骚动〈校记：阁本动作扰〉。事觉，承奉、长史俱坐重罪。至是，荣王将之国，所司请申明旧例，行所在官司晓谕约束。从之。

（明孝宗实录，卷201，3736-3737）

121. 八月乙未朔，壬戌，修通州、仪真一带河道。

（明孝宗实录，卷202，3769）

122. 十二月甲午朔，辛酉，巡抚山东都御史徐源奏："漕河地势济宁最高，必引受汶、泗上源以为接济。然上源要处莫如洸河，其口在宁阳县堽城石濑之上。元时，于此治闸作堰竭水入河〈校记：抱本竭作竭，下同〉，我朝因之。至成化间，以土堰岁费桩草丁夫，乃易以石以为一劳永逸。殊不知，元漕副马之贞，勒言于石，以戒后人，切勿妄兴石坝以遗大患。盖土堰之利，水小，则竭水入洸，水大，则严闭闸口以防壅沙〈校记：抱本闭作蔽〉，听水径自坏堰西流。故虽岁一劳民，而洸河自通。自石堰一城〈校记：抱本阁本城作成，是也〉，水遂横逆。石堰既坏，民田亦冲，洸河沙塞。虽有闸门，压不能启。汶水不复入洸河。之贞之言，至是愈验。乞简命大臣一员经画，拆毁石堰，移于上源。仍作土堰以复旧规，及将洸河壅沙，自洸口至济宁百三十里，分工挑浚。堽城迤西，春城口子冲决堤岸，并工修筑。"事下工部会廷臣议以为难行。上命更议。工部言："本部主事张文渊，亦言堽石坝为漕运之害〈校记：三本堽下有城字，是也〉，欲将坝闸革去，使汶水由分水河口，接济南旺一带河道，宜并行勘处。"上曰："运河重事，即差堂上官一员，往会巡抚并管河等官，从公勘议，奏闻处置〈校记：阁本作区处〉。"于是，工部右侍郎李鐩奉命以行。

（明孝宗实录，卷206，3838-3839）

123. 十二月甲午朔，壬戌，是岁……攒运粮四百万石。

（明孝宗实录，卷206，3841）

弘治十七年（1504）

124. 二月癸巳朔，乙未，工部复奏礼科右给事中王缜等，所言疏河道事。谓："河道艰涩，有妨粮运，不但清河等处，而自通州至仪真一带运河堤岸，亦恐淤决，请令漕运管河等官各督所属修浚。" 从之。

（明孝宗实录，卷 208，3861）

125. 六月庚申朔，甲子，裁革淮安漕运问刑主事，从监察御史何天衢奏也。

（明孝宗实录，卷 213，3998）

126. 六月庚申朔，丙子，裁革顺天府管河通判一员。

（明孝宗实录，卷 213，4004）

127. 十月戊午朔，壬申，总督漕运都御史张缙奏："扬州淮安一带运河，七月以后雨水不通（按：不通应为不足），至今干浅，恐深冬无雪，来年运船必至阻碍。乞令所司疏浚，及将清江口筑塞〈校记：抱本江作河〉，淮安府仁信等坝修完，以蓄水利。" 命所司知之。

（明孝宗实录，卷 217，4084-4085）

128. 十月戊午朔，丙戌，户部会议各巡抚等都御史及漕运事宜：一、淮安府明年春夏及扬州府春季钞关银，俱请存留本处赈济。一、山东平山等七卫运军，每年冬初诣水次兑米，至明年夏末方回原卫，其卫所官有假作票子、贴头等名色，尽将月粮扣支者，请令抚按官禁治。……

（明孝宗实录，卷 217，4091）

129. 十二月丁巳朔，丙戌，是岁……攒运粮四百万石。

（明孝宗实录，卷 219，4140）

弘治十八年（1505）

130. 正月丁亥朔，庚戌，管理河道工部郎中张玮奏："高邮等州县，原设石闸、石桥、函洞，盖专为湖河之计，将以时其启闭而蓄泄水利。比来为近堤人家私立洞户掌理，遇水溢，则窃自闭塞，水消，又窃挖堤岸，以致冲决，贻患动费〈校记：三本贻作遗〉，财力不可胜计。乞将函洞筑塞，每五里改砌减水石闸一座，以绝盗决之弊。"工部"请如所奏，下巡抚等官勘处以闻。"从之。

（明孝宗实录，卷 220，4150）

131. 三月丙戌朔，壬寅，管理河道工部郎中张玮奏："徐、吕二洪，上流消缩，致运河艰阻，乞令河南巡抚、巡按等官，于归德州泱口等处〈校记：阁本泱作决，是也〉，谓开浚筑塞之宜（按：不应有谓字）。"工部覆奏，从之。

（明孝宗实录，卷 222，4195）

132. 四月丙辰朔，戊寅，有盗于镇江孟渎等河，劫漕运粮米一千三百石有奇，总督漕运都御史张缙以闻。命降敕切责巡抚、巡江等官。令严限督捕，如不获，令兵部再具以闻。

（明孝宗实录，卷 223，4230）

明武宗实录

1. 弘治十八年九月壬午朔，甲午，南京兵部尚书王轼，奉诏条陈马快船只事宜。言："每船大约一岁一差，计用米几二百石，银几百两〈校记：广本几下有二字〉，军民劳困诚所当恤。以岁运言之，如南京工部之器皿、马槽；光禄寺之醽酒；内官监之铜器、膳盒；在京针工、巾帽二局，内使督染于南之布绢，并给散之衣被、巾帽，此正明诏所谓在京给料可以自造者也。宜以器皿之类，即令工部及诸司办料成造，内官衣帽，则两京各随便缝制给散，不必往来烦费。至如司礼等监，内官监起运竹木、板枋、竹器，亦宜于在京所税者取之。不足，则令工部各处委官，择其所税之坚好者，附入京官。民船只载至张家湾，以便取用，岁可省差拨之船二百八十余只矣。又南京内守备及神宫监司苑局，岁进诸果菜、腌腊，用船百十余只。其核桃、栗子、银杏、芥菜薹、紫苏糕、密煎樱桃〈校记：抱本密作蜜，是也〉、石榴、柿子、鳜鱼，皆明诏所谓北产优于南者，自今宜于北取之。至于苗姜、种姜、芋奶不急之物，量为减免。藕鲜、荸荠、青梅、枇杷、杨梅、鲥鱼、糟鲜、冬笋等物，除备上供外，余亦宜量减十五。又江淮、济川二卫水夫，以田亩丁粮佥充者，十年则审编更易，遇有消乏，宜如旧佥替。若洪武间，钦取夫船并免军充役者，后有逃亡，本宗丁尽户绝，宜遵诏即与除免。又快船每岁约用五百只外，余三百只在坞，宜斟酌暂停一百五十只，勿修，以其守船正卒改应他役，可岁省月粮二万七千石。又南京诸司岁用六百料马船八十八只，运送芦柴、城砖、白土及竹木、板枋，每船费月粮二百四十余石，银一百余两，而往来留滞所运不偿所费。今芦柴之类宜预积水次，使无守候之艰，至即验收，使无留难之苦，则船可减半，而所运之物实倍于前。若竹木、板枋用之南京者，宜取于龙江关瓦屑坝，所税以省装运，盖此皆省费便民之急务也。”章下兵部谓：“其言皆可行，惟成造器皿、马槽之类，物料不足，须南京原造有司征价解补。果品有关供用，取上裁。”诏：“苗姜并藕鲜等物俱勿减，余准议行。”

（明武宗实录，卷5，0163-0166）

2. 弘治十八年冬十月壬子朔，乙卯，户部以淫雨为灾，运军到湾留滞苦甚，米应输京仓者，请令京、通各卫官军临船水兑，石取脚价一钱。在后米至湾者，量拨天津卫仓寄收，石取脚价一钱五分送太仓。都御史张缙等复言：“所取脚价太重，且明加耗米、免晒米、折席米及兑支不尽之米，俱难赴京仓输纳。”户部议〈校记：广本议作言〉：“原定脚价仍各免其十二，加耗等米俱听输通仓。无米，则石输银五钱。”从之。

（明武宗实录，卷6，0190-0191）

3. 弘治十八年十二月辛亥朔，辛未，户部复议漕运巡抚等官所言事宜：“一、京、通二仓晒米场基，欲甃以砖，庶雨后不以淖妨，可免运卒久候之苦。今宜令运卒自明年为始，带运张家湾诸厂敝砖〈校记：广本敝作厂〉，随粮转送。听总督官佣匠甃砌，其费于折收芦席、方版银内给之，不必限年以渐缮完乃止。……”从之。

（明武宗实录，卷8，0249-0250）

4. 弘治十八年十二月辛亥朔，庚辰，是岁……攒运四百万石〈校记：运下应有粮字〉。

（明武宗实录，卷8，0269）

正德元年（1506）

5. 五月庚辰朔，己丑，升户部右侍郎顾佐为本部左侍郎，总督漕运兼巡抚凤阳。右副都御史张缙为户部右侍郎。

（明武宗实录，卷 13，0395）

6. 五月庚辰朔，癸巳，命原任巡抚贵州右副都御史洪钟，总督漕运兼巡抚凤阳等处地方。

（明武宗实录，卷 13，0401）

7. 六月己酉朔，辛亥，太监陈宽传旨："以……御用监太监张永镇守山东兼管临清。……"

（明武宗实录，卷 14，0417）

8. 十二月乙巳朔，己巳，命户部郎中郝海，工部员外郎毕昭会，同漕运参将梁玺，修理会通河，仍戒其毋得怠缓。河起大通桥〈校记：广本起下有自字〉，迄于张家湾，有闸数座。然地形高下悬绝，蓄水甚难，卒不能通行舟楫。时，中官用事者，已预造剥船布囊，乘时射利后，运舟至湾，则以囊强与之，而索其钱，运卒苦之。

（明武宗实录，卷 20，0584）

9. 十二月乙巳朔，甲戌，是岁……攒运四百万石〈校记：广本运下有过字〉。

（明武宗实录，卷 20，0594）

正德二年（1507）

10. 三月甲辰朔，辛酉，添设清江浦新坝、闸二座。议者谓："春冬淮水退消，清江浦淤浅，外河与里河湖水高下悬隔，设坝盘剥舟行未便，宜将新坝改作内外二闸，以时启闭节水通舟。”事下工部复奏，从之。

（明武宗实录，卷24，0658）

11. 秋七月壬寅朔，辛未，复开白塔河及江口大桥、潘家、通江四闸。先是，总督漕运都御史洪钟言：“苏浙运舟，由下港口并孟渎河泝大江以达于瓜洲者，远涉二百八十余里，往往覆于风浪。惟孟渎河对江，有夹洲可抵白塔河口，旧设四闸，径四十里至宜陵镇。再折而北，即抵扬州运河，于舟行甚便，请开浚如旧”至是成。

（明武宗实录，卷28，0734）

12. 九月辛丑朔，丙午，户部郎中郝海、工部员外郎毕昭等奏：“修复大通桥至通州河道及闸十二，坝四十一，凡用银四万五百七十两有奇。”议者谓：“漕粟自张家湾入京僦车甚费，故欲开河通船以免陆运之艰。然地形水势高下悬绝，河虽开而无所济也。

（明武宗实录，卷30，0753）

13. 九月辛丑朔，庚戌，升户部右侍郎王佐为左侍郎总督漕运。……

（明武宗实录，卷30，0756）

14. 十二月庚午朔，甲戌，总督漕运都御史王琼奏：“漕运旧规，北直隶一总用通州等九卫正军一千，余丁七百，运米五万四千余石。近以有警，掣回团营操练，盖一时权宜之法耳，宜复旧为便。“兵部复奏：”京营所以拱护宸居，已回操练者，难以复充运卒矣。宜于各卫余丁内选补千名，并原掣回七百名仍旧漕运。”从之。

（明武宗实录，卷33，0804-0805）

15. 十二月庚午朔，戊戌，是岁……攒运四百万石。

（明武宗实录，卷33，0821）

正德三年（1508）

16. 三月戊戌朔，乙巳，户部左侍郎韩福，以奉命湖广整理粮储上言："湖广每年运送京、通二仓粮米约三十余万石，脚耗等费倍焉，及运贮二仓军士苦支领之难，或以贸银仅得三钱有余而已。乞尽留前米，每石折收二石以给本处军士月粮。乃别处银两每石折五钱，解送太仓而给之京营军士。仍将起运南京之米亦如此例折兑，则彼此俱便，而两无所妨。"诏许之。

（明武宗实录，卷36，0858-0859）

17. 夏四月戊辰朔，庚寅，户部尚书顾佐等复奏："漕运粮岁四百万石，京、通二仓止收三百六十五万石，除各卫官军岁支三百六十一万二千余石所余无几。又所在因灾征银，致亏国赋，请继今全运原拟之数。"从之。

（明武宗实录，卷37，0887）

18. 五月戊戌朔，甲子，命平江伯陈熊充总兵官，提督漕运兼镇守淮阳地方〈校记：旧校改阳作扬〉。

（明武宗实录，卷38，0904）

19. 秋七月丁酉朔，乙卯，淮安府山阳县雨雹如鸡卵，狂风暴雨交作，毁伤秋禾二百余顷，坏船一百余艘，溺死者二百余人。

（明武宗实录，卷40，0945）

20. 八月丙寅朔，癸酉，调山东把总漕运指挥同知李正，把总通州等九卫粮运，而以临清指挥同知陈言代正，各仍以都指挥体统行事。

（明武宗实录，卷41，0955）

21. 九月丙申朔，壬子，勒漕运都御史张缙为民。缙，先因扬州灾伤，以庐州府额输凤阳府仓粮米，二万五千石改作充军，乃于扬州充军额数之内，改拨二万五千〈校记：广本千下有石字〉，于凤阳仓上纳，行之三年未更。于是守备凤阳太监黄准、巡按御史赵时中皆言："欲如旧便民。"有旨谓："缙擅更成法罪之。"

（明武宗实录，卷42，0978）

22. 冬十月乙丑朔，丁亥，户部会议总督漕运及巡抚苏松都御史所上事宜："一、各州县兑粮，一卫兑支不尽方许易卫〈校记：广本不作既，是也〉，勿辄分析以启弊端。一、水次各仓有收多支少者，听漕运衙门从宜拨补支运。灾伤地方，量折征银，而以支运之粮充其数。一、兑粮宜委府州正官一员催督〈校记：广本州下有县字〉，事毕方许回任。一、各运旗军多老疾逃故者，贫军为之包运，雇役甚累宜查补。一、江南正粮、正耗征本色外，其余耗米，石折银五钱，军民两便。江北、山东、河南概征本色，宜如江南例行之。一、旧例，江北运船限七月初完粮，江南限八月初。今江北三总水次，既改远，宜稍宽其限。一、运官有罚无赏，非所以示劝惩，请自今三年以上勤慎有劳者，许具奏旌劝。一、运官有缺，宜令把总官访举，听漕运衙门取用。一、安庆运军往江南兑运，宜如例给行粮三石。一、军旗病故者，给棺敛银，官三两，军二两，仍恤其家。一、水次各仓，改兑粮米遵行已久，而议者又欲复支运之法，今各省灾伤，宜仍旧改兑。一、苏松荒歉，宜劝谕富家分谷赈济。"议上，诏以水次改兑准行一年，果便再议。其劝谕赈济，须人乐从，不许官吏扰害地方。余俱准拟。

（明武宗实录，卷43，0998-0999）

23. 十二月甲子朔，癸巳，是岁……攒运四百万石。

（明武宗实录，卷45，1040）

正德四年（1509）

24. 春正月甲午朔，辛丑，升湖广左布政使邵宝，为都察院右副都御史，总督漕运。

（明武宗实录，卷46，1044）

25. 冬十月己丑朔，戊戌，户部复议总督漕运右副都御史邵宝，会同平江伯陈熊等所陈八事，其可行者三："一、江南粮长，江北大户，多征收侵克，为小民累。又运官交兑，沿途迟慢，以至后先参错，每违限期，宜严明赏罚以警之。二、黄河迁徙无常，往往冲决漕河，所当深虑。宜访察熟知水利官员，预为堤防，以杜将来之患。三、山东、河南兑运蓟州粮，初以仓在水次不费车价，以后移仓入城，原拟耗米每石三斗，不足以充脚价，宜加耗外亦照京通二仓，量加七升〈校记：广本作粮加一升〉，庶事体、人情彼此两便。……"诏各府州县交兑粮米，过期者依拟禁治。黄河决口，所司亟议处其宜，毋致临时误事，余准拟。

（明武宗实录，卷56，1251-1253）

26. 冬十月己丑朔，癸卯，初，黄河水势，自弘治七年修理后，尚在清河口入淮。十八年，北徙三百里至宿迁县小河口。正德三年，又北徙三百里至徐州小浮桥。今年六月，又北徙一百二十里至沛县飞云桥，俱入漕河。因单、丰二县河窄水溢，决黄陵冈尚家等口，曹、单二县田庐，实多淹没。九月，又决曹县粮进等口，直抵单县，人畜死者，房屋冲塌者甚众。围丰县城郭，两岸相对阔百余里。盖南行故道淤塞，水惟北趋，渐不可遏。诸漕运暨山东镇、巡官，恐经钜野、阳谷二县故道，则济宁、安平运河难保无虞，各陈疏浚修筑之宜。事下工部议。得旨："河患重事，宜即行各该镇、巡官，公同相视，用心计处及时修理。务须停当，不许妄费财力，事完之日，差科道官勘实以闻。"

（明武宗实录，卷 56，1256-1257）

27. 十二月戊子朔，戊戌，改南京大理寺卿屈直，为左副都御史总督漕运。

谪平江伯陈熊并家属戍海南，勒右副都御史邵宝致仕，降参将庄椿职一级南京闲住。熊，为漕运总兵，有同宗绍兴卫指挥陈俊督运，欲以湿润官米，贸银输京，熊许之，缉事者得其事。下诏狱鞫之……

（明武宗实录，卷 58，1287-1288）

28. 十二月戊子朔，丙辰，是岁……攒运四百万石。

（明武宗实录，卷 58，1304）

正德五年（1510）

29. 二月丁亥朔，己亥，初，黄河自河南原武、荥阳分而为三：其一、自亳州、凤阳，通淮入海。其一、自德州过丁家道口，抵徐州小浮桥。其一、名贾鲁河，自洼泥河过黄陵冈，亦抵徐州小浮桥。弘治中，河决黄陵冈，犯安平镇。遣官治之，大名筑堤五十里，曹州筑堤百三十里，翼以小堤，河患乃息。是岁九月，河自仪封北徙，冲黄陵冈入贾鲁河，泛滥横流，直抵丰沛。御史林茂达等言："河势北趋，堤外水高，堤内地下。倘北决龙王庙坏安平镇，必为运河害。法当先治上流仪封、考城等县。疏浚故道，引河南流，势有所分。然后筑塞决口，修复故堤。自张冈马头而东，至龙王庙，别筑月堤，倍加高厚，庶几大堤可全，运河可保。"是时，河南上流不以饷道为虑，而大名诸郡旧无桩草夫价。兵部请下侍郎崔岩，会各镇、巡官通融计议，务令调度合宜，干碍居民田庐，亦为区处，无得糜财兴怨。诏从之。

（明武宗实录，卷 60，1324-1325）

30. 夏四月丙戌朔，壬辰，户部复议总督漕运、副都御史屈直所上严漕规八事："一、兑粮后期，守巡及府州县掌印官逮问。至再者，管粮官降二级。一、各处兑粮，务委守巡并府佐能者监兑〈校记：广本巡下有官字〉，以免争竞迟误之弊。一、后期运官，把总、指挥粮至三千石，千户至一千石，百户至五百石以上者，每次降一级。不及数者，照常问拟。一、运军脱逃，其行粮赏钞，俱追夺。至再者，发戍边卫，别以户丁补伍。一、各卫所脱逃并事故运军至五十名不补解者，正官各停俸，责补。若缘运官科索及卫所官，差遣不均者，各参究。一、运官许量带土物〈校记：广本抱本官作军，是也〉，本以资路费，若运官及势家逼带者，听首告没官，仍治以罪。一、运官科索军士银十两以上，递降一级，革回卫。其书算人等科索者，发戍边卫。一、把总以下官，有兑纳如期，无债负者，请量奖擢。"得旨："把总等官，继今三年以上粮运如期者，准于实职上升一级。余皆从之。"

（明武宗实录，卷 62，1354-1355）

31. 五月乙卯朔，庚午，工部议复漕运都御史屈直等奏："扬州淮安一带湖河，设有涵洞、等沟、减水等闸，以便蓄泄，总为漕河计也。近管河官多不得人，沿河种艺军民，雨多，则固闭闸洞不使泄水，天旱，则盗水以资灌溉。欲将前项闸洞如法筑塞，仍行各管河官，自通州直抵扬州，有仍蹈前弊者，田入官，受财者永戍边卫。"诏准拟，仍命出榜禁约。

（明武宗实录，卷 63，1387）

32. 六月乙酉朔，乙酉，罢浚沽河之役。先是，巡抚佥都御史刘聪等建议，令工部委官，开浚自沽河抵鸦鸿桥河〈校记：广本无鸦河二字〉，以便输运。至是工部言其非便，罢之。

（明武宗实录，卷 64，1395）

33. 六月乙酉朔，己亥，工部左侍郎兼右副都御史崔岩奏："顷奉命治河，自祥符县董盆口，浚四十余里。荥泽县孙家渡，浚十余里。贾鲁河浚八十余里。亳州浚四十余里，及长垣诸县决口，修筑已渐有绪。曹县外堤染靖决口，未塞者止四丈，为骤雨崩溃。臣询诸父老，皆云'黄河变迁自有适然之数'，若正统间沙湾之决，弘治间黄陵冈之决，为患数年，所费不资。后上流水势稍缓，方克成功。今河势冲荡益甚，且流入王子河、亦河故道。若非上流多杀水势，决口恐难卒塞。莫若于曹、单、丰、沛沿河处，增筑堤防，毋令北徙，庶可护障运道。且乞别命内外大臣知水利者与臣共议，仍俟秋成之时施功。"工部议复。有旨，责岩治河无方，仍令与诸镇巡官详议，务期成功。

（明武宗实录，卷 64，1406-1407）

34. 八月甲申朔，庚戌，命镇远侯顾仕隆充总兵官，提督漕运兼守淮安地方。

（明武宗实录，卷 66，1461-1462）

35. 九月甲寅朔，己巳，复平江伯陈熊爵。初，熊总督漕运，忤刘瑾，械系至京，削爵没产，毁其诰券，并家属发戍海南。瑾诛，给事中谢讷等请原之。下吏、兵二部，会三法司议谓："熊所犯非自盗赃，瑾锻炼成狱，非朝廷优待功臣之意，宜复其爵。"复命多官廷议，皆言："熊以非罪窜逐，宜复。"于是，上念熊祖瑄，以靖难功臣开通漕运，劳勩甚大，封爵荫叙，实出祖宗赏延之典〈校记：广本延作贤，是也〉。而瑾挟私蒙陷，其赦还复其伯爵，仍给诰券，以存世禄。止革其管军管事。

（明武宗实录，卷67，1483）

36. 冬十月甲申朔，己丑，工部右侍郎李堂上修河事宜大略谓："黄河自河南兰阳、仪封、考城一带故道淤塞，其流俱入贾鲁河。经黄陵冈至曹县，势甚弥漫，冲梁靖、杨家二堤，决口淹没曹、单田亩。前此侍郎崔岩亦当修浚〈校记：广本抱本当作常，是也〉，缘地高河淀，随浚随淤，水杀不多，而决口又难筑塞。以今观之，梁靖口以下地势最卑，故众流奔注成河，直抵沛县。凡河流故道湮不复疏，况河势北徙，有如建瓴。不但直趋梁靖决口，其黄陵冈上下及杜胜集、缕水堤俱被冲啮。水淹大堤，计抵安平镇甚近，就使梁靖口，筑成其容受全流无地，必致回激黄陵冈堤岸，正妨运道，尤为可虑。今欲起自大名府，地名三春柳至沛县飞云桥止，筑堤共长三三百十里，正以防河北徙，可保运道无虞。虽若一时工役重大，而于久远终为有益。"工部复请，从之。

（明武宗实录，卷68，1502-1503）

37. 十一月癸丑朔，丙辰，户部集议漕运事宜："一、运军随粮，例纳垫廒芦席、松板楞木，近多折银，仓廒缺用，请令今年量纳本色。一、旧例，江北运军，每石加耗米一斗三升，南京两总独无之。请比例加耗米六升，以给雇船盘坝，仍著为例。一、南京两总军政官，多将殷实旗军改驾快船，而以老弱茕独佥补漕运，江南江北卖放，改掣亦多，宜令所司觉察坐以赃罪。一、各处奏报灾伤，务令在本年十月之内征收派兑，分数早定，庶无稽缓〈校记：抱本缓作迟〉。一、江南等总运粮官，及清江造船厂委官，宜专任责成，毋得改掣差补。一、南京各卫修仓军余，旧例仅千余名，今用二千八百余名，隐藏帮贴不下万人，请令南京兵部掣回一千一百余名以供备御。其存留修仓者，各卫定数立籍，有缺佥补，巡仓御史等严察之。一、遮洋船，顺带绵花赴永平、蓟州等库，颇为劳费。永平一带市价不齐，请今后折解银两。其未到冬布七万余匹，宜于花绒折银并上年折布余银，蓟州折草银内凑放〈校记：广本凑作支〉。仍每年额外量于德州常盈库〈校记：广本仍下有于字〉，添带二万疋，以实边储。”议入，俱从之。

（明武宗实录，卷69，1520-1521）

38. 十二月癸未朔，辛亥，是岁……攒运四百万石。

（明武宗实录，卷70，1561）

正德六年（1511）

39. 二月壬午朔，庚子，命修河工部右侍郎李堂还京。初，河决仪封、考城等县，命工部左侍郎崔岩往治，未毕堂代之〈校记：广本堂上有以字〉。至是堂奏：“铜瓦厢等堤岸崩颓，陈桥集等堤淤浅低薄〈校记：广本抱本等下有长字〉，俱应增筑，请设副使一人专理。”下工部议，以河南灾荒，民穷盗起，宜令堂将紧要堤岸决口及淤塞诸处速为浚筑，其不急者且已之。遂召堂还京，专以副使领之。

（明武宗实录，卷72，1594）

40. 二月壬午朔，乙巳，致仕太子少保工部尚书刘璋卒。璋，字廷信，福建延平人，天顺丁丑进士，由户部主事、郎中为山东参政，浙江右布政使，未几转左布政使。成化二十年，升右副都御史，总督漕运兼巡抚凤阳等处盐法、马政，多所规画。会河洛饥，截漕米八十万石由河入汴以济之。璋区画巨艘，募舟人习河势者，亲督以往，米毕达〈校记：广本米作得〉，民得免于死亡……

（明武宗实录，卷72，1597）

41. 五月庚戌朔，丁丑，巡按山东御史陆芸奏：“临清广积二仓

〈校记：广本积作济〉，添设内臣数多，乞量裁减。”户部议谓：“冗员不止临清！京仓总监、督督凡四十一人，公庭坐不能容，至分班轮日。通仓及淮、徐水次亦不减，此回具名上请。”诏留蔡用等二十人，梁义等二十五人俱取回。苏镇等十人已提问，候问结以闻。

（明武宗实录，卷 75，1658）

42. 秋七月己酉朔，辛亥，给事中叶相言漕运四事：“一、管河等官疏浚无法，以致运船阻滞，宜考核。一、收粮等官多方需索，以致运军贫困，宜申禁。一、各仓斛面斗级夤缘为奸，宜较勘。一、各船原无余积，把总等官巧为迎合，累及陪补，宜令漕运衙门宽恤。”户部议复，从之。

（明武宗实录，卷 77，1683）

43. 八月戊寅朔，壬午，升总督漕运、兼巡抚凤阳等处都察院左副都御史陶琰〈校记：广本左作右〉，为南京刑部右侍郎。

（明武宗实录，卷 78，1707）

44. 九月丁未朔，丁巳，命户部左侍郎邵宝，兼都察院左佥都御史，催督运船。户部奏：“今九月粮运未至者，尚百六十余万〈校记：广本无余字〉，请差大臣乘河未冻催督。前运贮通州、天津仓，后运贮临清、德州仓，以免流贼焚劫，故有是命。

（明武宗实录，卷 79，1724-1725）

45. 冬十月戊寅朔，甲申，贼刘六等攻济宁州不克，焚粮运船千二百一十八艘，遂焚都水分司，执主事王宠，寻释之。提督军务侍郎陆完，遣副总兵张俊往援，运船不及。因劾漕运总兵镇远侯顾仕隆，参将梁玺，都御史张缙，山东镇巡、布按二司，守巡济宁州卫官及俊俱宜罪。兵部复请。得旨：“守巡兵备并州卫掌印、管操、领军、巡捕等官，俱停俸戴罪杀贼。漕运总兵、都御史、参将，山东镇巡及布按二司掌印官并俊，姑宥之。”

（明武宗实录，卷80，1734-1735）

46. 冬十月戊寅朔，辛丑，户部会议总督漕运、及各巡抚都御史所奏事宜〈校记：广本各下有处字〉：“一、各兵荒地方起运粮米，宜量征折色，仍于灾轻地方量为派征，以备存留缺乏。山东残破州县，京边粮草俱免。一、兑军加耗米，每石减一升。过江脚米，江北八升，江南仍六升〈校记：广本无仍字〉。一、兑运粮，以十之八输京仓，十之二通仓〈校记：广本二下有输字，是也〉。改兑粮，京、通二仓各半，暂行一年。其被贼焚劫粮米七年八年者，俱通仓省脚价以补烧毁之数。一、遮洋船，原拟添带德州库绵布二万疋，宜令停止。一、管屯官即令兼领捕盗，以省屯军供应，仍禁各卫所官，扰遣人役下屯骚扰〈校记：旧校改扰作擅〉。一、兵荒之余，沿河军卫有司苦于夫役，黄马快船需索尤甚，宜定与夫数，多者不过二十名〈校记：广本二作三〉。一、南北河道，请推重臣二员分理，且督有司疏浚。淮安理刑主事如旧复设。……”议入。得旨：“分理河道重臣，其再议以闻。进鲜马快等船，令内外守备官验物拨船，务从省约，余皆如议。”

（明武宗实录，卷80，1742-1743）

47. 十一月丁未朔，丙辰，户部议奏：“近年运船为流贼焚劫，以致国赋亏损，货物踊贵。今贼势未可计日平，恐饥馑流移之人，又复窃发。宜如前议，遣大臣整理河道。凡有补于漕运者〈校记：广本补作裨〉，悉听经画。”因举捕盗都御史陈天祥，漕运都御史张缙及苏松巡抚张凤，可分任。诏东昌以北属祥，徐州以南属缙，不妨原职。东昌至沛县属凤。

（明武宗实录，卷81，1751-1752）

48. 十二月丁丑朔，辛巳，户部左侍郎邵宝言：“漕运近多稽迟，其始也由议派迟。派迟，则征迟。征迟，则兑迟运亦迟，理固然也。臣闻永乐间，漕法始定。有淮、徐、临、德水次四仓，以受民间输纳。运军支领以归于京、通二仓。支者不必出当年之民纳，纳者不必供当年之军支。盖通数年以为裒益，期在不失常数，军民两便，即今所谓支运法也。其后支变而为兑，继而又有改兑。向也转输今也直达，积弊滋蔓，展转稽迟，兵民俱病，国受其害。臣以为，莫若复支运法。支运之难，难在脚价，脚价不足，粮不自行。请下廷臣议处，渐复支运，则稽迟之患可免矣。运船自旗军以上，至于把总指挥，上下相维，什伍相助，行以帮行，止以帮止，行师之纪律寓焉。近者杂乱无统，先后不相及，亦非立法初意也〈校记：广本亦作盖〉。运军困苦，莫过私债，始于仓场之滥费，而成于运官之科索。揭借富室，日引月长，倍蓰其利，以至无算。请申饬漕司，查积债本，每年交纳之际，遇有缺乏，通融补助，严歛物馈送之禁，宽带货津助之额。或查先年事例，借贷于太仓，犹胜私门之重累也。”事下户部议，以为：“支运之法不可卒复，借贷太仓，恐弊益滋。请自今派粮，务在八月，早定查积债本。宜令漕司举行运船，自过淮以后，每卫为一帮，阁浅遇警并力相援。若其本又在久任，都御史、总兵不追私债，则弊端绝矣。”诏如户部议。

（明武宗实录，卷 82，1769-1771）

49. 十二月丁丑朔，丙申，黄河清，自清河口至柳铺九十余里。甲午至丙申三日。

（明武宗实录，卷 82，1783）

50. 十二月丁丑朔，庚子，平江伯陈熊卒。熊，字继昌。先世为直隶合肥人。熊嗣爵，坐营管操兼领禁兵侍卫。寻佥书后军都督府事。正德戊辰，总督漕运镇守淮阳〈校记：旧校改阳为扬〉。己巳入京，瑾摭以罪下狱〈校记：广本瑾上有逆字〉，谪戍海南。瑾败诏还复爵〈校记：广本败作诛，无还字〉，未几卒，赐祭葬〈校记：广本葬下有如例二字〉。熊略涉文艺，而蠢愚不堪任事。初以门下客，党璟族人伟之〈校记：广本璟下有及字〉，力得转漕镇。及之任，乃挈以为助，其煽威黩货，惟二人是听。又以父锐莅漕运时，尝为市道以助私费，乃广市善田宅，劝富民代出直。而以璟辈及一二无赖主之，淮人不堪，目为五总兵，瑾廉得实〈校记：广本得下有其字〉，欲罪熊，遂执以为辞。其田宅官卖之。于时，都御史李瀚〈校记：广本抱本瀚作翰，误〉，知府华琏〈校记：广本琏作琎，抱本作琏〉，希瑾意，每一物计直，踊至十倍，而皆取足于民。后事定〈校记：广本作其后〉，复以归熊，民固不能有也。熊自钟奇祸以复其家，固无足惜。第淮人重受其困，亦可谓不幸云。

（明武宗实录，卷 82，1785-1786）

51. 十二月丁丑朔，辛丑，以畿内山东盗起，升总理河道都察院右佥都御史张凤〈校记：广本抱本理作督〉，为右副都御史巡抚山东兼治河道。……

（明武宗实录，卷 82，1786-1787）

52. 十二月丁丑朔，丙午，是岁……攒运四百万石。

（明武宗实录，卷 82，1792）

正德七年（1512）

53. 三月丙午朔，戊午，提督都御史陆完等，请发官军六千人，分驻济宁、穀亭、安山、安平、东昌、沛县，防护粮运。兵部议："以军分为六，每部仅千人，恐不足御寇。而宿迁、泊头、青县亦盗所出没，俱宜设备。但沿河卫所别无官军可调。计各处运船凡一万二千余艘，艘取一人，则得万有二千之数，宜令各运把总官领之，分布防送，庶几官军既免别调，而运船亦获安行矣。乃命总兵官顾仕隆、参将梁玺、都御史张缙、陈天祥、刘恺如原拟地方分督之。”

（明武宗实录，卷 85，1832）

54. 闰五月甲戌朔，乙亥，提督都察史陆奏〈校记：广本抱本察作御，是也。陆下有完字，是也〉：“贼由枣林闸渡河，掠鲁桥〈校记：广本河下有侵字〉，指挥宗敏守济宁，杜守勋守谷亭，不能邀击，宜逮治。”命姑停其俸。

（明武宗实录，卷 88，1879）

55. 秋七月壬申朔，丁酉，先是，盗贼充斥，运河多阻，权建寄囤之策，及是运船多观望不前，户部以为言。令督促依期上纳以实京储。

（明武宗实录，卷 90，1930-1931）

56. 九月，丁丑，谪淮安知府刘祥，戍贵州平越卫。降锦衣卫指挥佥事牟斌、常玺为百户。先是，尚衣监太监乔忠，自南京织造还，过淮安。时，南京给事中刘纮，亦以公事赴京，祥其族侄也。发巡卒卫行忠舟数十艘，方开，怒纮舟阻碍，执其二卒榜笞之。俄而，群卒至，皆强悍者。遂击忠舟，纮不能禁，忠走避，而仆伤其颅，至京创犹未愈，诉于上。谓：“纮倚言官势，不让黄船而击之者，实祥主使。”命锦衣官校执祥〈校记：广本衣下有卫字〉，纮送镇抚司拷讯。祥、纮亦各奏辩。斌、玺以狱上谓：“非祥、纮罪，宜坐卒。”诏以斌、玺回护，革其职，任于原所带俸。以千户张璞〈校记：广本璞作谨〉、张荣代理司事。仍严拷鞫祥等，承服送法司。拟祥、纮俱赎罪还职。纮准拟，祥发充军。以大理寺审拟欠当，夺其堂上官俸二月。斌、玺复降为百户，调沔阳卫带俸。祥治郡有声，斌治狱平恕，时论惜之。

（明武宗实录，卷 92，1958-1959）

57. 十二月辛丑朔，辛亥，户部复议漕运及各巡抚都御史，所上地方事宜："一、近例，兑军米每石别加五升，以备蒸润耗损，有司因缘为奸，请革之。一、河南改兑粮，小滩河道剥浅，其费不赀，请加耗米三升。仍敕管河都御史流浚河道。一、江北运军过江领兑者，近减脚米五升，宜仍旧给之。一、被贼焚毁粮船千五百有奇，宜行工部措价或各司府成造。一、各处兑运稽迟，请遣户部官四员领敕监兑，申严期限，违者罪之。一、旧制，运粮官缺，皆由漕运衙门公选，刘瑾乱政，乃令南京府部及各巡按御史考选，体统乖紊。又立正运、听运之名，互相倾挤，事多牵掣，请改正。一、正粮一石，除加四，随船耗米俱兑本色，其余耗米，每石折银五钱，载入议单，使知遵守。一、阻冻粮船，每军给耗米一石，准作下年口粮〈校记：广本下下有半字〉。其粮该纳京仓者，改纳通仓，每石加收脚价一斗〈校记：抱本一作二〉。该纳通仓者，免其晒，每石加收三升。一、苏、松、常州起运徐、扬二仓粮米，近因减派，军粮不敷，请仍征减数之半，愿纳折色者听。……"诏如议。

（明武宗实录，卷 95，2005-2007）

58. 十二月辛丑朔，庚午，是岁……攒运四百万石。

（明武宗实录，卷 95，2021）

正德八年（1513）

59. 六月戊戌朔，戊戌，河决黄陵冈。工部议："以黄陵冈界在大名、山东、河南之间，工料、夫役各有主掌，彼此事权不一，宜遣重臣一员，专委责成，庶克有济。"上命管河右副都御史刘恺兼理其事，仍协同各处抚巡官议处。

（明武宗实录，卷 101，2089）

60. 九月丙寅朔，庚午，户部会议漕运事宜：“一、漕运四百万石，或有地方被灾停免，准于附近之处代补，候有灾处幸收〈校记：广本幸作丰〉，照数征还。如附近之处亦灾，准于水次四仓照数拨补，毋失原额。一、运军漂损运粮，例将京米改上通仓，每石省脚米一斗。又免晒并耗米每石复得一斗二升，以此补数免陪，近多虚诈，无以示惩。请自今该上京仓者，方准改拨通仓。该上通仓者，方准免晒。漂流万石以上，参奏定夺。一、正德三年，坐派水次四仓秋粮，七十三万四千四百石，淮安府二十九万八千一百石，徐州一十九万六千三百石，临清一十万五千石，德州一十三万五千石，后屡变更不足原数。九年以后，会派水次仓粮，宜俱照三年。山东布政司，除纳附近临清仓者三万四千四百石，其七十万石，听漕运衙门拨兑载入议单，永为遵守。……”议入，从之。

（明武宗实录，卷104，2135-2137）

61. 九月丙寅朔，丁丑，总理河道右副都御史刘恺奏：“河决黄陵冈，率众祭告。越二日，河南徙山川之效，灵祚我国家如此。”工部尚书李鐩，因请遣恺祭河伯之神，而恺亦宜奖励。诏赐恺羊酒。恺于修河之役束手无策，乃归功于神，鐩从而献谀，皆可罪云。

（明武宗实录，卷104，2138）

62. 十一月乙丑朔，乙丑，总督漕运都御史张缙奏：“各处运船少者三千二百只，欲以粮九十六万石，暂征折银解纳，以免雇船之费。”户部议：“量折六十万石，于江浙及灾伤地方分派解送。正米石折银五钱，耗米斗折五分〈校记：广本折下有银字〉，共为银四十二万二千六百两，收贮太仓。候每月放粮内，拟定数卫与之折银，石六钱，大约月折银五万石。旬月则所折支尽，亦不损岁漕四百万石之数。其流贼烧毁船八百三只，未及十年一造之期，俱无料价，即以折粮余银，分送各提举司立限造船，待异日征完料价还部。如此，则运不失期，而于国赋亦无所损。”从之。

（明武宗实录，卷 106，2167-2168）

63. 十二月乙未朔，甲子，是岁……攒运四百万石。

（明武宗实录，卷 107，2198）

正德九年（1514）

64. 九月庚申朔，户部会议巡抚官所上事宜："一、各处兑粮稽缓，宜令司府州县掌印管粮官，十月内开仓征完，十二月内运送交兑。仍敕监兑官，于十一月内至水次督并兑完，赴京复命。次年正月终未完者，监兑官劾治之。一、旧例，过江脚米一斗三升，近减其三升，宜复仍旧。一、轻赍银两，务令有司随粮征足，方许出给通关，庶使脚价有备，运军免于称贷。其上运官军，敢有需索有司粮里酒食财物，以致争攘耽误者，重治其罪。一、旧例，运粮官军，有犯除强盗人命重情，余俱待粮完之日勾问，宜申明遵守。一、天津以北须用雇船剥浅，近者，船户率高价取赢，而运军受害，宜行管河郎中副使禁约区处。一、添设淮、扬二府巡捕、通判一员，使管运河道官各得专职〈校记：广本抱本运作粮〉。……”诏皆从之。

（明武宗实录，卷 116，2341-2342）

65. 九月庚申朔，甲子，赠御马监太监于经父泰，为锦衣卫都指挥使，母王氏夫人。授其从弟资，为登州卫百户，并赐祠额护敕，从经请也。经宠幸，尝导上于通州张家湾，置皇店、榷商贾。舟车征至，担负之利亦皆有税，中外怨之。其请祠额者，则香山碧云寺所自治茔域也。工作糜费以百万计，上亦尝幸焉。

（明武宗实录，卷 116，2345）

66. 冬十月庚辰朔，癸丑，户部复户科都给事中周金等，奏处粮运四事："其一、征收过期，固有司之罪，而刁难迟滞，实运官之责。今后运官有蹈前弊者，监兑官开其揭帖〈校记：广本抱本其作具，是也〉，送户部及漕运衙门，年终会议具奏罢黜。其二、徐州安平等处，管河郎中及管泉、管闸主事〈校记：抱本无管泉二字〉，近多规避，巡视欠严，宜令各照旧规，于所管地方驻扎，禁约奸豪时其蓄泄以济粮运，违者该科劾奏。其三、通州张湾一带车户〈校记：广本抱本张下有家字，是也〉，诈勒运军，每银一两，止为载米七石，劳费加倍，运送稽迟。宜令巡仓等官，定拟脚价，仍先封收，在官给票验支。其四、江西兵火连年，公私困敝，乞下户、兵二部〈校记：抱本作户部兵部〉，议推练达漕事者一员，调管速运〈校记：广本抱本速作总〉，不致仍前废事。"诏如议行之。

（明武宗实录，卷117，2372-2373）

67. 十二月己丑朔，戊午，是岁……攒运四百万石。

（明武宗实录，卷119，2414）

正德十年（1515）

68. 六月丙辰朔，壬戌，添设山东兖州府同知，直隶大名府通判，长垣、东明、曹县、城武四县主簿各一员，专管修河。以河决陈家等口，为患甚剧，从巡抚山东都御史赵璜等奏也。

（明武宗实录，卷126，2518-2519）

69. 冬十月甲寅朔，丁巳，兵科给事中许复礼言："山东、河南修塞黄河，湖广、四川采办木料，各起土功，未免动众，恐蜂屯蚁聚，易生衅端。况地方累被灾伤剽掠，驱此疮痍悲苦之民，以就版锸斧斤之后，苟抚之无恩，防之无法，几何不相率而为盗也？乞敕总督大臣务择廉能官员，均其力役及禁科歛之弊，庶乎恩威并立〈校记：抱本立作用〉，用戒不虞。”工部议复从之。

（明武宗实录，卷 130，2583-2584）

70. 冬十月甲寅朔，丁卯，巡视通州仓场、监察御史周文光奏：“漕运成法，以十分为率，十七运京仓，十三运仓〈校记：广本抱本运作通，是也〉。比因脚价腾贵，该部请为水兑，令把总一员往督其事。而聂钦、梁玺遂行垄断之计，以致怨讟繁兴，幸蒙特旨，令遵成法。而总督右都御史丛兰、总兵官顾仕隆，谬信轻举，乃复请定脚价，致令水兑一行群弊滋蔓。今计钦所开湖广一总水兑，正粮共二十六万一千六百九十一石，共该去耗米四万二千七百八十二石，余米尚五万七千三百四十七石，计银二万四千一十四两，率皆浸克。即此一总可验其他。请通查各总都、指挥，余果、丁辅、卢英、郭冕、郭琮、王臣等所余米粮，通解仓库。仍寘钦于法，玺降调，兰、仕隆薄示惩戒。果等，俱坐以罪。”户部复请。得旨：“水兑已不许再行。脚价等银，令兰等查明量行追解。把总等官姑免究问，钦等罚俸有差。玺仍留用，兰、仕隆宥之。”

（明武宗实录，卷 130，2588-2589）

71. 十一月癸未朔，己酉，命司设监太监刘允，往乌思藏赍送番供等物。时，左右近幸言：“西域胡僧，有能知三生者，土人谓之活佛。”遂传旨，查永乐、宣德间，邓成、侯显奉使例，遣允乘传往迎之。以珠琲为譒幢〈校记：广本譒作幡，是也〉，黄金为七供。赐法王金印、袈裟及其徒。馈赐以钜万计，内库黄金为之一匮。敕允往返以十年为期，得便宜行事。又所经络带盐茶之利，亦数十万计〈校记：广本抱本十作千。影印本续字不清楚〉。允未铨导行，相续已至临清，运船为之阻截。入峡江，舟大难进，易以艕艞，相连二百余里。至城都〈校记：城应作成〉，有司先期除新馆（按：除字似为建），督造旬日而成。日支官廪百石，蔬菜银亦百两〈校记：抱本亦作一〉。锦官驿不足，傍取近城数十驿供之。又治入番物料，估直银二十万。镇巡争之，减为十三万。取百工杂造，遍于公署，日夜不休，居岁余始行。率四川指挥、千户十人，甲仕千人俱西〈校记：广本抱本仕作士，是也〉，踰两月至期地〈校记：广本抱本期作其，是也〉。番僧号佛子者，恐中国诱害之，不肯出。允部下人皆怒〈校记：广本抱本无人字〉，欲胁以威。番人夜袭之，夺其宝货、器械以去。军职死者二人，士卒数百人，伤者半之，允乘良马疾走仅免。复至成都，仍戒其部下讳言丧败事。空函驰奏乞归。时，上已登遐矣。

（明武宗实录，卷 131，2611-2612）

72. 十二月癸丑朔，壬午，是岁……攒运四百万石（按：此句据他本补，此次选取的底本中无此句）。

（明武宗实录，卷 132，2637）

正德十一年（1516）

73. 二月壬子朔，甲子，总理河道工部右侍郎赵璜奏："曹州当山东、河南、北直隶之交，屯营参错，盗贼窃发。且河决黄陵冈等处方议修治，宜留兵备副使吴漳，仍旧管事。"兵部复议，从之。

（明武宗实录，卷 134，2660）

74. 夏四月壬子朔，丁丑，礼部尚书毛纪复奏："太监刘允，往乌思藏赍送佛供，番夷道路险远，劳费重大，况今运道淤浅，舟楫难进。大木、粮运，沿途阻滞，宜酌量轻重缓急，以赐番诸物，付其使锁南坚参巴藏卜等，顺赍以回。"得旨谓："已有成命，锁南坚参巴藏卜等十名，仍俟刘允同行。"

（明武宗实录，卷 136，2696）

75. 夏四月壬子朔，丁丑，南京吏科给事中孙懋等言："织造太监史宣，奏管闸主事王銮、沛县知县胡守约，俱下之诏狱。南都初闻，意銮与守约，必有稽迟御用重情。继闻宣，在途酗酒作威，肆行凶恶。所过州县，纵令家人索赂打乾〈校记：广本抱本打作折〉，多或百两。且声言上赐之黄棍，听挞死官吏勿问。已威逼宿迁主簿孙锦，杖泰州船户孙富〈校记：抱本富作福〉，俱死矣。宣所过，邑里逃窜，鸡犬不宁。迩者，朝廷用御史王崧言，定为禁例。曳船夫上水不过二十名，下水不过八名。违者许抚按等官奏闻重治。此旨甫下，而宣首犯之，銮、守约，复为所中伤，远近闻者莫不沮气。何禁令之足行，邪乞将宣寘之重典，銮、守约，复其原任。"不报。

（明武宗实录，卷 136，2696-2697）

76. 五月辛巳朔，庚戌，致仕太子太保兵部尚书刘大夏卒。……癸丑河北徙（按：癸丑，即弘治六年，河即黄河），妨运道，擢大夏右副都御史往治之。未几，决张秋镇。大夏议于孙家渡、四府营疏上流，以分水力，而筑长堤捍之。堤起胙城，尽徐州，亘三百六十里，功垂就。中人有谮其糜费官钱者，复遣太监李兴共事，且密察大夏所为。兴至，核卷籍，卒无所得。……

（明武宗实录，卷 137，2713-2714）

77. 九月己卯朔，己亥，总理河道左侍郎赵璜言："黄陵冈旧有昭应河神之祠，自河决梁靖口以来，遂至荡覆无余，祀礼久缺，今治河工成，宜答神贶。乞重造祠宇，令有司以时致祭。……"从之。

（明武宗实录，卷 141，2780）

78. 十二月丁未朔，丙子，是岁……攒运四百万石。

（明武宗实录，卷 144，2830）

正德十二年（1517）

79. 二月丁未朔，戊午，总督漕运右都御史丛兰言：“比闻有刘太监者，往乌思藏取佛，所需船五百余艘，夫役万余人，供亿不赀，所过骚扰。日者，营建巨木方行，进贡快船续至。比屋派夫，数犹不足，加之以此，民将何堪？况当灾盗荐臻之余，公私匮竭，费何所给？今淮扬诸属告急，于臣哀号，苦楚不忍见闻。臣叨重寄，若默而不言，万一致有他虞，则上负圣恩，其罪愈大。伏望尽将所差人员取回，以安人心。”疏入，不报。

（明武宗实录，卷146，2854）

80. 秋七月乙亥朔，壬辰，大学士梁储等言：“今年四五月以后，各处水患非常。南京，国家根本之地，阴雨连绵历两三月不止。……淮安新旧城内，驾船行走，居民半栖城上。河堤决口，阻坏船只，后帮粮运无计前行。……通州张家湾一带，弥望皆水，冲坏粮船，漂流皇木不知其几。且每年粮运，就使尽数俱到京、通二仓，尚虚不足供用，今先到粮船既以沉溺，后来粮船又未可期。……”上不省。

（明武宗实录，卷151，2930-2932）

81. 九月甲戌朔，辛卯，黄河决，冲没城武县。

（明武宗实录，卷153，2959）

82. 十二月壬寅朔，戊午，升应天府府尹龚弘，为都察院右副都御史，总理河道。山东抚按官奏黄河徒决〈校记：抱本徒作徙，是也〉，恐妨运道故也。

（明武宗实录，卷156，3004）

83. 闰十二月壬申朔，庚子，是岁……攒运四百万石。

（明武宗实录，卷156，3018）

正德十三年（1518）

84. 八月戊辰朔，戊寅，巡按直隶监察御史吴訚言："长芦、济宁诸处〈校记：广本诸作等〉，沿河夫役，本以备疏浚、修筑之用。及至冬月寒冻，不用其力，乃征桩草银，其法未为不善，但因循既久，实去名存。欲乞今后沿河夫役，量留三分听用。冬月仍征桩草，其余七分官收其直。管河副使，以时督令所属，收买佣工，公私两便。又见通州至天津河道淤塞，夫役逃窜，盗贼窃发，奸弊多端，盖由其地军民杂处，官无专职所致。乞照成化年例〈校记：广本年下有间字〉，添设顺天府通判一员，即河西务为治所。专治天津一带河道〈校记：广本治作管〉、夫役，兼捕盗、理讼，以安畿甸。"疏下工部复议，皆从之。

（明武宗实录，卷165，3196）

85. 十一月丁酉朔，癸亥，户部会议总督漕运及各巡抚都御史所上地方事宜："……一、运军惟禁夹带私盐、客货，其自资土货如例者，有司毋得苛征。一、运船每艘军士十人，近者数复不足，请申敕所司拨补。……"

（明武宗实录，卷168，3258-3259）

86. 十二月丙寅朔，乙未，是岁……攒运四百万石。

（明武宗实录，卷169，3282）

正德十四年（1519）

87. 春正月丙申朔，乙巳，命工部管河郎中毕济时，会山东巡河分守等官，疏浚南旺一带河道。时，淤垫者八十余里，运船滞不得通故也。

（明武宗实录，卷 170，3284）

88. 二月乙丑朔，丁亥，命运船冻阻天津，即于天津仓交纳。凡米六万石。从其左都督朱宁奏也〈校记：旧校删其字〉。

（明武宗实录，卷 171，3304）

89. 二月乙丑朔，己丑……上自加太师。降手敕谕吏部曰："镇国公朱寿，宜加太师。"又传旨谕礼部："总督军务威武大将军、总兵官太师镇国公朱寿，令往南、北两直隶，山东泰安州等处，尊奉圣像，供献香帛，祈福安民。"又谕工部："今南行巡狩，宜急修黄马快船……"

（明武宗实录，卷 171，3304-3305）

90. 三月甲午朔，己亥，传旨谕："南、北直隶，山东，河南镇巡等衙门，并水路沿途军卫有司〈校记：广本路作陆〉，官吏军民，朕今巡狩而南，所过地方，凡献新、织造、粮运及官民诸船只，俱令通行勿阻。居人各安生业，勿得惊疑〈校记：广本抱本疑作扰〉。随侍人员，务各守法度，勿生事害民。有违犯者罪不轻贷。"

（明武宗实录，卷 172，3317）

91. 六月癸亥朔，戊辰，命江西把总、运粮署都指挥使王佐，充参将，协同漕运。以广西署都指挥佥事王继善，代佐把总运粮。

（明武宗实录，卷 175，3380）

92. 九月壬辰朔，丙申，改铸总督漕运关防，为提督漕运。时，上以总督自居故也。

（明武宗实录，卷 178，3473）

93. 九月壬辰朔，癸丑，上自临清北还。初，上之南征也，与刘氏有约。刘赠以一簪，且以为信。过卢沟，因驰马失之，大索数日犹未得。及至临清，遣人召刘。刘以非信，辞不至。上乃独乘舸，晨夜疾归，至张家湾，与刘氏俱载而南。其发临清时，内外从官无知者。既而始有数人追及之。道遇湖广参议林文缵，入其舟，夺一妾而去。

（明武宗实录，卷178，3476-3477）

94. 十一月辛卯朔，辛丑，上御龙舟，自徐州顺流而下。乙巳，至淮安清江浦，幸监仓太监张阳第。

（明武宗实录，卷180，3500）

95. 十二月辛酉朔，乙卯，上至仪真。时，上巡幸所至，禁民间畜猪，远近屠杀殆尽，田家有产者，悉投诸水（按：悉字下影印本看不清，似为投字）。是岁，仪真丁祀，有司以羊代之。

（明武宗实录，卷181，3515）

96. 十二月辛酉朔，癸未，上渔于仪真之新闸，因视大江，命江彬摄祭。明日，幸民黄昌本家。阅太监张雄及守备马炅所选妓，以其半送舟中。

（明武宗实录，卷181，3516）

97. 十二月辛酉朔，己丑，是岁……攒运四百万石。

（明武宗实录，卷181，3519）

正德十五年（1520）

98. 春正月庚寅朔，庚戌，户部奏："漕运议单内所载，参奏军卫有司官员例，略无等第，以致上下轻犯，粮运稽迟。请自正德十五年为始，各水次至正月终，有司无粮军卫无船者，府州县管粮官，领运千百户提问，各住俸半年。迟至三月终者，并府州县掌印官、领运指挥提问，各住俸一年。其船粮不到之数（校记：广本作粮船〉，俱以三分之一为限，仍先革冠带，戴罪催攒。若迟至五月者，不分多寡，又并布政司掌印管粮官、领运把总，俱提问，各降二级。文职送吏部别用，军职回原卫带俸差操。以上三等，俱听监兑官查参。其监兑官，亦令依期赴水次催兑，毋迁延误事。以后永为定规。”从之。

（明武宗实录，卷182，3526-3527）

99. 九月乙卯朔，丙寅，上至清江浦，复幸太监张阳第。踰三日，上自泛小舟渔于积水池，舟覆溺焉。左右大恐，争入水掖之而出，自是遂不豫。

（明武宗实录，卷191，3602）

100. 十二月己亥朔，癸丑，是岁……攒运四百万石。

（明武宗实录，卷194，3643）

明世宗实录

正德十六年（1521）

1. 五月壬子朔，遣工部营缮司郎中张惠往治河道，候迎圣母。

（明世宗实录，卷 2，0059）

2. 五月壬子朔，乙卯，升总理河道、右副都御史龚弘为工部右侍郎，兼都察院左佥都御史。

（明世宗实录，卷 2，0072）

3. 五月壬子朔，乙卯，总理河道、都察院右副都御史龚弘言："黄河自正德初载，变迁不常，日渐北徙。大河之水，合成一派，归入黄陵冈前，乃折而南，出徐州以入运河。其黄陵冈原筑三埽，先已决去其二。臣兹拟乘水落补筑一埽，以备冲啮。又虞山陕诸水横发，加以霖潦，或决二埽，径趋张秋，复由故道入海。全河之势，湍迅奔腾，如建瓴而下，不可复御。臣先尝筑堤一带，起自长垣，由黄陵冈抵山东阳家口，延袤二百余里，广百尺，高十有五尺。今拟于堤后相距十里许，再筑一堤，延袤高广并如其数。即河水溢甚，冲越旧堤，流十里而远，性缓势平可无大决。水落则仍修旧堤〈校记：阁本则作即〉，以为先事之防，斯一劳永逸计也。"工部复弘议是。上从之，令计画周详以行，毋妄费财力。

（明世宗实录，卷 2，0072-0073）

4. 五月壬子朔，戊午，以都察院右佥都御史许庭光提督漕运〈校记：抱本庭作廷，下同〉。先是，提督漕运都御史兼巡抚凤阳等府。是年春部议淮、扬诸郡岁饥多盗〈校记：抱本春作吏〉，漕运往往稽误，京储告乏，非一官所能兼理，宜择人分职，仍久任以责成效。乃改原督漕运都御史臧凤专巡抚凤阳等府，而命庭光代之。

（明世宗实录，卷 2，0081-0082）

5. 七月庚戌朔，丁巳，遣兵部车驾司郎中查仲道治舟迎圣母（按：即蒋氏）。

（明世宗实录，卷 4，0171）

6. 九月己酉朔，辛亥，工部复遮洋运粮指挥王瓒奏："直沽东北有新河以输转〈校记：抱本阁本作转输，是也〉，蓟州所司玩愒不及时疏导，河流阻涩，必候潮至舟乃可行，以致边关粮饷往往告匮。请敕管河郎中及天津兵备副使亲督所司浚使深广，以通岁漕。"从之。

（明世宗实录，卷 6，0242）

7. 十月己卯朔，辛卯，升总督漕运都御史陶琰为户部尚书，仍兼原职。先是起用琰，琰引年乞休，上以其清谨老成，不允，因有是命。

（明世宗实录，卷 7，0276）

8. 十二月己卯朔，总督漕运都御史陶琰等奏："江西运船值兵变冻沮〈校记：抱本阁本沮作阻〉，到淮愆期，恐误来年粮运。乞将见到正粮十五万余石，即于淮仓收贮，候次年查有被灾州县止征折色，存下军船改拨运纳。"事下户部议谓："迩来漕规废弛，领运官旗希图计囤，故意稽延，诚难准拟，请行攒运郎中勘处。漕运衙门查江西回空船只先完过淮者，责令速回领兑。其冻阻未回者，尽该年折银粮数，免其领兑，督令回卫修船办料。"上是其议，乃命漕运总督申明禁例，严加督率，振举漕规。

十二月己卯朔，庚辰，户部议复漕运总督陶琰等条奏漕政事宜："请核总卫管运官，如有科敛军士财物至五十两以上者，问发边卫充军，不及数者，照例降级，侵盗官粮至百石、银至百两以上者，问拟斩罪。若犯罪行提三次不到官者，行令该卫追赃完日，申巡按御史照例拟罪发落。以后有犯永为遵守，及行各该监兑巡按官，及京通二仓坐粮巡仓并蓟州管粮官，将各该运官迁延违限有司征收过期者，指实参奏提问，查照住俸降级事例著实举行。”从之。

调大同中路参将王佐还原任协同漕运。

（明世宗实录，卷9，0321-0322）

嘉靖元年（1522）

9. 正月己酉朔，丁巳，升河南巡抚副都御史李瓒为工部右侍郎，兼都察院左佥都御史，总理河南、山东、直隶河道〈校记：广本无河南二字〉。

（明世宗实录，卷10，0369）

10. 正月己酉朔，癸亥，命工部主事江珊会同巡按御史、天津兵备督理新河工程。先是，海口淤塞，漕舟从天津出海，复折入梁河而达蓟州，道远水湍，舟数为败。议者谓：“直沽东北岸有二道：一曰新开，一曰水套，北接梁河，径四十里可以疏浚成河，改由北道，无涉海之虑，谓之新河。行之天顺间，民大称便，后岁久堙塞。”漕臣以为言。工部复议：“于治河郎中之外，别委精廉主事一员，会官督浚疏，珊名以请。”从之。

（明世宗实录，卷10，0374）

11. 正月己酉朔，癸酉，户部复：“漕运都御史陶琰参江西运船妄报失火，不实，请治把总指挥佘大纶等罪。”上曰：“迩者漕规废弛，运官往往延缓稽迟，妄称水火，以遂侵欺折兑奸计。及委官勘报，亦多扶同欺罔，大纶照前旨法司提问具奏。”

（明世宗实录，卷10，0387）

12. 三月戊申朔，癸亥，发张家湾守冻漕船应纳通仓粮米，十五万石给大同宣府边饷。从侍郎臧凤、给事中夏言之谓也。

总督漕运尚书陶琰、总兵杨宏言："浙江及直隶江北、江南，原各设把总一员，所管运船太多，地方太远，乞更增设把总三员分管。"从之。

（明世宗实录，卷12，0438）

13. 四月丁丑朔，己丑，起原任巡抚都察院右都御史俞谏总督漕运，兼巡抚凤阳等处地方。

敕提督团营官会同工部右侍郎童瑞修浚金水〈校记：抱本童作章〉、玉河二桥并九门城濠。命管街道官管理广源闸水利〈校记：抱本街作御〉。

（明世宗实录，卷13，0460）

14. 七月乙巳朔，己酉，逮济宁管闸主事陈嘉言，下诏狱。初，太监温祥赍册宝往安陆州还，诉其欺侮。上震怒，命锦衣官校逮之。

（明世宗实录，卷16，0505）

15. 七月乙巳朔，辛未，初，御史王秀等言："顷差官校逮一高唐州判官，海内惊疑。无何，又逮一主事。且陈嘉言罪状未白，宜下法司。"给事中刘济等亦言："嘉言所坐薄罪，逮系旬日，备尝考讯，已足惩戒，乞早赐裁断。"至是，工部请调沽头闸主事乐选于济宁。因言："济宁地势最高，水利易泄，先年禁例具在会典。正德中，势豪横行，禁例沮格，管闸官莫敢谁何。幸及新政，修复旧规，而主事嘉言持之太严，遂致得罪，固其自取。第恐豪势得以藉口，代管者以嘉言为戒，听其启闭而不之禁，漕运稽误所系匪轻。宜令主事选申明禁例，而嘉言盛暑在狱，请敕所司早具狱。"乃诏镇抚司论当以闻〈校记：广本论当作详审，东本无论字〉。

（明世宗实录，卷16，0517）

16. 九月甲辰朔，乙卯，翰林院修撰唐皋言："比见运河地势高，其水易涸。丁夫挑浅沿岸抛泥，是以随挑随淤，终岁不休。宜仿嘉湖取淖壅桑之法，以舟运泥至近岸，别令人转运，务去河稍远，则一岁之役可免数岁之劳。又山东泉脉甚众，顷缘管河官类多转委于人，疏导无方，以致泉流散漫，不入于河。乞敕分司主事亲督其役，如法疏浚，庶众流成川，亦运道一助也。"事下工部议复，从之。

（明世宗实录，卷 18，0549-0550）

17. 九月甲辰朔，丙辰，南京贵州道监察御史谭鲁奏："河南、山东修河人夫，每岁以数十万计，皆近河贫民，奔走穷年不得休息。请令管河官通行合属地方，均派上、中二则人户，征银顾役便。"工部复议，从之。

（明世宗实录，卷 18，0550）

18. 十月癸酉朔，丁亥，总理河道工部右侍郎，兼都察院左佥都御史李瓒以漕河涸滞，自劾乞休。不允。

（明世宗实录，卷 19，0565）

19. 十二月癸酉朔，甲申，以漕运后期，命所司按问府、州、县、卫、所官怠玩失职者。其住俸降级事例，悉令如法举行，不许姑息。

（明世宗实录，卷 21，0608）

20. 十二月癸酉朔，乙酉〈校记：阁本无此二字〉，户部复提督漕运总兵官杨宏奏请预处运军行粮，以苏疲困："自嘉靖二年为始，坐派秋粮之时，将江南、江北、中都、山东、北直隶六总卫所旗军行粮，各照九江卫事例，管粮官每年先期计算征完，就令民户运赴水次，随粮交兑。如不完数，则以库藏官银每石折五钱处补。"又言："今运道淤浅，查得闸河、白河一带，各有额派挑浅夫役，官司因循废弛，以致漕舟困于起剥军吏，因而蠹耗。请行总督河道及管理泉闸诸臣，时时临阅浅处督工疏浚。仍令所在军卫有司验视漕舟，修补破敝，以备后运。”从之。

（明世宗实录，卷21，0609）

嘉靖二年（1523）

21. 六月庚子朔，己酉，总理河道户部右侍郎李瓒奏：“夏旱不雨，漕河水涸，运船重载难行，乞动支轻赍银两以佐搬浅之费。”户部议上，从之。

（明世宗实录，卷28，0770）

22. 八月戊戌朔，乙巳，命総督漕运右都御史俞谏回掌院事〈校记：旧校改総督作总督〉。

（明世宗实录，卷30，0802）

23. 十月丁酉朔，戊戌，户部会议嘉靖三年漕运合行事宜：“一、监兑主事事竣回京，不必候交代。一、漕运坏船，折卸带回该卫及清江提举司交代，不许变卖。一、蓟镇今秋成熟，乞将遮洋海运粮米送赴该镇者，照上年例折征五万石，每石折银七钱。一、江南、北等六总运军行粮，就于应兑府州县坐派支给。一、轻赍脚价，漕运衙门先量给十之一二〈校记：抱本一二作二三〉，为沿途起剥并置办什物之费。一、湖广、江、浙及江南直隶卫所军办船料银，照江北五总事列〈校记：抱本阁本列作例，是也〉，行各该卫所摘选军余办纳，免扣运军月粮。一、濂洋总运粮赴蓟州仓交纳〈校记：抱本濂作遮，是也〉，旧从新河达季家窝，离城不远〈校记：广本阁本远下有“今新河淤浅，粮船止到安家庄，起运道远”十六字，是也〉，以致脚户偷盗，宜行该抚按出榜禁约，并巡捕官严加防护。一、运回军旗俱要加意存恤，不许该卫借债差拨〈校记：广本阁本债作倩，是也〉。一、沛县以南湖陵城至黄家八闸，近，黄水涌入，俱没水底，乞将沽头主事并各闸官吏暂革，每闸量留夫十名看守。一、济宁以北长沟等处闸座稀远，请量添二座，以免阻滞。一、运粮官犯罪非重情者，不许所司拘留，及严禁托故营求规避赴运者。”得旨，俱如议行。

（明世宗实录，卷 32，0833-0834）

嘉靖三年（1524）

24. 春正月丙寅朔，戊子，命……把总运粮指挥使刘翱乞挑浚海口新河以便漕运。工部复议，从之。

（明世宗实录，卷 35，0889）

25. 二月丙申朔，壬戌，总督漕运都御史胡锭以江北赈饥，请鬻运米以平市价。户部复议从之，仍听截留正米连耗拾肆万石贮各仓备赈，而扣今所发银七万两抵输太仓。

（明世宗实录，卷 36，0911）

26. 六月甲午朔，壬寅，升兵部左侍郎李钺为都察院右佥都御史〈校记：广本阁本无佥字，是也〉，总督漕运兼巡抚凤阳等处。

（明世宗实录，卷 40，1011）

27. 七月甲子朔，丙戌，先是，南京工部派征浙江、江西、湖广、福建诸省银六万余两，造海船运送山东青州诸府布花，于辽东以给军士兼防海寇。其后，青州诸府以海运多险，已将布花议折银输辽东，而派征造船银两如故。至是南京工部右侍郎吴廷举言：“海船之造，劳民伤财无益于用，请革之便。”下工部议，以为可。上从之，诏：“自今海船罢造，勿复征派扰民。”

（明世宗实录，卷 41，1081）

28. 九月壬戌朔，庚午，工部尚书赵璜言："河道事重，请复设总理大臣，慎选才望专任责成。"上从之。命吏部推勘任者以闻〈校记：三本勘作堪，是也〉。于是吏部言："抚治郧阳右副都御史章极可〈校记：广本极作拯，是也〉。"上遂用之。

（明世宗实录，卷43，1116）

29. 九月壬戌朔，辛巳，命漕运轻赍银两悉给运军支用，不必扣取羡余。过淮之日，总兵、都御史验封给与十分之三以备沿途支费。其余待至湾，御史、员外等俱验给之。完粮之后，各卫所官具报支销数目，有朦胧侵欺者，听运军陈诉，从重遣戍。把总官失觉察者降二级回卫差操。著为令。

（明世宗实录，卷43，1124-1125）

30. 十月壬辰朔，癸巳，九卿漕运官会议漕规："……一、将遮洋总船只暂改苏、常，令江北、中都二总459北卫所改拨小滩领兑，以均劳役〈校记：广本阁本役作逸，是也〉。一、裁北直隶总并入山东，分南直隶为上、下江。使上江总兑安庆、池、太、广德等处，不复东过瓜州。下江总兑苏、松、常、镇等处，不复西过仪真。为军船有余〈校记：广本为作惟，是也〉，则以江西、浙江不尽之粮，各就便领兑。"上皆从之。特以轻赍银两未有议〈校记：广本阁本作未有定议，是也〉，命如前旨通行给与运军，不必扣取羡余。其运船仍许量载土（按：土字下似应加个物字），宜若不系奸豪附带者，免入官。

（明世宗实录，卷44，1135-1136）

31. 十一月辛酉朔，庚午，命工部右侍郎姚谟兼都察院左佥都御史〈校记：旧校改谟作镆〉，总督漕运兼巡抚凤阳等处地方。初，总督漕运缺，吏部推兵部左侍郎李昆，南京刑部右侍郎高友玑可用。上命再推，吏部乃以工部左侍郎童瑞及镆名上，上特用镆。

（明世宗实录，卷45，1162）

32. 十二月辛卯朔，壬寅，总理河道侍郎李瓒言："前年河决安平，故开北河以杀水势。中间建闸四，浅铺二十，设闸官四员，闸夫二百二十名，浅铺夫二百名。今河归故漕，前项官夫并宜裁省。"工部复议，从之。

（明世宗实录，卷46，1181）

嘉靖四年（1525）

33. 正月庚申朔，庚辰，总督漕运兼巡抚都御史锭疏陈六事〈校记：三本锭上有胡字，是也〉。……二言："山阳宝应、高邮、江都诸州县，地临白马、甓社、邵伯、黄子诸湖，延亘三四百里。兼以天长、西山诸水时为泛溢，遂生衡决运限〈校记：广本阁本作遂至冲决运堤，是也〉，量其田地多弃〈校记：广本阁本作其间田地多弃，是也〉而不种，税粮无所重出〈校记：广本阁本重作从，是也〉，运船亦往往摧坏。其中为患甚巨。乞敕治河诸臣乘时设法坚筑运堤〈校记：抱本坚作竖〉，量度地势〈校记：广本阁本度作其〉建立平水石牐〈校记：广本阁本度作其。石牐抱本作石牌〉，以为疏泄之计〈校记：广本阁本泄作浚〉。……"

（明世宗实录，卷47，1205-1206）

34. 八月戊子朔，乙未，御史刘隅言："江北根本重地，今以总督漕运者兼巡抚〈校记：广本阁本无总字〉，权分地〈校记：广本地下有远，是也〉，势固难兼。况今盗贼灾伤，政务尤剧，请如先年臧凤提督漕运，丛兰专管巡抚故事，仍增府分管为便〈校记：广本阁本府作官，是也〉。"兵部复议。得旨："督运抚臣〈校记：广本阁本督上有令字，是也〉高友玑会审议以闻〈校记：抱本会下有官字，是也。阁本会下有隅字〉。"

（明世宗实录，卷54，1330）

嘉靖五年（1526）

35. 三月甲申朔，戊戌，时，江比徐、沛等州县河徙不常〈校记：旧校改比为北〉，岁比告歉。总督漕运都御史高友玑请浚山东之贾鲁湖、河南之鸳鸯口，令水势分泄，不得偏害一方。工部复奏："今发卒浚河，未必能分河势也，而物力、工费所损已不赀矣。藉令功成河徙〈校记：三本功作工，是也〉，而从山东、河南，则山东、河南之民，又可保其不复为徐、沛乎？万一河流横逆，运道梗阻，则为害益深〈校记：三本益深作愈甚〉。为今之计，莫若捐治河之费，以恤被水之民。轻徭省赋，而徐沛安矣，何必以邻省为壑哉〈校记：旧校改监作壑〉。"上从部议。友玑又请修筑朝阳门至张家湾诸桥梁闸坝，以济转运。得旨允行。其闸河以堙塞已久，报罢。

（明世宗实录，卷 62，1446）

36. 六月壬子朔，丁卯，工部管河郎中陈毓贤言："扬州宝应县范光湖，为粮运必由之路，湖面甚广，水势弥漫，仅以三尺之堤障之〈校记：抱本尺作丈〉，一旦积雨水发，则横奔冲决，不惟阻粮运，而河堤以东田土俱成巨浸，此江北第一忌也。臣以为，障水固所当先，泄水亦不可缓，请于湖堤以东修筑月河以分水势。如以工费浩繁，才力有限，则请自淮安而下，自宝应至高邮建平水闸数处，以泄其流，亦中策也。"得旨："令治河都御史章拯、督漕都御史高友玑会议相度，果开筑月河有益，即定计为之，毋惜小费。"

（明世宗实录，卷 65，1497）

37. 十二月己酉朔，丙子，先是，礼部尚书吴一鹏上言："清河以北，兖州以南，水势弥茫，田庐淹没。请访求涡河湮塞等处，或浚故道以通其流，或开支河以分其势。"巡按御史穆相言："兖南徐北去东海不远，于此相逐地势开一渠河，立以坝闸，设以守官。遇水发，分流以杀其势，小水锁闸，以截其流。庶几，水有所归，不为民患。且启闭有时，亦不伤运河也。”时，大学士费宏等亦言：“黄河之患久矣〈校记：抱本患作为祸〉，禹治洪水以河为先，汉、宋以来，皆专设行河之使，讲求治河之策。我朝河势南趋，自入河南汴梁以东，分为三支：由亳、颍等州地方涡河等处〈校记：旧校改亳颍作亳颖〉，或出宿迁小河口，或从怀远县至泗州出淮河。其势既分，故虽有冲决之害，亦不甚大。正德之末，闻涡河等河日就淤浅，黄河大股南趋之势既无所杀。乃从兰阳、考城、曹、濮地方，奔赴沛县之飞云桥、徐州之溜沟等处，悉入运河。泛滥弥漫，茫无畔岸。自徐州至清河，一望皆水，耕种失业，递年租税无从办纳。官民船只通无牵挽之路，前数年河溢之患也。近来沙河至沛县浮沙涌塞〈校记：影印本此处模糊〉，随浚随涌，官民舟楫乃从昭阳湖取道往来。况昭阳湖积水不多，春夏之交湖面浅涸，则运道必至阻塞。京师岁收四百万之粮何由可达？官军数百万之众何所仰给？此则可忧之甚者也。为今之计，必须涡河等河如旧通流，分杀河势，然后运道不至泛溢〈校记：阁本溢作滥〉，徐沛之民乃得免于漂没。若不速为计画，将来河复北决，意外之虑又有不可言者。”巡按直隶监察御史戴金亦言：“黄河入淮之道有三：一自中牟至荆山，合长淮之水，曰涡河。一自开封府，经葛冈小坝、丁家道口、马牧集、鸳鸯口，至徐州出小浮桥，曰汴河。一自小坝，经归德城南饮马池，至文家集，经夏邑至宿迁，曰白河。弘治间，黄河变迁，涡河、白河二道，上源年久湮塞，而徐州独受其害。若自小坝至宿迁小河一带，并贾鲁河、鸳鸯口、文家集壅塞之处，逐一挑浚，使之流通，则趋淮之水不止一道，而徐州水患可以少杀矣。”巡按直隶监察御史刘栾言〈校记：阁本栾作滦〉：“曹县梁靖口南岸，原有贾鲁河，南至武家口一十三里，黄沙淤平，必须开浚。武家口下至马牧集、鸳鸯口一百一十七里，即小黄河原通徐州故道，水尚不涸，须略疏浚。此系河南归德州地方，俱与徐州相连，乞行议处兴工挑浚。”时，提督漕运总兵官杨宏亦言：“徐州上流，若归德州上坝河，丁家道口河，亳州涡河〈校记：旧校改作亳州〉，宿迁小河等处，俱有黄、沁分流支派故道，宜于此开浚。或有捷路可辟，亦从其便，庶可以分杀水势也。”漕运都御史高友玑，河道都御史章拯，亦屡以为言。俱下工部议复，言：“运河国计所关，开封大名地方多有黄河故道，不塞则害运河，此正今日急务。所以黄陵冈、金隆口一带，筑浚之工岁无虚日。所幸地居上流，河向东行，顺河筑堤，堪以保障，是以运道无虞。今徐与丰、沛，止是民患，又居下流，若一例施工，恐穷各郡之力，不能当全河之势。必欲修治，则惟塞支流之口，筑障水以护田庐，保城郭以通漕运牵路。宜行各官勘议被淹之处，有无支流决口可以筑塞？堪否筑堤障水？俾入正河，免致涝溢〈校记：三本涝作旁〉。及运船经行河岸，被水淹没应否增筑高阔，以便牵挽一一勘议，会奏施行。至于浚贾鲁之故道，开涡河之上源，则工大难成，未可轻举。”又言：“沛县一带闸河，筑浚之功诚不容缓〈校记：广本阁本功作工，是也〉，宜令各官逐一相度黄河水势向背，闸河地势高下，讲求疏浚之法。”诏如所议。又以章拯事权未重，命升工部右侍郎、兼都察院右佥都御史。令其督同山东、河南、淮扬抚按官，亲诣地方逐一相度，将戴金、杨宏所奏事宜，酌斟应筑应浚，选委司府勤能官员，鸠工庀事以济漕运。

（明世宗实录，卷 71，1620-1624）

嘉靖六年（1527）

38. 六月丙午朔，总理河道侍郎章拯等言："黄河济漕，固为国家之利，至于泛滥则为地方之患。今欲筑浚分杀，以免民患。而济运漕者，有二处：一曰孙家渡，在荥泽县北〈校记：抱本荥作荥，是也〉，一曰赵皮赛〈校记：三本东本赛作寨，下同，是也〉，在兰阳县北，皆可以引水南流以杀河势。但此二河通亳州、涡州东入淮〈校记：广本阁本东本州作河，是也〉。又东至凤阳长淮卫，经寿春王等园寝，为患叵测。惟考之宁陵县北岔河一道，过饮马池至文家集〈校记：三本东本过作通，〉，又经夏邑至宿州符离桥，出宿迁小河口，自赵皮赛至文家集〈校记：阁本脱集以上二十四字〉，凡二百余里。其中壅塞者，宜大发丁夫浚活〈校记：三本东本活作治，是也〉，庶水势易杀，而于园寝亦无所患。乃为图说以闻。"工部请从拯等议。上然之，命拯等刻期举工。

（明世宗实录，卷 77，1710-1711）

39. 六月丙午朔，癸亥，诏建河神司于沛县〈校记：三本东本司作祠，是也〉。时，漕河复通，议者以为神助，请复其故宇，春秋致祀。工部为请，从之。

（明世宗实录，卷 77，1721-1722）

40. 十月乙巳朔，戊午，巡仓御史吴仲言："通州运河，元时郭守敬创建，已有明效。先朝漕运名臣平江伯陈锐等亦累以为请，今通流等八闸遗迹尚存，原设官夫具在，因而成之为力甚易。而权势罔利之家从中挠之，或倡风水之说，或谓绝湾民之利，皆不足信，诚令闸运岁可脚价银二十余万〈校记：抱本可下有省字，是也〉。又汉唐宋时，漕皆从汴，谓直达京师〈校记：抱本谓作渭，是也〉，未有贮国储于五十里之外者。今令京军支粮通州，率称不便。而密云诸处皆有间道可通，设虏因乡导轻骑疾驰，旋日可至，烧毁仓瘦〈校记：抱本瘦作庾，是也〉，则国储一空，京师坐困，此非细故，请以臣言，下户、工二部定议修浚。僦舟夫各运百万，试之与陆运兼行，俟次第就渠径达京〈校记：抱本京下有仓字，是也〉，此兴无穷之利，而杜不测之虞于计便。”上曰：“疏浚闸河，诚转漕便计。自永乐以来屡议修复，因大小臣工不肯实心任事，以致因循至今，为奸人嗜利者所阻。今转输日烦，军民交敝，苟有息肩之策，何惮纷更？户、工二部，其各委堂上官一员，会同运官及御史吴仲等亲行相度地形，计处工力以闻。若大事可成，则劳费不足计，国计有补，则浮言不足恤。如有奸豪阻议之，人听厂卫缉治如律。”因命户部侍郎王軏〈校记：抱本作軏，下同，是也〉、工部侍郎何诏及御史仲等董其事〈校记：抱本仲上有吴字，是也〉。至是軏等言：“地形从大通桥至白河，高可六丈，若大兴工浚之，深至七丈。通引白河，则漕船可直达京城，诸闸可尽罢，此永久之利，然未易议也。为今之计，惟应修浚河闸，然从通流闸，经二水门南浦、土桥、广利三闸，皆衢市阛阓中，不便转般〈校记：抱本般作运〉。从温泥河滨，旧小河废坝西不一里〈校记：抱本坝作堰〉，至堰水小坝，诚修筑之，令通普济闸，则径易可省四闸两关转搬之难。闸坝皆宜添设官吏人夫守视。臣等窃计修闸、浚渠、筑坝之费，当用银一万五。闸、置船各六十一。船日运粮万石，造船之费可一万五百。通漕粮二百三十万石，岁省脚价可十万三千五百。若粮多船少，听以车转〈校记：抱本转作运，是也〉，水陆并进。运军事易竣，亦可早还。宜令户工二部，各举属官一人。兵部推都指挥一人充参〈校记：抱本参下有将字，是也〉，专司修理、转运诸务。会同巡仓御史，各奉敕行事，募军余万人作之，务在坚久。每闸坝各置公廨，其费取之修仓余银，巡仓赃罚及所省脚价。

其木石等取之各厂。”又言：“通州京辅重地，军民丛集，亦当积蓄，以安人心，不宜过虑自起惊疑。河源自山西经流大内至大通桥〈校记：抱本作西山，是也〉，或旱涝干溢，启闭通塞，亦非外人所能与，侯上裁择〈校记：抱本侯作候，是也〉。”时，上意已决，命户、工二部亟如所拟举行。即以今冬具诸工料，以来春兴工。仍敕诸臣协心共事，勿偏执异同，致妨经国大计。

（明世宗实录，卷81，1803-1806）

41. 十月乙巳朔，壬申，光禄寺少卿黄绾言：“黄河在三代时未尝为患，盖以水性向北就而道之，其流自顺故也。至于后世引河作渠，或以通漕，乃不免于堤障，而堤障一溃遂不可支。汉时瓠子之役道河北，行复禹旧迹，而梁楚之地稍得底定。至隋开通济渠，自板渚引渚河入汴，而河始入淮。今黄河口、金龙口至安平镇一支，或时北流，其余不入漕河，则入汴河，皆合河入海矣〈校记：抱本河作淮，是也〉。夫跨中条而南为河南。山东、两直隶所交地势，西南则高，东北则下，其垫没也。固宜乃丰、沛、徐、淮之水，则自汴河渗流所致。夫彭城下邳马陵诸山，皆发迹泰山，与蒙羽相接，从东转西以逆水势。水小，则循吕梁出清口入淮，大则河不能容，水为山阻，泛溢原野，其为丰、沛、徐、淮患必然也。若不疏道别行，患无已时。臣以为，当于兖、冀之间，求其两高中低，即中条北条所交者浚之，使北至直沽入海，乃得免于垫没。夫沛河既去，漕河必淤，则当自沛县及吕梁至淮，多造滚江龙之类泄之，上流则泥沙必随水而去，乃开浚为易。或谓沛河虽为丰、沛、徐、淮之患，亦为漕河之助。殊不知漕河泉源皆发山东，不必资于黄河。若南旺、马肠〈校记：抱本肠作胜，误〉、樊村、安山诸湖，实诸泉钟聚之所，宜倍加修浚。而引他泉别流者总蓄之，则漕河不竭矣。又南旺、马踏湖堤之外〈校记：抱本踏作胜，按应作肠〉，为孙村湖者〈校记：

抱本村作材，误〉，地形下湿，较之湖水反低，若决潴为湖，并道漕河，改经于此，又可以免济宁高原浅色之艰矣〈校记：抱本色作涩，是也〉。”上以其疏下总理河道侍郎章拯议处以闻。先是六月间，黄河水溢，奔入运河，沛县地方沙泥淤填七八里，粮船三千余只阻不能进。御史吴仲以闻且言：“侍郎章拯、郎中丘茂中、李煌三臣者，必不能为。陛下办此，乞推总制都御史一人往代之。”上命户、工二部会议。章拯亦言：“河渠淤塞，势难遽通，惟金沟口迤北新冲一渠，可以假道，令运船由此进昭阳湖，出沙河板桥。其先阻浅者，西历鸡冢寺，出庙道北口通行。”得旨，下工部并议〈校记：抱本无并字〉，议未决。给事中张嵩等言：“去秋河塞，皇上特命章拯、丘茂中、李煌并力修浚，而拯苟且塞责，今不得已，又令运船由昭阳湖以出。夫湖地庳〈校记：抱本庳作卑，是也〉，河势高，引河灌湖，必致弥漫，使湖道复阻，拯何以为计哉！茂中、煌尝议于沽头闸设官专理，是二臣亦逆知有今日。拯乃抑而不行，以至事势穷迫，贻害至此。乞罢拯，别推大臣素有心计风裁者往代之。”上以漕计重大，责部迁延不即定议〈校记：抱本部下有臣字，是也〉。于是工部议：“引舟入湖终非长策，诚如嵩言。请先饬拯、茂等悉心区画〈校记：抱本无茂字，是也〉，仍举大臣才望素著者一人总其事。河南、山东守臣及藩臬等俱听节制。复选郎中主事各一人为之协理，并采绾仲诸议酌量可否〈校记：抱本仲作伸，误〉。其征发夫役调度工费，悉得便宜从事，用或不足，令户部处给。其沽头上闸宜增设主事一人。”上以为然。因“让拯前报运河疏通，旋奏阏塞。若迟误粮运国计何赖？兹姑留拯、茂中、煌等供职。吏部即推择大臣中有谙古今识地利，实心经国者往提督之。余悉如议。”是时，建议治河者詹事霍韬，左都御史胡世宁，兵部尚书李承勋，言人人殊。韬疏略曰：“今议者欲引河水自兰阳注宿迁，少杀河势，则徐、邳不溢，运河不淤。臣与方献夫议，以为水溢徐、沛，犹有吕、梁二洪为束捍〈校记：抱本为下有之字，是也〉，东北诸山亘列如垣，犹有底极。若自兰阳注宿迁，则凤阳、归德平地千里，河遂奔放数郡一壂〈校记：旧校改壂作壑〉，其患不独徐沛而已。臣窃谓，今日所急，宜先疏通运道，然后议处徐、沛，此缓急之序也。前议起河南、山东丁夫数万，疏浚淤沙以通运道，然沙泥随水自高而下，挑浚未毕水至复淤，虽日役万夫，力亦不足。今沛县既塞，运皆由昭阳湖入鸡鸣台，至沙河迂回不过百里，湖面宽广，夏秋水溢，则患复溺。冬春水涸，则虑胶浅。若沿湖筑堤，浚为小河，河口为闸，以时蓄泄，水益可避风涛〈校记：抱本益作溢，是也〉，水涸易为疏浚。目前运道可以无阻，三月即土堤可成，一年即石堤可成。用力少取效速，黄河愈溢，运道愈利，较之役丁夫以浚淤土，愈浚愈淤，劳佚大不侔也。按古黄河自孟津，至于怀东北入海〈校记：抱本怀下有庆字，是也〉，今卫河自卫辉府汲县，至临清、天津入海，犹古黄河也。今图便宜之策，自河阴、原武、怀、孟之间审视地势，引河水注于卫河。至于临清、天津，则不惟徐、沛水势可杀其半，而京师形胜其壮自倍，此其为便利一也。按元人漕舟涉江入淮，至于封丘陆运百八十里，至于淇门入于御河，达于京师，御河即汲县卫河也。今因河阴、原武，或孟津、怀、孟之间，择地形便导河水注于卫河，冬春水平，漕舟由江入淮。泝流至于河阴，顺流至于卫河。沿临清、沧州至于天津。夏秋水迅，仍由徐、沛达于临清至于天津，是一举而得两运道也，此其为利二也。”李承勋言：“黄河迁徙无常，然必避高而就下，善治水者因其性而导之。今日之功，但当疏浚其下流，防遏其上源，使不至于大为害耳。按黄河入运道支流有六，若六道通流以杀水怒，当不为患。自涡河之源塞，则北出小黄河溜沟等处，不数年诸处皆塞，北并出飞云桥，于是丰、沛受害，而金沟运道遂阏。然幸东面皆山，犹有所障，故昭阳湖得通舟。若溢徙而北，则径奔入海安、平镇，故道可虑，单县、谷亭百万生灵之命可忧。又益北，则自济宁至临清运道诸水，俱相随入海，运何由通？臣愚以为，相六道分流之势，导引使南可免冲决之患，此下流不可不疏浚者也。然欲保丰、沛、单县、谷亭之民，必因其旧堤筑之，障其西北，使不溢出为患，此则上游不可不堤防者也。识者以为，不若于昭阳湖之东，引诸泉水甃为运道，建闸以节水，自留城沙河为尤便。然大役一兴，为费不赀，诚宜整理盐法，措置余利，以给河工。令大小诸臣任事任怨，工宜可就。”世宁言：“今日之事，开运道最急，而治河次之。然不治河运道不通，臣请先述治河之说。夫河流分则势小，合则势大，河身宽则势缓，狭则势急，治河者顺其性则易，逆其性则难，故曰不与水争利，此其大法也。河自汴以来南分二道：一出汴城西荥泽，经中牟、陈颍至寿州入淮。一出汴城东祥符，经陈留、亳州至淮远入淮〈校记：抱本淮作怀，是也〉。其东南一道，自归德、宿州，经虹县、睢宁至宿迁，出其东分五道：一自长垣、曹、郓至阳谷出。一自曹州双河口至鱼台塌场口出。一自仪封、归德至徐州小浮桥出。一由沛县南飞云桥出。一自徐、沛之中境山北溜沟出。六路皆入漕河，而总南入淮。今诸道皆塞，惟沛县一道仅存，所为合则势大〈校记：抱本为作谓，是也〉，而河身且狭，不能容纳，故溢出，丰、沛、徐为患。近又漫入昭阳湖，故流缓沙壅，运道遂塞。今宜因其故而分其势〈校记：抱本故下有道字，是也〉，其在汴西荥泽。近开孙家渡至寿州一道〈校记：抱本无至字〉，宜常浚以分其上流。自汴东南出怀远、宿迁二道及正东小浮桥、溜沟二道，各宜择其利便者开浚一道，以分其下流。或修城武以南废至丰〈校记：抱本废下有堤字，是也〉、单之黄德、贺固、杨明等集〈校记：抱本杨作阳〉，接至沛县之北庙道口，筑堤塞决以防其北流，此治河之急务也。今为运道计者，欲从淤处挑浚修筑，则沙土不坚，欲于昭阳湖筑堤，则沙积复壅，不若于湖之东岸，滕、沛、鱼台、邹县间，独新安社地，更凿一渠，南接留城，北接沙河，间不过百余里。渠深视地形广，皆五六丈，厚筑西岸以为湖之东堤，令水不得漫，而以一湖为河流漫散之区，此上策也。”疏并下工部，请下总督大臣会议斟酌举行。上从之。

（明世宗实录，卷 81，1819-1827）

42. 十一月乙亥朔，上以开修河道善否问大学士张璁。聪对曰：“臣闻积储，天下之大命，今京师半在通州，非计也。尝闻正统间，虏薄都城，彼时以通州储积米多，下令军民搬运入京。首一日，令运得二石者，以一石入官，一石入已。次日，令运得者，俱入已。又次日，搬运不及，纵火焚之，此已前之明患也。其河道经元郭守敬修浚，今闸填俱存。臣闻京城至通州五十里，地形高下才五十尺，以五十里之远近，摊五十尺之高下，何所不可〈校记：抱本何作无。《谕对录》作何〉？诚浚瓮山泺以畜西山诸水，引神山泉以合下流之归，迂回以顺其地形，因时以谨其浚治，一劳而永佚，未有不可也〈校记：抱本作此一劳而永佚计也。《谕对录》与广本同〉。成化十二年，平江伯陈锐建议开修此河，宪宗皇帝命大臣督理，而河道已通，运船已至城外。适有黑青之异〈校记：抱本阁本青作眚，是也〉，惑于讹言遂止，识者恨之。今欲开修此河，因仍旧道诚易易耳。况一舟之运约当十车，每年运船已到，则令剥运。新粮未到，则令剥运通州积粮，庶京师充实，永无意外之患矣。至桂萼所论开修三里河，则费广而见效难，非直有地理之忌而已也。”上是其言。命浚天津海口新河〈校记：抱本作“上深然璁言，因谕一清曰：‘览卿疏，具见忠爱。朕居深宫，外面事情，何由得之。卿辅导元臣，正当直说，庶不失了政事。萼所奏，必有惑言，伊辄听信，不但误了朝廷之事，亦失了大臣谋国之意。彼疏朕看数遍，亦知不可，欲直拒之，非待大臣之礼，故谕卿等票来行，意在其中矣。我孝宗伯考时，已命整理开修此河，不意当时黑眚为异。夫黑眚之起非为修河，盖湾里住的乡民，正恐失利，乘此为言，俗叫为麻唬，卒被破事。当时若有一职事刚正之臣，告我伯考曰，黑眚之异非缘修河道所招，奸诈之徒乘机营利，惑及愚民，不可堕其诈计。伏惟刚断而行之，如此伯考岂无聪察哉？前日勘官回奏停当，已有旨待春暖兴工。朕亦恐有言者左说破事，而萼即为首也。夫萼与璁替朕趋害赴京，功为等也。若论识时利，达事体，则萼以十不及璁二三也。朕意欲降一密旨与萼云："昨卿奏开河一疏，足见谋国至意，但前已有旨了。况先朝已有成算，不必改议。恐起营利者扰事，卿疏留览。"未知可否？复与卿计。'一清言：'圣裁尤当。'遂命如前旨行，浚天津海口新河。"〉。

（明世宗实录，卷 82，1829-1830）

嘉靖七年（1528）

43. 正月甲戌朔，乙酉，总督河道右都御史盛应期言："沛县迤北河道地形庳下，泥沙易集，以故累浚累塞。今询之官民，咸称昭阳湖东，自北进汪家口，南出留城口，约长一百四十余里，可改运河。北引运河之水，东引山下之泉，内设蓄水闸，旁设通水门及减水坝，以时节缩，较之挑浚旧河劳逸远甚，且可为永久之利。计用夫六万五千人，于山东、南北直隶相近府分征调。仍量行顾募（按：顾应为雇），用银二十万两有奇。取之两淮盐价，而以山东官帑所贮佐之，期六月而毕。"事章下廷臣杂议，皆言应期议是。上乃命应期及春和督官兴事，且诫各巡抚等官同心协力，共成大功。应期又请令管河郎中柯维熊、员外王大化（按：外下应该有郎字），于赵皮寨、孙家渡、南北溜沟等处役工挑浚，以杀上流之势。武城迤西至沛县迤南修筑长堤，以防北溃之虞。俱从之。

（明世宗实录，卷 84，1896）

44. 二月癸卯朔，甲寅，升太仆寺卿唐龙为都察院左佥都御史，总督漕运兼巡抚凤阳等处地方。……

（明世宗实录，卷 85，1928）

45. 四月壬寅朔，丁巳，总督河道右都御史盛应期言："治河丁夫七万，计工六月，约费米十余万石，乞假留山东、河南二省起运粮米四五万石，就近给工。"诏如所请，或米已起兑，许于临清仓内支用，即以修河银解还太仓。

（明世宗实录，卷 87，1975-1076）

46. 六月辛丑朔，乙巳，御史吴仲，郎中何栋、尹嗣忠，都指挥陈璠奉敕开浚通惠河成。仲等因疏五事：一、时修浚以通运道。言："大通桥起至通州石坝四十里，地势高下四丈有余。中设庆丰等五闸蓄水，今已通运。然地势陡峻，土皆流沙，夏秋大雨，河流暴涨，冲决淤塞，所宜预处。请行管闸主事坐守闸坝，往来巡视，一遇冲塞，随即挑筑，昼夜拨守，毋致盗决。仍将闸运扣省脚价银两，每岁量支千两，寄通州库，随便兴工，如不足，仍听奏讨。"二、专委任以责成效。言："大通闸河止设主事一员，又兼他务，不无妨废，请令住扎通州，专理河道。通州专设管河同知或判官一员〈校记：抱本专作添〉，所管起大通桥尽鲜鱼闸〈校记：阁本鲜作解〉。合用钱粮岁支扣省脚价，凡应行事宜及委用官员，悉听管闸主事处分。仍敕户部岁三月初旬，遣郎中或员外一员，奉敕往通州，会巡仓御史，沿河往来催攒。天津以北粮运验算轻赍银两，待运完日造册奏缴。"三、复旧额以给官夫。言："原官四员〈校记：三本原下有设字，是也〉，吏四名，闸夫六百七十四名，后罢闸运，止存官一员，吏一名，夫八十八名。今既修复，请量添官一员，吏一名，与前官吏分管夫一百名，与前八十八名分布各闸，毋得杂差占役。又接运夫八十名，专送内府衙门竹木等料，每名河南州县征银七两，解部雇役。今不必雇，第贮之部，俟竹木等料至，量给银两，令经收内府衙门，官一员领出自雇。通州陆运不得入闸，庶闸夫不致重累，而运船与木料两不相妨。”四、改闸座以防水患。言：“夏秋久雨，西山水发，皆由闸河东流，闸门隘小水泄不及，遂至泛涨，冲决堤坝，此出不测非人可为。原议障水石坝，今已修成。又通流闸在通州城中，市井环绕积水丈余，又西水关久浸水中，俱非长便。旧有庆丰上闸、平津中闸〈校记：影印本津字模糊〉，今已不用，折运通州西水关外〈校记：广本折作拆，是也〉，创造石闸一座。将前石坝南移二十余丈，改造石闸一座，平时闭板，水落启泄，五处剥船以便粮运。原议漕运衙门打造剥船三百〈校记：阁本脱打以上十九字〉，每船定价银三十五两，共一万五百两。今已分布各闸，责今经纪一百二十名领运〈校记：旧校改今作令〉。将经纪名下脚价银内，岁扣三千两在官，以抵船价，计三岁半约可扣完。其船递岁修舱，经纪自备。若损坏不堪，仍将前扣船价发漕运衙门打造，如前给领扣除。又每闸船六十只，每船载米一百五十余石，每日可运米二万余石。起五月终九月，粮运续到，计有一百五十日。每岁京粮不过二百五六十万石，自可尽入闸运。但恐接管非人，妄生浮议，事沮弗成〈校记：抱本阁本沮作阻〉，臣切虑之。”疏入。上以运河先朝屡经勘议未得成功，仲等仅四阅月而就绪，嘉其勤劳，命科道官查验行赏。所条事宜部议亦称便。上悉从之。

（明世宗实录，卷 89，2013-2016）

47. 六月辛丑朔，庚戌，总督仓场尚书李瓒以通惠河既开，粮运俱由水路，经纪人役不论阴晴，急于往来，强行搬运。任雨淋漓，并无苫盖，一涌入仓，不容拦阻。疏请禁止，必待晴明方许剥运，或如原拟水陆并进便。上曰：“往因陆路艰阻以致漕运稽迟，今修复闸运，正欲岁漕旦完，省费恤军。舟车填拥，源源入仓，其事甚善。乃不厌迟而厌速，不患少而患多，何故？此必在仓人役及仓前歇家，欲以留难规利，驾言惑人。况雨水不常，中途难测，必待晴明是终无剥载之期。其称水陆并进本系原拟，不知何人阻遏不容陆运？户部查究施行，令起粮官阴雨毋得起剥。仍多置席以备苫盖，或舟搭席棚以防不测〈校记：阁本棚作蓬〉。粮运既到，即令督促入仓，随便堆放，多方添处囤基，通融拨派〈校记：广本阁本拨派作派拨〉，廒口收粮。委官每日在仓及时晒晾，上紧收受。自后，在舟在途雨湿，责在管运。若到仓稽留被雨，责之管仓。仍痛革科索运军，刁难车户积跷，如有违犯，听巡仓御史访奏。国计重事，要在协谋共济，慎毋阳诺阴沮及心有偏，系致中奸人之计〈校记：影印本人字模糊〉。”

（明世宗实录，卷 89，2019-2020）

48. 六月辛丑朔，癸丑，御史吴仲言：“通惠闸河成功不易，持久为难。请留原差工部郎中何栋督理，三岁一更。听动支余银，扣省脚价，雇倩军民夫役挑浚上流，改造闸座，㢖防山水泛涨〈校记：旧校改㢖作严〉，法禁盗决防河〈校记：三本防河作河防，是也〉，随船带石包岸，逐年栽柳护堤，填垫桥道，补盖房厂〈校记：三本房厂作厂房，是也〉，修舱剥船及兼理天津一带河道。又各河道俱设有司水利官，请于近地所属勤敏者改升一人，或同知，或判官，填注通州，专管河道。其督运户部郎中尹嗣忠，请如侍郎王軏疏，仍留坐守催督，终始其事，以后不必专设。率岁二月，请差郎中或员外郎一人，奉敕前去会同工部郎中、巡仓御史督运，完日回京，及将来剥船编入漕司，必须设有专官，方为久计。”疏下户工二部，复如其议。上曰：“然。河工方就，计非亲其事者不可责成。何栋令住扎通州，往来督理，及天津一带军卫有司官，事干河道，俱听委用，毋得沮挠。岁满劳著升改职衔，照旧行事。吴仲仍提督京通等仓兼督理通惠河，与何栋、尹嗣忠、陈璠等协心共济。尹嗣忠督运粮完回部，岁差如议。改军自运及添设专官，俟漕运会议具奏。”

（明世宗实录，卷 89，2022-2024）

49. 七月庚午朔，壬午，是时，总理河道、都御史盛时期疏浚昭阳湖东一带新河〈校记：三本时作应，是也〉，工已及半，会旱灾修省，言者多为新河之开非计〈校记：三本为作谓，是也〉。诏罢其役并罢诸治河官。应期请俟秋深，果旧河通流则已，如仍有阻碍，须终新河之功为经久利。户部请从之，且言河道总理官不可罢。得旨：“应期回京别用，另选忠诚才望大臣代之。”竟罢新河之役。

（明世宗实录，卷 90，2061）

50. 八月庚子朔，辛丑，工部右侍郎兼左佥都御史潘希曾疏言：“近来〈校记：抱本阁本来作年〉，沛漕沙淤，旋挑旋塞，盖因秋水泛涨〈校记：三本因作由〉，黄河奔冲所致。尝考河流故道非一，其大而要者有三：一、孙家渡经长淮卫趋淮入海。一、赵皮寨经符离桥出宿迁小河入海。一、沛县飞云桥经徐州趋淮入海。孙家渡、赵皮寨乃上流之支河，飞云桥乃下流之支河。弘治以前，三支分流，会于淮而入于海。故徐、沛患，漕渠不淤。今上流二支俱就湮塞，全河东下并归于飞云桥。一支下束徐吕二洪，上遏闸河，流水溢为流波〈校记：三本流作游〉，茫无畔岸。于是决堤壅沙，大为漕患。今日之计，固当挑浚旧漕以通粮运，加筑堤岸以防冲决。然非疏其上流，秋来水发，沙虽挑而复淤，堤虽筑而复决。近因赵皮寨开浚未通〈校记：抱本脱浚以上四十三字〉，正在疏孙家渡以杀河势。第恐巡抚事繁，副使力寡，请敕都御史潘埙严督管河副使，调集夫役，选委职官，亟为疏浚，克期成功。功成，听臣阅实具奏。”上嘉其议〈校记：影印本上字不明晰〉，从之。

（明世宗实录，卷 91，2080-2081）

51. 九月庚午朔，罢总督河道右都御史盛应期，管河郎中柯惟熊，俱冠带闲住。初，应期议开新河，惟熊赞之甚力。应期督工趣迫，人颇怨讟，朝议罢役。应期请缓一月，毋停工保其终事，惟熊复甚言其不便。应期亦上疏自理，部议两罢之。应期果毅任事，既奏开新河，因谬议纷起，欲急于成功以杜众口，遂以严急兴怨，功未及成而罢。然其所开新河，后三十余年卒循其遗迹，疏之运道，至今蒙利云。

（明世宗实录，卷 92，2109）

52. 九月庚午朔，己卯，刑部尚书胡世宁疏言："新河之议，首倡自臣，既而盛应期先因佥事江良材具疏，偶与臣合，遂尔奏报，为国家兴莫大之役。第初议限以六月，而应期勇于集事，功廑四月已十成八九，遂致官吏严急怨讟烦兴。朝议以安人心为重，亟止其事，寻命应期与维熊同罢。彼维熊之反复变诈，阴陷大臣，私误国事，其罪当不止此。至于应期，平日执性过严，所至物情不协，非遇宽大之朝，不止罢黜之罪，今得此非不幸也。但自古国家每偾大事，必追责首议之臣，应期祇因臣妄言新河之谬，得罪以去。则是不惟误彼徒费工力，而使后任事之臣尽以应期为戒，皆臣一言之所致也。请与应期同罢，或更加重拟，或薄示降调，使天下后世皆知我皇上驭臣赏罚之公，愚臣死不敢欺之义。"上报曰："览卿所奏已悉至情，但应期受命治河，委任非人，督责过严，以致怨声载道，不能无罪，业已处分矣。卿宜安心供事，不必引咎自责。"

（明世宗实录，卷 92，2113-2114）

53. 十月己亥朔，甲寅，户部复南京后军都督同知杨宏题称："军政官员五年一次考选，漕运把总、指挥等官一年一次。户、兵二部会同考选，而抚按官复行更定改委，以致领兑之时缺人督理。宜令抚按官会同监兑官，将运官贤否每岁一报，积候三年领运到京，该部照例考选，疏请去留，不必更以军政考选。其南京各卫运官有缺，于佥书军政等项官员选补。在外卫所惟掌印官缺，方许于运官内选补。其别项缺官，不许掣取运官，有妨漕政。若运官坐奸赃者，听漕运衙门及巡按御史监、兑部臣指实参问，庶事权一而漕务举矣。”上曰：“运官一年一考委属太繁，以致人无固志，事多苟简。今后三年一次永为定规，务严加考选，从公奖黜。毋得仍前考选失真，致招物议。”

（明世宗实录，卷 93，2148-2149）

54. 闰十月己巳朔，丁酉，总理河道侍郎潘希曾言：“漕渠庙道口以下忽淤数十里者，由决河西来，横冲庙道口之上，并掣闸河之水东入于昭阳湖，以致闸水不复南流，而沛县飞云桥之水，时复北漫故也。今宜于济、沛间加筑东堤以遏入湖之路，更筑西堤以防黄河之冲，则水不散缓而庙道口可永无淤塞之虞。仍于黄河上流，分浚赵皮寨、孙家渡二处。夫二水兼通，则横流以杀而运道可保无虞矣。”工部复奏，得旨允行。

（明世宗实录，卷 94，2198-2199）

嘉靖八年（1529）

55. 二月丁卯朔，戊辰，总督漕运都督杨宏、都御史唐龙上疏自劾转漕无状，请免。因言：“旧岁运船过期不归，一则由通惠河起剥之艰难，二则由临清卫指挥王大章之横阻，且把总缺官数多，率领无人。而苏松兑运顾船之议（按：顾应为雇），军民各执一词，坐延岁月，臣恐今日漕运势必后期。乞下户部，今后运船抵湾，量粮数之多寡，为水陆并进之计。仍行山东巡按御史正王大章横阻之罪，而严回船带盐之禁。其苏松运船，除今年民顾之后（按：

顾应为雇），听巡抚及臣等徐画便计以闻。”疏入，上优诏慰留之。仍下其言所司议行。

（明世宗实录，卷98，2288-2289）

56. 十月癸亥朔，丁丑，升浙江左布政使毛思义为都察院右副都御史，总督漕运兼巡抚凤阳等处。

（明世宗实录，卷106，2512）

57. 十月癸亥朔，戊子，初，通惠河成，岁省车脚银十余万。御史吴仲请以三分之一给军，余俱贮库备修河及他公用。又以各总轻赍多寡不一，难以概扣。议一六免扣，二六者石扣三分，三六者石扣五分。度修河费足，则量减所征于民，既请行之矣。而御史虞守愚又言：“不宜遽令减征于民，与贫军较锱铢。且常赋额税，民有定志，水运陆挽时有便宜，臣恐减征未必惠民〈校记：三本必作足〉，复征将为民病。”疏下。户部议：“轻赍银两征派，出于田粮，扣省得于车脚，原非官军己物。即系仓库钱粮，名有二六、三六之分，实无京仓通仓之异，宜扣省以节民财。初议修河雇夫岁费不及三千，大约三岁所扣，足河工五六十年之费。请自来秋会派始一六如故。二六石减六升，止派二斗征银二钱〈校记：三本二作一〉；三六减一斗，止派二斗六升，征银一钱三分。”疏入。上曰：“漕运军士艰苦可悯，所议减征，其更详审以闻。”

（明世宗实录，卷106，2518-2519）

58. 十二月癸亥朔，辛未，总理河道侍郎潘希曾言：“河南仪封县河患已宁，管河主簿宜裁革。孙家渡口已浚通，请于郑州增设判官一员，专驻其地，以防复淤。”工部复议，从之。

（明世宗实录，卷108，2546）

嘉靖九年（1530）

59. 正月壬辰朔，甲辰，敕通政司、右通政何栋专理通惠河道。栋先任都水司郎中〈校记：东本都上有工部二字〉，修浚通惠河闸工成（按：对通惠二字校勘模糊不清），升通政。工部言："栋治河有成绩，宜专任之〈校记：广本阁本作宜赐之专勅〉以究其用。"故有是命。

（明世宗实录，卷109，2562）

60. 二月壬戌朔，壬申，更调总督漕运兼巡抚凤阳等处右副都御史毛思义，及总理粮储兼巡抚应天等处右副都御史陈祥。初，祥为巡按直隶御史魏有本所劾，吏部言："祥素有才望，虽督察似苛细，而除贪祛弊有益地方，舍短取长，不宜轻弃。请令祥与思义互调。"故有是命〈校记：广本阁本命下有"〇升福建按察司佥事谢汝仪为本省巡海副使"十八字〉。

（明世宗实录，卷110，2592-2593）

61. 三月辛卯朔，甲午，改巡抚山东都察院右副都御史刘节总督漕运巡抚凤阳。

（明世宗实录，卷111，2615）

62. 五月庚寅朔，癸卯，孙家渡河堤成。命加工部右侍郎潘希曾正二品俸级，总理河道如故。赏巡按御史胡效才等各纻丝衣一袭〈校记：东本效作孝〉。

（明世宗实录，卷113，2686）

63. 八月戊午朔，丙子，处州府知府吴仲言："臣尝备员御史，请开浚通惠闸河，其时议者纷纷，惟圣断毅然以为当行〈校记：广本阁本东本作皇上出自宸断〉。浚方四月，费才七千，而舳舻且衔接于大通桥下矣。迩者，臣将之任，道经可堧，敢掇拾其所见编成一书，名曰通惠河志，谨录进呈。臣又过计以为，各边距京师皆有间道，旋日可至。虏若一据仓廒为患不测，故土木之变于谦议毁通仓。近者，汪鋐欲包筑通州于城内，皆此意也。故臣请于大运未至，乘其暇日，将通仓所积粮米预输至京，诚不劳力费财，而潜消莫大之后患者。”疏入，上命以志付史馆采入会典〈校记：广本阁本东本以下有通惠河三字〉，仍令工部梓行。奏内应行事宜，下所司会议以闻。

（明世宗实录，卷116，2753-2754）

64. 十一月丁亥朔，丁酉，以通惠河成，令修河右通政可栋及验给轻赍银两。参将陈璠回京别用，以其事属收仓主事，坐粮员外领之。户部言：“知府吴仲奏欲般运通州仓粮〈校记：抱本阁本东本般作搬，次行同〉，御史戴金奏欲免般运，惟随宜令军士预行兑支，以制盈缩。但通州密迩京师，城郭完固，加以五卫官兵军民安堵，般运之说卒难议行。其临船交兑，实由漕运稽迟，随时酌处亦难为例，乞行提督官仍如旧例，京通二仓收放。万一河道浅阻，粮船不能前进，恐误来年大运〈校记：抱本运作事〉。听漕运官临时奏请定夺，不得观望希图兑支以亏国计。”诏可。

（明世宗实录，卷119，2834）

65. 十一月丁亥朔，丙午，总理河道工部右侍郎、兼都御史潘希曾奏〈校记：东本兼下有都察院副四字〉：“本年六月以来，河决曹县胡村寺东，冲开一道阔三里有余。东南至本县贾家坝入古迹黄河。由归德州丁家道口至徐州小浮桥入运河。胡村寺东北冲开一道阔一里有余。又分二支，东南支，经虞城县至砀山县，合古迹黄河出徐州〈校记：阁本东本合作今〉。东北支，经单县长堤〈校记：广本无长堤二字〉，至鱼台县漫为坡水，傍谷亭入运河。其单、丰、沛三县黄河，赖长堤障回。今沙淤平满，民多耕作，不复为沛漕患。夫黄河由归德至徐入漕者，故道也。永乐年间，浚开封支河，达鱼台入漕者，以济浅也。自弘治年来，黄河改由单、丰出沛之飞云桥，而归德故道始塞，鱼台支河亦塞。然以其出于沛桥，亦可资以济浅，以其逼近沛漕，又怕有冲决沙淤之患，修浚惟亟。今全河复其故道，则患害已远。支流达于鱼台，则浅涸无虞。此漕运之利国家之福也。”诏下所司知之。

（明世宗实录，卷 119，2841-2842）

嘉靖十年（1531）

66. 四月乙卯朔，辛未，升山东左布政使李绯为都察院右副都御史总理河道。

（明世宗实录，卷 124，2983）

67. 五月甲申朔，辛丑，裁革嘉祥、东阿、馆陶三县管河主簿，添设景州沧仓州管河判官〈校记：三本无仓字，是也〉。

（明世宗实录，卷 125，3000）

68. 七月壬子朔，戊午，升漕运参将、署都指挥同知张奎为署都督佥事，挂印充总兵官提督漕运镇守淮安地方。

（明世宗实录，卷 128，3047）

69. 八月壬午朔，壬辰，沧州南化园漕河淤阻〈校记：抱本阁本化作花〉。户科都给事中蔡经等劾奏都御史李排〈校记：三本东本排作绯，是也〉：“身任治河之贵〈校记：三本东本贵作责，是也〉，既不知先事预防，及当此溃决之时，复不即躬临督理，以致事功难成，阻滞粮运，乞敕谕切责。令其速诣决所，督率有司与各总运官军修治，事竣仍令据实回奏，并查参各管河官员以闻。第今阻浅粮船甚多，若至湾之日，犹拘泥故事，京通四六拨派，则恐空船回迟，来岁漕运复误矣。更乞下户部酌议，暂于今次多派通仓，就近便谕其空船，令速驾回〈校记：三本东本谕作输，是也〉。轻赍银加贮太仓〈校记：三本东本加作扣，是也〉，或因剥浅费多者，听巡仓御史勘劾补给〈校记：广本东本劾作核，是也。抱本阁本作覆〉，后不为例。”事下户部复如经言。上从之，命夺绯并管河郎中等官俸有差。

（明世宗实录，卷129，3067）

70. 九月辛亥朔，己未，沧州筑月河工成。

（明世宗实录，卷130，3088）

71. 九月辛亥朔，辛未，巡按直隶御史詹宽言：“河提率以草束土累筑而成〈校记：三本东本提作堤，是也〉，故堤善崩，宜及时加土以障其河洪。仍修复绝堤兴济二闸，以为减水之区，东泄以杀水势〈校记：旧校改为“以石甃之，时其蓄泄”〉。又德州当卫、漳、滹沱下流，稍近鬲津，宜便置闸以为减水之区〈校记：三本便作更〉。东兖诸郡所积河道银，足以当石闸之费。”事下工部，请令总理河道等官计处。从之。

（明世宗实录，卷130，3092）

72. 九月辛亥朔，壬申，工部给事中赵汉条陈河道便宜六事〈校记：三本东本部作科，是也〉：“一、濒河故设铺舍甲夫，使修堤榜浅，宜整如旧制〈校记：三本东本整下有饬字，是也〉。一、各处办纳椿草（按：旧校改椿作何模糊），多侵寇冒费之弊〈校记：三本东本寇作克，是也〉，宜加查复。一、济宁上下河道，皆仰徂徕山等处诸泉，及诸沟浍皆漕河之委，宜以时巡视疏筑。至于汶、泗诸河尤当经理。一、淮、扬之间，故偃、高邮诸河为堤以便舟楫〈校记：三本东本偃作堰，河作湖，是也〉，顷渐多颓坏，而清江浦为入淮要路，数有淤遏之虞，宜更议经久之策。一、黄河变迁无常，即横流南出，亦宜防其北从〈校记：抱本阁本东本从作徙，是也〉。请勿废弘治中故堤，时遗习水者相视缓急〈校记：三本东本遗作遣，是也〉，预加疏塞，庶有备无患。一、南北管河郎中法当久任，及州县管河者〈校记：三本东本及下有府字，是也〉，居河公廨中〈校记：三本东本作当居濒河公廨，是也〉，专理其职，请一切如故事。”工部复奏，从之。

（明世宗实录，卷130，3093-3094）

73. 十月辛巳朔，乙未，工部郎中陆时雍言：“今良乡有卢沟河，涿州有琉璃、胡良二河；新城、雄县有白沟河；河间县有沙河；青县有滹沱河，其下流支河皆已淤壅，雨水暴至辄伤民田，宜以时修浚，疏其支流，使达于海，则水不为患。”巡按直隶御史傅汉臣言：“滹沱经流大名〈校记：东本沱下有河字〉，故所筑二堤辄被冲决〈校记：东本无故字〉，今欲修复其故，工费不赀，宜令广平、顺德协济，以均劳费。‘事下工部，请命抚按勘议以闻。从之。

（明世宗实录，卷131，3119）

74. 十二月庚辰朔，辛卯，户部员外郎范韶、御史闻人诠各言：“宝应县范光湖为岁漕必由之道，而湖阔水汹，患尝不测，请开筑越河道〈校记：三本东本河下有一字，是也〉，使舟行河中，以免倾覆之患。若河堤不坚，决之甚易，宜建减水闸五座，浚赴海渠五条，筑堤节流以防冲决之虞。”工部工言〈校记：三本东本无部下工字，是也〉：“韶生长湖滨，诠昔宰兹县，见闻必审，其说当从。”上是之，令总督漕运都御史等官会同勘视，计处至当以闻。

（明世宗实录，卷133，3152-3153）

嘉靖十一年（1532）

75. 二月庚辰朔，庚子，诏以通惠河脚价银五千两，修筑天津迤北一带要儿渡〈校记：广本要作要〉、黑龙口、桃花口等处决口。

（明世宗实录，卷135，3200）

76. 二月庚辰朔，癸卯……升大理寺左少卿戴时宗为都察院右佥都御史总理河道。

（明世宗实录，卷 135，3200）

77. 四月己卯朔，癸卯，总督漕运都御史刘节奏："黄河旧通淮河口，流沙淤塞，挑浚方完，粮运幸过。不意黄、淮二河伏水涨发，泥沙漫入河口，直抵淮安府城西浮桥一带俱被沙淤，已兴工挑浚以拯目前之急。更乞会议长久之策，或改河口以避奔流，或筑长堤以障巨浸。"疏入，工部议复："令行节等以改河筑堤二议，虚心访究，何者可以永保漕渠杜绝后患？计定即兴工挑浚，毋得后时。"得旨："运河壅塞，堤岸坍塌，皆因近年管河官员，不行疏导修筑所致，兹所议俱依拟。通行各该管官员，用心修心修治〈校记：抱本阁本无修心二字〉，如仍前怠惰，御史参奏以闻。"

（明世宗实录，卷 137，3231-3232）

78. 五月戊申朔，辛亥，工部复中军都督府、经历司经历赵鸣善〈校记：三本作赵善命〉，奏请浚大通桥至通州运河，增添闸座，多修漕艎，运通州粮入京城，以实根本。修自都城至仪真运河浅塞，自良乡至涿州达保定、河间、真定迤南一带陆路低洼，以便转输。报可。

（明世宗实录，卷 138，3238）

79. 五月戊申朔，庚午，太仆寺卿何栋言："奉旨相勘河患，历真定、河间、保定、顺天等府地方，勘得河患大端有二：一曰滹沱河发源山西浑源州，会诸山之水东趋真定，由晋州紫城口南入宁晋泊，会卫河入海，此故道也。但晋州地形西高南下，因冲决紫城口东溢〈校记：广本紫作柴〉，而束鹿、深州诸处莽为巨浸。兹欲筑此决口，须起藁城县张村至晋州，固堤、筑堤一十八里，高三丈，阔三十丈。多用椿木密栽榆树，务求坚厚，足御奔湍。然后挑浚河身三十余里，障水南行使归故道。一曰鸭河、沙河、磁河俱发源山西五台山，会诸支河之水，至唐河蔺家圈合流，入河间府东南，任丘、霸州、天津入海，此故道也。但河间府地形东南高〈校记：阁本脱府以上十八字〉，东北下，因冲决蔺家口东北溢。而肃宁、新安诸邑，罹其垫溺。兹欲筑此决口计六十余丈，浚河故道自刘家口，至陵城淀计三百余里，通计二役工力浩大。遗民方救，死不给官帑，又散赈已竭，且大水将至，兴役为难。二麦被野，蹂躏可惜，大工未可遽议，宜先令府州县官随地修浚，以免暂时水患，俟酌处财力有余，然后举前二役。又勘得涿州有胡良河，自拒马河分流，至涿州东入浑河。良乡有琉璃河，发源磁家务〈校记：广本磁作滋〉，潜入地中，至良乡东入浑河，皆其故道。近以浑河沙壅阻塞〈校记：阁本脱壅以下二十四字〉，二河下流遂致平地，湮没弥漫至数千余顷。勘得下流壅塞之沙仅四五里，用力颇易，计费不多，所当亟为疏浚。臣请以胡良河委涿州知州张经纶〈校记：阁本脱涿以下十一字〉，琉璃河委兴州中屯卫指挥李思恭，各给夫千名，责之月终报竣。以二臣才力必能集事。”工部复奏，得旨允行。

（明世宗实录，卷138，3247-3249）

80. 八月丙子朔，辛巳，总理河道都御史戴时宗言〈校记：阁本理作督〉：“黄河水溢鱼台，议者皆欲寻复故道，臣切以为未然。欲治鱼台之患，必先治所以致患之本，欲治致患之本，必委鱼台为受水之地。河之东北岸与运道为邻，惟西南流，一由孙家渡出寿州，一由涡河出怀远，一由赵皮寨出桃源，一由梁靖口出徐州小浮桥。往年四道俱塞，而以全河南奔，故丰、沛、曹、单、鱼台以次受害。今不治其本而欲急除鱼台之患，恐鱼台之患不在丰、沛，必在曹、单间矣。今丰、沛之民才得息肩，而鱼台之地已经残破，不若弃鱼台为受水之渠，因而道之，使入昭阳湖过新开河，出留城金沟境山等处，乃易为力。且前四处河口，除涡河一支中经凤阳祖陵，未敢轻举，其三支河，欲乘此鱼台之壅塞，令开封等府河夫，卷埽填堤，逼使河水分流，以杀其上源，则鱼台水势渐减。俟秋深水落工可告完，并前三河共为四路，以分泄之，河流庶可无患。”疏入，诏工部会廷臣议之。

（明世宗实录，卷141，3287-3288）

81. 十月乙亥朔，辛巳，诏遮洋山东二总兑运河南粮米〈校记：广本二下有把字〉，于小滩镇交兑，著为令。

（明世宗实录，卷143，3324-3325）

嘉靖十二年（1533）

82. 正月甲辰朔，己未，升浙江左布政使朱裳为都察院右副都御史，总理河道。

（明世宗实录，卷146，3383）

83. 五月癸卯朔，丁未，升浙江处州府知府吴仲为湖广布政使司左参政，吏部追叙其开通惠河功也。

（明世宗实录，卷150，3435）

84. 五月癸卯朔，癸丑……催攒粮储户部主事方鹏奏：“漕舟抵南旺阻浅，由管泉工部主事徐存义迁延不修闸坝〈校记：阁本无工部二字〉，顾私放客船致误官运。且于公费多所侵克〈校记：广本阁本公作工〉，宜别遣官更代，仍正其慢事之罪。”部复：“鹏与存义共事，言或过激，宜下所司验状。”诏：“总理河道都御史从公核实以闻，鹏、存义俱回籍听勘。”

（明世宗实录，卷150，3437）

85. 八月辛未朔，壬申，顺天府香和县郭家庄〈校记：三本和作河，是也〉，自开新河一道，长一百七十丈，阔五十一丈有有奇〈校记：三本有有作有，是也〉。路较旧河近十余里，有司以闻。诏管河诸臣亟为缮治并祭告河神。

（明世宗实录，卷 153，3465）

86. 九月庚子朔，辛酉，户部复仓场侍郎黄芳奏："异时仓场期会甚严，后兑期稍稍疏缓，而漕运迟误，辄以春涸秋张为解〈校记：阁本张作涨，是也〉。今宜酌定其期，令山东、北直隶于每岁四月；江北凤阳等处于每岁五月；南京江南等处于每岁六月；浙江、江西、湖广于每岁七月，各兑纳如期，日明年终〈校记：三本作自明年始，是也〉，著为令。"从之。

（明世宗实录，卷 154，3491-3492）

87. 十月庚午朔，丙申，户部会议明年漕运事宜，有旨粮米悉运本色赴京。部言："国家岁额漕米例四百万石，今湖广、河南、南直隶等处各以灾侵闻，故臣等议将兑军米三十万石于临、德二仓支运，第支运之数例于通仓上纳，非京仓数也。宜仍许其折银征解〈校记：阁本宜仍作仍宜〉，其该运京仓正兑粮米，务令悉征本色。各该抚臣核地方灾轻及无灾之处征派之。以后凡遇灾涉〈校记：三本涉作沴，是也〉，止许于存留粮内议蠲，不得议及兑运军粮〈校记：阁本军粮作粮米〉，请著为例〈校记：阁本例作令〉。"从之。

（明世宗实录，卷 155，3512-3513）

嘉靖十三年（1534）

88. 正月戊戌朔，壬子，以漕运参将、署都指挥佥事刘玺充提督漕运镇守淮安总兵官。

（明世宗实录，卷 158，3550）

89. 正月戊戌朔，甲子，总理河道右副都御史朱裳会工部郎中郭秉聪、韩廷伟等言："黄河自古为患，惟我国朝则借之以济运渠之利，故今之治可与古不同〈校记：三本可作河，是也〉。古也，专除其害，今也，兼资其利；古也，导之北以，顺夫就下之性，今也，导之南以避其冲决之虞〈校记：广本无其字〉。臣等考求其册〈校记：三本册作策，是也〉，不过疏、浚、筑三者而已。夏禹治河，自大坏而下酾为二渠〈校记：广本阁本坏作伾，是也〉（按：广本阁本对下为之间的字校勘看不清，应为噬字），大陆而下播为九河，盖河之流，分则其执自平也〈校记：广本阁本执作势，是也〉。况今漕渠窄溢〈校记：三本溢作隘，是也〉，洪闸束捍〈校记：广本阁本東作东〉，全河入运势自不容。弘治以前，四支分流，若孙家渡、涡河口、赵皮寨、梁靖口，近年俱以湮塞，而以全河东奔。自曹、单、城武等处径趋沛县人自沛北徙〈校记：三本人作又，是也〉，横流金乡、鱼台，出谷亭口，而运道大有可虞。窃计今日河患，未可以力胜，要在分其流以杀其势而已。今梁靖口、赵皮寨幸乞通疏〈校记：广本抱本乞作已，是也，广本通疏作疏通〉，孙家渡亦行挑浚。惟涡河一支，因赵皮寨下流〈校记：阁本脱寨以上二十字〉，睢州野鸡冈淤正河五十余里，漫于平地，注入涡河。所以挑浚深广〈校记：广本阁本以作宜，是也〉，导引漫水，归入正河而入睢州〈校记：广本阁本入作于，是也〉。张见口起筑长堤，至归德州郭朴〈校记：广本朴作村，抱本作林〉，计凡一百余里，以防泛溢。仍时疏梁靖口下流，且挑仪封于庄村月河入之，达于小浮桥，则北崖水势杀矣〈校记：广本阁本崖作岸〉。其北崖自河南原武县〈校记：广本崖作岸，阁本无此三字〉，至山东曹县，历年筑长堤以防东北入海，守护甚严。但日久坍塌者多，不任冲激，所宜亟为修筑，兼添筑月堤以御奔溃。及照河过鱼台，其流渐北，将有越济宁，趋安平，东入于海之渐，议者欲塞岔河之口，以安运河。然以臣等计之其可虞者有三；水势汹涌遽难堵塞一也；纵使塞之，其势既逆，其流必激，夏秋水涨，黄陵冈、李居庄等处不能为患〈校记：广本阁本为作无，是也〉，兼恐横崖决北二也〈校记：三本作横决北岸，是也〉；决口既塞，徐州迤上至鲁桥，沉沙停滞〈校记：三本沉作泥，是也〉，山东诸泉水微，运道必涩三也。今宜鲁将桥至沛县东堤一百五十余里修筑坚厚〈校记：广本阁本作将鲁桥，是也〉，相其要害固之以石，泄之以坝。自城武县至济宁州，创筑缕水大堤百五十余里〈校记：阁本无余字〉，以防北溢。鱼台县至谷亭镇，开通淤河引水入漕，以杀鱼台、城武之患，此所谓顺水之性不与水争地者也。其孙家渡、涡河二支，俱出怀远县，会淮流至凤阳县，经皇陵及寿春王陵，至泗州，经祖陵、皇陵，地形高，去河远，无可虑者。而祖陵东、西、南三面距河，寿春王陵尤为迫近，屡有淹侵。今宜于祖陵筑土堤以遏泛滥，寿春陵王砌石崖以防冲决〈校记：旧校改作王陵，三本崖作岸，是也〉，此则事体重大，不敢轻举者也。清江浦口正当黄、淮会合之冲，二河水涨漫入河口，以致淤塞阻滞粮运。今宜浚使深广，而又筑堤以防外涨〈校记：广本无外字〉，筑坝以护行舟，皆不可缓。往时淮水独流入海，而海口又有套流，安东上、下又有涧河、马逻等港以分水入海，口黄河汇入于淮水〈校记：广本阁本口作今，是也〉，势以非其旧〈校记：广本阁本以作已，是也〉，而涧河、马逻港及海口诸套，俱已湮塞，不能速泄。下壅上溢，梗塞运道，宜将沟港次第开浚，海口套沙多置龙爪船，往来爬荡以广入海之路，此所谓杀其不流者也〈校记：广本阁本不作下，是也〉。河出鱼台虽曰借以利漕，然未有数十年不变者，一旦他徙，则徐、沛南北必致干涸。宜大浚山东诸泉，以汇于汶河，修筑南旺湖堤、闸、坝以通蓄泄，则除泄之渠不患干涸〈校记：广本除泄作徐沛，是也〉，虽他日岔河之口塞，亦非所虑矣。”疏入，工部复如其议。得旨允行。

（明世宗实录，卷 158，3553-3556）

90. 五月丁卯朔，庚寅，巡抚保定都御史周金言："蔺家圈决口塞之，则东流暴涨，而河间之民不堪。不塞则东流渐淤，而保定之患不息。宜将决口仍旧存留，量起邻河夫役，将新河浚阔，使东北平流以免旁溢之患。"工部议复，从之。

（明世宗实录，卷 163，3612）

91. 十一月癸亥朔，庚寅，总理河道右副都御史刘天和言："黄河自鱼沛入漕河〈校记：影印本沛字未印出〉，运舟通利者数十年〈校记：抱本舟作船〉，而淤塞河道，废坏闸座，阻隔泉流，冲广河身，为害亦大。迩者黄河改冲一支〈校记：广本阁本者作来〉，从虑城萧砀等县〈校记：广本阁本虑作虞，是也〉，下出小浮桥口，而于榆林集、侯家林二河分流入运者，俱淤塞断流不入，利去而害独存。明春粮运已迫，今宜浚自鲁桥至徐州二百二十里之淤塞，修师家庄至黄家闸之闸座〈校记：阁本家作河，疑误〉，及行管河郎中、主事疏浚诸泉源与运河接济。又请征调山东、河南、南、北直隶四省夫役及议处工价、粮食〈校记：阁本食作银〉，限各郡县朝觐官速于回任以充委用。申明运军不许多带货物以致浅阻。"复疏请："设沽头闸主事并各闸官吏夫役。"工部议复。上从之，诏以疏通运河系国家急务，天和前后两疏具见尽忠，仍赐敕命作急督理。一应司府军卫俱听节制，务刻期完工以图永久。

（明世宗实录，卷 169，3706-3707）

嘉靖十四年（1535）

92. 正月壬戌朔，壬申，提督京通仓场内官监少监王奉、李慎互以奸赃讦奏，诏下法司逮问。户科都给事中管怀理因言："仓场钱谷实皆户部职掌，顷者参用内臣，惟肆贪饕，于国计无裨，请将二臣裁革。其余督理内外各仓场内臣如吕宣等七员，一并取回。”部复，从之。

（明世宗实录，卷171，3723）

93. 二月壬辰朔，丙午，河道都御史刘天和请于曹县梁靖口东，行岔河口添筑压河缕水堤〈校记：广本阁本河作口〉，于曹县八里湾起，至单县侯家林止，接筑长堤各一道。从之。

（明世宗实录，卷172，3741）

94. 七月庚申朔，己卯，以浚治运河工成，诏升总理河道右副都御史刘天和为工部右侍郎、兼左佥都御史仍管河道。工部郎中郭敦等各升一级。……

（明世宗实录，卷177，3818）

95. 七月庚申朔，癸未，巡河御史曾翀奏：“漕河自临清而下汶水，与卫水〈校记：广本阁本水下有漳水二字〉、淇水合流。北至清县复合磁〈校记：三本清作青〉、滹诸水，经流千里始达直沽。每遇大雨，时行百川灌河，其势冲决散漫，伤折田庐〈校记：广本阁本伤作荡，是也〉，漂没粮运，请于瀛潡上流〈校记：广本抱本潡作渤〉，如沧州之绝堤与济之小埽湾，德州之四女澍，景州之泊头镇，各复修减水废闸〈校记：广本阁本作修复，是也〉，股引诸水以入于海，则其势分而不为害，乞敕河臣督之〈校记：广本阁本臣下有程字〉。”报可。

（明世宗实录，卷177，3820-3821）

96. 九月己未，庚申，初建西海神祠〈校记：广本无西字〉，先是上召礼部尚书夏言于无逸殿，谕之曰：“西海子，岁以午曰奉两宫游宴〈校记：旧校改曰作日〉，止行望祀，宜特建祠宇。”言退，乃上疏曰：“禁内西海子者即古燕京积水浑也〈校记：三本浑作潭，是也〉。源出西山神山一亩、马眼诸泉。绕出瓮山后，汇为七里泺，东入都城，潴水为积水潭〈校记：广本阁本无为上水字，是也〉。南出玉河入于大通河转漕，亦赖其利，比之五祀其功较大，礼宜特祀，请于北闸口涌玉亭后隙地，建祠以答神贶。”诏可。

（明世宗实录，卷179，3842）

97. 十月己丑朔，癸巳，起原任巡抚延绥都察院、右副都御史李如圭以原官总理河道。

（明世宗实录，卷180，3850）

98. 十二月丁亥朔，辛亥，总理河道都御史刘天和修议治河事宜：“其一、泗州祖陵坐北面南，地俱土冈。西北自徐州绪山发脉〈校记：三本绪作诸，是也〉，经灵壁〈校记：三本壁作璧，是也〉、虹县而来，至此聚止，即今基运山。陵北有土冈，南有小冈，小冈之北，间有溪水涨流。其南面小冈之外，即俯临沙湖。西有陡湖之水，亦汇于此。沙湖之南为淮河，自西而来环绕东流，去祖陵一十三里。惟东南冈势止处〈校记：广本阁本南作面〉，俯临平地，有汴河一道，远自东北而来。上有影塔、卢湖、龟山、韩家柯诸湖〈校记：广本阁本影塔作塔影，是也。旧校改卢作芦〉，及陵北冈后沱沟之水，皆入于河〈校记：广本于下有汴字，是也〉。西面有本冈溪水引入金水河〈校记：广本面作南〉，经陵前东流亦入汴河。以上诸水，每岁水大，则众流会合，从东南直河奔注于淮；水小，则汇潴于陵之东南，二面四时不涸。但遇夏秋淮水泛滥〈校记：广本阁本滥作溢〉，则西由黄冈口，东由直河口，弥漫浸灌，与诸湖水合，遂淹及。冈足左右筑堤，则西未龙脉交错北去〈校记：三本未作来，是也〉，玄官密迹关系不细〈校记：官疑应作宫，三本迹作迩，是也〉，非臣所敢轻议也。欲自陵前平地筑堤，则积水长盈，群工难措。欲东自直河口，西自黄冈口，上下五十余里间缮筑围绕，恐此堤一成，淮河泛涨之水稍其障其旁溢〈校记：三本稍其作稍能，是也〉，而陵前湖河之水又将遏之北侵矣。乞命钦天监官一员前来相度形势，应筑应止伏候圣裁。具一〈校记：三本具作其，是也〉、原议寿春王坟北面包砌石岸以防冲决，今则量水势浅深比坟低二丈六尺有余。河岸以来洰坟三百四十余步〈校记：广本阁本以来作远近，是也。旧校改洰作距〉，且孙家渡既不开道可无他虞〈校记：三本道作通，是也〉，但黄、淮二水合流泛涨，不可不预为之防。请离坟四面各百余丈外，周围环筑土堤一座〈校记：广本围作遭〉，砌以石基，植之榆柳，以防不测。但地脉或有所妨，而石料不能卒办，当早为之议也。”其一、近年黄河入运，仅能利济鱼、台。南自徐、沛二百里〈校记：广本阁本自作至〉，亦自鱼台北至济宁〈校记：广本阁本亦作尔，是也〉，及临清五百里间，俱赖没水诸泉之利〈校记：三本没作汶，是也〉，宜大加疏浚，务俾匀水悉入漕河〈校记：广本阁本匀作勺，是也〉。其一、南旺周遭湖堤已筑成一百余里，堪以积水。其旧设减水闸填，俱宜查复。其一、鲁桥至沛县东堤一百五十余里，旧议砌石以御横流，今黄河既已南陡闸河〈校记：广本阁本陡作徙，是也〉，汶泉水微，培堤亦已高厚，毋容更议。其一、河南原武县王村厂，增筑月堤一十里。其一、孙家渡自正统时全河从此南徙，弘治时，于寒随开随淤〈校记：三本寒作淤塞，是也〉，卒不能通。今赵殁河日渐充广〈校记：旧校改殁作皮。广本阁本河上有寨字。三本充作冲，是也〉，若再开渡口并入涡河，不惟二洪水涩，恐亦有陵寝之虞，当如旧闭塞。其一、兰阳县铜瓦厢月河，不必再浚，盖黄河水势难与力争，既已趋北，不能复使东注也。其一、淮安清河口，板闸迤西淤浅河道道〈校记：三本作道，是也〉，并工疏浚筑为堤岸。其一、新庄清江等闸，如济宁闸例，以时闭开〈校记：广本阁本作开闭，是也〉。其一、旧议祥符县之磐石口〈校记：三本磐作盘〉，兰阳县之铜瓦厢，考城县之蔡家口，各筑添月堤。臣等以为，黄河之当防者虽北岸为重〈校记：三本虽作惟，是也〉，且水势湍悍，冲徙靡常，其堤岸之去河远者，间获仅存，而濒河者无不冲决。当择其中去河最远大堤，及去河稍远中堤各一道，坍者增修，缺者补完，断绝者接筑，使北岸七八百里间，联属高厚，则前勘应筑各堤举在其中，不待另筑矣。但工役甚钜，而时诎民穷，须以渐修举。”工部以其议为当。上从之。

（明世宗实录，卷182，3882-3885）

嘉靖十五年（1536）

99. 正月丁巳朔，丁丑，总理河道侍郎刘天和言：“河南岁派河夫三万四千六百名。……”

（明世宗实录，卷183，3893）

100. 三月丙辰朔，丁巳，诏徙丰县治于故城。初，河决丰县，城郭室庐尽没，乃迁县治于华山。至是河流南徒〈校记：各本徒作徙，是也〉，民怀念故土，稍稍引还。抚按请复城旧县，从之。

（明世宗实录，卷185，3911）

101. 三月丙辰朔，辛未，升兵部右侍郎周金为都察院右都御史，总督漕运，巡抚凤阳〈校记：阁本右下有副字〉。……

（明世宗实录，卷185，3921）

102. 五月乙卯朔，甲戌，工部复总理河道右副都御史李如圭条议五事：“此任才能以举泉政〈校记：各本此作一，是也〉。漕河全赖泉水，顷年泉源淤塞，以致泉流微细，宜专设兖州府同知一员管理。一、处闸座以均水利。漕河一带闸座，随时增改者多，此盈彼涸，往往称浅，宜仍旧便。此后必相度得宜乃听改作。一、切闸坝以垂永久〈校记：各本切作砌，是也〉。漕河闸坝类皆土筑善崩，宜采石修砌。一、治湖陂以裨运道。山东漕河固资泉流，而昭阳、南旺、蜀山、马场、伍大、安山等湖陂，俱受水所，可为运河之济。但年久不治委之无用，其至淹没为害〈校记：抱本其作甚，是也〉，或被人侵占，宜责令退出，官为治修〈校记：广本作修治，是也〉。一、严稽考以革奸弊。何道银两先年散贮各衙门〈校记：各本何作河，是也〉，遂致那借侵欺无从查考，宜令所司专听河道支用。”从之。

（明世宗实录，卷187，3961-3962）

103. 七月甲寅朔，庚申，武定侯郭勋陈言三事：“一、清漕卒许载货物以通下情〈校记：各本清作请，是也〉。……”户部复言：“漕舟货物令甲不许过四十石之外，今宜以此为率，勿令越限。……”上悉从其议。……

（明世宗实录，卷189，3983-3984）

104. 九月癸丑朔，壬午，户部等衙门会议漕运事宜：“一、议将南京并上下江四总船料〈校记：广本阁本四作西，按：四总正确〉，除厂造者，照旧取用南京赃罚外，其旗造者，自嘉靖十六年为始〈校记：阁本作六年〉，粮运到淮，即于该总兑运三四轻赍，十分之三银内，查照各该例旗船，合用料价扣算。挖出银四千六百两七钱，发淮安府库收贮，听工部委官主事支领造船。一、议将江北中都三总兑运山东粮内，每年量拨五六万石，派与遮洋总下，德州、天津等卫，空开军船〈校记：三本开作闲，是也〉，运赴京通二仓上纳。每石仍照江北总下旧规于领兑。江南二四轻赍内，挖贴银三分内，将一分五厘辏贴天津〈校记：阁本脱厘以上十二字〉，改兑余银一分五厘，相兼一六轻赍，足勾完纳。一、议将管理通州郎中移劄杨村等处地方，每年当春仲秋杪之际〈校记：阁本杪作初〉，严督各该夫老人等，遇有游浅〈校记：广本阁本游作淤，是也〉，即酌量工力疏浚。侯运船到湾，仍诣通惠河提调。其临清迤南，自东昌以致南旺等闸〈校记：三本致作至，是也〉，应添设主事一员，专管开河等闸。督令各该官夫如法启闭。……”诏如议行。

（明世宗实录，卷191，4042-4043）

嘉靖十六年（1537）

105. 十二月丙午朔，癸丑，先是，总理河道右副都御史于湛等言："地丘店、界牌口、杨铎铺等水俱入亳州，经涡河渐近寿春王陵，且居郑家口上流，易成淤塞，无以接济二洪。若挑饮马池原淤河身，地远费多，宜于地丘店、野鸡冈等口上流，开凿一河四十余里，由挑园集、丁家道口入旧黄河，既可以截涡河之水入河济洪，复可以免遍冲王陵之虞。"工部复以为便，诏从之。

（明世宗实录，卷207，4307）

嘉靖十七年（1538）

106. 二月乙巳朔，乙卯，巡抚山东右副都御史胡缵宗奏："青、莱、登三府地坊〈校记：三本坊作方，是也〉，旧有元时新河一道，南北距海三百余里，舟楫往来兴贩贸易，民甚便之。比岁游塞不通〈校记：三本游作淤，是也〉，商农皆困。原设闸座故迹犹存，惟马家濠中多顽石，乃元人疏凿未竟者。今已募夫凿通，尚有停口、窝铺浅隘者一百余里，淤塞者三十里，乞动支官帑开浚，永为民利。"工部复如瓒宗议〈校记：三本瓒作缵，是也〉。诏从之。

（明世宗实录，卷209，4330）

107. 二月乙巳朔，丁卯，工部复巡抚顺天都御史党以平奏："蓟州运河，自殷留庄大口至旧仓店，淤塞一百十六里〈校记：广本阁本塞作浅〉，请发椿草银六百四十里〈校记：三本椿作桩，广本阁本里作两〉，粮米五万石及时疏浚。"诏可。

（明世宗实录，卷209，4332）

108. 七月壬申朔，丙子，修浚地丘店、丁家道口河工完。赏总理河道都御史于湛、巡抚河南都御史易瓒、巡按御史王镐各银币有差。按察司副使张纶等各升俸一级。

（明世宗实录，卷 214，4391）

嘉靖十八年（1539）

109. 五月戊辰朔，戊寅，工部尚书蒋瑶奏："圣母梓宫南祔，自通州直抵承天，水程数千余里。由运河以达长江，中间湖洪闸坝险阻非一，宜命总理河道及漕运都御史，前期委官疏道淤浅，蓄节水利，修治闸坝。自仪真至承天府沿江一路，宜行南京工部委官管理芦洲官，会同各该抚按巡江预为整理〈校记：抱本按下有官字〉。巡船、沙船导引防送，仍备黄船三只预防仓卒取用。"上从之。

（明世宗实录，卷 224，4671）

110. 七月丙寅朔，辛巳，初，工部员外郎王佩管理临清闸河，以圣母梓宫南祔，龙舟将至，预闭闸蓄水以俟。会山东按察司佥事于廷寅舟至，愤不启闸，杖其守者，遂决闸而行。佩怒责闸官及诸役擅启闸，而廷寅益愤，复捕系前闸官役十九人，淫刑榜掠。又凌逼所属，褫夺冠带以泄其怒。山东抚按官交章劾廷寅暴横不敬，并论佩忿激召衅，请置廷寅罪而戒饬佩。上谓："廷寅慢上虐下，恬不畏法！令锦衣卫械系来京讯鞫。佩惧误公事，责治该管人员不为忿激，贳之。已锦衣卫逮廷寅至，诏廷杖一百，黜为民。

（明世宗实录，卷 226，4699）

111. 七月丙寅朔，庚寅，升河南左布政使郭持平为都察院右副都御史总理河道。

（明世宗实录，卷 226，4702）

112. 十一月甲午朔，己亥，提督漕运镇远侯顾寰，以巡仓御史王达论其不职求去。上曰："漕运重务，方膺委寄，今岁挽输稽迟，盖河道有阻，非提督罪也。卿当益尽心供职，不允辞。"

（明世宗实录，卷 231，4756）

113. 十一月甲午朔，庚申，提督漕运总兵官镇远侯顾寰奏言："湖广、江西、浙江下江南京，江南、江北、中都诸部运船，前以回避梓宫，继以河水涨发，不获时进，比已冻阻共二千九百余只。必至明年河泮时始得还，恐过期不复能领运。且各处灾伤民不堪命，明年兑运亦未必能如期。乞暂将前船免下年装运，约所装粮可九十六万七千四百余石。即以各灾伤地方量准折银上纳〈校记：东本作"就将所在奏报灾伤地方，各照阻冻船只"〉，系正兑者石银七钱，系改兑者石银六钱，同本色米以时输入太仓。一以省冻阻之船，一以宽地方之困，兑运无亏，军民两便。"户部复言可，从之。

（明世宗实录，卷 231，4761-4762）

114. 十二月甲子朔，丙子，户部会议漕运事宜："一、南京水军诸卫，旧设有军余六百八十七名，每名岁办浅船料银四两，后以军余掣去他用，而船料取给南京法司赃罚。然罚锾每不足供造船之费，假贷为用累不可言，宜下南京户、兵二部议处，如旧佥补军余。一、给散运军羡余银，间有事故扣除者，俱寄贮通州官库。累年影射漫无稽考，宜一切籍送太仓收贮，俟有公费，各卫所赴仓关领。一、遮洋运船于德州常盈库顺带山东布花〈校记：东本盈作丰〉，赴蓟州仓交收。每布一疋绵花二斤，得脚费各一钱，而监收者往往以不如式责令陪偿，为累特甚。宜自今，令有司遣人随船自解，即不如式无与运军。一、苏松诸处，往往以粮征未完，故将铁斛隐匿，独以一斛取次传较，耽延日月，有误运期。可自后每总各添造铁斛五张，解漕司较勘平准，带往水次兼用。一、革垫仓糠秕以免插和。一、申明晒扬以速运期。”疏上，俱如议行。

（明世宗实录，卷232，4768-4769）

嘉靖十九年（1540）

115.六月辛酉朔，庚午，添设镇守江淮总兵官。初，嘉靖八年间，江洋大盗发。大学士夏言时为兵科都给事中，奏请专设镇守江淮总兵官，督兵剿捕。未几贼平，兵部奏革，以其责任仍归操江武臣如故。凡江浙粮运〈校记：三本作浙江〉，自苏、常里河取道者，从来由镇江京口闸抵仪真。其闸河土疏易淤，府县必岁时浚治，然后粮运无阻。是年京口闸淤阻〈校记：阁本作只今〉，漕粮咸拨民船出孟子河，多为海寇所掠，甚至执戮官吏。南京兵科给事中杨雷以其事闻，请治镇江知府张珫〈校记：抱本阁本珫作瑶〉、丹阳知县周宁，失时不浚河道之罪。诏下其疏都察院，令并参守土巡江诸臣。于是院参珫、宁及守备仪真都指挥解明道，总督金山备倭指挥童扬，苏、松兵备副使王仪，及水利巡司等官，宜行巡按御史提究。操江都御史王学夔，巡江御史胡宾宜罚治。得旨：“珫、明道等俱如拟提问，夺宾俸两月，学夔一月。”并诘兵部以先年所设江淮总兵官，何因革罢？于是，兵部具以兴革本末查复。因言：“今江洋群盗连艘比舰，横行镇江、崇明诸域，盛陈兵甲，凶焰甚炽，不异嘉靖八年时。宜设总兵官给以旗牌、敕符，俾驻劄镇江，提督沿江上下兵防。西自九江安庆，东及淮、扬、苏、常诸郡，凡备倭守备卫所，及有司巡捕官悉节制之。”报可……

（明世宗实录，卷238，4838-4839）

116.九月己丑朔，壬寅，运粮千户李显条陈修筑运河三事。其一谓：“扬州南自瓜、仪，北抵淮安，俱藉宝应范光湖诸水接济。

乃湖南北相去三百里，广百二十余里，卒有暴风漂荡不测，议于范光湖堤迤东开筑月河，以免水患。”其一谓：“北自淮安，南至瓜、仪，水势上下相去丈许，惟赖瓜、仪二坝关防。先年坝决，水冲河道淤浅，宜令瓜州陈家湾，仪真新城地方，并扬子桥，及扬州东关各增一闸。若瓜州坝冲决，则下陈家湾闸。仪真坝冲决，则下新城闸。如二闸闭水不及，则下扬子桥闸，再不及，则下东水关闸以留水利。”其一谓：“仪真下接扬子大江，商舶辐辏，河道壅塞，粮运阻误。成化年间，尝令将新城通江旧河疏浚宽广，亦置一坝，河道疏通，官民称便。后废不修，今宜仍前修浚以裨漕政。”上命工部议行。

（明世宗实录，卷 241，4878-4879）

嘉靖二十年（1541）

117. 正月戊子朔，己亥，巡抚凤阳府处都御史周金等〈校记：广本府作等，是也。等下有奏字，是也〉：“庐、凤、淮、扬四府，徐、滁、和三州及各卫所地方，数苦水旱，请以兑运米一十五万五千石，每石准征银七钱，随运起解〈校记：阁本运作军〉。其改兑米一十六万四千四百五十石，暂改于临德二仓支运。”下户部议：“改折兑军米，许以五万石。改运二仓米，许以三万石。其支运过米数，仍俟次年丰熟抵还，前旨依拟不为例〈校记：前疑应作得〉。开派两淮、长芦运司盐十万五百五十引于山西镇，以供神池堡等处新增兵士刍饷、布花之费〈校记：广本阁本神上有山西二字〉。”

（明世宗实录，卷 245，4924）

118. 四月丁巳朔，乙亥，总督漕运左都御史周金奏：“黄河支流淤塞，徐、吕二洪水浅，并镇江等处河道阻滞，请及时挑浚以济粮运。”总理河道右副都御史郭持平，巡抚河南右佥都御史魏有本奏〈校记：旧校本下增各字〉：“黄河迁徙大势，自睢州野鸡冈至毫州入准〈校记：毫应作亳〉。其由孙继口并考城县，至丁家道口虞城，入徐、吕二洪者十分之口〈校记：三本口作二是也〉，此递道所关〈校记：三本递作运，是也〉，非特河南一省之责〈校记：阁本责作害〉。即令沙淤四十余里疏浚之费〈校记：三本令作今，是也〉，动距万计〈校记：距应作巨，广本阁本作动计巨万〉，乞山东〈校记：广本阁本乞下有发字，是也〉、南、北直隶，椿草、夫役银两数万，于睢州贮库协济。”工部议复，从之。户科给事中刘绘奏：“黄河大势南徙，其支派细微，以致徐、吕二洪涸浅，有妨运道。乞严责河道官疏浚丁家道口等处，及汶济诸泉。”工科左给事中沈良才奏：“山东泰安等处计一百七十六泉，旧设管泉主事〈校记：广本阁本事下有“并同知等官，迩者视为泛常，以至泉源微细，乞行抚按及管泉主事”二十六字，是也〉，督率人役极力浚导。”兵科给事中张翼翔奏：“黄河南入涡河，经亳州逼近陵寝，乞浚孙继口等处以济漕河，并筑堤防以止黄河南下。”工部议复。上曰：“徐、吕二洪阻浅，非常挑浚所能通济〈校记：广本阁本非下有寻字，是也〉，即行漕运河道都御史及抚按督率各官，尽心议处以闻。”

（明世宗实录，卷248，4984-4985）

119. 五月丙戌朔，丁亥，工科都给事中韩威等〈校记：阁本工作兵，无等字〉，劾奏总理河道都御史郭持平，修河半载尚未成功，及河南巡抚都御史魏有本〈校记：阁本脱史以上十九字〉，山东巡抚都御史李中，总督漕运都御史周金，河道郎中郭应奎，主事孙楚〈校记：广本阁本孙作徐〉、陈穆、张珍俱宜罚治。工科给事中林庭壆复奏〈校记：阁本作林廷举，疑误〉：“河道御史郭持平〈校记：旧校道下增都字〉，已报睢州野鸡冈孙继口挑浚新河工完，徐、吕二洪粮运无阻。而漕运都御史周金等，又称桃源宿迁等处河道浅涩，徐、吕水不盈尺〈校记：抱本吕下有二洪二字〉，岁运艰难，各加背戾〈校记：广本阁本加作相，是也，抱本加作皆〉。乞敕大臣会同周金等督率管河官，刻期底续以垂永久〈校记：三本续作绩，是也〉。”上曰：“漕河浅塞关系国储重计〈校记：抱本塞作涩〉，深轸朕心。管河官久奏挑浚，河迄今尚未成功〈校记：广本抱本河作何，是也〉，郭持平降俸三级，郭应奎等降一级，俱戴罪督理。周金、魏有本姑免究。工部即会推才干大臣一员驰往，会同各官协同计处，务俾粮运通行。”因命兵部右侍郎王以旂〈校记：阁本右作左〉，兼都察院左佥都御史督理河道〈校记：阁本左作右〉。以旆遂条陈河道事宜〈校记：旧校改旆作旂〉，疏下工部复宜〈校记：三本宜作议，是也〉：“一、管河官止令专理河道，不得别遣。效劳著绩者不问崇卑，一体旌擢。一、河道贮库及椿草银两并本部事例，户部无碍官银，俱听随宜支用。一、各项船只停泊已久，一遇河通势必竞先，宜申明条约，先尽运粮船及进鲜黄船发行，余皆不许搀越。把总等官无得迟延带河〈校记：三本河作货，是也〉。一、国初，漕河惟通徂彩诸泉及汶泗诸水〈校记：三本彩作徕，是也。抱本阁本通作导〉，至景泰、弘治年间，黄河始自至。于时，督理大臣如徐有贞、白昂、刘大夏，犹极力排塞不资以济运也。以其势猛水浊，来则冲决，去则淤垫，且迁徙不常，害多利以〈校记：三本以作少，是也〉。目今幸黄河南徙，诸闸复旧。其野鸡冈新开河道，宜浚山东诸泉入之，以济徐吕、二洪。沛县以南，仍筑长陵聚水〈校记：广本阁本陵作堤，是也〉，如闸河制，务在有利漕运而已。又今之议者，有谓引沁水，自武陟而东，至曹州向济宁出水通闸〈校记：广本阁本水作永，是也〉，入运河者。有谓引漕舟由江淮入黄河，达于阳武，陆运百里入卫河，直达天津通州者。又有谓海运固难，中间平度州东南，有南北新河一道，元时尝治有闸〈校记：抱本治作制〉，直达安东，南北悉由内洋而行，路捷且无险者。此皆今日所当多方讲求择便，而从事者也。”上曰：“海运迂远难行，不必妄议生扰。决浚山东诸泉乃今日要务，其如议行。”湖广布政使司、右参议方远宜请开海运。上曰：“运河一时浅阻，已命官往沿〈校记：三本沿作治，是也〉，海运有旨不得妄议，方远宜多言乱谋，姑不究。”

（明世宗实录，卷 249，4999-5001）

120. 五月丙戌朔，戊子，翊国公郭勋言：“自庙灾以来重建之举，未闻所司会计，恐不可缓。”上是之，命礼部会官议闻。于是礼部尚书严嵩等会廷臣议言：“七庙之建，实我皇上稽古作制，屡经廷议……今独材木为难。盖巨木产湖广、四川穷产绝壑人迹罕至之地〈校记：三本产作崖，是也〉，斧斤伐之，凡几转历而后可达水次。又溯江涛万里而后达京师，水陆转运岁月难纪〈校记：三本纪作计〉，此首当预为之所也。……”

（明世宗实录，卷 249，5001-5003）

121. 五月丙戌朔，己亥，先是总督漕运都御史周金奏：“运船浅阻，淮、徐、临、德、天津水次旧有仓廒，乞速议修补以图寄囤。”户、工二部复言：“国初粮运，乃节级转般之法〈校记：阁本般作船〉，故于水次置仓。后因漕河已定，直达于京，此法遂止。今此议一倡，则运军懈怠，而河工亦视以延缓，必误国计，不可许。但当敕金悉心经画攒运。”奏入。上曰：“尔等职司国计，粮运不止〈校记：三本止作至，是也〉，全不经心预图。但今已差大臣经理，姑如拟行。”既而户科都给事中郭鍪等上言：“寄囤诚非旧例，但河道既塞，事变所伏，亦不可测。不如允寄囤为便。”上曰：“寄囤与盘剥岂视河流通阻以为缓急〈校记：三本岂作宜，是也〉？不可执一！其令差去官，会同漕运衙门协心经理以济京储。”

（明世宗实录，卷 249，5007-5008）

122. 七月乙酉朔，辛卯，升户部右侍郎王杲，为都察院右都御史总督漕运兼巡抚凤阳等处。

（明世宗实录，卷 251，5028）

123. 十二月壬子朔，戊辰，山东临清州获虏间一人，巡抚都御史曾铣以闻。上命赐铣银币，升兵备副使王阳俸一级。知州邢大道，典史张阜，令守臣厚犒之。其获虏者赏银三十两。……

（明世宗实录，卷 256，5137）

嘉靖二十一年（1542）

124. 二月壬子朔，乙卯，漕运总兵官顾寰等言："运船损坏千余，请以两淮余盐银十七万补造。"户部议："浅船料银，军三民七，谕纳已为定例〈校记：旧校改谕作输〉，其借支补造乃一时权宜。顷者南京户部议将盐引纸价，岁以一千七百四十八两。南京兵部缺官柴薪，岁以一千两，自十九年为始充造船之费。今当催取前银，不宜借支盐课。"诏如部议。已，复从总督漕运都御史王杲言，以二十一年漕运减省三分军船，旗军四万二千余名。该辨纳料银九万三千余两〈校记：旧校改辨作办〉，及二十二年漕运料解减折三分〈校记：三本料解作粮斛，是也〉。或有灾地方减折五六十万石，所省旗军亦照例征辨料银〈校记：旧校改辨作办〉。除本年修船之外，余者俱以补造损坏船只。

（明世宗实录，卷 258，5164）

125. 二月壬子朔，辛酉，总督漕运都御史王杲、总理河道都御史郭持平奏："睢州野鸡冈原有支河，通徐、吕二洪以资运道。近因黄河冲野鸡冈，流涡河经亳、泗大势南徙。于是孙继口遂淤徐、吕二洪水微〈校记：广本继作维〉，而泗州祖陵、凤阳白塔、寿春等王坟水遂归焉。乞筑野鸡冈口，挑浚孙继口、扈运口、李景高口三河〈校记：影印本扈字李字不明晰〉，使水势东行。由萧、砀自徐州入运河以济二洪，庶运道有利，陵寝无虞。又邳州桃源河广流远，多浅塞处，乞循依古法，筑坝捞沙水流中〈校记：影印本循字、沙字不明晰〉，漕可无壅滞。”疏下工部，复如其言。诏差工部郎中郭应奎，及钦天监官会同抚按官察议勘报〈校记：三本察作查〉。

（明世宗实录，卷258，5165-5166）

126. 二月壬子朔，戊寅，巡抚山东都御史曾铣奏：“请筑临清外城。”上曰：“筑城事宜仍行抚按官详议，果民愿财足，即乘春和兴筑。务使河流不侵，运道无阻，足堪为保障。”

（明世宗实录，卷258，5175）

127. 六月庚辰朔，癸卯，巡按山东、河南监察御史杨本深、赵继本奏：“黄河孙继口、李景高口、扈运口俱已疏浚〈校记：阁本无扈运口三字〉，徐、吕二洪水势通行，粮运无阻。”上览奏嘉悦。诏加督治漕河兵部右侍郎王以旂俸一级，候缺推用。升总理河道都御史郭持平为工部右侍郎，仍管理河道。升管河郎中郭应奎等七员各一级。员外郎封祖裔等一十五员俸一级。余俱赏赉有差。

（明世宗实录，卷263，5224-5225）

128. 九月戊申朔，癸丑，兵科都给事中钱亮等言：“……大同以南之桑乾河，亦如新增通惠河之法，则转输之费既省，可备二镇绥急之需〈校记：三本绥作缓，是也〉。”事下部议言：“……通漕二事，俟抚臣查议以闻。”报可。

（明世宗实录，卷266，5267）

129. 九月戊申朔，庚午，督理河道都御史王以旂条陈四事：“一、漕河仰给山东诸泉，水贵以时疏浚。近已会同各官清查旧泉一百七十八处，复开新泉三十一处，俱入河济运。但恐一时疏浚寻以湮塞〈校记：三本时作失〉，主事一员势难遍历，乞分隶各地方守巡、兵备等官兼理其事。一、徐、吕二洪为运道咽喉，山石险峻，非水深数尺莫能行舟。闻旧曾置闸束水，乞于境山镇二洪下各建石闸，旁留月河以泄暴水。沙坊等浅由河广漫流，更宜筑四木坝。武家沟、小河口、石城、匙头湾诸浅，预置方船以防捞浚。一、漕河两岸，原有南旺、安山、马场、昭阳四湖，名为水柜〈校记：阁本脱名以上十九字〉，所以汇诸泉济漕河也。被豪强占种蓄水不多，而昭阳一湖淤成高地，大非国初设湖初意。乞委官清查，添置闸坝斗门，培筑堤岸，多开沟渠，浚深河底以复四柜。一、黄河南徙，旧决口俱塞，惟孙继口独存，导河出徐州小浮桥，下徐、吕二洪，此济运道之大者。近已兴工挑浚，但黄河变迁无常，难保不复淤塞，乞于本口多开一沟，及时疏浚，庶上流有所受，下流有所泄，而二洪常得接济矣。”疏入。工部复议：“当从，但以管泉责之有司，事体不一，仍令各部官司之。惟于总理河道官加工部侍郎御，以便督责。”诏悉如拟〈校记：广本阁本此四字作“上依拟，仍诏管河官，委任严切，遵行永久。不许始勤终怠，以堕前功。”〉。

（明世宗实录，卷266，5271-5273）

嘉靖二十二年（1543）

130. 正月丙午朔，辛亥，改户部左侍郎张汉为兵部左侍郎，总理河道。

（明世宗实录，卷270，5318）

131. 正月丙午朔，丁巳，起致仕南京刑部尚事周用为工部尚书〈校记：三本事作书，是也〉，总理河道。

（明世宗实录，卷270，5319）

132. 二月乙亥朔，戊寅，工部请加总理河道尚书周用宪职〈校记：阁本尚上有工部二字〉，庶便行事。上以祖宗时治河官原无兼职，已之。

（明世宗实录，卷271，5337）

133. 八月癸酉朔，乙亥，以山东临清州新城工完，升巡抚佥都御史曾铣为右副都御史，赏银三十两，纻丝二表里。……

（明世宗实录，卷277，5413）

嘉靖二十三年（1544）

134. 五月戊戌朔，乙丑，命前军都督府佥书、都督佥事刘玺挂印充总兵官，提督漕运镇守淮安地方。

（明世宗实录，卷286，5539）

135. 五月戊戌朔，丙寅，管理徐州洪（按：洪下应有闸字），工部主事王觉论江北运粮把总田世威占坐粮船，夹带私货，僭乘舆轿，辱詈部臣。诏下漕运衙门逮问。

（明世宗实录，卷286，5540）

136. 七月戊戌朔，丙午，吏科都给事中卢勋奏："凤阳巡抚、总督、漕运，其任至重，属者员缺，多就近推补，似非为官择人之意，请敕吏部会同九卿科道，从公推举三四员上请。"上是其言。……于是吏部推工部尚书总理河道周用〈校记：影印本周字不明晰〉。上允之，命用以原职兼都察院右都御史总督漕运、兼巡抚凤阳。

（明世宗实录，卷288，5552）

137. 八月丁卯朔，辛未，户部奏言："天下灾伤过半，而太仓积贮粮米有余，请将今年漕粮四百万石，征本色七分，折色三分，以苏民困。其被灾之地，行抚按官动支赎罪银给赈。"从之。

（明世宗实录，卷289，5562）

嘉靖二十四年（1545）

138. 闰正月甲子朔，丙子，起服阕都察院右副都御史于湛总理河道。

（明世宗实录，卷295，5640）

139. 十月庚寅朔，癸巳，户部会议漕运事宜："一、运粮把总官及各卫领运官升转，必候交代然后离任。一、运官无故逃回者降二级，仍调边卫。一、运官缺，听把总官访举，具呈漕运衙门转行各卫所取用，毋得擅委。一、运官托病避运者，指挥降三级，卫、镇抚、千户降二级，所、镇抚、百户降一级，仍发运粮〈校记：阁本发下有漕字〉。一、监兑主事，各令亲赴水次，从公验兑以弭争端。一、补置铁斛，分给该兑地方，永为定式。运军至〈校记：阁本军作官〉，令其赴官告领。"疏入允行。

（明世宗实录，卷304，5754-5755）

140. 十一月庚申朔，癸酉，巡按直隶御史贾大亨奏："自河水由野鸡冈冲折而南入凤阳，沿河诸州县今岁滋甚，已议徙五河、蒙城二县避水患矣。独临淮一县当凤阳府治之东，为祖陵水口，形胜势不容远徙，而近地复无可据，且累岁灾伤不堪重役。乞敕总理河道及巡抚官亲为相度，或迁或否，务求至当，不得互持两端。仍于砀山县乘时疏浚，引河道入二洪（按：道应为导），以杀南注之势。其五河、蒙城、迁县事宜，并行熟计以图永久。"下户工二部复，可从之。

（明世宗实录，卷305，5768-5769）

嘉靖二十五年（1546）

141. 二月戊子朔，甲午，裁革杨州朝宗二闸〈校记：广本杨作扬〉，从总督漕运都御史王暐奏也〈校记：阁本运下有“兼巡抚凤阳地方”七字〉。

（明世宗实录，卷 308，5802）

142. 六月丙戌朔，甲午，升总督漕运巡抚右都御史王暐为户部尚书〈校记：东本暐作伟，疑应作玮〉，总督仓场兼理西苑农事。

（明世宗实录，卷 312，5847）

嘉靖二十六年（1547）

143. 二月癸未朔，甲申，户科给事中陈棐疏陈河道事宜：一、除水患以袪民害。“谓大江以北地势平衍，一遇淋潦辄被淹没〈校记：广本抱本淋作霖〉，宜仿江南水田之法，督责长吏时加疏浚，通其沟洫，使田间沟水尽入于河。”一、减河役以苏民困。谓：“南、北直隶、山东、河南，先年设有闸夫、河夫、堡夫，远者征银，近者给役，以供黄河修筑之用。今皆积有盈余，而岁征如故，民实不堪，宜量为减免，待河工兴举，银力不敷，仍旧征派。”工部议复，报可。

（明世宗实录，卷 320，5941-5942）

144. 七月庚戌朔，丙辰，山东曹县河决，城池漂没，人民死者甚众。工科都给事中刘大直劾河道都御史詹瀚等。得旨〈校记：广本得旨作上〉，命巡按御史查核以闻。已，御史党承赐奏：“瀚及副使张九叙等堤防失策〈校记：阁本叙作龄，下同〉。”诏夺瀚俸二月，九叙等下御史逮问。

（明世宗实录，卷 325，6018）

145. 闰九月己卯朔，乙酉，复设山东兖州府管河同知，单县管河主簿各一员。

（明世宗实录，卷 328，6041）

146. 闰九月己卯朔，戊子，升总督漕运兼巡抚凤阳都察院、右都御史喻茂坚为刑部尚书。

（明世宗实录，卷 328，6043）

147. 闰九月己卯朔，辛丑，升总理粮储兼巡抚应天都察院、右副都御史欧阳必进为兵部右侍郎，仍兼原职总督漕运兼巡抚凤阳。

（明世宗实录，卷 328，6046）

148. 十月戊申朔，甲寅，户部会议漕运事宜：一补脚米。谓："南京江北中都五总浅船，俱在瓜、仪二坝寄泊。官军至江南领兑〈校记：广本兑作粮〉，惟江北三总有过江脚米一斗三升，为雇船盘坝修船之用。其南京卫分，每石止有雇船过江脚米七升，而盘坝旱脚，俱于各船本等加四耗米内支费，又无余米帮助修船。查得领兑江浙三六耗米，每石扣斗米，折银五分，除解军之料价外，量加一分以充诸费〈校记：广本抱本加作扣，阁本脱加以上十五字〉。"一处耗米。谓："山东、江北等总领兑，山东、河南改兑正粮，每石加耗米一斗七升，运赴京、通二仓，每石加耗四升〈校记：广本加作纳〉。惟遮洋总领兑，河南改兑〈校记：阁本河上有山东二字〉，每石止加耗米一斗五升，运赴天津仓，每石纳耗六升〈校记：广本阁本耗下有米字〉。是领兑原少二升〈校记：广本二作三〉，而交仓反多二升〈校记：广本二作三〉，殊为不均，宜酌处画一。"一、处带运布花。谓："遮洋总运船一百五只，顺带德州常盈库绵花绒三万斤〈校记：广本三作二〉，至蓟州仓交纳，每花二斤给铜钱一文，为上船进仓之用。而该仓验收勒军陪补，情殊不堪。宜令本总出船装带，不领脚钱，仍责有司经收人员自管交纳。"一、革重印。谓："卫河厂先年设于临清地方，遮洋总旗军支领料价造船，本司验印后改移清江厂团造。属清江工部分司给料，清江提举司验印，而卫河提举司犹重复验印，宜行裁革。”报可。

（明世宗实录，卷329，6051-6052）

149. 十月戊申朔，戊辰，总督漕运兵部右侍郎、兼都察院右副都御史欧阳必进三年考满〈校记：广本副作佥〉，荫其侄念为国子生。

提督漕运署都督佥事万表奏：“海口新河淤浅，请调顺天、永平二府及通州卫所军民夫役桃浚〈校记：三本桃作挑，是也〉。”工部复奏，从之。

（明世宗实录，卷329，6061）

嘉靖二十七年（1548）

150. 正月戊寅朔，癸未，总理河道都御史詹瀚〈校记：广本瀚作翰〉，以河决曹县及金乡、鱼台、定陶、城武等处，奏乞于赵皮寨等处多穿支河，修筑堤岸以捍水患。诏可〈校记：广本抱本诏作报〉。

（明世宗实录，卷332，6095）

151. 二月丁未朔，乙亥，改总理河道、右副都御史胡松总督漕运兼巡抚凤阳。

（明世宗实录，卷333，6114）

152. 三月丙子朔，丁酉，以服阕提督南京粮储右佥都御史王守总理河道。

（明世宗实录，卷334，6125）

153. 十二月壬寅朔，戊申，漕运总兵官万表请给帑银造船，并减折运米以纾民困。诏以太仓银三万三千两给之。运米准减折三十万石，每石银六钱，仍令户部酌量地之远近〈校记：阁本之作方〉，及被灾轻重以为差。

（明世宗实录，卷 343，6224）

154. 十二月壬寅朔，辛酉，命神机营坐营、镇远侯顾寰充总兵官提督漕运兼镇守淮安地方。

（明世宗实录，卷 343，6229）

嘉靖二十八年（1549）

155. 正月壬申朔，辛卯，先是直隶巡按御史陈其学奏："漕运河道二臣，皆国计所系，非久任无以底绩。前年秋冬间，胡松推河道，韩士英推漕运。去年春初，士英始莅任，不踰月升南京户部尚书，仍以松代。松至，淮亦不踰月升户部右侍郎，彼此更代视如传舍。宜行久任以专责成，待其年资渐深〈校记：三本渐作积〉，劳勩茂著〈校记：广本勩作勚，阁本作勋〉，然后不次擢用，庶于国计有裨。"吏部复议，报可。

（明世宗实录，卷 344，6233-6234）

156. 七月戊辰朔，辛未，户部奏："临清仓积粮数多，年久红腐，且守支吏有赔偿守候之苦，宜将河南岁运本仓夏麦，折粮六万石。自嘉靖二十九年为始，每石征银八钱贮仓以备开籴。其山东运军，旧赴小滩支行粮者，令径赴临清，将前米新旧兼给，庶于国计人情均便。"得旨允行。

（明世宗实录，卷 350，6325）

157. 七月戊辰朔，壬申，户、兵二部，议复巡仓御史阮鹗疏陈漕运事宜："一、天津以北河道〈校记：抱本津下有卫字〉，宜令管河郎中，每年三月亲诣浅所疏浚。一、水次兑运，当置印信长单，令军卫有司将交粮时日登记，以备稽核。一、巡仓书办，宜照巡书期限三年考选更换。一、起剥借用民船，当度地里计工力给与价银。

一、天津一带河道，宜分属巡仓御史管理。一、河西务起至石土二坝，宜刻立水则浅深，其起剥多寡可坐而定。一、通仓守支官攒冗食人众，宜照依京仓交盘事例，以定去留。一、运官起剥银两，扣留河西务钞关，待粮船回日，当官领给。一、粮未呈样时，即验轻赍银两，运船起空时，即散军士羡余，庶免冻阻。一、白粮解户被害多端，其部运贪官挟诈奸党，宜听参劾禁治。一、军士起运多系贫难，宜于给领羡余之日，面稽除豁，以杜规避。一、每船一帮，给与挚斛一张，仍禁该坝较勘以清夙弊。一、通州为漕运襟喉，故屯重兵二万五千守之。后以承平日久，兵多归于京营，复分于漕运。其他私役失伍所存者，仅千七百余人，比者又调之戍边，供役益以空虚，宜下守臣以边关远戍之兵，亟为遣还。一、漕卒贫苦，将领所宜抚绥，近如参将贾席，把总李楫，掊克积贿至以万计，宜置于理以惩不饬。”议入，从之。

（明世宗实录，卷350，6327-6329）

158. 十二月丙申朔，丙申，巡按直隶御史陈其学奏：“徐州吕、梁二洪，先因水涸陵险，设有洪夫二千四百有奇。自嘉靖二十三年黄河自西来注之，漕挽顺利，人力甚省，乃洪夫仍取盈旧额，徒滋虚糜，乞量行裁损，以宽萧、砀民力。”疏下工部，请令总理河道官酌议〈校记：三本令作命〉。报可。

（明世宗实录，卷355，6391）

嘉靖二十九年（1550）

159. 四月乙未朔，丁未，总督漕运右副都御史龚辉、巡按直隶御史史戴德，各奏：“泗州逼近淮河，地势低下。今黄河水决入淮，下流壅塞，其势必且上溢为陵寝之忧，乞亟开直河口以通。下流筑一陈庄〈校记：三本一作二〉、刘家沟二口，以防冲决。仍命钦天监官一员相度祖陵地脉，择日兴工。”工部议复，报可。

（明世宗实录，卷359，6428）

160. 四月乙未朔，己酉，升总督漕运兼巡抚凤阳、都察院右副都御史龚辉为大理寺卿。

（明世宗实录，卷359，6428）

161. 五月甲子朔，丙子，升南京刑部右侍郎魏有本为都察院右都御史总督漕运、巡抚凤阳。

（明世宗实录，卷360，6436）

162. 六月甲午朔，癸卯，升南京大理寺卿方钝为南京户部右侍郎。命总理河道、右副都御史何鳌总督漕运兼巡抚凤阳等处。

（明世宗实录，卷361，6445）

163. 六月甲午朔，甲寅，升南京太常寺卿汪宗元为都察院右副都御史总理河道。

（明世宗实录，卷361，6446）

164. 十月辛酉朔，乙丑，诏修通州新城，从都御史王忬请也。

（明世宗实录，卷366，6539）

165. 十月辛酉朔，丙戌，户部会议漕规：“一、遮洋总船多造无用，宜额定二百八十艘，余悉停造。岁可省料银二千七百余两，旗军银九千三百余两，留充该总修造浅船，置办什物之用。一、江西额造浅船料价，例于概卫所军士月粮扣给（按：概应为该），请行抚按查议以过江、过湖余银抵造，庶不愆期。一、今后户部类参官员及犯漕规应住俸者，通劄理刑司逮问。山东遮洋二总，不系过淮及减存退运者，每千里限以一月，过三月以上，治都司及守备、各把总官之罪。”诏如议行。

（明世宗实录，卷366，6551-6552）

166. 十二月庚申朔，甲子，升总督漕运都察院右副都御史何鳌为南京兵部右侍郎。

（明世宗实录，卷 368，6579）

嘉靖三十年（1551）

167. 五月戊子朔，甲辰，巡按直隶御史赵锦言："直隶淮安至山东兖州数百里间，民多流移，荒田弥望，乞蠲其逋赋，宽其重役。其闸洪泉坝等夫役，请于漕运四百万石内，每石如银二分顾募〈校记：各本如作加，是也〉，仍简命才望之臣，督有司抚绥开垦之。"户部复："官可无遣，诸逋负请自二十七年以前尽蠲之。漕粮增派夫银，宜行漕运、河路二臣议〈校记：各本路作道，是也〉。"得旨："地荒民逃屡诏抚辑垦辟，有司全不奉行！仍选有心计才干官一员，量与宪职专往经理，挨有续方许别用〈校记：各本作"俟有成绩"，是也〉。"

（明世宗实录，卷 373，6659-6660）

168. 六月戊午朔，丁丑，兵部议留运军万人防守通州报可。已，御史温景奏言〈校记：广本阁本历本奏作葵，是也〉："若留漕卒防秋，计撤回之期当在十月，于时漕河冻阻船不得南来，岁运粮必至稽误不便。"乃罢前议。

（明世宗实录，卷 374，6674-6675）

169. 六月戊午朔，癸未，增修通州城完，赏督理粮饷右佥都御史王忬银三十两，纻丝三表里。巡按御史温景葵十五两，一表里并管工官员各赏有差。

（明世宗实录，卷 374，6676）

170. 六月戊午朔，丙辰〈校记：旧校改辰作戌〉，改南京户部左侍郎骆颙为户部左侍郎，总督漕运兼巡抚凤阳。

（明世宗实录，卷374，6677）

171. 七月丁亥朔，己亥，总督漕运都御史应槚奏：“先年黄河入海之道，疏通无滞，故开青河口〈校记：广本阁本历本青作清，下同〉，通黄河之流以济运道。今黄河入海下流〈校记：广本阁本海下有之字〉，如涧口、安东等处俱涨塞。河流壅而渐高，泻入青河口，泥沙停淤，屡塞浚屡塞〈校记：各本无浚上塞字，是也〉。兹欲使黄河之水不复入河口〈校记：各本入下有清字，是也〉，须凿涧口以决壅滞，疏支河以杀水势，工力浩繁未敢轻议。勘得三里沟在淮河下流，黄河未合之上。淮水清多浊少，议者为宜开清河口间三里〈校记：广本阁本历本为作谓，各本开作闭，间作开，广本阁本历本里下有沟字，是也〉，至通济桥，使船由三里沟，出淮河达黄河。且道里甚近，工费不多，欲除河患无以易此。”疏下工部复议，从之。

（明世宗实录，卷375，6683）

嘉靖三十一年（1552）

172. 三月癸未朔，己亥，升河南左布政使曾均为都察院右副都御史总理河道〈校记：广本阁本均作钧〉。

（明世宗实录，卷383，6777）

173. 九月庚辰朔，丁酉，河决徐州房村至邳州新安等处，运道於阻五千里〈校记：三本於作淤，广本阁本千作十，是也〉，御史黄国用以闻。诏督理河漕大臣先议通运艇〈校记：广本阁本艇作船〉，以次塞决疏浅，并条列利弊具奏。

（明世宗实录，卷389，6843）

174. 十二月己酉朔，壬子，河道都御史曾钧奏上治河方略：“自房村集至双沟、曲头诸处当浚，自徐州高庙至祁州所河诸处当筑堤〈校记：广本阁本祁作邳，三本所作沂，是也〉，约工费当用银十一万三千余两有奇。乞发淮、扬余盐并邻省事例银两协济。其诸省解京扣剩河道及南直隶赃罚等银，亦宜暂留以助大工。"工部复议。上曰："河患异常，所在有司慢不经心〈校记：三本慢作漫，是也〉，姑记罪候处。，钧所请俱从之〈校记：广本阁本作"所请修浚银两俱依拟"〉。仍令会同漕运同御史连矿以实举行〈校记：三本同作都，是也〉。自后可道钱粮别衙门不许擅自动支〈校记：三本可作河，是也〉。"

（明世宗实录，卷392，6877-6878）

175. 十二月己酉朔，乙未〈校记：旧校改乙作己〉，工科右给事中李用敬奏开胶莱新河〈校记：旧校改作胶莱〉。其略谓："迩者河道湮塞，深妨国计。间之胶莱之间有新河一道，在悔运旧道之西〈校记：三本悔作海，是也〉，乃元人欲开通以避海涛、岛屿之险，而未成者。先是，山东巡海副使王献，悯登莱之民土瘠人稀，生理不足，皆由舟楫不通，常按元遗亦凿马壕石底〈校记：广本阁本作尝按元遗迹，是也〉，以通淮安商贾。建新河等闸八坐〈校记：广本阁本坐作座，是也〉，以畜泄水患〈校记：广本阁本畜作蓄，是也〉。导张张鲁白现诸河〈校记：旧校删一张字。广本现作规，抱本作岘〉，以济水道。见今淮安之船由淮河直抵麻湾，即新河之南口也。由海仓直抵天津，即新河之北口也。自南口以至北口，仅三百三十余里，各有潮水深入〈校记：广本潮作湖〉。中有九穴湖、大沽湖诸流可引〈校记：广本阁本湖作河，是也〉。其淤塞未通〈校记：广本其下有余字，是也〉，宜量加浚者一百五里，宜深加浚者三十余里。元人用功已开其三〈校记：阁本三作二〉，今之用功当任其二〈校记：三本二作一〉，此皆彰明可见者，乞选才望官一二员，会同抚按官亟为修举。"疏入，工部复行所在抚按详议其奏〈校记：三本其作具，是也〉。报可。

（明世宗实录，卷392，6881-6882）

176. 十二月己酉朔，丁丑，是岁，运漕运米四百万石，内改折一百六十六万七千一百六十三石〈校记：广本无一百六十六万七千八字，阁本作一百六十万七千〉，实运米二百三十三万二千八百三十七石。

（明世宗实录，卷 392，6891）

嘉靖三十二年（1553）

177. 正月戊寅朔，戊寅，先是大学士严嵩等言〈校记：广本阁本等下有疏字〉："徐邳等十七州县连被水患，民饥剽劫吏不能禁〈校记：广本阁本饥下有"甚聚而"三字〉，恐生他变，乞命户部给发余盐银两及徐淮等仓存留粮米，选差大臣出赈。仍令工部行巡抚及河道官，急将黄河下流设法疏浚，令水归故道，百姓有庐室〈校记：三本作室庐〉、田亩可依得以安堵。"上从其言〈校记：广本阁本无"从其言"三字〉，命河道都御史曾钧、漕运都御史连矿作速勘处以闻。至是钧等奏谓："留伶台至赤晏庙凡八十里〈校记：广本阁本留作刘，是也〉，乃黄河下流，顷为游沙壅塞〈校记：广本阁本游作淤〉，以致奔溃，此是疏浚所最先者〈校记：广本阁本是作其〉。次则草湾老黄河口，冲决淹没，安东一县亦当急筑。既成之后，宜筑长堤、矶嘴以备冲击。又三里沟新河口，此旧口水高六尺〈校记：广本抱本此作比，是也〉，若开旧口虽有沙淤之患，而为害稍轻，共开新口未免淹没之虞，而漕舟颇便。宜将新口暂闭，建置闸座，及将高家堰增筑长堤。原建新庄等闸加石修砌，以遏横流。但挑筑工料计银十三万九百余两〈校记：广本阁本计下有用字〉，乞发维扬、浒墅二钞关并芜〈校记：广本阁本维作淮，是也，二疑应作三〉、抗二抽分银两解用〈校记：三本抗作杭，是也〉。"工部复护从之〈校记：三本护作议，是也〉。已，命发淮徐仓粟麦四万石〈校记：阁本粟作米，广本无麦字〉，运司余盐银五万两〈校记：广本余作解〉，遣刑部右侍郎吴鹏往赈之〈校记：广本阁本右作左〉。

（明世宗实录，卷 393，6896-6897）

178. 正月戊寅朔，己丑，总督漕运都御史连鑛以新安河口决漕船阻滞〈校记：广本阁本河口作口河〉，皆把总官攒运愆期之故，请治其罪。因言："水势泛滥人力莫施，今前帮粮完，而船未尽回，后帮竞进，而或苦守冻。来春新运深有可忧，宜敕部臣早为议处。"且自劾督运无功乞罢。户部复："领运把总等官宜罚治如例，矿新仕当策励以责后效〈校记：广本阁本仕作任，是也〉。其言船回太迟，恐误明年兑运，请于漕运四百万石内准折三分之一〈校记：广本阁本运作粮，是也〉。"上曰："粮运遇有事故暂准减折，系祖宗旧制，但尔等职司国计，不于会议之时悉心筹画，乃今粮已交兑方议折解，百姓得无重复出银以致困乎？其行各抚按并管粮监兑官酌量减折，务从民便。矿贷勿治，领运官逮问如律。"

（明世宗实录，卷 393，6898-6899）

179. 二月戊申朔，甲戌，南京兵科给事中贺泾条陈治河事宜。一、酌挑浚之法，以济新运。谓："徐州以上河道淤塞，宜借拨驲递夫役及山东、河南、淮杨羡余银两以助河工。"一、开新河之利以备非常。谓："自胶州由新以达河沧州〈校记：三本作"由新河以达沧州"，是也〉，仅百七十里〈校记：阁本无十字〉，中间不通者惟分水岭十五里耳，宜疏凿新河以省漕运之费。"工部请下所司勘处，报可。

（明世宗实录，卷 394，6941）

180. 闰三月丁未朔，辛酉，刑部左侍郎兼都御史吴鹏、河道都御史曾钧等奏言〈校记：广本脱钧以上七字，阁本脱等以上八字〉："黄河自古为患，其治之之术，不过疏、浚、塞三法而已〈校记：广本已下有"此时已有此言，今议者仍谓海口以御倭壅塞，误矣"二十字〉。比年淮徐水患，议者谓'海口积沙壅阁下流所致'〈校记：广本阁本阁作阏，是也，广本壅作塞〉。今臣亲历其地，贩鬻之舟往来无滞，乃知积沙之说出自传闻，无容议矣。惟草湾老黄河口、刘伶台，宜挑浚筑塞，使水复故道，不致横溃。三里沟新开河口，迎纳泗水清流，可以避黄河之冲垫，宜创建闸座以时启闭。但工费不赀，乞于常、镇二府钱粮数内量给接济〈校记：广本阁本作粮银〉。臣又惟黄河西来万余里，汇纳百川，古疏九河以杀之，犹莫能支。今自河南以下，全派经除出清河汇淮，以趋于海，而无所分其流，益壮其势益决。徐、邳一带频年冲溃湮淤之患，皆上流少分杀之故也〈校记：广本阁本流作源〉。宜于徐州上流，至河南开封等处地方，相度旧道择其便利者，疏浚支河一二处，以分杀水势，为永图之利。"疏入，诏如议。惟分杀黄河上流，令鹏、钧会同河南抚按官勘处以闻。

（明世宗实录，卷396，6968-6969）

181. 六月丙子朔，壬午，谪总督漕运兼巡抚凤阳都御史连矿于外任〈校记：广本阁本谪作降调〉，坐地方灾盗匿不以闻故也〈校记：广本阁本作"以地方灾盗，匿不以闻，为给事中王鸣臣所论劾也"〉。

（明世宗实录，卷399，7002）

182. 十一月癸卯朔，乙丑，升总督漕运、兼巡抚凤阳等处兵部左侍郎兼都察院右副都御史吴雕，为南京都察院右都御史。

（明世宗实录，卷404，7074）

183. 十二月癸酉朔，辛丑，漕河工完。诏升总理河道右副都御史曾钧为工部右侍郎兼右佥都御史，视职如故。工部员外郎彭澄升一级。主事钦拱极、陈元琰、包应麟，副使谭起〈校记：广本阁本起作棨〉、李天龙各升俸一级。郎中梁恩，主事郑逑、陈茂礼、诸暲各赏银十五两，纻丝一表里。兖州府同知王栋等各十五两〈校记：广本王作黄〉。漕运都御史吴鹏三十两，二表里。御史成子学、李逢时、黄国用各十两一表里〈校记：阁本黄作王〉。工部尚书欧阳必进二十两，二表里，仍令礼部祭告河神。

（明世宗实录，卷405，7087-7088）

嘉靖三十三年（1554）

184. 三月辛丑朔，丁巳，议开胶莱新河，遣云南道御史何廷钰赍敕视之〈校记：广本阁本道下有监察二字〉。

（明世宗实录，卷408，7126）

185. 五月庚子朔，戊午，巡按山西御史宋仪望请疏桑乾河，通宣大粮储言〈校记：广本通上有以字，三本储作饷，是也〉："桑乾河发源于金龙池下瓮城驿古定桥，会众水东入卢沟桥一千余里。在大同则卜村稍有乱石，在宣府则黑龙湾有石崖颇险。其险与乱石不越四五十余里〈校记：广本阁本无余字〉，水浅处亦深二三尺，诚疏凿之为力甚易。当时抚臣侯钺，尝驾小舟至怀来，过卜村踰黑龙湾，坦行无虞。又自怀来载米三十石逆水而上，竟达古定桥，则河足便漕，有明征矣〈校记：广本征作验〉。时，朝廷新行挖运之法，山谷崎岖，率三十石而致一石，部臣谋所以易之，未得其便。"及仪望疏下兵部任其可行，且称都御史赵锦尝使人从桑乾河水行千里直抵大同城下，若稍加疏凿，不惟通漕且因可以捍虏。诏会工部计之。工部谓："远河重役，请俟详勘举行。"遂报罢。

（明世宗实录，卷410，7152-7153）

186. 六月庚午朔，壬申，诏复设管河郎中一员于江南，既而罢之。初，漕运侍郎郑晓奏："粮船过淮愆期，皆坐镇江以南内河淤阻之故，乞特遣一部臣，督帅有司疏通河道。"章下工部议以为便，从之。吏部因言："江南旧有水利郎中一员，兼管镇江运道。后因权轻不便钤辖，乃以其事专责之巡抚〈校记：阁本无之字〉。今复设部官，他日又将以为不便矣〈校记：广本阁本作“夫法令苟有利于民，虽乍沿乍革，不嫌多事也”〉。”上曰：“管河郎中既有前旨裁革罢勿遣。其经理运道事宜，仍责成巡抚故〈校记：旧校故上增如字〉。”

（明世宗实录，卷411，7157）

187. 八月己巳朔，己巳，命总督漕运侍郎郑晓督修如皋〈校记：抱本命上有上字〉、海门、泰兴、海州、盐城等处城池寨堡。添设掘港把总官一员备盗。

（明世宗实录，卷413，7181）

嘉靖三十四年（1555）

188. 正月丁酉朔，丁酉，命南京中军都督府佥书、署都督佥事万表挂印充总兵提督漕运镇守淮安〈校记：三本兵下有官字〉。

（明世宗实录，卷418，7251）

189. 正月丁酉朔，丙辰，工部尚书吴鹏奏：“迩者，黄河冲决飞云桥，于是昭阳湖水柜淤为平阜，今与运河无涉。柜外余田四百九十余顷悉召民佃种，人授田五十亩，每亩征银三分以备河道之用。日后或于河渠有济，仍退还官，其马场、南旺、安山等三湖水柜不在此例。”报可。

（明世宗实录，卷418，7254-7255）

190. 二月丙寅朔，癸酉，罢开胶莱新河议。先是，御史何廷钰请疏浚新河，诏遣廷钰往会山东抚按官勘报。至是言：“胶莱新河一带系元人已开故道，特因马家濠南北长四里，内有石冈难凿而止。前海道副使王献曾鸠工聚材，焚以烈火凿通此濠。随于分水岭南北河道并力挑浚，设立闸座八处，工已十之三四。寻以本官迁去，工竟未就。即今此濠旧迹犹存，恃两岸沙土日久颓下〈校记：抱本持作特，是也〉，遂致淤塞，挑浚亦不甚难。至于分岭地本高阜〈校记：广本阁本分下有水字，是也〉，故白河之水至此分流。然度其地势终不甚峻，今在南者为积沙所淤，水惟北流。若加开浚深广，中间虽有礀砌滩濑诸石，亦自人力可施。司道诸臣至称旧估二百七十余万，恐必有增无减。其委官通判罗士贤等所估，亦称一百六十万两。臣虽心计不足，窃工姑如士贤所拟数〈校记：广本工作欲〉，三分之，岁给一分，年终总挈工费几何？而次岁固可定矣。其通海一节，则中间地势既高，若必使两潮相接，須浚深及八九丈，恐滨海之地凿下数尺，水泉溢出，人无所置，足势定难成〈校记：广本抱本定作必〉，而所费真不下数百万矣。计惟一意引河，添设上下闸座，疏理各处泉原〈校记：三本原作源〉，随宜因势而为之，虽未免重费，而视凿通两潮，犹为稍省。第现河之流不雨即涸，而白河其流亦微，遇夏秋水泛，则二河自合，而沙恒多。其胶河无沙，视现白二河源亦稍盛，顾又在分岭以北，不达于南。张鲁河虽无源，而中有泉，亦必从东都伯之地引之〈校记：三本伯作泊，是也〉，计二十余里，然后可通沽河，水势大而沙尤多。若于吴家口闸之下，因小派而引之，可以济南行之水，但恐沙随水走，河溢受淤〈校记：广本阁本溢作益，是也〉。盖新河原系人力所开，南北俱潮水所入之地，惟其势不甚峻，故水泛不甚冲决。而水因潮逆，则沙虽随水泛，而流亦因水缓而停。必須成岁挑浚〈校记：三本成作岁，是也〉，而后可，此司道诸臣所虑泉源不足者也。臣意于疏理之时，广加寻引，而于王副使所设八闸，如陈村、杨家圈已损坏者，兴而葺之，其余完存者，添而修之。及胶河等处之口，亦添设小闸，大约共计大小十三四座。所增既密，启闭以时，自足济用。若犹虑水泉微小，闸不足恃，则如委官筑坝之说，亦可潴蓄不泄。诸臣乃复虑山水骤发冲击之虞，及出入河海船只，搬剥虑患计费，至此可谓纤悉无遗矣。至于南北两海，臣备查博访知之颇悉，在比者无风可以篙行〈校记：广本抱本比作北，是也〉。南自淮安海口，由云梯关至马家濠，风便，不过三四日之程，中有莺游山可以湾避。又沿海崖一路，系行盐地方，少加疏达，而行尤为稳便。且新河南北迂回计二百四十余里，挑深广为力固难，然不计工费而为之，则亦无不可成者。其所难者，则如诸臣之虑，所引泉源恐或未足，岁加挑浚其费不穷，兼之此时南北兵革未宁，而近日灾伤尤异常时，工役今且暂停。此役一兴，虽假以三年之从容，亦须每岁给以银两五十余万，当此财力绌乏之时，何从出办？又况开河建闸所费已百万。以上之财而三四次转剥，必须多造船只，其费益无所出。东土穷荒，公私俱竭，此河若开，又必循会通河设官编夫体例，方可永久通行，不无愈增亏损，此则又当相时审力而治之者也〈校记：阁本治作处〉。乞下工部酌其行止焉。"得旨报罢。

（明世宗实录，卷419，7263-7267）

191. 二月丙寅朔，丙子，总督蓟辽保定军务、都御史杨博疏请开密云白河以济粮运。于杨庄地方筑塞新口，使白河之故道疏通，与潮河之水合而为一。仍于密云城西修筑泊岸，以防城墉崩塌之患。从之。

（明世宗实录，卷419，7267）

192. 四月乙丑朔，丙子，总督仓场户部左侍郎卢绅言："连岁漕粮漂流数多，率系运官侵盗，贿沿途官吏，取空文为据，及给羡金买补。又往往希图折价，坐损岁额。今后凡有漂流，必宪有司勘实〈校记：三本宪下有臣字，是也〉，方允补纳之数，尽用本色。乞载入议军永为遵守〈校记：三本军作单，是也〉。"从之。

（明世宗实录，卷421，7296）

193. 四月乙丑朔，辛巳，诏修庐沟河〈校记：广本庐作芦，是也〉。

自柳林通鸡鹅房，入草轿大河〈校记：广本轿作桥〉。

（明世宗实录，卷421，7299）

194. 四月乙丑朔，丁亥，升总督漕运兵部右侍郎郑晓为吏部左侍郎。

（明世宗实录，卷421，7303）

195. 五月甲午朔，甲午，升刑部左侍郎陈儒为都察院右都御史总督漕运巡抚凤阳。

（明世宗实录，卷422，7307）

196. 十月壬戌朔，庚辰，升大理寺左少卿胡慎为都察院右佥都御史总理河道〈校记：广本阁本慎作植〉。

（明世宗实录，卷427，7388）

197. 十一月壬辰朔，丁未，户部奏："蓟州仓海运漕粮二十四万石内，派四万石折色，二十万石本色，此原议也。近因年岁丰歉，米价低昂，遂改征折色一十八万石，止存本色六万石。今军储浩繁，米贵价高，乞再改本色六万石，本折相半，庶边储可济，仍载入议单遵守。"从之。

（明世宗实录，卷428，7402）

嘉靖三十五年（1556）

198. 四月己丑朔，戊戌……升山东左布政使孙应奎为都察院右副都御史总理河道。

（明世宗实录，卷434，7482）

199. 八月丁亥朔，壬辰，以四月倭寇掠瓜州，烧漕粮三万四千余石，夺总兵官署都督佥事方恩俸三月。下把总、指挥、千、百户等官于御史问。

（明世宗实录，卷 438，7521）

嘉靖三十六年（1557）

200. 二月乙酉朔，乙未，总督漕运兼巡抚都御史蔡克廉请筑宝应县城，以防倭患。工部议复，从之。

（明世宗实录，卷 444，7577）

201. 三月甲寅朔，庚申，升……南京户部右侍郎王诰为右都御史总督漕运巡抚凤阳。

（明世宗实录，卷 445，7587）

202. 五月癸丑朔，戊午，工部会议："修复殿堂、朝门、午楼，请先查神木、山西二厂，通州漷县至议真龙江关〈校记：三本议作仪，是也〉、芜湖等处遗留大木，解京兴造。"得旨〈校记：广本作上曰〉："查木料过半方可兴工。"因遣虞衡司郎中戴愬查验各处大木。

（明世宗实录，卷 447，7616）

203. 五月癸丑朔，庚申，高邮倭入宝应县信宿而去，突犯淮安府，掠船四十余艘。旋复入宝应县，烧毁官民廨舍。

（明世宗实录，卷 447，7616）

204. 五月癸丑朔，壬申，宝应倭掘县北土坝，泄上河水入，乃驾舟溯东乡，由盐城至庙湾入海，居数日开洋东遁。

（明世宗实录，卷 447，7619-7620）

205. 九月辛亥朔，丙子，升陕西左布政使王廷为都察院右副都御史总理河道。……以漂流漕米至万捌千肆百余石，夺参将王延鹤俸三月。

（明世宗实录，卷 451，7663）

嘉靖三十七年（1558）

206. 正月庚戌朔，庚申，户部复给事中许从龙条议漕规十事："其一、请每年八月会计本折定数，即行所在有司严限催征。本色不过十一月，以便年内交兑，折色不过十二月，以应逐项解支。其有徇私越次混征者罪之。其二、请及时修理运船，仍查各处料银木价候用，务令工力有余，可以坚久。其三、请于运船未到之先以疏通河道，责之水利管河官以计处工食责之各处抚按。其四、请重把总之选，凡推补、升迁、博访明试，务在得人。诸运官积弊如帮钱、长差、药饵、纸劄、过准钱之类〈校记：阁本准作淮，是也〉，一切禁绝。其五、请令各运官籍记每船运军人数，先行送科考验虚实。其中逃归者〈校记：阁本中下有途字，是也〉，掌印官不得占护。其六、请革各衙门所押册钱〈校记：阁本衙作卫，是也〉。每遇运该之年〈校记：旧校改运该作该运〉，严立造册期限，所三日，卫五日，各照原定月粮一两六钱八分之数给之，不得故为迟难科索常例。其七、请将正耗米外轻赍折银仍旧解淮，以十分为率，三分给运官随船应用，其余尽归之把总。遇有不时动支，须一一关白漕司，不许乾没。其八、请罢京卫各差，如催攒、起票、掣解、巡逻、起米之类。运船到湾，止行通仓员外郎、大通桥主事，责限起剥进仓以杜骚扰。其九、请复合仓收粮旧规〈校记：阁本合作各，是也〉，报晒、报收及拈阄、署佥等项，各仓委官务在守法奉公，不得延引时日以滋奸弊，违者听本部及巡仓御史参劾。其十、请自今年改折之外，行令所司督修南回空船〈校记：抱本作回南，阁本误作南面〉，以备来年新运。以八月内报完〈校记：阁本以上有期字，是也〉，正月出兑，三月过淮〈校记：阁本三作二〉，庶本色不亏，缓急有待。"从之。

（明世宗实录，卷455，7699-7700）

207. 闰七月丙子朔，癸卯，更定漕粮挂欠违限之罚。把总官每欠粮一万石银二千两，运官欠粮一千石银五百两，各递降一级。待其后运补完方准复职。若三年之外不完者，罢其领运。子孙亦止于降级上承袭。其违限三月、五月者，行各该卫所住俸违二月提问，从户部尚书贾应春等议也。时，漕政废弛，嘉靖三十六年共欠粮十四万九千九百余石，银二万七千九百余两。于是都督黄印坐论降一级，把总吴匡而下六百九十人，以失期妄报罚治有差。

（明世宗实录，卷462，7806-7807）

嘉靖三十八年（1559）

208. 二月癸卯朔，甲辰，巡抚河南右佥都御史章焕言："汴城以河为带，其初，河从西来势本东流，数十年间南岸倾颓，北岸淤塞，渐成横溢。宜于翟家口大开河口以杀其势，别挑支河培筑堤岸以图永久。请差部臣经略。"诏行其议，部臣止勿遣。

（明世宗实录，卷469，7883）

209. 五月壬申朔，甲戌，总督漕运都御史傅颐等言："淮、扬之间倭寇方炽，盐场运道俱当防护。高邮重地未设戍兵，适总督胡宗宪所募山东兵二千五百人由淮赴浙，乞暂留为备，俟寇息遣之。"报可。

（明世宗实录，卷472，7925）

210 九月己巳朔，丙子，总督蓟辽保定尚书杨博等奏："辽东灾伤已极，召籴甚艰，乞将新运通仓漕粮停泊天津者，暂借五、六万石〈校记：抱本作六七〉，由天津水运蓟州以达山海，雇脚陆运至各地方给散。其漕粮则以赈济银两籴还。"户部议复，从之。

（明世宗实录，卷476，7972）

211. 十二月戊戌朔，乙丑，先是，巡抚辽东都御史侯汝谅以辽东大饥，议开山东之登、莱，北直隶之天津二海道，转粟入辽阳，部臣以海道迂险，行令复勘。既而汝谅勘上天津入辽之路：自海口发舟，至右屯河通堡，不及二百里可达辽阳。中间若曹泊店、月沱、桑沱〈校记：抱本月作中，阁本二沱字作柁〉、姜女坟、桃花岛，咸可湾泊。各相去不过四五十里，可免风波盗贼之虞。请动支该镇赈济银五千两，造船二百艘。约每舟可容粟一百五十石，委官督发至天津通河等处招商贩运，仍令彼此觉察不许夹带私货。下户部议复："据勘天津海道，路近而事便，当如拟行。第造船止须一百艘〈校记：阁本一作二〉，令与彼中岛船相兼载运〈校记：广本阁本载运作运载〉。其登莱海道姑勿轻议以启后患。"从之。

（明世宗实录，卷479，8013-8014）

嘉靖三十九年（1560）

212. 三月丁卯朔，己卯，升……户部左侍郎刘采为南京户部尚书总理河道。

（明世宗实录，卷482，8049）

213. 三月丁卯朔，壬午，升……南京太仆寺卿林应亮为都察院右副都御史总理河道。

（明世宗实录，卷482，8050）

214. 三月丁卯朔，丙戌，巡抚辽东都御史侯如谅言："辽东饥馑相仍，兼遭虏患，虽蒙圣慈轸念，发银发谷议赈议蠲，但嗷嗷待哺之众，岂能一一仰给内帑？而山海隔绝，陆挽艰难，其势非大开海运民不得全。又海道自天津至辽东，皆内地无虞。惟登莱一带与岛夷相值〈校记：旧校改莱作莱〉，稍当防卫要在权其利害之轻重〈校记：广本无稍字〉，得人任之而已。今天津已经造船开运，乞并容米商通贩以济穷边。其山海关运道亦听官民水陆之便，但当关防夹带、逃移等弊。至于登莱海禁虽通〈校记：旧校改莱作莱〉，而彼处有司往往私为阻挠，今可令山东、辽海居民，各自俱舟赴官告给文引〈校记：三本俱作具，是也〉，往来贸易，不得取税。仍令所司严查非常，以扼岛夷内入之路。”从之。

（明世宗实录，卷482，8052-8053）

215. 九月甲子朔，壬辰，巡抚大同右副都御史李文进奏：“大同边储缺乏米价翔贵，乞开桑乾河以通运道。自大同县古定桥务里村〈校记：广本桥下有芦沟桥三字，阁本有至芦沟桥四字〉，水运五节计程七百二十七里，陆运二节计程八十八里，总该造船二百六十只，置骡三百五十头，夫役一千三百四十余人，官十九员，春秋二运可得米二万五千余石。日久大通，贸迁寝广（按：校勘记中寝字不清），公私俱利。又卢沟迤南达天津〈校记：旧校改卢作芦，按：应为卢字〉，径另造浅船运米百石者〈校记：广本阁本无径字，是也〉，改小滩兑运。由天津径达卢沟桥务里村交兑，尤为省便。仍乞仿通惠事例，于务里村、青白口等八处，建公廨、仓廒，以备拨用运堆积〈校记：抱本删用字〉。”工部议复：“水河不系常河〈校记：三本水作本，是也。广本阁本常作长〉，泛溢则迅激难制，乾涸则一苇不通，又多山石阻碍，每议辄止。今抚臣既有成画，当令如议举行，如有窒碍亦宜从实奏罢。”上从部议。

（明世宗实录，卷488，8130-8131）

216. 十月癸巳朔，乙巳，起服关总理河道右佥都御史胡植仍总理河道〈校记：三本关作阕，是也〉。

（明世宗实录，卷489，8142）

嘉靖四十年（1561）

217. 正月壬戌朔，癸未，以景王将之国，兵部议遣本部右侍郎葛缙诣通州等处治舟。

（明世宗实录，卷 492，8179）

218. 四月庚寅朔，戊戌，命总理河道都察院右佥都御史胡植回院协理〈校记：回院协理阁本作协管院事〉。

（明世宗实录，卷 495，8209）

219 四月庚寅朔，丁未，升总督漕运都察院右副都御史何迁为南京刑部右侍郎，光禄寺卿孙植为都察院右佥都御史总理河道。

（明世宗实录，卷 495，8212）

220. 四月庚寅朔，丁巳，升都察院右佥都御史胡植为都察院右副都御史总理漕运。

（明世宗实录，卷 495，8217）

221. 五月庚申朔，乙亥，巡按直隶御史陈志奏："往时，漕运宪臣俱兼巡抚，日者海徼不靖，戎事倥偬，遂以漕臣司转饷，抚臣秉戎麾，此一时军兴特设非制也。今倭患渐宁，事权宜一，请裁革巡抚，即以漕臣兼臣。"事下吏、兵二部复可。乃以总督漕运都御史胡植兼提督军务巡抚凤阳等处。

（明世宗实录，卷 496，8222）

222. 闰五月庚寅朔，癸巳……升南京操江右佥都御史喻时为都察院右副都御史，总督漕运巡抚凤阳。

（明世宗实录，卷 497，8232）

223. 十一月丁亥朔，甲寅，升总理河道右佥都御史孙植为南京大理寺卿。

（明世宗实录，卷503，8317）

嘉靖四十一年（1562）

224. 八月癸丑朔，癸酉，以芦沟西南堤坏，命工部尚书雷礼往视。礼还，上言修筑事宜，谓："芦沟桥东南有大河，从丽园庄入直沽下海，沙泥淤塞十余里。稍东有岔河，从固安入直沽下海。地势稍高，宜先疏浚大河，令水归故道，然后缮筑长堤。其决口地卑土浮，水深流急，人力难施，而西岸有故堤，约长八百丈，宜按遗址缮筑。仍委干局官九人，分为九区并力责成。"又言桥东西岸甃石不坚，当俟决堤工完之日加工缮治，报可。

（明世宗实录，卷512，8414-8415）

225. 八月癸丑朔，辛巳，命工部右侍郎吕光洵提督芦沟桥工程，尚书雷礼仍月一往视。

（明世宗实录，卷512，8416）

226. 十二月辛亥朔，壬子，改南京刑部右侍郎王廷为户部右侍郎兼都察右佥都御史，总督漕运兼提督军务巡抚凤阳。

（明世宗实录，卷516，8471）

227. 十二月辛亥朔，乙亥，户部复御史颜鲸言漕运六事："一、议改折。太仓见贮本色米不供二岁之用，请将明年二月分官军月粮，每石给银五钱，工作班军每月米四斗，给银二钱。一、议职掌。每年正、二月间，令漕运都御史专驻淮安，与总兵官一体经理运事，俟春汛至日方赴扬州〈校记：抱本至作之〉。其漕运参将权轻不便弹压，宜量假锦衣卫职衔。一、议羡余。各该运官但有漂流粮米，所在官司速为具奏，务在交粮之前到部，以便收受，仍劄付通仓坐粮郎中。凡运官呈解轻赍银两，候粮运毕日，即将羡余二分给军以示优恤，但有漂流挂欠不得一概混给。一、议监兑。各监兑主事与巡按御史严查有司过限，无粮大户私囤插和，军船过期不到，官旗故意刁难等弊，径自逮问，每年俱于四月内类奏。一议升迁。凡把总、指挥等官，必待粮运已完，查无挂欠曾经保荐者，方准送兵部推升。其余不得朦胧咨送。一、参迟误。浙直应留轻赍银岁终未至，乞行巡按御史按治如律。”报可。

（明世宗实录，卷516，8476-8478）

228. 十二月辛亥朔，丁丑，夺原任漕运把总梅三锡、指挥韩哲等八人职。时，三锡、哲已升任。三锡，漕运都御史章焕尝荐之。哲，巡仓御史张胆尝荐之。至是皆以贪污，巡按御史颜鲸所劾〈校记：三本巡上有为字，是也〉。吏部因查其前后举劾互异，乞并戒荐者。有诏：“自今抚按奏举文武官务在公当，不得徇情滥举。”

（明世宗实录，卷516，8479-8480）

229. 十二月辛亥朔，己卯，是岁……漕运米四百万石内改折一百三十六万七千三百八十九石有奇。实运米二百六十三万二千六百一十石有奇。

（明世宗实录，卷516，8482）

嘉靖四十二年（1563）

230. 四月戊申朔，甲寅，升……总督河道、都察院右佥都御史王士翘为右副都御史，提督南京粮储。

（明世宗实录，卷520，8515）

231. 四月戊申朔，乙亥，升……右佥都御史吴桂芳为右副都御史总理河道。

（明世宗实录，卷520，8523）

232. 五月戊寅朔，壬辰，芦沟河工完。加内官监太监张崇恩二等黄锦，王锡一等。工部左侍郎吕光洵支二品俸。升锦衣卫指挥同知张铎署职一级。加监察御史成守节、雷稽古俸一级。赏工部尚书雷礼并徐杲银三十两〈校记：抱本阁本作徐杲〉，纻丝二表里。镇远侯顾寰，兵部尚书杨博二十两〈校记：旧校改慱作博〉，一表里。余赏银有差。礼因言〈校记：广本阁本礼下有等字〉："河工系发内帑修筑，请撰文刻石以昭圣迹。"报可，遂命大学士袁炜撰文。

（明世宗实录，卷521，8535-8536）

233. 十月丙午朔，乙亥，升巡抚保定等处、都察院右副都御史李迁为工部右侍郎兼右佥都御史总理河道。

（明世宗实录，卷526，8587）

234. 十二月乙巳朔，己酉，禁止通海辽船。先是，因辽东饥，暂许通登莱粜穀。既而辽商利海道之便，私载货物往来山东，守臣恐海禁渐弛，或有后患，疏请禁止。从之。

升漕运参将署都指挥佥事福时，原任提督狼山副总兵署都指挥佥事孙吴，各署都督佥事，时总运如故。

（明世宗实录，卷528，8613）

嘉靖四十三年（1564）

235. 二月甲辰朔，乙巳，升……南京户部右侍郎陈尧为工部右侍郎、兼都察院右佥都御史，总理河道。

（明世宗实录，卷530，8631）

236. 九月庚子朔，壬寅，旧例，官民户口食盐，皆计口纳钞，自行关支。在京各衙门岁遣拨，办吏一人下场收买，其来久矣。然吏藉官司势往往倍蓰收运，恣为奸利。近岁锦衣卫官校，乃至连巨舟数百艘塞河而上，沿道私贩车运马驮莫敢诘〈校记：广本阁本诘下有捕字，是也〉，盐法为之壅滞。……

（明世宗实录，卷538，8713）

237. 九月庚子朔，癸丑，初，蓟辽总督既移驻密云，兵将屯结岁用漕粮十余万石，悉由通州陆运至牛栏山〈校记：库本栏作拦〉，转输密云，颇称劳费。至是总督刘焘发卒疏通潮河川，水达于通州。更驾小舟转粟直抵该镇，大为便利，且省僦运费什七。上嘉焘功，诏赏银三十两，纻衣一袭。管粮郎中张大业银十五两，衣一袭，其余效劳将更给赏有差〈校记：三本库本更作吏，是也〉。

（明世宗实录，卷538，8721）

238. 十一月庚子朔，庚申，户部集议漕规八事："一、修复潜山太湖二县水次，以便交兑。一、九江卫运船原扣湖米三月照数全给〈校记：广本阁本月作升〉，以充过湖船料。一、清江卫河造船指挥仍加把总职名，便于钤辖。一、严催江西安福所新造船料，使廉能卫官领之，久任责成不许他用。其袁州五卫船厂改于吉安，南昌卫改于九江。各就产木近地团造，以后不许再更。一、有司迟误漕粮及一应轻赍船料、运军口粮之类，行抚按监兑官从重参劾。一、两浙卫所凋残，行掌印官先期选军修船，追补旧欠。其运官领兑有功者许其更代，或别委署印以酬其劳。一、每年夏秋漕运盛行之时，守巡官沿河多设兵吏以防盗贼。一、遇有失责，令本境有司赔补。一、督运总兵官开府江淮事权甚重，知府而下参见礼节，宜遵旧规。"诏可。

（明世宗实录，卷540，8742-8743）

嘉靖四十四年（1565）

239. 七月乙未朔，癸卯，河决沛县等处，运道淤塞百余里。

（明世宗实录，卷548，8840）

240. 八月乙丑朔，癸未，改南京刑部尚书朱衡为工部尚书、兼都察院右副都御史，总理河道及漕运事务。

（明世宗实录，卷549，8850）

241. 十月甲子朔，丙子，命总督理河道〈校记：旧校删督字〉、都察院右副都御史孙慎回籍候用。时，河患方亟，慎被命迁延不即赴任，都给事中王元春疏劾之，故有是命。

（明世宗实录，卷551，8875）

242. 十一月甲午朔，甲午，总理河道、漕运工部尚书朱衡劾奏管理曹濮、副使柴涞怠缓不任事，宜从调处。并乞申饬河道、漕运二臣协心共济〈校记：广本阁本心作力〉，无分彼此〈校记：广本阁本库本无作毋〉。仍行各滨河巡抚驻扎近地，以便咨确。且亲督所属共图成绩。诏从之。

（明世宗实录，卷552，8885）

243. 十一月甲午朔，己亥，升大理寺左少卿潘季驯为都察院右佥都御史总理河道。

（明世宗实录，卷552，8885）

244. 十一月甲午朔，己酉，户部议复直隶巡按御史张振之条陈漕运八事："一、将十三总卫所掌印官与卫官，每岁更畨领运如旧。运官果能完掣通关无过者，即令掌印催办一年运务。一、运完各择水次贿赂公行〈校记：三本库本完作官，是也〉，以致道里远近不均，宜行漕司通将各司府领运把总等官水次充运〈校记：三本库本充作兑，是也〉，悉如议单，从公编定。先本府州县，次及别府别省。一、迩来漕运疲敝，官多畏避，以致弊端百出，宜行漕司通行十三总〈校记：广本阁本漕作运〉，精选贤能官员，预定领帮次序〈校记：广本阁本无领字〉，以杜推调。一、各处有司催征迟误，以致粮运愆期，宜令各抚按官转行所在有司〈校记：广本有作官〉，将额征钱粮预贮水次，俟官军到日即与交兑。一、水次米色，专责有司严行监兑主事查验。临清米色〈校记：广本阁本脱临以下十八字〉，专责运官严行通判、管粮郎中查验，各分等则呈报。总督及巡仓衙门如有滥恶及插和等弊，参究罚治。一、羡余给赏本以优恤贫军，但船到有先后，完粮有迟早，宜酌情法之中，分为两次给散。如船粮抵湾查无起欠〈校记：三本起作稽，是也〉，即将羡余银两先给一分，资其回南〈校记：广本阁本资其作以资〉。余一分验明贮库，姑俟各旗完掣，通关照前给领，如有起欠挂欠者，悉行扣贮通库。一、湖广、江西水灾重大，原派漕粮宜权行改折，收贮太仓。听放月粮不得别有那移。”疏入允行。

（明世宗实录，卷552，8894-8895）

嘉靖四十五年（1566）

245. 二月癸亥朔，甲申，遣工科右给事中何起鸣往勘河工。时，尚书朱衡定计开沂山一带新河，筑堤于吕孟等河以防溃决〈校记：广本阁本河作湖，是也。三本溃作潰，是也〉。河道都御史潘季驯独以为新河土浅泉涌，劳费不赀，不如浚留城故道，由是与衡有隙。衡持前议益坚，身自督工，吏卒不用命〈校记：广本阁本命下有者字〉，用重法绳之。时，浮议籍籍。有谓衡违众自用，故兴难成之役，以要功者；有谓衡擅用腰斩截发之刑，致使万余人者〈校记：三本使作死，是也〉。给事中郑钦信之，上疏言伏〈校记：抱本伏作状，是也〉。工部复：“非常之功怨谤易起，请遣官勘视开新河与旧河孰便，然后议衡功罪。”报可。

（明世宗实录，卷555，8936-8937）

246. 二月癸亥朔，乙酉，巡按直隶御史尹枝〈校记：广本阁本枝作校〉，以徐、沛、萧、砀之间运道以塞〈校记：广本阁本以作淤，抱本作已〉，请暂免进鲜以苏民困。事下部复〈校记：广本阁本无事下二字〉："枝言良是〈校记：广本阁本枝作校〉，但岁时奉先进御之需，不当概议裁削。臣等窃以为舟船固多烦滥，非尽贡物。今宜移咨南京兵部及该抚按官，每值进贡查验贡物多寡，参酌船只大小定拨只数，取足装运，毋容虚滥。仍示南京司礼等监诸内臣，痛革夹带需索，一切扰民宿弊，有仍踵故习者，抚按官参奏之。"报可。

（明世宗实录，卷555，8937-8938）

247. 三月壬辰朔，辛酉，工科右给事中何起鸣奉诏至沛县勘河工还。上言："旧河之难复有五：黄河全徙必杀上流，如新旧庞家屯、赵家圈等处。然以不赀之财，而投之于河流已弃之故道，势必不能一也。自留城至沛，草莽为区漫〈校记：广本阁本区漫作巨浸，是也〉，无所施工二也。横亘数十余里，褰裳无路十万之众，何所栖身？三也。挑浚则淖陷，筑岸则无土，且南塞则北济，四也。夏秋潰潦大降，浚浚难保不淤〈校记：广本阁本第二个浚作后，是也〉，五也。新河内多旧堤高埠，黄水难侵，开凿之费视旧河为省。且可远将来潰浃之患〈校记：三本潰浃作溃决，是也〉，故尚书朱衡任其必可开。开成运道必利，而议者见谓难成，亦有三焉：一、以夏村迤北十六七里地高，恐难接水。然地势比高南低〈校记：三本比作北，是也〉，大约正深二丈〈校记：旧校改正作止〉，一照水平加深，夫何患水浅？一、以三河口积沙深厚，水势湍急，不无阻塞〈校记：阁本塞作滞〉。然既建坝拦截，或用石包砌，每岁桃浅如例〈校记：广本阁本桃作挑，是也〉，夫何患沙壅？一、以为马家桥两岸筑堤五里，微山取土不便，又水口投帚〈校记：广本阁本帚作埽〉，势不必坚〈校记：抱本阁本不必作必不，是也〉，恐难经久。然此亦在委任得人，培筑高厚，无必不可措力之理。臣又观居民之情，在新河者，则称新河可开，在旧河者，则执旧河可复，皆为市尘之私〈校记：三本尘作廛，是也〉，非为国家运道计也。夫天下之事，势穷则变，变则通，沛县河患至此极矣。往时旧河於塞未深〈校记：三本於作淤，是也〉，都御史盛应期开新河重成而废〈校记：三本重作垂，是也〉，至今惜之。今黄水异常，伏曹无日〈校记：抱本伏作复，三本曹作漕，是也〉，尚可溺于人情安土，而不为通变之谋哉！故臣断以为，开新河便宜如衡言。开新河而不全弃旧河，宜如李驯言〈校记：广本阁本李作季，是也〉。”疏入，下工部会廷臣议，俱合上意，乃决。诏勒限开筑新河，仍不得籍口速成〈校记：广本阁本籍作藉，是也〉，苟且完事。

（明世宗实录，卷556，8950-8952）

248. 六月庚申朔，癸酉，河决马家桥等处新筑东、西二堤，总理河道尚书朱衡、都御史潘季驯以闻。工部议复：“请令衡等亟为经理，仍及水盛之时，亲诣黄河上疏〈校记：三本疏作流，是也〉，督率有司，详视某处故导可复〈校记：三本导作道，是也〉，集处新河可开〈校记：三本集作某，是也〉，务图上策以弭后患。”从之。

（明世宗实录，卷559，8982）

249. 七月庚寅朔，戊午，始通天津海运转漕永平诸军。平自庚戌虏患后〈校记：广本阁本平上有永字，是也〉，燕河、石门二路，所增至客兵饷〈校记：三本至作主，是也〉，岁计三十万石有余，而该郡土硗岁收不给〈校记：抱本阁本硗作垸〉，稍稍水旱水陆绝无，商贩全恃挖运。前巡抚都御史温景葵遂倡通漕之议，会以疾去，诏继任都御史耿随朝勘奏。及是勘上该郡有清〈校记：广本清作青，下同〉、滦二河，清河为工钜不可开。滦河自永平西门外，经流一百五十四里至纪各庄入海〈校记：阁本各作谷，下同〉。自纪各庄至天津卫四百二十六里，悉并岸行舟。中间开洋一百二十里〈校记：三本开作间，是也。广本阁本一上有仅字〉，沿途有建河粮小沽〈校记：广本阁本粮下有河字，是也〉、大沽。河中流遇贼可以避引〈校记：广本阁本避引作引避，是也〉，宜于纪各庄建修仓廒〈校记：广本阁本建修作修建，是也〉，自天津漕粟于此卸囤，转载小舟由滦河达之永平永豐仓，力半功倍，可为佐辅永利。部复报可。自是每岁通漕，省国帑十二，滦东诸邑渐称饶阜云。

（明世宗实录，卷 560，8993-8994）

250. 九月戊子朔，庚戌，工科都给事中王元春以新河未通，劾奏总理河道工部尚书朱衡，幸功欲速，无为国计长久意，宜罢黜。因请访求元人海运故道。初，衡议开新河，自南阳至留城几一百九十四里有奇〈校记：旧校改几作凡〉。八月间工垂成矣，祇余十余里未通。值黄河暴涨堤岸有溃决者，于是朝议纷纷。谓："新河必不可成！"元春及给事中何起鸣、御史黄衮等咸请亟罢衡〈校记：广本阁本作黄襄〉。起鸣初主新河之议者，至是亦自变其说，疏俱下部议复。而衡与河道御史潘季驯以新河工成〈校记：广本阁本道下有都字，是也〉，告言大帮粮运由境山进新河，过薛河至南阳出口，随处河水通满，堤岸坦平，并无阏阻，于是群嚣寂然。吏、工二部乃复诸臣疏，谓："河工既有成绩，衡宜留用。令会同季驯悉心料理以图永久。"从之。

（明世宗实录，卷 562，9012-9013）

251. 十月戊午朔，己未，诏浚丰润县环香河，转漕太平等寨军饷。从顺天巡按御史鲍承荫奏也。

河浚自成化间，设丰盈仓于该县。舟运粟十余万石贮之，以便东路官军支给。仓廒及所设官攒具存，乃河道湮废，舟楫不通久矣。近岁蓟镇边警日棘，其太平寨一路主客兵饷，俱赴蓟州关领，如喜峰、三屯等处，远者至四五百里，公私俱称不便。承荫乃查复旧河运〈校记：广本运下有道字〉，仍于北齐庄、张官屯、鸦鸿设三闸以潴水云〈校记：广本阁本鸿下有桥字〉。

（明世宗实录，卷563，9017-9018）

252. 十月戊午朔，癸酉，兵部复巡按御史韩居恩奏〈校记：三本居作君〉："山东登、莱三面滨海，自蓬莱抵胶州二千余里，海岛给错〈校记：三本给作纷，是也〉。国初建立营卫所寨，以防海备倭，虑至远也。然倭夷其来有时，防之猷易〈校记：三本猷作犹，是也〉。顷因辽左上告饥，当事者重恤民困，暂许通许籴贩〈校记：三本许作船，是也〉，以济一时之急。而豪猾因籍为奸〈校记：旧校改籍作藉〉，往往驾巨艘入岛屿采木贸易，且利其土饶，遂携妻孥以居。因招集亡命盘据诸岛，时出劫掠，土人莫可谁何，此其患视倭尤甚。宜移文巡抚，严督海道备倭等官，整饬登、莱戎务，各将快壮军兵练习，墩堡城寨修整，并严谕各岛居人在内地者，悉还本业。在外地者俱回原籍。其人系辽东金州等卫军丁〈校记：广本阁本其上有倘字〉，则会同辽东巡抚一体议处。"从之。

（明世宗实录，卷563，9020-9021）

253. 十一月丁巳朔，癸酉，升……刑部右侍郎张瀚为兵部左侍郎兼右佥都御史、总督漕运兼巡抚凤阳。

（明世宗实录，卷565，9051）

254. 十一月丁巳朔，壬午，总理河道都御史潘李驯以忧去〈校记：旧校改李作季〉。吏部言："治河尚书朱衡心计精明，足当大任。今河工业已有绪，宜即以河道事使衡兼之，待其迁转之日，仍旧复设河道都御史。"报可。

（明世宗实录，卷565，9057）

255. 十一月丁巳朔，乙酉，命漕运都御史仍旧驻淮安，督徐邳一带运务。

（明世宗实录，卷565，9057）

256. 十一月丁巳朔，丙戌，令山西驿传道副使移驻济宁〈校记：

阁本西作东〉，兼理南阳境山二百里新河〈校记：阁本二作三〉。

（明世宗实录，卷565，9058）

257. 十二月丁亥朔，丁亥，以漕粮愆期〈校记：广本粮作运〉，革总兵官方恩等任。下各所司卫所官于御史问〈校记：广本阁本所作有〉。

（明世宗实录，卷566，9059）

明實録大運河史料

下

何宝善 编

北京燕山出版社

明穆宗实录

隆庆元年（1567）

1. 四月丙戌朔，丁未，工部复御史李惟观奏言："城河闸坝工程宜定为规制，以三岁一举，用省积久浩大之费。广源、青龙二闸相距密迩〈校记：抱本源作元〉，宜令闸官兼摄，并汰原派闸夫之一。"从之。

（明穆宗实录，卷 7，0213）

2. 五月乙卯朔，己未，河工成。先是，黄河决新集、庞家屯等处，泛滥徐沛间，故道沮洳不可复没〈校记：三本没作浚，是也〉。尚书朱衡议从南阳以南，东至夏村，又东至留城〈校记：广本嘉本又作及。广本武本大本嘉本东下有南字〉，凡一百四十一里，故都御史盛应期所凿河形在焉。又其地阜〈校记：三本地下有高字，是也〉，黄河即至，昭阳湖不能复东，乃凿旧渠。因深广之，引鲇鱼诸泉〈校记：旧校改鲇作鲇〉，薛砂诸河注其中〈校记：各本砂作沙，是也〉。坝三河口疏旧河。筑马家桥堤，遏河之出飞云桥者，使尽入秦沟。自留城至赤龙津〈校记：各本津作潭〉，又五十三里，凡为闸八，减水闸二十，为坝十有二，为堤三万五千二百八十丈有奇，石堤三十里。已而，凿黄家口导薛河入赤山湖〈校记：广本武大本嘉本黄作王〉，凿黄浦导沙河入独山湖〈校记：广本武大本嘉本浦作甫〉，凡为枝河八。旱则资以济漕，潦则泄之昭阳湖，由是运道遂通。

（明穆宗实录，卷 8，0223-0224）

3. 五月乙卯朔，癸亥，总理河道尚书朱衡言："河工告成，宜分管理〈校记：旧校分下增官字，三本管作督，是也〉。黄河上自漕县直抵丰县堤界〈校记：武大本抱本嘉本漕作曹，是也〉。新河自南阳起至朱家口而南〈校记：三本朱作宋，口下有“可属之山东驿传道，自宋家口”十二字，是也〉，及黄河自丰县堤界而南，可属之徐州兵备道。其预防黄河缮理新河事宜，皆听计画，合用失力〈校记：三本失作夫，是也〉。黄河调闸溜浅夫〈校记：抱本嘉本河下有得字，是也〉，新河得调曹、单等县堤夫互相协助。其和贮山东漕河徭夫工食〈校记：三本和作扣，是也〉，及河道工两食〈校记：三本作河道银两，是也〉，有事许呈请支费。诸管河官员悉凭二道委用〈校记：广本武大本嘉本凭作听〉。又请于曹县上下筑缕水坝，修扫水台以防秋水冲决之患〈校记：武大本抱本嘉本扫作埽，是也。各本无水字〉。其工费于两淮工本银〈校记：广本工下有食字〉，及山东河南料价之给〈校记：三本之作支，是也〉。”上皆从之。

诏运船过临清免其带砖，以漕军重困也。

（明穆宗实录，卷 8，0225-0226）

4. 六月甲申朔，乙酉，新河鲇鱼口等处山水暴决，漂没运船数百艘，人民溺水无算〈校记：各本水作死，是也〉。

（明穆宗实录，卷 9，0242）

5. 六月甲申朔，丙申，叙治河功。加工部尚书朱衡太子少保仍升俸一级，升都察院右佥都御史潘季驯为右副都御史。礼科给事中何起鸣候四品京堂缺推用〈校记：武大本嘉本科下有都字，是也〉。先后经理河道漕运都御马森〈校记：三本御下有史字，是也〉、霍冀、迟凤翔、张瀚、孙慎、冀练、洪朝选、孟养性。先后巡按御史尚德恒、苏朝宗、韩君思〈校记：武大本抱本嘉本思作恩〉、孙丕扬、孙以仁、李文续。管河郎中程道东，员外郎游季勋，主事陈楠〈校记：嘉本楠作南〉、李承绪、吴善言，副使徐节，原任参政熊桴，副使梁梦龙、胡涌，郎中李汶等，主事唐炼等，各赍银币有差。

（明穆宗实录，卷 9，0251）

6. 八月癸未朔，癸未，工部右给事中吴时来言〈校记：三本部作科，是也，各本右作左〉："臣属者，从漕河来睹记治河之事，弊在议论繁而要实未审也。其甚者惟新河三难之说，臣请得而解之。夫黄河故道难复〈校记：各本河下有运河二字〉，无论已乃，今新河以三难称者，岂不以马家桥易浅，沙河易淤，薛河易冲为患哉！臣以为，此患在委耳源之不通，委将安属故治源者急也。夫新河与清源山至近也〈校记：抱本清源作青源，嘉本作青原〉，而东兖以南，费、峄、邹、滕之水注焉〈校记：旧校改滕作滕〉，以一堤而捍群流，又当大山泻下之势，与素号潴水之区，能保其不溃乎？故疏浚分杀之谋宜豫也。夏村迤逦数十里，地势居高，必导水于薛河，非开支河，引薛河上流以分其派。及三河口、鲇鱼泉诸地凿口〈校记：旧校改鲇作鲇〉，堤岸筑砌〈校记：各本作筑堤〉，益以启闭之闸〈校记：武大本抱本益以作以益〉，能免冲决淤塞之虞乎？故蓄泄之计宜慎也。顾自今以河渠事〈旧校改顾作愿〉，命宪臣一人与藩臬之佐，一人专之，罢济沽南旺部臣之分理者〈校记：广本无济字〉。"上然其言，令尚书朱冲计处以闻〈校记：三本冲作衡，是也〉。

（明穆宗实录，卷 11，0292-0293）

7. 八月癸未朔，甲申，南京工科给事中张应治等言："近日三河口之决，以新渠地高，不能受汶、泗、滕、薛诸水，故一遇霖雨至于溃溢。而工部尚书朱衡故多大言，功不补患。昔既弃彼三沽而为大河波及之区，今又穴此一沟，而萃全兖合流之水，咎有所归，宜加罚治。"得旨："〇〈校记：旧校改〇为降〉（按：降字不妥，似为朱）衡俸一极，仍令悉心经理以图后效。"

（明穆宗实录，卷 11，0293-0294）

8. 八月癸未朔，己丑，裁革遮洋运粮把总，而以所属淮安、泗州、大河三卫〈校记：武大本抱本嘉本泗州、大河作大河、泗州〉，分属江北淮安总；高邮州〈校记：武大本抱本嘉本无州字，是也〉、杨州二卫，属江北杨州总；长淮一卫，属中都总，俱运南粮〈校记：广本俱下有充字，武大本抱本嘉本充作兑，作兑是也〉。以在北德州等九卫，以江北淮安总〈校记：三本以作与，是也〉，所属徐州、左、归德三卫〈校记：三本州下有徐州二字，是也〉，俱并入山东一总，免运山东〈校记：三本免作兑，是也〉、河南之粮。德州九卫，与临清、平山二卫，拨运蓟州仓粮。旗军行粮，每名加增四斗。徐州等三卫与山东各卫，拨运京、通、天津仓粮，旗军行粮如故。其山东把总，每岁将京粮催至白河，复督运至蓟州，使南京无褁粮之苦〈校记：三本京作军，是也〉，而北卫近地之便〈校记：三本卫下有得字，是也〉。从漕运总督等官李廷竹、方恩、马森、张翰等议也〈校记：武大本抱本嘉本督作兵，是也。广本武大本抱本翰作瀚，是也〉。

（明穆宗实录，卷 11，0299-0300）

9. 十月壬午朔，丙戌，总理河道、尚书朱衡请于东邵开支河三道以泄河流〈校记：三本车作东，是也，下同〉。又于车邵之上别开支河，历东仓桥以达百中桥〈校记：广本仓下无桥字〉。凿豖里补诸处为渠〈校记：三本补作沟，是也，豖作豸〉，使水入赤山湖，繇之以归吕孟湖，下景山而去。至沙河水筑填于支河之下，令水由此以出鲇鱼泉，而于泉之对河，开泉塘筑堤〈校记：各本无泉字〉，以纳其流，而杀其势。回言〈校记：三本回作因，是也〉、杨庄、南阳、佃户、屯留城诸闸（按：影印本不清，是为留字），或宜改建，或宜修理，俱必不可已之工。而有司多不得人〈校记：广本而下有督工二字，是也〉，如徐州守邹臣，督建正家桥闸〈校记：各本正作马〉，旋就倾圮，宜重惩之。上从其言，下邹臣巡按御史问〈校记：三本史下有按字，是也〉。且诫治河官以实心干理，毋蹈前辙。

（明穆宗实录，卷 13，0350-0351）

10. 十月壬午朔，己丑，工科都给事中冯成能言〈校记：广本无都字〉："臣从新河所来，相度南北地势可虑者有三：一、新河自南阳而下，至鲇鱼口与三河口，地形俱高，水以平流积滞之，故漫溢四野，致夺树艺之地。又诸闸半就淹没，而长堤崩溃未已，此上流之患可虑者也。一、三河汇万流以西注，既悍湍难制〈校记：广本嘉本悍湍作湍悍，是也〉，而其下达新河，犹高屋建瓶，冲击弥甚，故泥沙填壅之区，涝则惧冲，旱则惧浅，此中流之患可虑者也。一、夏村以南诸闸，水势高下相悬，几及于丈，启闭之节蓄浅为难〈校记：三本浅作泄，是也〉，此下流之患可虑者也。以上三患，皆由三河上下地既居高，水复平衍〈校记：抱本衍作行〉，虽目前告成，宜逆为未然之备。"上以其疏示尚书朱衡，令熟计闻〈校记：三本计下有以字，是也〉。

（明穆宗实录，卷13，0354）

11. 十月壬午朔，乙酉，以协同漕运参将、署都督佥事福时为提督漕运总兵官，镇守淮安。

御史蒋机请增筑通州月城以重保障，从之。

（明穆宗实录，卷13，0369）

12. 十一月壬子朔，丁巳，户部复延绥都察院右佥都御史王遴奏〈校记：三本复下有巡抚二字，是也。三本无佥以上五字〉："本镇黄甫川运河已通，漕粟见贮府各县仓〈校记：三本各作谷，是也〉。乞颁降印记一颗，责令本县典使主之〈校记：三本使作史〉。人运船水手临河雇觅非经久计〈校记：三本人作又，是也〉，请于葭州、神木、府谷、吴堡、米脂、绥德等州县均徭内增编。比常役少加优异，以恤其劳。"报如议。

（明穆宗实录，卷14，0380-0381）

13. 十二月辛巳朔，庚戌，是岁……漕运实米三百五十二万二千九百八十二石三斗。

（明穆宗实录，卷15，0426）

隆庆二年（1568）

14. 正月辛亥朔，壬戌，巡抚顺天、都御史刘应节等以“永平西门直抵海口，至天津凡五百余里，可通漕。议令永平通判及指挥等官，募诸县民习知海道者，与俱赴天津领运。仍同原运官军驾海舟出大洋，至纪各庄，更小舟运至永平仓。其造船及水夫诸雇募转般之费，取诸漕粮轻赍及仓粟之余者。”户部复言：“故事，独蓟镇有遮洋总，而无永平海运。今驱漕卒冒不测之险，于计不便。即如抚臣等言，请以山东、河南额派蓟镇漕粮，分拨折色十万石，俱改本色运至天津交兑。永平通判指挥等官，径自领运，不必同原运官军。其沿途转般入仓工费〈校记：广本作入仓转般〉，皆如漕规扣给，以原拨永平民运及太仓所发年例，如疏抵还蓟州〈校记：广本抱本疏作数，是也〉。”上从部议。

（明穆宗实录，卷16，0433-0434）

15. 七月戊申朔，癸酉，南京兵部尚书刘采言〈校记：广本采作寀〉：“内臣进贡，多用马快船窃载私货者，宜加查禁。”上从之。

（明穆宗实录，卷22，0604）

16. 八月戊寅朔，戊子，御史蒙诏条上漕运十事。一、严催征。谓：“漕粮征收开兑，俱有定额〈校记：三本额作期，是也〉，载在议单，至为详备。迩来漕政废弛，多因所在有司假抚字虚名，而怱催科实政，以致开兑愆期，宜严行整饬。”一、明赏罚。谓：“漕卒粮完例有羡余之赏，运官效劳者亦宜量加奖赉。而严需索之罚，使人知劝惩。”一、专责成。谓：“两浙新增都司官〈校记：广本浙作淮〉，与把总职守相关，临事莫肯专任。宜责都司以先期料理，责把总以及时督率，不得相伏误事〈校记：广本嘉本伏作仗，是也〉。”一、议私兑。谓：

“浙直士夫近设自兑之法，使之明犯禁令抑困漕军。不肖者既重以自恣，而贤者又不获全其令名，宜仍旧官民公兑为便。”一、足船数。谓：“国初漕制，每船不过正耗米四百七十二石，迩来船数滋少，或一艘并受七八百石，而又益以私货倍之，致多败溺，宜尽数清补。”一、增贡具〈校记：广本贡作货〉。谓：“随船什物诸费，皆责办贫军〈校记：广本抱本军作卒，嘉本贫军作卒〉，坐亏正粮，宜将存留米麦折银给买，以示宽恤。”一、核漂流。谓：“议单载漂溺之法至为严密，迩来通同妄报，真伪莫辨〈校记：嘉本伪作赝〉，宜令州县正官亲行水次验实。”一、清挂欠。谓：“扣补挂欠之法以解淮粮折银〈校记：广本嘉本无粮折二字〉，及该卫军粮充数。那借多端〈校记：三本那作移〉，奸弊丛起。今宜明稽其数，临仓挂欠者如律问遣。若系漂流，止许将羡余及本船官军鬻产扣粮补之。甚则稍借概卫官军一月二月之粮，不得轻用淮银以滋侵克。”一、重民运。谓：“江南粮长之役有三害：在家则苦催征，在途则苦逼勒，抵京则苦完掣。宜令京漕二解户通融抵数，互相代运为便。载米任僦轻舸〈校记：广本僦作就〉，不必拘以大号长船。粮长各给小批，俾得完报不致牵累。”一、严部运。谓：“部粮推避科索〈校记：三本粮下有官字〉，以致岁运失期，积逋无算。宜选廉能吏督之，而汰其不职者。”得旨允行。仍以诏精勤任事，升俸一级。

（明穆宗实录，卷23，0613-0615）

17. 九月丁未朔，乙亥，户部等衙门会议漕运事宜。一、酌处资余以恤军困〈校记：三本资作羡，是也〉。言：“运军南还，全仰给于资余，今一帮漂〈校记：三本漂下有欠字，是也〉，扣留各帮；一卫漂，又扣留各卫〈校记：三本又作欠，是也〉。既阻回船兼误新运，非法之善也。请自今年为始，凡处补资余，俱于本年内，大患，先尽本帮，次及本卫，次及总〈校记：三本及下有本字，是也〉。小患，先尽本船，次及本帮。其别帮别卫，不得一概扣留。”一、议处带軏以速粮运〈校记：旧校改軏作砖，下行同〉。言：“运船过临清，于上、下二厂顺带城軏〈校记：广本嘉本下作中〉，水次辽远，宜就近改孤于闸外下厂〈校记：三本孤作派，是也〉，无致耽延。”一添铸铁斛以息争端。言：“瓜仪石、土等坝，因斛有增减，互相争执。原铸铁斛不能偏校〈校记：嘉本作偏较，嘉本是也〉，宜每总添铸铁斛三张〈校记：三本三作二〉，分发各总带赴水次。仍令司府州县如式制造木斛（按：广本制作铸，误），以备交兑，不得异同。”诏如议。

（明穆宗实录，卷24，0675-0676）

18. 十月丙子朔，癸巳，巡按浙江御史蒙诏条议四事〈校记：三本江下有监察二字〉：“一、河工既成，请悉按民田受患者，独山以南，自湖陵城至回回墓，薛河新改支河，自王家口至吕孟湖，宜设法开导，使水有所归，不重为民害。其三河坝堰，功绪初成，当倍加葺浚，预为久远之谋。一、宝应湖风涛叵测，往往有沉覆之虞〈校记：抱本沉覆之虞作覆舟之患〉，宜如高邮康济河故事，别凿一河，以近堤民田为之，使之计亩受值，免其征税。一、高邮康济河，故有木匣涵洞，相旱涝为启闭之节。今岁久浸圮〈校记：嘉本圮作废〉，加之莳年大水冲啮，内外堤仅如一线，宜及其未败以次经理。一、徐、吕二洪相距一舍〈校记：广本嘉本一作二〉，事务可以兼摄，宜罢徐州部，使令吕梁分司总之。且汰各闸官之虚设者〈校记：三本官下有夫字〉。”工部复奏，诏如议行。已而，工科都给事中孙枝言：“比来江淮诣部萧然烦费（按：诣应为诸），不任兴作。即欲如诏，议开宝应越河以避险阻，亦当俟国用稍裕徐为之图。”上是之。

（明穆宗实录，卷25，0690-0691）

19. 十月丙子朔，己亥，催攒漕运御史蒙诏条陈漕河二事。一、议优恤。言：“南阳独山一带诸水，经注占役民田一千二百余顷，原额税粮分派山东通省〈校记：三本分上有宜字，是也〉，以惠失业之民。”一、议洪夫。言：“徐州所属丰、沛、萧、砀〈校记：抱本无丰沛二字〉，当水陆冲要〈校记：三本冲要作要冲〉，岁编两洪夫役二千四百五十一名，该工食银一万五千一百九十六两〈校记：抱本该下有共字〉，民不胜困，宜于轻赍银内，每石扣银二厘以资雇值。”部议：“水田粮当如议〈校记：三本水下有没字，广本嘉本如下有诏字，是也〉。轻赍银两，备分派盘剥车脚及修船给军之费，难以议扣。即今议真、瓜州二坝〈校记：三本议作仪，是也〉，扣取脚米，岁计银二千五百两〈校记：三本百下有余字〉。该州四县派剩麦价银一千五十九两〈校记：嘉本作一千五百十两〉，近议运司挑河银三千余两，总计六千五百余两，悉听本州收抵夫费，宜可以纾民困矣。”诏如议。

（明穆宗实录，卷25，0694-0695）

20. 十二月乙亥朔，甲辰，漕运米四百万石内，除旧例及奉诏改折外，实运米二百七十一万四千一百三十五石九斗〈校记：抱本脱斗以上二十九字〉。

（明穆宗实录，卷27，0735-0736）

隆庆三年（1569）

21. 二月乙亥朔，庚子，总理河道都御史翁大立奏言：“国家张官置吏为治河计，至群密矣〈校记：三本群作详，是也〉。然往往能收临患焦烂之功，而未有先事徙新之策〈校记：三本新作薪，是也〉，以惩怠懈惰之法，大疏也。稽之律令，凡失时不修堤防者，罪正笞杖〈校记：三本正作止，是也〉，是以当事者，率漫然视之。请自今更令堤防不效者，府佐及州县正官，俱以差降级〈校记：广本抱本差作次，是也〉，并管河副使与职专守巡者，俱治罪。”工部复行其言。因陈：“漕渠视黄河以为通塞，黄河变迁自古不常，乞并敕大立及时疏浚不流〈校记：三本作下流，是也〉，建筑遥堤以备之。”报可。

（明穆宗实录，卷 29，0780-0781）

22. 四月甲戌朔，丁丑，总理河道都御史翁大立言：“新河之成，胜于旧河者，其利有五：地形稍仰黄水难冲一也；津泉安流无事提防二也〈校记：三本提作堤，是也〉；旧河陡峻今皆无之三也；泉地既虚黍稷可艺四也；舟揖利涉不烦牵挽五也〈校记：抱本嘉本揖作楫，是也。广本不烦作无事〉。顾道路之言，或称未便者，以渔台〈校记：三本渔作鱼，是也〉、滕、沛，沮洳成湖，各亭沽头市廛失利〈校记：嘉本沽作沾。旧校改各作谷〉，乃倡浮言以摇国是耳。臣请以一得之虑，熟陈于前。夫漕河故资泉水，而地形东高西下，非有湖为之积潴则涸，故漕以东皆有水柜，非有湖为之宣泄则溃，故漕以西皆有水壑，此先臣宋礼之讦画〈校记：三本画下有盖殚悉独到者六个字，是也〉今新河寔师其意，遇黄流逆，奔则以昭阳湖为散衍之区，遇山水东突，则以南阳湖为潴蓄之池〈校记：三本池作地〉，虑不可谓不周矣。然水有归壑提使无虞〈校记：广本嘉本提作堤，是也〉，宜大兴人卒，繇回回墓一带开通，以达于鸿沟。令谷亭湖陵之水皆入昭阳湖。又引昭阳湖水沿鸿沟以出留城。其湖地退摊者〈校记：广本抱本摊作滩，是也。嘉本地作池〉，尽上腴之田，按之可得千顷，令民得种艺其中。计亩出赋以供河渠之费，计无便于此者。”上从之。

（明穆宗实录，卷 31，0809-0810）

23. 四月甲戌朔，庚辰……升户部右侍郎赵孔昭为本部左侍郎、兼都察院右佥都御史，总理漕运巡抚凤阳。

（明穆宗实录，卷 31，0812）

24. 五月甲辰朔，己巳，裁革管理济宁闸工部主事一员，营缮所丞一员。

（明穆宗实录，卷 32，0854）

25. 六月癸酉朔，壬午，初，御用监太监赵迁劾工部主事刘佩违例纳钞税，擅留皇船。事下工部行山东巡按御史勘详以闻。至是御史罗凤翱奏："迁语受之湖州通判仝祉，祉初以部运私装货物为佩所持，因嗾迁以祸中之。佩无罪当反坐祉而责迁，误听之过。"上是之。

（明穆宗实录，卷 33，0859）

26. 闰六月癸卯朔，丁未，巡仓御史杨家相言："国家漕粮四百万石，原定为京七通三之制，分贮京通二仓。近因京仓空虚，议将通仓原额正兑三分全改京仓，臣切以为非便〈校记：嘉本非作未〉。请将通仓递年支放之数，多增一二月，或将折放银两月分，在京仓月粮内折之，无所不可。盖通仓多放一月，则京仓省一月之给；折银一月，则京仓余一月之储〈校记：嘉本仓作粮〉，非必减通粮而后可以充京仓也。"部复："以家相所言为是，但兑运改兑分拨二仓，则粮数错杂，且有转贴脚之烦〈校记：三本脚下有价字，是也〉。宜遵嘉靖八年以后事例，将改兑尽入通仓以省脚价。仍将兑运粮内拨六十六万二千石以补通仓原额。其余粮米俱发京仓〈校记：三本发作拨，是也〉，毋拘三七四六之例。其折支月分已有成规，不必更议。"从之。

（明穆宗实录，卷 34，0876-0877）

27. 闰六月癸卯朔，戊辰，总理河道都御史翁大立言："薛河之水，夙称端悍，今尽注于郗山湖，入微山湖，以达于吕孟湖，此尚书朱衡经理之绩也。惟吕孟湖之南，为邵家岭，黄流填阏，地形高仰，以故秋水时至，翕纳者小，而反浸淫平野，夺民田之利。又微山之西，为马家桥属者，草创一堤，以开运道，土未及坚，而时为积水所撼，以寻丈之祉〈校记：祉应作址〉，二流夹攻，虑有顷圯〈校记：三本顷作倾，是也〉。凿邵家岭〈校记：三本凿上有宜字，是也〉，令水由地浜沟出境山以入漕河，则湖地可耕，河堤不溃。而更于马家桥建减水闸，相旱涝以为启闭之节，斯通漕之长策也。”上采纳之。

（明穆宗实录，卷34，0885-0886）

28. 七月壬申朔，壬午，河决沛县，自考城、虞城、曹、单、丰、沛抵徐州，俱罹其害，漂没田庐不可胜数。漕州二千余皆阻邳州〈校记：三本漕州之州作舟，是也〉，不得进。总理河道、都御史翁大立以闻。工部尚书朱衡复奏：“茶城淤塞，宜俟水退乃可疏浚。独徐、沛灾民流移困苦，宜令户部亟议赈济以安人心。”户部复：“如衡言。请以淮扬商税，及抚按赃赎备赈仓粮赈恤贫民。仍敕河道诸臣设法疏浚支渠，或置船盘剥，勿令漕舟阻滞。”上是之。

（明穆宗实录，卷35，0890）

29. 七月壬申朔，庚寅，工科都给事中严用和言：“黄河再溢，震荡徐沛，运道为梗，宜饬所司塞决口，挑浚淤沙，以纾目前之急。其治河经久之策，宜行河道及抚按官悉心计处。”于是，工部言：“今河流稍平，漕舟以次进〈校记：抱本漕舟作漕运船只〉。其诸堤堰闸填，可以渐修无足为虑。惟沛县黄水之横溢，倏去倏来，则民命不堪。奏浊河口之淤沙〈校记：广本嘉本奏作秦，是也〉，随疏随壅，则运道终阻，诚宜及时讲求为一劳永逸之计。然臣以为，黄河为患，自周汉至今，未有能久治而不决之术，要在因势利导，随敌修补而已〈校记：广本嘉本敌作敝，是也〉。今沛县东堤已完，而城南至境山西堤未及修举〈校记：广本嘉本而下有县字，是也〉，宜亟加兴筑以遏沛河之溢。其秦浊二河易淤难疏，宜于梁山之南别开一渠，远避黄水以免沙淤之患〈校记：广本沙淤作淤沙〉，计无便于此者。至欲多开故道以杀河势，则臣以为不可。夫汉武力罢于匏子之工，宋人祸基于回河

之役，即如嘉靖中开浚孙家遮等处〈校记：三本遮作渡，是也〉，费出不赀，旋即壅塞，未有能出奇策，使河受约束者也。”上是其言

（明穆宗实录，卷 35，0898-0899）

30. 七月壬申朔，己亥，总理河道都御史翁大立奏：“洪水为患，在北，则广大河间；在南，则淮、杨、徐、沛；在河南，则开归彰卫；在山东，则兖济东昌人民嗷嗷，愁苦万状。宜令户部转行漕司，以最后漕粮收贮徐州广运仓平价出粜，以救灾民，及他州郡。咸议蠲恤，则可以活数百万之命。”时，工科给事中严用和亦以为言〈校记：嘉本科下有都字〉。户部复：“请留漕粮三万石赈济。工部请行河道诸臣，及时缮修堤闸堰〈校记：三本闸下有埧字，是也〉。其茶城西岸曹、单河堤，以属大立。南直隶淮河口等处，山东临清、德州等处，河南虞城、夏邑等处决口，属各巡抚经理，务刻期竣事。”上皆从之。

（明穆宗实录，卷 35，0907）

31. 八月壬寅朔，丁巳，总理河道都御史翁大立请发河南、山东、淮、扬河夫桩草银一万两，豫籴粟麦贮之仓庾〈校记：广本豫作预〉，以备明年河工及赈济之用。从之。

（明穆宗实录，卷 36，0920）

32. 八月壬寅朔，庚申，以洪水为患，命总理河道御史翁大立祭大河大济之神。巡抚凤阳等处侍郎赵孔昭，祭大江大淮之神。

（明穆宗实录，卷 36，0921-0922）

33. 九月辛未朔，癸酉，总埋河道都御史翁大立言：“臣按行徐州，循子房山，过梁山，至于境山，入地浜沟，直趋马家桥，上下八十里间，可别开一河以漕〈校记：广本以下有运字〉，其利有十：自秦沟浊河，至徐州洪，诸狂涧激湍〈校记：三本涧作澜，是也〉，远不相涉，一也；依山为从〈校记：广本抱本从作堤〉，虽有洪涛，必不泛滥，

二也；漕舟循堤而上，牵挽不难，三也；无茶城淤浅之患，省盘剥之费，四也；由马家桥至境山四十里，由境山至徐州洪四十五里，视旧河为近，驿递夫价并可减省，五也；驿路改从新堤，往来径捷，六也；徐州夫可并吕梁二洪〈校记：三本州下有募字，是也〉，徭夫可遂裁革，七也；计沛县六铺至境山，筑堤百里，当用银十三万有奇。今开新河则长堤，可□费益大省，八也〈校记：影印本此字不明晰〉；籴谷贮仓，假工役以济饥民，兼节财赈荒，弭盗之术，九也；弃旧河以为水壑，即河决谷亭沛县，从鸿沟以泄，径从小浮桥下徐洪，运道无梗，十也。顾其难亦有三：地浜沟当筑大坝，接黑龙潭堤，至杨山圩西当别开一道〈校记：三本圩作坝〉。至旧河绕出茶城，及开渠建闸费皆不赀，此其难在工费；岁属大饥，而徭夫工食往往不继，待哺之民怨讟易生，此其难在工食；役夫二万，仍听番休，而钱粮不益，淹以岁月，必招谤议，此其难在工程。犯此三难，以兴十利，臣固未易办也。惟上幸集廷臣议之。”章下工部，以“大立议为便。请行抚按及巡盐官相度地势〈校记：三本势作形〉，并议钱粮夫役”以请。从之。

（明穆宗实录，卷37，0931-0933）

34. 九月辛未朔，丙子，总理河道都御史翁大立言：“陛下念滨河之民重罹水灾，特下蠲租之令，更发内帑以赈之，不胜大幸。顾闾阎穷苦之状，宫禁邃远，有不尽见闻者。臣谨绘图十二以〈校记：广本嘉本以下有献字，是也〉：一曰水次兑军；二曰漕河筑堤；三曰黄河瀑涨；四曰昏夜守堤；五曰粮船过洪；六曰黄河卷埽；七曰茶城捞浅；八曰洪水冲城；九曰风雨异常；十曰海潮啸溢；十一曰灾民避水；十二曰粮船漂没，险阻艰难，备载之矣。陛下惠然省览，知天官之膳饩，皆军民之膏血，必有恻然伤之者。且今时事可深虑者五：东南财赋之薮，而江海泛滥，粒米不登〈校记：广本粒米作米粒〉，鞭挞虽加，徒陨民命，此京储可虑，一也；边镇关隘洪水冲激，墩堡倾颓，何恃以守？此虏犯可虑，二也〈校记：三本犯作患，是也〉；直隶、山东、河南皆股肱之地〈校记：三本地作郡〉，霖雨既久，城郭不完，积贮空虚，赈贷无策，卒有寇盗何以备之？此内地可虑，三也；海徼之间，飓风鼓波〈校记：三本波作浪〉，兵船战士悉被漂沉〈校记：嘉本漂作飘〉，此海防可虑，四也；淮浙产之场〈校记：三本产下有盐字，是也〉，咸泥尽冲，团灶俱废，此国课可虑，五也。愿陛下以此五患、十二图，召公卿辅弼之臣，与共计之，求所以消弭灾异者〈校记：广本嘉本灾作变〉，无为文具。”上以图留览，下其章于所司。

时，淮水涨溢，自清河县至通济闸〈校记：嘉本济作沧仓〉，及淮安府城西，淤者三十余里。决方、信二坝，出海平地，水深丈余。宝应湖堤往往崩坏，及山东莒州〈校记：三本及作又〉、沂州、郯城等处水溢。从沂河、直河出邳州，人民溺死无算。河道御史翁大立以闻〈校记：三本道下有都字，是也〉。都给事中严用和言：“淮安、徐、邳皆转输咽喉，壅淤溃决，运道为梗，关国计不细。疏浚修筑之务，不可不亟。宜令赵孔昭及大立协心共济〈校记：广本嘉本及下翁字，是也〉，不得废事失时。”工部复如用和议。且言：“淮安湖陂故有大堤，往往商人决以逃税〈校记：三本往往作往时〉，故多水患。宜及今修筑，令河决草湾〈校记：旧校改令作今〉，北合盐河，至海州入海，亦可疏浚以杀水势。并行二臣会勘兴工。”从之。

（明穆宗实录，卷 37，0935-0937）

35. 十月辛丑朔，甲辰，户部复巡抚凤阳侍郎赵孔昭、河道都御史翁大立、都给事中刘继文、御史王友贤等奏请：“令凤阳、淮安、扬州三府所属州县，及徐州属县改折漕粮，各以被灾轻重为多寡，仍各酌量免其存留者。兑运每石七钱，改兑六钱。嘉靖四十五年以前带征，并隆庆二年以前应征者，暂停以俟丰岁。其淮安、大河、高邮、徐州、仪真、邳州、扬州等卫，通州、海州、泰州三所，亦视灾伤重轻改折屯粮。”诏如议行。

（明穆宗实录，卷38，0954）

36. 十一月庚午朔，丁丑，户部复总督侍郎赵孔昭言〈校记：三本督下有漕运二字，是也〉：“浙东一总自嘉靖四十二年以来〈校记：广本二作三〉，漂流负逋者米二十二万石有奇〈校记：旧校改负逋作逋负。抱本二作一，广本嘉本无万石二字〉，楞木席板筹架之银，亦不下数万，皆法轻而易犯也〈校记：三本而下有人字，是也〉。自今运官指挥以下少粮千石，银五百两以上者，以监守自盗论，降二级；五千石、二千五百两以上者，发附近卫所充军，子孙降袭四级；一万石、五千两以上者，发边卫永远充军，子孙不得承袭。许有功次房，无碍子孙承袭。把总所犯，视指挥加倍者，罪皆如之。降四级者，指挥千户至总旗而止，百户至小旗而止。充军者，必粮足然后发遣。有能于二年之内补完者，准照常发落。子孙降袭之后，能补粮完足者，并许复其祖职，则人知警惧，而侵盗延缓之弊可以渐革。”上从之。

（明穆宗实录，卷39，0971-0972）

37. 十二月己亥朔，丙辰，时，淮河自板闸至西湖嘴开浚垂成〈校记：广本湖作河〉，而里口等处复塞。总督漕运侍郎赵孔昭以工费不给，请议处钱粮。因言：“清江一带黄河五十里，宜筑堰以防河溢；淮河高家涧一带七十余里，宜筑堰以防淮涨〈校记：抱本缺防以上十八字〉。”工部复：“请以钱粮下孔昭及河道都御史翁大立通融借助〈校记：三本粮下有事字，是也〉。其里口等处亟行开浚。以筑堰事宜及海口筑塞宝应河二事〈校记：三本应下有越字，是也〉，均酌议举行。”从之。

（明穆宗实录，卷40，0992）

38. 十二月己亥朔，庚申，以水灾改折松江府华亭县、上海县漕粮十分之五〈校记：广本嘉本作华亭上海二县〉，存留蠲免亦如之。从抚按奏也〈校记：三本按下有官字，是也〉。

户科都给事中刘继文，御史杨家相，劾奏提督总漕运总兵福时贪肆不职〈校记：旧校删总漕运之总字〉。诏革任听勘。

（明穆宗实录，卷40，0994）

39. 十二月己亥朔，戊辰，漕运四百万石内，灾伤改折二十二万四千五百一十四石七斗一升〈校记：嘉本二万作三万〉，运米三百七十七万五千四百八十五石二斗九升。

（明穆宗实录，卷40，1007）

隆庆四年（1570）

40. 正月己巳朔，己巳，命总督京营戎政、镇远侯顾寰挂印充总兵官，提督漕运镇守淮安。

（明穆宗实录，卷41，1009）

41. 二月己亥朔，辛酉，命有司重浚南直隶之吴淞江白茆塘，从抚臣海端奏也〈校记：三本端作瑞，是也〉。瑞因请量留各处赃罚银，漕粮二十万石折银济工。有旨："听其动支苏、松、常及杭、嘉、湖赃罚〈校记：嘉本罚下有银字〉，余不许。"

（明穆宗实录，卷42，1051）

42. 三月戊辰朔，壬申，工部复御史杨家相所陈三事：一、重漕艘以全大计〈校记：抱本漕艘作漕船〉。谓："浅船造作不坚，弊在法疏人玩，侵牟者多，宜严加综核。"一、开河道以利漕挽。谓："朝阳门外故有河渠，虽岁久渐湮，尚可复之，以便东仓之运。与夫宝应湖之议，开康济河镇江一带之议，浚浅阻，填卑洼者，皆通漕孔道，所宜亟举。”一、建闸座以省耗费。谓：“瓜洲土坝剥运甚艰，莫如建闸之便。又境山诸闸，日就颓毁，宜及时修理。”上命如议行。

（明穆宗实录，卷43，1077）

43. 四月戊戌朔，乙巳，兵科都给事中温纯言：“四方多盗，宜加意督抚兵备等官久任责成。……漕运之军，一困于军职之剥削；一坏于沿途之顾觅。尺籍虽存，无补缓急。而淮安于山东、河南又非统辖，曹、濮兵备裁革无名。请于济宁当三省适中之地，多设兵将以守之；假河道重臣节钺以临之。而曹、濮道宪臣复设如故。仍严饬将漕官吏，毋得科害旗军〈校记：嘉本害作扰〉，则运道安矣。”……吏部复行其议。上俱报可。于是……命河道都御史加提督军务职衔，以南直隶之淮、扬、颖、徐，北直隶之大名、天津，河南之睢陈，山东之临沂，及添设曹、濮道，各兵备官属焉。

（明穆宗实录，卷44，1105-1106）

44. 五月戊辰朔，己卯，升巡抚云南都察院右副都御史陈大宾为工部右侍郎兼都察院右佥都御史，总理河道提督军务。

命山东、河南郡县附近，临、德二仓粮，三百里内者，俱征本色。三百里外者，征折色八钱。被灾九分以上者，六钱。发德州仓陈米以补卫军月粮。

（明穆宗实录，卷45，1131-1132）

45. 五月戊辰朔，乙酉，诏：“以漕运各总过江过湖脚银之奇羡者，解贮淮安府库，为军船置办什物之用。每船给以四两，如再有余，则以助修船之费。仍著为令。”

（明穆宗实录，卷45，1135）

46. 五月戊辰朔，己丑，工部复总理河道、都御史翁大立条陈议处河工钱粮三事：“一、宝应河滨碧霞元君祠香钱，宜择府佐之治河者综其出入。一、开新庄闸以通商船，量船广狭征税。径一丈六尺以上者，银五两；一丈四尺以上者，三两〈校记：抱本嘉本三上有银字，抱本三作四〉；一丈以上者，银一两。由仪真闸者，以递减之。一、济、汶以北各湖地，皆膏沃之壤，宜募民田作。每亩征银四分，输之工所。”从之。

（明穆宗实录，卷 45，1137）

47. 六月丁酉朔，丙辰，河道都御史翁大立报：“疏浚淮河及鸿沟境山等处工完。”上从部议。录管工同知章时鸾等赏赉有差。

（明穆宗实录，卷 46，1166）

48. 七月丁卯朔，戊子，命总督漕运兼提督军务、巡抚凤阳等处，户部左侍郎、兼都察院右佥都御史赵孔昭还理部事。

（明穆宗实录，卷 47，1187-1188）

49. 七月丁卯朔，壬辰……时，山东沙、薛、汶、泗诸水，骤溢决仲家浅等处，而黄河暴至，茶城复淤。于是侍郎翁大立言：“今山水甚盛，由梁山之下张孤山之东，内花山之西南出戚家港，合于黄河。宜遂加开浚，依山筑堤，以避秦沟独河〈校记：三本独作浊，是也〉岁岁涨淤之患。此时谓因势而利道〈校记：三本道作导，是也〉，不与黄河争尺寸之地者也。”工部是其议，令大立督所司相度举行。从之。

（明穆宗实录，卷 47，1191）

50. 八月丙申朔，丁酉……起原任都察院右副都御史潘季驯总理河道提督军务。

（明穆宗实录，卷 48，1195）

51. 八月丙申朔，辛丑，筑通州河西务城。

（明穆宗实录，卷 48，1198）

52. 八月丙申朔，庚戌，诏建河神祠于夏镇、梁山各一。赐名曰：洪济昭灵。命夏镇闸、徐州洪主事，以春秋致祭。

先是，河道都御史翁大立，欲浚至梁山河〈校记：三本至作治，是也〉，祷于神。忽水落成渠，可以通舟，大立以为此神助非人力也。请建祠宇，领于有司以答灵贶，故有是命。

（明穆宗实录，卷48，1203）

53. 九月丙寅朔，壬申，侍郎翁大立言：“今淮河自泰山庙至七里沟，淤千余里〈校记：三本千作十〉。而水从朱家沟傍出，至清河县河南镇，以合于黄河。闻者无不骇异。然臣以为，宜开新庄闸以通回船，复平江时故道，则淮河可以为无虑。臣所患独在黄河睢、宿之间迁徙未知所定，泗州陵寝甚有可虞。臣请浚古睢河，繇宿迁，历宿州，出徐州小浮桥，以泄徐、吕二洪之水。又规复清河鱼沟分河一道，以下草湾免冲射之患。南北运道庶几可保。”都给事中龙光亦请：“下所司勘议，或寻复故道，或分泄二洪，及仿先年置铺设夫，开沟建闸之法，以为久计。”工部复：“行新任都御史潘季驯如议区画。”从之。

（明穆宗实录，卷49，1221-1222）

54. 九月丙寅朔，甲戌，河决邳州，自睢宁白浪浅至宿迁小河口，淤一百八十里，运船千余艘不得进。侍郎翁大立言：“迩来黄河之患，不在河南、山东、丰、沛，而专在徐、邳，故先欲开泇口河以远河势；开萧县河以杀河流者，正为浮沙拥聚〈校记：嘉本拥作壅〉，河面增高，为异日虑耳。今秋水游正〈校记：广本抱本游正作洊至，是也〉，横溢为灾，臣以为，权宜之计在弃故道。而就新冲经久之策〈校记：广本策作计〉，在开泇河以避淤水〈校记：广本抱本淤作洪，是也〉，议无出此两者，惟上决择。”于是都给事中龙光、御史孙裔兴等皆以为言：“请罚治河道诸臣，责以后效，今及时疏塞以通漕舟〈校记：广本抱本今作令，是也〉。”工部复奏：“往时黄河自刘大夏设官布夫，而河南之患息；自嘉靖初，曹、单筑长堤，而山东之患息；自近来改成新河〈校记：嘉本脱自以上十五字，三本来作年〉，而丰、沛之患息，非河自顺轨由人力胜也〈校记：广本抱本非下有必字〉。今自不能引他水以济漕〈校记：广本抱本自作既，是也〉，而新冲之渠卒未可就。筑塞决口，曩时房村方略〈广本曩时作如，嘉本曩上有如字〉，则故道宜可通。至如泇口之议，虽工费不赀，而一劳永逸。比岁岁疏凿，费亦自省。宜令大立躬自相度，条其利害以闻。其管河官员俱令戴罪任事，俟河通奏请。”上是之。

（明穆宗实录，卷49，1222-1223）

55. 九月丙寅朔，丙戌，户部复御史唐炼条上漕运事宜〈校记：抱本炼作练〉：“请令江西、湖广、浙江各布政司管粮参议一员，督运船赴瓜仪，与漕运委官交代，后期者罚治降黜〈校记：抱本嘉本罚作劾〉。运军数少，令司道府卫，于正丁、舍余、屯操中佥补。修船责成工部分司。清河催督，宜专剿徐州兵备副使〈校记：广本抱本剿作敕，是也〉，限四月终过洪入问〈校记：广本抱本问作闸，是也〉，漕司比过淮例一体奏报。”上命悉如议行。

（明穆宗实录，卷49，1232）

56. 十月乙未朔，己酉，户部复漕运侍郎赵孔昭条处淤阻粮船，便宜一计看守。谓：“军士量留数名守船，月给耗米三斗。修船之费，以各总义余银给之〈校记：三本义作羡，是也〉。”一计督理。谓：“参将把总等官，有当押船回南修理者，有当逮问及革任者，俱宜暂留淤冻之处，候漕粮起运方可离去。”一计淤运〈校记：抱本脱运以上八字〉。谓：“江西、湖广淤粮数多，正兑者仍旧运京，若改兑，并耗米八万七千五百余石，请淮抵各总来岁行粮〈校记：广本抱本淮作准，是也〉。每石折银五钱，解纳太仓。”一计新运。谓：“江、湖二总，新运缺船，今淮、扬徐州灾伤，乞尽令改折，即以船代运为便。”户部议复：“来岁准折淮安米五万石，扬州米三万石〈校记：抱本无石以上六字〉，徐州米三万五千石。兑粮者〈校记：三本粮作运，是也〉，石折七钱，改兑者，石折六钱。令该省雇船运送仪真交纳，余如奏〈校记：抱本嘉本余下有皆字〉。”上允行之〈校记：广本嘉本无上字，抱本无行字〉。

以运河淤阻漕舟不至，诏夺提督漕运总兵官镇远侯顾寰，总督漕运侍郎赵孔昭，总理河道侍郎翁大立各俸半年〈校记：抱本嘉本各下有禄字〉。降管河郎中张纯，徐州兵备刘经纬〈校记：嘉本备下有副使二字，是也〉，参将顾承勋各一级，俱带罪管事。寻以工部言：“纯初自北河徙官而南，尚未视事。”复宥之。

（明穆宗实录，卷50，1256-1258）

57. 十月乙未朔，壬子，命平江伯陈王谟充总兵官，提督漕运镇守淮安。

（明穆宗实录，卷50，1260）

58. 十月乙未朔，庚申，总理河道侍郎翁大立言：“臣窃计，治邳河阏阻之策有三：一开泇口〈校记：广本泇下有沙字，抱本泇下有河字〉；一就新冲；一复故道，然三者利害恒相参焉。从马家桥，经利国监入泇口，出邳州，则可以避秦沟河，徐、吕二洪之险。引薛河鸿沟之水灌渠，水陆通行，诸驿递分司略可并省。而徐、邳东鄙之民，亦渐复业。其便者五。然而山水骤发，则须多张水门，广开水柜。利国监多伏石，湏纡回避之。即河已成，犹当劳费数年，而后可久，其为不便者三，此开泇口之利也〈校记：三本利下有害字，是也〉。从曲头集，抵庄官楼，河所冲刷，久自成渠，劳费不多，而道里更近。且河入睢宁，必不南决，又无徐、邳横射之患，匙头湾之险。而平野筑堤，可免啮蚀，其便者五。然曲头集截河大坝，费亦不赀，新堤难固，水至复决，又当废睢宁一县，并于邳州，其为不便者三，此就新冲之利害也。复故道，则二总漕粮所水〈校记：三本所作得，是也〉，可济漕舟九百余艘可出。可以还百年运道；可以振业徐州而存睢宁，便者四。然而百数十里之淤，视房村工费尤巨。置沙两淮〈校记：三本淮作涯，是也〉，势易崩塞，扫湾筑堤，虽筑不固，且河流所弃多不能复，不便者四，此复故道之利害也。请以臣三策下工部议行〈校记：抱本嘉本部下有定字，广本议下有定字〉，河道、漕司、抚按诸臣，协同举事，以责成功。”又言：“海工以钱粮为本〈校记：抱本嘉本海作河，是也〉，以得人任事为要。”复条上：“计处工费，借留漕银，议留漕米，查理船税，起调夫役，选用官员，奖励才贤，监贯二程八事〈校记：三本贯二作督工，是也〉。”疏下工部，仍请复故道以济目前之急。其开凿洳口之议，令大立熟计以闻，无持两可。其所陈八事多可采用。上皆允行之。

（明穆宗实录，卷 50，1264-1265）

59. 十一月乙丑朔，乙丑，户部会廷臣议漕运便宜，在漕司条陈者四事：一曰清理敝总〈校记：抱本敝作弊〉。谓：“江西、湖广粮运常迟，率因官旗挟货所致耽延〈校记：嘉本致作至，是也〉。请令督粮藩佐，严法禁革。押至爪、仪，付攒运郎中、参将，再委府佐数员，浩江催督〈校记：广本抱本浩作沿，是也〉。其应天、太平、安庆、池州、宁国、广德州运务，比两浙例，责成南直隶屯田御史，赐以专敕无摄之〈校记：广本抱本无作兼，是也〉。其原差主事，但令专官江比〈校记：广本抱本作专管江北，是也〉。”二曰铸给关防。谓：“浙东等一十二总，俱有轻赍减存等银，一切收支漫无印记，弊端不可胜诰〈校记：广本抱本诰作诘，是也〉。谓各给关防以杜奸伪〈校记：广本抱本谓作请，是也〉。凡遇升迁、革职，必交代明白方许离任。”三曰查催民运。谓：“杭、嘉、湖、苏、松、常六府民运白粮，宜令备载数目及解官船只，申白漕司，庶可给发帮牌，责限运给〈校记：广本抱本给作纳，是也〉，而考其完欠之数。”四月申明劝典〈校记：广本抱本月作曰，是也〉。谓：“运官罚罪甚严〈校记：旧校改罚罪作罪罚〉，而赏格未备，胡以示劝。请令兵部查究〈校记：嘉本究作完〉，多功次如例升级，超等擢用。”在户部者应议九事：“一平收纳。各仓收粮，仍复一平一尖之旧。二联帮次运船。宜令首尾联络，依次而进，使漂流迟速，便于稽查。三处挂欠。欠粮官旗虽经参治，每藉口新运，辄自逃回。今后移文漕司，别委领运，务严督旧官尽法示惩。四催空船。令把总押过天津，参将尾后过〈校记：抱本嘉本无过字，是也〉。督令过淮各省转委都司官一员〈校记：抱本嘉本转作专，是也〉，赴淮催还本卫。五处挖运。昌、密漕粮，仍旧令各军径运，侍深夏抵湾起运〈校记：广本抱本侍作待，是也〉，以省僦价。六防冻阻。自今凡遇冻阻者，不拘道路远近，择地寄贮，留军看守。发船回南，另补官旗以整新运。旧者必掣通关，方许回卫。七严改折。岁漕四百万石，今后必十分灾伤，万不得已者，今附近州县照例拨补〈校记：广本抱本今作令，是也〉。或临、德等仓所积，堪抵支运，方准议改。毋以小灾市恩，致损旧额。八速运期。漕粮宜酌道理远近〈校记：广本抱本理作里，是也〉，克定限期。若兑完开帮，责之监兑；瓜、仪责之攒运；过淮责之漕司；刑刑过洪〈校记：广本抱本刑刑作理刑，是也〉，责之徐州兵备；入闸之后，责之各管仓主事。将经过日期即时登记，惩治之条，惟按时日。久近为差。凡稽运程粮船过淮之后〈校记：广本抱本凡作九，是也〉，请勒徐州兵备〈校记：广本抱本勒作敕，是也〉，每年三月前后，诣清河、桃源、宿迁等处驻劄〈校记：嘉本驻作住〉。选委府州县佐，分方查催。漕司将过洪日期一体具奏。”疏上，得旨俱如议行。

（明穆宗实录，卷 51，1269-1271）

60. 十二月甲午朔，乙未，总督漕运、户部左侍郎孔昭上疏自劾。孔昭已得旨还部，而代者未至，会河决运阻，乃引罪乞罢。

不许。

（明穆宗实录，卷 52，1291）

61. 十二月甲午朔，癸亥，工部郎中张纯议以徐、吕二洪之间渐成填於〈校记：各本於作淤，是也〉，河堤寝薄〈校记：库本寝作浸，是也〉，假令来年水溢，必有冲决之患。请至徐〈校记：各本至作自，是也〉、邳至准，缮治两涯，增高倍薄，仍筑遥堤以防不测。工部是其议。请命河道都御史潘季驯详勘以闻。已而季驯言："筑堤之法有二：近者连湍悍之流〈校记：各本连作所以束，是也〉，而远者所以待冲决之患，皆为上策。顾工费不赀，动以巨万，此当财单力疲之会〈校记：旧校改作当此财殚力疲，抱本疲作薄〉，安所措其手足耶！宜以见筑缕水填增益高厚，曲加保护，始为目前之计〈校记：各本始作姑，是也〉。"从之。

（明穆宗实录，卷 52，1310）

62. 十二月甲午朔，癸亥，漕运米四百万石内，除旧例并灾伤，改折一百二十三万一千九百一石六斗五合五勺，实运米二百七十六万八千九十八石三斗三升。

（明穆宗实录，卷 52，1312）

隆庆五年（1571）

63. 二月癸巳朔，癸卯，户科都给事中宋良佐等劾奏："总理河道侍郎翁大立、总督漕运侍郎赵孔昭，前以治河无策，迟误漕粮，方议薄罚，不宜遽使离任，俾脱后责。宜罢斥以儆任事诸臣。"又"请饬都御史潘季驯、陈炌协心共济。如运到而河尚未通，则罪河道。河通而运不过淮，则罪漕运。"户工二部复请。上是其言。令大立、孔昭戴罪回籍，俟河通运完之日奏处。

（明穆宗实录，卷 54，1344-1345）

64. 三月壬戌朔，丁卯，初，嘉靖间，山东按察司副使王献，建议请循元人海运遗迹，于胶莱间开河渠一道。舟繇淮安清江浦，历新坝口、马家壕、麻湾口，海仓口以达天津。道里甚径度不过千六百里，又可避海洋之险，业已从其议，开凿将毕。会献去官，遂罢其役。至是户科给事中李贵和言："比岁河决转饷艰难，请修献遗策，开胶莱新河，复海运以济饷道。"上以事体重大，遣工科给事中胡价往视之。

（明穆宗实录，卷55，1357-1358）

65. 三月壬戌朔，乙亥，以河工免山东布政司及淮、阳〈校记：抱本阳作扬〉、徐、颍三道，各派夫人户杂繇一年。从河道都御史潘季驯奏也。

（明穆宗实录，卷55，1365）

66. 四月壬辰朔，甲午，河复决邳州，自曲头集至王家口，新堤多坏。

（明穆宗实录，卷56，1380）

67. 五月壬戌朔，壬申，工科给事中张博请改爪州土坝为闸〈校记：旧校改爪作瓜〉，以便漕舟。工部复言："兹议行勘已久，而所司莫为奏报，此必徇私牟利之徒，倡言阻挠。而当事者惮于改作，故议久不决。宜督河道漕运诸臣刻期会勘以闻。"从之。

（明穆宗实录，卷57，1402-1403）

68. 五月壬戌朔，庚辰，户科都给事中宋良佐以漕舟尚未抵洪入闸，请严敕河道漕运二臣〈校记：抱本敕作饬，河道二字在运字下〉，悉心经画。得旨："潘季驯、陈炌各务尽心干理，俾河道疏通，粮运早至。不得推诿误事。"

（明穆宗实录，卷57，1407-1408）

69. 五月壬戌朔，丙戌，总理河道、都御史潘季驯议保邳河新堤。条陈分委监督；议委官员；议处人夫；议设铺舍；预备物料五事。工部复请从之〈校记：广本复请作议复〉。

（明穆宗实录，卷57，1410）

70. 六月辛卯朔，辛丑，巡仓御史唐炼条奏漕运事宜："一、请申饬所司严立程限，催督运船过淮，以防冻阻。一、请复设京仓经历五员，通仓经历一员，以便责成。一、巡仓事毕宜如刷卷，例将京、通二仓正耗出纳完欠之数，一一查核，以清夙弊。一、官军正兑例有挖贴，以助改兑。乞量行议免，以示优恤。一、旗军多以乾没浪费，亏损粮额，贻累运官。宜行巡按御史严提追究。一、白河沙谷等浅仅五里许〈校记：广本嘉本等下有处字〉，而转般厚费〈校记：三本而下有以字，抱本厚费作费厚〉，运军不胜其苦。宜令所司及时疏浚。"户工二部复议，诏允行。

（明穆宗实录，卷58，1419-1420）

71. 六月辛卯朔，庚申，工科左给事中胡价勘视胶莱诸河，及山东抚按议皆以为不便疏治。乃奏言："今为新河之议者，徒指元人故渠，及副使王献臆说，非能涉历三百余里间，亲睹其利害也。臣尝浚分水岭验问献所凿渠，皆流沙善崩，虽有白河一道，徒涓涓细流，不足灌注。至如现河，小胶河、张鲁河、九穴、都泊，稍有潢污，亦不深广。胶河虽有微源，然地势东下，不能北引。且陈村闸以下，夏秋雨集〈校记：嘉本集作聚〉，冲流积沙，为河大害。纵为诸水可引〈校记：广本为作谓，是也〉，亦安能以数寸之流，济全河之用？则诸河之不足资明矣。或谓新河颇多积水，可因用为渠。不知潢潦所聚，皆以下流壅滞之故。设皆浚深，水必尽泄。则蓄水之不足恃明矣。或欲引潍河之水，不知潍河在高密西，去新河百二十余里〈校记：嘉本百上有一字〉。中间高岭甚多，虽竭财力终不可济，则潍之不可引明矣〈校记：三本潍下有河字，是也〉。分水岭以南至张家闸，以北至周家庄，虽云近海通潮〈校记：广本近作边〉，又皆冈石麋沙，终难凿治。则海水之不可达明矣。大抵上源则水泉枯涸，无可仰给。下流则浮沙易溃，不能持久。二者皆治河之大患也。故《元史·食货志》以为劳费而无成。国初遍访运道，舍此而不顾。自献以后屡勘而不行，良由于此。苟率意轻动，捐内帑百万之费，以开三百无用之渠〈校记：三本百下有里字，是也〉，如误国病民何？臣请亟罢其事，并令所司明示新河必不可成之端。勿使今人既误而复误后也〈校记：三本后下有人字，是也〉。”上乃罢之。令自今不必更议以滋纷扰〈校记：抱本脱扰以上十五字〉。

（明穆宗实录，卷58，1432-1433）

72. 八月庚寅朔，辛丑，总理河道工部右侍郎兼都察院右佥都御史陈大宾卒，赐祭葬如例。

（明穆宗实录，卷60，1462）

73. 八月庚寅朔，壬寅，命总理河道、都御史潘季驯速治吕梁双沟决堤〈校记：嘉本梁下有洪字〉。

（明穆宗实录，卷60，1462）

74. 八月庚寅朔，丙午，总督漕运、都御史陈炌上疏，报邳州河决，漕船淹阻状。户部复：“今岁漕船过淮独早，而入闸者十不及二、三。虽河流为梗，然诸臣怠误之罪亦不容辞，乞遣风力宪臣督视以重国计。”会给事中宋良佐、御史唐炼亦以为言〈校记：广本唐炼作康炼，嘉本炼作植〉。得旨：“炌与总兵陈王谟，参将顾承勋，俱停俸戴罪管事。命云南道御史张宪翔沿河督趣之。”

（明穆宗实录，卷60，1464-1465）

75. 八月庚寅朔，己酉，工部尚书朱衡言：“国家初置漕运，悉资泉流。自景泰以后，黄河入运夺漕为河。繇是河身浸广，淤沙岁积，不得不藉黄河以行，故今徐、邳之漕河即黄河也。历考往代，河趋济、博，则决曹、单、鱼、沛，而沽头上下诸闸尽废；趋邳、迁，则决野鸡冈口，下亳、泗，而徐、吕二洪顿涸。今沛、邑新河既成，纵决曹、鱼可保无恙。而茶城以南犹属黄河，非尽斥远之无以善后。乞将议者开泇口河之说，下诸臣熟计。”报可。

（明穆宗实录，卷60，1466-1467）

76. 八月庚寅朔，甲寅，命礼科左给事中雒遵往邳州等处查勘河工。先是，总理河道都御史潘季驯奏：“邳河工成，乞录效劳诸臣。”上曰：“今岁漕运比常更迟，何为辄报工完？且叙功太滥，该部核实以闻。”于是，尚书朱衡复言：“河道通塞，专以粮运迟速为验，非谓筑口导流，便可塞责。乞遣官就彼复勘，而命季驯戴罪管事。”报可。

（明穆宗实录，卷60，1470）

77. 九月庚申朔，辛酉，总督仓场、侍郎陈绍儒条上漕政五事：一、重责成。言：“每年兑运事宜，当专责各处巡抚，而令监兑官揭报迟速，庶事权归一。”一、通派运。言：“江北中都等三总，每年拨兑河南、山东二省粮斛，船南粮北，人情未便，宜于轮拨一总〈校记：广本抱本于下有中字，是也〉，周而复始。”一、严禁货〈校记：抱本嘉本作严货禁〉。言：“各船私货不许妄溢四十石之外，有逾制者，尽没入之，以省牵挽。”一、足船额。言：“各总船缺坏者多，宜及时修补，限以三年为率，务足全数。”一、时疏浚。言：“京口小滩等处，原设浅溜人夫，宜令有司从宜督治。”户部复言：“诸议皆于漕政有裨，独派运事相承已久，第命漕臣于中酌议，俾漕务人情两不相碍可矣。”从之。

（明穆宗实录，卷61，1476）

78. 九月庚申朔，戊寅，户部复漕运都御史陈炌等、会议漕政事宜：“一疏浚常镇、宁国及浙江海宁、崇德等处河道，仍开复练湖水〈校记：嘉本复作后，广本湖作河〉，以济运河之用。一、给各省督粮道关防久任责成。一、查复江北扬州等三总耗米本色，以抵军士行粮。其山东观城等四县，于小滩镇交兑者，每石折耗米三升，以充盘剥之费。一、清补每船缺军，务足原额十名之数。凡行月二粮及钞赏等项，俱使得蒙实惠以安其心。一、见寄通库羡余银两，及隆庆五年以后系二分给军之数，凡遇奏到漂流及上年挂欠者，准与折算，补纳不足，则行原籍征补。一、禁戢各处土豪抑困兑军者，有司不能治，以罢软论。一、严督浅夫日伺河下助挽漕舟，以免运军顾募之苦〈校记：广本顾作雇〉。一、广德州旧于水阳地方设仓军民便之，宜复其旧。湖州府县，地僻山阻，宜徒置各仓于府城〈校记：三本徒作徙，是也〉。"报可。

命广西浔、梧左参将、署都指挥佥事黄应甲充协同漕运参将。

（明穆宗实录，卷 61，1489-1490）

79. 九月庚申朔，辛巳，铸查勘河工关防，给付礼科左给事中雒遵。

（明穆宗实录，卷 61，1491）

80. 九月庚申朔，乙酉，山东巡抚都御史梁梦龙等上海运议。曰："今漕河多故，言者争献开胶河之说，此非臣等所敢任也。第尝考海道，南自淮安至胶州，北自天津至海仓，各有商贩往来，舟楫屡通。中间自胶州至海仓一带，亦有岛人商贾出入其间。臣等因遣指挥王惟精等，自淮安运米二千石，自胶州运麦一千五百石，各令入海出天津以试海道，无不利者。其淮安至天津一道，计三千三百里，风便两旬可达。况舟皆由近洋，洋中岛屿联络，遇风可依，非如横海而渡，风波滩测〈校记：广本抱本滩作难，是也〉，比之元人殷明略故道，实为安便。大约每岁自五月以前，风顺而柔，过此稍径〈校记：抱本径作劲，是也〉，诚以风柔之时出，并海之道，汛期不爽，占候不失，即千艘万橹，保无他患。可以接济京储，羽翼漕河，省牵挽之力，免守帮之苦。而防海卫所，犬牙错落，又可以严海禁，壮神都甚便。”事下户部，部复言：“海运法废已久，非常之原难以尽复。乞敕漕司量拨近地漕粮十二万石，自淮入海。工部即发与节省银万五千两，为雇募海舟之资。淮、扬商税，亦许暂支万五千两，充佣召水手之费。”从之〈校记：嘉本作上从之〉。

（明穆宗实录，卷61，1496-1497）

81. 十月庚寅朔，己亥，以河南、山东大水，命工部申饬管河官经理上流河防以备冲决。

（明穆宗实录，卷62，1501）

82. 十月庚寅朔，庚子，令漕运都御史陈炌回籍听勘，以科道官宋良佐等言其调度失宜，致漕舟漂没故也。

（明穆宗实录，卷62，1501-1502）

83. 十月庚寅朔，辛丑，先是，问刑条例有盗决、故决河防之律〈校记：嘉本律作利，疑应作例〉，在河南、山东者，俱问发充军。而南直隶徐、邳一带，罪止徒配。至是河道都御史潘季驯言：“徐、邳每岁河决之由，河流冲射居十之四，而居民盗决居十之六，皆以法轻易犯故也。请著令自徐、邳上下，为河流所经行处，凡有贪水利，避水患，盗决、故决河防者，一如山东、河南例，俱发充军。仍增入条例中。”刑部复，从其议。

（明穆宗实录，卷62，1503）

84. 十月庚寅朔，癸卯，命总理河道、都御史潘季驯速治茶城之淤浅者，以巡按御史张守约言运船阻塞故也。

（明穆宗实录，卷62，1504）

85. 十月庚寅朔，甲辰，升……山东布政使司、左布政使王宗沐为都察院右副都御史，总督漕运兼提督军务，巡抚凤阳等处〈校记：三本处下有地方二字〉。

（明穆宗实录，卷62，1504）

86. 十一月己未朔，乙酉，巡仓御史唐炼奏请严漕运漂流冻阻之罚："漂流粮五千石以上、冻阻船五十只以上〈校记：广本十作千，疑误〉，俱送法司重处，不得照常拟罪。其漂流未经奏闻者，核实具奏。已奏闻者，或将脚价扣偿，或将本卫别帮，及概总二分给军银内〈校记：广本概作该，是也〉，通融买补，不得轻议改折。仍于沿河择闲旷地以寄冻阻之粮，量留官旗守之，事毕之日趣令南还。"报可。

（明穆宗实录，卷63，1525-1526）

87. 十一月己未朔，戊子，户部复攒运郎中胡来贡等奏："先年因漕船冻阻，就便兑军，致各军以迟延为得计，漕规日弛。乞将河西务以北，责令大通桥各在官车户，陆运至通仓，其僦费俱于本帮及该总十分之二轻赍银内支给之。河西务以南，责令各官旗尽起露囤，以俟来春复运。其官旗有逃亡者，发戍边；运官违慢者，降二级。"从之。

（明穆宗实录，卷63，1527）

88. 十二月己丑朔，丁未，漕运都御史王宗沐奏："运船漂失数多，请先将应粮坐派淮安各州县贮常盈仓〈校记：广本抱本应下有运字，是也〉，以充来年海运之数，然后行各厂造船。"报可。

（明穆宗实录，卷64，1547）

89. 十二月己丑朔，辛亥，遭运都御史王宗沐奏："漕粮漂久虽因河决〈校记：广本久作失，是也〉，亦多有贫军侵耗，凿舟自沉〈校记：三本沉下有者字，是也〉。宜先议优叙〈校记：抱本嘉本叙作恤，是也〉，凡各运船轻赍银两，在湖广、江西、浙江，原议三六者改为三三。直隶江北江南，原议二六改为二四〈校记：三本六下有者字，是也〉。山东、河南原议一六者改为一五。令有司各将扣下米数给军。其各军兑完起运之后，责令五船联为一甲，中推一人有才力为之甲长〈校记：广本嘉本力下有者字，是也〉。如一船有失，五船同坐〈校记：抱本脱船以上二十二字〉。庶人乐用力，而漂损可渐少也。”户部复奏，从之。

罢总理河道都御史潘季驯，同原任漕运都御史陈炌俱冠带闲住。时，礼科左给事中雒遵，自邳河勘工还。为上言：“运船漂没之故，始于漕司缺船，并粮太重。故一遇水发，相随而败。又官旗侵冒者多，度不能偿，辄妄引船坏自解，此则漕臣陈炌等之罪也。至于王家口初决之时，黄水尽从漫坡，经流南出小河口，藉令季驯稍缓筑堤，一月，则漕船可以尽出漫坡，避新溜之险，乃计不出此。反驱舟以就新溜，坐视陷没。方复腾章报功，罪滋大矣。今炌虽回籍未尽其辜，而季驯尤不宜独免，乞并赐罢。”工部复从其言，故有是命。

（明穆宗实录，卷64，1548-1550）

90. 十二月己丑朔，丁巳，漕运米四百万石内，除旧例并灾伤改折二十九万二千九百三十四石七斗，实运米三百七十万二百六十五石三斗〈校记：嘉本万下有七千二字〉。

（明穆宗实录，卷64，1556）

隆庆六年（1572）

91. 正月戊午朔，丁卯，礼科左给事雒遵条陈条治运河五事〈校记：三本事下有中字，是也〉：“一、自茶城至清河五百五十里为运道咽喉，宜修筑长堤，增卑倍薄。三里置铺，铺置十夫，十五铺设一官，画地而守，以防渎决〈校记：抱本渎作溃，是也〉。一、自淮抵杨州一路堤岸冲决，闸座废坏者，宜令补筑。自大江以南抵浙江，水有浅涩者（按：广本涩作滞），宜令疏浚。一、济宁南旺闸河，全籍洸、汶二水〈校记：广本抱本籍作藉，是也〉，宜疏通泉源。而临清河西务等处修浚之工，亦不可缓。一、自茶城以西，至开封府界为黄河之上源，南北两岸长堤多缺。北徙，则新河有妨，南徒则二洪告竭〈校记：广本抱本徒作徙，是也〉，且虞陵寝。宜于北岸接筑古长堤，以遏丰沛之冲。南岸续旧堤以绝南射之路。一、自清河至安东海口为黄河下流，虽有沙洲不足滞碍，不必浚导以费工力。”工部奏复，上皆允行之。

（明穆宗实录，卷 65，1561-1562）

92. 正月戊午朔，戊辰，命工部尚书朱衡兼都察院左副都御史经理河工。时，阅视河道左给事中雒遵言：“衡当先帝时，尝奉命治河有效。当今廷臣，可使治水无出衡右者。宜暂命总理，俟功有次第〈校记：广本抱本功有作有功〉，仍召还视部事。”部复从之。

（明穆宗实录，卷 65，1562）

93. 正月戊午朔，辛未，命山东布政司右参政潘允端移驻淮安，专理漕务。裁革漕运协同参将。时，都御史王宗沐言：“运务烦重，宜添设一官专理，以允端为之，其原设参将可罢。”故有是命。

工部尚书朱衡疏请修筑徐州至宿迁长堤，凡三百七十里，并缮治丰、沛大黄堤。从之。

（明穆宗实录，卷 65，1564-1565）

94. 正月戊午朔，丙子，户部尚书张守直条例漕政事宜〈校记：抱本嘉本条例作等条列，是也〉（按：加等字不通）：一、申严议例。言：“漕粮征兑完纳，各有例限，顷以开兑后及至淮之日，漕司不亲查核，困循成弊〈校记：广本抱本困作因，是也〉。今宜分别责成，如粮船到淮后期，责在各处巡抚。已到淮而更迟误，责在漕司，并听本部会同科道官参奏。”一、查处粮船。言：“迩来造船者多侵克料价，一遇风涛，即立致漂流。今宜行抚按及漕司，查各总浅船已回水次者，责令委官严修。及行各把总官验船坚桅〈校记：抱本桅作脆，是也〉，酌量分派，毋令重载易坏。其有守冻未回者，预觅民船装粮抵坝，候冻船回日修理，仍将委官查考参究。”一、查刷船军。言：“近来选佥运军〈校记：广本选佥作佥选，是也〉，多以私意放免，募工充之。稍遇艰危，即弃不愿〈校记：广本抱本愿作顾，是也〉。今宜查刷弊源，诸殷实精壮户丁，俱照额佥运。不得以无赖滥充，仍令五船编甲，互相觉察，以惩奸弊。”一、议处漂流。言：“粮米漂流原无免耗之例，今此例一开，各领运官旗多所侵盗。自知粮数缺少，往往自沉其舟，得照例开豁，多方处补。比照数上纳者，获利数倍，人复何所创惩？自后粮船漂流，将官军先行擒治〈校记：三本将上有务字，嘉本军作旗，是也〉。仍严审他弊，不得轻扣各军月粮，务尽家产抵偿。仍晓谕沿途有司，亦不得妄行勘奏，违者以赃论。令各仓监收主事，以漂流捞获余米，别贮仓廒，先行支放。”奏上。得旨：“如议从实举行。”

（明穆宗实录，卷65，1566-1568）

95. 正月戊午朔，癸未，户部复总督漕运副都御史王宗沐奏：“请于春讯时〈校记：广本抱本讯作汛，是也〉，移驻扬州料理海防军务，兼催瓜、仪之运。二月中还淮安，及粮船悉至，总兵乃出驻邳、徐，以比督催过洪。俟入闸毕，随后管押至京。”许之。

（明穆宗实录，卷65，1573）

96. 二月戊子朔，己丑，巡按直隶御史张守约陈言治河缓急，大略谓：“全河既复故道，修治之策在增筑堤岸，以束漫流，以防奔溃。其地势最下者，如徐州青田浅〈校记：抱本田作苗〉、吕梁，达曲头集六十里直河，至宿迁小河口七十里，皆宜修筑大堤，工最急。自小河口至桃源，清河一百四十里〈校记：广本十下有五字〉，宜筑缕水堤。清河草湾决口宜塞，工次之。徐州至茶城四十里，宜接补小堤。茶城而上接曹县界北堤二百六十里，宜筑缕堤，工又次之。诚量其缓急次第修治，使河流直下停淤，漫决可免，而牵挽可施，此治河之较也〈校记：抱本嘉本之下有大字，是也〉。夫与其开不可必成之新河，孰若修治已通之旧河为力甚易；与其费数百万开河，孰若以数十万修河为费甚省！”疏入，工部请从其议。上然之。

（明穆宗实录，卷 66，1579）

97. 二月戊子朔，癸巳，礼科左给事中雒遵条奏饬漕视五事〈校记：广本抱本视作规，是也〉：一、正运本。言："漕运大计，统于都御史及总兵官，今不能正身率下，而欲法度必行，漕政肃清，不可得已。宜守清漕库〈校记：抱本嘉本守作首，是也〉，令御史每岁稽查〈校记：抱本稽作清〉，使出入明而物议息。”一、驭运官〈校记：嘉本驭作励〉。言："近来运官贤否，采访失真，赏罚不当。宜令漕司虚心询访，从公甄别。先至者给赏升擢，迟阻者尽法究治。”一、抚运军。言："领运旗军行粮〈校记：嘉本军作甲〉、月粮，既不以时发，而轻赍、羡余往往不沾实惠。以故迫于贫困，展转为奸。宜录其效劳〈校记：三本效作勤，是也〉，绳其奸狡，漂没者厚加抚恤。”一、足运船。言："运船之弊，大率敢于乾没者，缺而不补；巧于侵渔者，补而不坚，漂损之原实由于此。宜暂愿船只〈校记：广本抱本愿作估〉，装载新粮，仍发银督造，以足原额。并增给修船银两，岁一清查，即不如数及有他弊者，并寘之法。”一、严运期。言："迩来漕规废坏，人心玩愒，督责之法未备，宜令督粮道，押送入闸，方许回任。各兵备沿途催攒，严立限程〈校记：广本限程作程限，是也〉，御史、郎中等沿河上下，往来督发。其冻阻迟误及称漂流者〈校记：抱本嘉本及下有妄字，是也〉，各分别议处，毋令得生奸计。”户部复请如遵言。诏允行之。

（明穆宗实录，卷 66，1582-1583）

98. 二月戊子朔，丁酉，山东抚按等官梁梦龙等言："迩因河患异常，庙堂画策，傍海通运，诚千万年经久之图。愿今经理之急〈校记：广本抱本愿作顾，是也〉，其要有四：沿海城池废坠不修，不可言备。如大嵩灵山等卫〈校记：三本等下有数字〉，宜及时修葺，以杜门户杜窥伺一也〈校记：抱本杜门作壮门，嘉本无户下杜字〉；海运既开，奸人或乘便通番，宜禁谕商民〈校记：嘉本禁作严〉，得辄私下海者第行岛屿间〈校记：三本得上有不字，是也。者上有即下海三字，是也〉，不得速泛大津〈校记：广本抱本速作远，津作洋，是也〉，违者许官兵擒治二也；自海禁久弛，私贩极多，欲骤革之，则海道藉其指引，即纵缓之，则接引之奸不可胜诘〈校记：抱本诘作计〉。今宜明谕商民入海者，责令往回给引查销，则巡察者既有所验，而私贩者难容〈校记：抱本贩作泛〉，其奸三也；海运既行，如利津等县三巡检司，各有沿海泛地〈校记：三本泛作信〉。运船往来有护送，警备之严，宜复巡检司及方兵原额〈校记：抱本嘉本方作弓，是也〉，四也。"户工二部复议如梦龙等言。从之。

（明穆宗实录，卷 66，1588-1589）

99. 二月戊子朔，辛丑，增建仓廒于顺义县。改古北口仓副使为龙庆仓副使。先是，漕粮输密云者，时遇雨或有警不能径达，往往寄顿牛拦山以待转运，多有损失〈校记：抱本嘉本有作所〉。于是，总督侍郎刘应节议于顺义县城建仓收贮，俾三县人民脱挽运之苦。户部复请，乃许之。

（明穆宗实录，卷 66，1592）

100. 闰二月丁巳朔，戊辰，巡按山东御史吴从宪言："淮安而上清河而下，正淮、泗河海冲流之会，河潦内出，海潮逆流，停蓄移时，沙泥旋聚，以故日就壅塞。宜以春夏时浚治，则下流疏畅泛滥自平。”工部议：“行尚书朱衡，河道、漕运各都御史及时勘议。”从之。

（明穆宗实录，卷67，1613）

101. 闰二月丁巳朔，壬申，礼科左给事中雒遵会劾泇口河议以为不便〈校记：广本抱本劾作勘，是也〉。乃言：“泇口河从马家桥东，过微山、赤山、吕孟等湖，踰葛墟岭而南。经侯家湾、良城，至泇口镇，又涉蛤鳗、周柳诸湖，乃达邳州直河口，以入黄河，凡二百六十里。取道虽捷，施工实难。葛墟岭高出河底六丈余，开凿仅至二丈，硼石，水涌泉出〈校记：抱本嘉本涌泉作泉涌〉。侯家湾、良城虽有河形，水中多伏石，不可施凿。纵凿之，湍石不可以通漕。且蛤鳗、周柳诸湖，筑堤水中，功费无算。微山、赤山、吕孟等湖，虽可筑堤，然须凿葛墟岭以泄正派，开地浜沟以散余波，要其施工又自有序。夫与其烦劳厚费以开泇口之河，熟若时加修防〈校记：广本抱本熟作孰，是也〉，如期攒运，保百数十余年之故道。”疏上。诏：“尚书朱衡会同总理河道、都御史万恭复勘以闻。”

（明穆宗实录，卷67，1614-1615）

102. 三月丙戌朔，辛卯，工部尚书朱衡条陈经理北河八事：“一、复旧革山东徭夫七十余名，接兴河工。一、复夏津、鱼台二县管河主簿，随时看守修葺。一、清查马场湖、南旺湖、南阳湖蓄水，以济运河之涸。南旺西湖、安山湖泄水，以宣运河之溢，毋便居民侵占〈校记：广本抱本便作使，是也〉。一、吕孟、微山、张庄诸湖，为山东滕峄山之水会〈校记：三本之水作水之，是也〉，宣泄无路，冲溢税地，损伤堤岸，乞建二闸以泄积水。一、筑马家桥东岸石堤。一、河南艄子舡〈校记：三本舡作船，是也〉，纳税于吕梁洪，殊为不便，乞改纳于徐州洪。一、管河官不许差委以妨河务。一、修河筑堤椿草钱粮，积年逋负，乞严有司之罚。每年终河道官开数具奏〈校记：抱本嘉本每下有於字，三本河上有听字，是也〉。”诏如所拟。

（明穆宗实录，卷 68，1628-1629）

103. 三月丙戌朔，癸卯，复设山东东昌府夏津县，兖州府鱼台县各管河主簿一员。

（明穆宗实录，卷 68，1636）

104. 三月丙戌朔，丙午，总督漕运都御史王宗沐言：“国计之有漕运，犹人身之血脉。血脉通，则人身康；漕运通，则国计足。我朝河运几百六十年，法度修明疏通无滞〈校记：抱本疏作流〉。迩来事多弊滋，兼以黄河泛溢，数患漂流，故科臣复议海运。而缙绅之虑，猥云风波。大风波在海〈校记：抱本嘉本大作夫，是也〉，三尺童子知之。然其利害有办〈校记：广本抱本办作辨，是也〉，古语云‘地不满东南’，东南之海聚水〈校记：广本抱本聚作众，是也〉，所委渺茫无山，则趋避靡及近南。水暖，则蛟龙窘居〈校记：广本抱本窘作窟，是也〉，故元人海运多警〈校记：抱本嘉本警作惊〉，以起自太仓〈校记：抱本嘉本以下有其字，是也〉、嘉定而北也。若自淮安而东，引登莱以泊天津〈校记：旧校改莱作莱，下同〉，兹谓北海中多岛屿可以避风，蛟龙有往来而无窟宅。又其地高而多石，行舟至登莱，因其曠达〈校记：旧校改曠作旷〉，以取其速。而标记岛屿，以避其患，则名虽同于元人，而利实专其便。易佐河运之缺，计无便于此者。然此犹举时宜而言耳。若语全势，则其说有三：一曰天下大势；二曰都燕专势；三曰日前急势〈校记：抱本嘉本日作目，是也〉。唐人都秦，右据岷凉，而左通陕渭，是有险可依，而无水通利也；宋人都梁，背负大河，而面接淮汴，是有水通利，而无险可依也；若国家都燕，北有居庸、巫闾以为城，而南通大海以为池，金汤之固，天造地设，圣子神孙，万年之全利也；而乃使塞不通焉！岂非太平之遗虑乎？此所谓天下大势也。夫三门之险，天下之所谓峻绝也。然唐人裴耀卿、刘晏，皆百计为之。经营者，以彼都在关中，输輓所必由故也〈校记：旧校改輓作挽〉。若夫都燕，则面受河与海矣！然终元之世，未尝事河而专于海者。彼终岁用兵，无暇于事河也。彼又以为河运，入闸，则两舟难并，不可速也。鱼贯逆溯，一舟坏，则连损数十舟，同时俱靡不可避也。一夫大呼，则万橹皆停，此腰脊咽喉之譬，先臣丘濬所忧不可散也。若我朝太平熙洽，主于河而协以海，自可万万无虑，故都燕之受海，犹凭左臂从胁下取物也〈校记：抱本嘉本胁作腋〉。元人用之百余年矣，梁秦之所不得望也，此所谓都燕专势也。黄河西来，禹之故道虽不可考，然不过自三门而东，出天津入海，是腹虽稍南，而首尾则西衡也〈校记：三本则下有东字，是也〉。我朝弘治二年，决张秋，夺汶入海。其首犹北向，乃今则直南入淮。而去岁之决阎家口，支出小河，近符离、灵璧，则又几正南矣。自西北而直东南，途益远，而合诸水益多，则其势大而决，未可量也。故以汉武之雄才，尚自临决塞，王安石之精博，且开局讲求河之为患，讵直今日然哉！且去年之漂流，诸臣闻之有不变色者乎？夫既失利于又不能通变于海〈校记：三本于下有河字，是也〉，则计将安出？故富人造室，必启傍门，防中堂闭，则可自傍入也，此所谓日前急势也〈校记：抱本嘉本日作目，是也〉。风波系天数，臣岂能逆睹其必无？然趋避占候，使其不爽，当不足以防大计，惟圣明来择〈校记：旧校改来作采〉。”因条上海运七事：一、定运米。言：“海运既行，宜定拨额粮，以便征兑。隆庆六年已有缺舡粮米足备交运〈校记：三本隆上有除字，是也。三本舡作船〉，以后请将淮安、扬州二府，兑改正粮二十万一千一百五十石，尽派海运。行令各州县于附近水次取便交兑。遇有灾伤改折，则更拨凤阳粮米足之。”一、议船料。言：“漕运二十余万，通计用船四百三十六艘。淮上木贵，不能卒辨〈校记：广本抱本辨作办，是也〉，宜酌派湖广、仪直各厂置造〈校记：广本抱本直作真，是也〉。其合用料价一十一万八千四百两有奇。即将清江、浙江、下江三厂河船料价，并浙江、湖广本年折粮减存，及河南班匠等银解用，不足以抚按及巡盐衙门罚赎银两抵补。”一、议官军。言：“起运粮船，宜分派淮、大、台、温等一十四卫，责令拨军领驾。每艘照遮洋旧例，用军十二人。以九人赴运，其三人扣解粮银，添顾水手〈校记：广本抱本顾作雇，是也〉，设海运把总一员统之。其领帮官员，于沿海卫所选补。所须什物，即将河船免运军丁粮银扣解置办。”一、议防范。言：“粮船出入海口，宜责令巡海司道等官定派土岛小船，置备兵伏以防盗贼〈校记：广本抱本伏作仗，是也〉。”一、议起剥。言：“粮船至天津海口，水浅舟胶，须用剥船转运至坝。每粮百石给水脚银二两九钱。其轻赍银两，先期委官由陆路起解，听各督粮官收候应用。”一、议回货。言：“海运冒险比之河运不同，旗军完粮回南，每船许带私货八十担，给票免税以示优恤。”一、崇祀典。言：“山川河渎祀典具载，今海运所畏者蛟与风耳，宜举庙祀以妥神明。”疏下部复如宗沐言。诏允行之。

（明穆宗实录，卷68，1637-1642）

105. 四月丙辰朔，戊辰，铸给管理修筑河堤关防〈校记：抱本作修河筑堤，广本无修筑二字〉。

巡抚直隶御史张宪翔疏劾管理河道主事詹世用〈校记：三本抚作按，是也〉，失时不修闸坝，及招集客舟壅塞河口。以致漕艘漂损诸罪状。得旨：“世用降三级调外任。”

（明穆宗实录，卷69，1664）

106. 五月乙酉朔，乙酉，户科右给事中栗在庭言：“顷者，漕臣以运船漂溺过多，请改折五十余万石，且乞岁折百万石以为常，此为一时权宜之术则可，非百世经久之计也。盖每岁漕粮四百万石，除转饷诸镇及漂流挂欠，灾伤改折，殆且百万，其纳京过二仓者实正三百余万〈校记：广本抱本过作通，是也，正作止，是也〉，仅供官军匠役一岁之食尔〈校记：广本尔作耳，是也〉。而太仓陈粟计不足以支三年，今复岁减百万，京师米价翔贵，万一事出非常，运道梗塞，畿民枵腹，卫士脱巾，将胡以待之？且人情倡之以裁省之说，则易从；假之以岁月之久，则易玩。臣意改折之法若行之数年，人心渐弛或天时为沴，即三百万石，又不能保其不挂欠〈校记：广本保作必〉，不漂流，则运输愈减而积贮愈匮矣。以一岁之失利而遽忘百世之隐忧，便漕司之运输，而不恤国家之利害，此臣之所大惧也。”部复是在庭言〈校记：三本复作议〉“请令漕司自年仍复运额〈校记：三本自下有明字，是也〉。”报可。

（明穆宗实录，卷70，1677-1678）

107. 五月乙酉朔，丙戌，工部尚书朱衡及河道漕运诸臣会议瓜州建闸事宜有五便。诏从之。

（明穆宗实录，卷70，1678）

108. 五月乙酉朔，戊申，工部尚书朱衡及漕运都御史王宗沐奏上造船积弊：“请令差委主事不必注选，听工部于各司择有才望练达者任之。三年而后，代革去原委指挥、千、百户。特选经历、县丞四员，于淮安府卫、山阳等县，各带衔专管造船。亦以三年考满，核其功罪。至于买木，宜解银赴湖广布政司，责成粮储道亲买，务得材实，则诸弊悉除而船可任载。”上然之。

衡等又言：“防河如防虑〈校记：广本抱本虑作虏，是也〉，守堤如守边。河南累被水患，大为堤防。今幸有数十年之安〈校记：抱本嘉本安下有者字，是也〉，以防严守而备御素也〈校记：抱本严守作守严，是也，嘉本备作守，素作固〉。徐、邳为粮运正道，既多方以筑之，则宜多方以守之。”因○议夫役〈校记：抱本○作上，是也〉、议铺舍、议定期三事：

“自徐州至小河口，新筑堤三百七十里，设防守夫三千七百名。三里建一铺舍，一铺计屋三楹。四铺设一老人统率，昼夜巡视。其期，以伏秋水发时五月十五日上堤，九月十五日下堤。愿携妻子居住者听。”疏上，得旨允行。

（明穆宗实录，卷70，1691-1692）

明神宗实录

1. 隆庆六年六月乙卯朔，己巳，督理河道工部都水司、署郎中事主事陈应荐奏："挑挖海口新河工竣，河长十里有奇，阔五丈五尺，深一丈七尺。凡用夫六千四百八十九名，支米九百七十六石八升〈校记：广本升作石〉。"

（明神宗实录，卷2，0033-0034）

2. 隆庆六年六月乙卯朔，辛未，总督漕运右副都御史王宗沐条陈漕运事宜九款："一、申全单之规；一、严有司之限；一、重旗甲之选；一、并造船之厂；一、增督理之官；一、建通江之闸；一、处疲困之总；一、并水次之便；一、处停造之船。"部覆行之。

（明神宗实录，卷2，0044）

3. 隆庆六年六月乙卯朔，丙子，户部复左给事中张博等疏言："漕粮入闸以后，一路安流，风波不足为虑。但各官旗停泊，私贩乘机盗卖，奸弊不止一端。宜申饬兵备等官严行禁约，依限催攒。又粮运漂流、冻阻，率因推诿后期，宜责成各官限地管理，远近劳逸。或有不同，总待事完核实，分叙至天津抵湾。河道尤有专职，若有浅涩，即行挑浚，务期随到随行，于六月内尽数抵湾。不致有妨下年运务。"报可。

（明神宗实录，卷2，0052）

4. 隆庆六年六月乙卯朔，己卯，工部尚书朱衡疏报：徐、邳等处河堤工完，并请寝泇河之议。言："泇口河开凿之难有三：一则葛墟岭，开深之难；一则良城侯家村，凿石之难；一则吕孟等湖筑堤之难〈校记：广本抱本湖作河〉。先是漕河淤塞，损船伤米，臣思前河臣翁大立，策请开泇河以救燃眉之患。今漕河通利，徐、邳之间堤高水深，使岁加修葺之工〈校记：广本抱本工作功〉，自可无患，固不烦别为建置。况公帑空虚，支费不给。濒河生灵，从事徐、邳之役，劳者未息，呻吟犹闻，揆之时势诚所弗宜。”

（明神宗实录，卷2，0056-0057）

5. 隆庆六年六月乙卯朔，庚辰……定漕运程限，每岁十月开仓，十一月兑完。十二月开帮，二月过淮，三月过洪入闸，四月到湾，永为定例。从尚书朱衡议也。

（明神宗实录，卷2，0060）

6. 隆庆六年六月乙卯朔，壬午，派鱼、沛、南阳、留城等处堤米、河米于各州县，仍给前筑堤、开河所占民田价值。又以独山、微山、吕孟等水柜有伤民地，蠲其湖米。

（明神宗实录，卷2，0061）

7. 隆庆六年七月甲申朔，丙戌，总督漕运都御史王宗沐奏报海运抵岸。言：“海运不行已百六十余年，臣前任山东左布政使，因胶河之议，详考前代沿革始末。与其必可行者条陈十二利。时，群听骤闻，相顾疑骇。其后科臣建白，抚臣试行，皆符臣言，事果不谬。因获上闻，定拟今岁通运。臣适又叨官漕司，规度发行。兹者，六帮无失，相继抵岸。天下臣民始信海运可行，以此与河漕两途并输，诚为国家千万年无穷之利。”报闻。

（明神宗实录，卷3，0071）

8. 隆庆六年七月甲申朔，丁亥，初，通漕运于密云，寻加复密云漕粮五万石〈校记：广本加复作复加。抱本作给复〉。先是，总督侍郎刘应节等言：“塞备以储饷为急，军需以漕挽为便。密云一城，环控白、潮二水，若天开以便漕者，向二水分流至牛栏山始合。故剥船自通州而上者〈校记：广本抱本剥作驳，下同〉，亦至牛栏山止。若至龙庆仓，从陆输挽〈校记：广本作挽输〉，军民艰苦之状，水次露积之虞，难以悉状。今白水徙流西城下，去潮水不二百武〈按：应武为步〉。前于城东北业筑三合土堤，障水防城。近又疏渠于上，植坝于下〈校记：广本植作填〉，邀潮入白，合为一派。水深漕便，剥船可达密云无疑。漕渠既通，漕额宜复。盖密云经费视诸镇独多，其粮料视诸镇独贵。先年漕额运昌平共十八万石余，今止十四万余。密云仅得十万有奇，虽盖以屯粮民运能济几何？所赖止有召商一法。然边鄙民贫，每至佥商，若驱就陷阱，岂足终恃？今查通仓粟米，每至腐积，各军领者，每为蹙额。若移通仓五万石，漕于密云，扣密云折色三万五千两存留太仓，给京军月粮，则通仓无腐粟，京军有实惠，密云免商苦。此外，尚欠二万石，则听本镇节缩区处。”及言设立晒场成造剥船等事。部覆俱从之。

（明神宗实录，卷 3，0073-0074）

9. 隆庆六年七月甲申朔，戊子，吏部覆朱衡等守河事宜一议官守、一议久任。言：“管河官员，防守修筑，必经岁月，驻信地，方便责成。新筑河堤计长三百七十里，每六十里用官一员，俱以州判、县簿领之。又添设府同知一员，与管河通判均分督调〈校记：广本抱本督调作调督〉，如遇有急，互相协理。其每年修守著有成效者，年终荐举，纪录次第迁秩。如管河主簿，则升管河县丞；县丞升州判；州判升州同；州同升通判。其系科目者，管河通判，则升管河同知；同知升佥事。递升参议、副使、参政、按察使，布政使。累著成效，则直以总理河道大用之。久其任，则河务愈精；久其官，则河臣益劝。”“衡等所陈诚为确论。”诏行之。

（明神宗实录，卷 3，0075-0076）

10. 隆庆六年七月甲申朔，甲午，工部尚书朱衡言：“国家治河不过浚浅、筑堤二策。浚浅，有漕黄交会之异。浚漕黄者，或爬、或捞、或逼水而冲，或引水而避，此可人力胜者。茶城与淮水会，则在清河，茶城清河之浅无岁不然，盖二水互为胜负。黄河水胜，则壅沙而淤。及其消也，淮漕水胜，则冲沙而通。虽用人力，水力实居七八。筑堤有截水、缕水之异。截水之堤，可施于闸河，不可施于黄河。盖黄河负湍悍之性，挟川潦之势，所向何坚不假〈校记：广本抱本假作瑕，是也〉？顾可以一堤当之。乃缕水之堤不然，河繇淮入海，运道实资之。故于两岸筑堤，不使其从旁溃溢，始得遂其就下。入海之性，盖以顺为治，非以人力胜水性，故至今百五六十年，永赖不变。查清河之浅，应照茶城例，每遇黄河涨落时，挖挑河潢〈校记：广本河潢，误。《皇明经世编》卷351载，万恭疏与馆本同〉，导令淮水冲刷，则虽遇涨而塞，必遇落而通。惟清江浦水势最弱，出口处所适与黄水相值〈校记：广本抱本水作河，万恭原疏作水〉。比因民船繇闸往来不闭，遂至沙淤壅塞。既有妨运道，复贻患淮郡。宜于黄水盛发时闭各闸，惟鲜贡船只听。令经繇探有带人沙淤，随即爬捞，毋使停滞。若海口，访自隆庆三年海啸后，壅水倒灌，低洼之地积潴难泄。今前水固已消涸，尤宜时加试测，设有沙淤随即疏浚，毋得积塞有误大计。至于筑堤，黄河两岸止是缕水，不得以拦截为名。”报闻。

（明神宗实录，卷3，0084-0085）

11. 隆庆六年七月甲申朔，乙未，诏：“均派两直隶、山东、河南河夫，于各州县，不得偏累濒河地方。”

（明神宗实录，卷3，0087）

12. 隆庆六年七月甲申朔，丙申，巡按直隶监察御史李栻条陈运务事宜，议在漕运者六：一曰运官宜重；一曰运期宜蚤；一曰运帮宜速；一曰收受宜平；一曰挂欠宜究；一曰功罪宜核。议在海运者三：一曰非优叙其功，无以为任事之劝；一曰非酌定其数，无以适通变之宜；一曰非更制其舟，无以尽转运之利。疏下该部。

（明神宗实录，卷 3，0087-0088）

13. 隆庆六年七月甲申朔，戊申，敕令南京协同守备兼后军都督府掌印、灵璧侯汤世隆提督漕运，镇守淮安地方。

（明神宗实录，卷 3，0108）

14. 隆庆六年八月甲寅朔，丙辰，以复海运功，升巡抚都御史梁梦龙、王宗沐各俸一级，赏银三十两，纻丝二表里。参政潘允瑞，升一级，赏银十两。把总运官亦特加升赏，以示鼓舞。时，海运船抵湾才六号，直隶巡按李栻上疏盛推诸臣经始之劳，辅臣赞决之力，且引给事中孙博原题分别优叙之疏以请。户部复行焉。

（明神宗实录，卷 4，0139）

15. 隆庆六年八月甲寅朔，甲子，礼科给事中陆树德奏："东南财赋有军运以充六军之储，有民运以供百官之禄。人皆知军运为重，不知民运之苦尤深可悯。如船户之驱使求索，运军之挟诈欺凌，及洪闸等役之徧害。入京又有揽头之需索，入仓又有交纳之艰难。嘉靖初，民运尚有保全之家，十年以后则无不破矣。近者东南流离日众，逋负日多，邑里萧条，盗贼滋起，莫不繇斯。询诸父老，咸谓宜将白粮并令运军顺带〈校记：抱本令作烦〉。民出所有以益军，军出余力以代民，似无不可。乞将民运并入议单，令各该参政一体督催至京。"部复，从之。

巡按直隶御史张守约奏："查过挑筑邳州河道淤浅，共用银五万二千一百四十五两有奇，米七万四千五百六十二石有奇。"

（明神宗实录，卷 4，0150）

16. 隆庆六年八月甲寅朔，戊寅，工部言："南旺三河口等处，三年两挑，正月兴工，二月告完。今如河？臣万恭等议，粮运既早，则明春大挑之日，正来年运行之时。拟改九月中旬兴工，十月终告完。挑浚之时，唯进贡冰鲜船只设法前进，其余俱暂停止。"

且言："大挑莫便于秋，冬莫不便于春。间新运踵至，停积黄河，既虑风涛，又稽程限，不便一；均徭更换，奉役未集，追呼号召，每至愆期，不便二；春事方兴，民无暇力，迫之工役〈校记：广本工作供〉，田野不安，不便三；青黄未接，室如悬罄，头会箕敛，工食艰窘，不便四；坚冰初解，时尚严寒，驱之泥淖之中〈校记：广本淖作泞〉，责以疏凿之力，不便五。如今改拟，则回空已尽，筑坝流绝。疏浚一完，藉冰封闭。春融冻解，河即有待〈校记：广本作泄节有待〉，则新运便；旧夫未更〈校记：抱本更作易〉，按册可集，正役者不劳再籍，雇役者无事更张，则征未便〈校记：广本抱本未作夫，是也〉；秋事完成，农多暇日，既无私虑，自急公家，则民力便；今秋丰稔，民多盖藏，闾阎利以供输，夫役易于征歛，则工食便。天霁秋清，气候凉爽，河鲜沮洳，镢锸易施，则用工便。"上是之。

（明神宗实录，卷4，0177-0178）

17. 隆庆六年八月甲寅朔，癸未，勒漕运总兵保定侯梁继璠、南京前军都督府掌府事南宁伯毛国器各闲住，科道纠其恣肆也〈校记：抱本纠作勒〉。

（明神宗实录，卷4，0182-0183）

18. 隆庆六年十月甲寅朔，丁巳，漕运总督王宗沐条陈漕宜四事〈校记：广本抱本宜作运〉："一、恤重远之地。漕运惟湖广永州、衡州、长沙，江西赣州四府，道路极远且险，议将漕粮一十万四千七百八十三石八斗，每岁坐准改折。直隶苏州、松江、常州，浙江嘉兴、湖州五府粮数过多，议每岁照白粮之多寡，分摊改折十万石，如河南、山东坐折例派拨。无单无船之卫所轮流歇运，以示优恤。一、悬预兑之令。议各旗军，剩有米多三石以上，许上纳太仓，即充明年运米之额。各把总等官，亦许不拘多寡一体上纳，名曰预兑粮仓。前富民有愿聚纳者〈校记：广本聚作预〉，亦照此例，米听自择某卫兑还。其上纳过多者，除米外，将官司所得行月粮之数，比照纳粟事例，酌为数限，或给冠带，或许列衔管事。其运官如把总王秩粮多剩至六千者〈校记：广本脱王字，广本抱本秩作秋〉，特加职衔，仍管运事，以示风励。一、矜运官之情。大约岁运官之问发〈校记：抱本约下增每字〉、死罪、充军、立功，降调者，不下二十人。军之监故、监追、调遣、逃亡者，每卫不下十人。移至于今，官军减耗无从简用，议除侵欺、盗卖、挂欠数多，私逃避运外，其水次无船，交粮违限，及挂欠不及百石以上者，罚令再运。如能速完，新运即除，免上年之罪。一、定海哨之法。倭夷悬隔，虽不能遽越江南至山东。然先事之防，谋国者所不废。今岁十二万运通，旁岸行舟，风波无患，则我与人共之，设法预防，尤所当急。议将沿海地方分为四段；淮安兵船出哨至即墨，即墨至文登，文登至武定，武定至天津。每哨船二十只，每船兵十五名，月粮旧额外量加一钱。以小满日为始，至立秋日止，循环会哨以销奸萌。又淮安二海所，班军四百八十三名，正可备巡哨之用。有余，则以支海运。”疏下户部，改折、预兑二议不行。

（明神宗实录，卷 6，0210-0212）

19. 隆庆六年十月甲寅朔，戊午，初，以山东济宁管河副使兼兵备，割沂、曹二道所属济宁州宁阳县济宁卫，鱼台、汶上二县其统辖〈校记：抱本县下有归字，是也。广本归下有为字〉。

（明神宗实录，卷 6，0212）

20. 隆庆六年十月甲寅朔，己未，先是，南京户科给事中张焕疏论总督漕运王宗沐：“六月内飞报海运米十二万石，于某日离淮安，次天津抵湾，粒米无失。比闻，人言啧啧，咸谓：‘海运八舟米三千二百石，忽遭风漂没〈校记：广本遭下有巨字〉，渺无影响。宗沐盖预计有此，令人赍银三万两籴补。’臣思，宗沐受国家财赋之托，锐意此事，意非不良。粮船有失，据实陈乞未为不可，何至粉饰观听？大臣实心任事之体，当不若是米可补，人命亦可补耶？！当今之行海运，譬北方之种稻，始必树艺少许，以试地利何如〈校记：广本抱本利作理〉，而渐次为之可也。若不论南北之高下，寒燠菽粟与稻并树，则虽三尺之童亦知。稻之所获，不如菽粟之尝多矣。河运之与海运，其经权久暂之宜，殆亦类此。来年倍加米数一节，乞敕该部从长计画。”疏下户部复言：“先该科道请叙海运之功〈校记：广本先作先年〉，臣等谓万世之利在河〈校记：广本万作百〉，一时之急用海（按：海的前面似应也加在字）。继因漕臣议增海运二十四万，臣等又谓海道风波难定，但当习熟此路以备缓急，不必加增。今焕意略与臣等议同。至言漂没粮石发银买补，臣等不意宗沐之明达，弄巧为拙至此。但事出风闻，难以深求。而首事勇敢之臣，可以情恕以观后效。万历元年为始，海运止以十二万为则，候数年之外，另行裁酌。”宗沐亦疏辩：“臣固知骇见之难，偕俗成事非易可居，然不意乃悬空妄传。若此，使臣有一毫不诚，但为身计，则按守旧规可以毕事，何必更端革故？力举海运，自添一事，以致弹射也。况海运人船，募数省之人，发行经数月之久，按历涉三省之途，其同事而不可欺者。各省抚按十数人，沿海守令及护行守备等官百余人，官军水手三千余人，使有沉溺，岂待言官？今日始言三万出之淮库，自有卷籍，人船出于雇募，各有贯址。乞敕户部会同法司行巡按御史查勘。”疏亦下部。

（明神宗实录，卷6，0212-0214）

21. 隆庆六年十月甲寅朔，庚午，工科都给事中张文佳言：“河道国家命脉所关，海运不过河运之间道〈校记：广本作海运艰险，不如河运之便〉，轻重缓急甚为较然。顾黄河迁徙不常〈校记：广本迁徙作险易〉今河流虽安，河道诸臣未可自谓安。往年河工报完〈校记：抱本工下有方字〉，河患继至〈校记：广本抱本患下有报字〉，变起仓卒，莫可支持。凡以防之不预，图之不早，尚书朱衡所经略至为详尽。乞敕河道诸臣及时举行，并力殚图，不得指以海运弛意河工〈校记：指以作藉口〉。”疏下工部朱衡亦言：“漕河自仪真至张家湾凡二千八百余里，河势四段不同〈校记：广本段作改〉。仪真至清江浦，与临清至张家湾，远隔黄河，不烦人力〈校记：广本作不难为力〉。惟茶城至临清，则闸诸泉之水为河，与黄河相近。清河至茶城，则黄河即运河也。臣故谓茶城以北，当防黄河之决，而入茶城以南，当分黄河之决。而出防黄河，即所以保运河。故自茶城至邳、迁高筑两堤，宿迁至清河尽塞缺口〈校记：广本抱本缺作决〉，盖以防黄水之出，则正河必淤，昨岁徐、邳之患是也。自茶城秦沟口，至丰、沛、曹、单诸处，剧筑增筑〈校记：广本剧作创，抱本作别〉，以接缕水旧堤。盖以防黄水之入，则正河必淤。往年曹、沛之患是也。二处告竣，故河深水束，无旁决中溃之虞。然沛县窑子头至秦沟口，应筑堤七十里，接古北堤，与徐邳之间。堤逼河身〈校记：广本身作渠〉，应于新堤外别筑遥堤，譬之重门待暴，增纩御寒，此二项工程尤当及时修举。”奉诏如议〈校记：广本删奉字〉，命河臣万恭经理。

（明神宗实录，卷 6，0227-228）

22. 隆庆六年十月甲寅朔，已卯，户部奏：“请开浚榆河，自巩华城达于通州渡口，运粮四万石给长陵等八卫官军月粮。”从之。先是，卫军选入营路〈校记：广本入作八〉，与边军共资防守者，仍于京仓支粮，甚为繁苦，且多弊窦。总督杨兆倡议以请也。

（明神宗实录，卷 6，0240）

23. 隆庆六年十一月癸未朔，乙未，以河工告成，赏尚书朱衡、侍郎万恭银币，及郎中吴自新等银两有差。万恭言：“国家财赋仰给东南，贡运转输全资河道。徐以上河广，广则水有所汇，而萦回徐以下河狭，狭则水无所容而泛滥。故欲河不为暴，莫如令河专而深。欲河专而深，莫如束水急而骤。束水既骤〈校记：广本抱本既作急，是也〉，使繇地中，舍堤别无策。前都御史潘季驯议开一百里故道，给事中雒遵议筑三百里长堤，人情汹汹，谓堤费且无益于河。独荷先皇俞允，臣等督司道等官申画地之约，下募夫之令，期以九十日，而工止六十。期以六万两，而费止三万，堤工遂成，河流顺轨〈校记：广本流作道〉。臣等复念筑堤如筑边，守堤如守边。又会题设官布夫，建铺编号，沿堤修守，以此今年黄水大发者三，堤竟不败，河卒无虞，北运无一水阻，南还无一冰阻。”因陈各官劳勚，请加叙奖。工部复从之。

（明神宗实录，卷 7，0257-0258）

24. 隆庆六年十一月癸未朔，丙申，河道侍郎万恭奏议河夫工食〈校记：广本抱本食下有银字，是也〉。言：“二洪闸溜、浅夫，山东东、兖二府，额一万二千七百余名，每名工食一十二两，岁该银一十五万三千余两。江北淮、扬、徐三府州，额五千三百余名，工食八两二钱，岁该银六万四千余两，各桩草银不与焉。在银两视旧额俱已增加，在户夫视令编悉已安便〈校记：广本户作河，广本抱本令作今，作今是也〉。然漕粮朝廷之命脉，漕河朝廷之咽喉，当以朝廷之力治漕，不当以濒河之民力治漕。今运道工役十倍于前，民力凋疲十倍于旧，竭疲民以事弊河，亟宜改辙。查旧议单，有兑粮所折耗银〈校记：广本抱本粮作运〉，有剥运所省脚价。近新建瓜闸，又有所省。过坝米三顷，岁不下十余万两，若悉给发以治河道，可减派各疲弊府州之半。”工部言：“耗米银，后改征本色给军，脚价除扣修通惠河，余解太仓济边。惟有过坝余米，可岁给河道，少助夫役工食。”报可。

（明神宗实录，卷 7，0258-0259）

25. 隆庆六年十一月癸未朔，甲辰，漕运总督王宗沐奏辩海运漂没事，乞回籍听勘。户部以漕运在迩，请敕宗沐矢心任事，仍照原议习熟海道，备一时权宜之计。从之。

（明神宗实录，卷 7，0265）

26. 隆庆六年十一月癸未朔，己酉，河道侍郎万恭奏："管堤副使章时鸾，筑过南堤。自兰阳县赵皮寨，至虞城县凌家庄，长二百二十九里有奇，用工五十万七千七百四十一。工除调拨傜夫外〈校记：广本傜夫作徭夫〉，仍募夫一十六万七百一。工支河道银四千八百二十一两有奇。秋分而起，未尽十月工成。为照前堤系运道上源，先该酌议兴筑。南北并峙，若南强北弱，则势必北侵，张秋等处可虞。北强南弱，则势必南溢，徐、吕二洪可虑。又恐占民膏腴，致生咨怨〈校记：广本抱本咨怨作怨咨〉。今时鸾督数万之夫，仅七十日竣事。接续旧堤既不多，损民地鸠集傜役，又不多费官银。且堤虞城以上，则上源水有所末得冲刷之宜；不堤砀山以下，则下流水有所容无泛滥之患，治河之策以为长便〈校记：广本抱本以作似，是也〉。"时，鸾原系溱设，乞敕填注实在衙门，庶便补报。疏下吏部。

（明神宗实录，卷 7，0271-0272）

27. 隆庆六年十一月癸未朔，庚戌，建议运船径抵石土二坝。先年船至张家湾停泊，复用剥船转运〈校记：广本抱本复作后〉。官给剥船不敷，因拘民船，展转延捱，日运不足三万石。隆庆五年五月，因河水盛长，创令运船径自抵坝，省转剥银九千四百八十余两。六年，概令抵坝，省银几及二万〈校记：广本抱本几作已〉。是直令抵坝，較抵湾运剥繁省，迟速大远〈校记：广本大作太〉，侍郎万恭，因郎中周良宾亟奏，请行之。

恭又条奏河漕事宜四段〈校记：广本抱本段作款，是也，广本恭上衍万字〉："一、严迟速之令。黄河伏秋水高，运船所避，宜令江南粮储〈校记：广本抱本储下有道字，是也〉，各督尾帮，遵限过徐州洪，勿至与怒河斗。三月过洪者以上劳叙荐，四月过者次之。延至五月后者议罚。因而遇水漂没者，从重议拟。一、别远近之宜。南北河道迥殊，到湾之期非可概定。宜令各省运船不过闸者，限二月到湾。过闸限三月，过闸人过黄者限四月；过闸过黄又过江者限五月。巡漕御史按限期行殿最为。一、专兑运之权。今议早运征发，期会急如星火，监兑部臣无殿最之权，有司慢而军卫易人，转求督粮烦难，兑运必至愆期。宜照浙江例，各省俱以御史带理兑运，则官与军民俱便。一、顺官民之情。江南山谷州县仲冬水涸，不可以舟，迨水发时，兑运已缓。宜从真便，赍银至会城市米候兑。但责早兑，不必问所，从来农末相资，官民相利，兑运自早〈校记：影印本此处不明晰〉，过江、过淮入闸抵湾，自然如期。"疏下户部议复："惟监兑部臣照旧。"

恭又言："春间大挑，待本年之运者，累朝之旧法。秋中大挑，待来年之运者，皇上之新规。今南旺一带及三河口诸处河道，九月兴工，十月竣事。但臣所治孝河耳，使运船不速至将焉用河？明岁全运四百万石，计船一万艘。须以正、二、三、四月尽数过洪〈校记：影印本尽字不明晰〉，远避黄水为期。计每月当过洪入闸者二千五百艘，每日当八十余艘。乞敕各粮储道，如期督至，庶河有实用。"疏下工部。

（明神宗实录，卷7，0273-0275）

万历元年（1573）

28. 正月壬午朔，丙戌，户科都给事中贾三近参新推湖广总兵、平江伯陈王谟，言〈校记：广本抱本近下有奏字〉：“国家于勋臣无黜陟、无升降，其偾事误国者独有革任、褫俸而已。王谟总督漕运经略无策，漂损多至百万。言官论劾褫俸、革任，距今曾未几时〈校记：抱本删距今二字〉，忽蒙显用，屡肆乞陈，希图开俸。当时偾事之臣如都御史陈炌、潘季驯、参将顾承勋，皆与王谟一体。三臣落职，仅当王谟褫俸，若复推用人开俸以优之，何以服炌等三臣之心〈校记：抱本删三臣二字〉？且王谟昔伺炎门，秽迹狼藉，退闲未久，谋总京营；京营偾事，谋督漕运〈校记：广本作又谋督运〉；漕运方褫〈校记：广本漕作督〉，更得总戎。若并其薄惩者概从宽假〈校记：概从宽假，广本抱本作假行宽恕，误〉，则凡可以凌虐侵渔，贪黩纵横者何惮不为〈校记：广本抱本为下有哉字〉。”时，兵科李己亦论之。王谟仍闲住〈校记：广本抱本科下有给事中三字〉。

（明神宗实录，卷9，0317-0318）

29. 正月壬午朔，辛卯，河道侍郎万恭〈校记：抱本万作范，误〉奏：“先臣工部尚书宋礼开河元勋，功在万世，乞照平江伯陈瑄例〈校记：抱本瑄作瑱，误〉，补给恤典。”章下工部复如恭议。诏予礼赠谥〈校记：广本抱本无礼字〉，荫一孙入监读书。

（明神宗实录，卷9，0322）

30. 正月壬午朔，乙巳，河道侍郎万恭奏：“创建瓜州二闸工完，免挑盘雇剥之苦。”因叙郎中吴自新及道府诸臣劳绩。恭又先檄浚苏、松、常镇一带河道，建三汊河东水吊桥〈校记：广本抱本无水字〉。自是吴浙之运可与江西、湖广征发相同。因言：“瓜闸既成，商舶繇坝者可去险就安〈校记：广本作商船由坝〉，应比照仪真事例一体抽分。”疏下工部，俱复行之〈校记：由本页后六行“河道侍郎”起，至俱复行之止，广本接本页前十行“分守九江道”下〉。

（明神宗实录，卷9，0334）

31. 三月辛巳朔，戊戌，令昌平兵备佥事张廷弼疏浚巩华城外旧河〈校记：广本抱本无旧字〉。廷弼原勘河道可省陆运费岁八千金，及运船至而淤塞不前，挖运司官杨可大以为言。户部奏行廷弼速浚之。

（明神宗实录，卷 11，0375）

32. 三月辛巳朔，庚子，漕运都御史王宗沐奏："漕粮三百一十万一千五百石一斗，尽数过淮。去岁三月过淮已为早，然尚有闰月，今则二月甫尽，漕政更新大计修整。宗沐以为明良合德所致云。"

（明神宗实录，卷 11，0376）

33. 三月辛巳朔，壬寅，河道侍郎万恭奏："江南粮运开帮，期于岁十二月，在江楚长江大河则可至。若吴浙之舟阻于京口闸，必待季春开闸方可开帮。今年早运实繇诸臣挑浚京口所致〈校记：广本抱本诸作省〉，顾事必专官而后善〈校记：广本抱本官作管，误〉，计必远虑而后成。江南河道水利，原设有都水司郎中一员，后革郎中，令兵备道带管，权阻于遥制〈校记：广本权上有其字〉，力分于他务，三江运道遂至湮滞。今宜比照惠通北河、南河事例，复设郎中驻扎镇江，以其余力兼治三吴水利。"工部言："三吴水利积弊已极，非工部郎中所能任，已责成应天巡按督理〈校记：广本抱本按作抚，是也〉。其京口闸挑浅事务，仍旧分责各道，而亦统领于督臣便〈校记：广本臣下有为字〉。"上从部议。

（明神宗实录，卷 11，0377）

34. 四月庚戌朔，丙辰，设山东海运哨船。海道初通，淮安等处已各立有兵船哨瞭防御〈校记：广本哨瞭作哨探〉。其经山东者二千余里，议分三段立为三哨，每哨用船二十只，水手行粮每月各四钱〈校记：广本作四分〉。

（明神宗实录，卷 12，0391）

35. 四月庚戌朔，辛酉，工部尚书朱衡复科臣朱南雍疏言："治河之法杜萌销患者上〈校记：广本者上作上策也〉，次则随时补弊。或筑堤岸以防其奔溃；或建闸堰以严其畜泄〈校记：旧校改畜作蓄〉；或导合流以荡其壅滞；或探上源以遏其冲突，此外更无奇策〈校记：广本奇作良〉。今防溃决，则徐、邳之遥堤当举；丰河之长堤当加严畜泄；则境山之石闸当复；吕、孟等湖减水闸当建〈校记：抱本孟作益〉。荡壅滞，则茶城之合秦沟，清江口之合淮水，当分布官夫大加疏浚；遏冲突，则武家口、炼成〈校记：广本抱本炼下有瓦字，抱本城作成〉、铜瓦厢等处之倒湾，当布列大料预筑埽台；河南山之太黄堤与缕水南堤，当增高厚。盗决之禁，乞申饬河道诸臣悉心经理，多方区画，务图经久之计，毋恃目前之安。"从之。

（明神宗实录，卷 12，0395-0396）

36. 四月庚戌朔，辛未〈校记：广本抱本无辛未二字〉，河道侍郎万恭奏："事莫善于法祖，法莫病于因循。今年之运，既得以善其终，明年之运〈校记：自本卷第三页前八行"议增"起，至年之止，抱本错入万历元年三月卷，见是卷校记〉，不可不虔其始〈校记：广本虔作虑，是也。抱本作处〉。祖宗以四百万之粮，兑近万之浅船，岂不知满载省舟之为便而为是？经年造船纷纷者，以闸河故。盖南旺运河之脊，又得全汶之利，故每船可运四百石。然夏旱，则汶流微，又不敢过四百石，特为浅船之制。底平仓浅，底平则入水不深，仓浅则负载不满，又为限浅船，用水不得过六拏。今各省不务遵原运，而务搭原。雇船有三害，搭运有五害〈校记：广本搭上有而字，抱本害作善〉，皆足以病河道。今年赖皇上主持，诸臣竭力，上水诸浅深皆四尺至七尺〈校记：广本抱本七作八〉，旱枯之时幸不败事。然终非全算，乞敕该部勿以目前幸济而忽远图〈校记：广本抱本勿以作万勿，而下有遂字〉；勿循今日弊端而废祖制〈校记：广本抱本日下有之字，废作致忽〉；务足近万之额船载四百万之额粮，尽复入水不过六拏之旧制。今船力胜米力，水力胜船力，其雇船搭运坐困之弊一切痛革。”部复从之。

（明神宗实录12，0401-0402）

37. 四月庚戌朔，癸酉，户部复漕运都御史王宗沐等议官军领兑州县漕粮：“派定地方，遇有灾折，即将原卫减存刊刻成书，永为遵守，不得希图自便另议纷更。”从之。

（明神宗实录，卷12，0402）

38. 四月庚戌朔，乙亥，工部请建复淮南平水闸，与浅船浅夫及建大妃庙口石闸，修复境山闸。从之。仪真建平水闸二座、江都一座、高邮十座、宝应八座、山阳二座，凡二十三座，座三百金。自仪真至山阳有五十一浅，浅设捞浅二小船。船七金，浅夫十名。天妃口大闸一门，除堪改废闸石料，仍用二千五百金。境山旧闸五百二十金，凡费工料一万余金〈校记：广本金作两〉。悉听河道便宜酌处，不烦请发。闸多，则水易落而堤坚；浚勤，则湖愈深而堤厚〈校记：广本堤下有愈字。《皇明经世文编》卷三五一万恭创复诸闸疏无愈字〉；建天妃闸，则时闭时启，而省挑浚；修境山闸，则有留有接，而省盘剥既裨运道，且资民生。议发于恭，而衡复行之，诚万世之利云。

（明神宗实录，卷12，0406）

39. 四月庚戌朔，丙子，督漕御史张宪翔〈校记：广本抱本宪翔作献翔，误〉奏：“今岁漕粮四百万石，除灾例准改，及山东、河南、徐州例不过淮洪，并留常盈仓外，实该过洪粮三百一十万一千九百五石一斗〈校记：广本抱本作五斗〉，共船八千五百二十六只。以正月九日起，至四月十日悉数过洪。粮既全运，且无闰。较之上年，过洪尤早，因归功河漕诸臣焉。”

（明神宗实录，卷12，0408-0409）

40. 五月庚辰朔，己亥，漕运都御史王宗沐奏请申饬运务二事：一、浚河渠以利边运。言："王家浅〈校记：广本浅作栈〉、银鱼厂一带河道浅涩难行〈校记：抱本行作前，误〉，宜令挑浚深广。堤岸卑薄者修筑高厚。"一、造官船以便民运。言："白粮民船大小参差，横塞河道，宜依漕船式样打造官船。"下户部〈校记：广本抱本下上有疏字〉。

（明神宗实录，卷13，0431）

41. 六月己酉朔，壬戌，户科都给事中贾三近奏〈校记：广本抱本无都字〉："往因运渠梗咽，当事者议复海运，悉心讲画，法非不周。然风涛险阻终属可虞，所以岁运只限十二万石，意正为此〈校记：抱本正作亦〉。今闻海运至山东即墨县福岛等处，忽遭异常风雨，冲坏粮船七只，哨船三只，漂消正耗粮米几五千石，淹死运军、水手十五名。臣因此反复其事，海道之势与河道异，河道之可恃者常，海道之可恃者暂。持数百艘行数千里，巨浸侥幸于暂，可恃未有无虞者也。海运畏途，当时建议者计出于不得已，始既以不得已议行，则今当因可已以议罢。近漕渠一带诸臣，综理振饬〈校记：广本抱本振作整〉，大异昔时。据今年江南诸艘入闸〈校记：广本作计今，抱本据作计〉，最早即更加十余万何有焉？世有夷途，安取九折坂，人有参苓姜桂，可以摄生，何试命乌附以苟万一〈校记：广本何下有用字〉？乞敕详酌，将海运姑暂停止，仍以额粮十二万尽入河运。"时，巡仓御史鲍希颜〈校记：广本颜作贤〉、山东抚按傅希挚、俞一贯，疏俱如三近指。疏下户部议停之。

（明神宗实录，卷14，0441-0442）

42. 六月己酉朔，甲子，河道侍郎万恭奏："岁运白粮改民座长船为官造浅船，民运如故。上之不失祖宗之制，止于舟楫转移之间；下之可终早运之功，有改制之名，无变道之实。"下户部行该巡抚及漕运等衙门会议。

（明神宗实录，卷 14，0443）

43. 六月己酉朔，丙寅，改铸苏、松兵备，浙江水利二道关防，俱兼管河道。

（明神宗实录，卷 14，0444）

44. 七月己卯朔，辛巳，著令攒运御史事完，止分别有功迟误人员，一切漕河等项文册，俱免造报。从张宪翔议也。

工部复给事中赵思诚疏言：“黄河挟百川万壑之势，益以伏秋潢潦之水，拔木扬沙，排山倒海，所向无坚不瑕。所赖以容纳者在海，而输泄之路则海口也。海口梗塞一夕，则无淮安；再夕则无清河、无桃源。运道冲决，伤天下之大计，人民昏垫，损一方之生灵，关系诚不浅。小故必疾，使之泄，其害始息；必多，为之委其泄始易。淮安旧有八口，今止存其一。委既少〈校记：广本委上有其字〉，则流必缓，诚宜早计亟图。至于近年河水未尝加益，特因河决之后，冲刷未尽，淤垫遂积，故河身日高，堤岸日卑。日卑日增终当奚极，宜行河道诸臣逐一踏勘，会议具题以请。”上是之。

（明神宗实录，卷 15，0453-0454）

45. 七月己卯朔，丁酉，山东按察使兼右参政潘允瑞条陈军民二运事宜〈校记：抱本瑞作端，是也〉：“一、议处成造漕船以裨大计。各省粮船改照湖广、江西式造，深大坚固，二船可抵三船。每十年计可省银二十三万五千有奇〈校记：抱本二十三作一十三〉，解部济边。一、议兼辖以速粮运。凡沿河管河官员，乞听臣兼摄，庶便督责修浚及时，运船不至浅阁。一、均补润以一兑法。以前米色有湿润者，军旗恃强，每百石勒补或至二三十石，今限以五石。如晒扬干洁，止平兑不补。一、宽恤船户以全运务。漕船漂没数多，一时难造，不得不雇用民船，得利甚尠，本非乐从〈校记：广本尠作尠，是也。抱本作少〉。乞严行各关，刀得仍抑勒收税。一、专职任以恤官军。各帮船过淮后，专听漕运总兵及臣催攒。果系故意延迟，照例捆打。其沿途衙门不得任情凌虐无辜。一、禁止参谒以重粮运。运官钻刺者，凡遇途次驻扎，及经过上司，辄停舟参见，一舟既停千艘守候。以后非本管衙门〈校记：抱本作本衙门官，误〉，不得时刻停泊，滥行参谒。一、议造民船、官船以垂永久。前议改民船为官船，计各粮长雇价岁费银五万二千有奇，即以此银征解成造。其改造修理，亦照军船年例。不造年分，仍征解前银，除修船外解部济边。一、议撑夫以定常规。粮长雇募撑大，岁费银五万两，有无籍之徒每至逃脱。今既造官船，其撑夫宜令有司选本地精壮谨实之人，愿役者充之。每船十二名，即征前银给发。一、严督运以专责成。岁运白粮有总部领运等官，近多规避误事，宜责令依期完兑。随军帮齐发，督催前进，不得在任稽延，及别差委用，以妨重务。一、遵议单以厘宿弊。起运白粮，虽有量带，上宜亦与军运便同，合申饬各关一体免其征税。经行闸座关津，仍拨夫挽拽前进，不得仍蹈前辙，巧为科索。”下户、工二部复议：“惟补润难以一概五石，仍行抚按酌议具奏。余俱如议行。”

（明神宗实录，卷15，0462-0464）

46. 八月戊申朔，癸丑，罢海运。

（明神宗实录，卷16，0473）

47. 八月戊申朔，甲寅，江西道御史卢明章奏开浚河道事宜：一曰详踏〈校记：广本踏下有勘字，是也〉，一曰专修理。言：“顺、保、河、真巡按岐而为二，兵备分而为四，势既不相统属，议自不能通融。且兵备及州县正官方在开浚，忽令迁转，不惟本处工程不完，即上承下接，均有不便，功何繇成？宜差司官一员，驻扎适中地方，同各州县正官细加踏看，预定河身。凡干系开河，兵备州县正官及承委官员，俟工有次第，方得循资迁转。”工部以“司官权轻，仍守前议，而请停迁各官以便责成”。上是之。

（明神宗实录，卷16，0474-0475）

48. 八月戊申朔，庚申，巡抚江西右副都御史徐栻奏：“国家岁漕东南米四百万石，于京师复设临、德二仓。每岁会派米一十九万四千四百石分贮之，计十年积几二百万石。遇该运地方灾伤蠲免，即以二仓米照数补运，祖宗立法备患，意在深远。后因会派地方告歉轻减，及二处囤积损腐，一时偶见窒碍，辄有建改折之议者。自改折议行，二仓额粮渐减，积储渐耗，运地灾免无从支补，遂致专免存留，不及起运。夫存留乃宗室禄粮、官吏师生俸廪、军士月粮等项所需，万不可缺。为今之计，必仍令二仓积贮十年额米。然设处籴补，又不可专责会派地方，宜行二处管仓官，以十年所积计之，尚欠米若干。听将改折银发产米地方收买。不足，行漕河各衙门，量支无碍官银凑买，俱摊搭运船载纳二仓。如二仓囤积不足，则徐州、天津等仓分贮尤便。恐米有腐烂，量将漕粮抵换出陈易新，必于原额约二百万数有余〈校记：广本无约字〉，方得改折会派。其改折银两专贮听候籴补，不得别项支用。如此仓有余粮〈校记：广本仓上有则字，是也〉，帑有余银，每岁四百万石之运，常保不失正额。垂之数年，京、通二仓亦当余六年之积，祖宗经制富强之远略，不亦庶几尽复乎？”疏下户部〈校记：广本作下其疏于〉。

（明神宗实录，卷16，0483-0485）

49. 八月戊申朔，辛酉，工部奏：“明年春照例挑浚天津卫海口新河。”恐碍运艘也。

（明神宗实录，卷16，0486）

50. 九月戊寅朔，庚寅，户部复漕运都御史王宗沐议复遮洋总。言：“国初，海运岁运七十万石以给辽海，后会通河成，海运遂废。然尚留遮洋一总，原有深意。至嘉靖末年，给事中胡应嘉建议裁革，并入山东、江北诸总，前制尽罢。应嘉以乡土之故，忍变成法，有识者未尝不扼腕而叹！近因河道淤沮，当事诸臣复起新议，劳费更多。海运二年，道路稍谙，今虽议罢，宜查复遮洋一总，即改海运把总为遮洋把总，领兑河运北粮。仍知会兵部海汛有警，暂调海口，为狼山声援。”从之。

（明神宗实录，卷 17，0498-0499）

51. 九月戊寅朔，甲辰，河道侍郎万恭奏：“今年七月黄河水涨，沔池县张成口至深五丈。徐州黄水骤发〈校记：广本黄下有河字，误〉，阅月方始归漕，皆故老所竟言未见者。因自称调度机宜，合房村口堤一百余丈，正河千里安流。通茶城口淤一十余里，回空千艘速出。仍开国初以来治河之法，及今所探各处浅深以闻。”疏下工部。

（明神宗实录，卷 17，0512-0513）

52. 九月戊寅朔，丁未，工部奏：“今岁河道通利，粮饷早达。乃闻茶城于八月内淤浅，致回空粮船阻滞不得南还者。数千只回空之船既迟，则新运之期必愆。今须昼夜疏利方保不误兑事。且茶城之淤，岁甚一岁，宜照旧说〈校记：广本说误设，抱本脱说字〉，于境山上下高建一闸，沙灌则闭而避，水积则放而冲。至于徐、邳一带堤岸，逼近河身，土疏浪高，今秋房村之役方合复决，可为明鉴。宜照原议再筑遥堤，凡一应河防事宜，务兼听集思，纡谋远虑，求建长治之策，勿苟目前之安。”报曰：“运船淤阻至数千只，明年粮运必致有误。便行与万恭上紧设法挑浚，毋慕虚声，务收实效。”

工科署科给事中朱南雍参河道侍郎万恭〈校记：广本无科字〉，言：“防河甚于防边，为河臣者，事必预报庙堂，方可据以处分。功必实图，国计方可藉以利济。臣备访河务，咸谓茶城淤塞二十余里，万恭起夫数万挑浚罔效。回空粮船数千，阻泊于上河者，不下五十余里。幸黄水旁冲小沟，恭督军民拖拽空船，从小沟出。日不能七八只，正河仍未开通。今据恭奏谓‘河通于九月十二日’，距恭具疏时才五日耳。纵神运鬼输，焉能于五日间，尽回数十里粮船始之失？事既属隐蔽，今之奏词又属朦胧。弥缝一时之失职，侥幸后日之成功；且不图目前之艰〈校记：广本抱本艰作难〉，而谈古法之沿革；不虞上流之塞；而计下流之浅深。恭盖曰‘河道通塞，自古已然，下流俱深，一浅何害？’又何莫非掩过幸功之心？夫今岁回南之空船〈校记：广本抱本回南作南回〉，即明年北上之重船。使茶城一日不开，则空船一日不下。明年之运将有欲早，而不可得者。乞敕令万恭戴罪管事，悉心河务，以赎前愆。”工部复亦罪恭。下严旨切责之。

（明神宗实录，卷17，0515-0516）

53. 十月戊申朔，甲寅，设厂于瓜、仪，改造江北南京各总浅船。

（明神宗实录，卷18，0520）

54. 十月戊申朔，己巳，户部奏密云、昌平二镇漕运未尽事宜，凡七款。一议转输、一议寄囤〈校记：广本囤作屯〉、一议粮船、一议河道〈校记：广本抱本道下有一议船户四字，是也〉、一议边运〈校记：广本抱本运作军〉、一议领运。凡新旧漕粮，密云一十五万四千八百一十石八斗，昌平一十八万九千二百七十二石五斗，专备各镇主客本色支用。

（明神宗实录，卷18，0525）

55. 十一月丁丑朔，壬午，河道侍郎万恭奏：“江南运道延袤八百余里，每岁夏初开运，河水充溢，运道无虞。今改于年前十二月开帮，正属各河浅滞，诸坝断流，京口封闭之候。挑浚工费，动以数万计，仰给于遵河银〈校记：广本抱本遵作导，是也〉，是以杯水救车火。且病农派夫于丁田〈校记：广本农下有病商二字〉，则病民借办于铺行；则病商取给于协济；则病邻俱属偏佑，非久计也。查江南漕粮几二百万石，每石旧带征雇船脚米七升。近瓜洲建闸，运船径抵水次交兑，此未遂蠲，宜仍每石征一升，岁折银一万两〈校记：影印本折字不明晰〉。查各府河务轻重，分发收贮，名曰运河银。凡运漕渠挑浅、筑堤、建闸、修坝、雇募夫役、买办什物，一应工费，悉此项内动支应用〈校记：广本抱本悉下有于字，抱本脱内字〉。分毫再不干扰农商，贻累邻境。以瓜闸所省江南之费，为江南运道通融之用，似为长便。”下工部复行之。

（明神宗实录，卷19，0532-0533）

万历二年（1574）

56. 正月丁丑朔，辛卯，工部复工科给事中吴文佳等题称：“茶城为黄漕交会之地，其势必淤。而徐、邳堤近河深，其势易决。乞咨河道侍郎万恭，将茶城并房村一带应筑应浚事宜，作速从实奏报。”从之。

（明神宗实录，卷21，0568）

57. 二月丙午朔，甲寅，户部复总督仓场侍郎郭朝宾咨称：“京仓粟米不敷一月支放，通仓粟米约可俟陈五年〈校记：广本抱本俟作挨，是也〉。合将万历改兑二年三年，粟米尽改京仓。将应上京仓兑运粳米，照数抵拨，以足通仓岁额。省下脚价，扎坐粮郎中挖贴，改运粟米进京之费。”从之。

（明神宗实录，卷22，0579-0580）

58. 三月丙子朔，丙戌，工部复河道侍郎万恭议处河漕四事：“一、议疏治茶城淤浅。茶城当漕黄之会，培筑小堤，预作小河，宽止数丈，以为速水之计。其夫役取之徐州洪夏镇督发，不必更烦经费。一、议修复镜山闸座〈校记：抱本座上朱笔增一字，镜疑应作境〉。镜山旧闸，锥探至二丈五尺，杳不可寻，合相度地形从新创建〈校记：抱本形作势〉。复自两边各筑一堤，东抵山冈高阜，西接黄河缕水长堤。水发可闭闸，以遏洪流于两堤之外；落可放水以冲积沙〈校记：抱本落上增水字〉。于方淤之初，待运尽之日，并力兴工毋得延迟。一、议保护房村一带堤岸。徐、邳南北两岸新堤〈校记：广本抱本邳作邳，是也〉，束水中流以防溃决。但河形曲直不同，急流扫湾之处，伏秋水发不无冲决，而房村以上为甚。合应正堤一带大加帮筑，急溜去处，创建遥堤，及青田浅以下〈校记：广本无青字，抱本青作责，田作由〉，旧有遥堤者一并加培高厚〈校记：广本培作倍，误〉。但诸臣集议，欲于黄钟集之上分水，繇符离集出小河口。窃恐有并行之河决，无两盛之理。万一全河弃旧奔新，径趋符离集，则境山上下四百三十里〈校记：广本境作镜，下同，误。〉，将为陆地，嘉靖甲午之患可鉴也〈校记：广本抱本午作子〉。前议亟宜停止〈校记：广本亟作急〉。一、议接窑子头古堤。先年黄河北徙，溢入运河为患，接筑前堤，彼一时也〈校记：广本抱本彼作护，误。〉。近自接连缕堤头通筑长堤，黄水再无空隙可以北徙，前项似可省筑。惟境山至留城一带东堤，内束河水，外障湖波〈校记：广本抱本湖作河，误。〉，往来牵挽恒必繇之〈校记：广本抱本恒作自〉。见今冲坍数多，相应加筑。其砀山县陈孟口新冲决口〈校记：广本孟作盖，抱本作益〉，永禁筑塞，使黄河水发，岁岁分泄以图永利。”如议行。

（明神宗实录，卷23，0595-0597）

59. 三月丙子朔，己亥，刑科左给事中郑岳奏：“国家借黄河为运道，上自茶城下至淮安五百余里。乃茶城有倒淤之患，徐州有淹城之危，邳州有淤塞决口之虞，稽之历年可考也。臣去年奉差经过淮安，正值水发之候，民居飘荡〈校记：广本居作屋〉。询之地方父老皆言：‘自嘉靖四十四年、五年，河水大发，淮口出水之际，海沙渐淤，今则高与山等。’此沙既壅，自淮而上河流不迅，泥水愈淤。其邳州之浅，房村之决，吕、梁二洪之平，茶城倒流之弊，皆繇此也。今不务海口之沙，乃于徐、沛、吕、梁地形高处，日筑堤岸以防水势，桃源宿迁而下，听其所之，则水安得不大而民之为鱼？！未有几时也〈校记：抱本几作已，是也〉，臣闻之恻然。尝见宋人李公义、王令图曾献浚川耙法：以圆木八尺横于中，以铁为齿，齿列三行〈校记：广本抱本齿作而，误。〉，两端有轮，以舟驾之，行浅水中，舟过则泥去，此古人已试之法。试访而用之，能疏淮口横沙，而去其最下之塞，则徐、淮自无淹溺之虞。能疏吕、梁积淤，而得其高低之形，则茶城自无倒流之患，此固言之可采，理之必然者。”工部复议：“咨河道侍郎亲诣海口踏勘具奏。”从之。

（明神宗实录，卷23，0604-0606）

60. 三月丙子朔，辛丑，工部复河道侍郎万恭题：“瓜洲花园港等处原议建闸，盖俾江南粮运，可以直达免盘剥之费也。自隆庆六年，花园港猪市上下闸成，迨今二载，粮艘无滞，省民间不赀之费。但上闸重建方毕，而下闸冲啮又坏〈校记：广本抱本又作尽〉，合行河道侍郎将瓜洲应改下闸，及詹家洲应建中闸，作速兴举，并汊河杨子桥〈校记：广本抱本汊误作议，抱本杨作扬〉，亦于明年接续修建，以收全功。其江南应该协助修闸银两，严行追解济用。”从之。

（明神宗实录，卷23，0608）

61. 四月乙巳朔，丙辰，命巡抚山东都察院、右佥都御史傅希挚〈校记：广本抱本挚作哲，误〉以原官总理河道。

（明神宗实录，卷24，0617）

62. 六月甲辰朔，丁未，总督漕运副都御史王宗沭题漕务五事〈校记：广本抱本沭作沐，是也〉：“一、定期限以图善后。今岁漕舟正月终已悉抵镇江〈校记：影印本已字未印出〉，盖事体初复，人心兢奋〈校记：广本抱本兢作竞，是也〉，然不可为常。议定以三月终尽数过淮，以一月为黄河逆溯之期，则四月终可悉过洪，不与黄水相直〈校记：广本抱本直作值〉。一、禁军士以戒不虞。祖宗以十二万军士岁运于中原，自有深意。但群聚起争，不免贻祸地方，凡军船赴水次领兑，止许一旗一网〈校记：广本抱本网作纲，是也〉，跟同运官赴仓，其余军士不许私自上岸。一、清责任以处旧欠。前运挂欠，新运扣留，用守法之人之米，为先年盗卖之资，不平甚矣。如山东都司佥书朱嘉谟，欠粮二万六千余，银二千三百余〈校记：广本抱本银作钱，疑误〉，而反得尊官善地，何以服诸人之心？今后，明开挂欠，运官某人，旗军某人，不拘升任，在卫行文，原卫变产扣俸，及扣运旗余米月粮。有不足者，仍行地方官设法处完。一、复军船以苏疲困。衢州所〈校记：广本抱本所作府，误〉，原额运船四十九只，后添代运海宁卫三只，又代温州卫十只，连年因累〈校记：广本抱本因作困，是也〉，力委不堪。今查海宁卫殷实，上年已复运十二只，再将衢州所十只，拨并该卫领运。一、折脚米以济修船〈校记：抱本船作舡，下同〉。先时军船寄泊瓜、仪，会议脚米六升〈校记：广本抱本会作曾〉，征本色给军。而以各军行粮、折粮以抵修船之费。今瓜州建闸，运船直至水次听兑，必须先修船只，预办什物，粮完即可开行。合自万历二年为始，将脚米折、征银两，给各运官，公同有司修船置办什物〈校记：广本抱本有上有各字〉。”下户部议。

（明神宗实录，卷26，0644-0645）

63. 七月癸酉朔，癸巳，吏部选选岁贡生员许汝愚上言〈校记：广本抱本选选作听选，是也〉：“东南运道水势之涩，莫甚于丹阳；地势之高莫甚于夹港。国初，于此置为闸者四：曰京口、曰丹徒。二闸居上，以防三江之易涸；曰吕城、曰奔牛。二闸居下，以防五湖之易泄。自丹阳起，至镇江蓄为湖者三：曰练湖、曰焦于、曰杜墅，以济漕河之用，遂免海运之艰。而于四月交兑，五月过淮。维时雨泽大降，江潮盛行，不假湖水亦足以济。岁久延袭，居民侵为田亩。焦、杜二湖俱为旱郁〈校记：广本抱本郁作麓〉，仅存练湖，犹有侵者，而四闸俱空设矣。今改为十月临仓，雨泽既少，江水枯落，不免剥浅。才数十里之区〈校记：抱本改才作胶涩〉，有阅三四月〈校记：广本无四字〉，而不得尽达于江者。虽添设攒运，枉费推挽，而开河之议起矣。夫夹港两岸高者数十丈，而河仅阔数丈许。下之开凿愈深，则上之坍塌愈速。频冬役民以浚之，春来淤塞如故。年年兴此大役，民何以堪？为今之计，莫若修三湖之故址，就四闸之完基，蓄泄以时。下修吕城、奔牛二闸，以时粮运之入〈校记：广本时作待，次行同〉；上修京口、丹徒，以时粮运之出。况乎上流既溢，则奔牛而下，又何不通之患哉？破此说者，必以淹没民田为辞，不知前此占湖为田，今仍旧修葺，非废田以为湖也。即欲补此数顷之田，则沿江一带新涨常稔洲田，无虑千顷，民方争佃，构讼不息。且皆隶于丹徒，以此相易不亦可乎？年年官司欲兴水利，辄为豪富破坏，遂以湖浅河长为解，试并修三湖，而于丹阳水关下板，则河如此，其长湖亦如此。其阔宁有不足之理？此皆上下习见，而缄口不言。则利害之心惕之也。”工部复行彼处抚按踏勘具奏。从之。

（明神宗实录，卷 27，0673-0675）

64. 八月壬寅朔，甲辰，户部复总督漕运都御史王宗沐奏请事件：“一禁军士以戒不虞；一复军船以苏疲困；一折脚米以济修船。”俱如原议。其定期限以图善后，议以三月过淮者仍限二月。其清责任以处旧欠，各处领运官员，惟南京二总不系掌印更番，余俱更番在运。旧欠官旗家产厚薄，则其素知俸钞兼支则其分给〈校记：抱本兼支作关支〉。况运回一年在卫责买之追处（按：据北平图书馆藏晒蓝本补），其事甚便。若复止行原卫竟为虚文，且为见在者开一幸途矣。又该攒运御史张宪翔题〈校记：广本抱本翔作祥，误〉：'徐宿设有参将防护，以故黄河一带地方虽称旷野得保无虞。'沛县以北轻赍屡被盗劫。合选山东都司佥书一员（按：据北平图书馆藏晒蓝本补），前去夏镇新庄，直抵德州、天津见管地方。通判、参将自德州抵河西务，各督兵防护，寔于漕计有裨。"如议行。

（明神宗实录，卷28，0680-0681）

65. 八月壬寅朔，壬戌，兵部复蓟辽督抚刘应节等题："招抚山东登、莱各岛，向来潜住为害辽人四千四百余，安插已定。各岛荡平前后，效劳文武官员，合行甄录并条议四事：……一、编船只〈校记：抱本编作选〉。山东辽东舟楫相通，若私船不禁，是仍开递送之途。合将海岸民船，每口不过三只，听其搬运米薪〈校记：广本米作菜〉，捕采鱼虾。见在大者给价改为官船，其余尽行劈毁。"得旨："……如议行。"

（明神宗实录，卷28，0690-0691）

66. 九月壬申朔，丙子，工部复工科给事中吴文佳言："茶城黄漕交会，数千粮艘皆繇此。一线之路，如数十里之茶城一淤，即有计疏通〈校记：广本抱本有作百〉，无救旦夕。查得先年总理河道都御史翁大立建议，欲从子詹山、梁山，至马家桥上下约八十余里，另开新河，置旧河于堤外。凡黄河出口之地并不相及，而波涛可避，良为得策。但称繇梁山之下〈校记：抱本无山字，误〉，张孤山之东，内花山之西，新冲河形，南出戚家港，会于黄河，亦可通舟。因势利导，就下为川，颇与原议稍异。宜令总理河道等官亲诣茶城踏勘〈校记：广本抱本勘作看〉。"从之。

（明神宗实录，卷29，0705-0706）

67. 九月壬申朔，丁丑，工科给事中胡汝钦条议御灾三事："一议责成。水利道宜令移驻河上，仍选委廉能佐贰亲历堤防。如各殚心力，而水患异尝〈校记：广本抱本尝作常〉，犹从末减，不此之务以致冲决者，从重参处。一、议浚筑〈校记：广本抱本浚作审，疑误〉。穴口之疏以杀水势，然必有容水之处，斯下流不壅上流不塞。否则徒劳民伤财，一旦淫雨异常，河水陡涨，为害更重，宜详察地势务求永利……”部复从之。

（明神宗实录，卷29，0706-0707）

68. 九月壬申朔，甲午，先是，顺天府宛、大二县民王勇等奏称：“各工应用白城砖，近于临清烧造一百万个。今有武清地方土脉坚胶〈校记：广本抱本无方字，疑误〉，不异临清，去京仅一百三十里，较临清近二千余里。一兴改作〈校记：广本抱本兴作与〉，不但粮运民船不苦烦劳，抑且为国节省，有生财实效。”工部复议：“临清烧造遵行已久，即云武清土脉不异，人事未否均齐，安能一一如式？若一旦更改，倘有偏而不举之处，是徒增纷扰也。今行武清县，责令王勇等每年分造城砖三十万个，俟三年之后果有成效〈校记：广本抱本成作功〉，另议建改。其临清自万历三年为始，每年止造七十万个，照旧粮船带运。”从之。

（明神宗实录，卷29，0715-0716）

69. 十月壬寅朔，己未，赈恤徐、淮等处灾伤，准留漕粮一十六万余石，银六万余两。

（明神宗实录，卷30，0731）

70. 闰十二月辛未朔，己丑，巡按直隶御史萧泮陈钱粮六事：“一、均羡余以励人心。漕规轻赍银两，作正支销外是名羡余。一分解淮，二分给军士，十三总同之。惟江北四总，先以议免边输扣补，今边输如故，而此赏独靳，宜均之以示一体。一、改海船以利运道。自罢海运之后，即驾入里河，与浅水船参和并进。海船重而浅船轻，彼此并壅。宜将海船二百余只，或作战舰，或变价值，但置浅船以便进运〈校记：广本抱本脱便字〉。一、收除米以广积贮〈校记：广本抱本除作余，是也〉。漕运正额外，随船耗米岁约一百二十万石，除晒扬扣尖收受，所剩土米大较可三四十万石〈校记：抱本土作工〉，坐余在仓〈校记：广本作其余储仓〉，皆听贱卖。宜行通济库或太仓库，每石随给价五钱，毋致迟滞，另廒收贮。当年即与支放，亦两便也。一、置脚船以备不测。江南巨舰〈校记：抱本南作湖，疑误〉，各有小艇随之，号曰脚船，以备缓急。运船缺此，殊为不便，宜行漕司动支粮价余银，每浅船二十〈校记：抱本浅误钱，朱笔改作粮〉，给造脚船一只。每只拨军四名，月粮一体关支〈校记：广本关作放〉，使随帮策应，尤为有利。一、立保甲以寓防浚。运船过淮，随到随编，以二十只为一甲〈校记：广本二作一〉，总给一牌。每日轮流二船，直牌为甲长，各备器械、什物。盗发，协力截赶；风起，商议策备。稍遇淤滞，督同浅夫开通。一船失事，余即连坐。一、剔宿弊以清库藏。申饬该库，但遇官鞘解伴，止许送到大门。巡风官军抬入库门〈校记：广本作扛入库门〉，原解员役，对验成色。此外闲人一切严禁，不容窥觇以杜偷混。”部复。得旨：“海船留备缓急，不准变卖。其余依拟。”

先是，议开马桥至子房新河，督理河道傅希挚勘称：“上段则四十里皆水，下段则数十里伏石，委难议开。惟梁山以下穿羊山出左洪口一带〈校记：广本抱本无山字，左作右〉，便于开浚。口向东南与黄流颇顺，并佑合用银二万四千二百七十余两〈校记：广本作并估合用，抱本作并合用作估是也〉。且新旧两河必有一通，可保万全，宜行开筑。”部复报可。

（明神宗实录，卷 33，0775-0778）

71. 闰十二月辛未朔，乙未，议查济宁、汶上二湖旧界。总理河道傅希挚勘请："湖地高者〈校记：广本请作清，误〉，准令佃种，分等征租；低者，照旧蓄水济漕。严禁佃户不许曲为堤防，侵那疆界。"工部复言："委于国计民生有裨，但照先原任尚书朱衡称：新河、支河河身堤基，皆系民间田地。合将昭阳湖官地及淤平旧河，准令对亩给业，免其纳税。以河之弃土，补河之占地，亦可舒滨河失业之困，应行并议。"从之。

（明神宗实录，卷33，0781）

万历三年（1575）

72. 正月辛丑朔，丙午，巡抚顺天都御史王一鹗修上弭盗六策〈校记：广本抱本修作条，是也〉："……一、议定守备信地。漕河一带南起丁字沽，北至王家摆渡。崔黄口与霸州二守备，分河东、西岸而守之。两岸两属，彼此互诿，不若尽属之崔黄口。而霸州则专以近京要路责之。一、议增巡河哨船。宜置八桨船六只，每船用兵十人〈校记：抱本人作名〉，分布巡哨。一遇有贼，并力齐掉与岸上巡缉，互为声援。一、议明管河职掌。谓河旧设一把总〈校记：广本抱本谓下有管字，是也〉、一主簿，皆高坐河西膏地，职守湮废。宜于夹河武清、营州二卫，选骁勇有材官一员充为总领。责以护粮把总、主簿，责令沿河修浚巡缉。如有失事，通与守备及巡简官一体查究。"疏下兵部复核无异。诏如议行。并令抚按官申饬所属，有隐匿盗情，规避罪责者，事发一体治罪。

（明神宗实录，卷34，0783-0785）

73. 二月庚午朔，庚午，先是，听选岁贡生员许汝愚奏称："镇江府练湖、焦干〈校记：广本抱本干作于，下同〉、杜墅三湖，修之堪以济运。京口、丹徒、吕城、奔牛四闸，因而可废。"事下地方踏勘，至总理河道傅希挚言〈校记：抱本至下有是字，是也〉："练湖先已疏筑，无容别议。焦干、杜墅二湖，地洼源少，无益运道，四闸若废，有妨蓄泄。"其事遂寝。

（明神宗实录，卷35，0803）

74. 二月庚午朔，乙酉，工部复议："修砌通仓晒场，应给砖灰匠价，于节慎库解到班匠价银内那给〈校记：广本无价字〉。"得旨如议。

（明神宗实录，卷35，0820）

75. 二月庚午朔，戊戌，总理河道都察院、右佥都御史傅希挚上言："治河当视其大势，虑患务求其永图。顷见徐、邳一带河身，垫淤壅决，变徒之患不在今秋〈校记：广本抱本徒作徙，是也〉，则在来岁，幸而决于徐吕之下犹可言也。若决于萧、砀之上，则闸河中断，两洪俱涸矣，幸而决于南岸犹可为也。若决于北岸，则不走张秋必射丰、沛矣。臣日夜忧惧，悉心讲求，禹之治水顺水之性耳。今以资河为漕，故强水之性以就我，虽神禹亦难底绩〈校记：广本虽上有则字〉，惟开仓泇河，置黄河于度外，庶为永图耳。泇河之议，尝健而中止〈校记：广本抱本健作建，是也〉，谓有三难。而臣遣锥手、步弓、水平画匠人等〈校记：广本平作手，疑误。〉，于三难去处逐一勘踏〈校记：广本去作之，抱本改去作之〉。起自上泉河口，开向东南，则起处低洼，下流趋高之难可避也；南经性义村东，则葛墟岭高坚之难可避也；从陡沟河〈校记：广本抱本陡作陟〉，经郭家西之平垣，则良城侯家湾之伏石可避也〈校记：广本抱本良下有家字〉。至于泇口上下，则河渠之深浅不一，湖塘之联络相因，间有砂礓〈校记：广本礓作礓，抱本作礚〉，无碍挑挖。大较上起泉河口，水所从入也；下至大河口，水所从出也。自西北而东南，计长五百余里，比之黄河近八十里。河渠湖塘十居八九，源头活水脉络贯通，此天之所以资漕也〈校记：广本漕下有运字〉；昔尚书朱衡之开新河，都御史潘季驯之开邳河，权救一时〈校记：广本权上有皆字〉。其情事忙促，工费浩大，难尽名言。今虽尚幸无梗，然想时度势〈校记：广本抱本想作相，是也〉，要之不免，率有不虞〈校记：广本抱本率作卒，是也〉。而后，竭天下之财力以通咽喉。何啻如新河、邳河情事之汹汹而已哉！若并十年治河之费，以成泇河，泇河既成，黄河无虑壅决也〈校记：广本抱本也作矣，是也〉，茶城无虑填淤矣；二洪无虑难险矣；运艘无虑漂损矣〈校记：抱本艘作船〉。洋山之支河可无开，境山之闸可无建〈校记：广本抱本闸下有座字〉，徐口之洪夫可尽省，马家桥之堤工可中辍。今日不赀之费，他日所省抵上有余者也〈校记：广本抱本上作尚，是也〉。故臣以为，开泇河便。”因列为议工费、酌工程、拟督工、请监工四款上之。章下户、工二部看议。

（明神宗实录，卷35，0834-0836）

76. 三月庚子朔，丁巳，泇河之议，工科都给事中侯于赵疏言〈校记：宝训于作於，下同〉：“事体重大，宜集廷臣会议，或行地方复勘。又濒河一带水灾濒仍，大役骤与地方，隐忧不可不虑。”户科都给事中汤聘尹言：“曩者，新河之役，议用费七万，及其成功殆十倍焉！今日虽议百万，而大役难料，中道难辍，恐不能无倍于初议矣。宜大集心计〈校记：广本心作会，误〉，博采众思，工费约用几何？支给出自何所？开列奏闻。必储蓄可备六年，然后可下诏兴工。”二疏俱得旨下部，部臣复请会议〈校记：广本抱本仅一部字，误〉。上曰：“开河事理，傅希挚所奏固已明确，但事体重大，不厌详慎。廷臣会议亦是虚文，甲可乙否，终难成事。命侯于赵亲往〈校记：抱本赵下错简〉，会希挚及攒运按臣确议以闻。”

（明神宗实录，卷36，0845-0846）

77. 四月己巳朔，甲午，淮、徐等处大水。直隶巡按御史舒鳌议以为："海口淤塞，横绝下流，故淮、扬、徐、邳诸处频年水害，郡邑几废。宜开草湾，浚洋麻港口，石础诸口〈校记：广本无洋字，抱本洋作泽。广本抱本石础误作右础〉，以备淮黄之冲。"又欲蠲折粮，留商税，请赃罚漕米以备赈济〈校记：广本漕上有发字，疑是也〉。总理河道都御史传希挚谓："高宝之间桃花泛涨，陡齐堤岸，宜急捐徐、邳二州河道船税、堤夫等项银四万，以备修筑。"于是，工科右给事中萧崇业等疏〈校记：广本无等字〉："东南咽喉重地，重罹灾变，宿水未消，新涝增毒，蠲恤修筑以苏疮痍，是或一道也。若开草湾、浚石础二策，则未可轻议。何也？泇河之役国储所关，必不容已。若两役并兴，驰骛不足，顾尾失首，非计也〈校记：广本计下有之得二字〉。宜俟泇河告竣，淮、扬稍稍安集〈校记：广本抱本集作业〉，乃可徐图耳〈校记：广本抱本乃作方〉。"户科都给事中光懋亦言之。事下户、工二部复议。命〈校记：广本命上有得旨二字〉："河漕诸臣及勘泇河科臣博访群策，议定明白以闻。"

（明神宗实录，卷 37，0877-0878）

78. 六月戊辰朔，辛卯，工科都给事中侯于赵等题会勘泇河事宜〈校记：宝训于作於，下同〉："自泉河口，至大河口五百三十余里内，自直河至青河三百余里〈校记：广本抱本宝训青作清，是也〉，自来河道无恙，无赖于泇，断在可已。惟是徐、吕至直河上下二百余里宜开，以避二洪邳河之害。约费可一百五十余万金。持良城伏石长五百五十丈〈校记：广本宝训宝持作特，是也〉，比原勘多四百七十丈。开凿之力难以逆料。性义、马陵俱限隔河流之处〈校记：广本抱本马作禹，宝训与馆本同〉，二处既开，则丰沛河决必至灌入。宜先凿良城石工〈校记：广本抱本工作土，宝训与馆本同〉，预修丰沛堤防，而后前功可徐议也。"户部亦复如科臣言，又谓："正河有目前之患，而泇河非数年不成，故治河为急，开泇为缓。奉旨看侯于赵等所奏〈校记：广本抱本无看字，宝训与馆本同〉，与傅希挚原议大不相同。傅希挚久历河道，他当初若的见〈校记：广本抱本宝训若下有无字，是也〉，岂敢谩兴此役？此必该道等官畏工久羁，官故难其说，阴肆阻挠。勘官据其所言，谩尔回奏。其言先开良城伏石，徐议兴工，都是搪塞了事之语，深负委托。今人平居都会说利道害，沽名任事。及至著落他实干，便百计推诿，只图优游无事，捱日待转。谁有视国如家忠谋远虑者？！似这等人，如何靠得他成功济事？且泇口之议〈校记：广本抱本口作河，宝训与馆本同〉，止欲通漕〈校记：广本抱本止作正，宝训与馆本同〉，非欲弃河而不理。今他每既说治河即可以兼漕〈校记：广本今下有后字，误〉，便著他一意治河，别工不必再议。今后漕粮开兑运误，责在漕运；舟行梗塞，责在河道，有旷职废事的，都拿来重处。管河司道等官，都著久任，不许升转，吏部该科记著。”

（明神宗实录，卷39，0912-0914）

79. 六月戊辰朔，乙未，工科都给事中侯于赵等复议：“淮扬地方频年水灾，惟在下流壅滞。宜通草湾，以分河流入海之路；开渔沟老黄河，以疏淮扬涌激之势；浚新洋石础诸口，以济兴盐垫溺之危；筑安东县堤〈校记：抱本作筑安车县之堤，误〉，以为水趋该县之备。其开浚先后，则欲先草湾石础，而后渔沟，度缓急以舒物力。”俱报可。

（明神宗实录，卷39，0916）

80. 七月丁酉朔，己未，国初，粮运自仪真抵淮安，谓之里河，俱分入五坝，转盘黄河，谓之外河。原不相通，后平江伯疏开清江浦河，繇天妃口，径通黄河，仍设闸以司启闭。每岁二月以后，粮运过完，即将原闸封闭，隔绝黄水，官民船盘剥如故。其后，漕规废弛闸不能闭，而黄水灌入。河臣乃议塞天妃口，以杜黄水；创开三里新河，设通济闸，以通淮水。其后闸废不修，淮水不息，黄水盛大，淮亦因之。高宝湖堤年年冲决〈校记：广本湖作河，误〉，盐兴等处岁岁被灾矣。至是御史刘光国，议以天妃闸地势高于通济，淮水淮溢多于黄水。谓："宜将通济闸及福兴、新庄二闸增卑培簿，务令高厚坚固，仍令清江厂分司专司启闭。每五月以后九月以前，二水盛发之候，严加封闭。官民船听其自行转盘，惟回空船至每二日启放一次，随放随闭〈校记：广本放作启〉，不许官民船越规擅进以贻水患。"从之。

（明神宗实录，卷40，0925-0926）

81. 八月丙寅朔，乙亥，户部题复事干漕务者："一、给余米以资回南〈校记：广本回南作南回〉；一、复抵坝以守良法；一、报完兑开帮过洪入闸日期，以稽迟误；一、追积欠以杜侵冒〈校记：广本抱本冒作欺〉。惟存亡事故者清查量免；一、责典守以禁私货，宜自监兑主事始；一、序挨帮以禁搀越；一、修仓廒以善积贮；一、改海船以疏河道。俱载入议单，永为遵守。"奉旨："黄河广阔，运船取便越帮，利于速进，著照近例行〈校记：广本抱本近作旧〉。余依拟〈校记：抱本依下衍议字〉。"

（明神宗实录，卷41，0932）

82. 八月丙寅朔，丁丑，先是，总理河道都御史傅希挚言："茶城一带运道咽喉，频年淤决〈校记：广本决作淀，抱本作洪，误〉，迄无成功，宜自梁山以下挑浚。以茶城相为用〈校记：广本抱本作与茶城交相为用〉。淤旧则通新而挑旧，淤新则通旧而挑新，惟筑坝断流通其一〈校记：抱本流作宜疏，按：应为流〉，以备不虞。"部复如议〈校记：广本抱本复下有得旨二字〉。

河决高邮、砀山及邵家口、曹家庄、韩登家等处。总理都御史傅希挚议："以高邮决口，当亟筑砀山决口，当改筑月堤。其余三口宜留，以为泄水之路。"工部复议〈校记：广本部下有奏字，抱本复下有奏字〉："是不得已而为权宜之术耳。安能必三口之不愈决愈深，而夺正河耶！宜随机相度近河缕堤〈校记：广本缕作诸。按：应作缕〉，有当转筑以广容纳〈校记：广本转作增，抱本作傅。按：应为增〉，或上流有可分杀以减水势，皆当从常计议〈校记：抱本常作长，是也〉，无得因循。"奉旨是。

（明神宗实录，卷41，0934）

83. 九月丙申朔，己亥，南京工部尚书刘应节等上疏言："海运之难，以放洋之险、覆溺之虑耳！今欲去此二患，惟缪州以北〈校记：广本抱本宝训惟下有自字，缪作胶，下同，是也〉，杨家圈以南，计地约一百六十里，其应挑浚者不过百里，非有高山长坂之隔也。宜因山东班军一枝屯驻缪州者〈校记：广本因作以，抱本作应〉，合附近该营起军数千〈校记：广本抱本近下有各字，无起字〉，度地分工，量工命日，以实心任事大臣一员董之，可成不世之功！"部复："原议闻见既真，筹画又熟，若以他臣督之，恐议非已出，别生异见。宜专敕一道，付本官专诣胶州，相度经营，并未尽事宜悉听便宜行事。"得旨："这缪莱河议〈校记：广本抱本缪作胶，是也〉，节经行勘，俱为浮议所阻。刘应节等既的有所见，不必复见〈校记：广本抱本见作勘，是也〉。就著徐栻改工部右侍郎、兼都察院右佥都御史，会同山东抚按官，将开浚事宜一一计处停当，具奏来行。朝廷屡议开河，止为通漕，与治河事务不相干涉。再有造言阻挠的，拏来重处。"

（明神宗实录，卷42，0948-0949）

84. 十月乙丑朔，壬午，总理河道傅希势议上江南河道及山东泉源二事〈校记：广本抱本势作挚，是也〉。要将江南运河，归并水利御史就近统管，兖州泉务，归并该府管河同知。仍将清军同知除去管泉字样。部复从之。

（明神宗实录，卷43，0974）

85. 十月乙丑朔，壬辰，兵科给事中萧彦上言：“治河，大约言，近日诸议俱在徐、邳以下，于上流似未之及。但以运道为急，不以淮泗为念。宜令河道大臣，带同熟于河道司属二三人，下沿淮安，上溯潼关，逐日相视。孰可分其流？孰可杀其势？计画停妥，贴图立说，具奏施行。”工部复如议。

（明神宗实录，卷43，0981）

86. 十一月乙未朔，己酉，工科给事中徐贞明水利议〈校记：广本明下有条议二字〉。谓：“西北之地，夙称沃壤，惟水利不修，则田里日荒，宜如南人圩田之制，引水成田。特命宪臣假以事权，需以岁月，将畿辅诸郡，及京东濒海水利，相度水利修举〈校记：广本抱本无水利二字，是也〉。”工部复议谓：“畿辅诸郡邑，以上流十五河之水，而泄于猫儿一湾。九河故道，既不可复入海之口，又极东隘〈校记：广本抱本东作束，是也〉，以故处处横流弥漫无际。为今之计，必多开支河〈校记：广本抱本河下衍流字〉，挑浚海口，而后水势可平，疏浚可施。然兴大利，除大害，则役大众动，大费在所不免。而近奉二字明旨〈校记：广本脱奉字，字作次〉，畿辅之地，民劳财匮，目今务在安静省事，与民休息。臣等仰体〈校记：广本体下有圣心二字〉，遽难别议，俟民有起色，乃徐规画未晚也。”上是工部言。

（明神宗实录，卷44，0994-0995）

87. 十二月乙丑朔，辛未，总理河道傅希挚疏言：“邵家等三决口，向因伏秋之际，水势盛涨，堵塞不易，故议权留以资分泄。今秋深水耗，支流少缓，业筑塞竣事，其缕堤应否展筑上源，应否分杀，容另勘报〈校记：广本另下有行字〉。”章下工部。

（明神宗实录，卷45，1009）

万历四年（1576）

88. 正月乙未朔，辛丑……以原任登州府知府、升陕西行太仆寺少卿，李承选改添注辽东行太仆寺少卿，兼山东佥事驻莱州开浚新河。

罢漕储道山东左参政宋豫卿〈校记：北大本抱本宋作王〉。先是，提督漕运总兵官、灵璧侯汤世隆以武平等卫所申修船料价，下本道核实，豫卿叱而不纳。为户科都给事中光懋等纠论，上令回籍听勘。至是吏、兵二部议以原职更调，不从。

（明神宗实录，卷 46，1024）

89. 正月乙未朔，己酉，高邮州清水潭堤口冲决。时，督漕侍郎张翀以修复老堤工力浩大，数年始可成功，恐新运已临，决口未就。且令粮船暂由圈田里行，而御史陈功则称圈田浅涩，不便牵挽。外湖水面阔四十余里，风有不顺，必至稽阻。工科给事中侯于赵亦以两臣持论未决，恐致过淮后期，乞敕所司速议。并欲以淮南运道耑责漕臣，而以淮北运道命河臣傅希挚一意经理〈校记：抱本命上有专字，疑误〉，务时加挑浚以图万全。从之。

督漕侍郎张翀以修筑宝应堤工，议于江南各府州〈校记：北大本抱本州下有县字〉，并浙江、江西、湖广，每粮一石加派一斗，折银五分。先于余盐银内借用，候次年征完解补，弗许〈校记：抱本无此二字〉。诏以漕粮脚米六升，每岁计银三万三千三百余两，及蠲免七升内，量复一升，每岁计银一万两为修筑之费。又命于河道衙门转发修河银五万两，如不敷，或留漕米，或借工本盐银，或山东、河南香钱例银，及德州仓银，并准凑用。

（明神宗实录，卷 46，1036-1037）

90. 正月乙未朔，癸丑，开浚新河。工部右侍郎、兼右佥都御史徐栻等议："新河二百五十八里〈校记：北大本二作三〉，中间凿山、引水、筑堤、建闸，工必不可议省。漕河旧规每方广一丈、深一尺为一方，每方二工，计工给银四分，共该银九十万八千七百六十一两八钱，费必不可不储。"得旨："胶河在嘉靖间，该道官自行开浚，工已十之六七。当时未闻请给钱粮多用夫役，今特竟其未成之绪，纵工费艰巨，何至动称百万？据所委勘各司道官，多推艰避事。其中工程道里丈尺，大率虚估，未见详确，显是故设难词，欲以沮坏成事。且就近有司官员岂无堪用者？乃委及王府长史？！长史以辅导为职，岂宜侵有司事？徐栻始议云何？今观其所措画，殊无勤诚任事之忠。户、工二部，其会同原建议刘应节，并工科勘议以闻。"

开浚新河，工部右侍郎、右佥都御史徐栻言："前题匡家庄地委高峻，难于施工，改扦黄阜岭〈校记：北大本扦作杆，抱本作阡〉，道里稍近。而高处亦不减，泉水仍不可通。惟沿都泊，由船路沟一带原系便路，相传为都泊，为水所汇〈校记：北大本抱本都上为字作谓〉，船路沟为行舟处，似有待于今日者。在黄阜岭迤北，既远其高峻，在分水岭迤南，又避其淤沙，地形平远〈校记：北大本抱本远作衍，疑是也〉，水势漫漫。且旁有可济之河水，可引之泉源。其上流为沽胶等河，浚之以为血脉。其下流为张奴等河，浚之以为经络。多建闸座，以通其咽喉；广开水柜，以滋其荣卫〈校记：北大本荣作营，误〉；立堤塍，以障其流沙；开月河，以泄其横溢。或遇大旱水浅，仍照会通河事例，预造剥船，以备剥浅。每年春初，大挑小挑，务期通利。其海仓口等处，俱有旧设仓廒，仍查复置造〈校记：北大本置作制〉，以备积贮。是可以备海运之长策，称转输之便途矣。"报可。

（明神宗实录，卷46，1038-1040）

91. 正月乙未朔，丁巳，命漕运及河道衙门严督郡县，将清水潭原决堤口设法堵塞，勿得恃圈田外湖〈校记：北大本抱本湖作河〉，致稽粮艘。

（明神宗实录，卷46，1047）

92. 二月乙丑朔，丙寅，户科都给事中光懋言："国家建都极北，军国之需悉仰给东南。近因漕渠多梗，识者谓：'宜别通一路，与运河并行。'然，初议挑浚仅百里，起夫约数千，经费数万，即可通潮信，而海水自来。顷勘报又谓：'海潮必不可通矣'！三徙匡家庄，而都泊是主矣！深挑量浚，计地百有七十里矣！旁引接济之水，又百六十里，与正河等矣！夫役过四万矣！时限三年矣！估计工费又几百万矣！前后矛盾，恐縻竭无余，而漕事未必有裨。乞命尚书刘应节暂辍营事，赴开河地方与徐栻虚心讲求实用，若出百万之费，未足收永赖之功，不妨奏请中止。"下所司。

（明神宗实录，卷47，1056-1057）

93. 二月乙丑朔，丙子，议浚新河，工部右侍郎徐栻题〈校记：抱本右作左，误〉："山东屡罹灾伤，青、登、莱三府尤甚。今大举河工，必赖居民安业，乞将一应拖欠钱粮，自隆庆六年以前免征。万历元年、二年缓征。"疏入，命所司分别京、边缓急，以副恤民德意。

刑科给事中王道成言："新河一事，刘应节主通海，徐栻主引泉。臣愚以为胶州在两海口之中，土最高厚，万一坚石隐伏，挑浚安施？至于漕运纡长，河泉脉细，易盈易涸，闸柜徒劳。况海船、河船决难通用，而山东钱粮不满二万，即南北区处百万，易备使复有不足，将再请乎？"疏入。上曰："人臣任事最难，已令虚心议处，不当预为难成之说以恐之命，仍前议。"

（明神宗实录，卷47，1065-1067）

94. 二月乙丑朔，戊寅，命山东登州、宁海等卫所秋班军三千九百二十名，留赴新河开浚。

（明神宗实录，卷 47，1068）

95. 二月乙丑朔，壬午，总理河道傅希挚言："漕河相资为利，乃徐淮当众流朝宗赴海之委，而一切夫料曾不足拟，河南什百之一，何怪年年冲决哉！除借河道银三万修筑外，再议原设堤夫三千七百名定为长夫，画地修守。仍照旧规桩木柳稍绳草各料，每年先期责办，俾知为岁额必用。而留折耗、折兑二项银五万一千五百，既于治河有济，亦免加派民间。"下部复："内惟折耗银不得轻议。折兑，则漕臣吴桂芳已题为新设水利用。余如议。"

（明神宗实录，卷 47，1070-1071）

96. 二月乙丑朔，癸未，总督漕运吴桂芳言："淮、扬二郡，洪涝奔冲，灾民号泣，所在凄然。盖渎、滨、汉、港岁久道堙〈校记：北大本渎滨作滨海，汉作汉。抱本无渎字，汉作汉〉，入海止恃云梯一径，至海拥横沙，河流沌溢，而盐、安、高、宝不复可收拾矣！国家转运惟知急漕，而不暇急民，故朝廷设官亦主治河，而不知治海。臣请另设水利佥事一员，耑疏海道，而以淮安管河通判改为水利同知。令其审度地宜，讲求捷径。如草湾及老黄河，皆可趣海，何必专事云梯？并乞留后帮漕粮五万石，及轻赍、内河工银二万五千四百三十余两，以备鸠工，庶淮河各得所归，运道亦还其故。"下吏、户两部议，悉如其请。乃优诏答之曰："淮、扬积年水患，朕切隐忧，奈无实心干理之人。吴桂芳素有才望，所陈治河当先治海，尤切事理，即令悉心经画举行。若能力践其言，事克底绩，当重加升赏以酬其功。"

（明神宗实录，卷 47，1071-1072）

97. 二月乙丑朔，戊子，工部右侍郎兼右佥都御史徐栻以条议新河事，奉旨切责，仓皇具疏陈谢。而所录旨意差讹，为工科论劾。上以栻在远，传写致误，贷之。

（明神宗实录，卷 47，1075）

98. 二月乙丑朔，壬辰，户部复两浙巡盐御史王藻条陈六事："……一、饬兑运。漕粮挂欠，皆由粮里、旗甲通同盗卖，或水次折乾，或私相授受。宜行淮、浙及上江各巡视御史，并监兑主事，严督所属印粮等官，务将应兑漕粮先期征贮在仓，船到交兑。仍逐船核实，各具印结呈报监兑查考。一、改船限。江北等处运船，俱限十年一造，惟浙江止限五年。未坏船只，徒供官旗盗卖。宜行该省粮储道，自万历三年为始，定限七年一造，照例岁给修艌之费〈校记：抱本艌作船〉。其未及七年损坏者，计料追赔。一、严空帮。粮船交卸，虽经户部委官管押，给以限单，然未载入降罚事例。间有揽货稽误或盗卖弃逃者，原单竟不投验，宜令通粮厅另刊限单，明注某帮下，指挥或千百户官某管押空船若干只，旗甲某若干名，计程定限，赴粮储道投验。如故违一月以上，罚俸三月；缺船五只以上，降职一级；十只以上，降职二级。通同盗卖，照问刑条例追赃重拟。如果系漂毁，有沿途经过各衙门印信执照者，不坐。通咨各该地方巡抚施行。"上诏俱如议行。

（明神宗实录，卷 47，1084-1086）

99. 三月甲午朔，辛丑，以总理河道、右副都御史潘季驯巡抚江西。

（明神宗实录，卷 48，1094）

100. 三月甲午朔，丁未，铸给专管淮安等处水利关防。

（明神宗实录，卷 48，1101）

101. 三月甲午朔，己酉，总督漕运侍郎吴桂芳报："万历四年分，应运漕粮四百万石，内除改折、截留，并山东、河南、徐州例不过淮外，实该过淮粮，二百八十二万八千五百七十五石九斗九升一合。照上年派规，以霜降前一日发单，大寒前一日开兑。自万历三年十二月初七日起，至万历四年二月二十二日止〈校记：抱本下二字作三〉，运官孙承忠等管押帮船，共计八千二百一十只，装载前粮俱尽数过淮讫。”

（明神宗实录，卷 48，1102）

102. 三月甲午朔，辛亥，巡按山东御史商为正言：“臣奉命亟趋胶州，择分水岭难开处。挑验用夫一千一百名，方广十丈余。挑下数尺即硇砌石〈校记：北大本砌作砂，抱本砌作岣。实录一一二五页仍作砌〉，又数尺即沙。此下皆黑沙，土未丈余。即有水泉涌出，随挑随汲，愈深愈难，今十日余矣。而所挑深止一丈二尺，所费银已五百余两，尚未与水面相平。若欲通海及海船可行，更须增深一丈，虽二百余万金不足了此。且麻湾海仓、海口，两头淖沙数十里，随挑随淤。虽使别开一渠，数月后潮至沙壅，亦后如是。况海运必出自淮安海口，高宝其所必经，高宝不治，此河虽通，亦不能越而飞渡。观其缓急先后之势，则此河之不必通亦明矣。而况有未必能通之势，若此乎？乞命停止，毋事虚糜。”下部议。

（明神宗实录，卷 48，1105-1106）

103. 三月甲午朔，丙辰……河道总督漕运侍郎吴桂芳言：“高邮西堤，乃永乐间平江伯陈瑄所建，运艀俱行湖内，波涛为患。至弘治间，侍郎白昂议开越河，中为土堤，东为石堤，两头建闸，名为康济河。其中堤之西，老堤之东，约成民田数万亩，即今所谓圈子田也。彼时未傍西堤为河，而别作越河于数里，内舳舻安流，军民称便。但河去老堤太远，瞻顾不及，缺坏不修，遂致水入圈田，又成一湖。而中土堤遂溃坏，则东堤独受数百里湖涛，故有昨岁清水潭之决，盖势所必至也。今若尽复白昂旧迹，策非不善，但据估银二十三万有奇。比之白昂所费尚不及半，诚恐修筑不坚，数年复坏，反成虚费，则不如照弘治年间，侍郎王恕议，就老堤为越河。只修筑西、东二堤，为费既省，而循堤牵挽亦可。随坏随修，高邮既完，徐及宝应，谨将切要事宜条为四议：其一曰设处钱粮；二曰烧采砖石；三曰分募夫役；四曰委官分理。”下所司。

（明神宗实录，卷48，1109-1110）

104. 四月甲子朔，戊辰，先是，漕运侍郎吴桂芳以议修高邮湖堤，为工科给事中戴光启所摘，下工部议言：“漕臣躬亲相度，必有所见，但疏意似因工巨财诎，改疏越河，故戴给事反复辩之，事应复勘。惟是合用砖石数多，采烧船运，非仓卒可办。所议河南库贮河工银五万两，应即转发。其砖石行各府州县如式烧采。至兴大役，应分派各府县拨夫一体应役，计时省放。”得旨：“吴桂芳原任扬州湖工事理，知之必真。前已有旨，委任责成，不必又行复勘。余如议。”户部亦以江北各府桩草、香钱、船税等银五千两，漕抚罪赎银五千两，庐、凤、淮、扬、徐、滁、和，事例、纳班银二万五千两，俱免解部。各总轻赍、内河工银共五万八百六十四两〈校记：六十四两抱本无此四字〉，两淮盐运司库贮挑河银三万两，俱留济用。上俞其请。仍留庐、凤等府应解马价银二万二千两以济之。

（明神宗实录，卷49，1120-1121）

105. 四月甲子朔，庚午，勘议新河、兵部尚书刘应节言：“新河地形如掌，水势成渠，较之黄埠岭诚便。且两海口水甚深阔，下皆实地，乘潮自可通舟。惟南海口迤北十五里积沙数段〈校记：抱本无五字〉，从古路沟另开十三里许，直接麻湾以避之，可以永恃。又横建一闸于新旧河水之交，则潮水流通，浮沙不入矣。北海口以南三十里为龙王庙，有客沙二里四十步，捞沙二尺下即实土。若旁辟一渠，筑堤五百余丈以约水障沙，自无他患〈校记：抱本障作涨，误〉。

由庙前建新河闸口，中间一二浅阻，并令挑深，亦可无虞矣。分水岭一带地形本高，泉水四溢，拽泥运水工力果难。然起工当自卑而高，泄水当自高而卑，难易未可执一论也。至王家丘船路沟一段，地势趣下，白河适当其冲。秋水暴涨最为河害，宜岸口建闸一座，沂水上流，建坝二座。寻常水流坝下，引以济河；秋涨则水经坝上，内以停沙，亦为善策。大都北自海口抵亭口，南自麻湾朱铺，通潮最易，所虑者，惟朱铺抵亭口四十余里耳。然臣意主于通漕，原不泥于通海也。若造船，宜准漕臣王宗沐所造海船式，而稍俭其制，载粮不过四百石，纳尺不过三四尺〈校记：北大本抱本尺作水，是也〉，则河海可并行无患矣。”山东巡抚李世达言：“南海麻湾以北，刘尚书谓：‘沙积难除，徙古路沟以避之。每里约费五千八百余两，十三里总约七万五千余金〈校记：抱本金作两〉。’然南接鸭绿港，东连龙家屯，沙积甚高，渠口一开，沙随潮入，故复有建闸障沙之议。窃以为闸闭，则潮安从入；闸启，则沙又安从障也？北海仓口以南，至新河闸，大率沙淤潮浅。刘尚书从东岸试挑二里，仅去沙二尺，给过工食已二千二百金。而大潮一来，沙壅如故，故复有筑堤约水障沙之议。窃以为，障两岸之沙，则可耳。河身随潮冲激，安能障也？分水岭高峻，试一工长止二十丈，而费近千五百斤〈校记：北大本抱本斤作金，是也〉。旧河身原深一丈一尺，新挑止深一丈四五尺，最深亦不过一丈九尺，为下多碙砀石，又掣水甚艰也，故复有改挑王家丘之议。窃以吴家口至亭口，共高峻者五十里，大概多碙石。以分水岭一工计之费当何？若试过三工，俱的无可行，况全河长亘二百七十里乎？潮信有常，遇大潮始稍远，然亦上及陈村闸、杨家圈耳，曾未至朱铺亭口也。况月止二潮乎？此潮水之难恃也。自店口至新河口，纡曲余二百里，张鲁、白、胶三水微细，都泊行涝业已干涸，设遇亢旱何泉可引？引泉亦难恃也。海中小舟载三百石者，必纳水六七尺始可行，王侍郎船式果可行乎？元人自至正十七年开浚此河，至三十一年竟以浅涩奏废。元史谓‘其劳费不赀，终无成功。’足为前鉴。今当缉高宝之堤，无徒殚财力于不可必成之胶河也。”巡按御史商为正亦以为言。上以抚按奏报与刘应节所奏利害悬殊，恐难底绩，命工部集议以闻。于是工部复言：“抚按议既明确，则应节所谓可成可恃者，询谋原未佥同，委应停罢。”上然之，召应节及栻还，而筹诸添设员役焉。

漕运侍郎吴桂芳言：“黄河自徐、邳而来，至清河与淮水合流。经清江浦外河东至草湾，又折而西南。经淮安新城外河，转入安东县前，直至云梯关入海。年来云梯关海口沙拥，水势沂洄，河流渐浅。淮安新城外河，深不过五七尺，惟清江浦相对草湾地方，地形低下，黄河屡向冲决，欲夺安东县后迤逦下海。以县治攸关，屡决屡塞，致近年淮黄交溢。去岁草湾迤东自决一口，宜于决口之西，王山家之东，开挑新口〈校记：抱本口作闸，误。〉，以迎扫湾之溜量长五百一十八丈四尺。计土十万四千九十一方，共工银七千二百八十余两，粮米二千八十一石，准银一千二百四十余两，总约银八千五百三十余两。其全不通河，及河身窄狭之处，逐段估计，通长九千七百二十三丈。计用银六万八千一百五十余两。又两处用管工官一百九十一员，口粮银共一百五十余两。又用水车四十部，共银八十八两。又金城至挂甲墩五港，岸势低洼，应筑束水堤岸一道。合用银四千四百四十余两。应筑决口一十八处，约用银五百两。通计该银八万一千八百七十余两。查截留河工、轻赍、折席等银〈校记：抱本作折色〉，及正耗粮米，共银七万二千四百余两。未足九千四百余两，应于盐商、修河银内支用。语云‘捄一路哭，不当复计一家哭’今淮、扬、凤、泗、邳、徐不啻一路哭矣。安东自众流汇围以来，独文庙县衙仅存椽瓦，已不成邑。即使全河趋之，亦不过一家哭耳。况势又不得不然耶！创始为作事所难，独任乃人情共忌。乞下所司议。”工部复言：“委一垂陷之安东，以拯全淮之涓溺，漕臣言可听。”报曰可。

（明神宗实录，卷 49，1123-1128）

106. 四月甲子朔，辛巳〈校记：北大本抱本巳下有“以修撰韩世能编修习孔敉（抱本敉作教）范谦管理诰敕”十七字，疑是也〉，总督浚运侍郎吴桂芳言：“淮、扬水患，在下流海口之塞，上游河身之高，欲浚河身，先辟海口。臣前开草湾入海渐有次第，至于河身之高，不过积淤不浚。曾见前辈文集中，有以混江龙浚河者，其制用檀木造轴，沉水入泥，随船行走，船行龙转，积泥随起。大约一四可浚积淤二尺（按：四应为日），日逐推淌〈校记：抱本改淌作浚，是也〉，务深三丈而止。但遇桃花伏秋水发，即行推浚，每岁将浚过河身丈尺年终奏报。其清河以上邳〈校记：北大本作济河〉、徐、茶城，则责在河臣，浚否惟命。”下工部言：“疏浚兼施，治河长策，宜令总河衙门一体推浚。”从之。

（明神宗实录，卷 49，1133-1134）

107. 四月甲子朔，壬辰，起原任总理河道右副都御史潘季驯巡抚江西。季驯以宿疴乞休，不许。

（明神宗实录，卷 49，1140）

108. 五月癸巳朔，癸巳，巡漕御史陈功报：“本年粮船八千三百一十只〈校记：北大本抱本八作一〉，于四月十四业尽过洪，视去年稍迟数日。盖缘三月二十一日陡有曲头之溜，军夫二百扒簟四十余条，始挽一船，上幸未逾限。”报闻。

（明神宗实录，卷 50，1143）

109. 五月癸巳朔，甲午，工部言：“河道银两专备修河，遂不报部，致偶有奏请，无凭酌议。乞行河南、山东各布政司，并南直隶各府州，尽数查出，置循环二簿，明开旧管、新收、开除、实在，每半年赴部递换，庶本部有籍可据，而河臣推调难施。”从之。

（明神宗实录，卷 50，1144）

110. 五月癸巳朔，丙申，命改通州和合水驿，及土桥巡司，于张家湾驿，以专供水路廪粮、夫役。巡司兼管七十二贡车辆，及下水夫。其潞河驿与本州递运所，专备陆路夫马车辆，从顺天抚按议也。

（明神宗实录，卷 50，1147）

111. 六月壬戌朔，壬戌，提督漕运总兵官灵璧侯汤世隆以母病乞归，不允。

（明神宗实录，卷 51，1161）

112. 六月壬戌朔，乙丑，罢新河。兵部尚书刘应节犹以用过夫役、器具等项银，共三万二千二百二十余两，请下所司。

（明神宗实录，卷 51，1161-1162）

113. 六月壬戌朔，丁丑，总理河道右佥都御史傅希贽言：“山东兖、东二府运河，额编有见役夫，有征银夫，共一万四十一名。今查工程繁简酌量裁留，见役夫六千七十五名存用。革去征银夫三千九百六十六名。所征工银按季解贮府库，专备河工支用。”从之。

（明神宗实录，卷 51，1187-1188）

114. 六月壬戌朔，甲申，总理河道右佥都御史傅希贽言（按：贽应作挚，下同）：“南旺乃粮艘往来要区，素称大浅，二年议一大挑。每春秋兴工，辄于粮舟有碍，宜仿济宁月河制，建通河一闸。遇大挑，则船只俱出月河，工毕，仍出大河。用夫约九千名，用银约四千七百余两。”下所司。

（明神宗实录，卷 51，1193）

115. 七月壬辰朔，丁酉，总督漕运侍郎吴桂芳、总兵官灵璧侯汤世隆条上漕运二事：“一议更番以起极疲〈校记：北大本疲作敝，抱本作弊〉。先经会议，浙江等总卫所官更番领运，利害及身，痛痒自切，此法行而漕政改观。惟南京锦衣、旗手、上江、下江四总大坏极敝，正坐不更番之故。请自万历四年始，以掌印官领运，佥书官在卫掌印兼管营操事。即预先料理下年粮运，俟本官运回交代接管。一、预给月粮以益军资。运粮官军在江西、湖广等处，各预给月粮以备安家。随运支费，南京各总亦当照例。请自万历五年始，每年先给月粮十月，以四月安家，六月随帮带解，漕司验明，俟过洪给散。”兵部复奏从之。

（明神宗实录，卷 52，1217-1218）

116. 七月壬辰朔，辛亥，以草湾河工成，命立河、海、淮三神庙，赐名显应。

（明神宗实录，卷 52，1228）

117. 七月壬辰朔，庚申，户部复御史陈功条奏漕政五事之三：“一、议更番。先为总漕吴桂芳所陈业已覆行。一、选旗甲，则议单已载，惟在严各卫所掌印官卖放之禁。一、议积欠。漕粮果系漂流及官军逃亡故绝者，议准豁免。若见在各官及有子孙应袭者，例得追补，岂容别议？至南京旗军，原无月粮扣解，且议单明开不许坐扣别军月粮，惟将本帮羡余通融补欠，但一申饬之而已。”工部亦复陈功漕政五事之二。其一：“议造船。清江厂合山东遮洋七总之船，造于一厂，既不堪用，又不如期。及雇民船，费适相等。宜分锦衣、旗手两总，于南京、山东；遮洋两总于临清，各委督粮道督造。至于江北三总，则责成清江厂主事并漕储道，而限以五年改造。仍备查应解料价，先事料理，依时给发。此目击各总船弊，诚为有见。但今期届八月，临清去产木处所极远，南京虽近产木处所，而军士贫窘，未经查议遽难定拟。惟本部备咨漕运衙门，严催清江厂作速完造坚固，接济新运。仍如御史言，估勘各总额船堪用者发运，敝坏者改造。查照年分追还料价。中间应否改属应天、山东分厂督造，或照旧专责清江厂一一详议停妥，径自题请施行。”其一：“议溜夫。黄河绵亘五六百里，中间随地转曲，牵挽最难。各船有限之夫，前后安能调集？查吕、徐二洪，设有洪夫约二千名。二洪今淤为平流，洪夫多用之修筑。宜于粮运经行时，酌派沿河溜处，随宜调用。此则宜如御史言，权宜借调。候粮船过尽，仍归二洪者也。”上并然之〈校记：抱本无此四字，误〉。

（明神宗实录，卷 52，1235-1236）

118. 八月辛酉朔，乙丑，工部复巡按直隶御史舒鳌奏〈校记：北大本抱本作直隶巡按御史〉：“草湾河工告成。计河身长一万一千一百四十八丈九尺，塞过大、小决口二十二处，募过人夫四万四千名。实用银三万九千六百六十两，粮四万六千一百七十一石，准银二万七千七百两。以二月二十日起工，本年六月十二日报完。因叙总督吴桂芳、副使舒应龙、佥事黄猷吉、淮阳知府邵元哲，及同知刘顺之，通判蔡玠等，并府县各官分理功。”上曰：“海口开浚水患渐平，各官功实可嘉。其先先赏吴桂芳银币，舒应龙以下各赏银有差。仍用心修举，功成另叙。”

（明神宗实录，卷 53，1239-1240）

119. 八月辛酉朔，丙戌，巡按直隶御史邵升言〈校记：抱本邵误邓，北大本抱本升作陛〉：“淮、徐、扬，自海口沙横，河身淤垫，桑田尽成湖泊，钱粮逋负独多。顷开草湾河，导黄、淮赴海，虽当大涨，旋涨旋消，不复停积，数十年鱼鳖之渊幸有平土。但荒田初垦，收获为难，乞将二府一州所属州县漕粮，分别改折三年。其一切起存钱粮、料价，亦命停征，于三年后带补，以示宽恤。”下户部复谓："河水之患渐平，则剥肤之灾自远，岂可预为三年之请，概冀非常之恩？惟万历元年、二年拖欠，若果系灾疲〈校记：抱本疲作伤〉，勘实奏豁。"从之。

（明神宗实录，卷53，1256-1257）

120. 九月庚寅朔，癸巳，户部尚书殷正茂等言："漕运事宜，既经诸臣条议，当详加酌定，载入议单。如户科给事中刘鲁谓：'预给月粮'，漕臣幸其早沾。各军虑其分拨，宜咨南部并漕司会议。至于查给余羡，点选军旗，则确乎可行者。如漕储参政杨一魁揭议曰：'复起剥以省重困'。石土二坝，地势甚狭，水涸舟胶，雇夫回船艰苦百状。宜酌河水浅深，以为抵坝、抵湾之准。万一沮浅，势必剥运，则轻赍内，原编起剥银，每石脚价六钱五分，当复也。曰：'慎委催以节军力'。粮船既有总兵督押，沿途又有部司催攒，乃复委之佐贰，苟且欲速，不问汹涌波涛，风雨黑夜，一概催赶，或致失所，害岂胜言？宜令分司兵备等官，加意优恤，不得辄行捆打。曰：'专责成以免疏旷'。把总督押各帮，责任颇重，乃不顾本管，反委催别帮船只，以致顾彼失此，合通行漕司攒运等官，严谕各总止照顾本帮，中有跟帮不及者，申呈本道批行附近总分带理。至于黄河，不许越帮，则已奉旨不容再议。又如本部应议事件，除掌印官更番领运一节，似于漕务有裨，而南京兵部尚书刘光济以为不便，已移咨漕司另议。外一轻赍银两，原为起剥交纳各项公费，关系不小。有司先期征完，随粮解赴漕司，三分验给各帮，沿途支费七分，差官起解，迟违照例降罚。或有中途被劫事变，户部札行京、通二厅，查将失事本帮羡余扣抵。不足，则责令地方官，与本帮及前后帮船，三分均赔，毋容偏累。一、就近造船。侍郎吴桂芳咨：安庆造船非便，欲将九江卫浅船，仍造本处，听九江道提调。即当改行。一、严空帮。凡漕船起粮，户部给单押空回南，多有载货迟延，弃逃盗卖者。自万历四年始，另刊限单，通仓郎中，遴选廉干运官，押回程途船只。明开单内，严限督赴粮储道，投验迟违一月者〈校记：北大本抱本投作收〉，照依违限事例，拟罪一月，以外罚俸三月。缺船五只以上，该道查参，降职一级，十只以上降二级。有通同盗卖等弊，炤问刑条例，追赃重拟，并乞载入议单遵守。”上曰：“可。南京卫官更番其如前议。”

（明神宗实录，卷54，1260-1262）

121. 九月庚寅朔，壬寅，总督河道右佥都御史傅希挚奏报〈校记：北大本抱本督作理〉：“河决韦家楼约三里余。又决沛县缕水堤二处，一长一百三十一丈二尺；一长九十五丈七尺。又丰县决长堤二处，一长五十余丈；一长六十余丈。曹县决长堤七十余丈，约三里余。”下所司。

（明神宗实录，卷54，1265）

122. 十月庚戌朔，乙亥，凤阳巡抚吴桂芳等，以河决丰、沛、徐州、睢宁四州县，民居漂溺、灾沴异常，请发各库仓贮积银粮，及留徐州商税银三千六百两有奇备赈。各项起解钱粮，分别被灾轻重缓征。会山东巡抚李世达亦以金乡、鱼台、单、曹等县，田庐尽没，请蠲漕米站银，并动库积官银备赈。俱下户部议，可，从之。

（明神宗实录，卷55，1273-1274）

123. 十一月己卯朔，丁亥（按：校勘记疑为丁酉，误），以黄水冲淹，诏：“山东曹、单、金、鱼四县徭编、浅铺、闸溜、河夫等银，及存留永丰、广盈等仓米银，暂与蠲免。其临、德二仓小麦，亦令停征。有司官仍动支仓库赈恤，俟水落地出，招抚复业，量给牛种，务使均沾。”

（明神宗实录，卷56，1285）

124. 十一月己卯朔，丁酉，工科都给事中刘铉等疏议漕河，语侵总漕吴桂芳。大约谓："草湾既开，河复大涨，漕臣言已不验。而八月迄今，一字不报，为桂芳咎。"于是桂芳乃言："河道通理南北，此百余年来成规。自科臣侯于赵建白，而天妃闸以南属漕闸，以北属河道矣。今岁河决者三：一为曹县缕水堤；一为徐州梨林铺；一为桃源崔镇，各有司存恐难越俎。至于草湾之开，只以去春高宝水患，冲啮淮安西桥诸市，且及新城。疏以拯之，非谓即可制水之命，使上游亦不复涨也。今西桥新城皆为平地，山阳以南诸州县水落稻布，斗米银四分，臣之草湾亦既效矣。若以山东徐、邳之涨决不报，臣诚何敢报？惟其决注于臣属之丰、沛、睢、宁四州县，始一面踏勘，一面议请赈恤。不惟臣一人言之，且会按、盐二臣公言之矣。祈将臣早赐罢斥，以为人臣愚于任事者之戒。"上以漕河原分地责成，诏桂芳视事如初。

（明神宗实录，卷 56，1289-1290）

125. 十一月己卯朔，癸卯〈校记：疑应改为癸丑〉，工部言："黄、淮交涨冲决太多，请将天妃闸以北，行傅希挚修决浚淤。迤南，行吴桂芳增补堤岸，毋误明年漕挽。"然之。

（明神宗实录，卷 56，1293）

126. 十一月己卯朔，丁未〈校记：疑应改为丁巳〉，巡按直隶御史邵陛言："今日大政莫重漕河。顷以吴桂芳督漕，傅希挚总河，庙堂之上既图其所重矣。桂芳风飡水宿，九阅月而草湾全通，堤工半就。臣亲履其地，见入海之口势如奔马。即九月间淮水陡发〈校记：北大本抱本间作内〉，黄河建瓴之势适与之会。河强淮弱，不能争趋草湾入海之道。而高宝间溢，冲数口，大者十余丈，小仅二三丈，今补筑且竣矣。说者致以河涨责草湾〈校记：北大本责下衍卜字，抱本责下有之字〉，不无阻任事之气。至于徐、吕垫高，河势已沮，不闻希挚画一策以疏浚之。七月以来，决徐州，决丰县，大者二百余丈，小亦四五十丈。曹、单决至七百余丈，而崔镇之决，至分正河十之二、三，趋诸湖下金城，会草湾入海。将来恐夺全海之流，如云梯关故辙，而顾乃诿之气。数托疾高卧，恐工拙以混，吹无辩牛骥以并驾俱疲矣。乞勉桂芳益殚任事之忠，毋以忧馋，畏讥隳厥绩。戒希挚弗旷司空之职，急以疏淤塞决，赎前愆，庶乎新运可济。”工部亦以为言。上然其说，命：“两臣加意经理，亟图修筑，毋误新运。”

（明神宗实录，卷 56，1298-1299）

127. 十二月己未朔，丁丑，免河南本年应征河夫、堡夫银三万二千余两。未调夫役，免追旷工，已调实夫更班歇役。

（明神宗实录，卷 57，1314）

万历五年（1577）

128. 二月己未朔，己卯，总督漕运侍郎吴桂芳言：“高邮石堤工将底绩，宜及时开挑越河。查先年侍郎白昂开康济〈校记：北大本康作庸〉、越河，去老堤太远。河成之后，人心狃于目前越河之安，而忘老堤外捍之力。年复一年不复省视，遂致老堤与中堤俱坏，而东堤不能独存。今宜仿侍郎王恕之议，挨老堤十数丈取土成河，使堤上往来共繇人得照管，不致蹈前颓地。”旨下所司。

（明神宗实录，卷 59，1361）

129. 三月戊子朔，戊子，工部复给事中刘铉奏：“丹阳一带河身浅涸，漕艘阻滞，参政王叔杲不行挑浚〈校记：北大本抱本叔杲作叙果，误〉，临事仓皇，倡为开孟渎河坝之议。”得旨：“夺俸二月，孟渎可开，俟秋水落后兴工，为来岁运计。”

（明神宗实录，卷 60，1365）

130. 三月戊子朔，癸卯，直隶巡按御史郭思极因京口漕河浅涸，条上三吴水利：“一复练湖以永资蓄泄。盖江南漕河北高南下，京口一带地形高亢，河流易涸。虽奔牛、吕城建闸启闭蓄水，以待运船，而实仰藉练湖为之源也。练湖北去丹阳城百步，而近漕河萦绕其侧。周围四十余里仰受长山八十四汊之水汇为巨浸，唐宋以来筑有中埂斗门、石闸。国朝天顺、成化间，屡尝疏浚增修〈校记：抱本尝作常〉，夏秋戽水溉田，冬春放水济运，故有湖水放一寸，河水涨一尺之谚。自往时，守令狃于近利，令豪右告佃成田，寖失旧额，而傍湖之民私开涵洞，网取渔利，年涸一年，今且扬尘矣。为漕河经久计，急宜清复。倘虑贫民失业，使佃湖之民转佃于万顷洋等处可也〈校记：北大本抱本作泽〉(按：洋字校勘不清晰)。一、修孟渎以傍通舟楫。奔牛、吕城二闸，例应冬闭春启，蓄水以待运船。然秋冬之交，回空运船与往来官船，必取道于此。欲恪守闸规，势不可得，有不繇二闸，而可以间道达江者，为武进之孟渎河。河延袤六十余里，外通长江，内资灌溉。自嘉靖间，防倭入寇，筑坝堵塞，于是河流渐微，日就阻塞，而船不复经行矣。今计开浚，约费五万余金，取诸漕运衙门，无令独累武进一县。此河一开，则既有间道以通舟楫，而运闸得启闭之宜，又引江潮以达奔牛，而运河资接济之力矣。”部复得旨：“练湖并孟渎河，抚按督同水利官修复开浚，责令秋间完报，为来岁转漕计。占湖阻运不行治罪已是宽恩，如何又议勘？偿如有抗拒阻挠，及司道因循苟且者，抚按参来重处。”

（明神宗实录，卷 60，1373-1375）

131. 三月戊子朔，壬子，巡按直隶御史陈世宝条陈河道、江北四事，江南二事：“一、复老黄河故道。先是，河自三议镇，历清河县北，出大河口，与淮水会流出海。运道自淮安天妃庙乱淮而下十里，至大河口入黄河，从三议镇出口，向桃源大河而去，谓之老黄河。至嘉靖初年，三议镇口淤，而黄河改趋清河县南，与淮会合入海。自是运道不繇大河口，而径诣清河县北上矣。迩者，崔镇屡决，河势渐趋故道，若仍开三议镇口，引河入清河县北，或令出大河口与淮流口〈校记：抱本口作合，是也〉，或从清河县西另开一河，引淮水出合上浙会合〈校记：北大本抱本出合作河，浙作与〉，则运道无恐，而淮、泗之水亦不为黄河所涨，民难其永纾矣。一、修宝应湖堤。补古堤以固其外，于古堤东再起一堤，以通越河，而使运舟于此经行。一、清复上下练湖；一、复开孟渎河；一、增建仪真二闸。因江口去闸大远，欲于上、下江口迤里十数丈许，各建一闸。潮始来，预起板以纳之；潮初退，即下板以闭之。使出江之船尽数入闸，以免迟滞。一、开瓜州河港坞。将屯船坞挑浚深阔（按：屯应为趸），使船之先入者屯聚于内。又于监坝之东，开一曲港与新闸外港相合，使船之后至者续泊于内，以免金山挂江之险。”部复允行〈校记：北大本抱本作“部复宜依议议行，上命行之”〉。

（明神宗实录，卷60，1377-1378）

132. 五月戊子朔，甲午，孟渎河以三月初兴工，至是报竣。共用银一万六千五十余两。

（明神宗实录，卷62，1394）

133. 六月丁巳朔，甲戌，户部奏："临、德二仓积贮粮米，原系预备拨补额运漕粮四百万石之数，近来额运不缺，向不支运〈校记：北大本抱本向作而〉，以致积久陈腐。宜将二仓粮米支放山东官军月粮，及德州、天津九卫运军行粮。即将应拨行、月二粮，照数抵纳，出陈易新，候陈粮放尽，仍行照旧。"报可。

总督漕运侍郎吴桂芳奏："淮水向经清河会合黄河趋海。自去秋河决崔镇，清河一带正河淤垫，淮口梗塞。于是，淮弱河强，不能夺草湾入海之途，而全淮南徙，权灌山阳、高宝之间。向来潮水不踰五尺〈校记：北大本抱本潮作湖，是也〉，堤仅七尺，今堤加至一丈二尺，而水更过之，此从来所未有也。议护湖堤以杀水势。”部言：“堤虽可护，而不能必水之不涨。欲水之不涨，必俾淮有所归，而后可。宜令漕运衙门严督司道熟计其便。”报可。

（明神宗实录，卷63，1410-1411）

134. 八月丙辰朔，癸亥，河复决崔镇。

（明神宗实录，卷65，1431）

135. 闰八月乙酉朔，乙酉，时，河决崔镇，冲阔水溜，势分正漕。河道都御史傅希挚议堵筑决口，束水归漕。漕运侍郎吴桂芳欲冲刷成河，以为老黄河入海之路。持议各异。部复：“运道关系尤重，且急崔镇决口，听河道衙门及时堵筑，俾水归漕〈校记：抱本改俾作溜，误〉。其老黄河入海之路，俟水势稍定会同议奏。”报可。

（明神宗实录，卷66，1441）

136. 闰八月乙酉朔，戊子，时，徐州河身淤淀，宿、邳、清、桃两岸多决，淮水为河所逼，徙而南〈校记：北大本南下有焉字〉，高宝湖堤大坏。于是，工科都给事中刘铉建议〈校记：北大本铉误住，抱本误作位〉：“南河郎中不便顾理淮北，请添郎中一员于淮、徐适中处，专治淮黄一带河道，其徐、吕二洪主事可并一员。”上谕工部：“近来偶以一事辄便增官〈校记：北大本事下有不便二字，便作议〉，久之不便，又议裁革，殊为轻率。添设部官及先年河漕画地分管之议，本欲责成，反滋推诿，并议以闻。”部复：“国家特设总督漕运大臣，则凡有关于运务，皆其事也〈校记：北大本抱本事作责〉。又设总理河道大臣，则漕河自张家湾直抵瓜〈校记：北大本漕作运〉、仪，黄河自河南、山东上源，至淮安入海，皆其地也，与其画地分管之异同。孰若漕、河各共厥职之画一，宜各遵原奉敕书行事。惟差郎中一员专治淮北，裁吕梁洪主事，即令郎中带管，则无增官之费，而有得人分治之益。”从之。

（明神宗实录，卷66，1444-1445）

137. 闰八月乙酉朔，壬辰，礼科左给事中汤聘尹言：“京口水涸漕挽愆期。近议开练湖矣，然可以资丹阳不能资丹徒；议开孟渎矣，然可以资江阴，不能资京口。盖京口与洲对垒〈校记：抱本与下有瓜字，北大本洲作州〉，而孟渎去洲颇遥〈校记：抱本去下有瓜字，北大本洲作州〉，空舶可以溯流，粮艘难以涉险〈校记：抱本舶作船〉，则运道必出京口矣。宜于京口之傍另建一闸，引江流内注，低旧闸可丈许。视冬间水势而定之准焉。潮长则开，缩则闭，可免涸辙之患。”章下所司。

（明神宗实录，卷66，1447-1448）

138. 闰八月乙酉朔，辛丑，时，山阳、高宝淮水弥漫，礼科左给事中汤聘尹议：“导淮入江于瓜洲，入江之口，分流增闸以杀其势。”已，漕运侍郎吴桂芳揭称：“黄水向老黄河故道而去，下奔如驶，淮遂乘虚涌入清口故道，淮、扬水势渐消”。工部复：“二议不同，奏请行勘。”上以河、淮既合命寝其议。

（明神宗实录，卷66，1450）

139. 闰八月乙酉朔，庚戌，御史尹良任条陈漕运事宜〈校记：抱本北大本良作自〉：“一、通便道以速粮运。孟渎河口，渡江入白塔河抵湾头，为运道捷径。宣德七年，平江伯开通，至正统四年，都督武兴复闭。今孟渎河既开，则自河渡江入黄家港，水面虽阔，江流甚平，且繇黄家港至泰兴以达湾头。高邮运河仅二百余里，可免瓜仪不测之患。一、开江道以泊运舟。粮船自京口乘风北渡，瞬息可达瓜闸。但金山而下触浪汹涌，中流遇风，则瓜镇之收闸者未尽，而京口之出江者难回，难免漂没之患。惟镇江城西北，有甘露港约长十余里，夹岸洲田，宜挑使深阔以便回泊。”部复：“二港可否，踏勘行之。”报可。

（明神宗实录，卷66，1454-1455）

140. 九月甲寅朔，癸亥，浙江巡抚徐栻以地方灾伤，乞将湖州一府应征漕粮、南粮、及屯粮量为改折。沙盖田亩暂免一年，仍与浙东黄岩等县，各照被灾分数减免存留银米，以苏民困。部复：“漕粮、南粮额不可缺，余如议。”报可。

（明神宗实录，卷67，1460-1461）

141. 九月甲寅朔，丁卯，管理南河工部郎中施天麟言〈校记：抱本南河误作河南，朱笔河下增道字，误〉：“淮、泗之水，原从清口会黄河入海。今不下清口，而下山阳，从黄浦口入海。浦口不能尽泄，浸淫渐及于高宝、邵伯诸湖。而湖堤尽没，则以淮、泗本不入湖而今入湖故也〈校记：北大本湖作河，误。〉。淮、泗之入湖者，又缘清口尚未淤塞，而今淤塞故也。清口之淤塞者，又缘黄河淤淀日高，淮水不得不让河而南徙也。盖淮水并力敌黄，胜负或亦相半。自高家堰废坏，而清口之内傍通济闸，又开朱家等口，引淮水内灌。于是淮、泗之力分，而黄河得以全力制其敝，此清口所以独淤于今岁也。下流既淤，则上流不得不决。每岁粮艘以四五月尽运，堤以六七月坏，水发之时不能为力，水落之后方图堵塞。甫及春初，运事忽至，仅完堤工，于河身无与。河身不挑，则来年益高，上流之决必及于徐、吕，而不止于邳、迁，下流之涸将尽乎？邳、迁而不止于清桃，须不惜一年粮运，不惜百万帑藏，开挑正河，宽限责成，乃为一劳永逸。至高家堰、朱家等口，宜趁时筑塞，使淮、泗并力足以敌黄，则淮水之故道可复，高宝之大患可减。若于兴化、盐城地方海口湮塞之处，大加疏浚，而湖堤多建减水大闸，堤下多开支河以行，各闸之水，庶乎不至汗漫。总之，未有不先黄河，而可以治淮，亦未有不疏通淮水，而可以固堤者也。”部复：“河内疏浚苦无良法，惟先臣刘天和用平底方舟横排河中，为一层四维拴系，以长柄铁爬浚之。浚深数尺移舟再浚。后数丈复为一层如前法，则水中与陆地施工略同。兴工停运，宜行河道等衙门会议具奏定夺。”报可。

（明神宗实录，卷67，1463-1464）

142. 九月甲寅朔，戊辰，升巡抚山东都察院、右佥都御史李世达为右副都御史总理河道。

（明神宗实录，卷67，1464）

143. 十一月癸丑朔，壬戌，先是，嘉靖三十二年以前，黄河繇小浮桥，后徙繇沛县飞云橋，继繇徐州大小溜沟以入闸河。四十四年河大决，改繇奏沟出口〈校记：抱本北大本奏作秦〉，以致茶城岁患淤浅。至是复南趋出小浮橋故道，河道都御史傅希挚以闻。奏下所司。

（明神宗实录，卷69，1493-1494）

144. 十二月癸未，己丑，先是，淮水南徙，泛滥淮扬间。已而，漕运侍郎吴桂芳报称：“草湾开通淮水消落，至是淤垫如故。”给事中刘铉言：“治淮，以开通海口为策，宜简方略大臣一员，会同河漕诸臣相踏，咨度为新运计〈校记：影印本咨字不清楚。〉。”上令吏部推有才望实心任事者以闻〈校记：北大本令作命〉。于是，吏部请以总督漕运、兵部左侍郎吴桂芳为工部尚书总理河漕〈校记：北大本左作右〉。得旨：“近来当事诸臣意见不同，动多掣肘，以致日久无功。今以此事专属吴桂芳经理，河道都御史暂行裁革。李世达改推别用。其选任部司处置钱粮，俱许以便宜奏请。若明岁运道有梗，户部查先年海运事宜行〈校记：北大本抱本行作闻〉。”

（明神宗实录，卷70，1508）

145. 十二月癸未，乙巳，升淮安知府邵元哲为山东副使专督河工〈校记：北大本抱本安下有府字，督作管〉。

（明神宗实录，卷70，1515）

万历六年（1578）

146. 正月癸丑朔，庚午，户科给事中李涞条陈治河五事。一曰："多浚海口以导众水之归。夫徐、邳而下，黄河自西而东，淮河自南而北，俱会于清河口东南，析而历安东县〈校记：抱本析作折〉，出云梯关以入于海。旧甚深广，嗣以黄水泥淤，黄淮二渎皆无所归，故其势不决徐、邳，而冲啮乎高宝诸堤，至高宝诸湖，浩荡无涯。先时沿河之西多置塘岸，以蓄盱泗诸处暴涨之水，故湖以东运堤无恙。乃今塘岸尽废，而黄淮之水又悉飞泻于此，是以全堤尽圮。宜别勘坚实之地，以多浚其口，仍必自下而上，渐去河身之淤，尽于徐、吕二洪而后止。若淮安之南，宝应之北，计八十里，每里建平水闸一座，而高邮、邵伯，各加建平水闸十座。闸下每开支河四五十处，以导上湖之水入于堤下射阳等湖。而盐城、兴化沿海地方，皆宜查其旧地，多浚十余口，以导射阳诸水而入于海。"二曰："勤塞决口以济粮运。夫自徐、邳以至瓜、仪，皆为运河，而皆赖堤以蓄水。但自清口而浚至安东、云梯等地，多踰一二百里，而自徐、吕至清河，又不三四百里〈校记：抱本不下有下字，是也〉。山阳、高宝诸湖，必繇多闸始泄，而采办闸石转运亦难，浚导之工旦夕未竟。其不涸漕而妨运者几希，必多储桩草，相度水势，而急为之备，然后可以无患。"三曰："宜以江北全力治漕河，不当以濒河穷困州县治漕河。臣尝滥役宝应，见其地道重伤，而又有冲路之供应；有养马之烦费。及观扬州所属，或有地稍丰收，而又无驿递养马之累。夫常赋之经，各有定额，诚未敢轻议。若浅夫，则因时增设，且皆国事耳，可无裒益以恤疲民。”四曰：“岁报钱粮以核疏凿之功。夫疏河、浚海、建闸、筑堤，非百余万以上，则难与经费；非五年七年之久，则无以成功。总理大臣每岁终，将用过钱粮，修过工程，逐一奏报。其筑塞决口，必视水势注海之机，以为消息。但能勤于补塞，不妨飞挽者，即为成功。此于稽核钱粮之中，而寓考成河渠之益也。”五曰：“优恤夫役以鼓劳人夫。河工之苦，胼胝狂澜之中，跋涉淤淖之地〈校记：抱本地作上〉。且地皆荒野，海滨凡饔飧等需，有费二钱不得一钱之济者。今宜从实估勘，稍优其直，以苏小民之苦。至应得工银，必须委廉能官依时蚤结〈校记：抱本结作给〉，仍察督小官，不许假以别事剥削夫役。”章下所司。

（明神宗实录，卷 71，1525-1528）

147. 正月癸丑朔，辛未，升总督漕运兼提督军务、巡抚凤阳等处兵部左侍郎吴桂芳为工部尚书，兼都察院右副都御史，总理河漕提督军务。上以当事诸臣意见不同，动多掣肘，以致日久无功，今以此事专属桂芳提督。其选用部司等官，及处置钱粮俱许便宜奏请。已而，桂芳辞免不允。

（明神宗实录，卷 71，1528）

148. 二月壬午朔，庚寅，初，河淮泛溢，漕粮甚艰。科道官及总河诸臣建议，或谓海运甚便，或谓河道无虞，纷纷不一。至是户部复议谓：“先年海运事宜一一规画停妥，如每岁河道不梗，仍从河运。不然，即照海运旧规成法，酌量举行。”得旨。

（明神宗实录，卷 72，1548）

149. 二月壬午朔，丁酉，升刑部右侍郎潘季驯为都察院右都御史、兼工部左侍郎总理河漕兼提督军务。

（明神宗实录，卷 72，1554）

150. 二月壬午朔，乙巳，户部题：“黄淮为患，总理河漕吴桂芳已于正月十八日兴工筑堤，数万之夫云集待哺，银粮不可一日有缺。所请南京户、兵二部库贮粮、剩马价银两，各支一万两，及户部速将见年每帮漕粮，奏请准留八万石，行漕运衙门分贮沿河各仓支用。”从之。

（明神宗实录，卷 72，1559-1560）

151. 三月壬子朔，壬子，截留本年漕粮八万石分贮沿河各仓，听河漕衙门支用。其遗下轻赍等银，仍照数类解济边。

（明神宗实录，卷 73，1567）

152. 三月壬子朔，壬戌，户部复：“领运官员沿途以过淮、过洪先后稽勤惰，临仓以交纳迟速、完欠课功罪，所有完纳依期者，当年升叙。如过洪后期，则通候三年无欠，乃准升职。至于运蓟、密、昌平三镇者，河道浅阻，往返艰辛，漕司务于应该卫分内，每年轮流拨运以均劳逸。此虽以过淮险阻不同，而奔走边仓亦多劳勚，果能三年无欠与议单例合者，同过淮各官一体题升。”从之。

（明神宗实录，卷 73，1587）

153. 四月壬午朔，癸卯，升刑部右侍郎潘季驯为都察院右都御史兼工部左侍郎，总理河漕兼提督军务。已而，季驯疏辞。上以河漕多虞，总理重任不许。

（明神宗实录，卷 74，1610）

154. 四月壬午朔，丙午，工科都给事中王道成题：“当今之事莫急治河。日者，黄、淮水发，势且滔天，以数千里之巨津，而仅泄于云梯之一线，于是南北并受其害。谓宜塞崔镇之决口，筑桃宿之长堤，修理高家堰，开复老黄河。仍严督当事诸臣务在疏通壅滞，庶几有济。”议下所司。

（明神宗实录，卷 74，1611）

155. 五月辛亥朔，辛酉，以高邮湖堤告成，赠恤原任工部侍郎吴桂芳如例。淮扬海防副使程学博等十员升赏有差。

（明神宗实录，卷 75，1619）

156. 六月辛巳朔，乙巳，总理河漕都察院右都御史潘季驯条陈治理六事〈校记：抱本理作河，是也〉：一曰塞决口以挽正河；二曰筑堤防以杜溃决；三曰复闸坝以防外河；四曰创滚水坝以固堤岸；五曰止浚海工程以免糜费；六曰寝老黄河之议以仍利涉。部复如议。有旨："治河事宜既经河漕诸臣会议停当，着他着实行。各该经委分任人员，如有玩愒推诿，虚费财力者，不时拿问参治。"

（明神宗实录，卷 76，1645）

157. 七月庚戌朔，壬子，工部复总河都御史潘季驯等奏："河工浩大，须多官分督。往年一逢升迁，竟自代去，以致钱粮不明，勤惰莫稽。今后，凡有升调，留待工完，将经手钱粮，并其勤惰稽查明白，方许离任。至若分部司属奉有专敕〈校记：抱本部作布，宝训无分属二字〉，而有司视之蔑如动有掣肘。今后除地方守巡各有专职〈校记：抱本除下有本字〉，自行督责外，凡供事河工者，俱听分司责成。如有忨愒不遵〈校记：抱本忨作玩，是也〉，该上司参奏。"有旨："河工事重，必须委任责成，以后该管河官，暂停升调，候河工完日，分别赏罚。委官贤否，但以该管河道官为主，别道不得干预。"

（明神宗实录，卷 77，1651）

158. 七月庚戌朔，乙卯，差锦衣卫官校拿解淮安府通判王弘化、水利道佥事杨化。降南河郎中施天麟调外任，以总河潘季驯疏参耽误河工故也。

（明神宗实录，卷 77，1652）

159. 七月庚戌朔，己巳，总河都察院右都御史潘季驯疏奏："复故河其利有五：盖河从潘家口出小浮桥，则新集迤前一带河道俱为平陆。曹、单、丰、沛之民，永无昏垫之苦一利也；河身深广，受水必多，每岁可免泛溢之患，曹、单、丰、沛之民，得以安居乐业二利也；河从南行，去会通河甚远，闸渠可保无虞三利也；来流既深，建瓴之势易涤，则徐州以下河身，亦必因而深刷四利也；小浮桥之来流既安，则秦沟可免复冲，而茶城永无淤塞之虞五利也。”议下所司。

（明神宗实录，卷 77，1661）

160. 七月庚戌朔，丙子，总督河漕都御史潘季驯等题称：“宝应湖于本年六月内，陡起暴风骤雨，将本工复行冲决。盖繇河上诸臣期以苟且了事，而但为目前之谋惮任劳者，莫亲版筑之务巧避怨者，不严程督之功；钱粮虚糜而冒破之核不行；功筑圮坏〈校记：抱本圮作弛〉，而偾事之罪不加；稍有一篑之功，便移大以兢赏。脱至溃决之祸，则遮护以托逃。若不因此重加究治，何以示惩！”上是具议，着河漕衙门着实参奏。

（明神宗实录，卷 77，1667-1668）

161. 八月庚辰朔，壬午，诏以浙江等处漕粮暂折二百万以苏民困〈校记：抱本万下有两字〉。其折色银两，以一万两解部，以五十九万五千余两协济河工。着各抚按督率上紧严限征完，本折一并起解。

（明神宗实录，卷 78，1675）

162. 八月庚辰朔，甲申，开朱辉港、钥匙河、清江等处，为粮船湾泊。其工费即于两淮赃罚，及河工银内动支。

（明神宗实录，卷 78，1676）

163. 八月庚辰朔，丁亥，户部题：“万历七年，两直隶并各省漕运事宜，例应会同各衙门会议。今复巡漕都御史江一麟疏：一、议补造漕船以足装运。南京锦衣、旗手等五总，下缺浅船八百只。要将七年以后，各运轻赍内，应解河工米银暂留二年，共计得银五万二千两。再于河道原借七万九千七百余两，应于南京解到粮剩马价补还。漕库银内动支二万八千两，就于瓜、仪二处设厂打造，及称清卫二厂正造年例船只中，有未造者一并查刷督造。一、议杂物则例以定漕规。旧制，不论船之新旧，一概止给年例四两，以为桅蓬杂费。价既不敷，旗甲不无赔佃之苦。今以万历七年为始，各卫浅船杂费，凡遇初造年分，即总给银二十三两六钱五分，照数买办。以后九年，陆续给银二十两九钱七分凑买。俟十年改造，将原置物件分别计算，准银九两六钱贴送该厂，找给银十四两四钱，以为从新置办杂物之费。其在运旧船，照例支给。候改造之年，将所存桅蓬锚橹等项物件，一体查送该厂，变价添凑别置。仍将置买物件银两各数目刻记在官，永为遵守。”上是其议。

（明神宗实录，卷 78，1677-1678）

164. 八月庚辰朔，已亥，总河都御史潘季驯题：“徐州小浮桥以上一带河浅，查得河南归德府新集地方，下至徐州二百五十里，原系黄河故道，欲乘今一并开复。”已而，工科给事中王道成上言：“治河而疏上流，诚为探本之论，然南挽淮流北障河决，则其工巨矣！动众八万，费逾八十万金，则其用靡矣！工费已大，事之究竟，尚有不能逆睹者，其底绩则又难矣！胡乃此之未为，而又欲并开数百里之上河耶！即使诸臣不计劳逸，不避利害，窃恐国家财用终属有限。万一漫为而不效，将若之何？不如揆势度理，就中权缓急而图之，乃为计之得也。”上命下其章于所司。

（明神宗实录，卷 78，1683）

165. 八月庚辰朔，癸卯，先是，淮安水利道河南佥事杨化，淮安府通判王弘化治河无状，为总河都御史潘季驯所劾，上命锦衣卫逮系来京。至是，法司拟各照运炭赎罪例，完日复职。上以“杨化、王弘化，都着革职为民律。文官犯私罪杖一百的，即该罢职不叙。今后但据所犯拟罪送吏部拟处，毋得概拟复职，以致轻纵。”

（明神宗实录，卷78，1685）

166. 十月戊寅朔，丁酉，先是，总河都御史潘季驯，漕运侍郎江一麟，交章论徐州道副使林绍治河无状。既而，绍揭季驯谓：“遥堤不当筑，决河不当塞，天妃闸不当闭。而徐北、雁门、北阵一带浅阻可虞。”其议相左，各相论列。部复：“绍应罢黜。季驯、一麟身膺重寄，不宜摇惑妄议以替初心。”上然之。“着林绍冠带闲住。”

（明神宗实录，卷80，1716）

167. 十月戊寅朔，庚子，给总督河漕工部尚书兼都察院右副都御史吴桂芳祭葬，寻赠太子少保。

（明神宗实录，卷80，1717）

万历七年（1579）

168. 三月丙午朔，庚戌，巡按直隶御史陈世宝条陈治河策约：“一、移建管河官衙舍要害之地，责其昼夜防守。一、添设新堤堰夫役。河工虽已垂成，但遥、缕二堤已逾千里。高家堰之堤凡六十里，柳浦湾补旧增新将百余里，而黄铺八浅〈校记：抱本八作入，疑误〉，地虽咫尺，反称紧要，若非集夫密守，则盗决水决可虞〈校记：抱本盗决作盈，疑误〉。宜增夫额，画地筑居，乃为胜算。一、添设管堤官吏。高家堰、柳浦湾，于淮安最称紧要。今修筑告竣，但二堤俱属荒僻，奸商漏税利其直达扬州。每行盗决，宜增设大使官一员，专督众役，使之同居堤上密防。一、增筑宿迁县遥堤。宿迁缕河虽有堤岸，而待丘诸湖尚未修筑，遥堤傥伏秋河涨必漕水患，乘时修筑诚不可缓〈校记：抱本脱筑以上十五字，旧校改漕作道〉。一、暂宽归移民钱粮〈校记：抱本无移字，是也〉。民遭水患流移者半〈校记：抱本无半字〉，幸水去田出，渐为归计。但恐居处未遑，而旧逋即追，开垦未熟，而新课复征，夫损金治河以为民也〈校记：抱本河作水〉。今水患渐平，而顾以逋负，阻绝归路乎？一、乞广筑役赏劳于工食外，动支河工、羡银，量行犒赏。"奏上，命酌议复行〈校记：抱本奏作奉〉。

（明神宗实录，卷 85，1780-1781）

169. 三月丙午朔，甲寅，户部题："京师万众俱仰给太仓。旧制，运太仓米多，留通仓米少〈校记：抱本无留字，抱本通仓米三字系朱笔校增〉，而支放各半年者。以京师根本重地，虽积贮数多不为有余，通州远卫京师，虽仅谷支放不为不足，以省运京仓之费也。近太仓积米数多，恐致浥烂，则应如督臣议，于支给折色二个月改于通仓，则米之在通仓者放少，在京仓者放多，亦调停新陈良法。若一遇米贵，则折色又当停止，而京仓粮米又当多放，在临时酌行。"从之。

（明神宗实录，卷 85，1785-1786）

170. 三月丙午朔，甲子，户部题："淮、扬地方，自隆庆四年以来，黄水冲决，今筑堤就绪，水落田出，尚属荒芜。当此流民新集，尤宜宽恤，将万历六年以前旧欠钱粮尽行蠲免。七年以后，酌议再免二三年〈校记：抱本二三作三五〉。至于处给牛种，加厚贫丁及一切优恤事宜，听督抚官便宜施行。仍悉心体察，毋使有灾者横被苛追，无灾者乘机影射。"从之。

（明神宗实录，卷 85，1788-1789）

171. 六月乙亥朔，辛卯，户部题参："仪真运粮指挥刘大材等盗卖漕粮，插和粗恶，宜勒限赔完，依律拟罪。"得旨："依拟。"又以漕粮烂恶，罪不专在运官，还查原差监兑部官、从官参处〈校记：

抱本官作实，是也〉。于是降监兑主事陈宣一级。

（明神宗实录，卷 88，1824-1825）

172. 六月乙亥朔，乙未，兵部题复："黄船小甲编审夫役，原属南京兵部车驾司管理，迩来滥属军卫，以致弊多偏累。宜行应天府委官从公编审，并马快平船小甲编完，备造文册，送科道官参订定役以均劳逸。又宜改定五年一编，毋仍旧制，十年久远，致有消乏应差不前之苦。而看验船只，量行修理，节省繁费，则南京工部管船主事职之。"报可。

户部复总督漕运侍郎江一麟、总兵官灵璧侯汤世隆，各题称漕运事务："一、议兑运之便。漕运各总下军船，领兑水次，原有定例，遵行已久。若所奏以地方远近赴兑不便，欲将浙、直军船互相兑换，恐轻赍银数不同。两处派额已定，那此补彼，未免纷更多事。不若仍照原定水次派拨全单，责令上紧赴兑，不许推诿迁延。一、议管船之令。本部于漕运回空浅船，设有限单。填注官旗姓名，酌量程途远近，选官管押回南，赍赴粮道查销。其过违原限，损失船只，分别降罚。至于减存船只，宜依议令漕运官旗，自万历八年为始，运回船只，押空官须合帮南下，以便稽查。其军船什物，交与该卫印官整理，有缺少者申究。若无故缺坏，除驾运九年者，只照例送底船赴厂；系八年七年者，底船之外，阖船旗军〈校记：抱本阖作合〉，每名罚银一两；六年五年者，罚银半倍之，俱同底船解淮，候该年成造。若止驾四年以下者，依弃毁官物律例，追偿造完免罪。押空官仍照例拟惩，勿行姑息。"报可。

（明神宗实录，卷 88，1826-1828）

173. 七月乙巳朔，戊申，工部题直隶巡按御史姜璧所陈河工五事：一曰："一事权。欲将裁革河道明旨着为令甲〈校记：抱本裁作议，误〉，而于抚臣特加敕谕，兼衔管理河道。"一曰："严责成。欲将河工专属府州县掌印官，督同管河官协理，如有疏虞一体参治。”一曰：“议支河。恐支河一开，徒引海潮，不惟盐水淹田，民不可耕，且河水随潮泄去，□（按：原字似为商字）日以困宜即停止。”一曰：“修古堤。恐范堤一凿，淡水出灌盐地〈校记：抱本地作池〉，而盐课消薄，潮水入灌民田〈校记：抱本灌作浸〉，而田租减损，尤宜仍旧修筑。”俱依拟行。是日，工科给事中王道成亦以“霖雨不止，江水暴溢，虑恐河工垂成不无冲坏，请督河臣随地备查，及时修筑。”而总理河漕潘季驯等亦奏：“桃源清河水患，议并力疏导〈校记：抱本议作宜〉，作急捍御，俾水势毋至滥觞。”疏上报可。

（明神宗实录，卷 89，1837-1838）

174. 七月乙巳朔，庚戌，总理河漕潘季驯〈校记：抱本漕作道〉、总督漕运江一麟题称：“淮安一带黄、淮灌入，运渠高垫，且闸水湍发急，启闭甚难〈校记：抱本无急字，是也〉。查照平江伯陈瑄所建清江、福兴、新庄等递互启闭，以防黄水之淤。又于水发之时，闸外暂筑土坝，遏水头以便启闭。水退，即去坝用闸如常。议欲修复旧规，并请特旨垂示各闸，使势豪人员不敢任情阻挠。”部复从之。

（明神宗实录，卷 89，1838-1839）

175. 七月乙巳朔，甲寅，工部题：“本部通惠河道等差共十一员，钱粮多寡不同，均为紧要职事，宜加考核。其应考各官，公廉勤慎者为称职，移咨吏部优录；平常无过者，准复职叙用。如有怠玩贪纵不职者，除平时体访参究外，至差完回部之日，从公考核。照罢软、不及、不谨等例分别降斥。至于在内注选劄委等官，虽姑议免考，俱要恪守厥职，不负任使。如有不称者，亦听临时酌行参处。”从之。

（明神宗实录，卷 89，1839-1840）

176. 七月乙巳朔，癸亥，工部奏叙开便河功次。先是，巡漕御史陈世宝议凿瓜州屯乌〈校记：抱本乌作坞，疑是也〉，通浙直运船。今又议开仪真便河，以通江西、湖广等粮运。钦命严督开挑。至是，总理河漕潘季驯、管理粮储道陈文烛，查原督扬州府知府虞德华，淮安府通判况于梧，仪真知县侯应征挑完便河工程。将所挑河渠勘定丈尺，所支钱粮开报数目，会同漕运巡抚侍郎江一麟佥谓："陈世宝功当优叙。如陈文烛等四员，官有崇卑，劳无轩轻，议吏部叙录〈校记：抱本议下有行字〉。其余行漕院分别奖赏以示激劝。"从之。

（明神宗实录，卷89，1842-1843）

177. 八月甲戌朔，乙酉，户部题复："密云漕粮俱属额饷。往时，自通州水运仅止牛栏山。又自牛栏山陆运抵镇，岁费脚价繁多，居民骚扰。后因潮、白二河可以通漕，节经督臣修治，二水会合，河流已盛。又因同知卫重鉴建议自通州，径运至密镇，无倒卸起剥之烦，插和偷盗之弊。主事曹维新议添扁浅船二百一十只〈校记：抱本改扁作编〉，新旧共船四百只，俱令经纪、承管、撑驾所运粮一十五万〈校记：抱本一作六，误〉。自牛栏山至镇城，每石四分，于四分内扣八厘抵作船价，计年扣价还官，以备十年一次更造之费。计所给经纪脚价，止一万二千七百余两，而每年省什物行粮等费共银二千二百余两。而十五万漕粮仅以三月通完，费省而上下便之，经久可行。既经督抚梁梦龙、张梦鲤具题，宜着为成规〈校记：抱本作急为定规，误〉。仍请纪录各官效劳运务者：员外郎曹维新、郎中戴燿、兵备徐节、翟绣裳、同知卫重鉴、把总毛希遂等。"俱依拟。

（明神宗实录，卷90，1854-1855）

178. 九月甲辰朔，辛酉，总督仓场尚书汪宗伊上言："每年漕粮轻赍约银四十五万九百两有奇，备陈四款部复施行。"一曰盘剥。大率谓："运官沿途盘剥到京完粮，支用轻赍冒破数多，要行量给，意在裁抑冗费以补储计。但查轻赍银两，每年三分给与运官，以备沿途挖贴诸费。七分解贮通库，听备各帮完粮。先是漕臣吴桂芳深以为便，今欲议给一分，恐长途粮运，脱或遇浅何以为备？宜酌量损益分为二、八。定为二分以资挖贴，八分贮库支给完粮。至于扣省盘剥费银多寡，宜随时测量水势浅深，斟酌议定，难以例拘。”二曰完粮。大率谓：“京、通、密云、天镇等各仓完粮银两（按：校记抱本镇作蓟误，天应作蓟），虽凭粮多寡以为增减，而费用额数则一定不移。京仓用银一十五万二千八百二十四两有奇，通仓用银三万七千二百八两有奇，昌平用银一万七千八十两有奇，密云用银九千五百三两有奇，天津用银八百九十八两有奇，蓟州用银一千四百五十八两有奇。不分改兑名色，惟据数多寡给以轻赍支用，使无彼此有余不足之患。但轻赍银两各处不同，一切算扣当取多以益少〈校记：抱本当作常〉；取彼以益此。若轻拟分数，不无增减参差。宜将起运粮石，查照兑改原额，酌量分派。凡编帮领粮，俱以全卫全所，不必如前搭派，致难照管。”三曰扣省。大率谓：“轻赍自盘剥完粮支剩者，例有扣省。如车户、经纪、夫脚等约八项，坐粮厅查扣贮库，年终解纳太仓。计京仓、通仓、密云、天津、蓟州，共扣省银一十一万九千八十八两有奇。今改每年照例解库，诚为有裨边储。但不得那移侵费，亏损国计。”四曰羡余。大率谓：“盘剥完粮扣省外，又有羡余，约该银三万七千三百七十六两有奇。内该一分解淮二分给军。往时为运官侵克，穷卒不沾实惠。今欲议革，将见在旗军唱名给散，已回南者扣贮另议。宽恤运军诚为有见，但革议单一款〈校记：抱本革作查〉，运粮官于粮完日，给赏羡余银有差。起粮无欠先给一分，完掣通关后给一分。既系旧额仍当遵行，余法久弊生，宜再申饬。其把总、指挥、千、百户给赏余银，以尊卑为多寡。其军旗计里远近，计船多寡，列为三等，分别赏给。如先已回南者，即扣贮通库，候次年查给。敢有巧立名色，科欲需索者治罪。”俱报可。

（明神宗实录，卷91，1871-1873）

179. 九月甲辰朔，辛酉，户部复漕运侍郎江一鳞〈校记：旧校改鳞作麟〉、总兵官灵璧侯汤世隆等，条陈漕政三事：“一、征解船料。制运船一万二千一百余只，转输漕粮四百万石，额不可缺。因杭、芜二厂，并各省直等所解料匠银〈校记：抱本料上有粮字〉，欠有一十六万二千余两，以致造船不敷，额数短少。今议将远年拖欠者，尽数豁免；近年者，带征二分；见年者，全解济用。其征科造船完者纪录，不及数者罚治。分别赏罚以警怠玩，诚为调停得体。一、漕粮开仓。先是，漕臣立置漕单，计水次之远近，较兑粮之多寡，酌过淮之程途，定限注单。运粮官奉单催取有司，惟恐兑纳稍迟。预于九月开仓，早获者，尚可卒办。晚收者，倍息贷输。不免有滥恶充数，因循塞责之弊。今议审节令之余，闰酌地方之迟早，以定限单。征粮有期，赴兑无滞，诚为漕政急务。一、附带土宜。旧例，粮船各带土宜，所以优恤旗军，使之食用有资，不至侵损正粮。然议单开载，止限以四十石者，诚恐船重难行〈校记：抱本诚作正〉，稽迟粮运，故间有多带，即追没入官。今议每船许带土宜六十石，盖以军食既先，则正粮无损。故量益其数，稍宽其罚，无非体悉漕卒，求济运务之意。”得旨：“以十月开仓，余俱如议。”

（明神宗实录，卷91，1873-1874）

180. 十月癸酉朔，己卯，总督仓场尚书汪宗伊疏轻赍折席，及给军羡余等三事：“轻赍银两，随粮征解，原以备完粮之用，例不得别项那移。今当扣算余银，解纳太仓银库。折席者，因兑米二石该席一领，折银五分，交纳太仓库备用。今当另开类解，不许混入轻赍之内，以滋他弊。旧例，以二分羡余给赏官军。今运官俱称旗军南回，不敢冒领，已经扣留贮库，不得别项那支。宜咨户部议处给散，务使旗军各沾实惠。”户部复奏如议。

（明神宗实录，卷 92，1883）

181. 十月癸酉朔，己丑，主事林乔楠管临清仓失火，延烧数多被劾。关防不谨，降二级管事。有议欲开复故河，巡抚周鉴、巡按苏民望等题谓：“开复新集，议有三难：财用不敷其难一；民力不堪其难二；且时浚时淤，其难三。至于北陈一带疏浚，难于措手，惟当各守堤防。设官于丰、砀、徐、沛，会山东、河南协修行缕二堤，俾茶城以北无冲决之虞，而浊河小浮桥，听其分流，无妨济运。”部复依拟行。

（明神宗实录，卷 92，1887-1888）

182. 十月癸酉朔，丁酉，上以两河工成，赏总督河道官潘季驯、江一麟等银币有差，仍差科道官勘实以闻。

（明神宗实录，卷 92，1892）

万历八年（1580）

183. 二月辛未朔，乙亥，工科给事中尹瑾踏勘河工完，将筑堰、建闸入海处绘图以进。因附奏：“黄淮之形势，实关国家之命脉。如知其为祖陵之密迩，则思培护之当严；知其为京师之通津，则思疏浚之当豫；知漕运关乎国用，则思河务之当修；知壤地切乎民生，则思保障之当急；知堰堤之绵亘，则思上流之当防；知坝闸之布列，则思下流之当泄；观今日之顺轨，当思昔日之横流；观土功之巨艰，当思保守之不易。择人以重其寄，久任以责其成；岁修以缉其工，综核以稽其实。”言俱切至。上留览之。

（明神宗实录，卷 96，1924）

184. 二月辛未朔，戊戌，河工告成。工部开叙效劳诸臣。上降旨褒赉之。加总河潘季驯太子太保升工部尚书、兼都察院左副都御史，荫一子升。总漕江一麟都察院右都御史、兼户部右侍郎，各银币同季驯，赐敕奖励。加漕运总兵灵璧侯汤世隆太子太保。先任山东巡抚赵贤、户部尚书张学颜、工部尚书曾省吾等，俱升俸级，赏银币有差。

（明神宗实录，卷 96，1939-1940）

185. 三月庚子朔，乙巳，工科给事中尹瑾陈河工善后七款："一、重久任以便责成。凡管河诸臣遇三、六年考满者，宜加衔管事。俟资俸最久，绩效最著，破格超擢。应补者即就近遴选。一、定法制以核岁修。令管河司道，每岁严督各该管河官，率领守堤官夫，将各边堤加帮高厚，兼裁柳苇〈校记：抱本裁作栽，是也〉，修葺闸坝。年终管河郎中会同该道核验开报，三年遣官一阅视。一、甃石堰以固要冲。高家堰近已筑塞成堤，体制高厚。既有桩板以护其外，复设官夫以严其防，然终不如石堤更可永恃〈校记：抱本如作若〉。宜于中间二十里低洼处用石包砌，令徐、颍海防三道均分道里，各派所属而董其成。一、浚闸河以利运艘。淮河一带，先年平江伯陈瑄开凿时，原恐阻浅，创立里河，岁一挑浚。今狂流既息，积沙未除，外河日深，内河日浅，宜照南旺事例三年两挑。挑期俱在通济闸筑坝之后，动支岁修钱粮，多募夫役，限一月通完。至于扬、仪河道，亦应时常捞浅，以专责成，以防冲决。河水暴决，势在速治。今后遇有水涨暴发，非司道驻扎地方，该掌印官径自派募人夫，动支物料，多方防守。如水势异常，夫料不足，听其借支贮库别项银两。一面通详司道，一面便宜筑塞，不必拘泥关白而后行事。一、防徐北以固上流。徐北黄河，旧繇萧县，出小浮桥入运。小浮桥河深近洪，能刷洪以深河，实利运道。嘉靖四十五年，河决邵家口，出秦沟入运。秦沟河浅近闸，每积淤以塞河，实害运道。

今幸复趋小浮桥，且议修筑行、缕二堤，为之捍御。而邵家坝为秦沟旧口，亦宜倍加修理，以绝秦沟上流。然有堤不守，与无堤同。今徐北至单县界，见修堤坝长一百五十余里，而夫役止七百余名，其何能济？宜照徐南事例，每里补足十名以资修守。一、备积贮以裕经费。河道钱粮，山东、河南额派原多。南直河道，起丰、沛至淮扬，延袤千有余里。淮以北，则黄河汹涌；淮以南，则湖水弥漫。葺修防守费用浩繁〈校记：抱本作修葺〉，及查岁额桩草银两仅二千有奇，加以连年灾沴，每岁征收不满数百，安能支持千里之河？宜从长计议，或河南、山东河道银两；或运司挑河盐银；或徐、淮各处钞税；或抚按赃罚，多方措处。每岁共凑银三千两为定额，解贮淮安府库，专备两河修守之费。”部臣酌议复请，上皆从之。

（明神宗实录，卷 97，1945-1947）

186. 四月庚午朔，庚午，总理河漕潘季驯疏辞恩命，辄以指画授成，归功元辅。上不允。

（明神宗实录，卷 98，1959）

187. 五月己巳朔，丙子，命挑浚白沟河以便运船〈校记：抱本命上有上字，濬作浚〉，从科臣王道成请也。

（明神宗实录，卷 100，1985）

188. 五月己巳朔，丁亥，总理河漕潘季驯奏：“复漕河旧规，六月初旬于通济闸筑坝，九月初旬开坝。”下所司知之。

（明神宗实录，卷 100，1988）

189. 五月己巳朔，庚寅，工部奏请复旧规，以清街道，列为六款：“一、疏河渠以通水道。京城北有海子，南接玉河桥。东有泡子河，西有河漕。各街俱有长沟，中城有臭水塘，此皆水道脉络。今多壅塞且有侵占者，乞逐一清查，给银开浚。一、复护墙以重保障。都城内有拦马腰墙已护城〈校记：抱本已作以，是也〉，外有沿濠河墙以护濠，今悉坍圮。且有踏成衢占城圃者，宜以三年为期估计修复。一、议垫砌以平道路。朝阳门一带粮运，经繇宣武门大街，车马蹂践日久成坑，宜令本部督五城分垫。一、别朝市以肃邦畿。棋盘街并正阳桥贸易者，不许搀入禁牌之内。一、申旧例以防侵占。凡军民盖造房屋，必先呈报街道，员外郎查无侵占方许兴作。一、专统摄以便责成。请重管理街道事权，得督察五城兵马之勤惰，而责成功。”上命着实奉行。

（明神宗实录，卷 100，1988-1989）

190. 六月己亥朔，甲辰，以淮安府安东县田荒民逃，准改折漕粮。俱于该府铸钱余利及军饷商税，并该县运军行月粮等银抵解。其本色暂借修河漕米四千石，限三年后带征补还。

（明神宗实录，卷 101，1996）

191. 六月己亥朔，戊午，先是，凤阳等处雨涝淮溢，水薄泗城，且至祖陵墀中。御史陈用宾以闻。给事中王道成因疏言：“黄河未涨，淮、泗之间霖雨偶集，而清河口已不能容泄，万一震惊陵寝诚非细故。宜令河臣设法疏导堵塞之。”总理河漕潘季驯谓：“黄、淮合流东注，势甚迅驶，止因霪雨连绵，而泗州岗阜盘折，宣泄不及，遂至涨溢。若欲更求疏浚，则下流已深，浚无可施。欲更事截塞，则上流之水势难逆堵。”该部亦以为然。复议令季驯亲诣相度。从之〈校记：抱本从上有上字〉。

（明神宗实录，卷 101，2001-2002）

192. 六月己亥朔，辛酉，吏部以总督漕河员缺，会推山西巡抚高文荐、四川巡抚张士佩。上以河漕职任繁重，宜用重臣。乃命凌云翼以兵部尚书、兼都察院左副都御史往，同潘季驯经理未尽事宜。寻改季驯为南京兵部尚书，仍令候九月间水落事宁具奏，赴任管事。

（明神宗实录，卷 101，2003）

193. 六月己亥朔，丁卯，裁京通二仓经历六员。

（明神宗实录，卷 101，2005）

194. 十月丁酉朔，辛丑，升光禄寺卿辛自修为都察院右佥都御史、巡抚保定等府兼管河道。

（明神宗实录，卷 105，2040）

195. 十一月丁卯朔，乙酉，高家堰石工将兴〈校记：抱本堰作堰，是也〉，乡官常三省等倡言有妨祖陵，具揭欲沮之〈校记：抱本沮作阻〉。河臣潘季驯疏陈其舛谬不经，且请再行勘议。上命修筑以终前功，而革常三省职为民。

（明神宗实录，卷 106，2056）

196 十一月丁卯朔，乙未，蠲免河南所属万历九年分应派河堡夫银六万两。

（明神宗实录，卷 106，2058）

197. 十二月丙申朔，癸丑，赐总督漕运都察院右都御史、兼户部右侍郎江一麟祭葬如例……

（明神宗实录，卷 107，2067）

198. 十二月丙申朔，乙卯，管河工部郎中加四品服俸……

（明神宗实录，卷 107，2069）

万历九年（1581）

199. 正月丙寅朔，丙子，户部题称："白粮原系民运，故相沿雇觅民船。万历元年，河漕诸臣谓'民船不便挨帮，题造官船。'近漕运诸臣查议，俱谓'官造船只窒碍难行'，合无仍照节年题准事例，令粮长仍雇五百料中船跟帮前进。至于雇船之疲累，运纳之困苦，委宜调停体恤，以宽民力。”上从其言。

（明神宗实录，卷108，2081）

200. 四月甲午朔，癸卯，漕运尚书凌云翼以剥船不堪，论劾原任监督参政胡定、管厂员外陈瑛督理不严〈校记：广本抱本瑛作英，下同〉，同知宋纯仁承委怠玩，均应罚治。上曰：“近来法令止行于杂流卑职，姑息于科甲要官，岂是公平正大之体？胡定、陈瑛虽已升任，还与宋纯仁各罚俸半年。以后凡有查参论叙，都照这例行。”

（明神宗实录，卷111，2121）

201. 五月癸亥朔，丙子，户部题复凤阳抚按凌云翼等奏称：“淮安府属安东县治，滨临河海。嘉靖间，河决草湾口，水势直趋该县田土。淹没后，虽筑塞冷沙淤积，不长五谷。前巡抚胡桂芳有废县之议，今两河工完，草湾口渐复淤塞，而士民安土重迁，俱不愿废。况该县盐盗充斥，废县必湏设兵，反滋多事，县治仍旧存留。惟一应差粮须破格优处，乞严敕该县掌印治农等官，用心抚绥，设法招复，勿滥准词状以生骚扰；勿过索供费以肆诛求。如三年之内民安地垦，县官疏荐擢用。不职者即行参处。”疏入允行。

（明神宗实录，卷112，2142-2143）

202. 五月癸亥朔，戊子，吏科给事中顾问言：“臣前待罪任丘，目击滹沱河每遇夏秋水涨，漂流庐舍，淹没民田，不可胜纪。而额粮见存，百姓岁苦赔垫，大半逃亡。前抚按官计议疏浚，或欲开故道；或欲开新河，未免此利彼害，以邻国为壑，终非长计。莫若将饶阳、河间以下水占之地悉让为河。动支该府节省并赃罚银两，召募夫役挑凿河身，使水有所容；创筑堤岸，使水有所束，以图永久之规，毋争目前之利。其额征钱粮若必不可缺，即于府属州县每石量加分厘，或有见淤沃壤，清查照亩起科，通融摊派。”部是其言，请行抚按查看具奏。从之。

（明神宗实录，卷112，2147-2148）

203. 六月癸巳朔，丙辰，巡仓御史顾尔行条议水次三事。一谓："小滩水次，向因河南粮户赍银至彼买米，致奸棍营求，包揽插和不堪，宜行禁戢。"一谓："遮阳海船年久损坏〈校记：广本抱本阳作洋，是也〉，宜行修葺。"一谓："运官率多衰老不堪，宜加慎选。"部复如议。因言："浙江杭、嘉、湖漕粮，本部旧差主事一员监兑，后因科臣建议停差，以巡盐御史事简，议令兼摄。而御史不能亲临，致粮米粗恶，系干国储。查有先差旧例，相应议复。"得旨允行。

（明神宗实录，卷113，2160）

204. 七月壬戌朔，壬戌，总督漕运凌云翼奏称："仪真闸税宜酌水势，不必拘泥取盈。其瓜、仪各闸坝，应归并南河郎中管理，不必添设主事。"部复如议。因言："河道岁修钱粮，宜敕督臣照各边年饷事例〈校记：广本年作军〉，岁费若干，存留若干，悉解工部贮库。遇河工缺乏，通融请给。"从之。

云翼又言："茶城至留城一带运道咽喉〈校记：抱本道作河〉，节因黄水倒灌，停淤渐高，运船率多浅阻，臣已督行司道兴工挑浚。乞照往年事例，暂停进贡船只支用钱粮，俟工完核实具奏。"章下所司。

（明神宗实录，卷114，2163）

205. 八月壬辰朔，己未，凤阳抚按凌云翼等以地方屡被灾伤，乞将今岁漕粮量改折十五万石，酌派重灾州县立限催征。部复上请。上允行之〈校记：广本抱本无行字〉。

（明神宗实录，卷115，2184-2185）

206. 九月壬戌朔，戊子，户部奏："临、德二仓，节年全收本色以防漕粮缺额。今河道通行，漕额无欠。两处积粟至一百万石，年久恐成朽腐，合无暂住本色，改解折色。俟陈粮支放过半，仍收本色为便。"从之。

（明神宗实录，卷116，2197）

207. 十二月辛卯朔，乙巳，巡仓御史顾尔行奏："内府诸库上纳最艰，小民视如天上。故歇家惶惑之说易行，而赔累至不可算。臣等裁定规则，刊榜晓谕，每白米百石，除铺垫三两，其余琐费诸款，各库俱有的额，向来积弊。一时具厘〈校记：广本具作俱，是也〉，纳户便之。人白粮旧例住泊丁字沽，复雇剥船，至通州石坝囤房堆寄。俟漕粮过尽，方行尽纳〈校记：抱本尽作进，是也〉。起剥、赁积之需，居房、火烛之患不可胜言。宜令原船直抵河西务住泊，照漕粮事例，请官船起剥载入议单，永为定规。"上从之。仍令"有指称抑勒等弊，指实参奏。"

（明神宗实录，卷119，2228-2229）

万历十年（1582）

208. 三月己未朔，辛巳，先是，河漕总督凌云翼言："清江浦河堤夹邻黄河，迩来水势南趋，淤沙日被冲刷，恐黄河决啮，运道可虞。欲于城南窑湾〈校记：抱本无城字〉，自马家嘴，历龙江，至杨家涧出武家墩，另开新河以通运道〈校记：抱本道作河〉。在司道张誉等初议，则从武家墩折而东，仍合通济闸出口。"于是，兵科给事中尹瑾议："清浦之河其来已久，河堤之外一望平田，并无冈阜遮隔。虽杨家涧新开河渠〈校记：抱本无开字〉，相距亦不过十余里〈校记：抱本无亦字〉，必清浦之堤无虞，而后淮安无虞；一河两岸无虞，而后杨家涧之新河无虞。设清浦一决，其害不止清浦而已。且粮船经由淮城，则夹带违禁易以稽查。若径由窑湾入马家嘴，则中有一河之隔，又有大湖之遥〈校记：抱本湖作河〉，脱有顽军梗悍，作奸犯科失误粮运，咎将谁归？至武家墩出口尤为可虞。盖本墩地势高亢，天将设之以屏障淮河者〈校记：广本无之字〉。墩内地高难为挑挖，墩外湖阔难以湾泊〈校记：抱本湖作河〉。冬春之交粮运紧急〈校记：广本紧作之〉，则苦浅涸。伏秋之候，淮水泛滥又苦奔冲。且武家墩与高家堰共为一堤，相去甚近，开武家墩是即开高家堰〈校记：抱本脱开以上十八字〉，则又害全河矣无已，则道济闸合流之议为可从耳。”已而，云翼请遣官往勘。给事中李廷仪、吴琯言：“今日治河之事，宜开新河以避流〈校记：广本抱本避下有黄字，抱本流作河〉，守旧堤以固清浦。武家墩不可开，新坝不可筑，事势昭然。遣官复勘徒滋道旁议耳〈校记：抱本作徒滋道旁之议论耳〉。”部复：“给事中言皆是。”上令云翼计永利以闻。

（明神宗实录，卷 122，2285-2286）

209. 四月戊子朔，戊戌，下巡漕御史提问苏州等卫、管屯掌印指挥李天祐等，坐怠惰欺罔，催征不完，为巡抚所劾也。

户部题：“管粮远者六、七千里〈校记：抱本六上有不止二字〉，近亦四、五千里〈校记：抱本作即近者亦四、五千里〉。往河道阻塞〈校记：抱本往下有时字〉，粮运多虞。荷皇上轸念国储，归并河漕督臣，专责各省巡抚及添设御史，通行巡察。各兵备画地分修，故迩年道路疏通不踰。春月俱达天津〈校记：影印本达字不请楚〉，北至白河。咫尺京师，反不能依期抵坝〈校记：抱本坝作泊〉，何也？一则起剥甚难；一则浚河不力。盖剥船仅八百，每船不过百余石。每剥往返须两日〈校记：抱本两作三〉，三百余万之粮，必欲尽用剥船。恐剥船已尽，河涨无期，转盼伏雨。时行陆运，既阻于泥泞，入仓又难于晒扬。虽捐轻赍而尽用之，亦安望米色干洁，无浥烂耶！宜令仓漕各衙门，严行沿河承委州县官，令其昼夜驻扎临河，各分信地，督催堤夫、浅夫挑浚白河一带平河〈校记：影印本此处不请晰〉，漫流浅阻，务期深阔无滞。如原设夫役不敷，许量动官银雇募协助，俟粮运完日报部议补。仍将各官勤怠酌议题请，以示劝惩。”报可。

（明神宗实录，卷123，2292-2293）

210. 六月丁亥朔，癸丑，新开永济河成。长四十五里〈校记：抱本作长有四十五里余〉，建闸三座，费银六万余两〈校记：抱本作六万五千七百八十两有奇〉。总督尚书凌云翼以闻。上以“其费省，而功速”，赏银币有差。

（明神宗实录，卷125，2339）

211. 七月丙辰朔，丙寅，漕运总督凌云翼题：“清查过庐、凤、淮扬、徐五府州，未完万历七年以前，各驿协济水夫站银，及南京兵部柴薪、直堂银，中都留守司十七卫所，未完春秋两班工价名粮、等粮〈校记：粮疑应作银〉，共五万六千九百五十七两零。一体蠲免。”部复允之〈校记：抱本允上有上俱二字〉。

（明神宗实录，卷126，2347）

212. 七月丙辰朔，辛未，直隶巡按杨楫题：“入夏以来，雨泽愆期，济宁、临清一带，闸河浅涩。提督泉源工部主事马玉麟，将南旺迤北闸座闭塞，借水南流，致北流之水粮船浅阁〈校记：广本抱本之作乏，是也〉。兖州府管河通判詹谘一筹莫措，阻误粮运。且本官物议沸腾，官守有玷，应分别罚处。仍行各管河分司官，将南旺、马场安山诸湖，逐一清查原界，集募人夫开浚深广。其减水闸坝，查有损坏，即行修葺〈校记：广本葺作理〉，务要以时蓄泄，永保运道。如道府等官因循故套，苟且了事，听其指实参奏。”疏入。下部复：“夺马玉麟俸三月，降詹谘闲散。其修湖储水〈校记：广本抱本湖作河〉，系济漕要务，其依议申饬行。”

（明神宗实录，卷126，2351-2352）

213. 十一月乙卯朔，戊午，四川巡抚张士佩题："……己，维扬古称沃壤〈校记：抱本维上有先是二字〉，而地形洼下。大海环其东，诸湖绕其西，所赖堤厚。支河通斯，田地可耕，民灶俱利。自范堤坍坏，高宝堤亦冲决不守〈校记：抱本无亦字〉，其中大小支河所在淤塞。于是，以高宝、兴泰四州县为壑，而泄水无路，民灶罹于昏垫矣。"河道尚书凌云翼言："臣等躬亲勘视，度地形，探水势，其治之道有二〈校记：广本之下有之字〉：惟疏上流使入江，泄下流使入海。沿漕堤一带之水为上流，沿范堤一带之水为下流。如西引邵伯湖之水，转南至新安湖，复东入运河，至芒稻河入江〈校记：广本河作湖〉。有余，则听其直泻，不足则引以济漕，则上流疏矣。如牛湾河、姜家堰、庙湾为三大海口，引各支河东会于串场河北，会于躬阳湖俱入海〈校记：广本抱本躬作射，是也〉，则下流泄矣。而兴化之堂子镇、戴家窑、海沟河、白驹、三十团灶，则牛湾河之支河也。黄土沟、皂角树，至冈门登瀛桥河，则姜堰之支河也。安丰镇至清沟灌铺〈校记：广本抱本沟作备〉，则庙湾之支河也。其河垛场〈校记：广本抱本垛作梁〉，至白驹场一带阻浅尤甚。又河东一带旧系粮盐大河，洪水冲决，河身与岸相平，故水不轨道而淤〈校记：抱本不下有行字〉。溪秦、潼艾〈校记：广本潼作漳，抱本作障〉、陵葑子诸湖之水〈校记：广本湖作河〉，北淹民田亿千万顷，处处俱当挑浚。俱费经营，惟是工有后先〈校记：广本后先作先后〉，势有缓急。今将范堤数十里先行修筑，使外潮不得入串场。支河六七道尽行疏浚，使内水有所出〈校记：抱本出下有入字〉。果蓄泄利便，积水可消，则海口不开亦可。如支河既通之后，水患如故，即并开海口置闸，以备蓄泄。其修筑范堤，该银四万二千四百余两。浚支河六道，该银二万一千四百四十余两。俱于盐价门租，浚河存剩银等银支用〈校记：广本无等上银字，抱本无等下银字〉。”部复：“河臣策是。定限今年十二月初兴工，明年十月报完。务须费省工坚。”诏从所请〈校记：抱本诏作上〉。

（明神宗实录，卷130，2417-2419）

214. 十二月乙酉朔，丙戌，户部题：“漕运粮米，自嘉靖、隆庆间节遭河患，各总卫所官军，率多漂流挂欠。在外官军颇有家产，有司易于追处，间或完报。南京各卫官军，原无产业。自查参以来，降级、住俸、革任，追比十不完一。今南京兵部尚书潘季驯查算明白，应照恩例复职，免追。”从之。

（明神宗实录，卷131，2431）

万历十一年（1583）

215. 正月乙卯，辛未，浚韩家口引渠，出徐州。以河防报竣，升砀山知县刘守谦俸一级。

（明神宗实录，卷132，2459）

216. 二月甲申朔，辛卯……以总督漕运兼管河道、太子少保兵部尚书兼左副都御史凌云翼为兵部协理京营戎政……

（明神宗实录，卷133，2476）

217. 三月癸未朔，己亥，工部复漕运尚书凌云翼题称：“徐州戚家港溜急，运艘难行，议开新渠建闸。境山废闸曰梁境闸、新河中闸曰内华闸、新河口闸曰古洪闸，乞移咨吏部于梁境闸专设闸官一员，内华、古洪二闸，共设闸官一员，并铸给条记。”从之。

（明神宗实录，卷135，2524）

218. 三月癸未朔，丁未，以高家堰河工成，参政舒大猷等纪录。

（明神宗实录，卷135，2526）

219. 六月辛亥朔，乙亥，总督漕运傅希挚言：“淮扬、徐州榷税，原议留三年以备河工，今十一年限满〈校记：抱本无十一二字，广本抱本年下有终字〉，若改解部不免又费区处，乞准永留。”户部复：“河漕固所当急，边饷尤不容缓。合无再留三年，满日照例解部。”报可。

（明神宗实录，卷138，2579）

220. 七月庚辰朔，甲辰，苏松巡抚郭思极、巡按邢侗题：“万历十一年，各项钱粮恩诏俱免十分之三，苏、松、常三府白粮，系岁供额数，势不可免。计数应免二万六百余石〈校记：广本抱本二作一〉，乞将起运漕粮照数免征，抵充应免白粮之数。”户部复如议。

（明神宗实录，卷139，2597）

221. 九月己卯，甲午，以河工叙劳，升工部郎中张誉为太仆寺添注少卿。

（明神宗实录，卷141，2627）

222. 九月己卯，癸卯，复设淮安府管河同知一员。

（明神宗实录，卷141，2634）

223. 十月己酉朔，己酉，以漕河高堰工完，尚书潘季驯、原任兵部尚书凌云翼等赏赉有差。

（明神宗实录，卷142，1639）

224. 十二月己酉朔，辛未，新建丹徒大犊山丹阳、黄泥坝二关〈校记：旧校改关作闸〉

（明神宗实录，卷144，2691）

万历十二年（1584）

225. 六月丙午朔，癸丑，升仓场总督、户部左侍郎王廷瞻为右都御史兼户部右侍郎，总督漕运。

（明神宗实录，卷150，2783）

226. 七月乙亥朔，壬午，漕抚李世达恭报堤河工完〈校记：广本抱本隄作堤〉，部复赏各银两有差。

（明神宗实录，卷151，2799）

227. 七月乙亥朔，己丑，黜刑部尚书潘季驯为民，从江西道御史李植劾也。植疏略曰："故辅居正，挟权阉之重柄，藐皇上于冲龄，残害忠良，荼毒海内，即斩棺断尸尚有余罪。夫何季驯昔为私党，深衔卵翼之恩，今藉恤旧，甘为蹠犬之吠。不曰居正宜抄，而曰好货贪财；不曰居正之罪宜诛，而曰损德伤体。奉差籍没诸臣〈校记：广本差作命，抱本作旨〉，少加推问。季驯又倡言惑众，至谓铜椤铁夹，断肢解体，拷毙数命，饥死十人。询之楚人，以为并无此事。季驯不惟诳皇上于前〈校记：抱本前下有日字〉，而且欺皇上于今日矣。若不速行斥逐，恐以下讪上，以臣议君，相率成风，莫知底止。"诏季驯对状，季驯遂上疏认罪。上怒，黜之，仍夺其诰命。

（明神宗实录，卷151，2802-2803）

228. 八月甲辰朔，壬子，先是，逐潘季驯等外论汹汹。谓："废辽必复居正，且戮尸。"至是，文书官宋坤发下会议辽府本。传旨："拟复废辽爵及重论居正之罪。"大学士申时行等言："居正罪状已著，法无可加。复爵一议，变皇考明罚饬法之典，开诸藩观望觊觎之端，修废第于民穷财尽之时，复废国于宗多禄少之日，举朝无一人以为宜者。即如勘事诸臣，原疏亦言居正所犯，自足丧家。辽庶所犯，自足倾国，两事原不相蒙。今既许归葬，又与花生子口粮，给伊母王氏養赡恩，已厚矣。复爵之议，臣等知其不可。"上顾左右曰："内阁言是。"乃罢复辽议，旨下廷臣翕然称服。

（明神宗实录，卷152，2816-2817）

229. 八月甲辰朔，丁巳，吏科给事中陈大科言："江南漕艘，历高宝抵淮。宝应汜光一湖浩荡无际，槐角楼一带据湖之中，其形如兜，两翼向为运道梗。所司议开越河，而一主圈田以防夹攻，一主靠堤以省修筑。昔白侍郎昂，康济一河圈田之制也。比吴尚书桂芳靠堤开越河十余年来，未闻冲圮。臣以为靠堤便。”总督漕运李世达亦然其议，部复报可。

（明神宗实录，卷 152，2820）

230. 十月癸卯朔，戊午，漕运总督王廷瞻奏：“宝应新开越河，分为三工，每工司道二员，相兼总管。”报可。

（明神宗实录，卷 154，2851）

231. 十一月癸酉朔，丙戌，礼部仪制司主事陈应芳奏：“顷见漕臣开越河一疏，其称：‘论方取土以丈计之，约用工银九万六千有奇，而木石之费十二万。’其派夫必得五万人，而后可窃意。夫以五万每名日工食二分，则当一日千金矣。是所谓九万六千者，止可供五万人三月之费。借曰更番迭用，亦止足供六月之食。大约计之，则九万六千者，可足一年夫役之募乎？其不足者，抚按自有处乎？抑令民自为赔也。臣往见河工之举，抚按下之司道，司道下之州县，州县下之里甲，里甲不足，于是以家赀之上下，为出夫之等第，籍名在官，而趋之役。牌票追呼之扰，遍于闾阎；呼号怨谤之声，盈于道路。其状有不可胜言者。此籍名之苦一也。及其不可脱，而为之办。夫一夫远者，月有一两二钱之值，近者月有九钱之值，有称是。而计月以安家之值，以一家为率办夫五名，则月几十金之费矣。往往倾赀以偿其费，不则鬻产又卖子女。数月之间，闾阎一空，此雇夫之苦二也。及其以应雇之夫，而往即工所也，多方影射，百计索求，一不遂，则鞭挞之。夫往往多逃去，则以逃夫呈而移檄州县逮之。原籍名之人，则又雇夫以补其额。而就逮之费，亦复如前，是重困也。至于官银，即使尽所议者给之，犹不足以偿十分之一。而况所给者受值之人，非出值家也。以故不才佐贰，通同省祭，恣意侵克。以故官徒有募夫之名，而害归于籍名者之家，利入于管工者之手，此赴役之苦三也。请以三策筹之，与其使当事诸臣，阳为节省之虚名，而闾阎小民，阴受包赔之实害，则孰若照粮起科，明为加派。而以九年、十年拖欠存留钱粮，酌为蠲免其旧，而加派其新，人情未有不乐从者。至于东南孔道，各省协济之银，揆之事理，必不可无。昨抚臣议五万，臣犹以为少。奈何不允而使独累淮阳赤子也。夫钱粮足，则官操其值以募人。如各驿递等夫，则非以厉民，而且养民，此理之正策之上也。瓜、仪巨商大贾，往往有建寺修桥者，向倭夷之变，扬州外城，俱系盐商倡筑。不期月而集，或悬旌表之令，开事例之门；或授以冠带，或给以旌匾，必有应之者。而往来商船，除钞关外，量于湖口抽其税课，以佐急此事之权，策之次也。如其不责名实，而曰加派，不可协济，不可事例，抽税又不可，而忍听民自为赔焉！此则可谓无策矣。"工科右给事中冯露亦言："总漕侍郎王廷瞻三议，欲将旧堤备用之石加之新工，以石砌潭。原议者八，今减而六。反覆陈旧堤之石，不可移八，潭之砌不可已。"工部复，给事、主事言皆是。报可。

（明神宗实录，卷 155，2862-2864）

232. 十二月癸卯朔，丁巳，工部侍郎何起鸣条陈营建大工十二事："一、议办物料。砖须有声无孔，石须色鲜体坚。一、议贮物料。贮于昭陵神马房、西井两庑空房。一、议运物料。遇大雨时，行水路运至汤山及朝宗桥……"

（明神宗实录，卷 156，2883）

万历十三年（1585）

233. 三月壬申朔，己卯，诏："改折各省直万历十三年分，起运漕粮一百五十万石，甲字库绵布一十万二千四百一十匹，承运库绢四万三千五百二十有二匹。"采户科给事中萧彦之议。时，万历十二年年终奏："缴岁出浮于岁入一百一十八万，国用不足也。"

（明神宗实录，卷159，2921）

234. 四月壬寅朔，辛亥，问刑条例书成。先是，礼部修大明会典，移咨刑部。于是，尚书化与吏部尚书巍辑嘉靖三十四年以后诏令，及宗藩条例、军政条例、捕盗条格、漕运议单、与刑名相关者，律为正文。例为附注凡三百八十二条，刊布中外。问刑衙门奉书从事。

（明神宗实录，卷160，2932）

235. 六月庚子朔，壬子，宝应越河工成。先是，宝应有汜光湖，素称重险。国初平江伯（陈）瑄，筑石堤于湖之东，蓄水以为运道。上有所受而下无所宣（按：宣应为渲）。因决为八浅，汇为八潭〈校记：广本抱本八作穴，误〉，则兴盐诸场皆没。而淮水又间从周家桥漫入，汹涌排空。万历十年，一日而毙者千人，十二年粮艘溺者数十。总漕李世达、按臣马永登、盐臣蔡时鼎，议于石堤之东开越河以避其险，乃命工科给事中冯露往视之。河身长一千七百七十六丈。凡为石闸二，减水闸三〈校记：广本抱本二作三，三作二〉，为堤九千二百四十丈，石堤三千三十六丈，子堤五千三百九十丈。费公帑二十余万，民不知役。总河王廷瞻以闻，赐名"弘济"。

（明神宗实录，卷162，2963-2964）

236. 七月庚午朔，甲戌，故太子少保、刑部尚书潘季驯，为李植所参，削官夺诰。至是御史董子行疏理其罪，而御史李栋讼其功。董之疏曰："臣观植论季驯不过二端。冯邦宁之狱，圣躬偶违和，则纵之；圣躬万安，则拘之。以是为无君，一可罪。轻信人言，谓张居正家属毙于狱者数十人，二可罪。以二罪较无君之罪大，轻信之罪小。乃今一年之后，是非颇定。咸谓罪之大者，非真罪之；小者，为真罪，非真而显斥之，罪非大而重法之，陛下必有不忍于心者矣。"李之疏曰："臣栋行部淮安，闻隆庆间河决崔镇，运道为梗七八年〈校记：广本抱本年下有来字，是也〉。民居既宅，河水安流。修筑十万五千余丈，经营一千三百余里。两河之岸屹如长城。咸曰：'此潘尚书功也'。昔永乐间〈校记：广本抱本乐下有年字〉，工部尚书宋礼治通惠河功成〈校记：广本抱本通惠作会通，是也〉，而未易名。皇上允督臣万恭之请，予谥予荫。今季驯之功不在礼下，又当身存之日，使与编户伍，宁不堕诸臣任事之心，失朝廷报功之典哉！"疏入，俱夺俸一年。

（明神宗实录，卷163，2975-2976）

237. 七月庚午朔，壬午，升管理中河工部都水司、郎中陈瑛为山东参政管漕运事。

（明神宗实录，卷163，2977）

238. 七月庚午朔，戊子，论宝应河功。河道都御史王廷瞻升户部尚书、兼官巡抚如故〈校记：广本抱本官作管〉。总督漕运、太子太保灵璧侯汤世隆加少保。中河郎中许应逵加正四品服俸。京堂内推补先任中河郎中陈瑛、主事罗用敬、兵备副使莫与齐，各升一级。海防兵备按察使舒大猷升一级，照旧致仕。故漕储左参政冯敏功，赠太仆寺卿，淮安府知府张允济升服俸一级。与尚书杨兆、王遴、李世达、何起鸣等，各赏银币有差。因诏以后河功、边功疏中，不得叙内阁辅臣。

（明神宗实录，卷163，2979）

239. 九月戊辰朔，壬辰，改总督漕运、户部尚书王廷瞻为南京刑部尚书。

（明神宗实录，卷165，3007）

240. 十二月丁卯朔，丁亥，总督漕运、户部尚书改南京刑部尚书王廷瞻，疏辞新命……上皆优诏答之，不允所辞。

（明神宗实录，卷169，3060）

241. 十二月丁卯朔，壬辰，命湖广总兵怀宁侯孙世忠提督漕运镇守淮安。

（明神宗实录，卷169，3061）

万历十四年（1586）

242. 正月丙申朔，己酉，工部复直隶巡按苏酂题："少卿徐贞明奉命经略水患〈校记：抱本患作利，次行同，是也〉，穷源溯委，遍历周咨，措处财用，一一列款，于畿甸水患大有裨益。一、疏浚深州、霸州等处河道。共该夫役银一万九千三百一十三两一钱。除霸州道属见有堪动官银三千七百八十两余，于真定府存留赃罚银内，动支二千两，保定府五千两，河间府八千五百三十三两一钱，凑足前数委官及时兴举。务要挑浚如法，河流通利。一、疏浚安州、雄县、保定等处河身及挑筑束鹿、深州河堤。所用人夫随便役民，其工食之费，要于各府州县积谷内酌量动支。仍劝谕富民有能慕义倡众损赀助役者，酌量旌异以示劝率。一、修建河间、任丘桥梁及垫筑道路。共该银三千六百八十八两有奇〈校记：抱本三作二〉，宜暂借该府官银抵用。一、挑复河间、献县滹沱旧行子牙河之道。因路远工多难以骤举，宜行抚按转行道府估工议费，另行题请。”俱从之。

（明神宗实录，卷170，3069-3070）

243. 四月乙丑朔，乙丑，兵部复太仆寺卿魏时亮题议数事。内有谓：“南京、苏、杭进御袍物，黄马快船多有私载，骚扰驿递，害民犹烈。乞令巡按简查封记（按：简似为检，下同），查拨船只，不许夹带骚扰。有谓‘种马当复，欲令民间自养’，宜行查议。”有旨：“黄马快船装解上用钱粮，原无简查事例，但禁戢不许沿途骚扰。余依拟。”

（明神宗实录，卷173，3162）

244. 五月乙未朔，己酉，兵部题南京兵部右侍郎顾章志奏称：“黄马快船均系进贡等用，岂宜苦乐相悬？揆其所由，盖江、济二卫马船，工料派之湖广、江西等处征银解部，召募水夫。故岁给工食，月支口粮。船有损坏，官为修造，未尝有害，是以人皆乐役。至若黄快平船，则于南京锦衣等卫审编小甲、帮甲名色，领驾出差，方有行粮之给。撑驾又费雇觅之资，而各船皆自行修造，差官又从而需索科派，无有穷已，害及六七万户。若因循不早为救处，将不知其所终矣。相应酌处，将快平船通免审甲。每船一只，编银三十两，以贫富为差等征银解部，以为募役工食之资。其下江大马船，减去二十四只，改作进京小马船数。原额进京快平船五百只，于内减去二百九十只，止存二百一十只，永为遵守。”俱从之。

（明神宗实录，卷174，3203）

245. 五月乙未朔，癸亥，云南道监察御史毛在题：“臣巡按贵州，事竣报命。路由运河，见水道浅涩，粮艘壅滞。当事诸臣随事料理，悉心计议。粮船之进，不宜专急于过淮、过洪，先须通其咽喉，使闸河无碍。”上令该管稽察整理。

（明神宗实录，卷174，3209）

246. 六月甲子朔，甲戌，以南京户部右侍郎杨一魁改户部右侍郎兼都察院右佥都御史，总督漕运、提督军务、巡抚凤阳等处，兼管河道。

（明神宗实录，卷175，3219）

247. 六月甲子朔，壬午，两淮巡盐御史陈遇文奏："……又议，漕河大臣题自万历九年为始，每岁于盐单内，每引四斤共征银一万八千两，并课税银三千两，河道银九千两，共银三万两，以为河道岁修之用。节年因掣盐缺额，难以取盈，致借运司开荒银三万二千一百余两〈校记：抱本作三千〉。正盐逾壅，欲将加带盐银一万八千两停征，仍余银一万二千两，将徐、吕二洪逃亡洪夫，及灵璧县逃亡堤夫银，徐属派剩麦银，共三千四十两二钱抵作加带盐之数〈校记：抱本带下有引字〉。不足者，听漕河衙门随宜取用。倘遇重大工程，比例题留赃罚船税并漕粮应用。"部复谓："河工、盐法均系国家重务，似难轻议。徐、吕二洪省剩银，皆系额设备用，难以那移，合行查议。余俱依拟。"上从之。

（明神宗实录，卷175，3224-3225）

248. 七月甲午朔，甲午，先是，六月二十二日夜，风雨大作，通州石、土二坝撞沉粮船一十一只〈校记：抱本土作王〉，巡漕御史报闻。户科议："风雨骤至，虽系天时之适，然亦人事之未周，运臣宜参究。"上谓："抵坝粮船每有损失，宜从长计处预备。"

（明神宗实录，卷176，3235）

249. 七月甲午朔，丙辰，户部题："归德卫运船七十七只，原非旧额。只因成化年间徐、泗二卫灾疲缺军，乃将前船改拨该卫，暂为代运。万历十二年，漕运都御史李世达议，将该卫原领运船七十七只内，拨三十九只于该总，旧例改折减存。船内驾运尚余三十八只，仍令归德卫军领运。今漕运都御史杨俊复称〈校记：抱本俊下有民字〉：‘该卫军逃过半，委不堪运’。欲将原遗船三十八只，除减存一只，实在三十七只，仍尽拨临清等七卫。原减存船内，领运各军名粮，仍照常赴该管有司支解淮库，听修船以补该总。办料原额，在归德卫既非正差，则历年挽驾，诚系无名之役。在临清等卫，原系领运，今就便改拨，又非分外之加，且不出该总之内，而彼此调停，永无偏累之苦，是诚有裨漕计，而为经久可行者。”上是之。

（明神宗实录，卷 176，3263-3264）

250. 七月甲午朔，辛酉，户部复：“浙江抚按以运船缺损数多，料银无从凑处，欲将今岁漕粮十分之内，改折一分三厘五毫，其缺船数限以二年补完。查漕粮改折，原无五钱之例，姑准比例万历十一年，恩诏不分兑改，每石俱折银六钱，其改折行粮照例免征。”从之。

（明神宗实录，卷 176，3267）

251. 八月癸亥朔，乙丑，兵部复得兵科给事中邵庶题称：“运粮把总往返既有路费，乃重冒领漕运勘合，逐项折乾并充私囊。各总每船索取帮银，蠹国病军，乞要严行痛禁，以省糜费，以苏军困。相应依拟。”从之。

（明神宗实录，卷 177，3271）

252. 八月癸亥朔，癸酉，户部复户科都给事中田畴题：“添设号房以便起剥。石坝宜增建一十五间，通共六十五间。土坝地窄，除旧号房三十六间，今议量买民居〈校记：抱本居作房〉，盖造号房十四五间。善济等四闸，各建大号房六间，约可容米五千余石。如漕粮一时起运不及，暂行堆顿以避风雨之患（按：顿应作囤），是亦先事之防。”从之。

（明神宗实录，卷 177，3277）

253. 九月壬辰朔，壬辰，户部复应天抚按题："苏州府嘉定县僻居海徼，原不产米，往年兑运转于他方，易买苦于办纳。议将该县万历十四年分，应征漕粮，照例尽行改折。且该县节年改折银两并无逋负，要自万历十四年为始，再折三年。以后再议题请，相应依拟。"从之。

（明神宗实录，卷 178，3295）

254. 九月壬辰朔，甲辰，户部复河南巡抚袁贞吉题称："开封彰德、河南南阳等府，并汝州州县卫所共三十七处连灾被灾〈校记：北大本抱本连灾作连岁，是也〉，百姓苦于征办，议蠲议缓既非所宜。所请改折似应俯从。合无将十四年应运漕粮三十一万石，再准全折一年。其内应上边仓之数，仍照上年于江北州县内派拨，以便运纳。既无损于岁输之额，又可以苏灾困之民，一举两得。相应依拟。"上是之。

（明神宗实录，卷 178，3314）

255. 十二月辛酉朔，壬戌，户部题："临清两仓，岁收山东、河南粟米一十九万四千四百名〈校记：抱本名作石，是也〉，原为预备拨补漕粮之数。迩年漕运依期，无藉拨补，遂致两仓粟米积久成腐。今议每年二仓共留米五十万石，以备灾伤改折。凑补余米支运太仓，即以太仓免运米内，照数改折解贮太仓，以为前项官军四月、十月折色之用。"上从之。

（明神宗实录，卷 181，3373）

256. 十二月辛酉朔，甲戌，发临、德二仓米于大名等处，为明春鬻粥之用。俞抚按请也。

（明神宗实录，卷 181，3380）

万历十五年（1587）

257. 正月庚寅朔，戊戌，刑科给事中李国士上言〈校记：馆本士字残缺〉：“先年河决桃源崔镇口等，与高家堰、黄浦浅诸处，徐、邳间俱成巨津〈校记：抱本津作浸，是也〉，赖旧总河臣潘季驯创建遥堤、修闸坝、筑堰口、导汜滥，东归云梯关入海，五、六年来无水患。顷秋水霪潦横流〈校记：抱本无霪潦二字〉，河决万家口，凡百余丈。诸臣用力葺塞，稍得缓流，可用决排之力。若春涨波涛汹涌，新塞之口必决，值粮运未过之日，深为可忧。非严饬该衙门官员乘时修治不可。”上曰：“河渠岁修，先年漕臣题有旧例，着该衙门严督所属用心，毋得怠弛。”

（明神宗实录，卷 182，3390-3391）

258. 二月庚申朔，乙亥，户部复漕运都御史杨一魁等题称：“淮扬地方旱涝相仍，米价腾贵。乞将淮、大二卫，见运苏州府，未经过淮兑运漕粮内，量留四万石，分派缺米地方平粜。每米一石，运耗轻赍折银七钱，共该银二万八千两，借动赃罚等银，折价解部以补漕额。”上可其奏。

户部题：“辽东去年水灾，原议留贮通粮一十万石，不足辽军两月之饷。乞将新运漕粮共留二十万石贮天津仓，以待辽东军兵自运。又乞发去粮米，每石一平一尖，运粮船只仍准带货以为工食。每石折银六钱事例，于该镇应发年例军饷银内，照数扣银三万六千两，解发天津仓极放军七月粮。再扣银六万两留贮太仓银库，以备四月、十月折放官军月粮。”从之。

总督漕运巡抚杨一魁奏：“淮安自新河永清闸越城，历高堰达清口，溯清江出草湾繇赤晏庙，以至安东。复繇高岭、马家湖、蒯家洼、张家洼、柳浦湾、范家口、海神庙、礼字坝、遗惠庄、临淮庄以至西桥，往回四百余里。河势有曲折，地形有高下，堤防有缓急。数年以来，堤溃于冲激，地易于陵谷。昏垫之后，下民其鱼。待决一口，方修一口，不惟钱粮糜费无纪，而运道所关，皇陵所护，民生所系匪䌷务也〈校记：抱本䌷作细，是也〉。今议，清河上黄河独行，堤制无虞；清河下黄淮，合流水涨堤微。计今查前项工程，虽用至七万余两，而淮、杨百万生灵，可免胥溺之患。其召募人夫，择日兴工，估该实用工费银七万一千六百九两零。将淮安府库贮修砌归仁堤支剩银料八千两，工部事例银二万二千两尽数动支而施为之工。一曰修高家堰以保上流；一曰砌范家口以防旁决；一曰疏浚草湾以杀河势；一曰修礼字坝以保新城；一曰买办物料以杜冒破；一曰分定委官以便责成。”有旨：“堤堰修防事宜，依议举行。先年开浚草湾不久淤塞，虚费钱粮。应否再加疏浚，还着漕运等官详议停当具奏。其余河道工程，俱要查照成规，用心保守，毋得疏虞。”

（明神宗实录，卷183，3419-3421）

259. 三月庚寅朔，壬辰，工科给事中郭显忠上言：“河工，每当伏秋防守水之暴涨，也不过旬日。其溃决多繇堤顶漫流，其直射扫湾，而决者绝少。今石砌范家口等堤工或难卒办〈校记：抱本无工字〉，不可拘限。必先就卑薄要害处，尽行加帮且清挑，而上河道已成，使秋涨不决，则水流愈急。水流急，则刷河愈深。刷河深，则海口愈阔。盱、泗、高宝等处，自可无虞。至原设堤、浅夫约二千名，趁此画地分工，及至伏秋，令各管河佐贰带领。原设浅夫，使自防守，亦可保无事。然沿河疲民困苦尤甚，其施为之时，只宜召募游民，不可佥派以滋骚扰。”命下所司。

（明神宗实录，卷184，3429-3430）

260. 三月庚寅朔，辛亥，以巡抚辽东右佥都御史张西铭为巡抚保定等处，提督紫荆等关兼河道。

（明神宗实录，卷184，3443）

261. 三月庚寅朔，壬子，诏工部官："京、通二仓廒座〈校记：抱本廒作厂〉，工科用银数多，不无虚冒糜费。以后务照编定字号，及将经手员役严行查考。如有不久损坏，及各项情弊，该管侍郎同科道官指名参奏重治。"

（明神宗实录，卷184，3445）

262. 四月庚申朔，癸酉，铸管理漕船钱粮关防一颗。

（明神宗实录，卷185，3462）

263. 四月庚申朔，丁亥，工部奏："黄、淮二渎，逼近祖陵，关系甚重。是宝应以下盐河，兴化一带海口，应浚、应通，合咨漕抚、巡按衙门，管河司道议之。淮、扬水患，西南有淮、泗；西北有黄河；高宝、江都，有西山诸湖之水以冲动漕堤〈校记：抱本湖作河，疑误〉，湮没民田，已非一日。闻宝应至广洋〈校记：抱本洋作泽〉、射阳、与高邮、江都，各路皆有入海，惟支河淤塞而不通，故湖水泛滥而无归。为今之计，又当备查疏通支河海口，不患其不深矣。"

（明神宗实录，卷185，3471）

264. 六月己未朔，己未，户部题复："轻赍银两，每年类解漕司，分为三七。三分给帮运本官，以备沿途支费。如遇盘剥，俱要呈明督押参政，或管理河闸仓钞部属，及兵备等官批与执照，方许动支，然此天津迤南事也。天津迤北，设有官船。船户各有专辖，其脚价随地远近以为多寡，载在议单。运官不得另雇民船以滋糜费。自桃花浅，至王家摆渡等处，俱呈请钞关主事。自里二泗至西坝，俱呈请通粮郎中。不许奸顽旗军，卖私货以图尽剥〈校记：抱本尽作书〉。"从之。

（明神宗实录，卷 187，3491）

265. 六月己未朔，丙子，户部复漕运御史杨一魁、总兵怀宁侯孙世忠题："一、革通漕宿弊以苏运军；一、委把总长摧以便责成〈校记：抱本摧作催，是也〉；一、设总兵公署以省冗费；一、处运官盘费以杜科扰；一、免参政入京以速新运。"命如议行之。

升……通州张家湾守备指挥使罗希周为五军九营游击。

（明神宗实录，卷 187，3507-3508）

266. 六月己未朔，甲申，命："临清钞关应征船料商税，自万历十五年七月初一日为始，逐年本折兼收。一半折色，解银太仓，其一半本色，查照见年事例，除七分扣二分外〈校记：抱本二作三〉，将应解钱钞，责令经收库役照数买完（按：影印本役字不清晰）。每年分为两次解送广惠库交纳。凡河西务、浒墅、九江、淮安、扬州、北新等各关，亦照此例。"

（明神宗实录，卷 187，3511）

267. 七月戊子朔，癸巳，浙江巡抚温纯、巡按傅好礼会题："嘉、湖二府，白粮船一百二十五只。各关征收钞税及临清带砖费银，约一千八百余两，议照漕粮事例免征。"户部复奏："自万历十六年为始，嘉、湖白粮船到关躬亲查验米，所带土宜止四十石。照原题免税放行如数外，夹带私货，照漕船私货事例，以一半入官，仍治其罪。其过税银〈校记：抱本其下有经字，是也〉，嘉兴府于夫车官银减征，湖州府于粮户各免出办。至于带砖一节，寿宫用砖方急，相应照旧。待落成之日，每船量减四十块，以二百块着为定例。苏、松、常三府，各有白粮，其免税带砖及减派船价，悉照今议。"报可。

（明神宗实录，卷 188，3518-3519）

268. 七月戊子朔，乙卯，户部题复巡漕御史吴龙征、巡仓御史傅霈各题："粮船抵坝，于七月初九日夜，霪雨大作，冲滚浙东等总、衢州等帮，粮米八千一百七十二石一斗二升零。乞照议单，将免运京仓减除。通仓通廒不足，仍上京仓。免晒省出脚耗折米处补漂数，及扣除官军应给羡余买补上纳。夫事把总等官李皆春等二十三员，俱漂数不合，参格免究。把总孙逢吉、指挥刘执中，漂失正粮踰数，例应降级。其淹溺旗军及外水男妇小口，并要破格周恤。"上以"粮船已经抵坝，骤遇水冲。与在途漂流疏玩作弊有别，孙逢吉等姑各降俸一级"。

（明神宗实录，卷 188，3533-3534）

269. 八月戊午朔，癸亥，工科都给事中常居敬等题："开封等府，陕州灵宝等州县，自七月初十等日霪雨，黄河泛涨，冲决堤防，漂溺人畜。乞敕河南、山东，凡有河道地方，除管河副使专理外，各守巡道，照所管地方，分工督理，卷扫筑坝，补隙塞决。明立赏罚，昼夜并工，务俾安澜，无贻漕患。"工部复奏。从之。

（明神宗实录，卷 189，3545-3546）

270. 九月丁亥朔，辛丑，兵部复蓟辽总督张国彦题："通州城，周围共长一千七百六十八丈二尺，除量行剜修，不议工科外〈校记：抱本作工料，是也〉，实应折修补修者，共用银四万一千五百四十二两五钱九分四厘。查将户部商税、船价银一万五千两，兵部马价银七千七百四十两〈校记：影印本七字不明晰〉，为修城之费。尚少一万八千八百余两，听抚按多方计处。合用通、津营军四千名，免上边差操。合用米二万一千六百石，于通仓支给，限十六年三月兴工。"报可。

（明神宗实录，卷 190，3565-3566）

271. 九月丁亥朔，乙卯，是日，文书房官口传圣旨："河道岁用多少钱粮？如何常有淤阻？沿河该管官曾否开报？着工部查职名来看。”工部列名以奏。得旨：“近年河道安流，该管官不无懈弛。间有淤浅，亦不即行开报疏浚，致有阻滞。仍通行严饬，有怠玩误事者，该部科指名参奏。”

（明神宗实录，卷190，3572）

272. 冬十月丙辰朔，辛酉，先是，黄河暴发，将原修镇河堡西岔河大堤并拦水堤冲决，巡抚以闻。夺督工官指挥陈勋等俸半年。仍条四事曰：“酌堤防、储草柴〈校记：抱本作柴草〉、专责成、宽期限。”从之。

（明神宗实录，卷191，3579）

273. 冬十月丙辰朔，乙亥，大学士申时行等题：“国家运道全赖黄河。河从东注，下徐、邳会淮入海，则运道通；河从北决，徐、淮之流浅阻，则运道塞，此咽喉命脉所关，最为紧要。先年河尝北决张秋，决金龙口等处，皆命大臣往治。夫役钱粮动以数十万计，然后成功。嘉靖以来，河之冲决多在徐沛以南。自朱衡开南阳新河，潘季驯塞崔镇，筑高堰以后，河道安流，粮运无阻。故近年以来，惟见下流之通，而不虞上流之害。河南一带地方，修防疏弛，堤岸卑薄者间亦有之。今年河流散漫，自开封、封丘、偃师等处，及直隶东明、长垣地方多有冲决。失今而不治，明年河水再至，势将北徒〈校记：抱本徒作徙，本页后四行同，是也〉。正流不下徐、淮〈校记：抱本正作上，误〉，则运道甚可忧虑，此不可不亟为之图也。查得先年设有河道都御史，凡河南、山东、南北直隶，河漕经行之处，皆属统辖。近来裁革此官，分属各巡抚管理。责任既分，事权不得归一。今黄河冲决多河南，而余流所及又在直隶。若冲安平、曹、濮，又在山东各该巡抚，虽已委官相视，画地修筑，然或彼此不相照应，万一推诿，必致误事。臣谓，河道未至大坏，不必复设都御史，但差风力老成给事中一员，往河南等处，踏看冲决处所，稽察各该管河官员，就便催督兴工。各处钱粮，会同巡抚官随宜调发，期以初春起工〈校记：抱本期作限〉，夏间毕事〈校记：旧校改间作间〉。即伏秋水发，河流不至北徙，徐、淮以下自然安流，而运道可保无患矣。”是日，传谕工部：“朕闻河南等处地方，黄河漫流，先年旧堤多被冲决，即今曾否修筑，未见奏报。着各该抚按官，督率管河官员用心经理〈校记：抱本用作同〉。还选差风力老成给事中一员，前去各该地方踏看，并催督工程。如有怠玩旷职，推诿误事，以致妨害运道者，即指名参奏拿治。”

（明神宗实录，卷191，3594-3596）

274. 冬十月丙辰朔，丙子，工科都给事中常居敬陈河道事宜：“一、开报之当时。议令管河司属各官，将河道有无通塞，河工有无修举，俱季报部科，以便查考。一、钱粮之当稽。议令河道诸臣，一切岁修经费，年终明开条件，具疏奏闻。奏册、青册〈校记：抱本青作清〉，部科备照。庶因钱粮以稽河工，而虚冒之弊可免。一、责成之当严。议令管河府州县官，查照典制，各住分管地方，不许别项差委。督抚管河司道，时常巡视，督率修防，遇有涨决，一面具报，一面兴修。如废职怠事，即据实参奏。一、河臣之当择。议令河道员缺，容本部查司属中，才望相应者，咨送吏部，勿泥资序。”部复如议。

（明神宗实录，卷191，3599-3600）

275. 冬十月丙辰朔，己卯，敕工科都给事中常居敬查看河道，催督工程。命礼部铸给关防。

（明神宗实录，卷191，3602）

276. 十一月丙戌朔，戊子，工部复总督漕运杨一魁题、挑浚帮筑事宜。“一、草湾口应量挑东岸长二百六十丈，西岸长四百丈。工料银共六千一百四十四两六钱零。一、崔镇、徐昇、黄家嘴三坝，止折石从下另砌量浚〈校记：抱本折作拆，是也〉，引水支河〈校记：抱本支作交，疑误〉。一、祖陵东南护堤外，用荒石砌子堤一道，高四尺，根阔三尺，长与大堤等。工料银三百一十七两零。一、挑浚淮安府临城涧河四千二百丈。计工料银四千四百四十八两四钱。一、帮筑范家口堤坝。除原估银四千余两外，续用过工料等银六千余两。一、包砌清河口惠济祠前里河堤长五十七丈。砌石高一十二层。本祠后外河，长五十四丈五尺，砌石高一十三层。工料等银共二千五百九十九两六钱四分。一、天妃坝加筑平满排钉、椿木〈校记：抱本椿作桩，是也〉（按：影印本及校记椿字不清晰），内外用石包砌坚固，以防冲洗。各项工料共该银一万九千五百九两零〈校记：抱本五作三〉，俱于原题浚草湾未用银两动支。其折改崔镇等坝〈校记：抱本折作拆，是也〉，并筑砌天妃坝计费不多，俱与河道岁修银内酌量支用。”得旨：“崔镇坝应否改折〈抱本折作拆，是也〉，候差科臣到彼再议定夺〈校记：抱本彼作后〉。余依议行。”

（明神宗实录，卷 192，3609-3610）

277. 十一月丙戌朔，辛卯，诏：“河道堤防节年修筑不坚，以致冲决。该管官五年内者，巡抚夺俸三月，道官降俸一级。内养病致仕者，不许推用。见论劾者，从重议处。余年远者姑免究。”

（明神宗实录，卷 192，3612-3613）

278. 十二月乙卯朔，丙辰，诏以“管修筑黄河堤岸府佐官，如有升迁行取，不许离任期。来年三月通完奏报。”

（明神宗实录，卷 193，3624）

279. 十二月乙卯朔，丁卯，工部题泉河闸坝事宜。“将卫水先尽漕运，勿以灌溉相妨。茶城口务保万全，勿以苟且塞责。坎河口作何捍御，使蓄泄可恃？管泉官作何责成，使职守不堕。至闸河禁例奉有累旨：一应官民船只，待积水而行，有违抗争先者，毋问官豪势要，径呈本部以凭参治。”从之。

（明神宗实录，卷193，3630）

280. 十二月乙卯朔，辛巳，改南京工部右侍郎舒应龙为户部右侍郎兼佥都御史，总督漕运。

（明神宗实录，卷193，3635）

281. 十二月乙卯朔，甲申，工部复督理河工给事中常居敬，“议于大社集南新修月堤之内，复取土填实深潭，再加筑堤，以联旧址。次将大社集以东，至白茅集百余里堤，议旧增修。其毛家潭三尖口等处决口，与东明县护城堤并议修筑。土方工食俱于该府库贮、嵩草及存粮银内如数动支〈校记：抱本草下有内字〉。”上从其议。

（明神宗实录，卷193，3636-3637）

万历十六年（1588）

282. 正月乙酉朔，癸巳，工部复总督漕运、右佥都御史杨一魁条陈十事：一、改闸座以便防守。谓：“古洪当黄水之冲〈校记：抱本水作河〉，为入运咽喉。闸制上阔下狭，闸板难下，水入易游。且石座太低，一遇泛涨水从上漫，千夫辟易，无可奈何。欲将前闸乘时改修，高下广狭务俱一律，此计之善者也。”拟允行。一严启闭以杜淤垫。谓：“古洪、内华二闸，建设之初，原为伏秋水涨，恐致漫淤。闭闸坚守，不得擅开，以严其防也。但地居冲要，官使猬集，势难阻遏。欲比照淮安通济闸事例，每年于六月终筑坝，不许擅开。即贡解船只，亦酌量盘剥，此固为运道完计。第官民商贾国课攸关，一旦筑塞，不独困商且税额缩矣。况贡艘旧屯留京，又不可辄议乎！”拟仍旧。一、开支河以备缓急。谓：“运舟自茶城入闸乃其故道，与河隔远。自河决秦沟，改繇浊河口入徐淮，乃与茶城紧相对冲。又戚家港湍溜难挽，舟多覆没。前道臣舒应龙，另开塔山支河颇称利便，而坝闸未建旋复淤阻。中河郎陈瑛始开古洪、内华，以代塔山，五年于兹，而复遭淤塞，安可不为之计也？欲挑浚塔山支河，建立坝闸，令与内华相等。八九月后，公私船只两道并出，固亦有见第。闸河水泉不多，分而为二，不识能常继否？”拟会勘。一、移官夫以资策应。谓：“古洪、内华堤夫六百名，伏秋水涨修守不足，且责闸官以调度弗能也。欲将吕梁洪夫分调一半，移住古洪以资修浚。管河同知原任邳州者移住境山，遇有紧急往来督视，固属远虑。第吕梁、古洪相去颇遥，安土之民难以骤徙，与职官改驻不同也。”拟会勘。一、复故道以定长策。谓：“黄河旧出小浮桥，水势顺利运道安行，累岁变迁致梗运道。虽建闸启闭，独时淤塞〈校记：抱本独作犹，是也〉，非本计也。欲修复故道，自归德以下丁家道口，浚至石将军庙，令河仍自小浮桥出。若抚按各为其民，则止浚砀山韩家口河五十里，诚亦有见第。其费有出与否，其道可开与否，宜行令抚按勘科酌议以请者也。”议会勘〈校记：抱本议作拟，是也〉。一、放浊溢以固堤岸。谓：“黄河缕堤修筑加高，而堤内洼下。夏秋间河水外涨，雨水内浸，其堤易坏。欲仿拷栳湾堤势〈校记：抱本作栲栳湾，是也〉（按：校记对拷栳校勘看不清晰），将徐、邳一带堤内洼处，春间开泄水〈校记：抱本开下有口字，是也〉，其与遥堤隔远者，从便筑小月堤以防其溢，此计之便者也。”拟允行。一、引沁水以济卫河。谓：“黄河挟沁水入卫，繇天津下海久矣。自河徙，而沁与俱南，卫水时苦涸竭，其流独也。欲仿徐有贞广济河之势，引沁入卫，不使助河为虐。且乘武陟间沁水方决，因便疏浚，万夫一月之力耳，固此有见第〈校记：抱本此作自，是也〉。考先臣黄绾、霍韬并有分沁入卫之议〈校记：抱本沁下有水字，误〉，似欲借以杀河患，非为卫水益也。改作入卫经费既难，冲决可虑。”拟会勘。

一、浚河身以抑泛滥。谓："善治水者，以疏不以障。年来每遇水发，堤上加堤，遂令水高凌空，不啻过颡滨河，城郭决水可灌，可为寒心。欲于秋冬之际，探测河身深浅，随处挑浚，盖虑患之极思也。第黄河之沙从水去来，恐难以人力治之〈校记：抱本治作制〉。且入冬则河南一境坚冰弥望，浅深将安测乎？"拟会勘。一、开水门以免横溃。谓："黄河发星宿入中国，合华夷之水，千流万派归于一壑，泛溢其常也。况孟津以下土疏易冲，故先臣丘浚请多开水门以杀上流之势，诚为有见。今欲于黄河分流故道，量设减水石门以泄暴涨，是一说也。第恐黄河汹涌，石门之所泄几何？倘涓滴不禁，致成横决，未获其利先滋之害矣。"拟报罢。一、处河费以免偏累。谓："河工岁修银三万两，内仰给于河南者九千。令本省灾伤屡闻托欠甚多〈校记：旧校令作今，托作拖〉，而河工势不容缓。欲将每年扣省米价银三万七千余两，留备淮上支用。其河南解淮银九千两，免行起解似亦两便。但户部咨称，米价原系边饷难以议留。宜将本年额内量留九千两抵河南解数，以后仍照例分解，不得偏主于其间也。"拟允行。从之。

（明神宗实录，卷194，3640-3645）

283. 正月乙酉朔，丙申，户科给事中李廷谟奏："国家防河如防虏，均非可以泄泄制之者（按：以下的第一个泄字看不清晰）。今边臣自督抚而下，必阅历练习始为推毂。贤者久任加衔，自佥宪得至参政、布政，甚则节钺寄之用，是人思竭力而收效者。弘河臣则不然，按次议差，才者不必用，用者不必才，且计日瓜代。河之要害缓急，既无暇身尝，一得代去，即河患孔棘不为累也，又何必计久远哉！宜略仿边臣法，凡差管河司官，务择其人。期以岁时著有成劳，径转河道。总漕员缺得渐次推用〈校记：抱本漕作督〉，则人人思奋，而河工有济矣。"疏下该部。

（明神宗实录，卷 194，3646-3647）

284. 二月甲寅朔，壬戌，漕抚杨一魁奏辩御史祝大舟论劾："乞敕河臣查勘徐、邳道堤，是否如旧缕堤、高堰，先经冲损者？即今曾否修葺？钱粮有无乾没？成功是否毁坏？一切不敢规避。"疏下该部。

（明神宗实录，卷 195，3661-3662）

285. 二月甲寅朔，乙丑，工部题复："沁水入黄河，卫水入运河，其来已久。顷者，沁水决木栾莲花口而东，督河杨一魁有因决济运之议。谓：'沁水方决，其势悍塞之难〈校记：抱本难下有因而导沁入卫六字，是也〉，其势便而助运'，易固一说也。及科臣常居敬往勘，会抚臣衷贞吉（按：影印本衷不清晰），按臣王世扬议，谓：'卫辉府治卑于河，藩封新建恐决开，而势不可御，有冲激之虑'。且沁水多沙善淤，入漕恐反为患，不如坚筑决口，辟广河身，以吐南行之气。而卫河急加疏浚，下民间引水灌田之禁，尤完计也。"诏从勘议。

（明神宗实录，卷 195，3668）

286. 二月甲寅朔，丁丑，工部复议："黄河为患自古已然，而治河之难，中州为甚，何也？其地沙壅土疏，修筑既难。平原多旷，一望千里，无崇山复岭之束。独恃卷扫以列防，自为悍蔽，故功难就，而费亦滋。今据科臣常居敬、抚臣衷贞吉、按臣王世扬，会勘集议工程，地亘千里，连十县，界两省，而唐家口为黄河要害。在考城曹县之间，两省居民互相盗决，尤于运道大有关者（按：尤应作犹）。宜分地专管〈校记：抱本管作官〉，严程修筑。工在祥符、荥泽、中牟三县者，属河道佥事余希周领之。在封丘、阳武二县者，属大梁道参政王来贤领之〈校记：抱本贤作颜〉。在兰阳、仪封二县，及考城县芝麻庄、陈隆庄、唐家口，帮筑堤坝，属兵备副使王之屏领之。河内武陟、沁河诸冲，属河北道参政徐三畏领之〈校记：抱本政作议〉。堤坝以丈计者，凡三万三千一百五十，约费至八万四千六百余金，事竣一体查叙。”上命：“依拟，及时修筑依限报完。其两省交界处有盗决者，设法严禁，毋得推诿。”

（明神宗实录，卷195，3678-3679）

287. 三月甲申朔，癸巳，礼科给事中王士性请开复黄河故道，以图永利。谓：“自徐而下河身日高，而为堤以束之行。堤上与徐州城等束，急流益迅，委全力于淮，而淮不任，故昔之黄淮合。今黄强而淮益缩，不复合矣。黄强，而一启天妃、通济诸闸，则黄捣运河如建瓴。高宝一梗，既江南四万石之运坐废〈校记：抱本既作即〉。淮缩则退，而浸泗，为祖陵计，不得不为石堤护之。堤增河益高，根本之虑不亦可虞也哉！河至清河向南冲者，凡四折而后出海。淮安、高宝、盐兴，盖不啻数百万生灵之命，托之一丸泥。决则尽成鱼鳖，将奈之何？而纷纷之议，有欲增堤泗州者；有欲开颜家河、灌口河、永济河，南甃高家堰，北筑滚水坝者。近议开月河、草湾落、崔镇三坝，如蚁穴漏卮。补救迄无宁岁，总不如复河故道，为一劳永逸之图也。河故道，繇桃源三义镇，达叶家冲与淮合。在清河县北，别有济运一河，在县南盖支河耳。河强夺支河直趋县南，而自弃北流之道，久且断河形固在也。自桃源至瓦子滩凡九十里，地下不耕，无室庐坟墓之碍，虽开河经费，视诸说稍倍，而河道一复，为利无穷矣。”疏下行河者议。

（明神宗实录，卷196，3694-3695）

288. 四月甲寅朔，甲寅，直隶巡按御史乔璧星奏：“河道冲决为患，请率旧典，复设专官以一事权。盖自古治河止于除害，我国家仰给东南，岁输四百万石。自淮至徐，实借河利，顾溃决浅涩之患往往有之。永乐九年，分设部司督理，或命部院大臣往视，事已辄罢。正德四年，乃议专设宪臣为总理，河南之开封、归德，山东之曹濮、临沂，北直之大名、天津，南直之淮扬、徐颍，咸属节制建牙，如督抚重河防也。然理河者不复虑漕，而理漕者亦不复虑河，则亦专设河臣之衅矣。万历五年，偶因两臣意见相左，遂并河于漕。在河南、山东、北直者，以巡抚兼领之。责分而官无专督，故修浚之功怠于无事，急于临渴，河患日深。顷者，勘科常居敬亦有专设大臣之议，非直备官，要在得人。试按嘉靖以来，河渐北徙，济宁以下多淤。而刘天和之修复鲁桥，朱衡之开通南阳，潘季驯之浚刷崔镇，河道赖之，此专设得人之明验也。”疏下部复如议。上命：“督河，再设以老成才望者任之。”

（明神宗实录，卷197，3705-3706）

289. 四月甲寅朔，庚申，工部复科臣常居敬条上漕河事宜：“一、严启闭以杜淤塞。请岁行申饬山阳、通济等闸，三月初运毕，即为封锁瓜州二闸。俟苏浙运毕，封锁官私船只，照旧车盘，势豪干挠者法无赦。一、催粮运以谨河防。谓四月黄水生，则河波，运先于波，则坝可筑。而白粮一运每至愆期，不得不缓坝以待之。宜督所司填注限单，务令先后漕粮次第过淮，以便修筑。一、议钱粮以助河工。谓河工银岁额三万，而费至六七万，每以不敷停修，贻害不小。宜核所在逋负，立限追解，无为墨吏积胥所没，以致匮竭无措。一、稽工料以资实用。谓桩草、绳檾〈校记：抱本檾作索〉、灰石之属，皆河工急须（按：须应为需），而名实不相覆（按：覆应为符），上下因循恣为奸弊。宜慎加厘饬，及修筑未久旋报崩溃者，追还料价。一、重修守以谨河防。盖治河如治边，防水如防虏。边臣守边有叙劳之效，而河臣奔走风涛拮据之苦，视边臣尤甚。宜于岁终分别纪录，三年类题。果有成劳予之优擢，则人心竞劝，而河防益饬。”上依议。

（明神宗实录，卷 197，3710-3711）

290. 四月甲寅朔，癸亥，勘理河道科臣常居敬，会同督臣舒应龙再上河工一十四款："一、开建闸座以便防守。议于古洪闸外加镇口闸一座，外御浊水内蓄漕河。一、接筑缕堤以防中溃。计自茶城以下，塔山支河西岸起，至河口止，长五百丈，阔四丈。又补筑旧河缺口一道，长六丈。一、议修坝埽以防危急。王公堤累经冲决，与黄河止隔丈许，两河夹之势最危急。议于本堤设法增筑，实土石于雁翅之内，密钉桩木于卷埽之外。并设顺水坝一座，逼水北流。一、开创月河以避冲决。谓既设顺水坝以逼黄河之北流〈校记：抱本河作水〉，复于运河之南开月河以引漕水之南去，则二水相隔颇遥，时加培筑可保无虞。一、筑宝应西堤以束漕流。盖宝应湖口运道所必经，近来挑浚徒劳，浅涩日甚，缘水势散缓，泥沙易停。议于阳山一带培筑西堤以束水势〈校记：抱本作山阳，是也〉，令无壅淤则粮艘不阻。一、砌邵伯湖堤以免岁修。盖邵伯湖一浅、二浅等处，正当波涛冲击，而排桩厢板其何能御？应尽包石以捍其锐。一、浚理河身以利长运。自淮安至仪真内河，旧三年一浚，后岁一浚之，久之且置勿浚矣。合于重运过毕，清坝工完之后，乘时挑浚并查复浅船之制。一、酌议分地以便责成。以梁境至首闸，属之夏镇主事。茶城至清口黄河，属之中河郎中。而夏镇及南旺两主事并给关防、敕书，视河道郎中例以重事权。一、移官夫以资策应。吕梁、徐州二洪，水势既平，洪夫稍暇，且属流寓随地可安。议拨六百三十三名，均派新旧五闸，余者留二洪拽运，而管河同知改住境山策应。一、设山阳长夫以便河工。盖山阳河夫〈校记：抱本夫作工〉，向皆市侩雇觅，故增减之弊滋，而逃亡莫可禁。议令诸侩入银，官雇注名立册，按册拨夫实为长便。一、寝开支河以防善淤。盖闸河水泉不多，难分为二，宜寝其工。一、查议故道以省繁费。

盖闸河出口无不与黄值，即改避而南，亦难远害。况弱汶之流，不足以湿淤沙故道，之议固应并寝。一、停拆三坝以保成功。崔镇徐、昇、季太三坝，原为泄水而设。议拆者为其高，而坝外堤岸更高于坝，是存之未碍宣泄之利，拆之反滋泛滥之虞也。一、停浚草湾以节财用。草湾一河阔二百余丈，先尝开之以保淮城耳。淮、黄之水借以分流，而开塞靡常，无烦浚凿。”俱如议行。

（明神宗实录，卷 197，3714-3716）

291. 四月甲寅朔，庚午，工科给事中梅国楼，荐原任刑部尚书潘季驯堪总河之用。时季驯已镌职为民，而科臣谓其向在河上有筑浚功。会李栋、董子行、蔡宗周、常居敬亦先后荐之，故部复起都察院右都御史总督河道，兼理军务。上俞之，赐敕即任。

（明神宗实录，卷 197，3722-3723）

292. 五月癸未朔，丙戌，勘科常居敬疏："新运已临，天时亢旱，再条八事：一、浚泉源以资灌注。一、复湖地以预潴蓄〈校记：抱本地作池〉。一、筑汶河以防渗漏。一、建闸座以便节宣。一、设闸官以肃漕规。一、给关防以重事权。一、严筑坝以便挑浚。一、复夫役以备修防。"部复如议。

湖州饥，巡按御史傅好礼动支漕折银一万两赈济，先发后。部复免议，责令如数抵解，仍申敕擅动之罚。

（明神宗实录，卷 198，3727-3728）

293. 六月癸丑朔，己未，勘科常居敬奏："黄河故道开复甚难，宜罢役，而訾家营支河之议起。"

（明神宗实录，卷 199，3737）

294. 六月癸丑朔，癸酉，勘科常居敬上修理河道图考，报闻。图考留鉴〈校记：抱本鉴作览，疑是也〉。

（明神宗实录，卷 199，3741）

295. 闰六月壬午朔，己酉，总督河道都察院右副都御史潘季驯题：“黄河之水浊而强，汶、泗之水清而弱，交会之处则茶地是也〈校记：抱本地作城，是也〉。每伏秋黄水盛发，则倒灌入淮，沙停而淤，势所必至。黄水消落〈校记：抱本消作稍，下同〉，漕水随之，沙随水刷，不待浚而自通矣。纵有浅阻，不过旬日，如万历十年中河郎中陈瑛，创建古洪、内华二闸，每遇黄水暴发，即下板以遏浊流之横，而闸内无壅阻之苦。黄水消落，则启板以纵泉水之出，而闸外有洗涤之功。去伏稍失开闭之防，遂至漂壅失常。廑惟当宁〈校记：抱本惟作怀〉，臣于前月望至宿迁阅视，同知徐申谓：‘本月望前，黄水偶长丈余，浸入洪口，即令严下闸板。至二十一日报黄河稍落〈校记：抱本河作水〉，于是启板通漕冲刷成河，通行无滞’。至闰六月等日复然，前不过七日，后不过三日，随长随落，此即二水胜负通塞之故也。勘科常居敬复建口闸一座〈校记：抱本口闸作闸口〉，去河愈近则吐纳愈易，足为永利。但建闸易，守闸难。运贡之驰行固急，势豪之开放不时，数日之羁程不能待，而千百年之利害且决裂矣。乞持赐纶音，如万历八年清江浦三闸之法以严启闭，庶河渠永有赖矣。”部复如请。

（明神宗实录，卷200，3760-3762）

296. 七月壬子朔，戊寅，工部尚书石星题：“山东淮、扬一带河道，应修应筑，如总河潘季驯、勘科常居敬所议，添设镇河闸，接筑塔山缕堤，清河浦草坝，创筑宝应西堤，石砌邵伯湖堤，疏浚里河淤浅，增设柳浦湾料厂，此当在淮扬兴举者也。查复南旺、马踏、蜀山、马场四湖，建筑坎河滚水坝，加建通济、永通二闸，查复安山湖地，此当在山东兴举者也。地里寥远工程浩大，宜将郎中罗用敬，副使周梦暘等，分地责成，御史不时稽察，而总河大臣仍亲自查阅。工坚可久者从实奏报，推诿误事者即时参处。”上是之，仍谕：“河工著各照分定地方用心管理上紧完报，不许疏玩。”

（明神宗实录，卷201，3773-3774）

297. 八月壬午朔，丙戌，提督漕运、怀宁侯孙世忠以母疾乞侍养，上慰留之。

（明神宗实录，卷202，3781）

298. 九月辛亥朔，甲子，（按：神宗从天寿山归来）驾幸石景山，欲观浑河，趋召辅臣时行等三人及定国公文璧、临淮侯言恭飞骑而至。上已御河崖幄，次叩头毕起。来桥，桥为二道，诸臣从上异道而行。上命同道后随，临流纵观，目时行前曰：“朕每闻黄河冲决为患不常，故欲一观浑河。今水势汹涌，如此则黄河可知。”时行对：“浑河来自西北，古称桑干河是也。从此出芦沟桥至直沽入海。水涨时亦多汹涌，至如黄河发源昆仑，自积石、龙门会淮入海，冲决之势不啻数倍。浑河每一溃决，远至数十里，自徐州至淮安属，当运道所关最重。”上曰：“行河官应恪乃职。”时行对：“近奉诏委任责成，并知警惕。”上曰：“经理须要得人。”时行对：“皇上留意河道拔用旧人，一时在任，皆称谙练，不敢轻率误事。”上首肯，言：“须得人者再。”时行对：“如谕立良久，乃下命从官，先诣功德寺侯驾。”仍赐酒馔。

（明神宗实录，卷203，3797-3798）

299. 九月辛亥朔，丁卯，大学士申时题：“臣等随侍圣驾幸石景山，临观浑河，伏蒙皇上召臣至桥次，示以水势。且言黄河冲决经理须人，臣等承面谕不胜欣跃。仰见皇上一进一豫〈校记：抱本、起居注进作游，是也〉，莫不以国家为心，民患为虑，即尧舜其咨之忧，俾乂之命，不是过也。仓卒应对未及周详，兹敢以河道利害，为皇上悉陈之。浑河来自西北古桑干河，至天津直沽入海。当其泛涨之时，亦有冲决之患，然不关运道，亦不近城廓，犹未足为深患也。至若黄河发源昆仑，流入中国，至积石、龙门已数千里。经陕西、河南，则泾、渭、伊、洛诸水，皆入其中。又经徐州至淮安与淮水合。当其壅淤，则数丈之渠一夕而成平地。及其溃决，则数千里之堤，一瞬而成洪流，湍激汹涌比浑河不啻十倍。先朝时决时塞，皆命重臣经理，而后成功，未有数十年无事者也。今之治河者，为凤、泗祖陵，则防其西侵；为漕粮运道，则防其北徙；为淮安数百万生命，则防其南决，故功力钜，而责任难，未有不得人而成功者也。皇上得人之谕于治河要务，一言蔽之，第臣等虽奉德音，而在廷及河道诸臣，或未能仰体。欲乞特降明旨〈校记：抱本、起居注乞下有皇上二字，是也〉，输谕河臣〈校记：抱本、起居注输作转，是也〉，俾晓然知皇上优勤之意〈校记：抱本优作忧，是也〉，而从事河渠者，且惕然有夙夜奉公之心矣。”报曰〈校记：抱本作上报之曰，朱笔删之字〉：“朕闻黄河冲决为患不常，欲观浑河以知水势。昨见河流汹涌，应知黄河经理倍宜加慎。河道官应行文知会，务一勤永逸，勿以劳民伤财为故事。至选用务要得人，吏工二部知之。”

（明神宗实录，卷 203，3799-3800）

300. 十月辛巳朔，甲申，工部复总督河道潘季驯条上河工八事：一、久任部臣。谓：“水性有顺逆，河情有分合，地势有险夷。如某处迎溜，作何楼筑，以当其冲？某处扫湾作何帮护，以防其泄？事在分司。宜委任南、中两河郎中，满三考方与优擢，则练习久而河防自熟。”一、责成长。今谓：“理河如理家，然家务繁琐，不妨分任。而庀材鸠工，则督主之〈校记：抱本则下有家字，是也〉，今濒河州县长，犹家督也。调集夫役、备办物料，宜专属之。至于巡行督率，责之行河者，而郡守亦有总理之责焉，疏虞并坐。”一、禁调官夫谓：“治河有补偏、救弊之法，无一劳永逸之事。禹奏‘平成不数百年，而祖乙之都圮’，则防守弛也。故曰‘防河无止工’。宜申饬沿河官夫，专以河为事，不得别差擅调，致误河防。”一、预定工料。谓：“黄河泛涨每在伏秋，修筑不预，往往为河所乘。宜于十月中旬，即行踏勘，分工备物，务令正月兴作，四月报竣。后时者罚。”一、立法增筑。谓：“徐、淮淮之间只尺〈校记：旧校删一淮字〉，河流倚遥堤一线为捍蔽。而风雨剥蚀，车马蹂躏，日就卑薄。宜令每岁修堤高厚，俱以五寸为限。遇低薄处，随宜加筑，遍植樟柳。不如法者听总河参治〈校记：抱本河下有官字〉。”一、添设堤官。谓：”高堰、柳浦湾二堤，绵亘二百余里，一大使往来防守未免疏虞，宜另增柳浦湾大使一员。夫役，即于高堰南河数内，裒出五百余名属之，以密堤防。”一、加帮真土。谓：“淮水发源桐柏，挟七十二溪之水，经凤，泗入海。而基运山横截河中，涌涨时作，仅恃石堤一带为捍御。而石内之土多系浮沙，一遇霖雨辄至坍损。土既圮矣，石将安附？宜觅取真土帮筑完固，以捍汹涌。”一、接筑旧堤。谓：”清口乃淮〈校记：抱本清下有河字〉、黄交会，而淮、黄原自不敌。然清口不至壅淤者〈校记：抱本至作致〉，以王家口之堤筑，全淮皆从此出，其势足与黄敌也。自商贩盗决前堤，挖渠利涉，淮势渐分，将来清口必致淤阻。宜接筑长堤，就近责清河令监守，稍有疏虞即行参治。”命依拟行。

（明神宗实录，卷 204，3809-3811）

301. 十月辛巳朔，丙午，工部复总河潘季驯题：“请罢开复黄河故道及凿支渠，合沁、卫诸议，一意修筑堤防。”上报可，仍申饬河臣：“毋因循，以致疏虞纷议，以妨实事，违者听总河参究。”

（明神宗实录，卷 204，3819）

302. 十一月庚戌朔，甲子，工部复河南巡按御史王世扬奏：“河南境内黄河，自潼关至归德、开封等处，奔流二千余里去。总河督臣远甚利害之〈校记：抱本作甚远〉。切见闻之近必先抚臣，宜于抚臣敕书，增兼理河道一条，与督臣协同行事。”诏从之。

（明神宗实录，卷205，3829）

303. 十二月己卯朔，戊子，工部尚书石星复总督河道潘季驯题称：“河南黄河上流，三门七泽而下，地平土疏，每易冲决，特非运道所经，往往忽视以为无虞。而不知上源既决，运道未有不阻者，故修守之法在河南尤属紧要。其故道繇新集出小浮桥，铜帮铁底所当开复。而岁俭费繁未能遽行，惟慎加修守庶保无虞。因条列六议：一、黄河北岸逼漕，南岸逼省。先臣刘大夏于两岸各筑长堤，绵旦千有余里〈校记：旧校改旦作亘〉，百年来颇受其利，乃坍塌冲汕岁久易湮〈校记：抱本汕作决，是也〉，宜刻期修筑。一、沁水发源沁州，至武陟与黄合，势最湍悍，而莲花池、金圪垱其险要也〈校记：抱本垱作当〉。生灵无算寄命一堤，危若累卵。而最险处止四百余丈，即尽甃以石，工亦易辨〈校记：旧校改辨作办〉，所当亟议石堤，以图永赖者也。一、河工甚巨，而所恃工费止河、堡夫银而已。近缘并入条鞭，有司辄急京运而缓河道，任民逋负，甚至已征而别用，竟不扣还，河工所以坠误也。今议从前借用者如数抵还。在民者征解贮开封，待不时之用。一、役民用其力，当恤其私。今议开、归、怀三郡，近堤没官田地，给堡老六亩，堡夫五亩。不足，则以旷工银置产以授之，则民有身家之患，防堤益力矣。一、河之害在河南尤大，则治河之功在河南尤难。往秋防举劾，仅行于淮、徐而不及河南，诚为缺典。宜一体甄别，以示激劝。一、河南虽非运道所经，而河清水性与淮、徐无异，固当以治淮徐之法治之〈校记：抱本作徐淮〉。则夫责、郡邑、长吏，以一事权核岁修工程。以预兴举、增补卷筑，以固堤防，所当通行者也。”诏如议行。。

（明神宗实录，卷206，3846-3848）

304. 十二月己卯朔，癸卯，訾家营支河工罢，从总河潘季驯议也。

（明神宗实录，卷206，3861）

万历十七年（1589）

305. 正月己酉朔，甲寅，工部复潞王疏言：“河南卫辉府城外议盖蓆殿一所，工费浩大。今仰体皇上节财爱民之心奏免，因念仪卫等司官员未有房舍，欲以蓆殿之费量为添盖。查会典前项，廨宇原未开载，奏内举景王旧例，合移文湖广备查酌议复请。至于王辞陵启行，照例红门内、沙河、通州搭盖蓆殿，张家湾搭盖茶棚。张家湾以往经历地方数被水旱，措办不前。窃思亲王临境，官员礼当朝见，交界蓆殿一座诚不可已。查得通州、汤阴各有蓆殿，顺天河南抚按各官就彼行礼。惟通州抵德州、临清、大名等处，合行直隶、山东抚按会议交界处所，或合搭或各搭，不系交界地方一概停止。若氍毹彩绢，宜量减，以昭王之令德。”报可。

（明神宗实录，卷207，3866-3867）

306. 正月己酉朔，庚午，保定巡抚宋仕等言：“潞王之国经繇河间、大名二府。其支给廪粮及拽船夫役等项费用浩大，连岁荒疫委难措处，乞于天津仓动支米一万七千石，临清仓动支米一万一千石。”旨允。

（明神宗实录，卷207，3874）

307. 正月己酉朔，辛未，户部复凤阳抚按舒应龙等疏言：“江北水潦米价腾踊，将应兑漕粮三十万石留十分之三，每石折银七钱，先动库贮无碍银六万三千两，与本色漕粮一齐运解，候青黄不接之时，粜价还库。余银与同轻赍、蓆银贮府，将本年新运轻赍银内各照数减征。”从之。

（明神宗实录，卷207，3877-3878）

308. 三月戊申朔，甲子，工部言：“运河水源浅涩，全赖南旺、蜀山、马场等湖蓄水接济。嘉靖间，兵部侍郎王以旂筑大堤，封为水柜，年久圮废。往年科臣常居敬踏勘，议于南旺湖筑长堤，蜀山、马场湖，各筑子堤。今总理河臣潘季驯言水势弥漫，长堤、子堤俱在湖心，难以施工。宜将嘉靖年间旧堤培筑高厚，其纳水处所不便筑堤，仍密栽柳树以为封界。”报可。

（明神宗实录，卷209，3923-3924）

309. 四月丁丑朔，辛丑，漕运总督舒应龙“请以江南出海船只，比照江北渔船，编立船甲互相觉察。但顾与下海之人行劫者，以分赃未分，拟坐辟戍”。从之。

（明神宗实录，卷210，3942）

310. 五月丁未朔，己未，诏修守清河浦运道〈校记：抱本河作江，是也〉。

（明神宗实录，卷211，3953）

311. 六月丙子朔，辛巳，是夜运艘泊青县、仓州、静海、吴桥诸岸，颓风作〈校记：抱本颓作飓，是也〉，船多相击沉于河。旗军、篙工溺者二十三人，失米二千一百五十七石有奇〈校记：抱本二作三〉。米从羡余取盈，死者恤。

（明神宗实录，卷212，3968-3969）

312. 六月丙子朔，癸巳，总理河道潘季驯言：“黄水暴涨，汹涌异常。冲开兽医口月堤者一，漫出李景高口新堤者一，冲入夏镇内河，浸坏田庐溺死居民者一。其余或水与堤平，或堤没者尺许〈校记：抱本堤下有不字，是也〉，势且不测。”科臣张养蒙等言〈校记：抱本等下有因字〉：“前此工程培之未高，筑之未坚，以召此患。”部议："咨行河道督率各官筑塞增修，要使束水归漕。人以河臣驻扎济宁，去河南千里余〈校记：抱本作千余里〉。该省抚臣咫尺黄河，本院先经题复，凡仓卒有患，则抚臣一面相机筑浚，一面驰报河臣议处。"得旨："堤完未久，遽有冲决，显是修筑不坚，经管官各夺俸三月。"

（明神宗实录，卷212，3979-3980）

313. 六月丙子朔，乙未，工科都给事中张养蒙又上疏曰："近睹总理河道潘季驯报成叙功两疏，诸臣劳绩了然在目，极称工程坚固足保无虞，陛下且不吝爵赏以酬之矣。盖成功非难，保功为难。淤决委之天灾，挑塞归之人力。报成未几，惧有后虞，求脱纷纷，此其故，皆由于河臣不久任也。官不久任，不便有三：后先异见也，人己异谋也，功罪难执也。功名之心，孰不有之？前者以功升赏矣。代其任者，守画一而袭故常，则疑于亡所事事。于是，不白某故道当开，则曰某新坝当改；不曰某堰工可废，则曰某湖池可耕〈校记：抱本池作地〉。幸邀异绩，欲求多前人，此后先之异见也。人情易分尔我，功出于我，则修守常勤；功出于人，则修守常懈。勤则修筑可保无虞；懈则堤渠必至渐坏，此人己之异谋也。功罪可执，而后赏罚不淆。假令一堤之筑也，焂坚焂溃；一渠之浚也，倏通倏壅。前者蔽罪于后，工之不继。后者推罪于前，工之本虚。罪前已非，见任之官幸免追论。罪后又以新任之放，得从亮原。此虽赏罚之不明，亦由功罪之难执也。查万历五年，有管河司道等官都著久任，不许升转之旨。世宗末年，有查分管官员职名，藉已在簿〈校记：抱本已作记，是也〉，日后有不坚固，即便指名参治之旨。今右都御史潘季驯三任河漕，熟谙水道，陛下起用之意，固欲责其新功，首宜久任以重河务，其司道各官并令一体久任。盖治河如治虏，边方总督有十年一镇者矣，兵备有佥事加至布政使者矣。河道之臣，胡为不行久任哉！再惟人臣报君，职掌有在，岂足言功？今兹之叙完有成议矣。以后年年修筑疏防，皆河臣职守所当自尽，更不必琐琐叙录，致启幸途。”从之。

（明神宗实录，卷 212，3980-3982）

314. 八月丙子朔，己卯，漕运总督舒应龙等条议漕务五事：“一、度江期限。下江浙江，原有挑河银一万两，今则什不及一，以致苏松一带里河浅涸。宜每岁秋尽筑坝之时，尽行疏导，使漕艘得以及期渡江。一、分任委官。原差监兑主事难以周历，浙江坐委府官巡行水次，下江四府亦宜遴选府佐。一、量复徐淮仓。国初，俱民运至淮、徐、临、德四仓，以军船接运入京、通二仓。宣德以后，始兑拨附近卫所，名为兑运。国家两都并建，徐、淮、临、德，实南北咽喉。今临、德尚有岁积，而徐、淮二仓竟无颗粒。请自今山东、河南全熟之时，漕粮预备本色全征上仓。计临、德已足五十余万者〈校记：抱本足作定〉，仍旧上纳二仓，亦以积至五十万石为止。一、远船起剥。粮船赴北，向以张家湾为住泊起剥之地，至隆庆四年，议由通惠河至石土二坝，请自今到湾悉听顾船起泊〈校记：抱本舡作船，泊作剥〉。一、灾伤勘报。地方灾伤，例由巡抚报巡按勘，户部据实以议，蠲折拘守成例，未免耽延。如抚臣缺，按臣即许代报。按臣缺，别差御史即为代勘。”部议言：“临、德二仓，因发赈一空，今查连暂住漕粮〈校记：抱本连作运〉，候收足五十万石外，摘发徐、淮二仓上纳。起剥一事，固不可必欲抵坝，亦不可专恃起剥。遇淤浅即剥，再剥之后，令母船随抵坝〈旧校改母船作每船〉，余各如议。”从之。

（明神宗实录，卷 214，4009-4010）

315. 十月乙亥朔，癸卯，黄河决口，塞河工告竣。工部叙治河各官潘季驯等，赏赉有差。

（明神宗实录，卷216，4051）

316. 十一月乙巳朔，癸丑，南京刑科给事中徐桓，以漕运总督舒应龙所议京口兴工挑浚多不便。户部咨督抚再议。

（明神宗实录，卷217，4055）

317. 十一月乙巳朔，壬戌，巡抚应天、右副都御史周继言："上海县季家洪老观嘴，筑塘包石以捍海水不可已。武进县横林等处于浅已甚，运河泥底尽露，筑浚之功不可缓。据所用工费，在筑海塘计，该银八万余两；在开运河计，该银六万两。乞于南京帑银内给发，责令趁时兴工。"工部复："内外匮乏人工并举，恐非所宜。南京帑银三次题发已四十万两，亦难再请。合候水利工完渐次举行。漕河果系淤塞，应行挑浚银两，即于河道漕运衙门修河正项银两动支〈校记：抱本道下有御史二字〉。"报可。

（明神宗实录，卷217，4059-4060）

318. 十一月乙巳朔，辛未，总理河道都御史潘季驯奏劾："嘉兴府部运通判刘应台于济宁州启闸，福建进表都司邢坦于汶上县启闸，走泄水利，浅阁粮船〈校记：抱本舡作船〉，乞并究治以肃漕规。"允之。

（明神宗实录，卷217，4066）

319. 十二月甲戌朔，甲申，升河南右参议李三才为本省按察司副使，管理河工。

（明神宗实录，卷218，4078）

万历十八年（1590）

320. 二月癸酉朔，丁亥，巡按直隶李光祖奏言："淮南盐课繇扬仪而入大江，直达南直、江、广，利何远哉！乃盐场为兴利之本，而盐场河道又其道利之源〈校记：广本抱本道作导〉。数年以来海潮不时渐来壅塞〈校记：广本抱本时作利。来作成，是也〉，商灶日困，额课日亏，连岁荒歉困苦益甚。议于角科场浚灶河三道，并夏荻港筑土堤一道，及海口灞加钉桩木以免潮汐内灌〈校记：广本抱本灞作坝，是也。汐作沙〉。富安场浚灶河三道，梁垛场浚灶河三道，安丰场浚河五道，拼茶场浚出场河一道。其修工诸费，即于具贮挑河银两及征收累年商久支用。”部复如议。从之。

（明神宗实录，卷220，4122）

321. 三月壬寅朔，己巳，以总督漕运户部右侍郎兼右佥都御史舒应龙为南京工部尚书……

（明神宗实录，卷221，4132）

322. 四月壬申朔，丙子，升……大理寺卿周采为兵部右侍郎兼右佥都御史，总督漕运，巡抚凤阳等处。

（明神宗实录，卷222，4134）

323. 十月己巳朔，癸巳，总理河道右都御史潘季驯引年乞休，不允。

（明神宗实录，卷228，4239）

324. 十二月己巳朔，壬申，原任工部尚书朱衡治河有功，土人立祠。至是都御史潘季驯请加修葺，改为敕建祠宇。从之。

（明神宗实录，卷230，4261）

万历十九年（1591）

325. 正月戊戌朔，乙丑，以浙江杭、嘉、湖三府霪雨连绵，其漕粮过淮日期准宽限至三月中，从抚按之请也。

（明神宗实录，卷231，4287）

326. 二月戊辰朔，己巳，总理河道都御史潘季驯再疏乞休，两经票拟俱不批发。大学士申时行等以漕运将行，河防甚急，本官既已告病，恐因循误事，为患匪轻，具题请旨。

（明神宗实录，卷 232，4291）

327. 二月戊辰朔，壬辰，河道都御史潘季驯因病乞休，吏部题复催请三次，工部催请一次，大学士申时行等先曾揭请，俱不报。时行等恐误河防，或妨运道，复具疏请题〈校记：广本抱本请题作题请，是也〉。

（明神宗实录，卷 232，4306）

328. 三月丁酉朔，乙巳，总理河道潘季驯议以“镇口闸去河甚近，虽淤易为疏通〈校记：广本抱本为作于〉，宜照旧道挑浚。”科臣复称：“引众议欲开月河以分水势，通苏泊湖以导积水〈校记：广本抱本泊作洵〉。”部复。上命河漕等衙门勘议妥当具奏。

（明神宗实录，卷 233，4116）

329. 三月丁酉朔，戊午，以筑四州一带护城石堤工完〈校记：广本抱本四作泗，疑是也。广本州作洲，疑误〉，各官知府李骥等纪录〈校记：广本抱本李作学〉。奖、戒悉依部复施行。

（明神宗实录，卷 233，4324）

330. 三月丁酉朔，庚申，总理河道潘季驯题称：“河防吃紧，伏秋为严。而臣三疏乞休病已阽危，须有司道官画地巡行〈校记：广本抱本有作着〉，如有疏虞照地参究〈校记：广本抱本地作例〉。”“从之，仍着在任调治用心经理督察。”

（明神宗实录，卷 233，4326）

331. 闰三月丙寅朔，己丑，工部题右都御史潘季驯议称：“漕河自淄沟至姜家桥一带堤岸，系运舟牵挽必经之地，因在湖中屡遭风浪冲塌，宜用石包砌。每三里留水门一道，计用银九千四百四十两，于岁修并轻赍米银内动支。”着如议行。

（明神宗实录，卷234，4351-4352）

332. 五月乙丑朔，癸酉，总督河道都御史潘季驯议开魁山支河，条议四事：“一、甃石堤以固保障；一、设长夫以备修守；一、改堤夫以专疏浚；一、信法守以防淤阻。”部复俱依议行。

（明神宗实录，卷236，4377）

333. 五月乙丑朔，己丑，升总督漕运都御史周采任吏部右侍郎。

（明神宗实录，卷236，4383）

334. 五月乙丑朔，壬辰，总督漕运都御史周采病乞归，不允〈校记：广本采下有以字，是也〉。

（明神宗实录，卷236，4386）

335. 六月甲午朔，乙未，以魁山一带河渠工完费省，效劳各官分别升奖。

（明神宗实录，卷237，4388）

336. 六月甲午朔，丙申，总督河道都御史潘季驯言：“去冬十月间〈校记：广本抱本冬作年〉，闻徐城积水未消，议者要改河就城。时已牌行徐州道将魁山支渠查勘开泄，而改河之说牢而不破。迨题勘追开后〈校记：广本抱本迨作逮〉，新渠告成，积水消尽，众议顿息，佥谓改河迁城俱可免议矣。今接邸报，广西巡按御史钱一本题及徐城积水一事，以城内之水疑及外河，要疏浚徐、吕二洪下流，谓臣泄泄欺罔。当钱一本过徐之时，正雨雪之候〈校记：广本抱本候作后，是也〉，城中积水委多此时，行浚魁山之渠已逾两月，内水委与外河无干。徐州所报十二月消水，印揭见存，何敢泄泄欺罔？！至于疏浚二洪下流，须塞而后开。今二洪之水河深流驶，纵欲疏浚从何下手乎？”上曰：“徐州积水已消，该部看议已定〈校记：广本抱本看作勘〉，已有旨了。”

（明神宗实录，卷 237，4388-4389）

337. 七月甲子朔，丁卯，镇口一闸遇挑浚时，粮艘民船停留数日。巡漕御史贾名儒：“请将本闸之东有新开支河处，再开一口建闸三座，名为东镇闸，与西闸递相启闭，使挑浚行舟各不相碍。其工费取办岁修银内。乞作速勘议。”

（明神宗实录，卷 238，4404）

338. 八月癸巳朔，甲辰，南京黄船改编未久，复称不便。南京部请将管船军头〈校记：广本抱本京下有兵字，是也〉、驾船旧军、新募驾军及增议修理事宜，一如科臣所议，仍晓谕各黄船军头，刊刻书册遵守。部复从之。

（明神宗实录，卷 239，4434）

339. 九月癸亥朔，戊辰，时，泗州水患异常，公署州治水淹三尺。其城内原有水关，后因淮水高于城濠，故筑塞水关以防水灌，致城内积水不泄，居民十九淹没。工部尚书曾同亨上其事。上“令河漕督抚会同巡按御史勘议。要见泗城积淤何以宣泄？淮水停涨何以疏通？填土增高有无可以捍御？周家椿是否应浚〈校记：广本抱本周作同〉？施家桥是否可开？张福堤是否阻碍？或别有可开之处为地方之利者？具奏以闻。”

（明神宗实录，卷 240，4460-4461）

340. 九月癸亥朔，戊寅，户部尚书杨俊民、复南京户部尚书张孟男条议起运等事：“一、议各省督粮参政。查漕粮兑完，亟催南粮起运。一、议责成。管粮司道及州县官考满、升迁、行取等项，查南运税粮未完者不许离任。一、议凡起运钱粮，务先将部运官员职名造册咨部，不许顺带及别委卑官误事。”……如议行。

户部尚书杨俊民复总漕周采等会议：“一、议船单。凡漕船过淮，其米色不类者于单内，印米色不堪四字，以凭赏罚。一、议船限。浙省运船，比江北水路较远，难依十年制造之期。宜改定九年，如未及九年损坏者究处。一、议边粮。昌、密二镇边粮，自通州水陆盘三、四次方得抵仓，弊孔多端。宜申饬巡缉，凭勤惰以为奖戒。一、议长剥。漕船运抵白河，原自桃花浅长剥至湾后，三四次节剥，委不便。今照旧长剥脚价，于轻赍银内动支"。俱从之。

（明神宗实录，卷240，4466-4467）

341. 十月癸巳朔，壬寅，时，扬州风雨连日，湖淮涨溢。江都县北一浅邵伯、淳家湾旧堤，冲决五十余丈。高邮州南北闸等处俱被冲决。总理河道季驯上其事〈校记：广本抱本季上有潘字，是也〉。工科都给事中〈校记：广本抱本无都字，误〉杨其休劾管河通判刘汝大、州判张九思等"故违节制"。"海防道张允济查核疏虞〈校记：广本抱本允作光，次页前二行同。按四五三〇面，各本均作允〉，总理潘季驯俱宜同坐。"部复："海防通判、州判等官，俱应议罚。潘季驯既屡次催督，宜速行道府上紧备筑以励后效。"得旨："刘汝大等各罚俸三个月，张允济姑免究。"

（明神宗实录，卷241，4490-4491）

342. 十一月癸亥朔，癸亥，工部题河道都御史潘季驯条议：一、放水淤平内地〈校记：广本抱本作放水于平地内〉，以图坚久。谓："缕、遥二堤俱为防河善法，但宿迁以南有遥无缕。独直河以西地势卑洼岁岁患水，宜将遥堤查阅坚固。却将缕堤相度地势开缺放水。沙随水入，地随沙高，庶消患而费可省。"一、接筑遥堤以防夺河。谓："黄河之势分则河遂夺，缓则沙遂停。宜自永赖亭以下接筑遥堤计五百四十丈，至董家沟止，庶河无分流而事可永赖。"一、增支渠大堤以杜淤浅。谓："徐城积潦，悉由新开支河泄出。惟魁山迤北王家林一段约长十余丈〈校记：广本抱本作十丈余，下同。广本抱本魁作鬼〉，迤南倪家林一段约长三十余丈，宜仿支河新堤之法筑大堤一道，自无塌损之患〈校记：广本抱本无作免〉，积水势若建瓴矣。”一、增砌石堤以固保障。谓：“高家堰当湖之处中段，原厢石堤足当风浪。其石堤南北俱系土堤〈校记：广本抱本脱堤以上二十五字〉，岁修无已，议照中段一概砌石。徐州道与河南分司，各管砌工，以二十一年为始。应用钱粮俱于岁修银内剖处〈校记：广本抱本剖作割，抱本处作出〉，八年之内准可通完矣。”一、浚河避湖以利漕渠。谓：“自夏镇闸迤南起，经李家口等处挑开里河一道，计七十余里。从满家闸西筑拦一坝〈校记：广本抱本作筑兰河一坝〉，使汶、泗上源之水尽归新挑河，不得泄入诸河，以致势分力弱。又李家口设减水闸〈校记：广本抱本又下有于字〉，以泄沛县积水。将仍前议新砌湖边石堤移建东岸〈校记：广本抱本湖作河，误〉，以当风浪。则新河既可隔绝湖水，砌石又可捍御河堤，于运道民生所利非浅。但工费浩大，合依所议，备行淮扬抚按官查勘〈校记：广本抱本按下有等字〉，另行题请。”着依拟行。

（明神宗实录，卷 242，4504-4506）

343. 十一月癸亥朔，壬辰，总理河道右都御史潘季驯〈校记：广本抱本无右都御史四字〉，以先年给由加太子太保工部尚书兼都察院左都御史，照旧管事。

（明神宗实录，卷 242，4524）

344. 十二月癸巳朔，辛亥，工部尚书曾同亨等奏：“今秋河决山阳，堤田冲溃，及江都、邵伯等处湖水下注，州县浸伤，皆由管河各官怠误修守。科臣朱维藩欲特设巡河御史一员督理，宜即敕管河各官务安着实修守。有怠误者会总河衙门参究，不必另设宪臣以滋劳费。”从之。

（明神宗实录，卷 243，4539-4540）

万历二十年（1592）

345. 正月壬戌朔，戊子，总河尚书潘季驯疏称：“去秋霪雨连绵，淮水暴涨，邵伯湖堤冲塌，非砖石筑砌不可。久区画，故总河事经理，则各官司之。本道按察使张允济报转〈校记：抱本转作升〉：‘宜埃工竣离任〈校记：广本抱本埃作俟，是也〉，毋贻后艰’。通判张文璧、刘汝大，宜照工程督理。扬州知府吴秀、江都知县武之望，受事方新，鸠集宜预，毋使临期缺乏，庶可不误河防。”工部复请。得旨：“如议行。”

（明神宗实录，卷 244，4557-4558）

346. 二月壬辰朔，戊申，改南京兵部尚书舒应龙为工部尚书、总督河道管理军务……

（明神宗实录，卷 245，4569）

347. 三月辛酉朔，壬戌，御史王明奏：“臣巡盐两淮，兼有河漕地方之责。目睹淮为泗患，漕抚陈于陛欲开周家桥以疏之〈校记：广本作抚台〉。使遂开，则六州县生灵为鱼，四百万漕粮俱梗，而三十六盐场其沼矣〈校记：广本抱本其作亦〉。宜令河臣上寻旧支而杀其势，下瀹旧口而广其途，勿苟目前贻后日害〈校记：广本抱本苟下有且字，害作患，广本贻作遗〉。”户科给事中耿随龙亦言〈校记：广本龙作陇〉：“泗州苦水，议疏周家桥、施家沟，以高、宝二湖为壑，将运道民业立尽，臣曾令宝应闻见颇真。夫黄河自徐邳直下，东折入海。淮亦东北趋会之，无所壅遏，故不病泗也。自黄夺通济闸横于南，淮遂不得东，因潴泗州为祖陵患〈校记：广本抱本无州字〉。又黄之夺闸南也，宝湖受淤，淮无所泄〈校记：广本抱本所泄作泄所〉，运道遂不可守，欲弭河患非复通济闸不可。”工部复议上请〈校记：广本抱本复议作议复〉。上曰："河道众论纷持，张贞观着先勘泗州，其余河患仍与地方官诣勘，务图永利，毋徒目前塞责，仍改给勘议河道关防。"

（明神宗实录，卷 246，4577-4578）

348. 三月辛酉朔，庚辰，南京兵部尚书舒应龙〈校记：广本龙作元，误〉疏辞总河新命。上以"黄河为梗，淮水积淹，着即赴任会科臣勘议，不允辞"。

（明神宗实录，卷 246，4586）

349. 四月庚寅朔，庚寅，总督漕运兵部侍郎陈于陛〈校记：抱本陛作升，次行同，误〉，以御史王明论其浚河失策，具疏乞罢。工部言："会勘河工，于陛与总河尚书舒应龙俱属首事。大臣以国事为急，岂可因言求退负任使〈校记：广本负上有以字〉？宜命与盐臣虚心共济，无拘小嫌。"从之。

（明神宗实录，卷 247，4593）

350. 四月庚寅朔，己亥，总理河道工部尚书潘季驯奏："臣领河事凡四任矣。壮老于斯，朝暮于期〈校记：广本抱本期作斯，是也〉，耳闻目击，稽往验来，总之水性不可拂，河防不可弛，地形不可强，治理不可凿。人欲弃旧以更新，而臣谓故道必不可失也。人欲支分以杀势，而臣谓浊流必不可分也。去秋霖霪水涨，物议遂腾，宁知涨必有消乎？谨述人言之惑众，病河者详解于后。一谓：黄河暴涨，何不多浚支渠以杀之？臣曰：分流诚能杀势，然可行于清水耳。黄水沙居其六，分则势缓，沙停河不两行，自古记之。借势行沙，合之所以杀之也。又议水涨暂开决口，水落复塞，岂曰无见？但塞决难而费浩。筑减水石坝于桃源，坝与地平水浮则泄，与开决无异。而水不能啮石，更无塞决之费，不须另开矣。一谓：旧河沙垫底高，不若别觅新河为得。臣曰：沙易停亦易刷，即一河中溜处深，缓处浅。水合沙刷必无俱垫之理。此浅彼深，亦无防运之事〈校记：广本亦作必，广本抱本防作妨〉。倘果底高，则冬春水落当胶舟矣。全弃故道，即使得地凿河，力能阔二百丈、深三四丈如故河否？况数年而新者亦旧，岂旧淤而新不淤乎？禹治水曰疏瀹决排，亦第去其壅塞耳。徐、邳故泗、沂道也，禹贡导淮东会泗沂。宋神宗时河决澶州，合南清河会于淮南。清即泗、沂，行之六七百年，谓非黄河故道不可矣。一谓：禹治水以道〈校记：广本抱本道作导〉，而今治水以障。臣曰：逆水性以壑邻，谓之障。顺水性以闲其溢，谓之防。水涨无堤必泛溢，不循轨堤者，正导之以入于海也。禹贡九泽，既陂四海会同，何尝不以堤哉！或疑水愈高则堤愈增，不知水虽涨亦止丈许，且无旬日不消者，则堤之高不过踰丈而已。一谓：昔年徐、吕二洪怪石浮水面，湍激如雷，今皆无声，得非沙掩。臣曰：二洪体甚高，沙能掩之是无徐州矣。徐洪为主事，郭昇、吕洪为主事。陈洪范《铲石志记》具存，其时黄河决而二洪涸，实天假以成诸臣之功也。若云石平而水不能刷沙，则河长几二千里，岂尽二洪激水所刷也〈校记：广本抱本也作耶〉！甚谓诸臣冤耳〈校记：广本抱本谓作为〉。一谓：海口沙塞以致河蓄不流。臣曰：黄河万里别无分泄〈校记：广本别上有今字〉，滔滔迅溜何尝少停？大约伏秋，长多消少，冬春长少消多。上源雨多则长，雨霁则消，今海口塞，则消于何往耶？！臣委勘亲阅并无淤梗。一谓：黄高于徐，淮高于泗，可不谓之所乎〈校记：广本抱本谓作为，是也〉？臣曰：自开归以至安东，地皆卑于河，不独徐、泗。汤迁亳，仲丁迁嚣，亶甲迁相，祖乙迁耿，盘庚迁殷，以避黄也，岂不惮烦。宋景祐中，泗州张守曾筑护城堤三丈三尺以捍淮矣。河之不能使卑，如是去国之臣心犹在河，亦自尽其犬马之忱而已。”工部言：“季驯久熟河事，极源委析利害，言当不谬。但运道民生所关，宜行勘河。科臣张贞观及督河抚按舒应龙、陈于陛等，从公勘议以闻，毋徒两可调停，以误大计。”从之。

（明神宗实录，卷 247，4597-4600）

351. 五月庚申朔，庚辰，南京河南道御史陈邦科题：“黄、淮水患，堤不可恃，水不可障。欲除淮害，须开瓦埠河以杀上流。欲除黄害，须多开遥堤、缕堤，诸埠口以杀下流。欲御高宝诸湖患〈校记：广本抱本湖作河〉，须挑浚湾头、庙湾等处三工，以归之江海。成大工者不惜费〈校记：广本工作功。惜下有小字〉，乞发帑银济用，庶平成之绩可奏。”工部言：“御史原官湖邑〈校记：广本湖作河〉，近复经行廉访必真。如挑浚修复，先后科臣原有条议。其开瓦埠河，曾经复勘中止，而遥、缕二堤多开闸口，则诸臣所未及者。乞行勘河科臣会同河漕部院确勘，并核工费以闻。”报可。

（明神宗实录，卷 248，4621）

352. 五月庚申朔，丁亥，以泗州水灾，免原议协济徐、邳河夫银四百五十两。从户部复勘河科臣请也。

勘河给事中张贞观奏：“祖陵为国家根本，即运道民生莫与较重，然岁漕四百万赖一线以给京师。凤、泗、淮、扬又汤沐襟喉重地，则运道民生所关，亦非细也。臣展谒祖陵，见淮水一望无际，泗城如水上浮盂，而盂中之水复满，气象愁惨，不忍睹闻。虽祖陵玄宫高耸，乃自神路至三桥，并诸仪卫丹墀，无一不被水矣。且高堰一堤危如累卵，倘溃，则里河之民生运道立尽，此又高宝意外隐祸也。今欲泄淮，当以辟海口积沙为第一义。然泄淮不若杀黄，而杀黄于淮，流之既合，不若杀于未合。但杀于既合者，与运无妨，杀于未合者与运稍碍。别标本究利害，必当杀于未合之先。至于广入海之途，则自鲍家口、王家营，至鱼沟、金城一带，地势颇下，因而利导之似当并议者。”工部复称：“科臣亲历地方拟议详确，皆前诸臣所未及者。惟是黄河杀于未合，运道仍宜计处。若挑浚淮口停沙，及利导鲍家口一带，当即如议措费兴工，以纾圣明南顾。未尽事宜通候酌请。其移州治，开周家桥瓦埠河，既称不便即应停止。”从之。

（明神宗实录，卷 248，4624-4626）

353. 六月己丑朔，己丑，以泗州水灾改折漕粮三年，每石银五钱〈校记：广本抱本五作三〉，后不为例。

（明神宗实录，卷 249，4629）

354. 六月己丑朔，甲午，户部复议抚臣宋仕、按臣刘士忠等条陈防倭事宜：“天津逼近海口，留军募兵必粮饷夙备〈校记：广本抱本夙备作备足〉，庶资战守，宜将漕粮六、七万石截留支用。其议留运船以充战艘〈校记：广本抱本艘作守〉，不若将遮洋海船四百余只尽数留用为便。”从之。

（明神宗实录，卷 249，4632）

355. 八月戊子朔，丁酉，勘河给事中张贞观题：“会总河尚书舒应龙、总漕陈于陛，巡按御史高举〈校记：广本抱本无此二字〉、彭应参、王明，勘得淮、黄同趋者惟海，而淮之繇河达海者，惟清口。自海沙开浚无期，因而河身日高，自河流倒灌无已，因而清口日塞，以致淮水停蓄于盱泗者，上浸祖陵，下垫民社。近且漫及高宝〈校记：广本抱本漫作侵〉、兴泰运堤，亦苦冲决矣。今据司道等议，一辟清口之沙，计费二万有奇〈校记：广本抱本二作三〉；一分黄河之流，计费三十四万有奇。清口有大挑之工，又议常设之役，使不复淤也。分黄于淮之上流，先杀其势也。上流必于清河上十里，去口不远不致为运道梗，即少梗而力易图也。分于上，复合于下，冲海之力专也。合必于草湾之下，恐其复冲正河，为淮城患也。鲍家口、王家营必塞者二，决横冲新，河恐教溢无归也。两岸俱堤，以地势东北下恐溃决，则清沐海安之民不得即业也。是役也，费固烦而效亦广。若海口浅塞，欲求浚治之策，即朝汐莫窥其涯，况可弛畚锸哉〈校记：广本抱本弛作施〉！惟全淮合黄东下，或河身涤而渐深，海口刷而渐阔，亦事理所可必者。”工部复议：“勘臣筹画凿凿，其工费通计三十六万七千有奇。议支两淮余盐，兖州东昌河道银，南京芦课等银，不足则抚按设处，本月兴工限明年六月报完。”命如议行。

工部复蓟辽抚按言：“通州大运三仓，积贮数百万石，六军之命系焉。其地倭船可以径达，胡马亦尝再至，是以新旧二城并建，凡以树藩屏护储胥也。旧城前圮已经修完，新城时久单薄，当尽拆修，费将五万。迩来库藏解部济边殆尽，户工二部给发空虚，乞借太仆寺马价二万济用。”诏可。

（明神宗实录，卷 251，4679-4680）

356. 八月戊子朔，乙卯，工部复直隶巡按御史彭应参疏称：“巡历稽查工程，小民纷纷诉佥派、克价、罚旷之苦，而管河通判胡传尤为极贪，已行提问。今西苦贼，东备倭，淮扬一带添将招兵，日且多事。顷据泗州报，淮水自决张福堤，已消二尺七寸，祖陵或可无虞。窃谓河工可暂停也，应令科臣、河臣熟计行止。”上是其言。

（明神宗实录，卷 251，4685）

357. 九月丁巳朔，壬戌，总漕侍郎陈于陛以时值倭警议：“将右布政使张允济专理海防，不必兼摄河务。”工科都给事中刘弘宝等谓：“允济昨已升任〈校记：广本抱本济下有专理海防四字〉，特为河工请留，今工完之奏，未闻调移之章已上。防河不效去而防海，傥防海复不效，将安去乎？”工部复称：“允济河工依限完否，正属分别功罪之时，似当移咨总河尚书舒应龙确议以闻。”诏可。

（明神宗实录，卷 252，4689-4690）

358. 九月丁巳朔，癸酉，浙江巡抚常居敬题："奉旨调取防倭战船，浙船大者重滞，且尖底木碇难以涉海〈校记：广本抱本木作未，广本碇作掟，抱本作淀〉（按：广本碇字校勘看不清晰）。惟有沙唬二船可繇内河抵天津。随即调取八十只，哨官五员，捕舵兵士、杂流共一千五百有奇。随船军火、器械三千六百余件，药铅子六千余斤，行粮安家船租银共支过八千二百余两。原任坐营都司吴天，赏熟于海务，把总韩光、张良相才，俱可用委领各船赴天津听候调遣。"上嘉居敬，先事急公命与纪录。

（明神宗实录，卷252，4695）

359. 九月丁巳朔，乙酉，工部复总河舒应龙、漕抚陈于陛、勘河张贞观、按臣曹楷、王明会题："先年议开盐河海口，泄湖水固运堤，分为东南北三工。今东工告竣，北工有绪，惟南工钱粮缺乏未举。而东工尚当浚港开支，北工改挑取直，南工开新河浚旧河，通计工费一万五千八百。议动运司挑河等银〈校记：广本脱河以上十六字〉，及先复江都三塘以验灌溉，乞行总河督抚科院诸臣照限兴工报完。"诏可。

（明神宗实录，卷252，4702）

360. 十月丁亥朔，丁亥，改南京工部尚书李戴为户部尚书兼都察院右副都御史，总督漕运，巡抚凤阳。

兵部复议给事中张贞观言："淮扬运道咽喉，徐、邳则由海入江之径道。宜再募土兵一千，合瓜、仪等兵增一参将，专驻扬州。再于徐、邳募土兵一千五百，量与各卫军丁训练以备调发。"报可。

（明神宗实录，卷253，4703-4704）

361. 十一月丁巳朔，庚申，总河尚书舒应龙、勘河给事中张贞观题称："治河之议欲拯陵患，偶值时艰，据司道查称：'泗水今秋发迟消速'，虽足为张福堤开放之验，然为祖陵计，久远则支河实必不容已之工，乞敕部复议。将淮口置船浚沙事宜，听河臣于原估工银二万八百四十两支给，先行开浚以导淮水之出。其腰铺支河之工，候明春倭儆宁息〈校记：广本抱本儆作警，是也〉，照议画地举行。”部复。从之〈校记：广本抱本从上有上字〉。

（明神宗实录，卷254，4718-4719）

362. 十一月丁巳朔，壬戌，户部言：“经略侍郎宋应昌题称：‘永平、山海额设刍粮止为防虏，今调集大兵防倭，主客兵饷一时兼应召买无从。’先年顾巡抚议开海运，拨临、德仓粮数万石，繇天津达山海，至辽东以备大兵支用，诚便计也。所用船只篙工悉听抚臣酌行。”奉旨：“备倭粮饷既有运道可通，着行漕抚等衙门，速以备春防无误〈校记：广本抱本速下有载字，是也〉。”

原任漕运总兵怀宁侯孙世忠卒，男承恩奏乞恤典。部言：“世忠历官三十年，掌府总漕，忠勤清白，例当与祭七坛，造坟安葬。若其驰驱王事，竟以身殉，宜加祭，为劳臣劝命与祭葬如例，加祭二坛。”

（明神宗实录，卷254，4720-4721）

363. 十二月丁亥朔，庚寅，工部复勘河科臣张贞观题称：“泗城护陵大堤，向因里口未添帮石致多损坏，议行添砌。勒限兴工，计费一千二百五十有奇，即于该州库贮赈济余银动支。”从之〈校记：广本抱本从上有上字〉。

（明神宗实录，卷255，4737-4738）

万历二十一年（1593）

364. 二月丙戌朔，乙未，工部复：“今日河道之患皆起于河身高，故自鱼、沛至徐、邳一带泛漫淹溺，大为可虞。甚且淮流梗塞弥及祖陵，致廑圣明隐忧（按：影印本廑字不清晰），特差给事中张贞观会议查勘。今本官报命内，议开归徐一带达小河口，以救徐、邳之溢。议导浊河入小浮桥故道，以纾镇口之患。事经阅历闻见必真，又议引沁一节，其剖析利害凿凿可据。合行河臣会集地方司道等官，逐一从长计议，要见镇口之壅作何宣泄？徐、邳之溢作何消导？小河、浊河两议利害事体孰为缓急？钱粮孰为繁省？或应与前项腰铺工役一并举行，或应于支河三议之中求一长策。至其引沁之策事出创议，更宜详慎，如利多害少务在必行，或有患无功毋得轻动。”

（明神宗实录，卷257，4782-4783）

365. 三月丙辰朔，己卯，升兵部车驾司署郎中事、主事于若瀛为河南佥事专管修河。

（明神宗实录，卷258，4798）

366. 五月甲寅朔，甲寅，保定巡抚刘东星奏：“静海、天津、沧州、河间被灾军民仳离之状最苦〈校记：广本抱本离作俪〉，该部题复发德州漕粮二万石分赈，又八万石平粜煮粥给米〈校记：广本抱本作平粜煮粥分赈〉。”从之。

（明神宗实录，卷260，4817）

367. 五月甲寅朔，丁卯，工部题复：“漕河防守向在伏秋，今不意春雨异尝，自济宁暨淮湖一带堤岸冲决，关系匪细。近该河臣舒应龙奏，在济宁，上下湖水涨溢，则议筑堽城闸坝以遏汶水之南。开马踏湖月河口以导汶水之北。在淮、扬之间，则议开通济闸傍月河土坝，以及文华寺前一坝以杀水势。且欲帮筑湖堤，开泄涵洞，广募夫役，早派委官，及责成府州县掌印官，俱目前事势所不容已者。而科臣刘弘宝一疏尤有深虑，疏内原拟各款逐一举行以图万全。”从之。

（明神宗实录，卷 260，4822）

368. 五月甲寅朔，辛巳，巡漕御史李时华上漕政六事〈校记：广本抱本时作如〉：“一、漕船缺额当议。二、运官更换当议。三、押空委官当议。四、印运更番当议。五、江南浚河当议。六、总兵入京当议。”

（明神宗实录，卷 260，4832）

369. 九月壬子朔，甲子，旌表邳州河决负亲避溺孝子廪生张缜，从巡按李时华请也。

（明神宗实录，卷 264，4916）

万历二十二年（1594）

370. 正月庚辰朔，辛丑，工科给事中桂有根以江北、河南、山东水灾，条上弭荒事宜：“……至如漕粟，河南江北已共留二十余万，山东亦尽改折无从议留。而南粮搬运不便，先经借支备倭米豆三万余石，本省漕折银二万两以上，三处平粜给赈，较所请更多，余俱如科臣拟。”报可。

（明神宗实录，卷 269，5004）

371. 正月庚辰，丙午，给事中桂有根言：“河工雇额月给银一两，是以供事者少，傥增额广募，自可计日告成。至如性义岭当兖、徐之交，河臣舒应龙议开渠泄昭阳等湖，以免金、鱼各县之沦没，杜运河堤岸之冲决。令抚按速行勘报，以数万金量增雇直，则兴工随以寓赈。”部复从之。

（明神宗实录，卷 269，5007）

372. 二月庚戌朔，乙卯，户部郎中华存礼请复老黄河故道并浚草湾〈校记：广本抱本华作叶〉。工部侍郎沈节甫以为复者诚难。轻议浚者似或可从，乞命总河委官查勘。兼查与原题腰铺工程利害孰多？事体孰当？工费孰省？疏内所称桃源四坝，及小河口、董家沟等处浚塞是否可行？又言："近来河患在于河身日高，高在清口，则淮水不得出，而为祖陵忧。故开腰铺者所以使黄让淮，而安祖陵。高在镇口，则闸河之水不得出，而为运道忧。故开韩家庄者，所以泄闸河之水，而保运道。然皆补偏救弊，臣部日求治本之策而未得，乃议者纷然多不可行之事，宜概复停。"上曰可〈影印本曰字不清晰〉。

（明神宗实录，卷270，5010-5011）

373. 二月庚戌朔，癸亥，直隶巡按綦才奏称："淮安通济闸乃漕运咽喉，请浚闸左旧河，更开闸右新河，三闸并出获利而免害。"又欲加培左畔大堤。部议："行总河相度。"从之。

（明神宗实录，卷270，5014-5015）

374. 二月庚戌朔，庚午，工部复总河舒应龙疏言："河工已有次第，请停止月报，通候工完类奏钱粮，其委用官员甄别议处。"上以"应龙忠勤候，特旨优叙，余官分功罪具闻〈校记：广本具作以〉。"

（明神宗实录，卷270，5018-5019）

375. 三月己卯朔，丁亥，河南巡按陈登云极言两河饥民骨肉相食状："……请发临、德二仓米二万石。请给南京漕银三十万两〈校记：广本抱本给作借，是也〉，候岁稔加二抵还。……"上览奏深嘉之，仍令纪录。

（明神宗实录，卷271，5031-5032）

376. 六月戊申朔，丙辰，通州旧设西、南、中三仓分贮漕粟，各监督一员。南得其四，中得其六。西仓十有二，合中、南收发事务，不足当一西仓。于是管理员外杨应中，请以南仓归并中仓兼理。部复报可。

（明神宗实录，卷274，5074-5075）

377. 七月丁丑朔，壬午，兵部复巡按直隶御史张允升奏："以天津邻近畿辅，当漕运冲，而倭氛未靖，亟为备御。宜将河间等卫防边官军，宽其修筑，内选精锐合守船南兵三千之数，分配各船扎营，南北兼练，与陆营兵三千相犄角，遇警，水陆夹攻可挫贼锋。而武清、杨村等沿河地方，增立保甲墼堡以捍盗贼，合行镇道酌议具奏。"从之。

（明神宗实录，卷275，5090）

378. 九月丙子朔，己卯，以总督河道工部尚书舒应龙回部管事。

（明神宗实录，卷277，5121）

379. 九月丙子朔，戊戌，韩庄新河工成。总督河道工部尚书舒应龙加太子少保赏银币。管闸主事尹从教，管河参政梅淳〈校记：广本梅作海〉，参议邵以仁，同知罗大奎等，各升赏纪录有差。

（明神宗实录，卷277，5132）

380. 十二月甲辰朔，丁巳，苏松巡按鹿久征题称："三吴连岁荒歉，百姓困苦未苏。太仓、嘉定、上海三州县，又遭霪雨淹没殆尽。乞将漕粮太仓州改折四分，上海县改折六分，嘉定县原系折征有所逋，十七年原停银两及三州县十九年未完各项钱粮，俱乞蠲豁。"户部复奏："太仓、上海漕粮如数改折，嘉定漕折准分两年征解，其三州县各项未完准候丰年带征。"如议行。

（明神宗实录，卷280，5175-5176）

万历二十三年（1595）

381. 二月甲辰朔，丁未，诏："以南京都察院右副都御史杨一魁，升工部尚书兼都察院右副都御史总督河道。”

（明神宗实录，卷282，5209-5210）

382. 二月甲辰朔，庚戌，原任南光禄署正、王汝立捐银三千两，助筑淮安庙湾城，抚按请加衔、建坊以示激劝。又管清江厂工部员外包应魁〈校记：广本抱本魁作登〉，将庙湾盐所抽分柴席银一千五百两助役，并乞纪录。工部复奏：“宜如所请。”从之。

（明神宗实录，卷282，5210-5211）

383. 三月甲戌朔，乙亥，工科都给事中吴应明奏：“淮、黄二流会于清口，而海口一带则淮黄之尾间也。先因黄河迁徙无常，设遥缕二堤，束水归漕，乃水过沙停，河身日高，徐、邳以下居民尽在水底。今清口以外则黄流阻遏，清口以内则淤沙横截，强黄倒灌上流约百里许。淮水仅出沙上之浮流，而猪蓄于盱泗者，遂为祖陵患矣。先年科臣张贞观所议，自腰铺开一支河归之草湾河，或从清河南岸另开小河，至骆家营〈校记：广本营作河，疑误〉、马厂等处出。会大河建闸启闭，一遇运浅即行此河，亦策之便者。至治泗水，则有议开老子山百折而入之江者，即排淮、泗注江之故道也。宜于此处建闸，淮平则闭，秋涨则开，使不得为陵泗患。又考河形，北高南下，张福口居淮河北流与清口对堤。张福则水向南〈校记：广本作南向〉，而淮病堤。清口则水向北而淮不病〈校记：广本作北向〉，故拆张福堤而于清口造堤以束之，亦两利也。”疏下工部复称：“腰铺支河之开，岁浚清口之议〈校记：广本抱本岁作岌〉，容臣等行总河详勘次第举行。至疏海口开老子山，决张福堤，与支建闸扒沙，实土甃石之议，事难遥断，恭候命下。行漕部院及各御史会勘画一〈校记：抱本行下有总字，是也〉，以凭复请裁夺。”诏：“如部议。”

（明神宗实录，卷283，5228-5229）

384. 三月甲戌朔，戊子，直隶御史吴崇礼题〈校记：抱本直上有巡按二字，是也〉："凤、泗陵寝重地，淮、扬漕运咽喉，边长兵少诚不敷用。查旧饷十万供旧兵七千，近增新兵一万四千有奇，战马一千三百余疋〈校记：抱本疋作匹〉，租雇沙船并修战船火器犒赏等项，每年饷增一十九万〈校记：广本抱本作增饷〉。即准留盐课、马价、关税等银共十三万尚不给用。臣思岁漕四百万必经淮、扬，使留十万石分贮淮、扬各仓，遇丰则收米，遇灾则折银，俱可给兵抵饷五万〈校记：抱本脱万以上二十一字〉。再乞留马价一万两以补天津发回船兵之饷。"诏："下部议。"

（明神宗实录，卷283，5242）

385. 三月甲戌朔，丙申，工部议复："□安府管河同知唐民敏〈校记：广本抱本□作淮，是也〉，因勘徐州管河州判彭鹤，侵克河工岁修银一百八十两，以至牛市口溃决。先经总河潘季驯，题参民敏不即承问，致彭鹤亡去，遂并劾民敏革职。盖民敏与彭鹤先同官徐州，季驯疑其有庇也，乃勘科。张贞观极称民敏清吏才吏，止争磨脐河。总河主塞，民敏主留，遂衔民敏，借彭鹤事以发之。除彭鹤追赃发遣，民敏相应怜惜，遇缺推补。"从之。

（明神宗实录，卷283，5245-5246）

386. 四月癸卯朔，癸卯，户部复御史崔邦亮疏："一、稽仓庾以严出纳〈校记：广本抱本庾作库〉。京、通二仓米粟凡系出纳，无论巨细悉报巡仓御史，令与仓场衙门互相稽察。一、处工食以苏积困。大通桥各役工食，量将扫积土米抵发，然亦须裁冒滥，不得偏累车户。一、公给散以祛宿弊。运粮旗军岁有应给官银，各运官具呈邻河巡道验给，不得侵克。一、严挂欠以绝侵渔。往旗军水次折干，沿途盗卖，因而逃躲贻累运官。今行本卫官严追变产补偿，不许朦胧更运。一、禁赌博以免偷盗。合编十船为一甲，有发觉不首告及帮官隐匿者，管运衙门并为参处。"诏："可之。"

（明神宗实录，卷284，5249）

387.四月癸卯朔，癸亥，直隶巡按牛应元因瞻谒祖陵，目击河患，乃绘图以进。随上疏言："黄、淮交会其来已久，今独黄高淮壅者起于嘉靖末年。管河部臣见徐、吕二洪巨石巉岩摃亘水中，运船不便，令工凿去。河失冲激之势，而沙日停，河身日高，于是溃决起矣。当事者计无所之，旁河两岸筑长堤以夹束之，名曰缕堤。缕堤复决，更于数里外筑重堤以防之〈校记：抱本重作长〉，名曰遥堤。虽岁决岁补，而莫可谁何矣。但黄、淮原有交会处，黄从西北来自清河县北二十里骆家营，折而东至大河口会淮，所称老黄河是也。永乐初年，平江伯陈瑄以其迂曲从骆家营开一支河，为见今河道，而老黄河淤矣。庆历年间，复从草湾开一支河，黄舍故道而趋以致清口交会处，二水相持〈校记：抱本持作推，误〉，淮不胜黄，则窜入各涧口。淮安士民于各涧口筑一土埂以防之〈校记：抱本士作居〉。嗣后黄、淮暴涨，水退沙停清口遂淤，今所称门限沙是也。此时当事者不思挑辟门限沙，惟习筑塞之，故智费巨万金钱。傍土埂筑大堰横亘六十里，名曰高堰。全淮正流之口置不为理，复将从旁入黄河福口〈校记：广本抱本河作之〉，一并筑堤塞之，遂倒流而为陵泗患矣。前岁勘科张贞观始议辟门限沙，裁张福堤，其所重又在支河腰铺之间。总之，全口淤沙未尽挑辟，即腰铺功成淮水未能出也。况目今下流鲍王诸口已决，难以施功，岂若复黄河故道，尽辟清口淤沙之为要乎？至欲于上流施工，则不如科臣吴应明疏中所引，就草湾下流浚诸决口〈校记：广本濬作浚，下同〉，俾由安东归伍港是一策也〈校记：广本抱本港作倦，疑误〉。不则原议周家桥量为疏通亦为一策。若乃急将黄堌、戎家等见决水口早为堤防。又于萧荡等弥漫处挑成渠道〈校记：广本抱本荡作砀，是也〉，又于符离集一带河身浅阻处量为疏利。至宿迁县西旧有小河一道，为睢水入黄正路，急宜挑辟，使有所归。大意唯以复淮故道，辟门限沙为主。而腰铺之开，海口之浚，在所缓者。”已而，总河舒应龙报称：“张福堤已决百余丈，辟口挑沙见在行工。至腰铺之开尤不可废。”事下工部，侍郎沈思孝因奏言：“臣顷道出淮口，询问父老〈校记：广本抱本问作诸〉，皆谓黄高势猛，淮弱倒灌。抒此患者惟有复老黄河于上，以夺其势，辟清口沙于下，以通其流。因询所为老黄河〈校记：广本抱本为作谓，是也〉，则自桃源县三义镇起，至叶家冲仅八千余丈，河形尚存，工费似易。一意开浚，河势必分为二,一从故道抵颜家河入海，一从清口会淮，患必为弭矣。第议论甲乙未定，既奉有差官踏看之旨，请著风力工科一人，会同总河、总漕与各御史从长计议，务期佥谋画一永有利赖可也。”上诏：“著风力科臣一员〈校记：广本脱力以上三十四字〉，去会同地方官计议。其工易举者作速随宜疏泄〈校记：广本泄作浅〉，以安陵寝。若事干重大垂永利者，仍确议奏报，不得仍前怠玩以取罪戾。”

（明神宗实录，卷284，5261-5264）

388. 四月癸卯朔，戊辰，〇时〈校记：广本无〇〉，泗陵水患日急，而议者迄无成画。上既有旨令选老成风力科臣往勘，俾立限回奏。又以从前地方官因循坐视，勘官竟成虚文，令工部查名具奏。于是，工部沈思孝奏言：“勘科常居敬之委，始于万历十五年，斯时以河溢开封等处，虑梗运道耳。初未常议及祖陵也〈校记：广本抱本常作尝，是也〉，洎科臣王士性有祖陵当护之说〈校记：广本抱本洎作自，抱本士误志〉，与开老黄河之图，始命河、漕臣与勘科会勘。而居敬与漕臣舒应龙、河臣潘季驯共为条议，亦不过筑堤防运道之旧论。迨皇上允总漕周采所奏，有泗州积水可虞之旨。再遣科臣张贞观往勘，而辟清口开腰铺之议始出。河臣舒应龙方欲举行，而按臣彭应参，科臣陈洪列〈校记：广本列作烈，是也〉、刘弘宝以倭警岁祲，请暂停止。盖亦天时人事适然，未必尽诸臣之过。”疏入。上怒甚，诏以“河工岁糜金钱百万，而浸没滋甚。总督河、漕官故尔迁延〈校记：抱本尔作为〉，希图糜费。舒应龙着革职为民，科臣陈洪烈、刘弘宝扶同停寝，降亟边方杂职用〈校记：广本抱本亟作极，是也〉。张贞观、彭应参以既为民免究。而潘季驯令吏、工二部查明来说。勘臣张企程，立限五月令作速前去勘议具奏。”

（明神宗实录，卷284，5266-5267）

389. 四月癸卯朔，壬申，户部复：“水次兑粮应从民便，据各监兑主事王成德等，及总漕等衙门所议，将浙江嘉善县漕粮，轮派浙东、西二总领兑。南直隶昆山县漕粮〈校记：广本昆上有苏州二字〉，轮派锦衣旗手二总领兑〈校记：抱本衣下有卫字，广本抱本二作一〉。江西吉水县漕粮，改拨龙江左卫兑领〈校记：抱本脱兑以上十六字〉。新喻新、淦二县漕粮，改拨吉安所领兑。湖广荆岳二府所属漕粮，改拨青泥湾水次交兑〈校记：广本脱拨以上三十三字。广本青作旨，抱本作肯，皆疑误〉。山东长清县水次改于梭堤地方〈校记：广本抱本梭作稄，疑误〉，拨东昌卫浅船领兑〈校记：广本浅误钱，抱本浅船作舡〉。其淮安卫海船改馆陶县漕粮领兑，则通融变易之中，无偏估独累之患矣〈校记：广本抱本估作枯，是也〉。”从之。

（明神宗实录，卷284，5270）

390. 五月癸酉朔，甲午，总督漕运褚鉄〈校记：铁应作铁〉因漕艘事竣引疾求放（按：校勘记鉄字不清晰。广本放作去）。诏：“在任调理不允。”

（明神宗实录，卷285，5287）

391. 五月癸酉朔，戊戌，御史秦懋义称：“河工艰巨，督臣杨一魁力薄难肩，欲以总漕户部尚书褚铁代之。”吏部复称：“用人须尽其长，当机不宜辄易，宜令照旧供职便〈校记：广本抱本无便字〉。”

从之。

（明神宗实录，卷285，5292）

392. 五月癸酉朔，庚子，御史高举疏称："黄河为患自古记之，未闻淮水之为患也。淮之患起于高堰之筑张福之堤。臣往岁祗役江北，曾议疏周家桥以杀淮，裁张福堤辟门限沙以泄淮，至高堰东捍高宝、淮扬未可尽去。惟当于周家桥大涧口、小涧口、武家墩、绿杨沟及前所挑惠通河诸处，详择要地建滚水石坝，各于坝外浚河筑岸，使行地中。由白马、汜光等湖会入邵伯。水入邵伯虑害高宝，闻河塘埂旧建十二闸，闸外疏成十二河，皆泄湖水而注之海者。宜改前闸为坝，辟入海之途。又湾头而下，旧有芒稻河〈校记：广本芒作苦〉，扬州而南旧有瓜仪闸，皆泄湖水而注之江者。宜将芒稻河大加疏掘，滨江处多建水闸以广入江之途。然而海口日壅，则河泥日积，河身日高，欲二渎安流不得也，顾海口沆漭不能为力。有灌口者，视诸口颇大，而近日所决蒋家、鲍家、吴家三口，直射此口，若挑浚成河，俾径由灌口入海似为上策〈校记：广本抱本径作经〉。有谓自三义口骆家营，修复老黄河故道，又是一策。然而有治人无治法，委任责成，则惟天语敕厉耳〈校记：广本抱本厉作属〉。"已而，南京工部主事樊兆程上言："欲导淮先疏黄，欲疏黄先辟海口。然而旧海口决不可浚，当自鲍家营至五港口挑浚成河〈校记：广本抱本港作家〉，令从灌口入海。"俱下工部议。部臣沈思孝复言："御史巡历其地，见闻既真，议论皆凿凿可行。至治人责成之说，尤探本之论。今科臣奉命往勘，宜将此疏及兆程五口入海之奏，并行勘议以图永利。"诏："行勘河科臣、并总理河漕及各御史将各疏条议，与疏中未尽事宜一一商确具奏。"

（明神宗实录，卷285，5294-5296）

393. 六月壬寅朔，癸卯，总理河道工部尚书杨一魁，以御史秦懋义论其力薄不堪艰巨，乃上疏乞罢。且言："清口宜浚，黄河故道宜复，高堰不必修，石堤不必砌，减水闸坝不必用。乞查臣先后奏议并行司道文移，苟有可采，勿因臣去而废其言。"诏以"尽心任事不允辞"。

（明神宗实录，卷286，5297）

394. 六月壬寅朔，丙午，户部"请以南直隶之江南，及浙江一省旧免漕粮脚米〈校记：抱本旧作获〉，量复二升，折银二万一千余两，以为河工溜夫工食"。报可。

（明神宗实录，卷286，5298）

395. 六月壬寅朔，庚戌，礼科左给事中张企程言："臣奉命勘河，或惮于炎暑慑于波涛，而涉览有遗地；或误听人言拗执已见〈校注：已应作己〉（按：校勘记未注名出自何本），而商确有遗谋；或蓄疑犹豫持论模棱，有所讳而不言；或阿附要津，阻挠豪右有所畏而不行，皆臣之罪。若其身先庶职，虔始虑终，则总河臣之责也。至于督漕、巡漕、按、郡治醝部司诸臣〈校记：抱本郡作部〉，所与共事地方者，职各有属，人各有谋〈校记：广本人上有而字〉，倘据先入之说，持偏执之见，秦越异视，龃龉难合，阳是而阴非，甫行而辄罢，则勘为徒劳而议为徒说，矣候命下〈校记：抱本矣作恭〉，备咨总河、漕，部、院，行令司道管河各官，及咨都察院转行巡历，各御史务秉虚心以图永利〈校记：广本永下有久之二字〉。"诏："如所议。"

（明神宗实录，卷286，5300-5301）

396. 六月壬寅朔，壬子，御史夏子臣疏请决高堰〈校记：广本子作之〉。其略曰："高堰者，即台臣高举所云大涧口，淮水所由以直趋东注之处也。筑之自旧河臣潘季驯始，臣常读其治河之疏矣。谓：'海口无可浚之理，惟当导河以归之海。'河又非可以人力导也，欲顺其性，先惧其溢，惟当缮治堤防，俾无傍溢此其大指也。

毋论海口终塞，无岁不有导黄之役，即淮水之旧，自西而东稍折而北，由清口会黄入海，此故道也。而强弱无敌〈校记：广本抱本无作不，是也〉，清口渐淤，今所称门限沙是矣。淮水欲出清口会黄既不可得，则就下顺流取道大涧口，而滔滔东注非其性则然哉。而奈何阻之彼一淮也！既为黄遏而不得入海，又为堰阻而不得入湖，弥漫泛涨固其所矣。三祖真穴名旧龙嘴，其地冬夏草色常青，旺气所钟者也〈校记：抱本作王气〉。万历初年，堰成而金水河壅而不行。节年河流日增，玄宫之上水且盈丈，议者既不敢言又不能救。初建堤以障之，而堤内之水自若也。寻又建子堤以障之，而子堤内之水自若也。寻又设水车于子堤以撤之，而随撤随盈，旧龙嘴之淹又自若也。前勘河使者亦明知之，第以高堰縻帑可数百万,一旦破之，则前功尽弃，于首事诸臣不便。遂决意庇之而以治黄为请。有欲开海口者，有欲劈横沙者，有欲开云梯关者，不惟无救于淮，亦无救于黄。何则海口之决不可开也？横沙下为铁板沙，上为柔沙，人力莫施，其不可劈，行道之人皆知之。草子湖在高堰之东〈校记：广本抱本湖作河〉，今非不流，草湾河在清河之南，即黄河见流之处，皆无俟开也。惟腰铺议开新河，至周家庄四十里，其地泄水不多，开之徒费财力。云梯关又在安东之下〈校记：广本作东安〉，隔黄甚远更为迂阔，就令各路可开，亦当责效数年之后。近者按臣欲开施家沟周家桥，使淮由高宝湖而出〈校记：广本湖作河〉，此即开高堰之意。但二处各数百里，费出不赀，即开，亦以年计，急救祖陵非开高堰不可。臣请举不开高堰之说一一破之，彼以堤束水，以水刷沙之说，数十年无一效〈校记：广本抱本十作千，抱本无一字〉，无容借口矣。有托形胜之说以存高堰者，必曰淮黄合襟，形胜在焉！然当淮黄会合笃生圣祖之时，未有高堰也。相传旧龙嘴玄宫也，校合襟孰重〈校记：广本抱本校作较〉，今沉水底有年矣，且讳而不言，而力争合襟以哆言形胜乎？又有为运道及危高宝之说以存高堰者，然而高堰之筑才二十余年，而国家转饷二百余年矣，未有高堰之先岂遂无运乎？且运道经黄入闸固不畏黄也，宁畏淮乎？纵可畏，尚可移高堰石堤之费以修湖堤也〈校记：广本湖作河〉。奈何借口湖堤强存高堰也？如曰高宝受害，则盱泗未尝不害，况高宝之害不在淮水之去，而在湖水之未泄。高堰虽障上流实为危窦。历年以来，土堤之在高良涧者〈校记：广本无高字〉，每遇伏秋即遭冲决，石堤之在大涧口者，每遇汹涛即见崩溃。使历年愈久能保其不颓而无伤乎？然则高堰在，为高宝之利小，而高堰决，则高宝之害非大也。孰若明议而明开之使之趋避乎？闻科臣张贞观勘议之时，高宝之民哄如聚讼。然试引高宝土民有识者〈校记：广本抱本土作士，是也〉，至祖陵一寓目之，则孰轻孰重有人心者，宜于此焉变也。”疏上，工部复奏：“以事难悬度，今既遣科臣会勘，应并行酌议。”上从之。

（明神宗实录，卷 286，5302-5305）

397. 六月壬寅朔，甲子，户科给事中黄运泰言：“治河之策当治下流。今日欲安祖陵，不得不泄淮水，欲泄淮水，不得不浚黄河下流以杀其夺淮之势。倘黄河下流未泄，而遽开高堰周挢以泄淮水〈校记：广本抱本周作用，误〉，则淮流南下黄必乘之。无论高宝数郡，尽为池沼，运道月河势必冲溃。即淮水且终为黄所遏抑而壅如故。”大旨：“欲别寻五港口浚之，达观口以入于海〈校记：广本作远灌口，抱本作远淮口〉。”工部复请。诏令：“勘河管河各官悉心会议。”

（明神宗实录，卷 286，5309-5310）

398. 七月壬申朔，丁丑，时，泗州水患，议遣科臣张企程往勘。企程具奏欲“遣使致祭祖陵，兼折漕粮，蠲马价，且欲勘臣与河臣和衷共济，无致参商”。上报可。

（明神宗实录，卷 287，5316）

399. 七月壬申朔，己卯，以直隶嘉定县土不宜稻，令漕粮永折〈校记：广本抱本折下有银字〉，每石六钱着为令。

（明神宗实录，卷287，5317）

400. 七月壬申朔，乙未，总督漕运尚书褚铁奏漕政五事："一、议早给修船以苏民困〈校记：广本抱本民作军〉。一、严核漂流以杜假挽。一、严限起纳以速回空。一、减造漕船以省糜费。一、晒扬粮米以杜争哄。"户部如其言以请，皆报可。

（明神宗实录，卷287，5324）

401. 八月辛丑朔，甲辰，勘河给事中张企程奏："兼程抵泗州展谒祖陵，见长淮激湍洪波汩流〈校记：广本抱本汩作泊〉，诚有如御史牛应元所图上者。前此河不为陵患，自隆庆末年高宝淮扬告急，当事狃于目前清口既淤，又筑高堰以遏之，堤张福以束之，涨全淮之水与黄角胜〈校记：广本抱本涨作障〉，不虞其势不敌也。迨后甃石加筑，堙塞愈坚。举七十二溪之水汇于泗者，仅留数丈一口出之。出者什一停者什九，河身日高，流日壅淮，日益不得出，而潴蓄日益深，安得不倒流旁溢为陵泗患乎？今论疏淮以安陵。有谓清口当辟，有谓高堰当决，有谓周家桥、武家墩当开〈校记：广本抱本墩作坂〉，有谓高良涧、施家沟当浚。论疏黄以导淮，有谓腰铺可仍，有谓老黄河故道可复，有谓鲍、王二口，可因有王家坝五堵口可寻〈校记：广本抱本有下有谓字〉。顾淮水之涨虽由高堰之筑，而工程浩巨未可议废。且以屏捍高宝淮扬亦不可少。周家桥北去高堰五十里有支河，下接草子湖。若并未挑，三十余里大加开浚，一由金家湾入芒稻河注之江，一由子婴沟入广洋湖达之海，则淮水上流半有宣泄矣。武家墩南去高堰十五里逼邻永济河，引水由窑湾闸出口，直达泾河从射阳湖入海，则淮水下流半有归宿矣，此急救祖陵第一议也。"工部复议。诏："作速疏浚，毋得推诿观望！"

（明神宗实录，卷288，5334-5336）

402. 八月辛丑朔，乙丑，总督河道工部尚书杨一魁奏报：“祖陵积水渐消，画图以进。”上悦。仍谕：“诸臣同心协议，相度地宜，通行宣泄。”章下所司。

（明神宗实录，卷288，5342）

403. 八月辛丑朔，己巳，江北凤阳、淮安等处四十五州县大水，漕运总督褚铁具灾状以闻。户部请行巡盐御史吴崇礼勘实具报。从之。

（明神宗实录，卷288，5345）

404. 九月庚午朔，己卯，以直隶清河、盱眙、桃源、高邮、宝应、兴化六州县淮水为患，其岁运漕粮暂准改折二年。

江北巡按御史崔邦亮条陈治河事宜。有曰：“今日之事不在勘议而在果断，今日之功不在谋始而在考成。欲事之成，必专责巡河御史，而御史中，当于高举牛应元内择一人任之，以二臣旧按江北，经历指陈皆所素练〈校记：广本练作谙〉。”且言“开决处欲取地方甘结”。疏上，工科都给事中林熙春等言：“遣台臣巡河有三不便，莫若令科臣张企程宽限以相度成功；为按臣蒋春芳加敕以稽核钱粮；敕诸臣以同心共济，毋争职掌以隳成功而图规避。”户科给事中程绍复言：“邦亮意在忿争不为通论，均为王臣苟利，社稷何分台省？谓科臣主于勘议，心无穷而限易满，则何不代请宽限，而必欲另遣一臣以滋纷更之议哉！今急救祖陵〈校记：广本抱本急作意在〉，不敢谓于生民运道全未有碍，然亦当次第行之可耳。若必欲取士民甘结而后行事，则筑舍道傍之说也。”疏下，工部部臣据熙春二说以请上报可。

（明神宗实录，卷289，5351-5352）

405. 九月庚午朔，壬辰，勘河科臣张企程、总河杨一魁等议：

“欲分杀黄流以纵淮，别疏海口以导黄。盖以淮壅由于河身日高，河高由于海口不深。若上流既分，则下流日减。清河之口淮无黄遏，则泗之积水自消，而祖陵永保无虞。总漕褚铁以江北岁遭大侵，民力不堪大役，欲先泄淮而徐议分淮〈校记：广本抱本淮作黄，是也〉。”工部谓：“导淮分黄，势实相须不容偏废，宜将导淮分黄并疏浚海口等处工程逐一举行，其一应工费酌议动支，事完日分别劝惩。”悉报可。

（明神宗实录，卷 289，5361）

406. 九月庚午朔，丙申，时，治河诸臣议论稍异，河臣既欲分黄以导淮，而漕臣以黄家坝之役工力重大，宜在所缓。御史牛应元折衷其说言：“治水犹治病，病有的证，药有缓急，淮黄的证也。初因草湾之开，宣泄不利，遂致黄流上壅。继因黄流之壅，遇涨逼阻，遂致淮流下决。寻因淮流下决，清口空隙，河水乘而上演〈校记：广本演作之〉，遂致有门限沙之势。至沙势堤防淮壅而溃为患，遂滋今欲治标之图〈校记：抱本欲下有为字〉。则如漕臣言，导河南下大破曲防，诸溃俱泄，势便而功甚易。若清口之壅如故，则病根原在欲为治本之图，则如河臣言分黄他避，淮流无侵，功大而利远。但水势之通塞难定，而交会之风脉有妨，若岁月不效则受病无已。”科臣林熙春言：“河臣杨一魁业奉重托，科臣张企程业奉特遣，分黄勘议业奉明旨，是河臣既身肩大役，原疏所请亦不过六十八万金而止，国家亦何靳于此？惟是蠲免不可不议，劝赉不可不先，侵克不可不禁，纪律不可不严。愿俯允河臣之请以鼓亿兆之心〈校记：馆本亿字残缺〉。”工部两具复。上从之。

（明神宗实录，卷 289，5364-5366）

407. 十月庚子朔，壬寅，工部复治河诸臣酌议分黄导淮大工四事：“一曰议钱粮，二曰议官夫，三曰议分委，四曰议肃法，并留科臣张企程督工，完日回朝。”上悉从之。

（明神宗实录，卷290，5368-5369）

408. 十月庚子朔，丁未，留江北凤、庐等府漕粮二十四万石为河工挑浚口粮，仍留太仓助工银十二万两抵折，亦以江北被灾故也。

（明神宗实录，卷290，5371）

409. 十月庚子朔，戊申，南京四州道试御史陈煃〈校记：州疑应作川〉（按：校勘记未注明版本），旧令宝应虑周家桥既开，则必以高宝、邵伯为壑，运道民产盐场交受其害。上疏言之，语甚激。且言："治水必先疏下流，自兴盐迤东，如白涂河、石础口、廖家港等处条为数河，分门出海。然后从下而上将清水口〈校记：广本抱本口作沟〉、子婴沟等处疏浚深广，使水有所容。又于瓜、仪多开闸口以广分泄之路，庶免溃决之患。"又云："河强淮弱，淮退则可进〈校记：广本抱本可作河，是也，广本此句作淮进则河退〉，万一逆行为害更大。五港口之议亟宜举行。"大意欲分黄为先，而淮不必深治。且欲多开入海之路，令高宝诸湖之水次第东行，而后周桥武墩之水受纳有地。工部谓："分黄导淮二役伊始，重巨难支，复有兴盐开河之役，工费更当何底？请下治河诸臣勘议。"报曰可。

（明神宗实录，卷290，5372）

410. 十月庚子朔，辛亥，勘河给事中张企程奏："限期已迫耑候，部复回京，而河臣杨一魁邀与共事。因言有二可留〈校记：广本抱本二作一〉，四不可留。意欲专责抚按与河臣同心共济，勿以意见之歉致误成功。"工部据疏具复，且谓："河臣疏留，科臣已奉明旨无容别议，但望坚始终委任之心，假以便宜以消疑阻。"上悉从之。

（明神宗实录，卷290，5374）

411. 十一月己巳朔，己巳，初，河漕诸臣欲以南直隶江南等府，及浙江原免过江脚米内量复三升，准银一分五厘。又欲于江西〈校记：广本无欲字〉、湖广二省每石加二升准银一分，以助河工。户部酌议："以江、湖二省民力困敝〈校记：广本敝作疲〉，不堪加增。止以江南浙江原免脚米量复二升以复〈校记：广本复作免〉。"报可。

（明神宗实录，卷 291，5383）

412. 十一月己巳朔，辛未，时，分黄流已有成议，漕臣褚铁终以为虑。遂据淮安府知府马化龙分黄五难之说，颍州兵备道李弘道导淮宜开高堰，具疏上请。大意以导淮功小易成，分黄功巨难就。惟渐开高家堰，急辟清口沙，方于祖陵王气无碍，而运道民力亦胥赖之。疏上，科臣林熙春言："积水为患，淹及祖陵者淮也。流行不驶〈校记：广本驶误驶，抱本作驶〉，致有退缩者非淮也。障水不东〈校记：广本抱本水作淮〉，令无旁泄者堰也。泥沙日淀，致淮滞流者非堰也。故导淮分黄之议不自今日而已然矣。马化龙五难之说可置勿问，惟是李弘道力主开高堰一节，关系非小。若以长淮之水尽决，高堰而下之滔滔东注〈校记：抱本决作供，疑误〉，有不溃漕渠而坏田庐乎？或者曰祖陵运道民生三者，高堰未修而无事，高堰既修而多事，殊不知淮犹昔日之淮，而河非昔日之河。先是河身未高而淮尚安流，今则河身日高而淮受倒灌。此导淮固以为淮，分黄亦以为淮，乞敕工部亟为议复。如事有缓急，不妨酌量次第举行。"工部复言："先前议开腰铺支河以分黄流，以倭警灾伤竟至停寝，遂贻今日之患，上廑圣怒，重谴河臣。今黄家坝分黄之工再行沮格，万一淮壅为害，谁任其咎！？合备行治河诸臣殚心毕虑，将导淮分黄工程亟行兴举，其高家堰应决与否，仍听科臣会同河诸臣从常酌议〈校记：广本抱本河下有漕字，是也。广本抱本常作长，是也〉。"诏报可。

（明神宗实录，卷 291，5386-5387）

413. 十一月己巳朔，丁亥，调河南左参议兼佥事王嘉谟管理修河。

（明神宗实录，卷291，5394）

414. 十二月己亥朔，乙巳，南京吏科给事中祝世禄奏："禹之治水浚之也，非堤之也。三十年来，当事者不师禹而师鲧。徐淮之河，东之以缕堤〈校记：抱本东作束，是也〉，堤善决，决而塞不胜塞也。又外加以缕堤，盖缘曲护运道，故以筑塞奏功，亦以筑塞贻害。顷者议主疏浚分黄以治其本，导淮以治其标。分黄功先下流安东五港，别开海口至为得策。独导淮除浚清口外，议开高良涧、子婴沟，放淮从广阳湖东入于海。议开武家墩泾河，放淮从射阳湖东入于海。广阳湖阔仅八里，射阳名为湖，实则为河，阔仅二十五丈，离海且三百里。迂回浅窄高宝等七州县之水，唯此一线宣泄之。宣泄不及，即苦淹没。若又决淮注焉田庐盐场必无幸矣。广阳湖东有一湖名太湖，方广六十里，湖北口有旧官河，自官荡直至盐城石硔口，通海只五十三里。此河见阔六七丈，若加深挑广〈校记：广本抱本深挑作挑深〉，此导淮下流入海之一便也。至云开周家桥，放淮下高宝诸湖，从金家湾芒稻河南入于江。而此湾此河入江之路甚隘，十不能入其一二，非开广十五丈、深五尺许不可。"工部据疏复请。诏："令与勘河科臣，总河、总漕及各御史等官从长酌议以奏。"

（明神宗实录，卷292，5404-5405）

万历二十四年（1596）

415. 正月戊辰朔，甲申，工部复工科都给事中林熙春题河工疏："窃念导淮分黄两役并举至为重巨。而分黄之工比之导淮分数尤多，在事诸臣矢心协力，业有成效。但今漕船过淮在迩，淮凤播种届期，春夏雨水多少尤难预度。若不趁此春和刻期攒完，将来国计民力何能兼济〈校记：广本力作生〉？科臣林熙春题议及此诚为有见。乞敕各官将导淮分黄一应工程，各照分管地方，责令夫后昼夜兼工依限完报〈校记：抱本后作役，是也〉。若有怠玩误事，许该科与勘河科臣指实参奏，庶祖陵永安，河患永弭，而运道、农时两无妨碍矣。”如议行〈校记：抱本改作“诏行管河各官，严督工程，无致迟缓”十四字〉。

（明神宗实录，卷293，5433-5434）

416. 正月戊辰朔，辛卯，工部复工科都给事中林熙春题河工乘时报完等事〈校记：抱本眉批云“见前”〉。上命便行与管河各官严督工程，毋致延缓。

（明神宗实录，卷293，5446）

417. 二月戊戌朔，辛亥，户部题：“应天高淳县水患，改闸筑坝，将该县漕粮一万六千八百五十石，照依嘉定县近例永远改折。”从之。

（明神宗实录，卷294，5463）

418. 二月戊戌朔，甲子，工部题：“秋冬河防已竣，经管各官罗大奎等十一员，高邮等州知州等官许一诚等五十三员，嘉奖高邮等州判官等官施奉等五十五员优奖。徐州等州同知等官丁偕等四十四员量奖。睢州等州判官等官都钟等十二员，戒饬斥逐提问。”从之。

（明神宗实录，卷294，5473）

419. 三月戊辰朔，丙申，工部复御史蒋春芳题：“分黄导淮之说真是石尽。第分黄即所以导淮，而分黄之工未就，则清河口之辟沙、高良涧、武家墩之建闸，周家桥之疏河，抚臣之议亦确乎？其不可易者盖所以避。时下泛涨之水纾祖陵眉捷之急也。若分黄大工就绪，门限淤沙尽辟，祖陵无恙，黄淮顺轨〈校记：广本淮作流〉，则此数处不妨堵塞，使淮水专由清口而出，亦无不可。今二渎春流无恙，各工渐次底绩，乃喜事异论丛尔多口〈校记：抱本乃作万一。丛尔多口，广本作纷纷不一〉。泥堪舆者曰：'分黄之工遂成〈校记：广本遂作若〉，则淮黄不交有伤王气。'拘区见者曰：'高家之堰不折〈校记：抱本折作拆〉，则淮流泛滥〈校记：广本滥作溢〉，终淹祖陵。'不知武家墩、高良涧、周家桥即所称高家堰也。高良涧其中，而武家墩、周家桥其首尾也。开此三处即折周家堰矣〈校记：旧校改折作拆，周疑应作高〉，必如何方谓之折也。而堪舆之说尤无根据，盖二流之合始于武庙（按：即正德）初年，祖陵之葬肇于胜国，未造我国家熙运，过卜原不系此。况分黄工程毋论淮、黄依合，且有重添一合襟者，而论者特未之思耳。信如彼折堰之说〈校记：旧校改折作拆〉，水直南射，与黄风马牛不相及。合襟安在，风气安在，信口而谈，其于国事，若秦越人之视，肥瘠不足听也。徒使当事者闻之嚣然，灰其任事之心。惟是分黄与辟清口沙为第一要务。但往者黄流未分，一时积淮，宣泄未及，故不得不开周家桥、武家墩等处，以泄泛涨之水，权为急救祖陵之计。若高家堰之不当折则固无容议者〈校记：旧校改折作拆〉。乞禁浮言，庶便责成。议论既定而膺功可奏〈校记：抱本议上有庶字，广本奏下有矣字〉。"疏入，从之。

（明神宗实录，卷295，5496-5498）

420. 四月丁酉朔，丁酉，工科给事中杨应文题："顷者，河高淮壅，陵寝沮洳。皇上恻然动念，遣科往勘，俯允分黄导淮之请。讵谓福建右参政钱拱辰〈校记：广本谓作意，政作议〉，又有拆高堰之揭〈校记：广本揭下有矣字〉。夫高堰一开，维、扬高宝为壑，利害较然。彼一则曰：'高堰筑而淮水不能归湖〈校记：广本抱本湖作河〉，黄河不能兼受。'一则曰：'导淮无藉于分黄。'一则曰：'决堰即所以导淮。'此说一倡便成掣肘，将令担事者灰心。勘议者眩见趋役，幸败恶成固理所必然者〈校记：广本脱者以上十二字〉。”按臣蒋春芳曰：“河工垂成，乞敕河漕大臣、勘河科臣，无畏浮言安心料理。并禁中外不得阻挠〈校记：广本并下有严字，抱本并误念〉，云者是当机之断也。伏乞俯采臣言〈校记：广本采作纳〉，勿惑钱拱辰之谬说，趁春和日暖，分黄导淮奏平成以答圣怀〈校记：广本成下有之功二字，答作仰慰〉。”部议：“陵泗受患，委因淮壅所致。然淮之壅非尽由高堰所邻〈校记：馆本误。广本无所邻二字〉，以黄强灌清口，淤沙日积，使淮不能纵之而出耳。若黄流既分，清口沙尽辟，则淮将得由故道。虽周桥、武墩等处建设闸坝，及疏浚子婴泾河等工，似亦在可缓矣〈校记：广本抱本无在字〉。又何必以开高堰为哉！应从科、道两臣之议以图竣事。”

（明神宗实录，卷 296，5500-5501）

421. 四月丁酉朔，辛丑，工部复河道总督杨一魁题：“泗陵水患已平。”上曰：“祖陵积水尽平，朕心已慰。各样工程总督河官便议修举，务早报完。户部银两准借用，仍照数抵还。在工人役久劳，委宜蠲赏优恤。”

（明神宗实录，卷 296，5504-5505）

422. 六月丁酉朔，辛丑，户部题总督漕运尚书褚铁会同总兵官新建伯王承勋、巡漕御史况上进揭称：“每年浙江、江西、湖广、应天〈校记：抱本作应天等〉、苏松四道，督粮兵备等道，管押重运粮船，过洪毕日回任。每道仍各委通判二员押运至徐。立法精详，足称至善。但道府各官乘坐船只，并随从员役经过直隶地方，供应浩繁，小民苦累。要将浙江、江西、湖广，徽宁四道参政等官，以后止令督押所属粮船，尽数催入瓜仪闸内，即与漕储道交代回任。其苏、松四府漕粮独多计程，止隔一江，仍令该道督押过洪。每道止选委精明通判一员〈校记：广本止下有令字〉，尾催至徐州方回。如遇改折漕粮不及十万，道府俱免押运。仍通行申谕各官，不许多带从人骚扰驿递，糜费供应。”报可。

（明神宗实录，卷298，5579-5580）

423. 七月丙寅朔，戊子，户部复巡漕御史况上进：“一、议慎重改折以固国储。一、议酌时定折以博实惠〈校记：广本抱本博作溥，是也〉。一、议严饬印运以清旗甲。一、议酌除关禁以速回空。一、议责催粮银以苏军困〈校记：广本抱本脱困以上二十字〉。一、议责催空船以速新运。“得旨：“如议行。”

（明神宗实录，卷299，5609）

424. 八月丙申朔，丁酉，命管理河北郎中黄承玄挑浚南旺等处运河〈校记：广本命上有上字〉。

（明神宗实录，卷300，5615）

425. 八月丙申朔，壬寅，工部题复总督河道、工部尚书杨一魁条议分黄导淮事宜十事：“一、议展河岸以固堤防。盖旧河身阔二百余丈，尚有缕堤、边堤以束之，而新河面窄土松，伏秋之防不可不虑。宜于新渠中坚处所，再辟二十丈以广容纳，两岸效边堤之制，另筑厚堤一道，以固冲击。其王家口、周三庄为运经之地，令加浚凿并筑坚堤以便牵挽。工期三载，费约八万，于大工余剩数内支用。一、议长夫以时修守。盖黄坝至五港口约至三百余里〈校记：广本抱本无至字〉，河堤始创势易溃决，议设夫一千七百名以待修救之用。而州县之加派果难，乃于镇口闸原议夫内裒四百名夫，高家堰堤夫八百名，尽调新河防守。于山阳长夫裒拨高堰、清江浦诸处分守。又以折盐引银，岁募五百名，责令遇有浅阻亟为挑浚，则夫不增而用足。一、议设专官以便责成。盖修浚虽以夫役，而督率要在专官。其娘子庄以下，应以府同知张兆元专为督察，仍管清军马政。而以总捕、巡盐二事，改委通判。其旧用巡简者改设主簿二员，各有信地，则管理可以无虞。一、议裁新堤以免壅溃。盖筑堤所以障淮，而恐以泗为壑〈校记：广抱本壑作壑，是也〉。新堤可以议裁，而恐裁去太多或贻后悔，且应量裁数段以泄淮涨。仍开瓜、仪二闸以分高宝之害。庶上有泄而下有归也。一、议修祖陵以培国脉。盖以（按：即万历）二十五年为始，查阅应修所在估料工费，于粮漕衙门移文南京工部动支，以凭开注类缴。一、议分河官以理淮泗。盖以凤阳府同知兼管淮河，泗州同知盱眙县县丞加管河名色，专属南河分司。遇有修筑，前呈管河衙门料估起工，岁终告成甄别。一、议设官兵以严讥察。盖五港口淮口地方，四邻河海既通，奸宄出没，应添设五港巡简司，属安东县提调。官吏方兵俸粮，于盐课募夫数内动支，专司讥察。一、议改湖水以疏漕渠。盖高宝诸湖原系沃壤，自淮、黄逆壅，冲决汪洋，即岁加堤障，犹多昏垫。今入江入海之路既浚，分黄导淮之功已成，应于泾河、子婴沟、金湾河诸闸，并瓜、仪二闸并为开治，大放湖水，就湖疏渠。与高宝、越河相接，既避运道风波之险，而水固成田给民莳种，渐议起科以充河费。一、议建庙宇以答灵贶。盖河之有神所从来矣。而自建功以至竣役，河伯效顺酬报宜隆。除岔庙及五港口立庙外，议于黄坝、周庄处所，各建庙祀，请赐庙额以示崇报。一、议备钱粮以储岁用。盖守救之官役既立，则物料亦宜并储。宜于瓜洲、通济、镇口诸闸，如仪真事例，量取船税以济河工之用。一、议辟清口以导淮流。盖清口为淮出之门，而苦为黄壅，今虽挑浚而恐水分势缓，泥沙复入，合议岁修以图永利。一、议浚海口以免内涨。盖以黄水倒灌正以海口为阻，即分黄工就，而伏秋水涨，势恐复阏。则石础口、廖家港、白驹场诸处海口，金湾、芒稻诸河，宜乘时开刷以为预图，酌量工程修举者也。”疏上如议行。

（明神宗实录，卷300，5618-5621）

426. 八月丙申朔，丙午，户部题总督漕运尚书褚铁条议六事："一、久任运官以责成效。一、改造京船以省浮费。一、核实完欠以正赏罚。一、预启京口以速粮运。一、改解预支以防挂欠。一、更换交兑以便民情。"上命："如议行。"

（明神宗实录，卷300，5626-5627）

427. 八月丙申朔，丁巳，通州城工竣。赏给辽总督孙矿〈校记：抱本给作蓟，是也〉、顺天巡抚李颐、直隶巡按高举、密云兵备按察使王见宾、通州知州陈登、通津营参将王文元等银有差。

（明神宗实录，卷300，5630），

428. 九月甲午朔，戊戌，工部奏："河工告成，宜加录叙以酬积勋〈校记：抱本作叙录〉。如杨一魁、褚铁、李戴、沈思孝、徐作、吕鸣珂、张天秩、乐元声、张企程、蒋春芳、杨俊民，荆州土张允济（按：土字似乎不要）、杨光训、况上进、涂宗济等，及袁光等七员，黄金玄等六员及有司官共效赞襄，俱应分别升录荫叙。即一手一足，概当酬赉以竣通漕护陵，分黄导淮之绩。"

（明神宗实录，卷302，5658）

429. 十月甲子朔，丙寅，工部复直隶监察御史蒋春芳题河工告成善后事宜，条为一十六款。乞敕河漕部院等官遵照施行："一、筑遇堤以障溃决。一、砌新河以御冲刷。一、裁张福堤以纵淮流。一、岁浚清口以防壅塞。一、疏藉家河以分横流〈校记：广本抱本藉作籍〉。一、辟五港口以助宣泄。一、建减水坝以分暴涨。一、积物料以济缓急。一、设铺舍以处夫匠。一、议修闸以杜陵患。一、复浅船以疏河身。一、填泗城以护陵寝。一、治沟渠以兴水利。一、塞黄堌口以防河徙。一、固王公堤以保漕渠。一、专责成以臻实效。"其说与漕臣合。部复如议，而后复有会勘之议。

工科署科事刑科给事中李应策奏：“河漕意见稍分，乞敕协谋以急国患事。部议黄堌口之决而南也，在萧、砀、睢、宿则病于淹没。在徐州至宿迁三百三十余里，运道颇艰，故漕臣褚𫓧谓：‘黄堌旁泄太多，徐邳之河几夺，以塞堌口为第一义’。河臣杨一魁谓：‘决口至一千二百余丈，深三丈。两岸沙浮筑塞固难措手，虽下楗卷筑犹之无益，河性趋下势不可回咒’。往年全河尽注徐、邳，下流壅塞，镇口、张秋每患灌淤。今年黄堌分流暴涨得泄，既于镇口有补，又于运道无伤。惟当于水涩地面筑草坝，制木闸，引诸湖之水以济目前。浚小河口增筑边堤，通睢、宿一路之垫，护凤泗万年之脉。盖漕臣主运河，臣主工，各自为见。而方经赏赉之余，遽为异同之见，故不得不再行折议者也。”

（明神宗实录，卷303，5673-5675）

430. 十月甲子朔，丁卯，河道尚书杨一魁〈校记：广本脱一以上二十二字〉、漕运总督褚𫓧各奏辞荫。上“以治河底绩加恩已有成命，不允所辞”。

（明神宗实录，卷303，5675）

431. 十月甲子朔，辛未，吏部题：“河工诸臣杨一魁、褚𫓧、徐作等，各升叙荫录如工部议。”报可。

（明神宗实录，卷303，5679）

432. 十月甲子朔，乙亥，工部题：“漕河、黄堌口应塞应止，公同会勘。”报可。

（明神宗实录，卷303，5682）

433. 十一月癸巳朔，己未，江西南昌等府、在京官吏人等钟枢等奏：“真仙祐护，运艘阽危，屡彰显应。捐资鼎建许真人庙宇，乞赐碑额。”章下礼部。

（明神宗实录，卷304，5702）

434. 十二月癸亥朔，丁丑，河道尚书杨一魁奏："酌复漕河旧制，谓黄堌口一股由虞城、夏邑，接砀山、萧县、宿州至宿迁出白洋河。一小股分萧县两河口，出徐州小浮桥，相去不满四十里，且系先年河经故道，所当疏浚与正河会接济运道。夫役之用，集山东、河南徐、邳徭夫二万，限止两月。更于镇口闸以里诸湖之水，通放与小浮桥二水会，则黄堌口不必塞，而运道益无阻滞之患。"部复如议行。

（明神宗实录，卷 305，5713-5714）

万历二十五年（1597）

435. 正月壬辰朔，壬寅，时，河决黄堌口。有言宜塞者，有言不可塞、不易塞、不必塞者，议无画一。于是，议浚小浮桥、沂河等口以济徐、邳运道，以泄砀、萧弥漫，砌归仁堤以护陵寝。而总漕尚书褚铁上疏极言："堌口宜塞，纵不能尽塞亦宜量为节制，不则全河南徙害将立见，请行巡盐、巡漕御史亲诣一勘。"工科给事中杨应文言："堌口旁泄害大，浮桥引水利微。一浚诚为永赖，则口可无塞。如仅为一时权宜，则塞口宜急，请敕令酌议的确。"部复从之。

（明神宗实录，卷 306，5723-5724）

436. 三月辛卯朔，庚子，赠管河主事袁光宇太仆寺少卿，以其治河积劳也。

（明神宗实录，卷 308，5755）

437. 三月辛卯朔，癸卯，泗州大火，延烧民房四千四百余间，烧死男妇五人。盱眙县同时火，延烧民房一百六十余间。事命拨漕粮二万石以赈被灾者〈校记：广本抱本事下有闻字，是也〉。

（明神宗实录，卷308，5758）

438. 三月辛卯朔，己未，自河决南徙徐、邳，复见清泗，议者谓："全河水微不利运道，决口不塞贻害地方。且恐下啮归仁〈校记：抱本无下字〉，为二陵患。"独总河尚书杨一魁谓："堌口深阔难塞，议浚小浮桥、沂河口、小河口。"至是工程报竣运道通利〈校记：广本道下有乃字〉。奏言："河徙无妨运道，今日已有明验。惟是议者尚以祖陵为虑，请征往事。洪武二十四年，河决原武黑阳山，经开城北又东南〈校记：广本抱本开下有封字，明史卷八十三河渠志有封字〉，经项城、太和、颍州、颍上，至寿州镇阳卫入淮〈校记：广本抱本明史河渠志作寿州正阳镇〉，行之二十余年。至永乐九年河稍北，入鱼台、塌场等口。未几复南决，由涡河经怀远县入淮。时两河合流，经凤阳历泗州以出清口。若患及陵寝，祖宗当何如为虑者，而卒未闻计及也。嗣后又行之四十余年，至正统十三年，河复北决，冲张秋。至景泰初，先臣徐有贞塞之，河乃复涡河东南入淮，亦不闻病及祖陵也。嗣后又行之三十余年，至弘治二年，河复北决冲张秋，先臣白昂、刘大夏相继塞之，复导河南流。一由中牟至颍寿，一由亳州涡河入淮，一由宿迁小河口会泗。时则全河大势纵横于颍、亳、凤、泗之郊而下，且瀰溢于符、离、睢、宿之境矣。然卒不闻虞及祖陵，亦不闻堤及归仁也。惟是正德三年以后，河渐北徙，或由小浮桥入漕，或由飞云桥入漕，或由谷亭入漕，全河大势始尽趋徐、邳出二洪。运道虽稍资其接济之利，而亦受其泛溢之害矣。至嘉靖十一年，而河臣建议分导者，始有涡河一支，中经凤阳祖陵，未敢轻举之说。夫当全河南徙之时，不闻为祖陵患〈校记：广本不上有亦字〉，及全河徙之后〈校记：广本抱本河下有北字，是也〉，仅议导一支乃反足为患乎〈校记：广本抱本议下有分字，是也〉？然当时间有浚祥符之董盆口、宁陵之五里铺、荥泽之孙家渡、兰阳之赵皮寨。又或决睢州之地丘店、界牌口、野鸡冈，宁陵之杨村铺，俱入旧河。从亳州、凤阳等处入淮南流，尚未绝也，亦何尝闻祖陵之被患乎？至嘉靖二十五年以后，南流故道始尽塞，或由秦沟入漕〈校记：广本漕作渭，误〉，或由浊河入漕。五十年来，全河尽出徐、邳夺泗入淮。而当事者方认客作主，日筑垣而居之，以致河流日壅，淮不敌黄，退而内潴，遂贻今日祖陵之患。此实由于内水之停壅，不由于外水之冲射也。万历七年，先臣潘季驯始虑黄流倒灌小河白洋等口，挟诸河水之冲射祖陵，乃作归仁堤为保障计，而复张大其说，以为祖陵命脉全赖此堤。无怪乎议者习闻其说，而遂疑黄堌之决〈校记：抱本堌作涸〉(按：卷306，5723页既为堌字，309卷5788页亦是堌字)，或下啮归仁也。不知自黄坝一决，下流易泄，必无上灌之虞。况今小河不日工完，引河归复故道，去归仁益远，何烦过计哉！”部复报可。

（明神宗实录，卷308，5772-5774）

439. 四月辛酉朔，己丑，自河决黄堌，总河尚书杨一魁议开小浮桥筑义安山，浚小河口，引武沂泉以济运。及是以久旱不雨，上源水枯。又复冲开义安，束水横坝二十余丈，致小浮桥来水细微〈校记：抱本细微作微细〉，运河浅涩。于是，一魁议挑堌口迤上扫湾、淤嘴二处，仰受黄流，救小浮桥以上数十里之堌，并乞宽过洪原限。部复报可〈校记：广本作得旨曰可〉。

（明神宗实录，卷309，5788）

440. 八月己未朔，丁卯，先是以黄堌塞口众议未定，下漕盐御史会同河漕大臣详勘议具奏〈校记：抱本议下有妥字〉，至是总河杨一魁仍主前议。疏言："今黄河南旋，至韩家道、盘岔河〈校记：广本岔作垈，抱本作坌〉、丁家庄，俱岸阔百丈，深踰二丈，名曰铜帮铁底故道也。刘家洼始强半南流，得山西坡，永涸湖以为壑〈校记：广本湖作河〉，出溪口入符离河〈校记：广本溪作汉〉，亦故道也。惟徐、邳运道浅涸，诚为可虞〈校记：抱本虞作虑〉。所以首议疏小浮桥，实因其势而图资其利，乃小决小试颇有效验。若将小浮桥再加挑辟，未必不为运道之利，计不出此。而欲自黄堌挽回全河，必须挑四百里淤高之河身，筑三百里南岸之长堤，不惟所费不赀，抑恐后患无已。”御史杨光训、周盘、马从聘，亦议止扫扫湾直渠〈校记：广本扫作牵〉，展济浊河，及筑山西坡归仁堤，以济运护陵，费省功倍，与总河合。独总漕褚铁意见不同。部请再行会勘。工科给事中徐观澜言：“堌口之堪三臣既同善〈校记：抱本堪作勘，是也〉，均从众，不必再勘，请专任河臣以责成功。”上是其言，令：“该部行河臣悉心经画，应与漕臣会议者，不妨从长计议，毋得各持异议。”

（明神宗实录，卷 313，5856-5857）

441. 九月己丑朔，庚戌（按：时倭已入朝鲜公州犯稷山等处），经略邢玠请借发临德仓米，及召买粮石并于天津堆放〈校记：广本石作食〉。募沿海商渔〈校记：广本渔作人〉，吴淞、淮浙等船，兼搭接运。以登、莱粜运价涌后时，不若天津至旅顺止隔一帆也〈校记：广本止作近〉。部复从之。

（明神宗实录，卷 314，5875-5876）

442. 九月己丑朔，丁巳，总河尚书杨一魁言：“今岁春间，吕、梁二洪浅涸，皆归咎于黄河南徙。臣等设法疏导，河渠流通，漕艘既济。漕臣褚铁谓：‘黄堌未塞全河不来，非一劳永逸之计。臣忝当局岂虑不及此？臣入秋以来，自镇口涉浮桥，由小河历归仁、上泗、陵浮、睢水，下徐溪过夏虞，抵黄堌及砀山，详观形势。看得归仁在西北，泗州在东南，相拒一百九十里，中隔重冈叠嶂，高踰归仁不啻数仞。况归仁之北有白洋河、朱家沟、周家沟、胡家沟、小河口，泄入运河势如建瓴，即无归仁，祖陵万无足虑也。浊河泥沙，淤垫高出地上，潦则溢，旱则浅。今曹、单河身阔一二百丈，深二三丈，尚不免于横流。徐、邳河身阔不满百丈，深不过丈余。徐州以西深者六七尺，浅者二三尺，而夏永韩家道口、同家道口，宿州徐溪口〈校记：影印本口字模糊〉，符离河等处，阔百丈余，深二三丈〈校记：影印本深字模糊〉。避高就下水之本性，河流已弃自古难复。且往岁河水充盈，见稍利矣。而风波漂溺，镇口病淤，不可谓之非害。今岁河水微涩见稍害矣〈校记：广本涩作溢〉，而安流无恙，岁运全完，不可谓之非利。乃议者在往年隐害言利，在今日隐利言害，无怪乎道谋之纷起也。查得正统年间参将汤节，议于徐吕洪、南吕各建闸座〈校记：广本吕作口〉，节水通舟行之有效。嘉靖二十年间，督治漕河侍郎王以旂，复请建置。盖运河原不资黄河之水，山东诸泉实运河命脉。是闸河乃先朝已试成规，今日济时要务也。宜仍复旧制，于镇口之下大浮桥之上，吕梁之下洪，邳州之沙坊，各建石闸一座，以节宣文泗之水〈校记：抱本文作汶，是也〉。况济兖泉源已浚，用之不竭，而小浮桥沂河口二水，又足以助之。更于镇口已西筑坝以截黄河之水〈校记：广本抱本已作以，是也〉。开唐家口而注之龙沟，会小浮桥入运以杜灌淤口塞之患〈校记：广本作以杜淮淤口闸之害〉。过涨，则听从由王山滚水坝，分泄，入姬材湖〈校记：抱本材作村〉，盖资其利而去其害，实万全永赖之计也。"部复报可。

（明神宗实录，卷 314，5877-5879）

443. 十月戊午朔，癸亥，先是总漕尚书褚𫓧，逐徐州管河判官程潮，沛县主簿强性宽。总河尚书杨一魁称："其功有可录，乞行按臣查勘并自乞休。"部复行勘，命一魁照旧供职。已，𫓧言："与一魁素同心共德，止缘黄淮迁徙不常，害及运道。一魁决意分黄，不欲导淮，意见不同，偏执自是。臣叨领漕抚，斥革贪赃误事二小官，辙为一魁挟制〈校记：广本抱本辙作辄，是也〉，巽懦不职甚矣，尚可腼颜在位乎？乞赐罢斥。"不报。

（明神宗实录，卷 315，5885）

444. 十二月丁巳朔，丁丑，吏科左给事中杨廷兰奏："辽左残破已极，河道淤塞足虞。乞严失事之显，罚责治河之长策。臣惟今天下惟虏与河之为患也。辽东自振武之捷，卜彦、把兔、抄花诸酋何尝一日忘报复哉！……自淮河为梗，垫及祖陵，诸臣创分黄导淮之议，岂不凿凿可行哉！顾当黄堌决口初开之时〈校记：广本抱本堌作堌，下同〉，不能见形察微，以遏其奔驶之渐，今滔滔下注力无所施矣。然自黄堌决而始有小浮桥之疏，淤而复有李吉口之浚〈校记：广本淤作已〉。夫一岁疏浚仅济一岁之运道，倘今年李吉口改挑未已，而明年复淤，今年二十万之烦费未已〈校记：广本抱本脱已以上十五字〉，而明年复然，恐岁塞岁开终无已时。为今之计，果河自南徙故道可复，即自宿迁一带筑堤建闸，设坝穿渠，以一劳图永逸。说者谓'泇河北承汶泗，南达黄淮，果可开凿'，即一面估计，不挠于浮议可也。河臣杨一魁拘挛之见未破，所当从长经理以责成功者也。"

（明神宗实录，卷 317，5908-5909）

万历二十六年（1598）

445. 正月丁亥朔，乙卯，初，设备倭游击一员，于济宁州地方听河道总督、山东抚镇节制。以济宁乃运道咽喉，宜防倭侵犯。从河道尚书杨一魁之请也。

（明神宗实录，卷 318，5929）

446. 二月丙辰朔，乙丑，以河道尚书杨一魁兼管漕运事务〈校记：广本抱本河道作总河〉。其凤阳等处兼海防巡抚，便着吏部会推来看。从御史马从聘、杨光训、周孔教之议也。从聘言："河、漕一柄两操，矛盾互生，归一则有三便。"光训言："河臣杨一魁曾总漕著绩，宜令兼管听其便宜。”而先是孔教虑倭奴阑入，淮、扬南北断绝，河、漕宜总一尚书。遗下衙门即改为备倭巡抚便。至是工部复请，故有是命。

（明神宗实录，卷319，5936-5937）

447. 三月丙戌朔，庚子，工部题复工科给事中杨应文议开泇河之疏。大略谓：“顷自堌口一决，黄河南徙，徐、吕而下几于断流。于是开李吉口、小浮桥等处及镇口以下建闸引水以通漕，目前似可无虞矣，然非永久之计也。泇河北接汶、泗诸水，东受沂蒙诸泉。其源本不易竭，而岸高土坚又能束其流，而使之不漫。即有湖也，而涯涘可循，即有石也，而滹漏可凿。嘉靖间河臣翁大立，万历间河臣傅希挚，尝议开而不果。若以河道岁修之费而用之于此，事半功倍一劳永逸，臣固以为泇河宜议也。科臣之言良有深见，但事在彼中难以遥度，宜咨河臣及巡漕等各御史勘议可否以为行止。”报可。

（明神宗实录，卷320，5956-5957）

448. 六月甲寅朔，丙子，起……刘东星为工部左侍郎、兼都察院右佥都御史总理河道，提督军务兼管漕运。……

（明神宗实录，卷323，6009）

449. 八月甲寅朔，壬戌，工部题复总理河漕尚书杨一魁疏：“今日之可虑者，不在漕而在河。盖黄河决徙，尚无归着，既南忧其淤而不能受，又北忧其来而无所容，势当广挑故道，以为容受之区。与巡漕御史杨光训请复故道，所见略同。至目前为新运计，有徐洪以下二三浅处，或就浅捞浚，或增添月河。更将吕洪、沙枋二处正河筑坝，用闸节水以便经行。则汶、泗、沂、泇源泉微，吕周柳诸湖，加之小浮桥源流之水，明春自足济运，不至嗷嗷仰给于黄流。而李吉口以下浚治之工，亦可从容料理，为万全永赖之计。其砀山五圣庙下流一带，中有浅滞处亦宜量行疏浚。盖河流通则徐、邳不梗，而漕利商虞不波而陵安，此一举三益之策也。至于查复徐、邳故道之说，果一劳可以永逸，即宜早为设处以济新运。”上是其议。

（明神宗实录，卷325，6031-6032）

450. 八月甲寅朔，戊辰，督饷侍郎张养蒙条陈饷务五事。其一谓：“江南造船工料不坚重费修舱，宜申严督委侵冒之令。”二谓：“海运数千里稽延时日，且多驾言漂损，乘机侵渔，宜严押运后时之罚，以祛积习。”三谓：“本年额运粮饷俱至义州交卸，方作实数，通限岁终总考，不及额者题参，来岁仍照限半年考成。”四谓：“东征兵饷岁运米七十万石，银百十万两〈校记：广本百十作一百〉。有调募未到者，原派粮料应该扣除以细核实支之数。”五谓：“广求海运可通之路，宜咨山东保定各巡抚悉照饷臣所议，将岁派粮饷分投各海道转运。如山东登莱粮少，移就济南粮多之所。而济南兑运水次，改赴利津，新改漕船即向利津领兑。该道运额，取支应动预备仓粮，与临德二仓本色尤为近便。”报可。

（明神宗实录，卷325，6033-6034）

451. 八月甲寅朔，辛未，户科包见捷摘陈度支应议事宜：“一、议海运。先是督臣海运之议申明赏罚，业奉部复。顾横海一倚于舟楫，而利涉全在于柁师。必得坚缴如沙船、福船，熟运如朱清、张瑄。然后可免风涛漂没之患。且既峻科条以惩之，尤必悬赏格以激之，此海运之责成宜急也。……”不报。

（明神宗实录，卷325，6034-6035）

452. 十一月壬午朔，己丑，黄河之役，先是漕臣力主复故道之议，新河臣有漕河并治之议。又以复故道为治本，挑运河为治标。据议勘估工食费用四十七万有奇。其搜括在工零余支剩，并援例陈乞者二十五万有奇，尚有二十余万无从措处。科臣韩学信上言："该部应从长计议，果钱粮接济如数及期，一听河臣料理。"上以河徙无常，议复故道迂远烦难，下漕河臣再酌议之。

（明神宗实录，卷328，6070）

万历二十七年（1599）

453. 二月辛亥朔，辛未，户部复山东抚按题称："鱼、滕二处挑河占地亏欠额粮，往将东平、汶上所征湖租抵补。后因南旺四湖筑堤畜水〈校记：广本畜作蓄，是也〉，地寡租徵〈校记：广本抱本徵作微，是也〉，难责供输。今议将前三年无地逋粮悉许蠲免，以后鱼、滕、东、汶四州县，各照地里均摊，庶几国赋可完民砦无累〈校记：广本抱本砦作居，是也〉。"上许之。

（明神宗实录，卷331，6128）

454. 三月庚辰朔，丁亥，工部复总河刘东星议，大约谓："黄河自商虞而下，历丁家道口、马牧集、韩家道口、赵家圈〈校记：广本圈作园，抱本作圆，下同〉（按：广本对圈校勘看不清晰）、石将军庙、两河口，出小浮桥下二洪，乃贾鲁老黄河故道。自元及我朝嘉靖年间行之甚利，至三十七年北徙浊河，而此河遂淤。万历七年总河潘季驯议复开之，以工费浩繁中罢。令河果决黄堌〈校记：抱本令作今，是也，果作东〉，而南徙由韩家道口，至赵家圈一百余里，冲刷成河，即先年议复之故道也。由赵家圈寻老黄河故道开挑，由东镇曲里铺、石将军庙，至两河口，直接三山台新渠，计长仅四十里。据运同赵埛等估〈校记：广本抱本埛作㓥〉，挑阔十丈深一丈，募夫五万人，费可八万余两，不过一月有半可以竣工。此河一开，则目前大挑运河及小挑浊河工程，俱可节省，诚所谓事半功倍者也。至于善后之策，则永夏迤西一带旧堤，宜行河南管河官修补。朱家窝东北有母河旧渠，宜接挑宽阔使足容受洪流。赵家圈弥漫易淤，宜先挑支河。择迎溜处所开口，仍于对河南岸卷埽筑矶嘴坝，逼水直射以免复淤之患。李吉口故道去冬已挑成数里，前功似不可尽弃。但自李吉口至镇口三百里而远，不若自赵家圈至两河口四十里而近。况大浮桥既已建闸节畜汶泗之水〈校记：广本畜作蓄，是也〉，则镇口一带济运亦无藉于黄流也。既经河臣议〈校记：影印本会字未印出〉，详悉乞敕下遵奉举行〈校记：广本抱本作乞敕示遵行〉。”报可。

（明神宗实录，卷 332，6144-6146）

455. 五月戊申朔，乙亥，户部复总督仓场赵世卿疏谓：“京储仓粮岁入岁出各有常数，近因灾伤频仍改折数多，输纳日歉于正额之中。兼之倭虏交讧，太仓告匮，借支每溢于常数之外，以致见在本色粮未不满三年之蓄（按：未应作秣）。臣等从长酌议，乞行各该抚按严督司府州县，以后额派漕粮俱要征收本色，依期兑运，非遇大灾大祲不许擅请改折。通仓粮米除本年应放四月外，仍将八月分月粮再坐一月，以抵京粮上年多放之数。此后漕粮运到但遇借支本色，俱要两仓均匀派支〈校记：广本两作内，抱本两作四〉。至于每年五月、十月应放折色月粮虽属旧例，然目今库无积贮势难全给，合量给折色一月以储本色，仍俟库贮稍裕，依旧给放折色。”诏如议。

（明神宗实录，卷 335，6217-6218）

456. 五月戊申朔，丁丑，工部复总河刘东星疏：“以河工告成，甄叙效劳官员。郎中刘不盈、副使郭光复等，乞行巡按复勘分别以闻。”从之。

（明神宗实录，卷 335，6220）

457. 九月丁未朔，己酉，工部言：“顷南京鸿胪寺卿张朝瑞与臣一魁奏议治河得失，意见各别。科臣桂有根看详谓：‘在臣以治祖陵之水〈校记：应作在河臣〉(按：校勘记未说明出自本)，而决意于分黄导淮，兼为运道民生之计。在朝瑞目击萧砀宿迁之患，而遂欲塞黄堌，复徐、邳，而未深为陵寝，淮、泗之图。’顾天下之事，旁观者不若当局之为审，今日河工固有重臣在也，安可任盈廷之议以启纷争？乞敕下河臣勘明具奏。业奉明旨允行间，惟是朝瑞与臣一魁原疏俱留中，恐河臣无从勘核，乞简发二疏以便遵行。”上命据各揭帖转行查勘，竟从一魁议。朝瑞议曰：“今之分黄导淮者有三失：夫淮与河合，自宋熙宁以来五百有余岁矣，泗州向无水患也。至万历七年，泗州之东，筑高家堰以遏淮，而淮始为泗陵患。欲拯患宜导淮〈校记：广本抱本淮下有欲导淮三字，是也〉，宜议高家堰。”漕臣褚铁谓〈校记：抱本铁作铁，是也〉：“泗陵水患病在高家堰，而开周家桥建高良闸，正其对症之药，奈何好事者偶为分黄导淮之议？不知淮之患在泗州地方，黄之流在清河地方，相去二百里而遥。黄为患宜分黄导黄，淮为患宜分淮导淮，各因水势而利导之〈校记：广本抱本水作地，之下有也字〉。乃分清河之黄，以导泗州相去二百里之淮，是隔靴搔痒也。近日淮流稍安，泗患稍减，皆开桥建闸之功。分黄曷与焉？其失一。凡水合则力强，力强则流急，流急则河辟。分则力弱，力弱则流缓，流缓则沙淤，河不两行所从来矣。至入海之处，尤宜会同神禹导河，即分一为九以杀其汹涌之势，复合九为一以迎其奔放之冲。《禹贡》曰：‘播为九河同为逆河，入于海是也。’清河县黄家坝，去入海处仅三十里，乃开一新河分黄河。而二之神禹，合其流于入海之处，河臣分其流于入海之处，是反症行医矣。今旧河深阔如常，新河淤浅日甚，新河未开不见害，新河既开不见利。而帑金六十余万，漕粮三十余万，丁夫一十四万徒付诸东流矣。且旧河行，新河必塞。新河行，旧河必塞。旧行新塞犹可，脱或新行旧塞如运道何？近有欲开腰铺河者，幸得抚按之辩而止。黄家坝去腰铺仅五里许，是止一腰铺河，又开一腰铺也，其失二。防河如防虏，自古记之。其巡视贵勤，其防备贵预也。黄堌口之决已非一日，万历二十一年八月内，职为山东济宁道副使〈校记：抱本职作臣〉，屡言其宜塞，顾五六年来视为缓图，涓涓不塞流注成河。而黄堌口遂大决，由西而南漫流宿州等处五百余里，至宿迁县南始会旧河。而徐、吕、邳、宿三百余里运道干涸，漕舟浅阁，遂遗公私无穷之患，其失三。此三失为功为罪必有能辩之者〈校记：广本辩作辨〉。乃河道诸臣居功不疑，且倡为黄堌口必不可塞，徐、邳河必不可复之说。而举朝无有非之者，其亦未之思耳。然则如何而后可亦曰塞黄堌口，以复徐、邳故道而已。黄堌口不塞，则徐、吕水不流；黄堌口不止，则徐、吕水不行，此定势也。臣尝闻诸父老〈校记：广本闻诸作问之，抱本作闻之〉，塞全河难，塞支河易。今黄河分有三支：一支流镇口，一支流浮桥，黄堌口特其支流之大者。在夏秋虽深阔，在冬春则浅狭，塞之无难，费亦不巨。为今之计，宜乘冬月水落并力塞之，俾河由徐、吕、邳、宿入海，以复运道之旧，甚为便计。如故淤浅，或因水势以刷之，或因人力以浚之。夏秋水涨或葺遥堤以奠之，或整滚水闸坝以宣之。随时讲求，自有前人已试之法在焉〈校记：广本抱本试作成〉。昔元至正中，河决济宁贾鲁，以为必塞北河疏南河，使复故道，役不大兴，害不能已。于是大发兵民以修黄陵口，五阅月而堤成，今日亦当如是矣。徐、邳故道既复，新河即当废弃，以其无益而及害之也。近高家堰筑坝建闸，亦无遗策，然泗水未见全消者。盖闻泗州有浮水，有积水，浮水害大而去速，积水害小而去迟。诸闸既开，浮水不足虑矣。若夫存积之水，谓令民有河渠者〈校记：广本抱本令上有宜字，谓字疑衍〉，浚其河渠；有沟洫者，浚其沟洫，俾水有所归，而不为害。或教以三吴水利之法，治渠灌田，则积水渐消，民田适治〈校记：广本抱本适作通〉，亦泗民之永利也。其高宝湖水倏然盈溢者，盖高堰以内上流也，以外下流也。上流决则下流溢，势固然耳。今高堰一带闸坝不可不辟也，亦不可深辟也。宜度地里远近，势之高下，于堰外有沟港行水之处，狭者为减水石闸，阔者为滚水坝。每岁淮水小，则听其顺闸坝之内以入海。淮水大，则听其滚闸坝之外以入湖。庶淮水、湖水各得其平，堰内堰外各得其所。泗州人民不起盗决之念，祖陵风水永无破坏之虞，盖一举兼得之术也。近日河臣经理周悉，第恐其拘于前议，未即毅然出一远猷，且分黄导淮之论有误后世。臣生长淮水之滨，曾为河官，闻见颇真，不敢不言也。”工部尚书杨一魁驳曰：“朝瑞海州人也，州名曰海，自古水之壑也。自昔河臣潘季驯，请帑金八十万两创筑遥堤，障全河而东之，海州独免水患。臣疏河由黄家坝下五港，又建滚水坝，由铁线沟入于海，未免小有害于海州。然为天下计者，不顾一方，往时水患尝移之淮右矣〈校记：广本尝作常〉。岁岁增堤，束河愈高，壅淮愈深，祖陵沉沦已二十年。至按臣牛应元始绘图以报，皇上赫然震怒，斥在事之臣。特遣科臣与臣等会勘，朝瑞岂独不闻？何百虑其家，不一虑其国耶！彼称欲拯泗陵之患，宜导淮。导淮宜议高堰，漕臣褚铁开周家桥〈校记：广本抱本铁作铁，是也〉，建高良闸，正其对症之药。殊不知开武家墩以泄淮，臣与科臣张企程，已先取捷见效。彼时周家桥、高良闸尚未兴工，伊妄称近日淮流稍顺，泗患稍减，皆开桥建闸之力，将谁欺乎？至谓黄流为患，宜分黄导黄，淮流为患，宜分淮导淮。弗思黄流宜分，分则其势减，而不为淮病。淮流宜合，合则其力全，而不至为黄扼。黄淮合流于清口，二水相斗〈校记：抱本斗下有淮不及黄四字〉，黄高一尺则淮壅一尺，淮退一步则，黄进一步。黄倒灌淤沙，横截上洪四五十里，壅淮潴蓄于盱滤之滤〈校记：广本抱本盱滤之滤作盱泗之墟〉，汪洋如海，夫是以有祖陵之患。顷自分黄以来，始见清口。淮及高，黄及低，长淮纵出，将张福二口冲深一二丈〈校记：广本无二字，抱本张福作福张〉，阔百余丈。而泗州堤下淮河之水顿落一丈，湖波变为桑田，民有平土而居〈校记：广本土作陆〉。可见分黄正所以导淮，此有目者所共见。伊独谓分清河之黄，以导泗州相去二百里之淮，是隔靴搔痒。不知下流壅则上流溢，水之源委尚未分晓。乃敢妄谈，是坐井观天也。又谓：'河不两行似矣。神禹只疏九河，今黄坝分疏新河〈校记：广本坝作堌〉，是分一为二。'下流仍合淮于周庄，再会合于淮于港，正师禹之意，所谓同为逆河入于海也。黄坝去海口凡三百里，妄称仅三十里。费银不满四十万，妄称六十万。又虑旧河塞，有碍清河六十里运道。而不知臣先已预为之计，议将黄口河渠两头建闸，以备运道之旧，河更近且便。臣原题称旧河浅，则由新河，新河浅则由旧河，两河俱存奚碍运道？伊称黄堌口宜塞，查欲塞堌，须先挑旧河。臣曾荒度旧河淤高一丈之上，计有三百五十里之远，计公费非百万金不可〈校记：广本抱本公作工，是也〉，工大费巨未敢轻举。乃另看得小浮桥上源，即涸下流也〈校记：广本抱本涸作堌，是也〉。中间浅阻者仅四十里，乃因势而利导之，两年漕运颇得其济。方图大加疏浚，误蒙简命俾臣回部，幸得总督河漕侍郎刘东星代之，所行无事。仍从小浮桥上源导河，今已挽回南徙之河十之七八。下徐、吕二洪运道通利，何曾不复徐邳河道哉！若塞黄涸〈校记：广本抱本涸作堌，是也〉，是塞源而欲下流之通，万无此理！伊谓臣有三失，臣常干虑，幸有一得。但与朝瑞私臆之见不免异同耳。伏乞皇上将臣此疏与张朝瑞奏疏敕下九卿科道，一并参详恭候圣裁。"

（明神宗实录，卷339，6278-6287）

458. 十月丁丑朔，甲午，以三仙台、赵家圈等处河工告成，加总河刘东星工部尚书兼右副都御史〈校记：广本抱本河作督〉，及工部尚书杨一魁俱荫一子国子生〈校记：自工字起至十二行赍银止，广本抱本脱〉。仍与侍郎赵可怀各赍银币有差。工科给事中韩学信、郭如星、桂有根等，御史杨光训、安文璧，郎中王在晋等，各赍银有差。河道副使郭光复升参政，管河郎中刘不盈加服俸一级，各赍银十五两。运同（按：应加知字）赵垌升两淮运使同知，许一诚加运同（按：应加知字），曹维岳等各赍银有差〈校记：广本抱本作等职级有差〉。

（明神宗实录，卷 340，6314）

459. 十一月丙午朔，己酉，发通州仓三千石，赈三河及兴营、神武等三卫饥民。

（明神宗实录，卷 341，6325）

460. 十一月丙午朔，癸酉，以畿辅灾，发天津、德州、临清仓共三十万石，以十万赈贷而以二十万平籴……

（明神宗实录，卷 341，6335）

万历二十八年（1600）

461. 二月乙亥朔，戊寅，户部以山东乐陵等州县，因灾改折以致边粮不敷〈校记：抱本粮作饷〉，委应拨补。请命漕运衙门，将今岁补足边粮八千二百余石，就近于临清仓收贮。备运漕粮照数补足〈校记：广本抱本无漕字，足下有者字〉，每石仍加盘剥耗米三升，给军领运。其耗米即于前项改折州县照数加征，折银解仓买补。上从之。

（明神宗实录，卷 344，6392-6393）

462. 九月辛丑朔，辛丑，工科都给事中王德完条设漳流北徙〈校记：广本抱本设作议，是也〉，二变二患三策言："河决小屯，东径魏县〈校记：广本径作经〉、元城，抵馆陶入卫，为一变，其害小。河决高家口，断二流于临漳之南地〈校记：广本地作北，是也〉，俱至城安县东吕彪河合流。经广平、肥乡、永年，坐曲州入淦水同流，至青县口方入运河，为再变，其害大。滏水不胜漳〈校记：广本抱本淦作滏，是也〉，而今纳漳则浃小，不足收束巨浪，病溢而患在民。卫水昔仰漳，而今舍漳则细缓〈校记：广本抱本细作细，是也〉，不能扫卷沙泥，病痼而患在运〈校记：广本痼作涸，是也〉。塞高家河口，导入小屯河，费少利多，为上策。仍回龙镇至小滩入卫，费钜害少，为中策。筑吕彪河口岸，堤障水运道，固不资利地方，亦不罹害，为下策。中杂引汉事为证而未复〈校记：抱本未作末，是也〉，力荐原任知县刘宇，郎中樊兆程。”章下所司，复议三策。总治漳之建画，与利害之更端，容咨漕河部院逐一从长计议，务使国计民生一举有赖。报可。

（明神宗实录，卷 351，6570-6571）

463. 九月辛丑朔，壬子，原任太子少保户部尚书褚铁卒。诏赐祭葬如例。铁山西榆次县人，由嘉靖乙丑进士。以县令起家，选御史，两按陕西、河南。一督南直隶学政，历大理丞少卿〈校记：广本丞作寺〉，擢右佥都御史巡抚河南。入拜大理卿，工部侍郎。寻以病归，起刑部侍郎。亡何晋户部尚书，德督漕运〈校记：广本抱本德作总，是也〉，巡抚凤阳兼治河道。河工成，加太子少保，寻解任卒于家。铁练达有干连〈校记：抱本连作运〉，所至着声绩，而视学南畿，抚辑两河，尤为人所传诵云。

（明神宗实录，卷 351，6578）

464. 九月辛丑朔，丁巳，工科都给事中王德完疏参税监陈增、王虎言：“沿江船料，奸民妄秦简查虚谬〈校记：广本抱本秦作奏，是也〉，业经停寝。（陈）增搜括淮、徐，益之曹、兖。贡金七万取实前言。夫明旨所稽原系船料，各库所贮实系修河。虚词罔听因云巧矣〈校记：广本抱本因作固，是也〉！得无欺乎？且河流徙决〈校记：广本流徙作河溃〉，修筑工料，费出不资〈校记：抱本资作赀〉，多方凑处犹虞不给，又欲蚕食爪分〈校记：广本抱本爪作瓜，是也〉，异日缺用将何以凑乎耶〈校记：广本抱本乎作手，是也〉？！宝坻鱼苇几何〈校记：抱本坻作坻，是也〉？税至四万，明系耸诱。（王）虎听信奸弁，旁搜蔓引，商船过地，无不波及。甚则倡为鱼闸官地之说，欲拆毁民庐，加派间架。夫落地之税，已属张烨，南来之税，又系马堂。区区一隅三监，并列重叠征收。商民困累，敕戒夙严如之，何其反讦也〈校记：广本讦作汗，是也〉？祈留修闸岁贮，亟撤鱼苇内臣〈校记：广本抱本内作四〉，庶河道无虞，三辅少苏。”疏入留中。

（明神宗实录，卷 351，6580-6581）

465. 十二月庚午朔，辛卯，工部复直隶巡按佴祺所奏三议：“其白塔河之复，漕船回南，既克风波之险〈校记：抱本克作免，是也〉，又兴盐政〈校记：广本抱本兴作与，是也〉，关税无妨，复之诚便。泇河之开，盖用黄河为漕，存利有害〈校记：抱本存作有〉。用泇河为漕，有利无害。但泇河之外，若由微山、吕孟、周柳诸湖，伏秋水发不无风波之〈校记：广本抱本之下有险字，是也〉，冬春水涸未免浅阻之虞。必须上下另凿漕渠建闸节水，庶几通漕收利。漳河之引，已经具题，奉旨咨河漕督臣。臣会同保定、河南抚臣，督率司道查议具复。相应并催务期引漳会卫，以图永济。”允之。

（明神宗实录，卷 354，6628-6629）

万历二十九年（1601）

466. 二月庚午朔，乙酉，武英殿中书舍人、管理山东矿务程守训疏请：“改易漕渠由高邮府达淮安府庙湾入海〈校记：广本抱本府作州，是也〉，经数百里达山东胶州麻湾入新河，至海仓复入海。又经千余里达天津，省会通之劳，而避海运之险。”工科给事中张问达劾其“蠹国殃民，且假称明旨，吓骗赃数十万〈校记：广本赃下有银字〉，乞亟为罢斥，并发诸臣论劾诸疏一一追究。”不报。

（明神宗实录，卷356，6654）

467. 四月戊辰朔，甲申，工部尚书杨一魁等言：“今岁经年不雨，徐、邳一带粮运浅阻，乞敕河道官员长策〈校记：广本抱本长上有讲求二字，是也〉，务期先济。”从之。

（明神宗实录，卷358，6686）

468. 九月乙未朔，乙未，工科左给事中张问达言〈校记：抱本无左字〉：“漕运之期，兑之过淮过洪〈校记：广本抱本兑之作兑支〉，各有定期，抵坝抵湾不逾五月，而回空之船亦无冻阻。自南堌口之决而南徙也〈校记：广本南作黄，是也〉，徐、邳三百里之间几至断流。河臣乃议开赵家圈以东黄河故道，不及四十里接引黄流，下通三仙台支渠，出小浮桥以入运河。赵家圈告竣，复采旧议开泇河。舍黄流，引汶、泗山川泉源之水，以为运道便宜，经久之谋心亦良苦。然地多沙石，工尚未就，而赵家圈日就淤塞，因而断流。徐、邳间三百里河水尺余，粮船停，各不行者几一月矣〈校记：广本抱本各作阁，是也〉。及入闸河，又多浅阻。临清以北河流甚细，此一万二百七十有余之艘，相与争一线之水，而不能速进之故也。夫粮船坻坝故交纳迟〈校记：广本抱本坻作抵，坝下有迟字，是也〉，交纳迟故回空又迟。入秋徂冬不可不及时治〈校记：广本治下有河字〉，以为明年接运之计也。伏乞敕下该部设法起剥，早令南还。而河臣刘东星宜问其病之果否？酌议去留，则河道可通，而漕务有赖矣。”章下所司。

（明神宗实录，卷363，6765-6766）

469. 九月乙未朔，己亥，命总河诸臣踏看河道及时定议以闻。

（明神宗实录，卷363，6767）

470. 九月乙未朔，壬寅，河南曾如春奏报河决萧家口等处〈校记：广本抱本南下有巡抚二字〉。先是，开封、归德二府大水，商丘蒙墙寺黄河水发，冲决萧家口一百余丈。全河尽皆南注，原行河身顷刻变为平沙，商贾舟不暇解，维尽置平沙之上。蒙墙寺向在南岸，徙置北岸。商丘虞城多被淹没。如春又云："此河之决徙也，非决也。"科臣张问达言："黄堌口在徐、邳上流，而萧家口又在黄堌口之上流〈校记：广本无口之二字〉。二十一年河决黄堌口，由赵家圈等处疏浚以济运道。已而赵家圈又塞，徐、淮三百里几至断流。今萧家口之决，河身平沙〈校记：抱本平沙作沙平〉，而商舟即置平沙之上，未有商舟不行于萧家口，而能行于黄河口以东者〈校记：广本抱本河作堌，是也〉。明岁之运船与今岁空回之船可无虑乎〈校记：抱本空回作回空，虑作虞〉？乞命河道诸臣从冲决源头〈校记：抱本作衡决〉，下至徐溪口、符离桥、宿迁县小河口会流处所，逐一查勘详议料理。"上是其言。

（明神宗实录，卷 363，6768-6769）

471. 九月乙未朔，癸丑，工部尚书、兼右副都御史刘东星卒。东星，山西沁水人。隆庆戊辰进士，改庶吉士，授兵科给事中，转礼科右，庚午〈校记：广本午下有考察二字〉，適蒲城县丞〈校记：广本抱本適作谪〉。东星在谏垣有声，其中考功法则，高拱兼摄吏部日也。岁余，迁卢氏知县。万历改元，召为刑部主事〈校记：广本事下有"调户部员外郎，出为河南佥事"十二字，疑是也〉，历官湖广左布政使，升右佥都御史巡抚保定。晋左副都御史入理院事，寻迁吏部右侍郎，以父老请扶侍归，濒行而父卒。戊戌，河决，起工部左侍郎〈校记：广本决下有"单之黄堌"四字〉兼右佥都御史，总理河漕〈校记：抱本右作左〉。河漕之有总理，自东星始。是年八月，开赵囤，循商虞以下至于彭城、贾鲁。所浚故道也，起曲里铺至三仙台凡四十里。又起三山台抵小浮桥〈校记：广本抱本山作仙，是也。广本抵作至〉，开支流若千里。又浚漕渠自徐、邳至宿若千里。嘉靖末，估费四百万，是年仅十万，凡五月而成，特晋工部尚书兼副都御史荫一子。明年庚子，渠邵伯界、首二湖，又明年辛丑〈校记：广本无辛丑二字〉，凿泇河。泇河界滕、峄间，南通淮海，引漕甚径。万历初，数遣官行视，尝凿韩庄中辍〈校记：广本庄下有亦字〉。东星力主其役，初议百二十万，费才七万。所辟已十二、三而病不起矣。东星历官三十余年，布衣脱粟，家人化之。其学为清静为宗〈校记：广本抱本清上为字作以，是也〉，病革犹从床箦，治书经理河事云。天启元年谥庄靖〈校记：广本靖作静〉。

（明神宗实录，卷363，6773-6774）

472. 九月乙未朔，己未，直隶巡按张养志言："治河之策不越理黄河，开泇河之两端。而黄河之说有四，泇河之说亦有四：一曰塞黄堌口以杜泄水之隙。盖运道河身原浅，故蓄水不深，全赖黄河水接济方可通运〈校记：广本抱本无河字〉。自堌口一决〈校记：广本堌上有黄字，是也〉，全河势已南徙。见今口阔八十余丈，水深二丈四五尺、三丈不等，以致东河微细，浊河干涸，徐、邳一带年年浅涩。前年开赵家圈、三仙台，今岁开李吉口〈校记：广本李作季，下同〉，旋亦淤塞。职此之故，须将此口预为堵塞，使水不南泄，尽向东注，庶运河之水常盈，而粮艘可免阻滞。一曰浚李吉口以通引水之源。自赵家圈既淤，所赖以引导黄水接济运道〈校记：广本无引字〉，惟此口耳。黄堌口冲决日久，势已深阔，须将此口大加挑挖，深阔相等，始得分夺其势。但此口至运河长三百里，工力浩繁，合于每岁运毕之日，自吉口至坚城集隶山东，自坚城集至镇口隶徐属，并力兴工，大加疏浚。近口处阔二十丈，以下阔十余丈，俱深一丈四五尺，庶可引水一半东注，而宿、邳之间可免浅涸之患。一口浚徐邳漕河以为受水之地〈校记：广本抱本口作曰，是也。抱本徐邳作邳徐〉。自邳、宿以至徐、吕，地高河浅，难以蓄水。每至春夏之交，率多浅涩。合于初冬以后，将北自珠梅闸南〈校记：广本梅作楼〉，自宿宀一带探勘浅处〈校记：广本宀作邳，是也〉，即以额设捞浅二夫〈校记：广本二作之〉，大加疏浚三五尺。务俾深通。更于大浮桥迤北刘家湾建闸一座〈校记：抱本一作二〉，镇口闸迤北至玉皇庙建闸一座，以时启闭，庶停蓄自深，节宣有具。一曰筑永夏堤以防决水之虞。此堤束水归漕关系甚重，先年原系土民接筑御水，后因黄河南徙水涨沙淤，前堤低矮单簿，去岁马家溜、何家集冲决数口，水尽南奔。不惟徐、邳运道浅涸，即永夏田庐亦被淹没〈校记：广本作堕没〉。今虽堵塞尚未完工，近又冲决申家营三四丈〈校记：广本抱本四下有十字〉，若不上紧加帮，恐难捍御。合于此堤帮修高厚，夯杵坚实〈校记：广本抱本夯作务〉。更接筑大堤一道，直至大石山头〈校记：广本大作火，抱本作天〉，俾南岸一带俱有堤御。以上四款皆运道之不可缺者也。一曰开黄泥湾以通入泇之径。邳州沂河口入泇河之门户也，进口六七里有湖，名连二汪。其水浅而且阔，一多淤泥〈校记：广本抱本一作下，是也〉，粮船至此沾滞难行。欲为挑浚，则无岸可修〈校记：广本修作循〉；欲为埽坝，则无根本可据〈校记：广本抱本无本字，是也〉。查得湖外有黄泥湾，离湖不远，地亦颇低。自沂口至湖之北崖约二十余里，合于此处挖河一道，以接泇口。不必拘定丈尺，惟以可通运艘为度。湖水引以灌河，湖身弃而不用，所费不多，成功亦易。运舟从此可以直达泇口。一曰凿万家庄以接泇口之源。泇口递北有地名万家庄以及台家庄〈校记：广本递作迤，是也〉、侯家湾、梁城等处，原系山岗高阜之地，且多砂姜石块，极难为工。河臣刘东星并力疏凿业已成河，今岁轻小粮船已通行三二十只。但河身尚浅，水止二三尺不等，江浙〈校记：广本抱本作浙江〉、湖广粮船重大难以通行。合于此处更加凿削三五尺〈校记：广本更作再〉，俾韩庄之水下接泇口，并蓄水五六尺深，庶粮船不论大小轻重，沛然可达矣。一曰浚支河以避微口之险。韩庄之西有湖曰微口，上下三十余里，水深丈余。必测探水势深浅，插立标竿，以为响道〈校记：抱本道作导〉，遇风扬帆顷刻可过。偶遇暴风不免漂流，今已于湖边开支河一道，下接韩庄，上通西柳庄，四十五里不由湖中，挽拽有路。合将此河再加疏浚，庶可免漂之患〈校记：广本抱本漂下有没字，是也〉。一曰建座闸以为蓄泄之数〈校记：广本抱本作建座闸以为蓄泄之具，是也〉。地势原有高下，则蓄水自有浅深〈校记：抱本无蓄字〉。万庄一带地势原高，虽有开河身一二丈四五尺不等〈校记：抱本有作所，是也〉，较之泇河以南犹为高峻。北来之水至此南下，必速合于此处。此照济宁在城等处〈校记：抱本此作比，是也。广本无此字〉，或三五里或十数里，相其地势建闸三五座，以时蓄泄。庶节宣有具，水可常盈，无浅涩之患矣。以上四款，皆泇河之不可缺者也。夫黄堌口先是河臣以为不可塞，而臣以为可塞者。盖彼时徐、吕二洪不患浅涸，而患冲决，故留之泄水以防冲运之患。此时二洪不患冲决，而患干涸，故塞之借水以成济运之功。泇河先此河臣以为不可开，而臣以为可开者。盖前此疏凿未至，砂石为梗，故谓其不可开者，虑河工之未易成也。今沙石已凿〈校记：抱本脱今以上二十字。广本抱本沙作砂〉，深通颇易，故谓其可开者。惜成功之不可弃也，此二役也。理黄河，乃万世不易之经，开泇河，乃一时济变之权。譬之用兵，黄河为正，泇河为奇。理黄河而并修泇河，此奇正并用，万全之谋也。若修泇口而遂弃黄河，此舍正而用奇，非长胜之道也，非臣之所知也。”工部复奏：“请命河道诸臣勘议。”得旨：“这河议着作速会勘来行，毋得迁延推诿以误漕计！”

（明神宗实录，卷 363，6776-6781）

473. 十月乙丑朔，戊辰，工科左给事中张问达言：“治河于初坏之日犹易，治河于极坏之后则难。昔之难止泗州陵寝，今治陵寝而又兼运道。且运道一坏于漫视黄堌口之决，不早杜塞再坏于并力洳河，以致赵家圈之淤塞断流。河身日高，河水日浅，而萧家口又冲决于黄堌口之上。全河奔溃南下，直由浍河入淮，渐涨浸漫，势及陵寝。今刘东星已逝，总河重臣急宜推补。令其酌议缓急，先为堤防疏导，以为目前祖陵、明年新运之计。继殚力挑浚旧河故道，或寻别道通运长策。庶几数年大坏之河工可以次第修举。”奉旨：“黄河横决，恐侵泗州祖陵，且妨运道。河漕大臣既缺，著便会官推举，克期赴任。一面行文与各该巡抚多方料理，无得坐视贻患。”

大学士沈一贯言〈校记：广本大上有是日二字〉：“伏承皇上垂问黄河事情〈校记：自皇字起，至本卷第四页前七行砌前二字止，抱本脱〉，臣闻黄河谓之神河，冲徙不常，最难测度。先年所决之处〈校记：广本处下有“非今年所决之处”七字〉，似难一一责问。今第宜及早命官，不惜财力以收后效。今日廷臣即推河南凤阳二巡抚，正因二臣见在地方，易于到任故耳。惟望圣明加意简择，原票臣难轻改。”时，上以黄河南决，责问往日河臣，故一贯回奏云。

（明神宗实录，卷 364，6784-6786）

474. 十月乙丑朔，壬午，大学士沈一贯言：“黄河决于归德地方，尽趋东南潜入淮、泗。而黄堌断流，徐、邳浅阻，回空粮船不得回南，漕渠不可收拾。而祖陵又有冲系之虞〈校记：广本抱本系作击，是也〉，总河大臣已经再推，望早赐点用，责令刻期赴任。”不报。

（明神宗实录，卷 364，6804）

475. 十一月乙未朔，癸卯，吏科都给事中桂有根等〈校记：广本无等字〉、疏催点总河大臣。因言：“漕河浅涩挑浚不易，祖陵昔受水害。黄河之冲决尚在黄堌迤南，兹又上徙于黄堌之西百数十里，归德、永城而下通为巨浸。春夏之间雨水暴增，恐淮、泗益不敌黄〈校记：广本黄下有河字〉，而祖陵左右复为沮洳之区矣。先年黄河、漕河用两大臣，仅仅竣役。自并漕河于一人，曾几何人遂致敝〈校记：广本抱本人作时，是也。致下有大字，是也〉，今奈何并靳此一人也？”奉旨：“河漕重任，再催二员〈校记：广本抱本二摧字作推，是也。广本员作人〉，并前摧通写来看。”

命冻阻京通钱粮二十四万有零陆运入通仓〈校记：广本抱本钱作船，是也。仓下有“给十二月份军粮，于明岁新运，补给京仓”十六字〉，从总督仓场侍郎赵世卿议也。户部上言漕运四事：“一、备新运之船只。每年漕粮俱限十月开仓，十二月终完兑开帮。如十二月终军卫无船领运，把总等官各罚俸半年。今且十一月矣，水次开仓已久，运船尚未回空。合行各省直抚按管粮官，除军船到者交兑外〈校记：抱本作见交〉，其未到者访求民运之制，预先设法措处船只装载，及时开帮。接遇军船，仍与交卸，如江西民船至南京交兑例。一、杜运官之观望。万历十六年，临、德二仓截留漕粮二十万石，原备灾伤，非为粮运之迟〈校记：广本抱本粮运作运粮〉，姑为一时权宜计也〈校记：广本宜下有之字〉。自二十八年粮运稍迟，倡为截留通仓之说，今岁运官踵旧套〈校记：广本抱本踵下有为字〉，观望逗留，直至冻阻，合行严饬。一、饬轻赍之预到。轻赍银两系完粮之脚价，官旗之盘缠银存随粮到〈校记：广本抱本无存字，是也〉，岂容后时？以后山东漕标银，限在四月，淮上轻赍头运银限在五月。二运银，限在六月解入通济库，违限参罚。一、申起剥之及时。石、土两坝及河西务船只，原为剥运而设，各有信地，载在议单。粮运到时，有告泄者〈校记：广本抱本泄作浅，是也〉，即便测度水势，量行发剥，毋得留难以稽运〈校记：广本抱本稽下有粮字，是也〉。”命依拟行〈校记：广本抱本拟作议。〉。

（明神宗实录，卷365，6823-6825）

476. 十一月乙未朔，癸丑，河南道御史高举疏言：“我朝奠鼎燕京，数百万众待命漕渠。乃今仓廪空虚，运河浅涩，治河之人杳乎未有，明年岁运可为寒心。臣试以治河之策，与用治河之人言之。夫漕艘北来，出清口入古洪，中间三百余里，实借力黄河〈校记：广本抱本河作流〉。比因河臣溺职黄堌口，开浊流南徙，浮沙北壅，历徐、邳抵宿、迁，昔之洪涛几为陆地，以故粮艘至宿停阁弥月。所幸大雨时行，污潦暴集，仅完今年运事，尚有粮二十余万延未入仓。即入仓，较之往年〈校记：广本抱本年下有“已迟几月”四字，是也〉，转瞬残冬水浅冰合〈校记：抱本残冬作冬残〉，回空何时赴兑？何时过淮？过洪而输仓亦又何时？臣用抱杞忧广询众口，大约其策有三：如新口大决，黄堌口业污其半〈校记：广本抱本污作淤，是也〉。宜乘此半淤，大浚黄堌以下旧河，务使深广。始引黄水而注之东，遂塞黄堌而遏其南。竣旧河之冲刷既深，则南旋之水势必杀〈校记：广本旋作徙〉。方并新口而塞之，来岁之运庶其有济。又如泇河之役，费累巨万，而未奏成功。闻近日粮运空船轻小货船间有往来，而竟难济运者，缘所排河身狭而且浅。又中有山一段，攻凿为难〈校记：广本难作艰〉，故尔中弃，似宜大加疏凿而底于成。臣又查国初曾用海运，南北无虞。独其中经黑水大洋，内有礁石触舟多覆。迨淮扬漕河既成，此河遂废。嘉靖间，漕河泛滥，复议及之此。时，王宪副委崔引礼董治其事，几有成迹。故道见存，东由麻湾海口入河北折，蜿蜒仅四百里。道经胶州、高密，出海仓口一日可抵天津，既脱风涛亦复径捷。据土人佥云：‘每遇秋水溢〈校记：广本遇下有伏字〉，枭贩贸易之舟见在通行’。今但疏其壅，去其塞，事半功倍，至便计也。引礼之子同知崔淳，曾与其事，能道其详。且谓约其经费不至虚靡〈校记：广本费下有银字，抱本靡作糜，是也〉，止须数万。夫不烦征调，但借班军，假以二年可告成事〈校记：广本抱本以作之〉。事成，当与河运递相为用。彼塞则此通，此塞则彼通，两利并存，此又一劳永逸之策也。至先臣刘应节之旋开，而旋罢者，非河之罪以舍故道，而凿黄埠岭，胶人图便之口误之耳。以上三策，愿当事者熟计其便而审之〈校记：广本抱本审下有用字〉。然欲奏河功，宜先分执掌〈校记：广本抱本执作职〉。往年总河、总督设两大臣分曹而理〈校记：抱本作总漕，广本督作漕〉。二百年来鲜有败事，往效可睹也。顷因倭亟，防海责之巡抚，乃以漕、河两事并之一人，讵不省费，第未思昔之。漕运、河道紧要事务，总在淮扬，并奚不可。今则漕运于江北，而河决于中州，二事并亟，势必不能骑墙而两顾。今郎不并设〈校记：抱本郎作即，是也〉，亦宜以漕务○凤阳巡抚，以河务○总河大臣，姑待事完另议，〈校记：广本抱本○作付，是也〉，"庶人有专责，事有专功，不可至顾左失右〈校记：广本抱本不可至作可不至，是也〉，推诿误事也。夫职掌既分，会推宜慎。职闻会推之日，此推之彼，甲诿于乙〈校记：广本诿作推〉。有德者宜于受德〈校记：广本抱本宜作拟，是也〉，有怨者嫌于受怨。举有微疵者，惧人之议。其后，举有盛名者，惭已之狃于狗。此必无德、无怨、无咎、无誉之人，而后可于国家，事未必济也。且今之会推三次，推者七人〈校记：广本者作举〉。虽一时之选〈校记：广本抱本虽下有俱字〉，第人各有能，事难概任如云，人人有当于治河不敢信也。且推而见用，或出都在道，任意迁延，履任养尊，置身清邃。欲行一事，先会稿各台，及会成一稿，复分委各道。各道委各府，各府委各州县，而始行勘议。即勘有肯綮，议有次第，又须会文申各府。各府申各道，各道申各台。间有未妥者必一再批驳，而议始画一，即议已妥矣〈校记：抱本二妥字作安〉。必各台详允，而事始举行。动轻数月〈校记：广本抱本轻作经，是也〉，少亦不则数旬〈校记：广本抱本则作下，是也〉。如此推诿玩愒，何日而可有治河之人？何时而可底治河之绩哉！臣谓会推臣工，各宜体国，务秉公心，无分朝野。略彼生平，但期于国事有济，才品俱优者为上。果才优，而品非众与者，亦在不遗。惟顾其人之精神力量，足胜河任，以赤心行实事，念笃公家，身甘劳瘁者，举而用之。奉旨后〈校记：广本旨下有之字〉，责之即日登途，勿耽时日。到任之后，更责之遍历河滨〈校记：广本无之字〉。所至询之父老，采之舆轮〈校记：广本抱本轮作论，是也〉，以配已见〈校记：广本配作酌，是也〉。一面踏勘，一面议估，作速处置钱粮，鸠集夫役，刻期兴事。计日省劳，仍复假以便宜，宽其文法，斯则人当其事，事宜于人，可屈指而奏效也。功成，而兑运如期，则超擢示劝；不则重处示惩〈校记：广本不作否〉，并及举者。祈敕该部查议速行〈校记：广本祈上有伏字〉，治河之臣早赐简用。”得旨：“往年河、漕设两大臣，今以两事并于一官，应否？并设该部院看议来说。这本言多可采，该部便看议来行。”

（明神宗实录，卷365，6830-6835）

477. 十一月乙未朔，甲寅，大学士沈一贯言：“臣接御史高举揭帖，内言河漕利害，窃为其言可采〈校记：广本抱本为作谓，是也〉。盖京师受天下转输，岁以巨万计，第恃一线漕河耳。今年春夏间徐州一阻〈校记：广本年作岁〉，而二十万粮遂不入仓，若不急图，妨害明年运事不小。三辅内地所在告荒，太仓之米不支一年。至于银库罄竭如扫，傥有脱巾而呼者，何以弥之〈校记：广本弥作弭，是也〉？总河大臣已经屡推，伏望皇上蚤赐点用，隆之眷顾。许以便宜，若朝廷视为纡缓〈校记：广本纡作迂，抱本作行〉，在下无复当担矣〈校记：广本抱本当担作担当，是也〉。”

（明神宗实录，卷365，6835-6836）

478. 十二月甲子朔，甲子，工部尚书杨一魁覆奏：“御史高举条上河漕三策，言今之河利于东注，而不利于南徙，一恒人知之。第全河尽溃，势难遽挽，堵塞之力谭何容易？故臣等前疏必欲从决口图之，如傅家集、宋家庄等处，开浚直河，引水东流。并浚李吉口以下，至坚城集三十余里沙淤河道〈校记：抱本三作二〉，尽行挑挖。再改挑唐家口，而注之龙沟，入小浮桥，以防全河来复灌于镇口之患。然后塞黄堌口以束其流，再塞新决口以障其溢，庶乎正漕有归，故道得复。不然下流不浚，即上源已塞，而旋塞旋决，或此塞彼决，竟何益哉！故臣以为开直河，塞黄堌，浚淤道者，此正策也，今日所当亟行者也。泇河之役，全赖山东泉源之水。先经挑浚未见深广，且中经梁城、彭河、葛墟岭等处〈校记：广本无岭字〉，山多石礓，攻凿难施。故口面仅一丈六尺，浅亦如之。即今回空商楫〈校记：抱本回下有错简，自"掠木马"起，至"乞关"止，见馆本第四页后一行至第五页前四行〉，既可稍稍经行则成功，可惜似当大加疏凿，或相度地势，每十数里筑坝一座〈校记：广本作数十里〉。中置木闸以资畜泄〈校记：广本畜作蓄，是也〉，以待新运。即一时水浅，不妨起剥。其韩庄渠上接微山、吕孟之间，多方疏导，俾无淤浅阻碍之患。顺流入马家桥、夏镇，以为运道接济之资，亦一时权宜之计。故臣以为，浚泇河底成功，济漕艘者此旁策也，今日所当并行者也。至于开胶莱河一节，先臣刘应节亦曾开之而旋罢矣。彼所开固新河也，一病于黄埠岭之险峻，再病于马家濠之巉岩，三病于大小沽之直冲，故疏凿不易，迄无成绩耳。今台臣所议欲弃新河，竟复元时故道，诚为最便。但此河计地四百余里，工程浩大，其间，道里险夷，疏开难易，经费多寡，与夫河海更船之故〈校记：广本故作所〉，借用班军之说，皆非臣等所敢遥度者。宜转行各该河臣踏勘，相度计议停妥，覆请定夺。故臣等以为开胶莱河以复海运之道，以防河运之穷者，此备策也。所当俟议定计，得而后行者也。行此三策，而又在审缓急、循次第，功不混于滥施，期于中窾，画不期于筑舍〈校记：广本期作徇，抱本作拘〉，期于有成。窃以为，当今治河要务计无出于此者。"得旨："著行治河官上紧将旧河挑浚，决口堵塞。泇河既有成迹，也著挑浚备用。胶莱河行山东抚按踏勘明确来说。"

（明神宗实录，卷366，6842-6844）

479. 十二月甲子朔，辛未，吏科右给事中田大益疏请简用河臣言："总河一缺屡请留中，皇上岂靳而勿予耶！臣以从古治水，但求避其害，不必籍其利〈校记：广本抱本籍作藉，次行同〉。今欲引河以为转漕之利，则难。向欲籍其利未甚虞其害。今又避河，恐为陵寝之害，则又难。异时河身尚平，犹易为利。今河高于陆〈校记：自本页第四行"异歹扯"起，至陆字止，抱本误接本卷第七页前九行缅东二字下〉，欲引为漕运之利，则又难。异时河未南奔，害犹易避。今归永诸处，大决泗州之野为望洋，欲因以避陵寝之害，则又难。往年河臣与河相习或数年，或十数年，犹得徐图利害。而今欲以数月之人力，奏八年之禹功〈校记：广本功下有脱九载之鲧殛六字〉（按：丝下殛字校勘不清晰），则又难。以故群臣谈河危于谈虎，下方畏难冀免，上复悠悠堕计〈校记：抱本堕作隳〉，如国事何？"奉旨："先年因黄河泛滥关系陵寝、运道，不吝钱粮，命官疏治。如何今又冲决？着该科查参来看。河南、凤阳、山东巡抚，各有信地之责，着各上紧疏浚堵塞，不许推诿。吏部屡推总河大臣，还会同各官推举实心任事、熟知河道的两三员，同先推一并写来。惟才是用，毋得顾忌不举，及徇私滥举，亦不许再行延缓。"

（明神宗实录，卷 366，6850-6851）

480. 十二月甲子朔，戊寅，大学士沈一贯疏催点用总河大臣。因言："事之最急者有三：其一则黄水侵淮水，而泗州祖陵被其患。再缓不治，虽凤阳祖陵亦当被其患。夫祖陵国家王气所钟，祖陵被患，岂惟列圣龙蜕之藏不安于地下，而千万年，圣子神孙托根基命于何所？彼庶民衣食之流，尚恐伤其先茔，爱及一草一木。况帝王之家甚关宗社〈校记：广本家下有"可泄泄乎"四字〉，亦切圣躬最不可缓图者也。其一则黄水侵漕河，而运道阻塞，南米千万艘停阁不进〈校记：广本米作来〉。京师之米粮日贵，百货日少。三辅沙砾何以供六宫〈校记：广本砾下有“所出几何”四字〉、廪百官、饷九军九边、而育养邦畿？千里之民乱生辇毂，其忧不细非社稷之福也。其一则河南、山东，徐、沛之间，乃中原都会之区。譬之身为腹心之位；譬之家为堂除之所。此而昏垫耕耨莫施，商贾不出，则腹心溃，而四支皆坏烂不可收；堂除榛，而四隅皆阻隔不可通。故中原之民尤当爱护，中原之地尤当垦辟。令其陆沉如海，而无完土，非社稷之福也。从来比河道关系之大于九边，比河工责任之难于御虏。人臣既莫之任，皇上又不令任。臣实忧迫，如坐针毡。若托之非人，或因之为利，不顾利害之切身，第取锱铢之快意，此视国事若儿戏，而计之至愚者也。臣为此惧，竭忠尽言，亟点廷推之外，更无要术；专委河臣之外，更无奇策。早责成一日，则早拯救一日，使之讲究利害之归处，画疏塞之法〈校记：广本法下有“事难遥度，惟在得人”八字〉，此十人者已极一时之选，惟皇上选择而使之耳。”

（明神宗实录，卷366，6856-6858）

481. 十二月甲子朔，壬午，吏部右给事中田大益言〈校记：广本部作科，是也〉：“诸臣谈河患者，言人人殊。大都皆以黄河之分，而不挑黄堌之决而不塞。致令水涸沙壅，下流淤而上流溃，运道阻而陵寝危。为当时河臣见任工部尚书杨一魁，与已故尚书刘东星失算咎也。东星既以忧瘁至死，而一魁自陈治河始末，及河决情形之疏，亦数百千言。其谈分黄导淮之说，不塞黄堌之故，与今日萧家诸口之决，皆在黄堌上流。且谓河性靡常，能焦劳于数载之前，而不能达料于数载之后，其言甚具。然亦岂能遽辞其责哉！臣以为宜令一魁解任回籍，并敕在事诸臣，备将修举河上以来，河臣的系何人何处并何年月，应筑不筑，应浚不浚，果否失策，以致败事，从公勘奏，而后圣断加焉〈校记：自加字起，至十二页前五行“无限”二字止，馆本抱本脱。今据广本补〉。庶情状核，而人心咸服，劝惩当而河患可除耳。”不报。

（明神宗实录，卷 366，6860-6861）

万历三十年（1602）

482. 正月甲午朔，丁酉，工部请给总河右侍郎李颐敕书以便宜行事，许之。

（明神宗实录，卷 367，6865）

483. 正月甲午朔，壬寅，署工科右给事中田大益言：“黄河为患已极，治河失时日甚。请亟将杨一魁罢削勘处，严督李顺星夜到任〈校记：抱本顺作颐，是也〉。”不报。

（明神宗实录，卷 367，6865）

484. 二月甲子朔，甲子，工部复保定巡抚汪应蛟条议二款：“一、广兴水利。臣谨按境内山川图迹，质以耳目。闻见易水可以溉金台滹水，可以溉恒山溏水，可以溉中山滏水，可以溉襄国。漳水来自邺下，西门豹尝用之。瀛海当诸河下流，故号河中，视江南泽国不异。至于山下之泉，地中之水所在，而有议督委各府佐贰一员，及州县正官，并选南官中能识水利者，周循勘议某处可筑坝建闸？某处可通渠筑堤？高则灌注，下则车汲。悉照南方开水田法，量拨军民夫役〈校记：广本抱本拨作发〉，以便宜处置，计六郡之内可成水田者，奚啻数万顷。每岁收获可益谷千万石，畿民从此富饶永无旱涝之患。即不幸漕河有梗，亦可改折于南，取籴于北，此国家无穷之利也。……”

（明神宗实录，卷 368，6875-6876）

485. 二月甲子朔，戊辰，工部尚书杨一魁复河南巡抚曾如春疏：“近因蒙墙等口冲决，黄河尽皆南徙，势趋永宿。今不亟图，转盻水涨狂流，非惟生民受昏垫之虞，抑恐陵园有侵啮之患。修筑汴堤以障南徙，诚目前保护至计。第工程浩大，费不下九万，该省岁修止六万余。应留漕折临德二仓赃罚事例等银，以济急需。又汴堤上自归德，下至灵虹，接连绵仁石堤数百余里。若今河南地方已修完固，而灵虹一带尚为残缺，则狂澜尽复奔南〈校记：广本抱本奔作归〉。前工虚实应一并修筑高厚〈校记：广本抱本实作费，是也〉，始保万全。宿迁小河口，乃睢水出泄故道，河渠尚未深广，兼以耿车时儿滩，横堤年久残废，莫能障御。为今之计，速应疏浚小河正渠〈校记：广本抱本正作山，疑误〉，仍培筑耿车等堤，使黄流尽归小河口，则弥漫自消，而祖陵庶无他虞。第前堤概筑，决口既塞，傥下流不浚，上源必复淤塞，恐冲决之患又必不免。应通行各该抚臣同心兴举，毋分尔我。以上工程俱限春月报完。”诏嘉纳之。

（明神宗实录，卷 368，6878-6879）

486. 二月甲子朔，甲申，命礼部铸给河漕道关防。

（明神宗实录，卷 368，6886）

487. 二月甲子朔，癸巳，户部复议巡仓御史严一鹏漕政五事：“一、桃花浅至王家摆渡浅，属钞关主事；里二泗浅至中心楼浅，属通粮郎中，议单甚明。但自王家摆渡至里二泗最浅胶舟，此钞关通粮所交界处也，每相推诿。此处有合站浅，专属通粮郎中。剥船脚价信地相沿已久，似难别议。惟行管河司官严督失役〈校记：广本抱本失作夫，是也〉，将王家摆渡等浅挑浚深广，如有怠玩壅阻参究。一、河西务额设剥船八百只，属开关主事〈校记：广本抱本开作钞，是也〉；石土二坝剥船二百七十只〈校记：广本抱本土作王。广本二作三〉，属通粮郎中。今则有救漏者、私载者、缺少者，以此起剥迟缓。议自今年始，每岁春初，将一应剥船看验勃者修理，务足原额，不许出关。一、议单一款。黄河广阔许越帮，闸河则否。近来昌、密边粮亡论闸河皆得越，所越者，止于南粮。查山东、河南岁漕有派拨总海船，山东中都俱有总浅船。海船深重难挽，浅船虽捷，例不敢搀耽延时日，遂至冻阻。拟行巡漕御史许浅船越过海船，先抵通州盘入㳷船赴纳。海船至日，㳷船往回接剥，稽误者，听挖运司官拿究，增入议单。一、议单开载，把总等官必候粮完方许交代，此定例也。今不候交代，未到仓而交代。各赴新任者，法当惩创，以儆将来。仍咨总漕衙门，申饬十三把总务遵单例，违者参究。一、漕储道专为漕粮而设，事有专责。一切浚河剥船，押运催攒各有所司。霸州、密云兵备与有河责，议漕储道臣俟粮船尽数入闸之后，先至天津，会户工部臣、霸、密道臣同心料理。”诏如议行。

（明神宗实录，卷 368，6894-6896）

488. 闰二月甲午朔，甲午，凤阳巡抚李三才议治河紧急之策：“镇口闸起至磨儿庄，仿闸河之制，每三十里建闸一座，依时启闭以济新运。及坚城集至镇口闸止挑浚河渠，约费银一十九万有奇。须留漕粮乃克济事〈校记：广本济事作有济〉。”工科驳：“因河留粮，今太通二仓不足两年支放，万一他变尤可寒心。”工部调停两说，复请。诏：“浚河建闸及留漕粮等事，令该总理巡抚悉心讲求，担任行之。许便宜处置动用兴工，毋得推延误事。”

（明神宗实录，卷 369，6898）

489. 闰二月甲午朔，乙未，户部复仓场右侍郎赵世卿议：“漕粮有正兑，有改兑。正兑者，解入京仓，改兑者，解入通仓。比因两仓岁有定额，而改兑数少，往往拨正兑以补之。顾臣思之，地有轻重，势有缓急，使京师而足也，何忧于弹丸之一州？即通州而足也，何济于都城之缓急？况京营官军赴通关支，远道守候，又苦担负。往往以米易钱，半值而归。是有一石之名，而无半石之实。万一事变抢攘，枵腹待食，乃令擐甲执戈之夫，索米于数十里外往返，而后炊之不亦难乎？宜自今伊始，不拘三七四六之例，将漕粮正兑尽入京仓。以俟三数年间，京庾稍裕，乃仍改拨通仓，以补改兑之不足。至灾折粮银，所以折漕粮，非折九边之军饷也。有一石之折，则有一石之银；有一石之银，则抵京军一月之米。何乃频年以来一概溷支，以致银米两空，捉襟露肘？宜自今伊始，凡属直省征收折银解部之日〈校记：广本抱本作省直〉，另收贮一处，专备春秋两季放给官军折色。仍咨行各抚按非大灾祲，不许擅请改折，严督有司依期征兑。如此数年，先京后通，而两仓积贮可渐充裕矣。”诏然之。

（明神宗实录，卷 369，6898-6900）

490. 闰二月甲午朔，丁未，户部总督仓场右侍郎赵世卿，以凤阳巡抚李三才，议留江北、江南漕米抵河工支用疏，争之曰：“自河决以来，运道梗塞，臣为仓储计，直欲躬负土石以障洪流，岂其一念杞忧？日后诸臣愿今太仓匮竭〈校记：广本抱本愿作顾，是也〉，一岁所入，不足以当一岁所出？窃计二年后，六军万姓，将必待新漕举炊，而又远在数千里外。万一水旱不时，输纳愆期则，数百万生灵束手待毙，尚复有京师耶！如此景象极可寒心〈校记：广本极作实〉。乃欲借留漕米为河工需，此不待智者而知其不可矣。”诏：“岁漕既难截留，河工正需急用，有何长策可以计处，诿责总漕衙门亦非政体，户、工二部还详议来。”

（明神宗实录，卷 369，6907-6908）

491. 闰二月甲午朔，癸丑，工部尚书姚继可疏言：“河南巡抚曾如春，留户部漕折等银两修筑汴堤，虽河道计〈校记：广本抱本虽下有为字〉，实为漕运计也。查先年分黄导淮之工，该部曾协济银十二万两，则今日之议留正与旧例相合。本部之未经咨会者，盖缘春汛狂澜横溢，陵运关系匪轻，筑堤之役时刻难缓。若候会议可否，未免各拘己见，耽延时日，有失事机。且堤不筑，则河不治，河不治则运不通，运既不通，漕粮自不能飞渡，仓廪又何能充实于时？即归咎河渠之为害，恐亦无及耳。以此推之，即缓急相济，固无不可者。但该部既不欲通融，而河工又值紧急，岂有坐视待困之理？备查该省额解钱粮如漕折之外，尚有别项堪动者，当另设处，无损边储。设或并无应用钱粮，则在总河便宜动用以充堤费。俱非臣部所敢遥度者。”诏是之，曰：“河工紧急钱粮，令总河及巡抚设处便宜动用。”

（明神宗实录，卷369，6916-6917）

492. 三月癸亥朔，辛巳，吏部尚书李戴复巡按御史吴崇礼议：“国家大务，无过漕河。往年并设总漕、总河二大官〈校记：广本抱本此十一字作二大臣〉，不惟繁剧各有攸司，抑且艰大期于共济。顷因导黄分淮之议所见不同，防海备倭之虞为患孔亟，遂以诘戎专责之巡抚，而以漕运归并之河臣，亦一时权宜之计，未可以垂久远。况昔之漕运、河道其要在淮扬，故可以一人兼。今漕运于东南，而可决于西〈校记：抱本西作西北。影印本河误可〉，欲以一人之身而东督储西治河，虽有知巧，亦苦于力之不足矣。请覆旧制〈校记：广本抱本覆作复，是也〉，将总河道衙门专管河务，仍驻扎济宁往来督理。其总督漕运衙仍兼管凤阳〈校记：广本抱本衙下有门字，是也。兼管作专管〉，巡抚防海军务，驻扎淮安。咨行各该部换给敕书以便行事。”诏曰可。

（明神宗实录，卷370，6938-6939）

493. 陕西河州黄河水涨，将河桥边墩、院房屋冲去，盖河水自闰二月二十五日流绝见底，至是日突涨也。

（明神宗实录，卷370，6939）

494. 四月壬辰朔，壬寅，总理河道都察院右都御史李颐卒。颐，江西余干县人，由进士授中书舍人，选御史清戎楚粤〈校记：广本戎作戍〉。忤江陵相意，出为湖州知府苏州兵备副使，浙江参政，湖广按察使，所至以治行称。丁内艰服阕，江陵既败，累擢佥都御史，巡抚顺天。多防御功，累加都御史，改兵部尚书总理河道，至是卒于任。谈者谓其有经干学行〈校记：广本干作术〉，可为近代之名臣云。

（明神宗实录，卷 371，6952）

495. 四月壬辰朔，壬寅，工部尚书姚继可以河患孔棘，工费为艰，请即简臣累疏。命九卿科道计议百万之费作何处办？其间浚河、筑堤、建闸一十九万之数，户部协济三分之一。先年成例具在，并乞申谕刻期举行。报可。

（明神宗实录，卷 371，6952-6953）

496. 四月壬辰朔，乙巳，礼部以黄河浅涸疏言："据狭西总督李汶、巡抚贾待问揭报：'本年二三月间，河州莲花寨等处水深不过三尺，往来人畜直渡，交子冈绰逊河口。'黄河上流水尽干竭等因，臣等不胜骇愕。今岁天变频仍，火星失度，日光如赭，风霾黄雾，种种示异未有若此河之为变者。窃谓河渎之行地，犹元气之周身，而货财流布于天下也。今天下财力可谓匮诎，而血气亦已耗矣〈校记：广本血作原〉。闾阎贫、府库贫，独矿税监使及参随土棍之家富耳。神河天险源涸，流徙而中，更挟百川之势，以冲祖陵扼运道，此脉竭财壅之象也。夫民匮则愁苦，愁苦则思乱，直须时耳……"

（明神宗实录，卷 371，6956-6957）

497. 四月壬辰朔，戊申，准苏、杭水灾地方将婚礼袍服未织三运，分作六运，每年二运〈校记：广本二作一〉。织解从太监孙隆请也。

（明神宗实录，卷 371，6961）

498. 四月壬辰朔，庚申，总理河道侍郎曾如春疏："上年蒙墙口决，势虽南徙〈校记：广本抱本虽作难〉，而蒙墙十二里之下，若徐家口至李吉口百有余里，涓涓之流固在也，屹然之堤如故也。此东行故道所宜速为开复者。但故道自归徐至宿迁，不下六百余里，非集夫数十万，备金百万何能展乎？臣备查各属衙门报前总河库册，总计犹不满三万之数，日夜筹画，非请发内帑无策矣。臣岂不知国用浩烦？第念国家莫重于陵寝亿万年王气所钟，又莫重于运道百万斛漕粮所由。南徙之冲刷愈深，故道之梗塞愈甚。倘陵寝委之洪涛，胡越起于辇下，即尽捐内帑何及？臣即万死其何补哉！”不报。

（明神宗实录，卷 371，6971）

499. 五月壬戌朔，乙丑，工部尚书姚继可言：“河工缺乏无措，惟有请发内帑及河道岁积钱粮。近以税使搜括五万三千有奇，望谕令照数还给以济目前急用。”得旨：“内库缺乏，各项进供待用有何积余？兹不得已，且借用太仆寺马价三十万两，其原属河道钱粮五万三千亦令留用，以后不必搜括。其户部原议之数依拟。此外尚须接济，尔部尚悉心计处。”

（明神宗实录，卷 372，6975）

500. 五月壬戌朔，丁卯，大学士沈一贯、朱赓题：“昨蒙谕发马价以济河工，具见皇上注念陵漕德意，但京师外库钱粮更无他积，独此马价一项耳。边饷已借百万，今又借三十万，倘有本寺急用于何取资？且河工浩繁，又非三十万即了〈校记：广本抱本万下有所能二字〉。臣等敢献一筹，切照河漕所以久而无敝者，实以岁修不辍之故。而所以能岁修不辍者，实以河道颇有余积之故。自税使搜括以来，所在罄竭如洗，遂令工作无资，河乃决裂，今至借马价矣。若尚搜括不休，譬犹方喂饥人以食，而复割其肉，岂但无益，大忧将立见矣。谓宜明敕税使，毋复将河道钱粮搜括，毋复将河道工程骚扰，同心协力以图裨助，而浚河有可治之时。此不过费皇上一言，而殊胜作许多区处也。自矿税来，皇上屡有不许加派小民之旨，但天下财力止有此数，令工部措处，岂有神运鬼输之术？不过议加派耳，而不得不与前旨相背矣。伏想圣心至仁〈校记：抱本想作惟〉，其能忍于此。倘蒙皇上曲赐撙节以省浪费，则虽不免于加派，而天下犹谅，朝廷不得已之心有光圣德，亦不小也。又总河侍郎曾如春书来言'山东巡抚黄克缵偏执王家口不可开'之说〈校记：广本王作黄〉，所辖道府无敢明目张胆以持忠议者〈校记：广本议作义〉。事势人情终难归一，究竟必祈遣官一勘，始可定嚣。臣等看详甚以为宜。凡举大事，必有勘差。昨工部有疏已经票上，未蒙允俞。臣等以为勘科关系河务紧要，必不可无遣。早乞皇上俯赐简发，更祈天语叮咛，委任责成。"

（明神宗实录，卷 372，6975-6977）

501. 五月壬戌朔，丙戌，工部尚书姚继可言："皇上既为陵寝根本虑，而又念时诎之可悯，为东南河漕计而免行搜括之贻害，睿算周详，俾河臣可旦夕举事，不至束手无策，而臣等亦得效犬马以仰纾宵旰之忧。除马价银三十万两已经移咨太仆寺查发，其河道钱粮五万三千移文税监扣留，听总河径自取用外，所据河工百万之费，缺六十四万有奇。先年户部允协济一十二万，尚缺五十二万有奇〈校记：广本抱本二作六〉。迩来内外工作频兴，监库传派繁巨，外解纤微，库贮无余，此举朝所共知，非臣所敢推诿也。及查河工大兴〈校记：广本抱本及作又〉，岁修可已之数，此内尚可通融。伏秋在迩，疏筑宜勤，若候设处全完，未免耽延时日。惟将前项见在银两先行解用，其余不足，即于本部河道岁修银两，陆续那凑。且工程浩大，其中可省可加或增或减，总河临期另有酌处，臣等似难遽定矣〈校记：广本抱本矣作也〉。"得旨："河工需用紧急，便令各衙门遵行。

内税监五万三千两如未解准留用。若已解进不必扣留，果有不敷另行具题议处。”

（明神宗实录，卷372，6983-6984）

502. 六月辛卯朔，壬辰，工部尚书姚继可以佥事汪先岸备陈开泇河之利〈校记：广本抱本先作光，备作条〉。知府俞汝为疏内又极言泇河不必开〈校记：广本抱本府作州，是也〉。“请命总河、总漕及巡按、巡漕、巡盐各御史同勘议，果事半功倍永赖可期，即速鸠工以济粮运。如或山多石梗，工凿难施，不妨明白议止，并力故道，以节才力〈校记：广本抱本才作财，是也〉。详妥具题。”报可。

（明神宗实录，卷373，6990-6991）

503. 六月辛卯朔，癸巳，工部尚部姚继可复山西沁州知州俞汝为条陈河务：“一、沿河任事之责宜均夫。河南、山东、凤阳巡抚俱兼河务，中河、南河、张秋、夏镇泉闸，俱系管河，特以事权不一，设总河都御史节制之耳。今秦越其心独累总河，以致物故者〈校记：广本作拘放〉，削夺者，后先相继，而总河遂为陷阱。请申明玺书，各处有河地方，分任其责，功罪一体，庶同舟之念自专，而事可永济。一、河工缓急之势宜审。治漕、治淮，原非两事，疏、浚、塞三法本自相资。夫淮水汜滥为祖陵患者，黄水灌入，淮水不出，涌而起耳。往时淮安闸口水涨，则筑，水涸，则启。年来规制废格，黄水倒灌入淮，遂成巨浸，故分黄导淮此议甚当。惜南流不断，又增决口，水入止借瓜州一闸，岂能宣泄？宜修旧制，先断淮安闸，次塞蒙墙口，使黄水不入。再疏下流，如芒稻、白塔、射阳三湖，引淮出海，使有所归。如是，而淮、泗之间不安流，祖陵尚忧淹灌，万无是理也。决口之初，宜急包裹两头，不使扫阔，此为上策。今已无及，择其稍缓、稍狭处，可施工者，塞之。下流既壅，上流必淤，乘其既淤，然后补塞决口，于力最便。一、山脉沙水之性宜熟，形家者言：‘黄河以南，大江以北，为中龙。由狭入嵩，过曹县，起泰山，尽于蓬岛〈校记：广本抱本作蓬莱三岛〉。左一支自桐柏分水，曰淮；右一支自河南分水，曰渭。而黄河北流，从天津入海，此禹故道也。自宋熙宁间，引河入汴，势遂夺淮，贻患迄今，此不察地脉之故〈校记：广本抱本故下有也字〉。夫黄河万里远来，合水既多，更加雨泽湍急难制，以区区人力争之，不知量矣。然水本就下，带土而行，急则深，缓则淤，宜急不宜缓，故可合不可分。可以停而淤，亦可以刷而阔。沙与土异，不可聚，而可囊。扬之则浮，刷之则去，凝之则坚，此其性也。识沙之性，故全河不必开借水刷之。坚土难立，致借囊沙筑之。识水之性，故支河必不宜凿。欲塞上口，必疏下流，欲通故道，必塞决口，此理甚明，人所易见者。惟山之土石有骨起伏〈校记：广本抱本土石作石土〉，有势高下，分合本自天然。善治水者，因其势而利导之，易以奏功。合选知地理，有心计者，沿州逐县相度形势，俾全河在目，庶不致漫尝而徒费。一、钱粮经画之制宜豫上策。宜借内帑发水衡钱，或议漕粮改折，如先臣潘季驯所奏。次则仿兵兴故事，内外省直协济。下则责成河南、山东、凤阳院道，各从地方工力酌议方略。其行漕地方，量派夫工助之，而河道督臣总其成〈校记：影印本成字不明晰〉，庶可措手。今请发内帑已奉旨内库缺乏似难，再渎水衡金钱之匮〈校记：广本之匮作匮乏，抱本作乏匮〉，举朝共知。惟请留漕粮，先经户部咨允，协济五分之一。本部题将漕粮抵数，已奉旨准留。其内外省直协济河南、山东、凤阳派夫。值河工大举之时，近河诸臣自当分忧，正所谓责任宜均之说也。一、治河简便之法宜采，不必别凿新河。河有故道，如李吉口至徐、砀间堤岸尚可困也〈校记：广本抱本困作因，是也〉，不必议开。全河中间略开一道通水〈校记：广本抱本开下有小河二字〉，自下而上，近水处量留数丈，以塞口将成并力运之。黄水自然归漕，沙逐水走，自然深阔，此以水治水之法也。旧议塞口必用卷埽，每埽长阔不过以丈尺计，所塞几何？往时崔镇口决长不过一里，深不过一丈二尺，计用人工桩草苘麻等物，并斜筑上流，共用银一万六千两。今蒙墙口长数里，深信之当用银三十余万，且有忧其难成者。如臣前议不拘决口远近，从中择其可施工者，两岸筑入。先用柳条、草土随宜筑之。次用囊沙之法，中流最急处用船，船不必另造也。查各处运粮船拆造原有定额，每拆一船除蓬桅外，估价不过二三十两，计费止三四埽之值耳。宜于粮船回南过淮时，查该拆卸者，留用在厂者，责令各处船夫驾至淮上收管，约有千只〈校记：广本千作十〉，似省而便。囊沙不必用布也，江南米包每个值银八厘，再加草绳二丈，即用百万不及万金。即以开河夫装贮沙土，每包定以六斗，以草塞口，以绳紧束。一人可负而走，运至工所。俟钉桩一定，以埽卷边运沙。连包入水时日，可集至中流急处，方用旧粮船，先期令夫船运土石，或沙草满载，撑驾河滨。每船用木桩三、四根，下钉以篾簟相挽，以铁锚札定。然后加土凿沉，一时而下，水自阻塞。更新开水道，并力挑通，使黄水流通，故道自然深阔。其费之省，约事之速，成可坐而照也。一、夫役募集之方宜酌。河工重大，役民动以十余万计。当此灾伤之后，沿门起夫，裹粮从役，大拂民情。倘行臣前议开故道止于通水，借水刷之〈校记：影印本水字不明晰〉，可省工力十分之四。塞河用船、用囊沙之法，可省工力十分之三。往时用夫十二万、十四万者，今可用夫七八万。而此七八万先借留河南、山东、凤阳班军，次宜借洪夫、闸夫及淮安牙募夫，总计二万有余。此辈有本等工食，每日每人加给银一分，约束颇易。然后议起民夫，选能干有司统之，并力兴作，河工自可计日就绪矣。一、天时寒暑之候宜乘。河上之役，入伏，则水发难御；至冻，则锄畚难入。惟春月、夏四月与九十月，乃可施工。若不预为区处，将来鲜不误事。宜行总河督臣速将筑塞开浚事宜，及钱粮、夫役料理。应分三、四工，以淮安塞口为一工，以蒙墙塞口为一工。以开浚旧河水道分作两工，各以本处道府官董理之。坐名请旨，而以往来相度、稽察、催督责之赞画，一切停妥待时而行，庶临期无误。其疏下流，如芒稻、白塔等处，俟事定后相度议行。一、泇湖挑浚之工宜罢〈校记：广本抱本湖作河，下同，是也〉。先臣朱衡复勘泇湖，谓'性义岭有砂礓，侯家湾有巨石'。自梁城以至马蹄湾，湖底板石长五百五十丈阔七丈，工力难施，费以三百九十万计，勘科议寝。今疏导之，岂收全功不过借湖水以资粮运，为目前计耳。查泇湖起自吕梁十里之下，至宿迁之上，落马岭止。中有柳湖、周湖，连江、蛤蟃二湖，接济最便。而吕梁以北，宿迁以南，势必取资于河。若南北不通，开泇奚益？是开泇湖不能不治黄河。工有二用，费益难处，应停止并力河工。"诏："俱依拟行。治河大事，令照防边例，总河与各巡抚共任其责，功罪同论。"

（明神宗实录，卷 373，6991-6998）

504. 七月庚申朔，庚申，工部尚书姚继可疏言："臣部频年以来册立、册封、大工、河工，多方那借，正额尚缺七八十万〈校记：抱本作七十余万〉。今又值福王婚礼，丛集一时，为费不赀，实在库贮止一百零二两。臣与司属正切忧惶，兹值羊绒银两，臣部不能如期解发〈校记：广本抱本不上有既字〉。尚冀户部三万，或可先发接济。乃户部又称边饷窘急，亦在那借。两部势穷力诎，于时为甚。及查已解绒服等物，充斥内库，积久易蛀，不无可惜。陕西累年土瘠民贫，已搜处二十万两。今若再行搜括，民不堪命，酿祸无穷。请将已织在官者解进，其余未织者停止。俊河工告竣〈校记：广本抱本俊作俟，是也〉，婚礼俱完，物力少充再行织解，庶两部钱粮或得少憩，而关陕疲命可暂息肩矣。”得旨：“上供难缺已裁减，岁定四千疋尔。户、工二部帑藏空虚，姑准织进三千匹，以示宽省民力。尔各部亦须仰体德意，讲求财计而以待急用〈校记：广本抱本无而字，是也〉。”

（明神宗实录，卷374，7019-7020）

505. 七月庚申朔，丙子，命礼部铸勘议漕河关防，给御史崔邦亮。

（明神宗实录，卷374，7030）

506. 八月庚寅朔，壬子，铸给勘议漕河关防。

（明神宗实录，卷375，7049）

507. 八月庚寅朔，甲寅，工科给事中胡忻疏：“臣惟河患上侵陵寝，妨漕运〈校记：广本抱本妨上有下字〉，治河者求其无害于陵运而已。不必于地方俱有利无害也。顷者，我皇上轸念河工事急，特命漕河御史崔邦亮会同总河，及山东、河南、直隶抚按等官勘议。近诸臣投揭到科谓：‘山东曹县王家口有迎溜入怀之势，必欲挽全河而东，无逾开王家口。’已而，人言啧啧。有谓‘王家口之开，河南以为利，山东以为害’者，有谓‘河身低王家口高，即开，水未必来’者，有谓‘山东巡抚以开王家口为不可，故会勘无疏，且告病以自明’者，有谓‘总河亦知其不可，故持论两端，以筑堤、建闸为得策，以议全河耗财疲力为多事’者。于是，河南道御史牛应元疏请详议：“蒙下部复勘，臣愚谓河自蒙墙决口，而下暨徐、邳、宿迁之间，经历三省，岂能尽有利无害哉！第当度地势，视水性，为陵运计耳。地诚高，难以引之东，即利河南，岂可纵使尝试？地诚下，可以挽全河而复故道。即不利山东，安得从旁尼止？荩臣先国家而后利图〈校记：广本抱本利作私，是也〉（按：臣字前字不清晰），不当各分轸域〈校记：广本抱本轸作畛，是也〉（按：校勘记中轸字不清晰）。王家口诚不可开，何不于会勘时明证可否，若之何轮蹄鳞，集而议者，始从中格，谓事体何？臣窃谓山东抚臣不取也〈校记：广本抱本谓作为，是也〉。至于总河，皇上既挈全河付之，治则其功，不治则其罪。果能实见，得是即宜断在，必为天下非之，不顾持两可之说。何为者？若曰钱粮无出，恐生变，夫人未有自绝命脉断咽喉者，国家即匮乏，宁坐视陵运阽危河臣受困乎？臣意，春初我皇上愤河事决裂，斥逐误事之臣，简任河臣，假之便宜。若朝不待暮，陵运庶几无恙，顾不于无事。时，兴工料理为陵运长久计，一旦水患叵测，堤溃闸涸，起而图之何及哉！伏望皇上以和衷，责抚按司道等官；以佐事，责河臣〈校记：广本抱本佐作任，是也〉，务期商确具题，刻期举事，于陵运非小补矣。”

（明神宗实录，卷375，7052-7054）

508. 九月己未朔，乙丑，河道总督曾如春言：“河、漕事属一体，李三才有功于河漕，乞留用共济。”不报。

（明神宗实录，卷376，7063）

509. 九月己未朔，癸未，管仓场刑部左侍郎谢杰题〈校记：广本刑作户，是也〉：“国家漕东南之粮四百万石，以实京师，此二百年定额也。近因旱涝频仍，改折数伙，流离相望，议赈日增，兼此河工告急，坚请截留。臣视事未及五月〈校记：广本月作日，疑误〉，掣签未及两轮，而粮已报完。计收粟米、粳米共一百三十八万一千五百石有奇，累年入数未有如此其少者。今京仓实在之数四百四十八万余石，仅足二年之支。设使明年之运又如今年，则将并此二年之积亦耗矣。况今年粮运全赖天时助顺，河流复通，而粮数又少，故得迅速抵湾。倘天雨不时，河道梗塞，可不为之寒心哉！去年偶因南粮阻冻，暂储通仓，今岁遂欲循故事。该臣屡票严催，迄今方得完备。由斯观之，各省人情大都如是，势必展转营求。本无灾伤而告灾伤，非水旱而告水旱，因循故套，又将以改折告矣。仓庾空虚至此，隐忧已在目前。乞天语叮咛，敕下户部乘此会计之期，通行各省直地方，非真有十分之灾伤、水旱，府县征收决不许其轻言改折。河工别为措处，亦不许其轻言截留。每年粮运必至三百万石以上，每年积余必至数十万石以上，则数年之漕可余一年之食，庶几根本之地可支，而将来之忧可杜。”户部复如议。报可。

（明神宗实录，卷376，7077-7078）

510. 十二月戊子朔，己亥，总河都御史曾如春："请将河工派夫山东之东昌、兖州，河南之开封、归德四府所属各州县，三十年分漕粮通行改折。”户部以："太仓储乏，惟有严禁改折，可以少救万一。然河工重大，又难以胶柱。论者复请将河南二府，内除开封所属禹州〈校记：广本脱除以上三十七字〉、许州、襄城、临颍、堰城、长葛六州县，仍征本色兑运，其余俱准改折。山东二府，内除兖州所属曹州、曹县、定陶、城武〈校记：抱本作武城〉、单县、金乡、鱼台七州县俱准改折，其余仍挣本色兑运。”报可。

（明神宗实录，卷379，7142）

511. 十二月戊子朔，癸卯，以漕运总兵官新建伯王承勋督漕久劳，加太子太保。

（明神宗实录，卷379，7146）

万历三十一年（1603）

512. 正月戊午朔，乙丑，工部言："山东巡抚黄克缵奏开王家口，固为得策，而塞蒙墙口亦属急务。盖王家口为蒙墙上源，上源既达，则下流不宜旁泄。下流泄，则沙易壅。沙既壅，则上源溃决之虞，必有所不免者。宜命总河酌处从之。”

工部复总河曾如春条议“核支放杜浮言”二款。诏以：“河工钱粮着专官支放以防侵冒。尤宜蚤计措处依期给发，使小民得沾实恩〈校记：广本恩作惠〉，不许克减招怨。如有夤缘捷径，飞语惑众者，指名参处。”

（明神宗实录，卷380，7152-7153）

513. 正月戊午朔，戊寅，工科都给事中白瑜等，以总河曾如春揭称：“河工见在银七十万两，尚欠三十万两，钱粮不继恐尽弃前工”。因上言：“国家既欲护帝乡陵园之气，又欲漕江南百万之粟，挽全河而还之故道，皇上何爱三十万，不为陵运民生永远计乎？且河程四百里而遥〈校记：广本抱本河下有西字〉，其钱粮分管当先立碑碣，自司道以下承委诸官，某人某地一一勒名。若开归地方，堤防与防边同增卑培薄〈校记：广本抱本作防堤〉。岁有修银，候人番卒，各有疆界。与其查参于后来，不若严核于今日碑碣分立，功罪自明。”不报。

（明神宗实录，卷380，7157）

514. 正月戊午朔，壬午，户部复总督仓场尚书谢杰条议四款：“一、攒运御史宜速。七省官旗云合鳞集动至十万〈校记：广本抱本十作千〉，非御史不能弹压，则巡漕不可一日缺者〈校记：广本作日日不可缺〉。二、起剥主事宜复。申饬河西务分司及通粮郎中，凡粮船所至〈校记：广本抱本至作经〉，各照信地加意稽察，督催前进。三、人心侥幸宜绝。旗军敢有希望截留、逼遛不进者〈校记：抱本逼作逗，是也〉，巡漕御史即时拿究。各省直地方非遇大灾祲，不许轻议改折。四、中途刁讼宜禁。所在漕司但有旗甲中途讦告运官者，即便移文本部及总督仓场衙门知会，俟事竣申理，不得辄自拘问。”俱从之。

（明神宗实录，卷380，7158-7159）

515. 正月戊午朔，丁亥，户部复总河曾如春条陈河上切要事宜二款："一、储薪米。将滨河一带州县动谷碾米运赴工所，以备治河人夫食用。芦草、秫秸，径行附近有司先发官银，照依时值采办。一、议蠲恤。查佥派河夫州县，各将本年存留钱粮酌量蠲免。其二十八年以前带征，系未征在民者，准三十一年停征一年，以宽民力。至于漕河挑河、筑堤之地，既属小民恒产，悉听河臣会同该省抚按剂量安插，毋致失所。"上曰："省直屡遭河患，今工作繁兴，夫役重多，百姓办纳艰难，着各官加意抚恤接济，俾令鼓舞趋事。"

（明神宗实录，卷380，7161-7162）

516. 二月戊子朔，己丑，吏部言："总河曾如春疏河工切要三事：一、示激劝。见任河工州县正官，着实分别举刺。一、明职掌。河上委官专以该管河道为主〈校记：广本上作工，是也〉，别道不得干预。……"

（明神宗实录，卷381，7165）

517. 二月戊子朔，癸巳，工部复总河曾如春奏："河工所缺三十万金，银库已无可发，冏藏理难再借。额解既奏已留事例，所入有几〈校记：广本抱本入下有者字〉？请将南京兵部库贮马价〈校记：馆本库贮马价四字断烂〉、草场、工料等银，动支二十万两，淮、扬所属州县，应解马价动支十万两转解应用〈校记：馆本支以上六字断烂〉。"从之。

（明神宗实录，卷381，7167-7168）

518. 三月丁巳朔，丁丑，初，清口陡涸，运艘不前。御史蒋以化、淮抚李三才各疏闻，并请宽过淮过洪之期。许之，仍命行总河的议。于是，河臣曾如春〈校记：抱本春下有言字，是也〉："水涸之故，大都因淮、黄交会，河底冲刷，深且五丈，外低内昂，势不能伏溢〈校记：抱本伏作复〉，而上陡涸，病根皆原于此。今所恃淮南高宝诸湖之水，臣檄行封闭甚早，不今旁泄〈校记：广本抱本今作令，是也〉。北引接运颇有余资，以故司道诸臣欲因便于高宝湖水而建闸，浚渠，节宣用之正。永乐中，陈平江已然之明效也。目前济运似无踰此。”工部如议复。上从之。

（明神宗实录，卷382，7189-7190）

519. 四月丁亥朔，丁亥，户部言：“巡仓御史左宗郢请以四、十两月应折之粮，俱就通仓支放。目今四月正当奉旨开操，未便停住，合俟六月操止，将京军月粮坐拨通仓支放。其临、德两仓严禁改折〈校记：抱本仓下有厂字〉，务足原额五十万之数，以备支运。今岁粮运行，总漕、巡漕设法开浚，严督赴京不许运官稽迟。仍申饬各仓扫积土米，尽数登报支销，敢有群小明索暗侵者，酌量事情轻重，以为官殿最。”上是之。

（明神宗实录，卷383，7199）

520. 四月丁亥朔，庚戌，工科右给事中宋一韩请“亟点总河并简用河南巡抚。”上以“河工紧急，令李三才就近暂管候代〈校记：广本作照管〉，其河南巡抚事务关系河道者，该省巡按暂与代管。”

（明神宗实录，卷383，7217-7218）

521. 四月丁亥朔，癸丑，工部尚书姚继可题：“总河应照边镇事体。今江北、河南、山东等处巡抚官〈校记：广本抱本今作令，是也〉，悉听节制，载入敕书一体遵行。其藩臬有司等官有所推举，抚、按衙门相同，俱准正荐，玩忽不遵者不时参治。”从之。

（明神宗实录，卷383，7220-7221）

522. 五月丙辰朔，戊寅，原任川贵总督李化龙辞总河新命。上不允。且以河工甚急令速赴任。

（明神宗实录，卷384，7232）

523. 六月丙戌朔，癸卯，户部题：“监兑部臣原系督理漕务兼催起运钱粮，二者均国家惟正之供。须粮银尽完方云竣事。宜通行省直抚按及监兑部臣，以后部臣粮完日，押至交割地方，即速回任照旧督催，不许回家自便。其交代之期改于九月终旬，务将京储尽数报完方准回部。”奏入，从之。

工科给事中钟兆斗题：“自新河口开，而故道渐通；拦河坝筑，而决口渐塞。在事诸臣之所称说，一惟以并力下埽，尽塞决口，使全河东注为第一义。今则下流未塞，上源已决。且下流又多旁溢之水，前此集百万之生命，毕力于新河。今此合数省之物力，尽用于决口。决口未塞，尚可为也。塞者复溃，何以继之？伏秋水涨，而不及塞，犹可托也。水退之后，而不可塞，何以御之？坝功垂成，而忽废；新河既通，而复阏。而新总河两奉明旨督促尚未任事，乞行申饬。”上曰：“河工成否未定，缓急难措。李化龙着刻期赴任，毋得再行延缓。”

（明神宗实录，卷385，7241-7242）

524. 六月丙戌朔，乙巳，工科右给事中宋一韩，因李三才揭遂上言〈校记：广本揭下有称字〉：“黄河故道已复，陵、运无虞。惟是蒙墙决口未尽堵塞，李吉口坚城集间，有浅阻未尽挑浚。南岸堤防卑薄，未尽挑筑。义安山溃入小浮桥，未尽归一。徐、邳以堤岸倾圮，未尽增帮，而且戛戛乎，叹河之难塞也。防河犹防虏，师有三鼓，河有三候。六月是其一鼓作气时也。七月则再鼓而盛，八月则三鼓而竭矣。今日河势虚骄，锐不可击。合用李牧急入收保之法，谨避其锋，急保埽坝，并固守诸要害可也。然河非持久之水也。每泛涨一次，不过三四日旋落矣。俟其水势消落，机有可乘，合用张仁愿抢筑三城之法，即日万杵齐发，水涨复止可也。至于李吉口、坚城集以下水势漫散，决口既难猝塞，而坚城诸处更无泄水之区，恐其奔决口也，愈怒其为力也。愈专此时，合用周亚夫以梁委吴楚之法，姑少尝之，以杀其势。仍候水信以为工程可也。若坚城以上，深其中流；徐、邳以下，高其两岸，使下流有所容，上流不得决。而旧河率以塞〈校记：广本率作卒，是也〉，此，十全之策，固非今日所能办，亦今日所不可不办也〈校记：广本抱本亦下有非字〉。伏望亟敕工部飞檄当事诸臣，依旧总河，分派工程，悉心料理，以图万全。"上令采其语，与新总河行之。

户部题："各府州县掌印正官，查将本年分应征本折漕粮，及轻赍等项银两，逐一先期催办。在十月以里，漕米起运，银两贮库，方许离任。若粮银不完，及虽完而米色粗恶者，各掌印官虽经离任，仍听监兑主事会同巡按御史指名题参，照例降罚"从之。

（明神宗实录，卷 385，7242-7244）

525. 七月乙卯朔，丁丑，户部复："仓场总督议河流大溜，势必至于冻阻。请先严谕沿途诸司，限五日一报催督过粮船数目。其边粮出闸，即便提帮前进〈校记：广本便作复〉，他船不得阻挠。"上可之。

（明神宗实录，卷 386，7265-7266）

526. 七月乙卯朔，壬午，工科署科事给事中孟成已以河运吃紧，信地俱属中州，请简河南抚臣，因言："今之治河者汲汲塞旧河为第一要务矣。臣以为浚新河为尤要何也。盖水惟下流则上通，下淤则上决。惟归一则流，散漫则淤。河若溃决浅滞，水势散漫无所归着，上流复奔腾，而下尤难容注，不决何待？以故黄堌未塞，而蒙墙即决者。坐此弊也，若新河不疏，无论旧河难塞，即塞矣。而上流之处，必有继蒙墙而复决者。此在新总河当有远识灼见也。"不报。

（明神宗实录，卷 386，7268-7269）

527. 八月甲申朔，丁亥，工部复："管通惠河主事议将通湾天津一带白河，委官调集各属额派浅夫，设法挑浚，务深四尺五寸。所挑沙土即于两岸筑堤以防水发。俟挑完果有成效后着为令。每年粮运将到，预先料理疏浚。其各浅浅夫依议裁减〈校记：广本抱本上浅字作处，议作拟〉，余者征银贮库。至各属额派桩草、柳栽，旷工等俱按季交收。"从之。

（明神宗实录，卷387，7273-7274）

528. 九月甲寅朔，戊辰，工部复直隶巡按杨廷筠疏："南直各卫所漕船，自永乐年间成造于淮安、清江厂。万历十三年，偶以总漕王廷瞻等建议，改造于龙江关。积习日久奸弊丛生，仍归造于清江厂。今科臣祝世禄复欲改龙江关，殊多不便。莫若照旧于清江厂如式成造。"从之。

（明神宗实录，卷388，7300）

529. 九月甲寅朔，戊寅，直隶巡按左宗郢奏〈校记：广本抱本按下有御史二字〉："通州火燔剥船粮一千余石。"

（明神宗实录，卷388，7311）

530. 十月癸未朔，丁亥，户部复山东抚按疏："将被灾十分至八，分济宁、金乡等一十五州县。应征本年漕粮不论正改，每石俱折银五钱。后不为例。"从之。

（明神宗实录，卷389，7318）

531. 十月癸未朔，庚寅，河道总督李化龙以"河患方急，奏留济宁等州县正官，湖广巡抚赵可怀。题留黄梅等县正官，浙江巡抚尹应元，题留钱塘等县正官俱免觐。"

（明神宗实录，卷389，7321）

532. 十月癸未朔，丁酉，户部以漕船尽数过洪，而各卫官旗故尔迟回逗遛不进〈校记：广本抱本作故尔逗遛迟回不肯径进〉，请敕总督及巡漕并通州坐粮厅〈校记：广本抱本作漕臣〉、河西务、天津、临清各司官，逐程定限，严加催督。仍明示运官，今岁断不截留，如有仍前贸易迁延者，从重究处。报可。

户部复应天抚按疏："将被灾九分望江县本年漕粮照例准改折〈校记：广本抱本折下有色字〉，不分正改，每石折银五钱。其余被灾六分。以下吴县等各州县漕粮俱不准折〈校记：广本抱木漕作钱〉……"

户部复总督仓场疏："粮船被烧，旧例河里失事，俱令经纪均赔。河外失事，俱令船户二十家均赔。河剥船失事，俱河西务八百船均赔。"报可。

（明神宗实录，卷389，7322，7323，7325）

533. 十月癸未朔，癸卯，圻州卫旗甲孙黑儿驾船赴水领兑〈校记：广本圻作蕲〉，带有土宜六十石。湖口税监李道妄谓夹带私货，盘出问罪。奏将："以后粮船俱经该监盘验给单。"直隶巡按杨廷筠奏言其故。户部具复搜验一节："兑粮入船之后，国家令甲即各巡抚按关分司，俱不得干预。一切大小事，皆备行漕司发理。刑主事俱待完粮日照例问拟。故盘诘之责，水次有监兑，沿途有粮储。至仪真有攒运御史，过淮有理刑主事。天津河西务有臣部分司，逐程分责，条例森然。从来无别衙门给单搜验之事。乞明旨申严，查照议单事例施行。"不报。

（明神宗实录，卷389，7326-7327）

534. 十一月癸丑朔，甲寅，总督仓场户部尚书谢杰，因巡漕御史杨廷筠疏语指及具疏自明，且求罢斥。上曰："今年粮运艰阻，若非互相儆戒力加催趱，岂能终事？巡漕疏语，未必侵卿，可付不辩。"

（明神宗实录，卷390，7331）

535. 十一月癸丑朔，戊辰，总督仓场谢杰题称："冻粮二十万在河，十三把总不得借口新运为南回计。"户部复言："所冻之粮，止系浙东、江西、上江、湖广四总，其未完把总俱不许进京。回任已完者，准令押空回南料理新运。”从之。

（明神宗实录，卷390，7348）

536. 十一月癸丑朔，戊寅，户部复巡漕御史杨廷筠条议押运四事：“一曰复押运之规。自三十一年为始〈校记：广本抱本一作三〉，各该粮道仍旧躬催押运，必俟船尽入闸方许回任。二曰仍给饷之旧。运军月粮，专责押运把总收贮。如各卫完粮告领，或遇有挂欠动银买补，该总径呈巡仓御史批允给发。仍立循环文簿，一送总督衙门，一送巡漕御史倒换。仍将支给数目填入本部，原发循环以便通查〈校记：广本抱本便作次〉。三曰酌边粮之便。每岁边粮先尽山〈校记：广本抱本脱岁字〉、遮二总次及中都淮大，其在南远总免其派运。一应盘剥脚耗，照依轻赍事例，改折入标解给。四曰重漕道之体。凡系漕臣举刺地方，有司参谒，俱依亲临，守巡道行礼。清江厂造船，只听漕储道，会同该司佑勘，如式如造作。不合式者，该道径行提究。”俱依议行之。

（明神宗实录，卷390，7361-7362）

537. 十二月壬午朔，乙巳，工科都给事中侯庆远，因河臣李化龙议开泇河，属之直河以避河险，而商费颇啬，期功太速。遂上疏曰：“泇之不可不开也明甚。舒应龙、刘东星业已再试之而利矣。然开泇之工，虽不得比绩安平，其视南阳之役，则不啻等而过焉。安平费至巨万，南阳改浚百四十里，为费四十万有奇。泇河上下二百六十里，殆又倍之，费止二十三万，何其啬也？夫底阔三丈，舟不得转又不得方，不太狭乎？期以四月告成，不太迫乎？往以百万开王家口，而尽委之泥沙。今尺寸见功，而靳于二十万，不太失权衡乎？则增其深阔，缓其事期，倍其佑数，督河悉虑深计。计部水部，协力助输，陛下主其断，专任而责成之令，得展布四体，力图永逸。如所谓开峒头，经落马北岸，直指宿迁水谢，河伯之梗勿徒托之空言也。又其地多冈麓，水行易迅，必岸深底平流缓，而后水可停蓄。蓄极，始为溜以宣之。而仍栏以闸水，庶其不匮也。每闸必阔，为月河令可容百艘，庶其可避水涨败舟也。冈水易浅，必相其可以潴水之处，令容纳细流，以备接济，庶其不一泻而尽也。往议取道于湖，今避浅遵陆宜多其入漕之口，仍遮以堤坝。今逶迤乃下〈校记：广本抱本今作令，是也〉，庶免暴涨之虞也〈校记：广本抱本免作无〉。泇河成〈校记：广本抱本河下有既字〉，而治河之工可以徐图，但不病漕与陵，则任其所之稍防疏焉。而不必力与之斗。然河不可纵之入淮，利则洪泽水减〈校记：广本抱本淮下有淮字，是也〉，而陵自安矣。至所在堤防支口，与其张皇于临期，何若豫谨于平日？府臣宜岁六巡其信地，视其当筑导者，而蚤报之道臣、督臣。道臣岁四巡，酌而蚤报之督臣。督臣岁二巡，期以春秋之秒〈校记：广本抱本秒作杪，是也〉，以定一岁大计。而岁一闻于陛下以听处分。而释南顾如漕规岁一会议，例着为令可乎〈校记：广本抱本无可乎二字〉？”上下部知之。

（明神宗实录，卷391，7386-7388）

538. 十二月壬午朔，庚戌，原额漕粮四百万石内，永折三十四万四千三百四十七石有奇〈校记：广本抱本无四十七三字〉，河工留用八千一百九十六石有奇，该进京、通、边仓粮三百六十四万七千四百五十五石五斗零〈校记：广本抱本边仓作仓边，无五十五三字，无五斗零三字〉。其漂毁数俱免晒、免尖处补，完足过二万一千五百二十九石零〈校记：广本抱本无零字〉。是年正额无亏。

（明神宗实录，卷391，7393）

万历三十二年（1604）

539. 正月壬子朔，乙丑，工部题复总理河道、工部右侍郎李化龙疏请亟开泇河、酌浚故道〈校记：抱本故作要〉。大要言："河自开归，而下合运入海。其路有三：由兰阳道考成〈校记：抱本成作城，是也。参皇明经世文编四二一李化龙议开泇河疏〉，至李吉口，过坚城集，入陆座楼〈校记：广本及李化龙原疏陆作六〉，出茶城而向徐、邳，是名浊河，为中路；由曹、单经丰、沛出飞云桥、泛昭阳湖入龙塘〈校记：广本泛作从，李化龙原疏作泛〉，出秦沟而向徐、邳，是名银河，为北路；由潘家口过司家道口，至何家堤，经符离道睢宁入宿迁，出小河口入运，是名符离河〈校记：广本脱离以上十六字〉，为南路。南路近陵，北路近运，惟中路既远于陵，亦济于运。前督臣排群议，以兴兹役，竟以资用乏绝不得竣事。然自坚城以至镇口，河形尚尔宛然。故为今之计，惟守行堤开泇河。其善有六，其不必疑有二。泇河开，而运不借河，有水无水听之，善一；以二百六十里之泇河，避三百三十里之黄河，善二；运不借河，则我为政得以熟察机宜而治之，善三；估费二十万金，开二百六十里〈校记：广本开下有河字，李化龙原疏无河字〉，比朱尚书新河事半功倍，善四；开河必行召募，春荒役兴，麦熟人散，富民不苦赔，穷民得以养〈校记：广本抱本得以作不苦，李化龙原疏与馆本同〉，善五；粮船过洪必约春尽〈校记：广本抱本必作实，按原疏作约在春尽，则馆本是也〉，实畏河涨〈校记：广本抱本实作以，按上文从馆作必，则此处亦应从馆本作实〉。运入泇河朝暮无妨，善六。为陵捍患为民御灾〈校记：广本抱本为上有"有此六善，而且"六字〉，无疑者一；徐州城向苦洪水暴至，泇河既开，徐民之为鱼亦少〈校记：广本抱本鱼作渔〉，无疑者二。"题请遵照施行，及工科都给事中侯庆远，亦题称共赞河漕大计事。部议："泇河应挑，直河应建闸座及筑堤，应用钱粮依议取用。如或原议所开河底不无欠阔，期日果尔太迫，经费果有不敷，不妨照依科臣条议，再为增益以图久远。至科议岁巡岁报事规，尤为河工急切要务，各该府道督臣悉宜一体申饬〈校记：抱本府作抚〉。"上曰："泇河既屡经料理，端绪可成。该总河身亲筹度详悉，着及时上紧分工开浚。所议经费如有不敷，许其再为增益，务图久远之计。其余分河保堤等事，都着用心兼举，毋得疏玩。"

（明神宗实录，卷392，7398-7400）

540. 三月辛亥朔，乙卯，户部尚书赵世卿言："河工用乏，宜动支徐州分司库贮商税，并漕米变价银四万四千三百三十八两协济。"从之。

（明神宗实录，卷394，7421）

541. 四月辛巳朔，庚戌，工部尚书姚继可题〈校记：广本题下有称字〉："泇河业有成绪〈校记：广本作"泇河业已继有成绩"，抱本作"清泇河业已既有成绩"〉，泇成而漕可藉矣〈校记：广本抱本泇上有则字，河作可〉。至于黄河冲徙，鱼鳖丰沛，若非因势利导，何以拯救元元〈校记：广本抱本元下有哉字〉？总河议于坚城集以上开渠引河〈校记：广本抱本无渠字〉，而下流多通，复分六座楼，苑家楼二路。而水势多杀，既可以移丰沛之患，又不至沼砀山之城。行所无事，莫善于此目。今开泇分黄两工并举，需钱粮□□□□□□□□□□□□□□□□□□所望漕库〈校记：所以上十八空白格，广本抱本作"更甚于燃眉。除芦课银五万两，本部行文南部查发外，其"，是也〉、马价等银，乞敕各部臣工曲为体亮速发〈校记：广本抱本部作该，广本亮作谅〉，以济急需。"上允之。

（明神宗实录，卷395，7445-7446）

542. 八月己卯朔，辛丑，山东巡抚黄克缵言："自河决苏家庄，水淹丰沛。下流壅滞，黄水倒灌，济宁、鱼台平地成湖〈校记：广本抱本湖作河〉。况加狂雨弥旬，城门之外即成巨浸〈校记：影印本外字不明晰〉。单县被淹虽止一隅，而连岁河工，人夫物力半取足于该县。运柳派及孤寡，供应累及诸生，此三州县必大加赈恤，庶有起色。至于漕运临、德仓粮，非破格改折是趣之毙也，请于存留粮内照依分数蠲免。无粮贫民准免丁口盐钞，灾民酌量仓谷，分别赈贷。”保定巡抚孙玮亦言：“霪雨连绵，田庐漂没，请留漕粮十万石，并留抚按赃罚，少救颠连。”俱下户部。

（明神宗实录，卷399，7494-7495）

543. 八月己卯朔，丙午，河道总督李化龙奏报：“分水河成，粮艘由泇者已过三分之二〈校记：广本抱本作粮船由泇口者〉，由黄河大溜者止三分之一。旧者已坏新者未成，而过洪曾不逾限国之福也〈校记：广本曾作漕〉。”章下所司。

（明神宗实录，卷399，7498）

544. 九月戊申朔，壬申，工部复李化龙分水河成，故道渐复疏。得旨：“分黄工役垂成，一切筑坝塞决等项正系吃紧〈校记：广本无一切二字〉，各该抚按官务严行在河，司道府县等官速并力修筑，刻期完报以收一篑之功。有稽误工程致贻后患者，不时参处。工完之日自行优叙。”

（明神宗实录，卷400，7509-7510）

545. 闰九月戊寅朔，庚子，工部尚书姚继可言：“顷督臣所报分水河成，故道渐复。而又忽报单堤大溃，丰、沛荡离鱼济，运道危如累卯〈校记：广本抱本卯作卵，是也〉。夫以此时报河工之就绪，即以此时报河流之横决。科臣所谓在河诸臣既不能殚心筹画以固守堤防，又未及随时呈报以蚤图救护，宜行总河复核。”上曰：“河患冲决不宁，先着作速保护漕堤，毋令妨运。在河官员必因总河丁忧玩弛失事，俱难逃责，着河道严查分别以闻。仍速行督率，及今水落时从长疏塞，以待新官之至。”

（明神宗实录，卷401，7513-7514）

546. 十月丁未朔，甲子，大学士沈一贯等言：“总河李化龙丁忧已逾四月，久留未代，而河道一役必需总领之。臣盖虽克舜在上，不能遥断水事，必使伯禹胼胝迟之岁月以责成功。今所推李三才、黄克缵、曹时聘皆可用之才〈校记：广本抱本聘下有“之三人者”四字〉，望简命一人，庶不致妨明岁漕务。”留中。

（明神宗实录，卷402，7529）

547. 十月丁未朔，己巳，吏部署部事左侍郎杨时乔题：“黄河从东北来，顺而南则资运〈校记：广本抱本运下有道字〉，决而北则妨漕。今据河臣揭，行堤水高，再溃单县，决口北奔，鱼台不辨牛马。又南则决淮安之老堤西，则河南大浸。夫决在西南，特民生之昏垫，决在东北实运道之咽喉，胡可缓计〈校记：广本抱本胡作何〉。且河已入鱼济之北境〈校记：广本抱本已作以久〉，或不必尽东也。即东，而昭阳湖不必任受也。即东受，而李家口不必尽南也。先年张秋之决，其殷鉴矣。乞速点总河大臣以资防御，谨题请旨〈校记：抱本删此四字〉。”

（明神宗实录，卷402，7532）

548. 十月丁未朔，癸酉，升巡抚应天右佥都御史曹时聘为工部右侍郎，总理河道提督军务。

（明神宗实录，卷402，7532）

549. 十二月丁未朔，丁巳，工部尚书姚继可言：“派黄之役〈校记：广本抱本派作泇，疑是也〉，不一劳则不永逸；不捐四十万之金钱，二十万之夫役，必不能收万全。总河李化龙所议直河之支渠〈校记：广本抱本直作五〉，王市之石闸，上紧挑砌。大泛口之溜，彭家口之浅，作速浚治。惟在新河臣速议。”上曰：“泇河着实浚治以资新运。黄河应否大挑，新总理酌议具奏〈校记：抱本脱总以上十二字〉。宜速催赴任。”

（明神宗实录，卷404，7547）

万历三十三年（1605）

550. 正月丙子朔，乙酉，总理河道少保、兵部尚书丁忧李化龙奉旨查勘两年河工失事。缘由大约三十二年之决，丰先单后。丰之失，失于巡守之不严。单之失，失于下埽之不早而总之，则三十一年苏家庄之决酿之也。苏庄之失，或谓先淤后决，或谓先决后淤。南直、山东交相推诿，第查新河放水数日，即有刘肃等口之溢，非下壅胡遽有此？则开挑不如式之罪，南直任之。水已南行三月，因堤防不固，始有苏家庄之决，非上溃胡为使然？则堤护不如法之罪，山东任之。然而补苴多劳，陵运无恙，功过亦有不相掩者。在事各官，除黜降物故不议外，见在郎中刘不息，参政来三聘，同知张执、刘崇正、计仲誉，知县戴一松，相应分别罚治。而臣更有说者，年来缓于堤防，急于挑浚。及至堤坏水溢，尚不引咎于守堤之不力，而且诿罪于浚河之不深，则何不取河势观之也！河北岸自曹县以下无入张秋之路，南岸自虞城以下无入淮之路。惟是向来运道由徐、邳以达镇口，故河北决曹、单、丰、沛间。则由昭阳湖出李家口，而运道溢。南决虞、夏、徐、邳间，则由小河口及白洋河而运道涸。今泇河一成，自直隶以至夏镇，以三百六十里之迂途，易而为二百六十里之捷径。此后黄河在山东、直隶间，能系运道之命脉者寡矣。独朱旺口以上决单，则单为沼，决曹则曹为鱼。与夫丰、沛、徐、邳鱼砀，数十万生灵总悬命于遥遥之一线，则堤防亦何可缓也？至于中州有更重者荆隆口、铜瓦厢等处，皆入张秋之路也。孙家渡、野鸡冈及蒙墙寺等处，皆入淮之路也。一不守，而北坏运，南犯陵，又岂直一城一邑之利害已者？故堤防固，则上无泛溢，下必顺流。不固，而下虽通行，上必旁夺，此一恒人能辨之，而何持议者之纷纷也？前年水行堤北，则曰昭阳湖不能容水，水且倒灌矣。昨岁水分堤南，则曰新河不能容水，水且倒灌矣。倒灌之说兴，筑塞之事缓，卒之堤墳河淤〈校记：抱本墳作隤〉，水之取道昭阳湖，而南者自如，夫安见其到灌也〈校记：到应作倒〉（按：校勘记中未注出自何本）。则又河不取地势观之也。自来旺口由蒙家楼、杜家楼，以至小浮桥上下相较，可低三四尺，北高南下居可知矣。若水入新河，两两分行，纵伏秋暴涨，不过溢岸而止，岂能自卑趋高，自下趋上哉！故上堤诚守，则河必在朱旺口上下，亦其自然之势也。又何倒灌之足患也。倒灌之说，原为失堤者逃罪之地，乃其毙也。人心不定，人力不齐，延缓失机，逡巡待变。甚者持阴阳之说，以求两中操纵横之权，以求两合。卒使河臣疲于奔命，而河事坏于多歧。则以不明于地势与河势，而冥冥决事者之过也。请西自开归东，至徐、邳必无不守之地；上自司道下至府县，必无不守之人；在府县掌印官，必与管河佐贰同其赏罚；在地方守巡道，必与管河司道同其功罪。庶人人在事，自不得分藩蓠；人人着肩，自不得腾口说。其有怠事隳成而巧辨，自文以图分功驾祸者，重加参治，勿事姑息。”下工部复如议。得旨：“刘不息等各罚俸半年，仍行新任总河严加申饬，违者不时参治。”

（明神宗实录，卷405，7554-7558）

551. 正月丙子朔，壬寅，户部言：“国家岁漕东南四百万石以实京师，而又设仓储于通州，分漕粮三分之一贮之。近年水旱频仍，改折数多，又兼以本代折，太仓匮乏。臣为总督时建议正兑尽入京仓，俟京储稍足，再议改通。不意河流迁徙，运艘来迟，若坚守前议，冻阻必多。今督臣游应乾请自三十三年为始，照旧三一派拨。如本年改折，可给京军照常支放。倘仍前多支本色两月，许于京、通二仓均匀派放〈校记：抱本二作两〉，相应依拟。”诏从之。

（明神宗实录，卷405，7568）

552. 二月乙巳朔，丁卯，总理河道、少保兵部尚书丁忧李化龙奏：“臣以过大，行亏延祸，臣母蒙皇上悯其忧苦，亟点新臣。又以河漕事重，命臣料理候代。臣思泇河业已通漕，但直河一段沙浅，韩庄、台庄、郗山一带尚多浅狭。因行司道官督率各府佐，于直河之南另挑支河三十里。于王市等处建闸三座。于彭家口、台庄等处各加展浚至一万二千三百丈〈校记：抱本三作二〉，足行全运，臣之料理泇河者如此。又念徐、邳之间黄河大溜至不通舟，因行司道官督率各府佐，将塘池、马家浅、高家滩各挑月河一道。梼栳湾大加疏浚，牛角湾、张孤山、范家山等处俱大加开辟，令黄水顺流南下〈校记：抱本令作今，顺作清〉，不复旧年景象矣，臣之料理黄河者如此。又念南阳西堤频年为黄水壅激，湖水啮蚀已多，恐阳湖渐高，则黄水渐北，因而穿漕，是又一李家口也。因令各官集料鸠夫，将南阳运河西岸钉桩、下埽、实土、筑堤以遏湖波。又将单县陈灿楼决口堵塞〈校记：抱本楼作桥〉，以绝来源，臣之料理南阳一带漕堤者如此。盖身虽不能出〈校记：抱本盖下有臣字〉，而心不敢不尽〈校记：抱本心下有则字〉；体虽已抱病，而力犹不敢不竭。今已得代，故敢备述上闻，少释南顾之怀。”报闻。

（明神宗实录，卷406，7582-7583）

553. 二月乙巳朔，庚午，予原任总理漕河、工部尚书兼右都御史刘东星祭葬如例。

（明神宗实录，卷406，7584）

554. 三月乙亥朔，己卯，直隶抚按言："淮安府安东县地方，为黄、淮二渎入海之路。嘉靖以来草湾冲决，海套沙淤。佥欲废其县治〈校记：抱本无治字〉，因岁额贡生无所附着，止议归并里甲，永折漕粮而已。第查江北永折事例，如泗州、兴化皆折五钱，今安东荒瘠尤甚，且连被重灾，而户部议折七钱，实难完办。乞照例通以五钱折解〈校记：抱本钱误分〉。"下户部复议："该县虽称疲敝，较之丰沛节被河患者尚为有间，姑准三十二年暂折五钱〈校记：抱本钱误分〉，向后仍以七钱永折〈校记：抱本钱误分〉，不得议减。"从之。

（明神宗实录，卷 407，7589）

555. 三月乙亥朔，丙申，工部都水司员外考察浮躁潘大复奏〈校记：抱本外下有郎字〉："臣奉命管理通惠河道，自通州阅河至天津计程三百二十余里。沿途浅阻计五十余处〈校记：抱本作阻浅〉。土人云'河系浮沙随浚随淤'，故运艘至日，近则自香河之黄家渡起剥，远则自武清之杨村以下起剥。统计剥价之费大约十五万余两，而各旗甲之私贴不与焉。至于投水插和种种弊端，又未可缕指数也。臣奉旨挑浚，于三十二年四月开工，本年六月止。力役甫竣，而大雨滂沱。臣谓沙随水来，前功将尽弃矣。至八、九月间，水消且尽，运艘南来丝毫无阻。彼时即宜具奏，恐人谓偶缘霪雨，遂尔贪天。窃计今年四月间再一瀹疏，倘仍复通行便可报命。不意臣之不肖，结名察典，故不得不明白一言以毕前件也。"报闻。

（明神宗实录，卷 407，7597-7598）

556. 三月乙亥朔，丁酉，总理河道工部右侍郎曹时聘奏："臣先任应天巡抚，蒙恩升任。于二月初二日渡江而北，沿途阅视仪、杨、高宝以至淮安河道，俱各安澜无恙。清江浦见修堤工，完及八分以上。出清河口系淮黄交会之处。测量水势甚深，桃源黄坝新成，可备减水之用。初十日至宿迁，与新抚臣周孔教面代，一意北行。十二日至邳州直河口，即泇河之下流也。旧督臣李化龙咨送关防文卷，即日接管行事。舍舟登陆，沿泇阅视，所有辟渠建闸〈校记：抱本辟作开〉，各工，亦俱完及八分以上。其未竟者，以水涌礓出，颇难施力。臣酌其多寡难易，限以日期，总之三月初旬，工役俱竣，新河可以通行也。复挽舟而上，逐程按视。如拷栳湾、牛角湾二处，跌溜甚险，督令设法疏治，务得其平。自牛角湾而上，即夏镇也。黄水自昭阳湖散漫而南，出李家口至范家山仍归徐、邳故道。第李家口外联诸湖，一望无际，势如沧海。又自珠梅闸而上，即南阳也。一带西堤，因被黄流荡啮残毁甚多，前督臣已大加修筑，护以桩埽。但四顾皆水，雇船运土远在二三十里之外，计日程工，须四月初旬乃能完事。彼时大帮始至，纤道已成，衔尾而行可保必无梗阻耳。”报闻。

（明神宗实录，卷 407，7598-7599）

557. 四月乙巳朔，丁未，以顺天府通州管河同知、改兼土坝，专督通粮事务。管粮判官〈校记：抱本粮下有通字〉，改兼石坝，专督京粮〈校记：抱本京作军〉、白粮事务。俱选用正途，三年之内果贤能称职，咨部优转。

（明神宗实录，卷 408，7606）

558. 五月甲戌朔，壬寅，河道总督曹时聘奏：“泇河一役，肇于壬辰之泄湖水，辟于辛丑之达沂河。而避湖凿石遂成通津，则前河臣李化龙之议也。上自李家巷，下至直河口，计长二百六十里，已于去年四月尽行开通。粮艘之由泇而上者，业五千余只矣。祗缘张村集以下三十里直河，因其旧以为渠，意在省费，而不料水涨沙壅，舟行稍滞。兼之泇卑于直，其水逆流，土坝被冲，其水傍泄，遂不免为全河之累耳。续该前河臣，督行司道等官相度地形，避高就下，自张村西南，创开支渠一道，长三十一里，下接田家口。去年所开旧河，其毛窝一段，横穿浮沙二十丈。见用桩板厢护，内实老土。王市口之减水闸，台、顿二庄之节水闸，与夫彭家口之滚水坝，一切易之以石。又自直河口以至刘家庄，但系浅狭，悉加辟浚。今三月二十九日工役告竣，放舟而入。臣由曹、单、丰、沛阅视黄流，周咨挽回之策。南趋凤泗，恭谒祖陵。东出灵、邳，至于直口，见运船鳞集口外，两傍者不下数百艘。督夫挽拽，不两日而尽。臣尾之而行，沿途测量渠水，皆深六七尺以上。不惟无去年沙浅之虞，即大泛口之溜，亦以下建闸座，有所节蓄，而其势转平也。近据各官揭报，重船过王市口者，至五月初三日，已踰二千三十余艘。使此后鱼贯而进，无或脱帮，则运事之早于往年，当不止一两月矣。凡此，皆前河臣李化龙经理就绪，臣受事之始获睹成功。私窃庆幸，除增设闸、驿官员，与一切善后事宜，陆续奏请外，谨先驰报以慰圣怀。”疏下所司。

（明神宗实录，卷409，7643-7645）

559. 六月甲辰朔，甲子，工科言：“今日工程所称劳费无已者，无如黄河。人言黄河天上来，经万里，挟百川四渎，莫敢望焉。前代止避其害，我朝兼收其利。所谓利者，便漕也；所谓害者，善徙也。河之为害，所从来久远，有时而为利者，人力胜之耳。先是河决苏家庄入昭阳湖，夏镇以南运道为梗，当事者谓‘河险可避’，遂并力以事泇矣。竭公私之费，拮据几二年，工力就绪，虽劳费不减治河，饷道亦既径便矣。臣等复何置喙？缘臣一韩来从河滨，闻诸长老之议。先年开泇皆因黄河南徙，二洪浅涸，今全河北趋，二洪溢。溢何至为咽喉？忧河之夺两镇口也，亦奚以异于经二洪也。平溜缮堤，漕事自定。如去年粮艘半由河，半由泇，此其证也。河不胜徙安可胜避？如曰南阳故事可仿，臣等未见张秋之可移也。乃今视泇为紧着，视河为缓图，故以全力治泇，以半力治河，缓利害之衡尚犹有未尽者。臣等窃谓有“三可惜”“二可虑”焉。浊河河之中道，治河而欲其有利无害，舍浊河将安之乎？当时祇以减费缩工，卒贻后患，犹幸河形宛然，畚锸易施。若以原估之数，竟原挑之功，议既不烦更端，事必不至再误，乃曰浊河者议之所不敢出也。遂使河身益高，分疏罔效，岂不可惜！南守汴堤，北守太行堤，令河游衍，容与其中，虽二贾复生不能易也。乃单堤既决，太行独以一线与全河抗衡。虽四防二守、三令五申，大吏有王尊之精诚，小吏有主簿之忠勇，犹不能保。前人以艰难成之，后人以容易失之，岂不可惜！分黄黄淤，守堤溃，河之情形亦既可睹矣〈校记：广本睹作睹，是也〉。泇工既罢，谓宜急复浊河，使河为正道，泇为间道，奇正相生，涸溢兼济。斯称两利俱存〈校记：广本抱本存作成〉，一劳永逸，善之善者。计不出此，而踌躇不断，蹉跎未已，将使河、泇交困，劳费罔终，又岂不可惜！凡河之性，壅生溃，潴生湮〈校记：抱本潴作溃，疑误〉，今河汇昭阳，且渐淤矣。眼底伏秋已至，霖潦莽发，湖量有涯，不溢则溃。可但丰沛之患移之鱼济〈校记：抱本可作不，是也〉，倘如先年浸黄陵冈，冲张秋故事，运道且中断，四百万国储谓何得无虑乎？河之南害陵也，尤甚于北害运。往年黄堌失守，大司空落职可为炯鉴，今其故道尚在也。假令走贾鲁河，出符离桥，犹曰天幸。倘如近日蒙墙之决溃，沙冈趋固镇，将淮、泗之间满而患，且上及陵麓，亿万年王气谓何得无虑乎？大抵河道有全局，治河有正经，肩斯任者，但当以精一营职，以公慎矢，谋以利钝，诽誉付之身外，以予夺听之朝廷。而以公论归之士大夫，济则其分也。臣力何有不济则其遇也？臣力既竭，宁宅平而守正，毋履险而设奇〈校记：抱本奇下有也字〉。或见时势艰关〈校记：广本抱本艰作难，是也〉，物力匮诎，而始择轻避重，图易辞难。是为迁就窥瞷意向，以决进止。成则居功，败则诿咎〈校记：广本抱本作退则逭罪〉，是为观望迁就。或人谅其心，观望则人訾其行。今日河上诸臣倘亦有一于是乎〈校记：广本上作工〉？则臣等诚过虑顾河事，而业已如此矣。奈何不以忧而以贺也？洳工未成，梅守相加四品服俸，洳工未核，又进太仆少卿〈校记：广本抱本仆下有寺字〉。咨未得则请一不已，而再何太急也？其毋乃职业之内而有市心。都人士有言：'王家口之役六座楼以下，守相实监督之'。下流未畅上流自壅，虽许运同，谬议减工〈校记：广本抱本谬作谓〉，守相何不争执？是前工尚有佚罚，后工累徼异数，恐来三聘、刘不息有后言矣。况科臣侯庆远，漕臣孔贞一，所议洳河事宜犹未尽举，何责报之速也？即谓目前劳勚不可不一风劝〈校记：广本勚作勣，抱本作勋〉，亦须今岁漕事无虞及回空无阻。然后请官核实，论功有差，斯亦责实之政，振饬河臣之一机乎？第大河未得安流，洳河终难久恃耳。乞敕新任总河，亟将全河浚塞事宜据实上请〈校记：广本作前后通塞〉，计日底绩，庶几可惜者收功于补牢〈校记：影印本于字不明晰〉，而可虑者，销患于徙薪乎〈校记：广本销作消，乎作耳〉？"疏入不报。

（明神宗实录，卷410，7665-7669）

560. 七月癸酉朔，壬午，以黄河汹溜〈校记：广本溜作涌〉，运船过淮、过洪期限，照上年例量宽一月。其冲决处所，着总河严督司道等官作速修治。

（明神宗实录，卷411，7685-7686）

561. 八月癸卯朔，癸卯，河道总督曹时聘言："自苏庄一决，全河北注者三年矣。初沉丰沛〈校记：广本沉作泛〉，继沼单、鱼。陈灿之塞不成，南阳之堤尽坏。今且上灌金、济，旁侵运道，其势盖岌岌也。臣受事未几，亲诣曹、单等处。上视王家口新筑之坝，下视朱旺口北溃之流。相度地形，体察水势，咨询于沿河故老，以求所谓挽河之策。因知河之大，可忧者三，而机之不可失者二。何也？水性就下，惟下有所归，斯上无所溢。惟下之往也，顺而且驶，斯上之来也，过而不留。今河决行堤，泛滥平地之上。昭阳日垫，下流日淤。水之出李家口者日渐微缓，势不得不退而上溢。溢于南，则孙家渡、野鸡冈，皆入淮之故道，毋谓蒙墙已塞，而无虞于陵。溢于北，则芝麻庄〈校记：广本抱本麻作蔴〉、荆隆口皆张秋之故道〈校记：广本隆作龙〉，毋谓泇役已成，而无虞于运。且南之夏、商，北之曹、濮，其地益卑，其祸益烈。其挽回益不易，毋谓灾止鱼济等处，而无虞于民。此三者，睹指知归杞忧，方大河之不得不治也，明甚。矧及是时而治之〈校记：广本抱本矧作况〉，又有可乘之机乎？自王家口以达朱旺口，新导之河依然在也。因而疏通下流以出小浮桥，所费有限，非复昔比。从此，三百里长河上下条畅，可冀久安，机之可乘者一。自徐州而下，清、黄并行，沙随水刷，河底日深，河崖日峻，此亦数十年所未有也。因而导水归徐，容受有地。昔年议挑之费，皆在可省，机之可乘者二。盖以水为师，因势利导，惟此时为然。万一坐失事机，忽而不治，或治而仍，量挑以徼天幸。至于前功尽弃，后患相寻，其劳费可胜悔哉！今司道各官，殚心竭虑，熟思审处。谓河之中路，有南北二股。北股出浊河，再疏再壅，往事可镜。惟南股出小浮桥，地形卑下，其势甚顺。度长三万一千四百丈有零，议开口阔四十丈以至二十丈不等，深皆一丈五尺。共该土方四百六十九万五千有零，用夫六万名。自下而上约四百日可完。水出小浮桥〈校记：广本抱本出字空白〉，徐城适当其冲。议于义安山建滚水坝，以分其流。复用石砌护城堤，以垂永赖，庶几其为完策乎？惟是前项土方工价，及堤坝工程，估该银八十万两。及查河道钱粮，则马价、漕粮支销已尽，库金仓谷搜括已穷。且江北、河南、山东，三省直者，概有天灾之苦，概有无艺之征，物力匮绌，公储虚耗。臣等祗奉宸纶，集思广益，既不敢蹈前车之辙，又不能为无米之炊，惟有仰乞圣恩多方处给。或在工部，或在别部，约凑六十万，再留附近漕粮四十万石，共足八十万之数。听臣等于今岁九月间，严催东、兖、开、归、淮、徐等处本折漕粮〈校记：广本抱本漕作钱〉，先解工所募夫支用。其余银两陆续起解，定限岁里通完。盖南阳水势日异，而月不同，入伏以来，黄流旁溢〈校记：广本抱本旁作傍〉，淤淀漕渠者六七尺不等〈校记：广本者作约〉。金乡护堤又为鱼台之续，逾此而北，直灌张秋。失今不治，来岁新运即有泇河通，而自夏镇以至安山，岂能无翼而渡耶！”疏留中。

（明神宗实录，卷 412，7711-7714）

562. 八月癸卯朔，庚戌，河道总督曹时聘以“淮、徐道副使卜汝梁挂冠长往，大挑在迩，亟须得人。议将漕河道按察使汪可受加衔改补。其漕河一道即行裁革，以省靡费。及可受以忧去复请，以开封府知府冯盛明升补”。下吏部复议。从之。

（明神宗实录，卷 412，7720）

563. 八月癸卯朔，甲寅，督理漕储御史高攀技恭报〈校记：广本抱本技作枝，是也〉：“粮船八千一百三十四只〈校记：广本抱本三作二〉，粮二百九十二万一千四百五十一石一斗六升三合，于六月初八日尽数过洪。荐举先、今河臣李化龙、曹时聘，漕抚李三才，总兵王承勋，及部属官刘不息等十一员。”章下户部。

（明神宗实录，卷 412，7722）

564. 八月癸卯朔，癸亥，工科右给事中宋一韩，以漕渠淤淀，极论旧河臣李化龙开泇之误。因言：“曹时聘意主大挑，庶几近之。乃责效于四百日之后〈校记：广本抱本效作役〉，为计亦左，且夫以募集，恐难久恃。乞下工部追论〈校记：广本抱本追论作遣谕〉，复议施行。”不报。

（明神宗实录，卷412，7726）

565. 冬十月壬寅朔，己酉，工部复河道总督曹时聘催请大挑工费疏："议截漕粮以八十万三分之一该改折银二十七万两，再借兵部淮、扬马价银五万两，南京兵部总库船料、草场、马价共十万两，南京工部协助三万两。此外如科臣议于有漕省直七处，照依粮数多寡，均行摊派银二十万两，再开纳河工事例搜括岁修银两，及河南布政司，山东东、兖二府库贮河道、挑坝、桩草等银，悉听便宜取用，务足八十万之数。各该部省不得推诿迟延以稽工作。在河诸臣即当克期挑挽，用收全功。"得旨："黄河北徙，南阳运道被灌，大挑朱旺口旧河，使水归故道，费用浩大，各部原当协济。虽帑藏处处空匮，但此真不得已之役，所宜应付，亦难执例吝惜。今次户部可勉从工部之请如数借给。若漕粮必不可留，亦须设法处足与他〈校记：广本处作取〉，其兵部淮扬马价及南京兵工二部钱粮，俱著如数借给〈校记：广本借作备〉。宁于别项撙节，毋得自分彼此。此外均摊开纳、搜括等事，俱依拟，着河道会同各抚按便宜处置。行刻期兴工，慎毋轻误妄费。"

（明神宗实录，卷414，7755-7756）

566. 冬十月壬寅朔，庚戌，总督仓场侍郎游应乾言："仓庾匮乏日甚，省直议折无已。势将无储，缓急何恃？恳乞严禁截留改折以杜隐忧。"得旨："仓庾乃国家命脉，据称仅支二年，委难轻议。今各处请折、请留者纷纷未已〈校记：广本作请留、请折〉。其中有关系重大事势穷蹙不得已，而议及此者，何以应之？户部再从长计议来说。"及户部复议谓："改折一节，臣当酌量省直，非重灾连灾者，不许若河工借支。在河臣以四十万石，请止该折银二十万两，臣已讶其太多。而部复辄加至二十七万两〈校记：广本抱本辄作转〉，算该漕粮五十四万石矣。今督臣又历历指数，似不欲动漕粮一粒者，果何策之？从而后可也。乃圣谕又曰：‘勉从工部之请，如数借给。’若漕粮必不可留，亦须设法处足，宁于别项撙节。臣技已穷矣，法安从设？节安从施〈校记：广本脱施以上八字〉？惟乞皇上怜臣之苦〈校记：广本惟作伏〉，仍照河臣原疏以四十万石从事。此外，即请告纷纷，断不敢曲徇人情，以仰负我皇上惓惓之德意也。”上曰：“钱粮大计设处为难，卿部拮据苦心，朕常加意体悉但漕河紧急比常不同，似难深执。卿还与工部会同议处来说〈校记：广本抱本还作速〉。”

（明神宗实录，卷414，7756-7758）

567. 冬十月壬寅朔，癸亥，户部尚书赵世卿言：“河西务等钞关七处，征收船料、商税，岁该三十万二千七百余两。数年以前，岂惟不至亏欠，间且报有羡余。自万历三十至三十二年，三年之间，共亏原额银三十一万一千九百有奇。日侵月削，莫知所底，将何所资其缓急之用乎？盖自徐、淮稔恶，凶魄虽褫，而清源煽虐，饕心未厌。由临清以至河西务，上下七八百里间，驾言验单，公行攘夺。商贾既无飞渡之术，奸宄遂生漏网之谋。于是有搭附于马船者；有藏匿于漕船者；有寄载于官船者。上之搜括愈严而愈密〈校记：上之，至本卷第九页前八行弊源止，广本脱〉，下之规避愈巧而愈多，亏损额数职此之故。臣以为，欲足额数，宜清弊端。”得旨：“关税乃国用所需，岁额日亏何以敷用？今后有以商货附载马船、漕船、官船者，着管关官如例搜查，不许容纵。其临清无单，而径至河西务通湾崇文门者，悉从漏报论。官员行李尤宜崇尚简素，岂得恃势玩法自隳名简？其奉差关吏，亦不得因而借口致损额数。该部查出俱一体参奏。至于各处棍徒倚名税监，多设关津，公行劫夺，致贾竖巧生规避，此又奸所由起，还着各处税监严行禁治。如有违犯的，会同各该有司拿究，以清弊源。”

户部又言："本色漕粮乃军国之命脉，非遇大灾大祲，不得轻议改折。近该总督仓场右侍郎游应乾条议：'以后漕粮，地方虽罹极灾，不得议改。'新奉明旨议复遵守。又该河臣建议大挑欲协济漕粮四十万石，而巡仓御史亦以濒河被灾，州县应折为请。当此匮绌之极，仓余能有几何〈校记：抱本余作餘〉？而此削彼割，未有已时？至于各年之逋赋，正边饷之急需，况江南连岁秋成，颇称丰稔〈校记：广本作颇稔〉。目前虽罹灾青〈校记：广本青作眚〉，较之濒河丰、沛一带，迥不相同。据按臣题议'改折缓征'二项，目击捐瘠之灾民，自是优恤之雅意。倘察臣部万苦万难之状，或难强其勉从也。恭侯命下将苏、常、镇三府漕粮，靖江县南粮，俱各照旧起运〈校记：广本无俱字〉，不准改折带征。各年钱粮依限照数征解。以后并不得轻议改折缓征，致误国计。"诏从之。

（明神宗实录，卷414，7768-7770）

568. 十一月辛未朔，辛未，户部奉旨会同工部议处大挑工费，工部谓："往例原协助三分之一，坚主二十七万两之议。户部谓'四分之一，旧案可考'。请仍照河臣所议，以四十万石从事。"上特命于四十万石之外，所余七万两，部各认其半。毋复再执〈校记：广本抱本复作得〉，致有妨误。"

（明神宗实录，卷415，7779-7780）

569. 十一月辛未朔，癸酉，原任河道总督李化龙奏："臣愚不肖，蒙皇上授以总河之任，以其年七月入境，八月视事。至次年七月丁母忧，今年二月旋里。中间开过泇河二百六十里，行运二年，计船一万六千以上。今年运事视往年更蚤二月〈校记：广本今作是，抱本作本〉，已经巡漕御史及河、漕二总督具疏报明，臣以为可幸无罪矣。近见邸报，工科右给事中宋一韩条陈河事，多及于臣。科臣所以少臣者，其说非一。总之弃黄工泇，致失行堤而已。其意岂不曰：‘开泇分黄费亦不少〈校记：广本费作盖〉，并之以挑黄河则一了百了，何用泇河？’又岂不曰：‘河即不成，但弃泇而守堤，亦何至失堤？’嗟夫！臣何尝一息敢忘黄河哉！惟是当年时势有难以即兴大工者。查前总督所估大挑计费一百四十万金，起夫动至一、二十万。彼时见银尚不数万，工何敢即兴？大役之后僵尸数万，民间视挑河如就死地，工又何敢即兴？纵使有银矣，有夫矣，开挑之工迟以二年计，连以一年计，再速以半年计，而运船不能待矣。然则，臣非敢弃黄，工固必不得速也。臣非欲工泇，势固必不得已也。且泇非独，目下可以代黄也。以二百六十里之安流，代三百六十里之险道，日者八千运船，不两月而过尽。即谓之百年水利非耶〈校记：广本抱本水作永，是也〉？今谈河者多以南阳之漕为虑，不知泇成而后可虑者，止此百里之漕；泇成而后为漕防河者，止此百里之间耳。以连年之物力，连年之事变相提而论。泇纵不即开，河亦不即成，河既不即成，堤亦不即保。纵使河成矣，堤保矣，黄水之泛滥虽掣，而李家口之漕尚费挑修，浊河之故道虽复，而徐、邳间之溜犹然险恶。是鱼、济、徐、邳上下数百里之漕皆可虑也。泇成而漕有所归，乃敢少缓？治黄，用以休养民力，待其喘息少定，驱之再事大挑，则泇不但为黄代漕，亦且为黄助治也。此臣开泇之意也。泇甫就而臣值忧〈校记：广本就作成〉，姑不得复治黄矣〈校记：广本抱本姑作始，是也〉。丁忧之后，尚有河工时不可失之疏；有奉旨估计河工之疏。臣何敢一息忘黄河哉！向非丁忧，则一年开泇，一年挽黄〈校记：抱本挽作挑〉，运既不误，河亦可回，何至烦言官之评议耶？至于行堤之失，则于泇工无干。泇河所代者，夏镇以南之运道，行堤固无与也。若当时遽罢泇工，而调尽官夫以守一堤〈校记：广本抱本调尽作尽调，堤下有“未必有提”四字，是也〉，先已无漕。忧漕事者且在夏镇以南阳哉〈校记：广本抱本南下有“何暇及南”四字，是也〉！且自三十一年七月，河决苏家庄栏水坝，是日即决该县缕水堤。又一日即决沛县四铺口太行堤。盖臣未至，济宁、太行堤沛县者在河，丰、单者在水，其半已失，而其半已必不能守矣。尚幸分黄之后全河一半南行，故南阳之漕是年不淤。今年之淤，则以八月大水全河北行之故耳，泇河与焉？！嗟夫！使行堤无三十一年之失，则刘萧口之决，河可以成河，使无三十二年之失〈校记：抱本失作决〉，则朱旺口之分，河可以成河。乃堤再失，而河再不成，虽曰天灾亦有人事。臣职司行河，分按信地，罚治各官，乃议未脱于口，而谤议四腾，臣已为射的矣。臣所心折于科臣者，谓臣实有侥幸图成之心。夫开泇分黄所持者狭，所欲者奢〈校记：广本所上有而字〉，安得不谓侥幸？然实以时势艰窘，工程浩大，故情急虑生。欲以救目前之急，且图为国家省数百万钱粮；为地方省数十万民命。无米而为全家之炊，徒手而搏负嵎之虎，臣之遇，诚穷臣之心良苦矣。泇之成早，故臣得以二、三十万，成前估二、三百万之工；河之成迟，故臣不得以数万成。今估七、八十万之事，盖其所能者人也，所不能者天也。臣实不职，无所逃罪，伏乞俯赐宸断，将臣先行削籍，以谢人言。然后，下工部严行查勘，臣之审于治黄，是否有合机宜？臣之急于开泇，是否有裨缓急？行堤之失，果否起自臣身？臣之经营，是否有误河事？皇天后土必能知之，天下后世必能亮之，臣即伏死苫块有余荣矣。”下工部复议，大约谓：“化龙能以二、三十万之费治泇，而不能复以今估七、八十万之数治河；能以强弩之末争衡于河伯，而不能以造物之忌不夺于忧制〈校记：广本物作化〉。至今日，而河且日徙日北，势几无漕奚怪乎？科臣之拾其后哉！任事者为物力计赢诎，势有难于兼举；议事者为运道计安危，言非涉于求多。今钱粮既经措处，大挑时已兴工，惟严饬在事诸臣同心协力〈校记：抱本在作任〉，底有成绩可也。”

得旨：“顷年河工未成，祇因财力困诎，有难措手。所以前局未竟，今已措处钱粮，着河道各官上紧用心疏治，务同心协力底于成功。不必多滋议论，无裨实济。”

（明神宗实录，卷415，7784-7789）

570. 十二月辛丑朔，庚戌，工部复河道总督曹时聘条议大挑事宜。一、处钱粮。谓：“部派各项经费势难猝至，议咨三省直抚按不拘库贮见征钱粮，各照应募夫数暂借应用，俟各项经费到日补还。”一募夫役。谓：“乌合之众漫无统纪〈校记：广本统纪作纪律〉，势不得不借力于有司。议派山东募夫十万，河南六万，江北四万，听各司道剂量均派，掌印官亲押赴工督催开浚。其库狱城池另委佐贰官看守。”一、严稽核〈校记：广本核作覈〉。谓：”河工钱粮以十分为率，五分贮之山东，三分贮之河南，二分贮之江北，各委府佐一员专司支放。凡应给工食应买物料，听该司道核实，出给印领，赴各巡按衙门挂号存案。另委推官一员，随事稽查，十日一报。工完之日，听按臣委官查核造册奏缴。”一、储薪米。谓：“夫役云集，米价必至腾踊〈校记：广本踊作涌〉，议借山东司库银三万两〈校记：抱本三作二〉、河南司库银一万两，分发州县收买米麦运赴工所。再拨徭夫数百名，沿河采草，以供炊爨。”一、议禁戢。谓：“人情聚，则必争，矧灾伤之后，人心思乱，不得不为预防。议布署官夫〈校记：抱本布作部，广本署作置〉，悉照行伍之法，病者给以药资〈校记：广本以作与〉，死者给以葬具。更调济宁、兖西、淮徐三道官兵各二百名，犄角戍守，仍申明约束无相扰害。”一、酌蠲恤。谓：“省直地方河患频仍，河工困累，兼之连年水旱，凋敝已极。议将募夫州县，本年见征钱粮存留者，破格蠲免。起运者，停征一年。其挑土覆压民田额税照数豁除。”一、明激劝。谓：“在工各官，募夫办料，运饷督工，餐宿河堧，披履冰雪，非破格优处何以示劝？议事竣之日，将府佐州县正官已有恩典者，于推升行取之日，准俸一年。未有恩典者，特准给与。其佐领等官照例一体优叙。省祭阴医等官冠带者，厚加赏犒。余者给以冠带，仍通杂泛差役〈校记：广本抱本通下有免字，是也〉。”一、固上源。谓：“旧河既疏，决口已塞，势必沛然。东下新挑之河，其深广仅半。上源则放水之后，无论丰、单行堤，亟宜补筑。即曹县之王家口、曹家楼，仪封之小宋集，兰阳之铜瓦厢，祥符之张家湾，比之伏秋防守更宜加谨。其最险要者王家大坝、黄坝新堤皆汹溜，经行之处，行令管河各官各照信地储料集夫〈校记：广本抱本令作合〉，俨如大敌在前，不得时刻懈弛。”得旨：“依议行。”

（明神宗实录，卷416，7825-7828）

571. 十二月辛丑朔，戊午，原任陕西参议，今调湖广茶陵州知州范守已言：“国家漕挽仰给东南，岁运四百万石，止赖会通河一线之水耳。而壅塞无常，百十年来非止一次。往者议开胶莱河，议通海运。蒿目腐心，迄无成功，长虑却顾，卒无善策〈校记：广本无作乏〉。迩因河流南徙，二洪浅涩，至廑皇上宵旰之忧，赖有智谋大臣议开泇河。自邳州至于夏镇，轶出彭城之左，舳舻无阻，厥功良多。乃不意河决单县，复有南阳之淤也。欲护漕渠，不得不急治黄河，欲治黄河，不得不大费工力。闻河工之需用银八十万两，动夫数十万名，过计者不无意外之虑。况挑筑于此处，能保不横决于他所？河之迁徙无常，漕之艰阻莫测，何不别求便利，以为永久之图也。查嘉靖六年河决丰、沛，东溢逾漕，漫入昭阳湖。左都御史胡世宁自南京赴召上疏言：‘国初，漕运自淮达河，由武起六百余里〈校记：抱本由下有阳字，是也〉，至卫水入舟转达至京。’又闻，‘沁水至武陟县红荆口分流，一派通卫’，近年始塞，是河流因沁可以通卫也。宜遣官踏视，或红荆口，或阳武，上下开通一河，北达卫水，以备徐、沛之塞〈校记：抱本备作疏，广本沛作邳〉。”疏下工部详议：“因河道都御史盛应期主开昭阳湖，左新渠，世宁之议不行。久之，新渠难成，复浚故道。因仍至今，臣尝往来沁口诸处，见沁水自山西穿太行而南，至武陟县东南入（河）。十数年前，河沙淤塞沁口，沁水不得入河。乃自木兰店东决岸，奔流入卫，则世宁红荆口之说信矣。彼时，守土诸臣塞其决口，筑以坚堤，仍导沁水入河。而堤外遣有河形〈校记：广本抱本遣作遗，是也〉，直抵卫浒，固至今存也。若于原决筑堤处建一石闸，分沁水一派东流入卫，为力甚易。再将原冲河形补加修浚〈校记：广本冲作卫,〉，两岸培为缆道，为力亦易〈校记：广本亦作尤〉。计其工费用银不过二、三万，用夫不过一万余名〈校记：广本一作三〉。而大工告成矣，乃引漕舟自邳州溯河而上，直抵沁口。因沁入卫，东达临清，则会通河可以不用也。若谓溯河数百里，或有滩溜之险，无纤道之便，则又有一河可由者。查荥阳之东，广武山南一水东流〈校记：广本山作之〉。经郑州中牟之北，祥符之西，由朱仙镇而南，经尉氏、扶沟、西华之东，沈丘之南，在元史名为郑水〈校记：广本史作更〉，土人名为贾鲁河者也。南至周家口与颍水合流，名为沙河。至颍州正阳镇入淮，直抵淮安。今自正阳至朱仙镇，舟楫通行，略无阻滞。自朱仙镇而北，而西，至郑州西北惠济桥地方，不及二百里，河身略窄，稍当修浚。若于惠济桥西开一支渠，分水一派北入黄河，不及二十里耳。渡河而北，直入沁口〈校记：广本入作至〉，为道甚便。如谓郑水微弱，不任漕舟，则荥、郑之间，又有京水、索水、须水诸泉〈校记：广本须作颁，抱本作领〉，皆可引入郑水，以济漕挽。再每二十里建一石闸，如会通河之比，则蓄泄有时，水自裕如。计其工费、丁力，亦不过四五万两耳。若此道既通，则漕舟出天妃闸，即由洪泽湖入淮。溯淮入颍水，溯颍入郑水，牵挽尤稳，黄河又可不用矣。虽冲溢万变，何虑焉？如河流安妥，不至侵漕，则夏镇南阳之间，仍加修浚，两利而俱存之分舟并进，可免守闸之困。如河流变迁，东道有梗〈校记：广本有作淤〉，则专由郑水，而徐、吕之道，无问便利之策无逾此者。臣怀此已二十余年，因会通河无阻，不敢轻言。今屡浚屡塞，而黄河又冲决无时，侵逼益甚，与其竭海内脂膏以填不测之壑，孰若改弦易辙，就此易竟之功绪也。伏乞敕下工部及督河大臣，差官踏视。如果臣言可用，先将武陟迤东，至于卫水之浒，东西百余里，原有河身故道，发夫万余名，及时挑浚。约深一丈〈校记：广本抱本丈下有"阔十丈"三字〉，却于木兰店东筑堤处所，修建石闸一座，分导沁水。一派东行入卫，舟至，则启闸以通漕；舟尽，则闭闸以掩水。明岁春末，其功可成。姑将漕舟溯河而上，由沁入卫，以济目前之急。却议修浚朱仙镇迤北，至惠济桥迤西，分导郑水，以通漕舟，则帑藏、民力可省百倍，而国家之利赖无穷矣。或虑沁水入卫，恐获嘉、新乡之间，不无泛滥之虞。不知建闸启闭，节宣其流，止分十分之一、二东行耳。而沁之洪流，固自南入黄河也。如必思患预防，当多建闸三、五处，相距或二十里，或三十里。无事重重固闭，以防东流。舟到，递相启闭，以为蓄泄。又河泛滥之足虞耶！或又谓大挑黄河欲除民害，工不容已〈校记：广本工作必〉，臣非欲止其役。但今日急在漕运，而民害次之。漕运一通，国家之命脉已固。虽黄河徙迁无常〈校记：广本抱本作迁徙〉，不过坍塌一、二县，一、二乡之地耳为筑长堤〈校记：广本抱本耳作再〉，以捍其冲可也。如势不可遏，迁其城郭以避之有何不可？何必与河争尺寸之地耶！"下工部复议："行总河及河南抚按勘议具奏。"

工部又言："总河大挑之役，业已奉旨兴工矣。缘朱旺口二股，原系黄河中路。北股出浊河者，再疏再壅。南股出小浮桥者，地形卑下，可因就下之河形，复已淹之故道。其间义安之建坝，徐州之砌堤，正使水不旁溢〈校记：广本抱本正作止〉。滔滔东注，弗蹈往者黄堌、符离之故辙，为泗滨忧。盖济运护陵未始不两利而兼成耳。今南科臣金士衡建议，谓‘南股上流逼近龙脊，侵啮可虞。下流分水导河，有关风气’，娓娓数千言，大都为陵寝虑甚悉。夫河臣既已躬亲荒度，询谋佥同，毅然建必然之画，岂其狃目前之见，而智不及此？而科臣周咨博访，有概于中穆，然抱根本之思故，宁设为不必然之虑以佐廷议。总之，南股向系行水之路，况在赵家圈北，距陵千有余里。其间无甚层岗高阜，亦无事大费锸斸所可虑者。挑浚不如法，水不东而南耳。倘工力既备，深阔合式，放水之后，直达徐、邳，恐亦不至南奔横截，有伤龙脉。是在河臣曲为之防，其于科臣详慎之议，因相合而不悖乎？合咨总河复勘，果朱旺南股原无妨碍。往如前议疏浚引水东注，或于南岸倍加帮筑，勿令侵溃，致干王气，仍将下流分水之说，再行详酌，务求至当以底成功。”从之。

（明神宗实录，卷416，7853-7859）

万历三十四年（1606）

572. 二月庚子朔，壬寅，广西道御史史弼言：“国家水患，惟河为急，上关陵寝，下关运道。况今之河又非昔比，渐徙渐北，愈壅愈决。陵患虽宁，运道日梗。所在生灵、庐舍沉渊，浮苴栖木，治河者迄无成功。臣按先朝宋礼，经营会通，寝处河上，始终数载。揣高度低，集思广益。兼以国初物力丰盛，法令必行，是以功成。一举，利垂数世。今则不然，大役已兴，而议未决；丁夫方集，而技已穷。驱饥疲之民于严寒之候，枵腹堕指，累累而是。此不能慎始之过。滨河守令半集河上，沿河赤子悉赴工所。征发太烦，期会太促，汹汹生心，忧在瓦解。此不能防微之过。昔挑黄家口，费金钱百余万，今挑朱旺口，又需金钱八十万。竭泽可虞，劳薪难继，此不能长虑之过。泇河之役，亦一时权宜。但河塞而后议泇，则泇成，宜必可以代河。今导河，而河流愈漫；浚泇，而泇河日枯。二役并兴，一役莫竟，此不能图终之过。为今之计，固当广集方略，而其要务〈校记：广本抱本务作略，疑误〉，则莫急于措处钱粮，绥怀众庶。二者盖集三省之众于一方，春深雨湿，气蒸疫作，宜析处分屯。每屯相去里许，于其中分任老壮，多置居所，分银斗粟，务沾实惠，则应募者必众。应募者众，则可免调乡丁。彼乡丁，裹粮而赴千里之役，弃家而失农桑之期。岂若应募就食者，得斗粟分文之惠，免流离饥冻之苦哉！至于钱粮，内帑可捐，外帑可借。而漕粮必不可留。盖漕河固国家咽喉，而漕粮尤国家命脉。臣窃计，每省协助不过三、四万，则数十万金钱一朝可具。然金钱不可食，必变为粟米。臣闻山东、河南、江北地方颇稔，诚厚值以募米商，而捐其税。米商必集，米价自平。转三省粟以供数万之众，何忧不及〈校记：广本及作足〉。又臣观今日诸臣，人持一心，山东诸臣利河南流；河南诸臣利河东下。两议相持，阻挠四出。败乃公事，莫甚此曹。乞亟选贤能，同心戮力，以几平成之功。”不报。

（明神宗实录，卷418，7886-7888）

573. 二月庚子朔，癸丑，户科给事中汪若霖言：“比因河决，大修朱旺口，募三省夫二十万〈校记：广本抱本省下有丁字〉，那凑中外金钱以八十万计，自冬徂春，刻日竣事，臣窃忧之。盖今夫集河上者，加原额数倍，而所称八十万，皆虚赊于数千百里之外〈校记：广本抱本作“皆虚冒其数，以数千百（广本无百字）里之外”〉，不可凭恃。河臣暂括省库金，支吾旦夕。据所奏报，亦既汹汹，而且躬亲督促，不遗余力。方晨荷锸，夜半始休。夫刍糗不施于前，而鞭策不停于后。

虽有良马不毙则轶矣。宜明谕河臣，于课程之内，量与休息。诗曰：‘民亦劳止，汔可小康。’此之谓也。”不报。

（明神宗实录，卷418，7899-7900）

574. 二月庚子朔，甲寅，河南抚臣沈季文奏：“顷者，大挑朱旺口，河南出夫六万，外加跨夫十二万，食用甚伙，恐临期缺食。况三省夫役猬集一方，河上米价每斗用银二钱二分。各夫工食几何而能堪此？合将开、归二府逼近河工处所州县，应解临、得二仓麦折米〈校记：广本抱本得作德，是也〉，扣留一万石，以救目前。即扣河工银八千两，起解户部以偿米价。”从之。

（明神宗实录，卷418，7901）

575. 三月己巳朔，庚辰，改定河工开纳事例。运副、运判正兵马，必真输粟河上者〈校记：广本真作直〉，方准纳选。其中书加府判，及从五品服俸，已任改衔吏员，加历监生，准贡一切停止。

（明神宗实录，卷419，7930）

576. 四月己亥朔，癸亥，大挑河工成。自朱旺口，达小浮桥延袤一百七十里。渠势深广，筑堤高厚，溃流复归故道。用众凡五十万，费金钱八十万两。自十一月至今，五阅月而功成。河道总督曹时聘上疏报闻。兼请建祠、赐祭，以旌河神。破格蠲征，以酬力役。”皆从之〈校记：广本抱本皆上有上字〉。

（明神宗实录，卷420，7958）

577. 六月戊戌朔，己亥，郭暖楼人字口河决〈校记：广本抱本字作家〉，北股至茶城镇口。直隶按臣黄吉士〈校记：广本抱本作巡按〉，漕臣陈宗契疏闻。下部复议。署工部侍郎沈应文言：“朱旺而上，徐州而下，旧河甚阔悉一丈以至二三百丈〈校记：抱本一作百，是也〉。今所挑新渠，宽者不过三四十丈耳。广狭相悬，吞吐不及，势必盈漫。庞家屯，乃河臣原题量挑，以分杀水势者。虽有郭暖楼之溃，暴涨所乘原非决裂，而不可收拾也。目今行南股者，十之七，行北股者，十之三。滔滔大势，仍趋新渠。且坝工止留六丈，官夫云集，畚锸立俟。待冲刷稍广，水势必杀，数丈决口，直一鼓舞之力。但两股并驶〈校记：广本抱本驶作决〉，势不两强。河性变迁〈校记：广本抱本迁作更〉，业沧互易〈校记：广本抱本叶沧作桑沧〉。且出之水，不独萧县杨家楼一带，上下四方，亦皆有之。转盼复秋，宁无横决，则长河南北，增筑新堤，修补行缕，不可不豫也。全河既已东注，恶溜必平。今双沟拷拷之险未夷〈校记：广本抱本拷拷作拷栳，是也〉，尾闾不畅，上流终梗。明岁漕艘，可又于治黄之后，而尽由泇乎？是在河臣严饬各属，虔始厚终，以收一篑。”奉旨：“河工垂成，尤宜万分加谨。着河臣于应塞决口，相机堵筑，朝不为中制〈校记：广本抱本朝下有廷字，是也〉。不责近功，务保万全，方称完局。如蹈前辙不尔贷也。”

（明神宗实录，卷422，7982-7983）

578. 八月丁酉朔，癸亥，河道总督曹时聘言：“国家二百余年，自徐而下大都以河为运，迩来迁徙不常，数失其利。非二洪告涸，则诸溜难前。内外臣工蒿目腐心，莫不以无漕为虑。幸泇河一线，先河臣舒应龙创开韩家庄以泄湖水，而路始通。继刘东星大开梁城侯行庄，以试行运，而路渐广。比至三十二年，李化龙上开李家巷，凿都水石，下开直河口，挑田家庄，殚力经营，行运过半，而路始辟〈校记：广本抱本辟作开〉。至三十三年二月，内该臣接管，见得改挑。经始运艘将临，立限严催，多方鼓舞，暮春首夏，接踵告完。是年行运者八千二十二只〈校记：广本八作三〉，今年粮艘七千七百六十五只，尽数度泇〈校记：抱本度作渡〉，则泇之可赖，岂不昭昭在人耳目哉！然漕渠成矣；河官未设，闸坐建矣〈校记：抱本坐作座〉；官夫未定，转输通矣；置邮未改，萑苻警矣。司捕未立，兼之闸禁未严，节宣失度〈校记：广本抱本失作无〉，水利一泄，立睹胶舟。臣不敢亏一篑之功，广集众思，谬画善后六事以闻：一、议以兖东道加‘管河’二字。于原领敕书内管滕、峄二县河务，兖州府马捕通判，及峄县县丞，俱令兼管泇务，以便责成。一、议以黄家闸官夫移之韩庄本；留城闸官夫移之台庄；马家桥官夫移之顿庄，专司启闭。一、议赵村为邳、宿适中之地，万家庄为邳、峄适中之地，各添设一驿，以便应付。一、议于峄县台家庄地方，添设巡简司，置巡简一员。弓兵四十名，以备干掫。一、议禁势要人员不得恃强阻挠闸务，以节水利。一、议补筑残堤，截削湾嘴，展辟狭岸〈校记：抱本辟作开，广本狭作隘〉，疏浚浅沙，以收全功。”皆从之。

（明神宗实录，卷424，8012-8014）

579. 九月丁卯朔，辛未，河道总督曹时聘以朱旺决口既塞疏闻。因条议十事：“一移置专道〈校记：广本专作马，疑误〉。一增设河官。一创筑堤防。一建立铺厂。一分别赏罚。一久任责成。一申明职掌。一严禁那借。一议处河夫。一除豁占田。”工部复如议〈校记：广本抱本部下有臣字〉。上谕部臣：“连岁公帑、民力俱竭于河上，役不可再，宜怀永图。既称大坝已成，全河东注，必使尽出中路〈校记：广本抱本中作东〉，方保无虞。趁此秋涸，将一应南北堤岸尽力修筑，屹如山峙，自然水得所归，方堪永赖。所议十事俱依拟。朝廷不惜懋赏，亦不事姑息。可即行与河上诸臣知之。”

（明神宗实录，卷425，8019）

580. 九月丁卯朔，戊寅，以泇河通（按：广本抱本以作移，误），建驿于峄县万家庄，命名万家驿。添设驿丞及台家庄巡简各一员，从山东抚按议也。

（明神宗实录，卷425，8025）

581. 十月丙申朔，丁巳，直隶巡按陈宗契申明漕政，议裁浙江押运都司及各省通判。不报。

（明神宗实录，卷426，8046）

万历三十五年（1607）

582. 二月甲午朔，癸卯，工部复议泇河善后六事，俱依议行。从总督河道曹时聘之请也〈校记：广本抱本请作议〉。去岁漕河再决萧砀之间，以巨浸为忧。自杨村集而下，黄涸口而上，再药再塞。凡用夫二十万人，金钱八十万缗。至是乃言："全河既已就轨，泇功委用委应厚终〈校记：广本抱本无用委二字〉。开泇于梗漕之日，固不可因泇而废黄。漕利于泇成之后，亦不可因黄而废泇，两利俱存，庶缓急可赖〈校记：广本可作有〉。如谓南阳之患已去〈校记：广本南阳作淮杨，疑是也〉，而徐、邳之险可乘，异时有失，谁司其咎乎？因议筑郗山之堤，削顿庄之嘴，平大泛口之溜，浚猫儿窝等处之浅，建巨梁吴冲之闸，增三市徐塘之坝〈校记：广本三作朱〉，以终泇河未就之工〈校记：抱本工作功〉。又议设河官、置官夫、建驿递、立巡司，严闸禁、加裁展，以成新渠善后之务。"大率皆切近，无甚糜耗。然亦自去岁冬月三请乃下。

（明神宗实录，卷430，8114-8115）

583. 四月癸巳朔，丁酉，通州西仓火。

（明神宗实录，卷432，8161）

584. 四月癸巳朔，戊申，河道总督曹时聘疏言："夏镇分司原管闸河，上自珠梅，下抵黄家运渠地方，不过百里。自梁境以下，俱属中河，故责任差轻。自万历十六年，黄河盛涨，倒灌镇口，遂议将梁境镇口，并丁家集缕堤，尽屡夏镇，责任已倍矣。然此不过百五十里之河耳〈校记：广本脱百以上五十六字〉。今泇河既开，自李家巷至刘昌庄，则系沛县。自刘昌下抵黄林，则入滕、峄之境，延长一百六十余里，悉系漕艘。使官仍主事，则品秩未崇，敕谕未颁〈校记：广本颁作给〉，则事权不重。宜将夏镇主事，改为郎中，颁给敕书，照中河事例。庶事权重，而臂指相联，漕渠永赖矣。”章下所司。

（明神宗实录，卷432，8168-8169）

585. 七月辛卯朔，丙申，命沿河州县捞挽木植。

（明神宗实录，卷436，8243）

586. 七月辛卯朔，壬寅，查核通湾所失粮艘。自闰月甲申以前，戊寅以后，屡有漂溺。凡损艘二十三只，米八千三百六十三石。淹死运军二十六名。其沿河民户漂没者，不复能稽。

（明神宗实录，卷436，8247）

587. 七月辛卯朔，壬子，河道总督曹时聘以“黄涨异常，土坝溃决，宜责令参政顾云凤等戴罪修筑”。章下工部。

（明神宗实录，卷436，8255）

588. 八月辛酉朔，庚午，直隶巡按邓澄言：“自夏秋之间，倾江倒海，续接运报，冲滚粮舡数十〈校记：广本抱本舡作船〉，漂米逾万，运军溺死者一百十名〈校记：广本抱本一作二〉，不知名男妇数尚倍之。其自天津以南闸河上下，被害尤酷，实数未查。然盖已破家千里，葬身鱼腹。非复乘机侵溺〈校记：广本溺作匿，是也〉，故令放失者矣。国家岁漕四百万石，虽有湮失，例无减免。令甲昭然，然亦有法外之情。当权情于法，嘉靖八年，议粮艘遇风损坏漂流，许陈告勘实，申复明白，即与除豁。二十二年，议洪闸遭风失粮，将该帮官旗应给羡银与失者，责限买米上纳。或不便买米，将银七钱，估米一石，即该库改折〈校记：抱本库下有收字〉。又弘治二年，议漂流十石者，于百石中，每石除脚米一斗，以补本数两平收受。漂流一百二十石者，免晒一千石计，每石省折米五升，耗米七升，先行支放，以补本数。凡于漂流的实勘给之外，咸许免尖、免耗、免脚价、免晒扬，皆以权情于法也。又当天顺三年，命淮、徐、临、德、济、通等处药局〈校记：抱本作临、济、通、德〉，遇官军患病给药饵调治。正德十一年，命军旗身故寄归遗骸之惨，且以辇毂漕运，均此赤子。辇毂灾伤，既荷皇慈发十万金赈济，而漕运军旗辛苦特甚。京、通二仓一月放米二十四万石，今漂流万余石，不过每月二十余分之一，赐之豁免，可以苏罢困，鼓率作之心〈校记：抱本心下有矣字〉。”不报。

（明神宗实录，卷437，8267-8268）

589. 十月庚申朔，戊辰，以河工告完，纪录管河参政顾云凤〈校记：广本云作之〉，罚治兖州同知许仲誉。从总督曹时聘之请也。

（明神宗实录，卷439，8312）

590. 十一月庚寅朔，壬寅，河道总督曹时聘，以河工告竣，请叙劳绩，以励臣工。自阁部科院而外，所叙荐三百四十余员。事下该部，吏科给事中姚士慎疏曰：“臣惟国家有不可爽之爵赏，人臣有不可冒之事功。往者，苏庄河决河，臣议大挑朱旺口，使水归故道，用帑金八十万。然朱旺之役甫罢，而彭家楼之决旋报。即云筑塞新功，旧料可借。然皆国家积蓄，安知今岁塞责，明秋泛涨，不又为彭家楼之续也。且河上之役〈校记：广本上作工〉，上原下湿，庐处露宿〈校记：广本抱本露作客〉，尝其甘苦者，宁有几人？溃决，则幕流杂，职受其罚；堤成，则高牙大纛，享其功。往时大决，故议大挑。大挑，故议大功，使河再决而再挑。再挑而再议功。是岁岁叙功无已时也。”先是，巡河御史黄吉士查勘回奏。亦言：“臣观，是役塞苏家，以开朱旺，挽北流而使东注。河臣焦心兼收，群策其虑，未尝不慎谋，未常不臧也。第河性善溃，未易约束。去岁坝成放水，即有人字河之溢。今岁勘阅，正值秋水泛涨〈校记：抱本泛涨作之横〉，四望弥漫。杨村集以下，陈家楼以上，两傍泛岸，冲决多口。徐属州县，汇为巨浸，而萧、砀受害更深。迨至勘后，黄涸口复决〈校记：抱本涸作堌，是也〉。业经筑塞，时日非久，而赵家圈垒土新成〈校记：抱本圈作园〉，洪水随至，势甚危岌。工程繁多，水更散漫，不可称全功。”自吉士此疏出，而议者时起。工科给事中孙善继又上疏曰：“臣观按臣勘疏，内云‘坝成放水，即有人字河之溢’。又云‘杨村等处冲决多口，徐属州县汇为巨浸’。又云‘河身旁决，漂没田庐，不可以称全功臣’。咨嗟叹息，谓当事者不知何如责躬，乃亡何而叙功之疏至矣。夫丰、沛、萧死者长为鱼鳖，生者又无居食，以昏垫胥溺之危，而谭地平天成之绩。无论国典所靳，幸不可徼。即反之于心，亦或未忍矣。河臣得无以黄流已东，运道无梗，功不可朝夕缓乎？不思直口以下之黄，即不治，未尝有妨于运。直口以上之黄，即治，何尝涓滴有济于漕。二、三年所为支吾，苟完运务者，惟泇河一衣带水耳。夫泇非能自为泇，所恃者，泰山诸泉之助，而沂、直诸河之来也。今岁夏前，稍稍苦旱，沂、直诸泉，即无以润泇，而泇告急。黄淤，则漕泇；泇格，又将谁漕乎？故治河如治病。病有缓急，治有标本。专事泇以为标，而忘治黄以为本，非计也。今谓徐、邳之间，水多跌溜〈校记：广本水下有益字〉，操舟之险，比于龙门。漕河故道〈校记：广本抱本河作黄〉，流澌淤浅，堤岸颓倾，卒难整理。为此说者，皆狃目前，而忽远虑〈校记：广本抱本虑下有者也二字〉。有如，泇不足恃，漕运告急，骇而图之，岂能及乎？宜乘此冬春水涸〈校记：广本涸下有之时二字〉，起古洪闸，抵满家闸，大加挑浚，坚筑堤岸，以复故道。钱粮取之岁修，功程假以时月。即双沟、马家浅，跌溜难行，议开月河以避其险，何不可者？又言今之治漕者，无论黄无完局，即泇亦多遗策。

直口溜急，一船挽拽，常数百人衔尾而上〈校记：广本上作进〉。前船断缆，则后船雷击。军旗粮石，俱委河流。至于梁城以上，韩庄以下，千艘鳞集，经月剥浅。劳人长奸，乍遇霖潦，蒙峄水出，弥野滔天。纤路穷绝，粮运稽迟，实坐于此。故欲免直口之危，莫如巨梁桥东西，开阔丈余，以杀其势；欲免守浅之苦，莫如顿家闸上下，浚深数尺，以导其深；欲免暴涨之冲，莫如筑堤王市口以东，使水归浪茫湖，以避其害，盖总一河也。自徐州以上，必南不害陵，北不害运，中不害民。如是者功成。徐州以下，必我欲漕黄，则黄欲漕泇。则泇我欲互用。黄泇，则黄泇互为我用。如是者功成。功成，而后议叙，则叙不浮叙当，而后议酬，则恩不滥。如竭有限之财，驱重劳之民，假便宜之权，需岁月之久，而东冲西决，有如漏卮。方河臣饮冰之时，奈何为玄圭告成之会乎？”疏上，而廷议益澧，久之不得论功。

（明神宗实录，卷 440，8339-8343）

591. 十一月庚寅朔，甲辰，总督仓场游应乾参六安卫千户吴道南，及荆州卫指挥陈秉直等十员，以运官逋粮，及和插澜湿故〈校记：广本作插和湿烂，抱本作扣插湿漫，作烂是也〉。

（明神宗实录，卷 440，8344）

592. 十二月己未朔，甲子，总督河道曹时聘以泇渠告成，核实公费，再请录效劳官员，事下工部。

（明神宗实录，卷 441，8368）

万历三十六年（1608）

593. 二月戊午朔，壬戌，工部右侍郎刘元霖题〈校记：广本题作言〉：“黄河之难大治〈校记：广本无大字〉，自昔苦之。先因苏庄水决，河臣议挑朱旺口，使水归故道，逾年工完。例奏报本部，复行巡按御史查勘。去后，兹据按臣黄吉士勘报谓：'新河告成，南阳、鱼台等处其功实不可泯。独杨村集以下，陈家楼以上，河身旁决，徐属受患，不可以称全功。欲候三年，新河果无冲决，不次升擢。'又据河臣疏谓：'杨村而下，陈家楼而上，地形卑洼，自冲一渠，每遇伏秋不无溢岸。然亦河性之常，总不出长堤之北，行缕之南。'于是科臣孙善继、姚士慎各有参疏，未奉明旨。臣窃谓，按臣勘阅，当伏水泛涨，然滔滔东逝〈校记：广本无然字〉，会归正河。陵、运既两无侵，南阳水患亦去，此其工成〈校记：抱本成作程〉，大较亦可睹已。河臣论功，诚不可缓。惟其疏叙不无少浮，是在核实酌议耳。至科臣孙善继疏谓：'漕泇不可常恃，议于古洪闸抵满家闸，大加挑浚，坚筑堤岸，通旧运河，以接黄河于双沟马家浅；开月河以避跌溜。'此两利俱存之策。谓泇流尚多遗筑〈校记：广本筑作策〉，议开巨梁桥，以免直口之危；浚顿家闸，以免守浅之苦；筑堤王市口，以避暴涨之冲，此桑土绸缪之计。然谭者又谓：'泇贵蓄而虞泄，黄善徙而难恃。须泇河展拓已完，闸坝已足，不为旁泄，而后及黄，庶无他虞。'此当另行河臣从长勘奏者。"上俱是其议。

（明神宗实录，卷443，8413-8414）

594. 二月戊午朔，乙丑，工部再请核实泇河工费及效劳官员。旨："命巡漕御史查勘，分别以凭激劝。"

（明神宗实录，卷443，8419）

595. 二月戊午朔，己巳，户部复光禄寺、寺丞徐必达条议白粮一十一款。"一、白粮多系内供，解纳宜蚤。以后院道务预期严檄各邑蚤征速完，定限十二月以里。二、嘉兴工费查酌数年，监兑册开定数不得多派。比照杭、湖事例，将嘉兴府属，凡有漕粮县分，通融量派，于条鞭内起征。其嘉、秀二县白粮水脚，不得分毫扣用。三、嘉、湖漕、白二粮，官户悉兑漕粮，白粮尽派民户。各户既不难催，解户亦不得籍口稽延。四、白粮运船亦造自官司，工费、什物、漂损、赔修，悉照漕艘行〈校记：广本艘作船〉。令有司将水脚银，抽提二年于十年之中，以需官造。均为十股于八年之内，以资岁给。五、白粮水脚，定须照其米石〈校记：抱本无须字〉，酌费若干。查确派加，着为画一。宁使有余，毋俾不足。听掌印部运官验足，摽封付之本户〈校记：抱本摽作标，是也〉。沿途非禀官不许私拆。六、白粮每船定额，量带土宜四十石。迩来珍巧细软，半于官粮。甚者，包搭客货。夫军民一体，事例宜同。漕船报抽，近经题议。自仪真而下，听巡漕不时盘诘。以后白粮亦照此例行。七、白粮风波之患，比照漕例。当时陈告督押官处，亲查虚实轻重，勘验的确，即出给执照。一面将所带土宜变卖补足，仍申报原籍院道有司，其自赔、助赔、通县派赔之数，酌量多寡查算补给。八、白粮抵丁字沽，则须舟剥，抵张家湾则须车运。以后船到河西务，司官即查照漕粮事体〈校记：广本体作例〉，速为拨船起剥，免其久候。仍于所顾船车，平其脚价，勿使奸户措勒。九、白粮到京，旧俱露积，浥烂损耗势有必然。今议创造仓廒，以备贮收〈校记：广本贮收作收贮〉。十、白粮起批州县，先期差快手赴各衙门倒换挂号，及期付之解户。至到京纳粮之日，批文仍听全完，给发部运总领。其各户先完者，许具状赴司，查审无欠，即批准用印，以便先回。十一、浙之差解烦多，殷实不足。以后北差，除白粮外，其绢解即付总部府佐便带南差〈校记：广本付作附〉。除稳粮外〈校记：抱本稳作糙〉，其绢布银等项，即付管押县佐便带〈校记：抱本作即付带管〉。度其道里，宁加厚水脚。但白粮总部，每年轮委嘉湖，两府佐一员，州县各有统属。府佐督催隔属，能无掣肘？且白粮既先漕运，则期限迫速，而于粮、绢两者，能无顾此失彼？是又在彼中上下，计议妥确，毋孤此创法之意也。”报允。

（明神宗实录，卷443，8420-8422）

596. 五月丙戌朔，丁酉，大学士叶向高言：“年来治理壅塞，凡百艰难举。往时，朝上夕报之常规，今皆成转日回天之事业。人情喁喁，中外交责。臣等欲辞不可，欲为不能。跼天蹐地，无以自容。望将紧要本章，亟赐施行，毋复迟疑以虚明旨。

（明神宗实录，卷446，8463）

597. 八月乙卯朔，丁巳，工部言：“通州为京师右臂，漕粮数百万，岁储其中。项遭洪水，城垣倾颓，版筑即宜举行，用固神京保障。”从之。

（明神宗实录，卷449，8495）

598. 八月乙卯朔，己未，升应天巡抚都察院右佥都御史周孔教为右副都御史，总理河道。

（明神宗实录，卷449，8496）

599. 十一月甲申朔，癸巳，巡漕御史陈禹谟言〈校记：广本抱本禹作万〉：“漕运总督李三才，漕运总兵官王承勋，各劳深任久，宜优叙。”下所司议。

（明神宗实录，卷452，8540）

万历三十七年（1609）

600. 正月甲申朔，己酉，以三品满考〈校记：广本抱本满考作考满〉，加漕运总督李三才户部尚书左副都御史。

（明神宗实录，卷454，8575）

601. 三月壬午朔，辛丑，总督河道工部尚书曹时聘卒。时聘，直隶获鹿人。隆庆五年进士，历曹郎。以临、洮知府劾归。荐起，补推官，迁知府。至藩伯为右佥都御史巡抚应天。晋工部侍郎，总理河道卒。与一祭全葬。

（明神宗实录，卷456，8606）

602. 四月壬子朔，庚午，工部题修理黄船。报可。

（明神宗实录，卷457，8626）

603. 九月己卯朔，丁亥，清河民薛瓒等诉："河成地废，额赋犹存，乞行分减。"命："该部看了来说。"

（明神宗实录，卷462，8716）

604. 十月己酉朔，乙丑，巡漕御史颜思忠条议申饬漕规："一、建闸坝以竟前工。徐塘、猫窝等处流沙为患，先河臣议于阎家集、田家口、吴家冲建闸三座，以备蓄积。于徐塘河、王文沟、王市沟建水石坝，以备分泄。于张材〈校记：广本抱本材作村，是也〉、长旺等口，各筑截河二坝，以遏流沙。至泇河之水，全借南旺、蜀山、安山诸泉，须大加疏通，令泉脉涌注。又沧浪水，改从针沟口入泇〈校记：广本针作封〉，自源概委，亦济运之上策也。一、分官建驿以保万全。泇河南北二百六十里〈校记：广本抱本作"泇河南九千三百六十里"，疑误〉，人舍稀少，盗贼公行。议将徐州水驿移之泇沟，邳州水驿移之田家口。以兖州泇河通判移驻台庄，徐州管河同知移驻王市口，邳州管河同知移驻直河。每春夏行运之时，以徐州参将移驻猫窝，沙沟守备移驻韩庄邹山地方。声势相倚，河渠为之肃清矣。徐核造船以资挽运〈校记：广本抱本徐作余，是也〉，修潞河以济起纳，严法令以肃漕政。"章下该部。

（明神宗实录，卷463，8737-8738）

605. 十月己酉朔，戊辰，巡漕御史颜思忠直陈新河可开之状。先是，议者以国家漕运专恃会通一河，欲更开胶莱以防不虞。会以人情不调报罢。思忠言："胶莱新河南自麻湾，通南海。北自海沧，通北海。地之相距，计三百四十里。除麻湾南抵淮、扬七百里，海沧北抵直沽六百里。商贾通行无容别议。中间河宽水深，工力省便者，麻湾至把浪庙等处，约共百九十里〈校记：广本抱本无百字〉。河窄水浅，及全未挑修者，把浪至陈村闸等处，约共百五十里。分水岭地形颇高，尤宜深浚。约略其费可不及十五万。大都小沽河以灌中段，大沽河以灌陈村之南。白河以灌分水岭。高旺山河以灌新店之北，以及中间诸河泊之水，以济助之。凡有水来，必挟沙至黄、洳二河，岂无冲沙焉？得一一躲避。惟当仿临清、济宁事例，建闸设夫，时常修浚。于大、小沽河上源，修置土坝，以障沙来。或建造斗门，以防水涨。因势利导，随机曲防。在临时酌量行之耳，此一役也。沿岸而行万无一失，既非若黑海开洋之险，又非有黄河迁徙之虞。居恒，则两路兼行；遇变，则此或有滞。彼尚可来，国计民生，无便于此。”下工部议。

（明神宗实录，卷463，8738-8740）

606. 十月己酉朔，癸酉，以新建伯王承勋督漕一十八年，积有劳勚，加少保兼太子太保，岁加禄米三十石。

（明神宗实录，卷463，8743）

607. 十月己酉朔，丙子，漕运总督李三才奏裁革清河县主簿，及海州永济仓大使各一员。下吏部。

（明神宗实录，卷463，8743）

608. 十一月戊寅朔，丁亥，总督仓场侍郎孙玮言：“漕粮当议者八事：一、议积欠。凡粮运入仓，但有余米，俱扣除旧欠。不得以本年完纳，概给通关，而余米任其照出。一、议阻冻。攒运御史躬督如期，俟船尽达湾，而后报命。其漕折银两，应与漕粮同完。一、议通粮。京仓渐之，将来岁通粮，多改入京。一、议湿米。其堪放者，酌量支给。其极烂不堪者，另贮开销与积烂于无用之地，不若稍示宽给，以恤贫军。一、议余米。但收完一运，查有旧欠，则照例扣抵。如无，则仍前照出，不许官攒需索刁难。一、议起欠。凡船粮到坝，即照例起剥。如遇短少，即勒令买补，不得听捏漂流、截收处补。一、议举刺。将起运过坝之日，各总有无起欠、搀湿情弊，据实举行。一、议收放。放粮一以钦限为重，即官有别政，可以暂辍。军遇操点，可以暂假。而钦限必不可改。”户部复如议〈校记：户字，起至次页前一行“拟行”止，广本脱〉。

（明神宗实录，卷464，8753-8754）

万历三十八年（1610）

609. 七月甲辰朔，己酉，升工部主事刘一鹏为郎中，管夏镇等闸。

（明神宗实录，卷473，8934）

610. 九月癸卯朔，丁巳，直隶巡按苏惟霖疏陈黄、泇利害，请专力于泇。其略言：“黄河自清河县，经桃源北达直河口，长二百四十里。此在泇下流，水平身广，极力推运，舟止日行十里。然以别无所经，故必用之。自直河口而止，历邳、徐二州，达镇口，长二百八十余里，是谓黄河。又一百二十里方抵夏镇。东自猫窝泇沟，达夏镇，止长二百六十余里，是谓泇河。东西相对，舍此则彼。黄河水任三、四月则浅，与泇同。若正月初旬后，汹流自天而下，一步难行。又其水挟沙而来，河口日高一日。七月初，辄浅涸十倍，无一时可繇者。繇之溺人损储害甚剧〈校记：抱本害上增其字〉。泇河一水安流，岁修有例。既无溺溜，终鲜风波。率而繇之，计日可达。即河身稍狭，惟狭则水不苦铺摊而浅〈校记：广本抱本无惟狭二字，苦作若〉。其猫窝诸浅，亦不必浚。盖自河流至〈校记：广本至作出〉，则闸水积〈校记：广本闸作河〉。山泉之脉止有此数。河身高则高受，低则低受，深浅相随。非云水深则深，水浅则浅。水之多寡，不系河身深浅也。或有稍宜拓而浚者，但得实心任事之河官，严其稽核，因利乘便，不三五年缺略悉补，可成数百年之利。惟于泇下流诸口，谨严厉禁〈校记：广本厉禁作防御，抱本作防禁〉。而夏镇之吕公堂，邳州之沂河口更甚。庶所藉蒙独诸泉，光泗济诸〈校记：广本抱本诸下有流字〉，不至随到随涸。伏乞敕下工部详酌利害，一意修泇，以济新运。”留中。

（明神宗实录，卷 475，8971-8973）

611. 十月孟冬壬申朔，壬申，工科给事中何士晋等言：“运道最称险阻，人力难施者无如黄河〈校记：广本无作莫〉。先年水出昭阳湖夏镇以南，运道冲阻。于是开泇之议始决。入直河口，经猫窝，抵夏镇，长二百六十里，较黄为近。避浅涩、急溜。二洪之险建闸置坝，潴聚诸泉河之水〈校记：抱本潴作储〉，以时启闭。用之六年通行无滞。今岁忽有舍泇由黄之议〈校记：广本议作说〉，卒致仓皇，损伤粮艘〈校记：广本伤作坏〉，且有沦溺以死者。费人工牵挽，有至大浮桥以阏塞〈校记：广本阏作闭〉，复还由泇者。以故今运抵湾甚迟，汲汲有守冻之虞。由此，言之黄之害大略可见。然泇亦未竟之工也。河面阔八丈，底阔三丈〈校记：抱本无阔字〉，深一丈三尺至一丈六尺不等。节年虽有增修，大概止此。地近湖山、岸山〈校记：广本抱本山作泉〉，引水易乏易涸。全借人工深厚〈校记：广本借作赖〉，使有容受潴畜之势。若河身太滥〈校记：广本抱本滥作隘，是也〉，伏秋，则山水暴涨；旱干，则枯竭无余，非策也。谓宜拓广浚深，令与会同河相等〈校记：广本抱本同作通〉，重运回空，往来不相碍；回旋不相避。即时有亢润〈校记：广本亢作干〉，地有高下，而水常充盛，舟无留行。计岁损水衡数万金〈校记：广本作计岁水衡万全〉，督以廉能之吏，为期三年，可以竣工。然循落马湖北岸〈校记：抱本然下有后字，是也，广本然下有复字〉，東达宿迁，大兴畚锸，尽避黄之险〈校记：广本抱本黄下有河字〉，则泇河之事讫矣。或谓泉脉细微，太阔太深，水不能有。不知泇源远自蒙沂，近挟徐塘、许池文武诸泉河。大率视济宁泉河略相等。吕公堂口既塞〈校记：广本堂作塘〉，则山东诸水总合全收。加以闸坝堤防，何忧不足？或谓直抵宿迁，此功迂而难竟，是又不然。夫昔年不估以二百六十万乎？不虑山水暴涨，湖水泛溢乎〈校记：广本溢作滥〉？不虑石硼山礓难凿〈校记：广本抱本硼作研〉，沙淤崩溃乎？王市坝不再圮乎〈校记：广本抱本再下有筑再二字〉？夫荒度诚难，不无错愕，及任用得人，综理有法，功成晏如。此难与众人虑始也。然近日繇黄之说，盖因泇河二百六十里，旷野新辟〈校记：广本辟作开〉，人迹荒凉，万艘蚁泊，公私旅困，恐生意外之虞。且计徐州一大都会，贸迁化居者，一旦有折阅之恨，然此害之小者。惟是饬邮传设机防，繇之既久，渐成乐郊，何必徐土？此破纷纭之一说也〈校记：广本抱本此下有亦字〉。”未报。

（明神宗实录，卷476，8981-8983）

612. 十一月壬寅朔，丙午，巡按直隶监察御史毕懋康议请修保定清河闸座。其略言：“保定清河，源发于满城，抵府而南十里，则汤家口为上闸，又十里许，则青杨为下闸。顺流而东，直抵天津。细溯长流，一带舟楫，繇玉河，而北亦入于天津。又迎水而西三百里，至紫淀三岔口〈校记：广本抱本淀作殿〉。其一派通定兴、易州等处。一派通新安、雄县、安州等处。中流至府。清苑、完、唐、满、庆五处，此皆舟楫所到之地，小民获利之所。查二闸创建于成祖定鼎初〈校记：广本闸下有盖字〉，补修于世庙三十九年，日久颓圮。今上之三十二年曾一议及，以物力殚耗报罢。然询之彼中士民〈校记：抱本无然字〉，咸谓此闸之兴有五利焉。夫陆地转输，一牛车运米粟不过十石。而人牛又自赍食，复费十之一二。今以浅船装载，二人撑之，可运七八十石。是浅船一，可当牛车之十，力半功倍，其利一。满城、完、唐等县，所出类多木石柴炭，天津、河间等处，又饶芦苇、盐米，南货种种。若河道流通，商贩往来，农末相资，有无相济。地方即不幸而遭水旱之灾，犹可仰给邻封，不致束手待毙，其利二。此中居民类窳媮相习，不复知有江南水利灌溉之事。自去岁大旱，今岁自春徂夏不雨。闸坝决裂，蓄泄无资。若此闸诚修，则滨水斥卤可为沃壤，其利三。尝考京东密云、京北昌平，自万历元年，总督刘斯〈校记：广本抱本斯下有洁字，是也〉、杨兆建议疏通潮、白二河，陵、泉诸水，岁漕山东、河南粟米二十万石，以赡密镇。岁漕江北粳米二十万〈校记：广本抱本万下有石字〉，以赡昌平。两镇军士从兹免于脱巾之虞〈校记：广本抱本兹作此〉。今若此例通州挖运之例，自清河闸，抵河间一带，多设闸座，广造剥船，总其事于天津部属。岁于临、德两仓粟米内，漕二十万石，以给保定、易州、紫荆各关军士，即有水旱之灾，可以不苦。军国用饶，士马腾饱，其利四。凡民可与乐成，难与虑始。矧年来物力空匮，库藏殚耗，傥规模大阔，庸众骇听，莫若先建此闸二座，石柱、木桥二座。以观河道流刘〈校记：广本抱本刘作通，是也〉，居民利涉，商贾往来之效。傥公私上下晓然知此役之兴有益无损，有利无害，然后次第议及挖运之事〈校记：抱本运下有事字〉，他日足食足兵之政实始基之矣，其利五。”章下部。部覆：“除挖运隶户部，听该部议覆外，所称修闸事，凿凿可行。宜着该管地方从长措处，次第兴工。完日将用过夫匠、物料、工价，造册奏缴清册，送部查考施行。”报可。

（明神宗实录，卷 477，9003-9005）

万历三十九年（1611）

613. 二月辛未朔，丙戌，工部题覆总理河道右佥都御史刘士忠泇、黄便宜疏言："泇渠历春而夏，沂、武等河山水衡发，有沙淤溃决。岁中当如南旺例修治〈校记：广本抱本中作终〉，其水将置何所乎？势不得不塞泇河坝〈校记：广本抱本坝下有"今水归黄流，臣议每年三月初开泇河坝"十六字，是也〉，令粮运官民船，繇直河口而进以便利。往至九月初则塞之，每年九月初则开吕公坝入黄河，以便回空。与官民船往来，至次年二月终则塞之〈校记：广本抱本终作中〉。半年繇泇，半年繇黄，此两利之道也。乃黄河四驿，而泇止一驿，甚属不均。今地方势难加设，惟四驿止应付半年，颇为空闲。于内载革一驿〈校记：抱本载作裁，是也〉，移至赵村，以便供亿。又泇河通判相应移置万家驿左右，以便查阅。修筑通泇二百五十里，设两驿一巡简司。又置一府厅，行见成，聚成都官民船，当之如归，诚一劳永逸之计。"报可。

（明神宗实录，卷 480，9046-9047）

614. 四月庚午朔，庚午，铸给兖州府管理泇河滕峄、马捕关防。

（明神宗实录，卷 482，9067）

615. 四月庚午朔，壬申，工部侍郎刘元霖复御史苏惟霖言〈校记：广本抱本苏作张〉："泇河之在直隶者，有猫窝一浅，为沂下流。河广沙深，不可以闸，最为泇患。人观河沙水门口西〈校记：广本抱本人作今，是也〉，上箭许掘一月河洄流〈校记：广本作"口门西让箭许"，抱本作"水口门西，让箭许"误〉。即请宜于此下二里许，仍西掘一月河，以通沂口之月河。凡水挟沙来，沙性直走。有月河以分之，则洄洑之处，沙所必储。就此二里，时加捞刷。比岁修十五丈之河难亦较然

〈校记：广本抱本亦作易，是也〉，而泇患可减矣。又邳、宿同知所管左黄右泇〈校记：抱本作右黄左泇〉，岁费三万两，贮邳久之弊滋，移贮淮库，而关支往返耗费误公〈校记：广本抱本公作工〉。议将此顷径解总河收发，附近藏积。每季河官先期赴领便宜给发，季有报，岁有稽，则费不虚，而工善集矣。”依拟行。

（明神宗实录，卷482，9069-9070）

616. 九月丁酉朔，癸卯，总漕右佥都御史刘士忠、御史彭端吾会疏截留粮运。户科给事中韩光佑言：“漕粮名为四百万，除永拆及山东〈校记：广本抱本拆作折，是也〉、河南等处，近运其实转自河漕者止二百八十余万耳，留一分则少一分，是三去其一矣。此例一开，人皆观望，一年留，各年俱欲留〈校记：广本抱本各上有则字〉，是岁去其一矣。今岁阻水，来岁能保无水乎？今岁恤灾〈校记：广本脱灾以上十九字〉，来岁能保无灾乎？即如所云，凡遇因灾改折，就将前项截留漕米，查拨减存，军船支运，以抵其数。亦若可行，但此八十万石，不知百姓多少苦楚〈校记：抱本姓下有受字，是也〉，有司费多少敲扑方得此。现在米与舟脱卸而去，且无论行、月粮及耗米，即正粮中侵盗插和，何所不至？转盼间成块、成灰。何能竣改折之年〈校记：能下疑脱字，广本能下空二格，抱本竣下空一格〉，以减存之船，复致二千里外？司仓押运，俱不可问。翼抵数之虚名〈校记：广本抱本翼作冀，是也〉，弃现在之实米，恐非计之得也。粮船稽迟〈校记：广本抱本粮作漕〉，岂尽阻冻之故？漕例所载，督粮参政押运到湾，催攒回南，今俱为空言乎？若复守浚，则管河官所司，何事何不浚于粮船未到之前？闻往岁运船起粮之后，有复往一滩载米抵湾〈校记：广本一作少，抱本作小〉，一船至得价三十两者，则空回之迟〈校记：广本抱本迟作运〉，又不独在守候矣。至于总兵官敛受常例，岁以万计。法令废弛，督率不前，则总兵可议更也。况各旗军饱餐者，现在干没，及行、月粮耗米之利，所垂涎者不旋踵，而有明岁复运之利，其谁不逗留争后乎？乞严敕在事诸臣，乘此秋深水平，尚未冱寒，星夜前进，两月之间尚可抵湾。即有冻阻，明春冰解〈校记：广本抱本春作年〉，粮储道及总兵，先后亲督，兼程南下。预移派江北就近处所领兑，亦未为晚。如有规避迁延，巡漕御史照例从重参处。”诏曰：“漕运有成规〈校记：广本抱本运下有自字〉，岂容轻变！着户部马上差人勒限督催。仍将明岁新运严行申饬来说。”

（明神宗实录，卷 487，9172-9174）

617. 十月丁卯朔，丁丑，户部左侍郎李汝华奏：“漕事之坏，虽多端，而其弊莫过一迟。迟之故，其大有三：一曰回空之迟，当覆其罚；一曰开兑之迟，当惩其怠；一曰攒运之迟，当核其罪。三者如期，则诸弊可保其无。今参究止及卑官，而道府县正，未见纠劾，何以惕人心？如上海知县徐日久、青浦知县王思慎任，五月方才阅兑，六月止兑十之一二。行催不理，巡漕已列名指摘。伏乞严敕中外，一切俱照议单严加考成，而二令并加罚治，庶朝廷有必信之法，而远近无规避之心〈校记：广本抱本心下有矣字〉。”报曰〈校记：广本抱本报上有上字〉：“漕务玩弛非法在必行，申饬何益？所议着严行遵守。徐日久、王思慎各罚俸一年〈校记：广本抱本慎作任〉。俟明岁兑运迟速，着巡漕御史奏来再行议处。”

（明神宗实录，卷 488，9197-9198）

618. 十一月丙申朔，辛丑〈校记：广本丑作酉，是也〉，工科给事中马从龙言：“漕政之坏，固非一端，莫如缺船之害。凡开兑攒运回空之迟，皆繇此致。因条议款，一曰办船料；一曰严督造；一曰核积缺。且言今岁阻冻，皆以水涸为辞，当令管河衙门预为挑浅。其山东地方泉源预加疏浚。”留中。

（明神宗实录，卷 489，9217）

619. 十二月丙寅，庚辰，太子太保兵部尚书李化龙卒。化龙，直隶长垣县人。万历二年进士，授南工部主事，调南吏部主事。繇郎中，升河南提学佥事，复升山东提学副使。历太仆寺卿，通政使。以佥都御史巡抚辽东。东虏深入，伏兵大破之。升兵部侍郎，荫一子锦衣卫千户，世袭。二十五年，告病回籍〈校记：广本抱本籍下有二十七年四字，是也〉。起总督川贵，巡抚四川。杨应龙反，征七省兵，分道讨之。闻父丧夺情。视师播州平，请于播州设二府，分隶黔、蜀。以黎平永从改隶楚，以楚镇远四卫，改隶黔。三十一年，起右都御史兼工部侍郎〈校记：广本抱本工作兵〉，总督河道，开泇河。寻丁毋忧。三十二年，以播功，升工部尚书，加少保，荫一子锦卫指挥〈校记：抱本锦下有衣字〉，世袭。服阕，起兵部尚书，协理戎政。三十七年回部，以御虏捷功，加少保兼太子太保，至是卒。礼部覆称："文武殊猷，安攘大略；提衡学政，则目无逸才；督抚疆场，则算无遗策。若乃开泇济运，擘画精详，遂贻永利。入掌枢机，鞠躬尽瘁。有殊尤异绩〈校记：广本抱本尤作功，是也〉，而又能全节完名。如本官之先后，纯粹未易得也。恤典当与从优，并拟易名以旌伟伐。"诏〈校记：广本诏上有上字〉："予祭九坛，加二坛给全葬。"

（明神宗实录，卷490，9222-9224）

万历四十年（1612）

620. 正月丙申朔，戊午，巡漕御史孙居相言："查得议单一款，隆庆四年题准：'每年漕粮俱限十月开仓，十二月完兑开帮。如十二月终有司无粮，军卫无船，督粮司道及府州县掌印管粮官，并领运把总、指挥、千、百户，各罚俸半年。过正月者，各罚俸一年，过二月者，各降二级，布政掌印官降一级〈校记：广本级下有"各罚俸”三个字〉。三月终不过淮者，督押司道等官，及领运把总以下，各降一级。四月终不过洪者一体参究〈校记：广本脱过以上二十三字〉。’夫开兑、开帮有期，过淮、过洪有限，违期限者，有参、有罚，议单立法，若斯之严且备矣。乃数年以来，有荐举而无参罚，有例参而无处分。一官不处，则众官观望。今岁不处，则来岁效尤。是以岁复一岁，迟而又迟，以至此极也。伏乞严旨申明议单，其自司道以及文武掌印、管粮、管河总运等官，但有沿袭旧毙，兑运违期者，臣得据例参劾，该部据例处分。因言总漕督臣关系尤重，更乞敕催陈荐速令到任，务不误过淮之期。”得旨：“漕运重务，屡经申饬，再有违玩不遵的，都著照议单参奏处治，不得纵容。陈荐著催他到任。”

（明神宗实录，卷491，9246-9247）

621. 三月乙未朔，癸卯，户部覆巡漕御史孙居相奏〈校记：御字起，至本页后四行“通行”止，广本误接九页前十一行“广西巡按”下，抱本与广本同〉：“今岁未回空船至三千余只，不得不议雇募。然上岁雇募民船二千有奇，脚价尽属有司设处，民间苦累至极，相率逃匿。臣查清江厂每船一只，额设料价银一百二十七两，约十年一造。今该厂数年积缺船至二千三十六只，共该缺船银二十五万余两。以此补募船工食之不足，船户必且乐从。顾今运事已急，宜令各该抚按预查堪借官银，设法雇募，酌量远近，优给脚价。事完报数，或令该厂解过，或径扣工部料匠等价抵补，以漕治漕，以船募船，计无便于此者。当事未见议行，或者谓无堪动钱粮。不思工部船料，户部轻赍，皆为漕而设者。议单开载甚明，独不可少割十之一二，以济漕乎？”部言〈校记：抱本言作覆〉：“缺船料价，尽那为雇觅之用，以苏民困。并申明议单，宜如御史。惟轻赍银两，原充入仓之费，非为修船而设者，无容轻议。”因言：“造船原有期限〈校记：广本期限作限期〉，依期而造，何得无船？又何用雇民船？如今岁八月兴工，十月驾赴水次，则来岁有船。又每年隔岁办料，及时兴工，则岁岁有船。民船永不募，而民间免驿骚矣。”又言：“核岁修之数，稽银船之实，防侵冒之奸，庶几万艘可以云集。俱应通行申饬。”有旨依议行〈校记：抱本议作拟〉。

（明神宗实录，卷493，9282-9284）

622. 五月甲午朔，庚子，工部覆巡漕御史孙居相奏：一、议造缺船。谓：“粮船积缺数多，欲复旧设南京瓜、仪二厂及各府分造。而科臣谓：‘二厂不必复，唯照苏、浙现行事例，令各府佐分造之。’计甚长，但缺船逾二千余只〈校记：广本千作十，疑误〉，合限二年造完报部〈校记：广本抱本合作命〉，违者听总漕巡漕查参。一、议料银。船料每年有额银两，缺船若干，则宜积银若干；钱粮各有正项〈校记：广本钱粮作前项〉，那借定须补还；运船原是正供，拖欠岂宜坐视？此总运之责，而难容他诿者。一、议差官。买木厂官，专职造船。今乃营差牟利，任意稽延，缺料误事，全繇于此。或照边镇委买市叚例，总漕岁差通判一员，前往荆州收买。果能费省完速，从优奖录，亦是一策。一、议劝惩。如三十九年造船不及原额之半，岂尽繇厂料之缺？应如漕臣议，年终总漕会同巡漕查各厂官完欠数。欠者分别罚俸、降级、褫职，完者奖叙、优擢，斯激励人心之大机也。一、议船式。一、禁勒索。一、议造船。官员名为注选，盘据恣肆牢不可破。今后吏部径行裁革，听总漕择州、县佐贰廉干者委用，须一年一更。前委造船未完，不得再营，后委亦不许别营买木，致误造船。至于提举一官，尤宜重其委任，庶便责成，应移吏部铨注。淮安府同知职衔管提举事，遇缺，择科贡有司材守兼优，荐多者升补，三年满日核劳荐叙。当此船政积坏之日，漕臣所谓大破常调者，无如择人任事，尽洗前毙，为第一义也。一、议慎互。稽严催解，清江厂之设，虽属于漕司，而奉差该管官〈校记：广本抱本作奉差设管官〉，则属于臣部。船料盈诎，造船完欠，原系职掌相关，乃从总漕为政，工部不一与闻及。至料缺船欠，议者又责之臣部。即如差去司官，既为造船专设，则钱粮之出纳，那移未有判。然不相涉者，司官呈请发银，是其经管。银足而船不完，是其专责。若欲造无银举积欠之船，而坐之似亦非情乎？合行总漕、巡漕将十年内发厂造船料银，严行清查，某年、某月、某官，经管所造船只，是否与发银相当。有无银多船少，侵隐情弊，一并奏报。其漕库料银，出纳那移，俱令部差相闻。本部置二部〈校记：广本抱本部作簿，是也〉，印发该厂详慎，旧管新收，开除实在清数，每季报部查考。此项专备造船，以后不得再加那用。其该厂造过船只完欠数〈校记：广本抱本欠作工〉，每年终呈报。俟本官差满回部，严核具奏。各关差及各府州县〈校记：广本抱本关作开〉，额派料匠等银，总漕衙门严行催解全完。仍分别完欠，并该管职名，年终咨部参罚。南部协济工料、盐薪等银，一并完解。如此，庶宿蠹与逋欠俱清，船政可举也。”有旨：“该厂船政弊坏已极，依议行。各该衙门著实整顿，如再因循违误，责有所归。”

（明神宗实录，卷 495，9316-9319）

623. 六月甲子朔，丙子，工科给事中归子顾言：“漕事稽于阻冻，坏于缺船。清库扫于那借，蠹于拖欠，回空迟于洳涩。为今之计，莫若那移者，责质补还，拖欠者，按籍核征。实清库以议补船缺。秋冬之际补至千艘，而后陆续完造以还旧额。洳河、葛墟岭一带，宜岁岁开浚增阔深，而又仿通惠河之则，尽为置闸，以时蓄水。照会典所载，浅夫令各守本闸捞浅〈校记：广本抱本夫上有铺浅二字〉。回空之日，更责成河厅，奉总河印册，率所在老人、泉闸等夫捞送。各船挨记时日，如迟，官役皆照册究治。回空各船，务令照例依期尽赴水次。未至水次，不准旧运作完，庶新运开兑发帮，过洪过淮抵坝。裕如无复阻冻，陆运之患矣。”

（明神宗实录，卷 496，9347）

624. 六月甲子朔，庚辰，以通惠冲决〈校记：抱本惠下有河字〉，夺指挥马鸿功等俸三月，仍行河臣严饬挑浚修筑。

（明神宗实录，卷 496，9348）

625. 八月壬戌朔，乙酉，户部题覆：“漕运议单，轻赍银两，除山东、河南轻赍原不过淮，责成临清兵备差官起解外，湖广、江西、浙东西上下江，锦衣旗手，淮安、杨州、中都等处，共银三十四万八千余两，解交淮库，以类解通仓，其来旧矣。但两番委官交纳，必有加耗需索等毙。而最甚者，银入淮库难免借支，一借而弊且百出，势必误及通仓，且误及船厂矣。宜令各省直类齐，解给各总领解通仓。而通厅仍照额加一分，径给把总带回入淮库，以备各卫修船。则银既散分，解有专责，一举数便，诚如漕督所议者。独臣所虑有二：一虑各司府催轻赍之迟，而不能先期给把总也。把总领兑开帮有期，而各州县征粮，每急兑米，缓赍银。如是，必米齐而银不齐也。不至迟把总，以至迟开帮乎？必总漕先期责成各司府，将此项银两，令有司上紧与米并征。必先解轻赍到司府，而后起兑。庶转给速而于漕无误也。此其责在司府，而有违者议。一虑把总领轻赍之迟，而不能早解通库也。闻把总押运衔尾而行，到通州较粮船每迟。如是，必粮至而总不至也。不至迟交，臣以至迟通州脚价等项乎？必总漕责令各总随帮速行，不可留后耽延。必与本帮之船，一齐到通厅秤收，庶交银速而于通无误也。此其责在把总，而有违者惩。”

（明神宗实录，卷 498，9402-9403）

626. 八月壬戌朔，己丑，河道总督刘士忠言：“沙沟守备初止防陆，今奉钦依移驿河滨〈校记：抱本改驿作驻〉，请于本官衔内，加入‘攒防粮运’字。令于粮船盛行之际，移驿河干，催攒防护，运毕回镇防守。沙沟营原设兵勇五百名，当夏秋二季，除守备官量带一百名，驻泇防运外，四百名另委指挥一员代统防陆，俟本官回日径交。至于泇、黄并用，每岁三月开直河口坝，乃彭家坝闭。吕公堂坝俾，汶、泗诸泉之水繇泇专行重运，及袍服、鲜贡等船至，八月终则塞之。每年九月开吕公堂坝，闭彭、直二坝，俾诸泉河入黄以利回空〈校记：抱本黄下衍河字〉。及官民船至，次年二月终则塞之。半年繇泇，半年繇黄，相资两利。惟是驿递应付，在黄河繇夏镇至宿迁，有夹沟、彭城、房村、下邳四驿供应。若泇河止山东万家庄一驿，往来不便，人心疑阻。议于黄河四驿中裁夹沟一驿，移置赵庄。其应用酌派钱粮，邳输其五，房村、彭城各输其三，夹沟输其七，合之共得应付，并大工银二千三百八十三两零，即今供亿不困〈校记：抱本今作令〉。然夹沟虽裁而陆路犹然应付。今宜以赵庄为主，开坝驿泇之日。夹沟地方，仍委官代司。陆路即以原议钱粮十分之三，答应至泇河开坝之日，则赵庄驿官仍回夹沟，并乞命名铨选。庶将官职掌明，而防守有赖。驿官事规定而冒滥可稽，此泇河永久之利也。”章下所司，部覆如河臣言。上是之。

（明神宗实录，卷498，9405-9406）

627. 九月壬辰朔，庚戌，巡漕御史孙居相言：“往时漕臣恒以八月差遣，九月莅任，十月开仓，十一、十二月开兑开帮，运完复命。又在次年八月差遣，一蚤则无所不蚤。数年来乃至仲冬，或岁杪方差，一迟则无所不迟。盖祖制三月过淮，四月过洪，政为入秋水涨，动虞漂没，有风波之险。且一舟过溜，三四百人行泥淖中，多至陷没，有挽拽之劳〈校记：抱本挽作挽，是也〉。抵坝既迟，势必阻冻。履雪卧冰，防盗防火，一有不测，身家随之。有守冻之苦，冻粮百万，计船三千，日饷三万，军费粟六百石。加以盗卖插和，种种皆耗蠹之窦。既已守冻，明春必须雇船。运官以是剥削旂军〈校记：抱本军下有旗军二字〉，以是刁勒粮里，转转皆朘削之弊。至于递迟之极，必误一年之运，害且移之国家。今台员虽乏，然候命有人，乞即点用以料理新运。"

（明神宗实录，卷499，9428-9429）

628. 九月壬辰朔，丙辰，吏部覆河道总督刘士忠言："黄水冲决徐州缕堤，长二百八十丈，玄字遥堤口，阔一百四十丈，荒字遥堤口，阔四十丈，榘林铺以下二十里正河悉为平陆。邳、睢河水陡耗，司道议开韩家坝堤外小渠，引水归河。繇是坝以东河流渐深，可通舟楫。大约挽回水十分之三，惟玄字决口尚浅，政须版筑。请留徐、邳、宁、睢、宿迁、桃源等属州县正官免觐〈校记：抱本无桃源二字〉，共襄河事。"从之。

（明神宗实录，卷499，9435-9436）

629. 九月壬辰朔，己未，户部覆条陈漕政补救事宜："除芜关额税比杭关，径解不必先。解南工部未覆外：一、预佥运军以省扰弊；一、增设船袋以速剥运；一、严察回空以稽迟留；一、补铸粮斛，使河南、山东，无两省一斛之差池。俱请如漕运总督言。"

（明神宗实录，卷499，9439）

630. 十二月庚寅朔，丁酉，直隶巡按汤兆京言："通州为畿东首冲，水陆要会。重征叠税几至数十，如竹木窑、坐进宫、广和店、弘仁桥、五里店浮桥、土桥〈校记：抱本土作上〉、哈叭桥、竹厂房。号车价加增，屯丁解店等税，河西务税于外矣。又有通湾之查，税崇文门税。于内矣。又有巡拦之拿害。城中复有税课局，每年额输二百一十余两，为本州官吏折俸，儒学、昌镇、漕河、振武营、心红、本道，抄报工食之用。今议蠲抵，俱有头项，则此税可罢，局可撤，官可裁，凋疲之民亦少受毫厘之赐。”

（明神宗实录，卷503，9551-9552）

万历四十一年（1613）

631. 三月己未朔，乙酉，总督漕运都御史陈荐奏革清江厂船务提举，以淮、扬二府同知掌其事。下工部议可，从之。

（明神宗实录，卷506，9611）

632. 七月丁巳朔，己未，初，淮安府安东县，每年额征漕粮一万四千七百石，先年题准永折，每石七钱，共银一万二百九十四两。内有府税银二千八百五十九两五钱，助凑其额。后因府税不足，议停岁助，悉归该县征粮田地。至是因灾患频仍，田地冲阏。巡抚凤阳都御史陈荐、巡按御史王九叙请自万历四十一年为始，每石永折五钱，以苏疲邑民命。户部覆议，从之。

（明神宗实录，卷510，9651）

633. 九月丙辰朔，辛未，时，马快船停泊通湾，以待福王之国者三百二十有奇。白粮等船应截留者亦不下四百有奇，舳舻相接，恐有风火之患。守候既久，资粮已匮。于是兵部尚书王象乾请查船额，诏如潞王例。

（明神宗实录，卷512，9681-9682）

634. 十二月甲申朔，壬子，是岁，漕粮永折三十四万四千三百四十七石有奇。灾折一十九万九千七百六十二石有奇。漂毁二万八千九百三十九石有奇。进京通边食粮三百五十四万五千八百八十九石有奇。

（明神宗实录，卷515，9721）

万历四十二年（1614）

635. 正月甲寅朔，壬申，户科给事中商周祚疏言："改折漕粮，有不可狃近利〈校记：抱本狃作狎〉，而忘远忧者〈校记：广本忧作害，抱本作虑〉。查自成化八年题准：额定岁运四万石。如各省直遇有灾伤，奏留、奏免、改折不等，应于临、德二仓预备粮内支运足数。又题准：一府有灾，则于附近各府拨补。必附近府分，各有灾伤，无处凑补〈校记：广本凑补作转〉，方支用德、临等仓〈校记：广本抱本德、临作临、德〉，总不失四万石之原额〈校记：广本无之字〉。夫岂不念民饥，亦以非此不足儒缓急耳。今欲彰圣明浩荡之恩，为权宜救时之术，止宜计抚按报灾轻重，量议改折分数，就中稍从宽议，以阴寓救军恤民之意则可。而至谓议折三百万石者，且谓将全折一年者〈校记：广本作"将一年一年者全折"，抱本作"将一年全折者"〉，仓储原无多积，四百万又已失额久矣〈校记：广本久作多〉。停运一年废弛一年，都城之民万一饿莩相望，万艘不通，百物翔贵，斗米千金〈校记：广本金作钱〉，并时腾涌，辇毂之下便忧不测，何俟九边之鼓噪方为乱阶哉！"不报。

（明神宗实录，卷516，9733）

636. 五月壬子朔，癸丑，直隶巡按潘之祥疏称："边饷孔亟，盐政宜修。"其略曰："一、防沿河之夹带。请于德州、临清、东昌、济宁四处，各委巡河、巡盐等官，凡官船粮运夹带等䑸，许拿船户究治。不浔滥反坐船官民，倘一处摎获查究，前途疏纵，则人无不尽力严缉矣。二、严营军之私贩。州县捕官人少力微，难于禁缉，请会同通州等处参将、守备等官协力缉捕。如有缉获数多，照例纪录送部。倘至失事，一体究参〈校记：抱本作一体参究〉。其营捕各官，纵放营军私贩，伤人庇护容隐者并究。三、禁商民之影射。按照长芦一引旧例余盐，割没包索共五百六十斤，又以边饷不足加添八十斤，此定额也。乃朦胧影射一引，而至百十余斤者。自后掣官凡秤掣之时，须逐包盘验。至于淹没引盐，告称补掣，尤为毙薮。此在有司临时查访，毋得轻信给照，以堕奸商之计。四、止奸商之开引。近边饷缺乏，奸民乘机中以加引，济边之说，其实边未济，而小民坐困。何也？加引而引不能通，则商困；加引而以引行之州县，按引而责之民，则民困；稽延不行，而甘受参罚，则州县困。此坐困之道也。”疏入留中。

（明神宗实录，卷520，9796-9798）

万历四十三年（1615）

637. 正月戊申朔，乙丑，先是，徐州黄河缕堤决口二百余丈，遥堤决口一百七十余丈。先后河臣，或欲估计应动钱粮，亲诣筑塞；或欲浚正河，以便水之归阔下流，以便水之出，屡经奏闻。是时，管理中河工部郎中吴大山、淮徐河道副使袁应泰，督同多官以次挑复三山故道。创筑遥、缕各堤，计二万三千余丈，用人夫四万七千三百八十六名，实用银八万七千一百九十六两。然不烦内帑，不派里甲，较诸原估尚省银五万三千三百有奇。总督漕运陈荐疏列效劳各官以闻。下工部覆。

（明神宗实录，卷528，9922）

638. 正月戊申朔，戊辰，户部署部左侍郎李汝华等〈校记：广本抱本部下有事字，是也〉，请亟下巡漕之命。谓：“旧例每年十月开仓〈校记：广本抱本月下有间字〉，十二月兑完开帮。宪臣亦在九月题请，十月赴任。去岁巡漕点差稍缓，而积年奸徒弊窦遂滋。今正月渐尽，此时差已属迟。若再挨延，其乘隙作奸，又不知何所底矣。”上可其奏。命：“御史朱堦速去，毋致误事。”

（明神宗实录，卷 528，9925）

639. 正月戊申朔，癸酉，初，御史刘光复言：“工部奉旨召商于南直、浙江等处，议买鹰、平、条稿等木（按：稿应作篙），分为三运，以备搭厂找架之〈校记：广本抱本用字在之字下，广本找作扢〉。及用查头运，少木三万三千六百二十二根。浙江二运，木少五万一千八百五十四根，多系原任淮抚尚书李三才盖房强买盗用。”上命科道同工部堂属官，亲往通湾查视。至是兵科给事中吴亮嗣回奏言：“臣到皇木厂查头运，解到之木，既未入厂，又未还价。商人极诉系是李仆诱买。然事已十余年，诸商或死或逃，诚难质对。惟是浙江二运之木商人具告，原木五万余株，泊在河下，以洪水漂流止捞得三万余株，还顿河滨，尽被宦仆李七等，强买票取以去。其二万余株漂散无影。臣等拘集商人，共往李三才宅。视其一、二、三重，及右旁已成楼寝。斧斤验视，杉木颇多。及其最后一楼，商人以为大半此木为之楼。后有空地，人言系拆去廊房，亦难知其用何木植矣。大约本宦一宅，琳琅精巧，骇心夺目。身非至圣，何以开位育之堂？事本繁华，云胡挂双鹤之扁？又本宦宅东有隙地一区，原系国家旧皇木厂。伊仆亦自称认租佃住。夫国家之地，自应还官，岂有置敕书于此？种花树，创台榭于此？但藉口先夫子之牌位，而遂扬扬若固有之乎？乞敕下法司，拘集李七、李四及诸商诸匠人等，严刑讯究，有价若干？无价若干？商人则卖若干，追价还库。依律究拟。”工部覆奏。得旨：“付法司。”

（明神宗实录，卷 528，9932-9933）

640. 正月戊申朔，甲戌，长芦巡盐御史潘之祥条议盐法：“一、防沿河夹带。议于德州、临清〈校记：抱本作临清、德州〉、东昌、济宁四处，各委巡河、巡盐等官，凡官船粮艘严加搜缉，如有夹带究治船户。一、严营军私贩。京营军士往往骑坐大马〈校记：抱本京作军〉，挟持弓矢刀剑，百拾成群，驮载私盐，巡缉人役莫敢谁何。请令通州参将、守备等官，协力缉捕。有功纪录，失事参处。其营捕各官〈校记：广本抱本捕作部〉，如有纵军私贩，一体并究。一、禁商民之影射。于额引正、余盐外，不许夹带。沉没引盐，不许捏告补掣。一、止奸商开引。于边中额引外，不许借名济边，增开盐引，以壅盐法。”户部题覆。上命：“依议行〈校记：抱本议作拟〉。”

（明神宗实录，卷528，9934-9935）

641. 二月戊寅朔，乙酉，准总河侍郎胡桂芳回藉调理病痊，奏荐起用。仍谕河工甚亟，不可缺员，吏部作速推补。

（明神宗实录，卷529，9948）

642. 五月丙午朔，庚戌，工部侍郎林如楚覆督漕陈荐疏称〈校记：工字起，至本页前十行其言止，广本脱〉：“黄河所恃惟遥、缕二堤，可为束水归漕之计。迩因黄、泇役烦，自徐州以下，各堤单薄，河臣计地七百余里，料估九万有奇。议动三府正税，佐以采石余银，足襄兹举。而又责成于府佐州县正官，画地分工，先尽徐、灵、睢、邳四处工完，而后及于山阳堤工。至于一劳期永逸，其经始有法，其要终必实。科臣所谓分丈尺，以专其责；核虚实，以考其成；明赏罚，以儆其惰。于所委府州县官，重致意焉，诚补前议所未备，而于河务深有裨者也。”上是其言。

（明神宗实录，卷532，10015）

643. 七月丙午朔，丙辰，户部覆称：“督抚疏中请发临、德二仓，以赈饥民。意非不善，但二仓实在米止五十一万八千余石，皆系军储，岂容易于别项支用？今条议六策，以备采择：一、议于临清仓发六万石，于德州仓发四万石，其价值一如三十五年每石粳米六钱，粟米五钱。若搬运路有远近，价有增减，又在督抚随时酌定。……”

（明神宗实录，卷534，10109）

644. 闰八月乙巳朔，辛亥，通州粮船火起，烧去米四千六百四十二石及空船三十三只。

（明神宗实录，卷536，10156）

645. 九月甲戌朔，辛卯，巡漕御史朱堦陈漕运五议：“一、清核厂船。厂船所以缺者，缘官银为奸商冒领，厂役瓜分，遂至银与木终成乌有。今宜将银解荆州府〈校记：广本解下有到字〉，令抽分部臣，验木平买。其应造船若干，督臣严行查确。速佥殷实旗甲，依限入厂改造，并行该厂将一应造船银料，如数给发。见造船只，勒限报完。吏书匠役，不许科索常例。一、查核剥船。剥船所以阁者，缘船额不敷，就中有船户疲累弃之而逃；有奸猾揽当，原无船而暂雇应点；有旋应一剥，而中途别载营利。宜俟运事竣后，关臣督同武清县掌印官逐一查核。其有人无船者，设法补造；有船无人者，佥选应役。务令人船两足，而一切杂差累苦，悉与蠲除。一、修复泉湖。泇河深不过于四尺，非时加挑浚。即至阻舟，夏镇而北，别无运道，不过赖闸河以利涉。先臣宋礼乃于昭阳、南旺诸湖，设立斗门，名曰水柜。夫然后旱涝俱有恃无恐。曾几何年？而诸湖半为势豪占种，涓滴不留。乞敕总河抚臣躬亲踏验，凡系先年济运各湖，一一清查归官。堤坝斗门，亟时修筑。一、优恤军旗。运军非贫而狡者不乐为，而既为运军，亦未有不驯至贫且狡者。傥莫优恤，不将至无军，并无运乎〈校记：广本无并字〉？臣以为，凡饷银之时给也〈校记：抱本无也字〉，帮官、把总之科派也〈校记：抱本无也字〉。沿河委催之扰害，各关税棍之诈吓，一一令禁，而法绳之也。此皆漕臣得为政也〈校记：本页前十一行一修起，至也字止，广本脱〉。若夫自抵关至入仓内外，奸胥恶役，层层剥削，银入吏书，遂得高下其手〈校记：广本抱本高作上〉，若莫议归画一〈校记：广本抱本若莫作莫若〉。每年给军，责成漕储道于过淮时给散一半。余于河西务，或通州唱名面给。则漏卮塞，而军沾实惠矣。一、申饬武备。国初民运后改为军，未几，则专以军为长军。先臣于谦曾因虏儆议留运为备，此其一验矣。承平日久，贪弁纳贿，佥补非人。若有不虞责之。御侮折冲，恐不能也。莫若佥补殷实军旗，务令正身赴役。参备等官挑选强壮，时其衣粮，而操习之。至于淮安总镇，向以勋爵滥竽旗鼓，何裨从诸臣议裁之。便若谓祖制当存，则有诸臣改流之议在，亦先朝故事也。”上命该部议之。

（明神宗实录，卷 537，10187-10189）

万历四十四年（1616）

646. 二月壬寅朔，戊午，户部复巡漕御史朱堦疏漕务二事："一曰查复剥船。先年河西务钞关，额设剥船八百只，土石二坝，额设四百余只。今旧船既属枵坏〈校记：广本抱本枵作朽，是也〉，新者又复不堪，影占虚冒情弊尤多，宜逐一严核。应修补者，修补；应佥选者，佥选，务足原额以候新运。一曰优恤军旗。军旗挽输苦役，应领粮糈有几？而内外朘削莫可穷诘。宜严加申饬，务洗夙弊。至增设篙缆银两，原拟卒有不虞，以备添篙募夫之值。乃军旗未沾实惠，卫官恣意侵牟。假令河道安流，则此项似属可省，宜听漕、储道酌沿途水势溢涸，及各船遇患轻重，分别批给，抵通汇册，报部核实开销。其羡银亦可当济边之用。"

（明神宗实录，卷 542，10306）

647. 二月壬寅朔，壬戌，上览户部漕粮疏，以镇守淮安侯伯总兵之迟推也，疑之。遣内使王体乾诘其事。阁臣言："漕储重务，自提督攒运外，又设总兵官，以勋臣任之，此旧例也。近诸臣建议以用非其人，徒滋多事。欲将勋、镇裁革，或用武职官，屡经题请未奉明旨。今蒙传谕即令兵部议覆。"

（明神宗实录，卷 542，10307）

648. 三月辛未朔，癸未，以……李邦镇提督漕运，镇守淮安。

（明神宗实录，卷 543，10314）

649. 三月辛未朔，戊子，山东巡按御史王雅量以登莱岁荒，请海运。上言："国初旧制，山东、辽东原系一省。山东粮饷、布花，命镇海侯吴祯总丹师万人繇海度辽〈校记：镇应作靖。广本抱本丹作舟，是也〉，以给军需。至永乐四年，平江伯陈喧督饷，繇登〈校记：广本抱本暄作瑄，是也〉、莱至旅顺口，岁以为常。弘治十八年，舟坏运废。正德年间，海运复通，商贾骈集，贸易货殖，络绎于金复间，辽东所以称乐土也。自逆瑾用事，海船损坏不修，料价干没，山东本色悉改折色。繇山海陆运入辽，海运复废。嘉靖三十七年，辽值大饥，转输无计。始从按臣之议，海道复开。后因岛民作梗，尽徙其民塞下，而复禁之。至万历十四年，辽复饥，暂开海运以济。十九年〈校记：广本抱本九作六〉，倭奴侵据朝鲜，遂严行禁止，此从来海运通塞之大较也。盖其塞也以防倭之变，而其通也以济辽之穷。与其守穷以待变，变至而无以应。孰若裕财以足兵，兵足而又何虞变哉！故海运之通，其利有六：民生易阜，额岁易征〈校记：广本抱本岁作税，是也〉，勾补易足，边需易兴。而且沿海皆兵，可以防倭；营伍充实，可以御虏。乃若其害亦有之，其大者：倭奴、岛寇与逋戍三事。然岛寇在弹压之得人，逋戍在稽查之有法，惟通倭一节所宜长计。往者倭奴之入闽、浙为甚，苏、松、淮、扬次之，登、莱又次之。而辽左则绝无至者，其地形水势不便也〈校记：广本抱本水作大〉。通倭之人亦惟闽、浙习为之，而辽左不能，其船只舟师不惯也。夫利什而害一，必为之。况利有害无，宁容再计。”上下该部议覆。

（明神宗实录，卷 543，10319-10321）

650. 三月辛未朔，丙申，户科给事中商周祚言：“今天下无地不告灾〈校记：广本抱本灾作变〉，无事不告诎。而最可忧者，莫如边饷。臣料今日权宜之计，总不出借之一字。欲借之冏寺，而搜括已穷。欲借之工部，而门殿经始，则舍内帑之外，别无抵补之方〈校记：广本抱本脱之以下二十一字〉。……今岁漕粮除改折截留外，亦宜如期输运以安人心。而水浅舟胶，大为运梗。所需河臣料理，其势倍切。并乞速用总河大臣，仍促其星夜赴任，以理漕事。”不报。

（明神宗实录，卷 543，10322-10323）

651. 四月庚子朔，丙午，雷火焚税监张烨接居。烨榷税通湾，而治第于黄华坊。是日将午，风雨骤至，电火四发，霹雳从楼中出，三十余间顷刻立烬。巡视东城御史金汝谐以闻。辅臣言：“雷火不于他人，而于抽税内监之家，天意可知！乞撤税使以答天变。”不省。

（明神宗实录，卷 544，10326）

652. 五月庚午朔，己卯，巡漕御史朱堦言漕政二事〈校记：广本堦作谐〉：“一曰清核厂船。清江厂每年额造船六百一十余只，每船料价银一百二十七两。而钉、灰、油、麻之数，取之抽分者，不与焉。是以岁运米四百万，船无缺乏者。自三十九年来，督臣刘士忠报缺船已积至二千零，工部议逐年带造。今缺且日甚，盖缘官给料银减价而亏商，官匠衙役增例以剥军。木价日高，船料日薄。且奸商冒领，猾胥朋分。木银两无归落，造作兼不中程。夫帑藏清楚，必须查盘，何独船厂无之？乞敕每岁择风力推官严查之，庶冒滥可杜，船额可复。一曰修复泉湖。国家岁漕，繇江河抵邳，水常虞溢。繇泇入闸，历闸抵卫，水常虞涸，此其大较也。自夏镇而北，别无运道，不过赖闸河以利涉耳。此河半属枯垓，先臣宋礼筑坝戴村，夺二汶入海之路，灌此成河。复导洙、泗、汴、沂诸水以佐之。汶虽率众流出，全力以奉漕。然行远而渴〈校记：广本抱本渴作竭力〉，已自难支。至南旺，复分其四以南迎淮，六以北赴卫。无昆仑之源，多尾闾之泄，能无疲于奔命哉！况此泉遇夏秋而涨，遇春冬而涸；遇雨而涨，遇无雨即夏秋而涸。先臣逆虑其不可恃也，乃于沿河陂泽如所谓昭阳、南旺、马踏、蜀山、安山诸湖，设立斗门，名曰水柜。漕河水涨，听其溢而潴之湖；漕河水消，决其蓄而注之。漕积泄有法，盗决有罪。夫然后旱涝，俱有恃而无恐。无柰法久禁弛，湖多旷土，人遂垂涎其间。昭阳一湖，已作藩田。其余诸湖高亢处，半为势豪占种。其最洼下者，或有行僚〈校记：广本抱本僚作潦是也〉，闸坝坍塌，地势淤浅，蓄得几许，所谓沟浍之盈涸耳，曾何济于运哉！而职司攒饷者，不过受事之初，督令修浚，下亦以空文应之。顷山东半年不雨，泉流几断。职按图而索，水柜管、河府佐茫然也。乞敕总河抚臣躬亲踏验，凡系先年济运各湖，清查归官，堤坝斗门亟时修筑。处处蓄潴有余，漕臣不至遇旱而束手矣。”从之。

（明神宗实录，卷545，10339-10341）

653. 六月庚子朔，丁卯，河决祥符县朱家口三里。陈、杞、睢、柘诸州邑，咸罹其害。

（明神宗实录，卷546，10357）

654. 八月己亥朔，壬寅，南京兵部尚书黄克缵奏漕粮运丁之累，大略谓：“京卫运粮，船有定额，甲有编签。历年以来通融掣补。卫军之避差，自万历十四年编丁，始有力之家暗通书役，改窜册籍。不为快丁，则为仓户；不为仓户，则为屯丁，日趋月避，仅鹑衣百结者，数千人为运军。其中有狡谲无赖，欲衣食于漕粮者，充为旗甲。一经签定，恣意横行。折干盗卖之弊种种莫诘。以致贻累运官，镌职殒命，而所挂漕粮计积万石。查万历二十二年，准户部咨开各卫军士，不分领运、操守、杂差及马船、快丁，一概尽审。将有力先尽旗甲，次及别差等。臣今已清出窜丁计三千六百一十八名，悉听临运，亲审佥点。伏乞申饬，以后有仍窜名避役者，照纵放军人歇役律，从重究罪，庶漕运不致终累矣。”

（明神宗实录，卷 548，10378-10379）

655. 九月己巳朔，己丑，河南抚按以通省旱蝗为厉，议改四十四年漕粮三十一万石〈校记：广本抱本三作一〉，临、德二仓米八万石，每石折银五钱，仍求缓征。户部言：“漕运皆属边糈，若全折，则军国奚赖？不折，则民命何堪？但今岁之灾烈于昨岁，合照上年折例，量为少增，以救疮痍。请准折六分，每石折银五钱，务在当年征解。余四分，仍征本色，如期输纳，庶民困可苏，军储有赖。”从之。

（明神宗实录，卷 549，10396）

656. 十月戊戌朔，丁巳，巡漕御史梁州彦上漕河事宜：“一、修治黄、泇。自泇渠告成，岁避徐、沛之险，而不虞黄河之近废不复修。廷臣以为漕利，而不知漕终以此受病也。累年来一决狼矢，再决三山，复决塔山。璧马空沉，此塞彼溃，今岁狼矢又见告矣。以洑流涨发，高与堤齐，俯瞷徐城如黑卵〈校记：广本抱本黑作累，是也〉。决于南，则灵睢为壑，而泇虞径泻；决于北，则以泇为尾闾，运堤宛在水中，漕舟不能飞渡也。为今之计，宜议经久，使徐城不忧建瓴，泇岸不为黄据。或于徐灵一带护城旧堤，增卑培薄，缮治坚完，庶几不逢其害。或于直口递北运道，创筑堤岸，迤曲缕河而止。此堤既成，有裨牵挽，兼足为田庐屏障。不然旋塞旋决，民劳已甚〈校记：广本劳作穷〉。且浊流岁啮，洳底告淤，将无洳矣。一、修治东省以北漕河。漕艘过洪，必按例具报而过。此则否岂非以一入东省，便可顺流北趋耶？乃如汶、如济、如卫。昨岁既苦胶浅，而今岁白河更甚矣。谓宜核泉湖之旧址，而勿为豪右所浸；疏卫河之淤塞，而勿为私闸所闭；浚白河之壅沙，而勿为浅夫所冒破。夏镇以北，其通行无碍乎？一、善漕始。粮船过洪，原有定限；回空到迟，例有查参。然迟速之关，实于征兑系之。近闻米不贮之廒仓，仍属之粮户，且有并无廒仓者矣。夫征完待兑缓急，听之有司，军民俱称省便。船到索兑缓急，听之粮户。□累殊不可胜矣。然欲征兑依期，无如恢复廒仓。坏者增修，缺者创建。责成管粮官于开征报竣〈校记：广本报作告〉。遍历各州县水次，亲验米色合式者，贮仓听兑。否则，勿涸收也。其交兑之日，但有军民争执，粮官秉公裁定，无偏低昂，以致激争偾事。如是，旗军无辞于粮户，而往返不致稽迟矣。一、善漕后。漕舟抵关，催攒者至此而穷，故于关通两处，各额设剥舟，分属两部司综其事。然通剥不能敌关剥之半，且远出百里外，以迎数千里船。安得不疲于奔命哉！故欲急疏重船之壅，无如分事任而严责成。不论地之远近，例之一剥再剥。但总论本年应剥漕粮若干，悉准剥舟之数关通，三七均分。各照应剥帮次起完而止〈校记：广本次作数〉。如稽迟冻阻，责有所归。或亦更弦易辄之一助也〈校记：抱本辄作辙，是也〉。”

（明神宗实录，卷550，10407-10409）

657. 十一月戊辰朔，戊辰，原任凤阳巡抚李三才有罪革职为民。先是，三才归自淮上，筑居通湾，张甚。御史刘光复等劾其擅买皇木，侵占仓厂。一时论者哗然。工科吴亮嗣等奉旨往勘以实闻。上怒，下法司拟罪……

（明神宗实录，卷551，10413）

万历四十五年（1617）

658. 六月甲午朔，丙午，工部奏："河臣自刘士忠解任，推补未奉俞纶，历今多年。而总漕则陈荐久已坚志乞归，今且奉旨致仕。上无实政，下有玩心，百事隳颓，诸方决裂。有谓自清河口上达济、汶，泇、黄两道皆非利涉安澜者；有谓河决清河，则全河之水书漫于田畴〈校记：广本抱本书作尽，是也〉、墟里间者；有谓自徐至邳、宿，险阻艰难，舟多滞留者。甚至吕梁至深至险之处几于褰裳可涉，此于运道为梗，实切剥肤之灾。漕河两缺，总理无人。除总漕听户部催请外，伏望皇上即简吏部原疏，将总督河臣王佐、陈禹谟点用一员，令刻期赴任视事。使统驭专，而综理常周，则河渠通，而挽输益利矣。"

（明神宗实录，卷558，10530）

659. 七月癸亥朔，丁丑，升……右副都御史王佐为工部左侍郎兼都察院右佥都御史，总理河道，巡抚保定。右副都御史王纪为户部左侍郎兼都察院右佥都御史，总督漕运，巡抚凤阳等处地方。

（明神宗实录，卷559，10546-10547）

660. 九月癸亥朔，己卯，初，巡漕御史唐世济以漕运重务，恐发单稽迟，乞将新推总督王纪及河道总督王佐免其候代，速赴新任，至是疏下〈校记：广本抱本无至是二字〉。大学士方从哲以："二臣虽已奉旨升任，而部推保定江西巡抚尚未蒙钦点，若遽令免代以去，则此两处地方谁为弹压？顾此失彼，非计之得也，请一并批发。"

（明神宗实录，卷561，10583）

661. 十一月壬戌朔，己卯，巡视光禄户科给事中官应震等〈校记：广本抱本禄下有寺字〉："请以景府贮仓禄米代充漕粮，并命部檄速停征解。"景王久薨，景妃亦以秋逝〈校记：广本以下有今字〉。苏、常二郡适解禄米至京。上允户部请。命："暂贮本府听候别用。"时，漕储若洗，征漕地方凡六〈校记：抱本六作七〉，而五处告灾，军国之需仅支二年。若以景禄充之白粲一千五百石，可当漕米二千二百五十石。至粮艘之来，多以冬时上纳。起运登舟，每在本年春夏。景妃虽逝而停征，部檄未下，有司无所禀成。故应震等以为见在支销宜酌，将来征解宜停。且引昔日汝府例为鉴。不报。

（明神宗实录，卷563，10618-10619）

万历四十六年（1618）

662. 正月辛酉朔，丁卯，户部奏："昌镇粮运甚艰，乞命本部移咨总漕衙门，将江南粳米〈校记：广本粳作粮〉，应派昌镇蓟靖仓粮〈校记：广本抱本靖作清〉，一十三万三千石，自四十六年始，每年俱派于京通帮前，勒令先期开兑。务令五月终抵通，七月尽完报。如有愆期复致冻阻，有司军卫各官，听巡漕御史严加参处。其应给行、月等粮银，亦要即时给领，庶官旗运役不苦，而穷塞有济〈校记：广本抱本塞作寒〉。"

（明神宗实录，卷565，10634-10635）

663. 三月庚申朔，丁卯，户部题："临、德二仓凑补改折漕粮。"上曰："漕粮不许轻议改折，已有屡旨。临、德二仓尤宜严禁以备支运。违者照例参处。"

（明神宗实录，卷567，10667）

664. 闰四月己未朔，庚午，以江西巡抚王佐为河道总督。佐言："治河以无事为智，不求穿凿。如狼矢决口〈校记：影印本矢字不明晰〉，不可不塞；黄河故道，难听久湮。直河泛滥可虞，泉源微涸当浚。迦身尚多砂浅，水柜渐作桑田。凡如此类，亟应修举。"

（明神宗实录，卷569，10714-10715）

665. 闰四月己未朔，乙酉，带管工部分司、刑部主事樊良枢陈船政六款。上下部议："……一、请增大料木价以苏商。漕倚商为用，欲裕漕当先裕商。但以大料大桅之节省，仿浙船例，通融补足漕米不平之价。每船加银六两五钱，则商受实惠，厂有巨材。一、请督兵工放木以急漕。漕厂、京厂各有专司，漕商、京商各有定役。自奸商射利，窜入京关，两头牵掣，漕是以病。莫若各自招商买木，将商名木数，先移龙江关。知会凡抵江关之木，验有荆关批文，芜关免票与部挂号相同者，即便放行。船政所督造分司，不得截留以误漕用。仍刊榜水次，严禁公私科索，则官商不相病，而京漕亦相安〈校记：广本抱本漕作曹〉。乞通行南京兵工二部，及总漕、巡漕、抚按、湖广藩司、荆芜二关，一体遵行。"

（明神宗实录，卷569，10723-10724）

666. 五月戊子朔，庚寅，巡仓御史王象恒条上仓漕八要。上命该部议之。"一、严责旗总以杜挂欠。于选官佥甲之时，详为查核，贤能殷实者，充之漕务参政。升迁亦如边方事例交代，庶挂欠可杜。一、专选库官以便责成。凡省直轻赍解到淮库，逐一验兑，钉封钤固。择廉干正途并法马，解通州坐粮厅较量。仍设通济库官一员，以复旧制。一、革船户帮贴以省烦苦。河西务剥船八百只，派正户八百家，又佥帮户二千四百家，差遣追呼不胜骚扰。不如尽行裁革，而出官银帮贴之。虽减二千金济边之额，而所利实众。一、议革揽头以禁侵渔。凡解白粮，务要亲自上纳，既可省包揽之费，又免比解之苦。犯者包揽解户，俱应严惩。一、多留通粮以省烦费〈校记：广本留作解〉。改兑分贮通仓，立法自有深意。后因改兑不足，暂拨正兑凑补。又因京仓匮乏，遂将正兑尽入京仓。灾减过多〈校记：广本抱本多作半〉，通储既竭，而京仓亦缩。今宜每岁于尾帮正兑粮内〈校记：广本抱本今作合〉，临时改拨通仓三四十万，俾足一岁支放，则内外不至偏枯〈校记：广本至作致〉。一、收余米以实仓庾。凡各卫所纳剩余米，该仓即具数呈报督部〈校记：抱本数下有目字〉，酌量时价，动支官银收买。另入空廒，俟有挂欠，呈请拨补。即令支价还官，若收买过多，仍将用过官银，径自开销，不作〇在〈校记：广本作"不在实数"，馆本实字断烂〉，庶官军得沾实惠，又便速回。一、严稽查以杜虚冒。每月放粮，除锦衣卫向系题准拣廒〈校记：广本抱本拣作空白〉，及巡捕各军劳苦，另行坐派外，其余有卫之军，即坐本仓之粮。其无仓之军，听下粮厅查会计文簿，俟陈照数阄搭凑足。一仓应放额数，既可辨年貌于相习，又可寓点兵于授饷。又禁改折以重根本〈校记：广本抱本又作一，是也〉。凡省直因灾改折银两〈校记：广本抱本省直作直省〉，解入太仓，另为收贮。照例于每年四月、十月，以每石五钱折色，折六年即可余一年之粮。或遇近京灾祲，不妨多放本色一、二月，以寓赈济。"从之。

（明神宗实录，卷570，10726-10728）

667. 五月戊子朔，壬辰，山东巡按毕懋康陈："东省急务……在通海运。国初，漕运繇海后，以漂没为虞，始开会通河。然河徙不定，莫若修胶莱新河，与会通表里而行。繇淮之六套口入海，至麻湾口入河。繇海仓口出海，至天津约可一千四百余里。沿崖扬帆，不涉大洋，善风不数日可达〈校记：广本无不字〉，非若河道之迂艰。居恒，则两路并进；遇梗，则此滞彼来。庶转输不匮，亦国家无穷之利也。"

（明神宗实录，卷570，10729-10732）

668. 六月戊午朔，癸亥，时，辽左饥。有倡议开登莱海运者，召商集船，将有次第。东抚李长庚言："本折船只脚力〈校记：广本本作木〉、防海之费浩繁。"部覆以为无所利〈校记：广本覆作议〉。上因命停止之，米价转发，饷司就近籴买。于是动支太仓银库，清折银六万两〈校记：抱本清作请〉，差郎中李若讷解往辽东，平价买籴以备军兴〈校记：本卷第五页前六行撤边堡起，至兴字止，广本误接第六页后一行永霸下〉。

（明神宗实录，卷 571，10766）

669. 六月戊午朔，壬午，截发漕粮五万石运赴辽东。从直隶按臣王象恒之请也。

（明神宗实录，卷 571，10782）

670. 八月丁巳朔，壬申，上初以山东海运脚力繁费，命为停止。至是东抚又奏："海运另有一途，自登开洋，望铁山西北口，至羊头凹〈校记：广本凹作口〉，至中岛，至长行岛，至北信口，至兔儿岛，至深井〈校记：广本深作课，抱本作课〉，至盖州，剥运一百二十里，至娘娘宫起陆。至广宁一百八十里，至辽阳一百六十里。每石连籴运费不过一两。"部覆以为开之便。从之。

（明神宗实录，卷 573，10831-10832）

671. 十月丙辰朔，壬戌，差御史毛一鹭巡漕。

（明神宗实录，卷 575，10871）

672. 十月丙辰朔，癸亥，直隶巡按王象恒条陈仓漕要务。内议设通济库大使一员。

（明神宗实录，卷 575，10871-10872）

673. 十月丙辰朔，丁卯，直隶巡按董元儒奏陈漕运六议："一、专责回空。于管河各府佐，令其躬亲催攒，逐程交割。各具船数、日期呈报，以凭稽查。一、酌建仓廒。于每府水次，委才力府佐一员，董理粮务。将征完运到日期，揭报粮道。粮道亲临核验收贮，俟军船到次兑发，庶官军无所施其勒索。一曰申严职掌。间征之始，先行文州县，令其依期征纳。详验米色，取印结申报本道，间行掣验。至于开兑之日，本道移镇水次，严督管粮府佐，一以参处之法绳之，庶人心自肃。一曰裁省押运。浙江设有押运都司佥书一员，仅于开帮之日，官旗过堂点名，既无控御防护之功〈校记：抱本控作守〉，且有骚扰诛求之害，何如省之？俾得专精屯局也。一曰议建闸座。济宁以北，自戴家湾闸，至临清砖闸，相距三十余里。河势陡泻，宜于适中秋家楼处建石闸一座。而又于王家浅回龙桥诸处各建一座。于鳌头矶前，另凿月河，立小闸，以资蓄泄，庶回澜一倒，水势自平。一曰疏浚白河。天津至通州计五十九卫浅，每年额派各州县卫浅夫一千七百余名，费工食万余金。宜将额派银两，解通惠河衙门转发。管河通判及四总委处募夫浚筑。自潞河以至津门，画地分工，勿令衙役经手。即衙军亦以此法行之〈校记：抱本衙作卫〉。查无浚筑实功，即扣留月米，雇募充役，庶夫无虚冒〈校记：抱本无夫字〉。年终各官听部臣举劾，而又编选旗军分别三等。以正丁领运，以余丁帮贴，庶漕运有裨，该部是其策。”上命：“俱依拟行，有司怠玩误事的，各御史据实参处。”

（明神宗实录，卷575，10876-10877）

674. 十月丙辰朔，己卯〈校记：广本此二字在本页前八行“云南”二字上〉，户部奏：“苏、松、常、镇四府漕粮，万历元年，漕臣王宗沭题定兑粮水次三十余年，军民相安。后漕臣陈荐因官旗控诉，始创为五年轮派之法，而勒索愆期往往不免。今总漕王纪欲复定派水次之规，既经会议佥同，合应覆请，候命下移。咨总漕衙门，将四府锦衣旗手、下江、淮、大、扬州五总，照三十四年水次，尽数改为定派，永著为例。违者重治，则军民咸知遵守，漕政有裨。”从之

〈校记：抱本从上有上字〉。

（明神宗实录，卷 575，10885）

675. 十一月丙戌朔，丙午，漕运总督王纪以凤阳所属州县被灾，乞留正官免觐。又以漕运荐举河南左布政使陈邦瞻等、守令吴旸等，及例参违限知县赖朝选等，降罚有差〈校记：本页前六行“湖广”起，至本行“差”字止，广本脱〉。

（明神宗实录，卷 576，10907）

万历四十七年（1619）

676. 二月乙卯朔，丙辰，以三载考满，荫刑部尚书李鋕子永隆、漕运总督王纪子景旦，各为国子生。

（明神宗实录，卷 579，10954）

677. 五月癸未朔，己亥，总督仓场户部尚书张问达言：“夷氛猖獗日甚，运船转输可虞。谨议沿途防护京通起剥事宜〈校记：广本抱本京通作到京〉，以固根本。”称：“漕粮四百万石，繇江淮达泇、黄，繇泇、黄抵津坝，风涛险阻〈校记：广本抱本险阻作阻险〉，与阳侯河伯争权。万一防护疏虞，起剥濡滞，致生他变，军国可忧。乞严檄所司，照先年水涸漕迟例〈校记：广本抱本迟作运〉，多雇民船帮运。其应得脚价，即于通济库见行给支，不许短值小民〈校记：广本抱本值作少〉。惟利是趋，自当乐从应募。而又严督浅夫随时挑浚，务使河渠深广，船不留行，庶于漕政有裨。”奉旨：“漕运关系匪轻，况今虏警戒严〈校记：广本虏作寇〉，护卫尤宜加谨。其防守加剥及支运等事〈校记：广本抱本加剥作起剥，是也〉，俱依拟着实举行。应另议者，着再议具奏。”

（明神宗实录，卷 582，11075-11076）

678. 八月辛亥朔，己巳，河道总督王佐言："天道亢旸，河漕浅阻，运道不通不下一千八百余里，抵湾无日。除挑浅设法蓄水济用外，据实报闻。"

（明神宗实录，卷585，11199）

679. 九月庚辰朔，丙午，命工部修理通、湾二城。

（明神宗实录，卷586，11236）

万历四十八年（1620）

680. 正月庚辰朔，己丑，户科给事中李奇珍言："东氛未靖〈校记：广本东作辽，抱本作奴，作奴是也〉，转饷正殷，水运必须。船募造于他属，不若募造于淮之便，以淮之舟楫辐辏，工料鳞集也。召募当先尽沙船制造〈校记：广本抱本尽作仅，是也〉，另委府佐以董其事。其治事之有司，仍稽能否以定赏罚。陆运必须车，辽之运饷，则牛车居多。顾民之所赖以耕者惟牛，今自畿辅以及河南、山东〈校记：广本脱此二字〉、山西，无不加派牛。只是既已厚责其措饷，又欲并夺其农业，民其奚堪？而牛复不能致远，亦何益于运事？或又议牛、骡并买，惟随州县之便，亦须按其上俗必牛，堪远到者，始可责其牛骡并买。若损民间之耕业，以供沿途之倒毙，则不若征骡于远，而置牛于近者〈校记：影印本置字不清楚〉，于陆运为有济也。"又言："调兵出关者，应敕督兵验发〈校记：广本抱本兵作臣，是也〉，有不堪者，应时汰革。如兵足而饷不给，则罪治饷者。饷给而兵不堪，则罪治兵者。"疏留中。

（明神宗实录，卷590，11307-11308）

681. 正月庚辰朔，癸卯，总督漕运兼巡抚凤阳等处都御史王纪疏议："泰州分司东台场，创建城垣，计城高一丈七尺二寸，连箭垛高二丈二尺二寸。共该银一万六千七百七十余两。应用委官东台等场官陈大成等五员，堪以分委。其总委一官，稽核出入钱粮。有运同何廷相堪任。”部覆请悉如所议。从之。

（明神宗实录，卷590，11319）

682. 三月己卯朔，癸未，工部覆巡漕御史毛一鹭所陈漕河三事：一、泇河之完工当议。谓：“漕运河道，前此为治黄为急〈校记：抱本治上为字作惟，是也〉。自泇河开，而粮艘避险，即安真永赖之利也。惟是初浚尚多潦略，河身不无浅狭。至于崖岸冲缺，牵挽难前，则疏浚补葺之功，皆不可已。泇河三百里内，属夏镇者有闸九座，属中河者止藉草坝。逐年费且不赀，而分司官，亦有于直口等处建闸之议。又经漕臣参酌以为当。及时修举，须移咨总河臣，及劄行管河司官，并前浅狭去处，委官覆勘，估费若干。动支何项钱粮，酌议详妥。至如落马湖之修砌堤岸，在漕臣亦以为功颇浩烦〈校记：广本抱本烦作繁〉，似当从纵酌议〈校记：广本抱本纵作缓，是也〉。”一、水柜之清查当议。谓：“漕渠若济宁等处，去岁遇旱阻浅，运舟稽迟。盖以一衣带水，涸可立待耳！先朝尚书宋礼，曾于汶上、东平、济宁、沛县有湖处所，设立水柜，可蓄可泄。可涨可泄〈校记：广本抱本作河涨而泄，是也〉，则水势可杀；河涸而放，则涓流可济，诚便计也。乃岁月既久，沧桑已变。豪右既擅为耕艺之常〈校记：抱本擅作占，广本常作场，作场是也〉，官司复利其租税之入。遂至不可问，亦不肯问矣。漕臣建议，欲得任怨任劳之人担当清查。循故道而复旧规，于以济漕河之穷诚为有见。应敕总河臣严督各司道，并力查复，勿阻于雌黄之浮言，务求臻黑白之实效。效则破格优处，不则无功议罚。”一、卫河之疏浚当议。谓：“卫河乃小滩运道，益以漳流始大。自漳河北徙，遂多壅遏之患。曾经道臣翟师雍查勘，欲于临漳淤口起，至小滩镇止，约长二百余里，大加挑浚。于近口处所筑一横堤，以障北流，使归故道。然费至万金，工亦匪易。且大名、临清，亦有受漳流之患者，似难轻易〈校记：广本抱本易作议，是也〉。惟小丹河自清化镇起，至合河镇止，泉流可以济运。议欲挑浚深阔，费仅千金。较之障漳北流〈校记：广本障下有临字〉，为力甚易，为费甚省。宜敕总河臣，行委山东、河南两道臣会议举行。而处办钱粮，则听总河主待〈校记：广本抱本待作持，是也〉。”上命俱依议行。

（明神宗实录，卷592，11350-11352）

明光宗实录

泰昌元年（万历四十八年八月—十二月）

1. 八月丙午朔，辛未，户部议截漕，复督饷御史万崇德疏："辽东一岁大约用本色米豆二百余万，合截漕召买。淮安、天津、山东、真、保、永、冀等处〈校记：广本冀作蓟〉，已分任其十之七八。据新饷司呈称：派买于辽者仅六十万石，而不为旱魃为虐〈校记：广本不为作不谓，是也〉，饥馑洊至。据饷臣咨〈校记：广本咨下有复字〉，应照将原派之数酌议截漕，及关内召买二项以为补足。其原派辽米二十五万石，今除天津截漕二十万五千石〈校记：广本作一十五万石〉，为明春运计外，再截漕二十万。其原派辽豆三十五万石，今改于真、保各处，派豆二十五万石外，再增买豆二十五万。今以米言之，截漕二十万，而原派数所少者亦仅五万石〈校记：广本无亦字，石下有"关内增买三十万，而源派数所少者亦仅五万石"十九字〉。今合以所少米之五万〈校记：广本之作豆，无五万二字〉，听饷臣临时以上纳事例召买内，再为酌处。乞敕内外任事诸臣，虚衷共济，无为争执推诿，以救辽左目前之厄。"奉旨："截漕及召买米豆，俱依议。内外诸臣俱要同心共济，无得争执推诿，致误军机。"

（明光宗实录，卷 7，0194-0195）

明熹宗实录

天启元年（1621）

1. 正月癸酉朔，戊子，户科左给事中韦蕃条奏足饷六事……并议："通海运开胶河。"章下所司。

（明熹宗实录，卷 5，0244）

2. 二月癸卯朔，戊申，漕运旧有总兵，例用勋臣。临淮侯李邦镇受事殊不厌众心。言官具疏论列，兼请罢总兵。邦镇亦以病请，俱下该部。于是，户兵二部会同议复，谓："邦镇屡烦白简，难复靦颜，总兵赘员竟可裁去。至言者有改流一说，第有激于勋贵炰烋，不若流官犹易弹压耳。然质之众论，酌之漕规，终无如一去之为全利也。"疏入。上随传谕内阁："李邦镇准取回补别官。去祖宗规制照旧行。"大学士刘一燝等奏言："总兵一官，在国初时，原为海运而设。嗣后运河既开，漕、河两督臣并置经理，各有司存。即使总兵得人，亦属冗赘。乃其种种弊蠹，如盘查，需勒稽延不前。不惟有病军民，亦且无裨国计。自邦镇被劾，四年以来，漕运竣事倍早，则总兵不问世官、流官应裁可见。倘俯从部议，使数年间军民所畏苦而惟恐复中外所翘跂，而望亟裁者一旦报罢，则皇上经制之宜，与继述之善，并在于斯。"因拟票以进。得旨："漕运总兵，祖制用勋臣，良有深意。却以一时利病议更，既经两部会奏，依议停推。李邦镇屡次告病，准回京调理。"

（明熹宗实录，卷 6，0281-0283）

3. 闰二月癸酉朔，甲申，巡按直隶御史张新诏言："考通惠河，即元郭守敬所修故道。国朝平江伯陈锐疏通之，运船直达大通桥下。彼时，势豪欲克取脚价，阻坏其事。后因御史吴仲言，乃命郎中何栋、吴嗣忠仍浚里河，计费才七千两，而所省脚价十二万。此由通州至大通桥，省费之大较也。若由大通桥至朝阳门，尚有三里许。其地平衍闲旷，有掘就河身，见在倘导玉河之水。稍溯而北至朝阳门，量建闸座及剥船若干只，粮运到时，径于门下上车，似为便计。盖会典开载，车户脚价，自大通桥至东仓，每石银一分六厘。近又议加三厘，至西仓银二分三厘。若复省路三里许，则东仓脚价可减十之六七，西仓脚价可减十之三四。互而计之，总减一半〈校记：李本总作可〉。每岁京粮以二百六十万为率，即可省脚价二万六千余两。彼从通州至大通桥凡四十里，止费银七千。此三里许之地，能费几何？即除挑浚外，建闸、造船等费，只消一年脚价之半，便已宽然有余。一成之后，每岁省银二万六千，以三十年之通计，遂得七八十万入太仓矣。”诏部议复。

（明熹宗实录，卷7，0334-0335）

4. 三月癸卯朔，丁巳，总督漕运、户部左侍郎王纪辞仓场新命，温旨趣之。

（明熹宗实录，卷8，0383）

5. 七月庚子朔，乙丑，工部尚书王佐复御史易应昌疏：“国家以漕为命脉，而造船、买木则漕所最重。乞复京厂归淮以纾截留之苦。仍将芜、京二关一并抽税，免其折簰守候，使木料易集，漕船速成。且税不以木，以银所全，美材尤多。”得旨：“依议，仍永远遵行。”

（明熹宗实录，卷12，0629）

6. 十月戊辰朔，甲戌，遣御史赵于逵巡漕。

总漕巡抚都御史李养正疏参怀宁侯，尝胤绪受扬州奸民杨天瑞等沙田献占。下所司。

（明熹宗实录，卷 15，0744）

7. 十月戊辰朔，辛巳，浚京城壕成。自东便、朝阳、东直、安定、德胜、西直、阜城、西便、正阳九门及重城，共用夫一百五十万八百十九名，匠一千二百八十九名，班军积日三万三千十二名。费水衡银六万一千六百二十八两，司农银一千七百三十三两。米三千三百一石。诸桩木灰砖绳斗百物及运价，咸具而锨镢以归盔甲厂，收为甲械之需。监工科道魏大忠等因言："壕之源出玉泉山，经高梁桥，抵都城西北而派为二：一循城之左而东、而南。一循城之右而南、而东。宜按旧闸为地形高下次第布之，未可以丈尺概也。德胜门之水南入关，周行大内，出玉河，近且北淤南壅。而嘉靖庚戌所筑重城，地势既高，有掘未及泉而止者。俟异日清其源，审其势，疏其脉，达其支以总汇于通桥。又须理葺诸闸，节宣蓄泄以壮金汤，而固风气。"下工部。

（明熹宗实录，卷 15，0756-0757）

天启二年（1622）

8. 二月丁卯朔，辛巳，户部尚书汪应玖言："漕折一项，系太仓旧额，四十两月折色，亦系京军成规。近年国家多故，厝处万难〈校记：梁本厝作措〉，不得不出于通那，节次已完款项未豁，今宜着为成例。以后一应岁报收放清册，尽入太仓。撒总前此未报放数，即于漕折项下，速行开除，并买铜等项，俱归太仓酌发。其收数仍开漕折款目，放期定限四十两月。庶虚实无溷淆，而缓急有剂调矣。"上是之。

（明熹宗实录，卷 19，0973）

9. 四月丙寅朔，乙亥，经略辽东王在晋述沿途险要："出京四十里为通州，州有新旧二城，颇称坚厚。宜宿重兵于此，为京师声援。惜兵不满万，而朽甲钝戈不堪为用耳。过通为三河县，东十里有河，通宝坻。冬夏水不涸，挑淤浚之，使阔。阻上，则沙可囊润，下则水可安毒。河之东有山，可伏兵。距河多筑土堡，藏火器。山中伏发，首尾击之，敌势必摧。……"

（明熹宗实录，卷21，1053）

10. 六月丙寅朔，辛未，刑科给事中傅櫆言："妖人窃据邹、滕，密迩徐州。徐界南北，水路之冲，输挽辐辏。此地一坏，国家进退之路已穷，天下事可为寒心。"因陈六策："一，联封守。请宿重兵于徐州，与漕运狼山二镇互相声援。一，收人心。搜罗骁勇之士，恩礼羁縻，使人心闻风向附。一，护商旅。徐州，远人行李之往来，严饬防护。非特柔远，亦可以供土著之衣食。一，宽民力。多难之秋，当寓抚字，于催科有司，不得借国事以穷渔猎。一，辑盐徒。淮郡煮海之地，逋逃之薮，宜饬盐禁，弭奸民。一，防堤堰。徐、淮水高，地下民居，如在釜底。万一堤决，遂成鱼鳖之宫，有司急行修筑，以戒不虞。"下部俱如议。

（明熹宗实录，卷23，1128-1129）

11. 七月乙未朔，戊午，户科给事中陆文献以妖氛阻绝运道，漕粮暂议留折。上不允："著严行攒运，勒限抵湾，如迟参处。"

（明熹宗实录，卷24，1219）

12. 八月甲子朔，乙丑，兵部复南北御史蒋允仪、王允成疏言："徐州处咽喉之地，当南北之冲。旧设参将一员，兵力单弱。今若改设重镇，则凤阳之总兵可徐议，漕运之总兵可求裁。至徐、淮二郡，故多渔丁灶户，椎埋勇斗之夫，此属可收而用也。……"上依拟。

（明熹宗实录，卷25，1237-1238）

13. 八月甲子朔，己巳，原任遵化副使高捷言："妖贼横发兖、沂之间，白骨山积。夏镇、戚城运道阻塞，岂不皇皇乎？国家一大变哉！臣忧深桑梓。先以贼之本谋陈之，而后及解散之法焉。臣为行人，九年癸丑，奉差成都。知界首之贼千百为群，而官不敢报也。如曹、濮二州，与清、丰、南乐为邻，则其贼出没于二地之间，而莫可以一定之迹控之。如滕、郓、金、单诸县，与丰、砀、徐、邳接壤，则其贼连数地以为根株，而难以得其要领。各省互为推让，不敢以闻。是以吞舟漏网之雄，往往窟穴其中。在徐州，则有红面贼，蹂躏于西河。捕之急，则轻舟东下，直抵邳州。山后之连二汪湖，又有周柳等湖相接以为浩荡。其湖径九十里，围三百里，一望水光无际。长年三老颇知其蹊径，以他人入之，则误陷于泥淖，其舟浅阁难行，随为盗贼所害，此一湖也。山后则为滕、峄，有青峰山之旧贼。离滕县十五里，有棒棰手一百一十四等，各传食于地方。土人乐为居停，亦不闻于官也。比连二汪湖，捕之急，则出刘家口入直河，由宿迁南入瓜州、仪真，而通于湖、浙。东入庙湾、海州，而入于登莱。乃刘家口，则直河之东堤原不可折毁，而贪官信奸细之谬词，初不过决之以灌田，后则浸淫为无岸矣。初，有奸细欲发难以运河，则要率诸贼，尚有平人体面，尚有顾惜。则奸细者，麾金以买达官之耳目，为反激之术，曰白莲教反矣。直书街衢，于某日起手，及差人访之，亦不出奸细笼络中，则雷同附和，曰反是实。长人者闻此，悬以重赏，从以大兵，盖亦欲为地方除害。但领兵之官，冯袖中之访单，为问罪之？的案而谁能辨之？口未及开，头已落地。取其家赀，焚其庐舍，楼台化为瓦砾，城郭变为蓁莽。秦灰未冷，楚炬堪怜，此之谓玉石俱焚。彼奸细者，乃乘机而号召之。彼平民者，欲归正而无门，欲投往而无地。乃始畏危请教，而乞灵于生我之奸细，惟其所指而无不从者。

于是乎，三五万之众，一呼可得，而以中国之府库为家私，以漕运之粟米为过活。子报父雠，妻衔夫恨，一鼓而擒官兵杀士卒，若猛风之摧落叶，又何难焉？可畏哉！徐、兖之地也，此地一为盗贼所有，则漕运断绝，京师坐困，求一避难之区而不可得矣。……”

（明熹宗实录，卷25，1245-1247）

14. 十一月癸巳朔，丙辰，督饷御史江日彩，以“津门截留漕粮五十万，仓廒未备，无可安顿”乞照部复初议，止以二十万为额，其余三十万暂贮通仓，以省输挽之烦。终给京军以抵太仓之额。章下所司。

（明熹宗实录，卷28，1420）

15. 十二月壬戌朔，庚辰，以妖贼谋截运道，录文武诸臣护漕之功。总督漕运户部右侍郎李养正等，命吏部优叙。游击杨大烈等，加衔复官，赏赉各有差。

（明熹宗实录，卷29，1462）

天启三年（1623）

16. 五月庚寅朔，丙午，总督仓场户部尚书李宗延奏：“大明会典会计录，漕粮议单，炳如日星。会典远矣，会计录在万历十年未有辽变也。议单乃四十三年所定，奈何敝屣视之？边塞年例三百二十二万三千有奇，乃借漕折混充边饷，以致漕折实在二十九万二千六百五十七两零，藐无丝毫在库，可怪也！国初永折一十七万有奇，兹且加倍矣。天启三年又折数万石矣。然天灾流行，何国蔑有沧海桑田，变易无常？二百六十年陡尔永折，猾民何幸可怪也。临、德二仓，岁积米石，专备抵补灾荒。今灾折三十余万，而两仓无颗粒之抵，且驾言丰年补征。以致省直拖欠银二十万有奇，可怪也！辽饷新编四百余万，任怨而饱暖新军。乃用漕糈遍应紧急，并海运该银一十六万两有奇，未见补还，些须可怪也！天津一镇，尔额运、新运、海运，预支运总计百万有余，尚多于京仓收受之数，是股肥于腰，可怪也！漕院坐派有疏矣，有咨矣。运官觊觎干请上官狎昵，乡曲中道求截，实繁有徒可怪也！万历初年，朽腐相陈，可支十年。今括十有一仓，储偫仅当一年之用。谁司国计而空匮若此？可怪也！追思毙源，一在改折太多，一在截留太滥。惟毋因陋就简，则漕有厚幸矣。"得旨："漕粮关系国计，先年太仓积贮有余，近因改折截留，以致虚耗。这所条奏甚悉，著严行申饬。以后经管各官查照议单各款，著实举行。不许徇情议折。军兴不系至急，亦不得轻议截留。有不遵的指实参处。"

（明熹宗实录，卷 34，1763-1765）

17. 六月庚申朔，壬午，户部尚书陈大道复仓场总督李宗延疏言："祖制额漕四百万石，灌输京仓，而永折一项载在令甲。后各省直有灾旱频仍，不得已而议灾折。迩来有司怠玩，以改征之积贮，视为本色之盈余。年复一年，逋欠愈甚。今督臣议：一以严催督之巡漕，而罚不及于府道，则有司仍视为弁髦，诚有如督臣所言者。然以折银轻赍拖欠，与见额并完于一年，恐难责备于闾阎多事之日。今自天启元年、二年，并当年额银如数完解外，其四十八年以前，俱作带征。自天启三年为始，每年限完二分，不完者，年终听巡漕御史参罚。一以查核责之巡仓。太仓钱粮，旧系通融支发，出入无稽，恐致溷淆，亦有如督臣所言者。自今另贮别库，年例借支，本部题准，移咨总督衙门。比拟京粮之例，挂号给发。出入不明者，听巡仓御史参处。至于稽查完欠、抵补借支，本折务期足数。而见在挨陈支放，则总督之酌量通融，自尽职掌，皆救时之急著矣。”从之。

（明熹宗实录，卷35，1825-1826）

天启四年（1624）

18. 六月癸未朔，丙戌，通州新兵哗。户部急以漕折万金饷之。

（梁本，明熹宗实录，卷43，2397）

19. 秋七月癸丑朔，壬戌，朱光祚为工部尚书总理河道……

（梁本，明熹宗实录，卷44，2417）

20. 秋七月癸丑朔，癸亥……〈熹宗旧纪〉：河决徐州，山东饥，赈之。〈两朝从信录〉：河决。六月初三午时，黄水汹涌，魁山堤溃，四散奔流。冲裂徐州东南城垣，平地水深丈余，淹死人畜甚多。……

（梁本，明熹宗实录，卷44，2423）

天启五年（1625）

21. 正月庚戌朔，壬戌，山东道御史陆世科疏请变通漕政。欲于漕折地方，暂那北新、浒墅等关〈校记：影印本浒字模糊〉。应解户部税银，该抚按委官往丰熟省分买米，加以水脚，运实京仓。旋将州县所征折色解补关额。至如纳级纳监等项，照新例俱准输粟。因酌时价，稍增其值，以偿载运之费。不待招商远致而持筹恒足也。部复：“借税一款，应咨抚按酌议。援例一款，凡有漕运省直产米处，所令随时定值。悉照银数，输纳本色，于临近水次仓口收贮。各以漕船带解，其在京援纳仍旧输银，本折两存，而九边之额饷与京卫之急需，均有所赖矣。”敕：“总督仓漕各部院一体遵行。”

（明熹宗实录，卷 55，2500-2501）

22. 七月丁未朔，壬戌，漕运总督、中军游击李赞乾回卫调理，以旗鼓坐营戚世光代之。

（明熹宗实录，卷 61，2877）

23.. 九月丙午朔，庚申，户部复巡抚山西〈校记：红本西作东，是也〉、右佥都御史王惟俭改折仓漕本色一款。言：“东省济南、兖州二府，所属六十五州县，应纳仓漕粮米，俱征折色。每石八钱，赴水次买米兑发。乃岁久弊滋，贱籴余羡，不归于官帑。岁歉贵值，犹取盈于公家。盖一米耳，既准米折银，复赍银买米，周折费几许调剂。何如就征本色，稍加脚价三分，官为收运，清积逋以祛夙蠹，未有善于此者。至临清尝盈仓，所收本折，原为诸军领运，赴操应役之需。每岁夏秋冬三季，每石折银四钱，诸军不胜嗷嗷，惟赖春季本色为安家续命之膏。若一概折色，谷贱犹足糊口，米贵则阖室枵腹。应仍纳本色，俾京坻之畜。本折俱饶，庶足以备缓急，而平物情也。”上然之。

（明熹宗实录，卷 63，2975-2976）

24. 九月丙午朔，己巳，户部复：“改海外额运，以天启六年为始，就淮、杨截漕起运。其所省脚价一并酌议，以资军饷。”报可。

（明熹宗实录，卷 63，2987）

25. 九月丙午朔，甲戌，巡按直隶御史喻思恂奏留总督漕运右侍郎吕兆熊加衔久任。得旨：“吕兆熊总督仓场奉旨已久，如何又夤缘保留复任？喻思恂曲徇私情，谬称德政，都著冠带闲住。”

（明熹宗实录，卷 63，2992）

26. 十一月丙午朔，甲戌，督饷御史王祚昌奏各守原派额数。得旨：“这带运三十万专为辽设，自当解充关饷。漕粮免截，著为定例。以后该部复疏还当斟酌画一，毋致参差。”

（明熹宗实录，卷65，3093）

27. 十二月乙亥朔，丙子，督理辽饷巡抚天津、户部左侍郎黄运泰奏请申明带运粮额。略曰：“顷仓臣薛贞上疏谓：‘仓廪匮乏已极，漕粮势难截留’。奉旨各守原派额数催纳，臣不胜欢忭。夫带运供辽饷者也，原有带运之额数。漕粮供京仓者也，原有漕粮之额数，各有项款，两不相蒙。今仓臣以漕粮为不可截是矣。不知带运附于漕粮之内，乃为津门应运之物。曾经前饷臣李长庚条议，题准截漕三十万之数，责成浙直江广，每运漕粮十石，带买一石，此带运之原委也。臣窃谓，带运初议三十万，专为辽设，宜与辽事相始终。而每年额派粮料，亦当以此为主。自今以后，每岁额派带运，务足三十万之数，不必截漕，永著为令。”从之。

（明熹宗实录，卷66，3111）

天启六年（1626）

28. 正月乙巳朔，辛未，先是，漕粮久抵关通，其未剥守冻者一百三十余万。巡漕御史徐卿伯请移水运之脚价于陆，省上坝由闸之剥运、过桥进仓之车运，而并其脚价以入京仓，不果。至是户科都给事中林宗载与总督仓场薛贞等，俱以为请。得旨：“陆运冻粮以实仓储，旦夕难缓。脚价著户部速议给发，以便运输。”

（明熹宗实录，卷67，3205-3206）

29. 三月甲辰朔，戊申，掌河南道御史王业浩奏：“漕运年迟一年，积弊日滋一日。谨条列十款以俟采择：‘一、库银预借当杜；一、官旗参例当更；一、各仓夙弊宜革；一、各仓席木宜折；一、部报余米宜宽；一、照出余米宜严；一、天津截粮宜饬；一、剥运车脚船袋宜足；一、放粮钦限宜遵；一、漕粮新折宜杜。’”得旨："漕规日坏，运务日迟，历年积弊急当振刷。数款俱有裨国计，即严饬内外经管衙门著实遵行。"

（明熹宗实录，卷69，3293）

30. 四月癸酉朔，丙申，漕运总督苏茂相疏言："海州、徐州并赣榆、桃源二县，俱荒旱异尝。人民饿死，流离贼盗，日不聊生，漕粮无措，当一体改折。其余州县虽被灾，而未若此甚者，臣督令忍死输纳本色，不敢渎陈。"部复，从之。

（明熹宗实录，卷70，3389）

31. 六月壬申朔，乙亥，河道总督李从心奏："我国家定鼎燕冀，岁运漕糈四百万石，藉此运河一线。转输在邳以南，则资淮、黄二水，在临清以北，则资漳、卫、洹、淇、滏、阳诸水。在直口至临清延袤八百余里，则资汶、泗、洸、沂，挟各州县诸泉水灌济，以达京通，关系最重。职二月谒陵，行河经宿迁、崔浅、刘口、磨儿庄等处，中河分司赵濂及府州县官称：'连年运船到此，一船挽拽，夫以百计；一夫工食，动以数钱。穷旗典鬻以偿官。'夫人力与水势争衡，篙缆中断，前船横下，后船互相磕撞。官储民命，须曳归之逝波。风邀浪高，竟日不能移一舟。前阻后压，千艘俱皆等待。各官会议：'要自马颊口起，下至陈瑶沟止，计程六十七里，另挑一河。于灵、睢、宿、桃、邳五州县募夫七千二百名，协力并作。或以浚兼筑，则计河工不计堤工；或以筑兼浚，则计堤工不计河工；或因势顺导，或改曲从直。河底沙礓，用锄凿开，使深水。中堤下，以船载土垒筑，使高。堤之残缺者，加修。河之沙淤者，加浚。陈沟十里平地，浚与筑兼举。计挑生河长一千九百一十八丈。筑木墩，水占堤长二百八十丈。又两头坍塌堤长四十五丈。西岸平地筑堤长一百八十丈。王能庄前后双河尾筑堤长一百丈。帮筑残堤长七百四十二丈。浚深浅河长二千二百四十丈。其根顶口底，俱照覆估丈尺，于五月初十日全完。从此运船改繇陈口诸溜，远避公私帮泄之费，可省漂荡磕撞之虞。以杜风波不能为之阻，而各船衔尾直进，可以计日计程，无复耽延阻压之苦。择吉，开龙门放水行舟，直抵黄、淮之河。旱涝可无虑矣。”得旨：“是卿即率河道官躬诣泰岳，竭诚祈祷。”

（明熹宗实录，卷 72，3475-3477）

32. 六月壬申朔，丙戌，巡按直隶御史徐卿伯疏言：“运道所经，每各有河贮水，以备旱涸，故民间呼为水柜。如汶上之南旺、蜀山、马踏；东平之安山；济宁之马场；沛县之昭阳诸湖是也。而丹阳有所谓练湖者，周广四十里，纳长山诸水八十四流，为石闸者七，木函者十有六。国家东南财赋，浮运河而北。遇涸，则启闸，以济近湖民田数百顷；遇旱，则启函，以资灌溉。夫何近年以来，势宦大家侵者！侵占者占，遂举此湖之制荡然不可问，所规者近，所失者远。伏乞严敕诸臣，留心治河。至如练湖有为豪强占据者，速清还官，仍追租正法〈校记：正字起，至第十七页前七行威字止，据红本校〉。”得旨：“运道淤浅，管河各官自当及时挑浚。练湖蓄水备旱，岂容豪强侵占？著作速清查还官，追赃正法。”

（明熹宗实录，卷 72，3493-3494）

33. 闰六月辛丑朔，壬寅，天津巡抚黄运泰疏言：“海外鲜，运于六月十五日开洋前后。六帮共装粮数已足十数〈校记：红本数作万，是也〉，并附带津买京发杂色布疋，及军器、蓆片等物，六年鲜运之事竣矣。”章下该部。

（明熹宗实录，卷 73，3523）

34. 闰六月辛丑朔，辛酉，工部尚书薛凤翔复许观吉，两运木植水脚银疏。得旨：“这两运木植，缺少水脚，原议于淮商助工银内拨给三万两。今前银先已解京，准照疏开三项银内，动支二万九千一百二十两留用，以抵解京之数。按木酌给，严催两运，星速到京以济急需。”

漕运总督苏茂相钦奉圣谕，进搒括助工银三十万三十三两。得旨：“募兵挖河，及康丕扬、鲁保剩下银共计八十余万，今止解三十万三十三两。还著照前数，尽行搒括以助大工，不得短少迟误。”

（明熹宗实录，卷73，3556）

35. 七月辛未朔，甲申，巡漕御史徐卿伯奏：“运道历淮安而上黄河，水多而泥半之。惟时淮流猛迅冲泥沙，不致壅塞，故谓之以淮刷黄，运道赖以无阻。夫何入夏以来，北地苦雨，淮、泗苦旱。于是黄水暴涨，淮流浅涸，河身日高，淮势益弱，而黄河竟以淮为壑矣。稽之父老皆谓：‘黄河倒灌，为患叵测。’今漕运难前，势在危迫，但有捞浅、起剥二义。乞敕诸臣应动何项钱粮，即著就便支给，刻期举事。”工科给事中郭兴治亦以为言。得旨：“捞浅、起剥著漕河二臣相机料理，以无误运务。”

（明熹宗实录，卷74，3597）

36. 七月辛未朔，辛卯，总督河道工部尚书李从心奏：“淮水骤发，以淮刷黄，阏沙尽逝，运道复通。”报闻。

（明熹宗实录，卷74，3604）

37. 七月辛未朔，癸巳，礼科给事中叶有声陈漕政二款。一谓：“漕运之迟，不尽繇守冻也。关厅缺少剥船，则多留母船，而迟天津。屡饬明旨，则滞南粮八百艘而迟。苏、松续到之辽米，辄又冀幸截留，观望不则而迟。宜先期料理，早一月回空，则早一月交兑。”一谓：“民运之苦，在家苦收贮、春办，中途苦风波、剥浅。到通则苦车运、繇闸，以至铺垫守批，折耗亏损，烦费骚然。而歇家保识，且溪壑是厌也。串合书役，表里牢笼。乞严禁申饬。”得旨："运期迟误，皆因回空不早。民运艰苦，实繇繁费多端。今后管粮司官一意体恤，不得苛索加耗。其浚河剥船诸物，仍先时料理以便转输。"

（明熹宗实录，卷 74，3607-3608）

38. 九月庚午朔，甲午，户部尚书郭允厚奏："漕粮以至坝为实数，以进仓为安堵，故往岁秋月，必尽数攒输。自二年阻于妖贼，始不得依期前进。然其守冻者才三十余万耳。三年则有八十余万，四年则一百余万。而五年又且一百三十余万矣。今岁运河阻塞，不尝濡滞已极。据今报实数进仓者，仅得四十余万，比往岁又少其半矣。万一寒风乍起，河冰顿合，则此二百万漕粮，势必冻阻。彼浩渺寥廓之地，一切疏虞岂待问哉！伏乞敕下经管地方衙门，设法疏通，及期攒运。其抵坝者，行河西务钞关速输进仓。不得抵坝者，暂贮露囤。仍令该道臣严法守护，俟来春冻解输运。"从之。

（明熹宗实录，卷 76，3687-3688）

39. 十一月庚午朔，甲戌，户部尚书郭允厚复总漕苏茂相疏陈漕政五款。一曰亟回空。守冻船只，来春不必过淮，即在淮厂估修。其所需灰钉油麻，皆取办于本地。如此则既无额外之费，又无耽延之弊矣。一曰早催征。今后查催，专责推官，借其风力弹压。长吏于每年十二月间，躬行所属逐仓查验。粮米完足，晒扬干洁，始交付通判兑军，至过淮之日，一体登荐。而征兑愆期者，推官揭报漕抚，漕院以白简从事。一曰备船袋。今议于江广木贱，处置剥船三百只，于浙、直布贱，处置口袋四万条，自七年为始。而船袋之资，取足于轻赍银内，不使其抵京挖支徒饱吏书官军之腹也。一曰定水次。夫水次有美恶，军民有强弱，所以嚣争易起。今议于轮派之中，寓定派之意。酌水次之上下，定临兑之年分。六年一转，周而复始，勒石纪之，毋使纷更。一曰改浅船。浙、直江广，船之广挟〈校记：梁本挟作狭，是也〉同，而载米之多寡异，此皆为私货地也。今比照浙、直规式，改造大约以盛米三四百石为率，则既革揽载之弊，又免胶滞之虞矣。“报如议。

（明熹宗实录，卷 78，3749-3750）

天启七年（1627）

40. 正月己巳朔，壬申，总督漕运郭尚友、巡按直隶宋祯汉勘报：“淮、扬、徐州等处州县灾伤，议请漕粮改折。”得旨：“据奏，凤阳等地方，一岁而水、旱、蝗蝻三灾叠至，禾稼尽伤，孑遗颠连，民瘼可悯。但京仓匮乏，根本可虑。其改折漕粮，该部酌议。具复地方官，仍宜设法赈救，不得坐视流亡。”

（明熹宗实录，卷 80，3870）

41. 正月己巳朔，壬辰，巡漕御史何可及谓：“漕事当乘时以疏通，条上三议：一、议剥运以放空船。往岁运规，将通粮之舟，与务关之舟，分派转剥，起卸尽放回南。惟是津南沧州一带，须令官旗复载，直遇水浅而止，就便起囤，随时接运。又不必劳远剥而费脚价也。一、议留津以速空船。自有辽事以来，津粮屡截，当事亟图完局。每留早到新粮，各船到此偏多观望。一舟拦阻，万艘齐停。莫若以见冻津南之粮，照今年辽粮之数截留天津，而以新运辽粮悉入京通，抵数通融，实以济时也。一、议委官以催空船。押空之有漕道，业专属之矣。但以数千回南之帆樯，长延数百里外，耳目未有一周，前后岂能两顾？奸旗揽载，具滋逗遛。必分段力促，使相衔尾衹。以道臣总鞭其后，而前驱非得敏练府佐，未易趱淹迟也。”得旨：“漕粮关系军储，朕已分遣内臣查核疏通，务厘积弊。空船未返，新运益迟。这分派剥运，责成委官，俱于漕务有裨。著实申饬行。冻粮留津已有旨了，该部酌议速复。”

（明熹宗实录，卷80，3898-3899）

42. 正月己巳朔，丙申，河道总督李从心言：“三王（按：即瑞王常浩，惠王常润，桂王常瀛，均神宗子）舟行挑浚工程已毕，但济宁以北诸闸所以蓄養水力，恐三王随从人役不知规例，擅自开闸。或带板而行，则后水不继，船必浅阁，欲速而反迟矣。”得旨：“据奏，厂臣约束严明，解银内臣安静不扰。筑坝挑河工程已毕，三王行舟可以无滞，朕心嘉悦。设闸启闭，关系漕规，随从员役自应遵守。恃强违扰的，准指名参处。”

天津巡抚黄运泰言：“三王之国，经过河间一府，查福藩例，实用过马价、事例等银，一万七千九百一十余两。支过天津仓米，二万六千六百六十余石〈校记：梁本六作九〉。今三封并举，一切供支应加二倍。乞敕该部查照旧例，将天启七年马价、事例等银，准留五万三千两。议发天津仓米七万九千石，以济河间之用。”上以河间□疲，令照顺天裁减，以宽物力。

（明熹宗实录，卷80，3902-3903）

43. 二月戊戌朔，戊戌，仓场总督苏茂相疏言：“津抚黄运泰暂借冻粮，以带运抵补，已奉旨允借。但辽粮抵漕粮情毙，有不容不言者。盖带运辽粮例无尖耗，漕粮每石耗米七升，尖米四升二合，皆作正支销者也。今津门应截漕粮，止该截正粮一十三万四千五百三十六石三斗八升七合有零。合尖耗共足一十五万，庶津门适完其请截之数，而京仓不致捐尖耗之额也。且漕粮进仓，必晒扬干洁始便收囤，辽粮例不晒扬，官旗遂盗卖插和。各仓监督拘于成例，勉收入廒。未几，糠秕变为尘灰〈校记：梁本尘灰作灰尘〉，潮润竟成腐朽。即便旋收旋放，其不堪食用者强半。额数既恒短少，军士又多怨讟。乞将天津截粮，并尖耗作数以完一十五万。其官旗带运辽粮，不许仍前盗卖插和。其抵还京仓之粮，许各仓监督查，无糠秕潮湿，方准收入，庶辽饷、京储两济，而两不相妨。“依议。

（明熹宗实录，卷 81，3907-3908）

44. 二月戊戌朔，壬子，工部复：“堤工查勘已明。”得旨：“览奏河归正脉，大小诸臣拮据之劳，祖陵运道实嘉赖之。然闻淤塞尚多，未尽疏浚。即今冻粮尚阻回空，犹滞藩舟国计，朕与厂臣尚深轸虑。还行河臣用心料理，候王舟过日，委无停浅。去年漕事一切报竣，方行叙赉以酬劳绩。”

（明熹宗实录，卷 81，3942）

45. 二月戊戌朔，丁卯，瑞王常浩疏言：“三王并封，舳舻相望，人情恇怯，供应殷繁，臣窃隐之。如供应一节，载在书册者，按数取给，自足赡用。其他预戒庖人、廪人，不得妄取一丝一粟。其地方官员，除入境一迎，出境一送外，其余日期，俱回司府州县理事。不得多带仆马人夫，在于沿途地方益增骚扰。至于屋殿供应之需，酌量减省收用。其余器物等项，悉交本地官员。一切内侍人等，不得妄取一物，查出倍追入官，毫不假借，务求居民安堵，市不易肆。臣分即安，臣心方慊矣。”得旨：“夷氛未靖，水旱频仍，所在萧条。物力匮诎，深轸朕念。览王奏赡馐、廪粮、夫役、供应之浮费，地方官员迎送守候之缛礼，一切内使随从人等之苛求，概从节裁，严加约戢，爱人节用，意溢言表。之国之初如此，就国之后，河间、东平之贤，不问可知，朕心嘉悦。即行，与经过地方官民知悉，务体王心以成王美〈按：影印本美字模糊〉。”

惠王常润疏言：“臣启行有期，诸凡事宜已蒙钦定，敢不兢业遵承以慰圣怀。当今时事匮诎，咸各捐输，以助工助饷。况臣忝系天潢，谊关休戚，尢宜轸恤时艰，加意撙节，宣布皇上仁民爱物之意，此微臣至愿也。为此，胪列上陈一船车、夫马、廪粮等项，已有钦定刊书。臣业谕令各官严戢下役，毋许分外苛求。一、帮船经过地方，随行官属人等，动经数千，日食之数，不无取足地方，诚恐倚势强买，严禁公平交易。一、随封员役，钦承上命，护卫臣行，责任甚钜。各宜体国恤民，毋得自隳名节。傥有丧廉不肖，罔上虐下者，容臣指名参处。一、帮船五百余艘，人众势棼，诚恐积猾船户，煽惑随行员役，夹带硝盐，揽装违禁货物，以致负重难行，稽留濡滞。并地方官，不行禁戢者，容臣从重参处。一、经过地方，抚按道臣，地方责任干系匪轻。凡遇王船到彼朝见之后，许即回任。况时事孔棘，脱或意外不虞，谁执其咎？合无概免护送，以重地方保障。”得旨：“王光启藩辅之国，在迩览奏，仰承德意，曲轸时艰。约束撙裁，谊同休戚，朕心嘉悦。至戢下役之苛求，平市廛之交易，以名节风护卫以夹带，禁帮船，抚按道臣朝后即回，概免护送。地方保障，实利赖之。奏内事理，著遵从官属及该地方官，一体遵行。有违犯者，听王参处。当财用匮诎之会，布朝廷节爱之仁，王开国之摹远矣。”

（明熹宗实录，卷 81，3960-3963）

46. 三月戊辰朔，辛未，山东巡抚李精白疏言：“三王经过山东，臣前疏，曾有悉照顺天裁减之旨矣。惟是水程远近不同，则供应夫价多寡不同。候完日计站开销，大段与福藩所费十得五六而足。刊册内有帮贴、副丁、灾荒，宜免佥派。但正夫上搽之日，另给升米以示体恤。济、兖、东三府，历年拖欠临、德仓粮不下三万石，宜令各州县措处。照米折银支用数目，准抵应解夙逋之数可也。”因颂厂臣劳心过计（按：厂臣，即魏忠贤等太监）〈校记：红本过作国，是也〉，加意搀括，捐赀佐费，克襄大典等语。得旨：“览奏亲藩就封礼仪隆重，厂臣劳心过计，加意搀括，捐赀佐费，克襄大典，说得是。内言三王经过东省，其船只、夫役、膳馐、廪粮等项，俱照顺天裁减撙〈校记：红本撙下有节，是也〉。又计水程远近，供应夫价多寡，议动仓米。即于济、兖、东三府，拖欠临、德仓三万石，令各该州县照米折银，如数抵补，以济急需。免派副丁，又完积逋，具见苦心筹尽，仰体朝廷节爱物力至意。”

时，以浙江、湖广漕船回迟，令驻瓜仪各巡抚粮道，速募民船以给军。耗米补作脚价，至闸交兑。已，苏松粮长沈发等具疏，极言“东南民力已竭”。得旨：“览你每说远兑之苦，说得亦是。朕与厂臣轸念东南痌瘝切身，亦非乐以非尝之原骇惧。你辈但念回空愆期，国储要紧，暂资效劳。本年为止，不必虑其后；区处脚价，足以相值，不必惧其累；有船则募，无船则已，不必有取盈之疑。船到之日，官即为兑，不必有回迟之嗟念，非尔辈应得之役。地方各官有漕政之责者，自应精心体悉。回空漕船度其日子，尚可至本地。还催发以济应募之穷，不得藉口株守瓜、仪。中间未尽事理，委曲调剂，务期国民两便，以称朕怀。”是时，江南郡县拘录民船十不得一，民情大扰。而漕军集瓜、仪者，冀得厚糈，实不利民运，群聚而哗。已而，前议竟寝。

（明熹宗实录，卷 82，3971-3975）

47. 三月戊辰朔，戊子，先是，提督漕运河道、太监李明道疏荐专管漕务，山东左布政使朱国盛奉旨加衔。管事吏部尚书周应秋复言：“厂臣擎天巨手，报国赤心，挽漕输运，河伯效灵，裕国通粮，仓庾渐实。道臣朱国盛宜加太常寺卿，兼山东按察使，照旧管事。”从之。

（明熹宗实录，卷 82，4001）

48. 四月丁酉朔，丁未，户部尚书郭允厚复山东右布政使王化行，漕粮稽误已多。疏言：“自截漕以来，各弁营求留津，有意落后，漕船尽皆守冻矣。夫应截解粮不过十万，应留带运不过三十万耳。以致数百万漕粮逗遛不前，耽误滋甚。查漕粮旧例，仓场总督置签筒，掣京者运京，掣通者运通。今合增置一，津签一体均掣。但掣坐津门，当以一掣为一签，免致零星。其带运辽粮三十万，不必分某为正粮，某为带运。直就漕运之中，通融算数，尤为直捷。再查各处带运，俱有耗米。以每石一斗五升作准，亦应有耗米四万五千石。向有竟为乌有，均宜备查报部，以充辽饷之缺额者也。乞敕天津饷臣，将见在守冻漕粮数目，均赴仓场掣签。或念关宁军士待哺，刻不容缓，此番暂免查掣。将附近津门囤粮，挨帮截留，无致搀越滋弊。以后带运鲜粮、漕粮，照今所议掣坐之法，庶京粮无可稽误〈校记：红本无可作可无，是也〉，关鲜亦获实益。"得旨："截粮滋毙，照例掣坐似属可行。但今关宁亟饷，暂免查掣，著将津门囤粮挨帮截留，不得搀越，庶杜奸弁营求之计。以后带运及鲜粮、漕粮议截，听仓场总督掣定行。"

（明熹宗实录，卷 83，4025-4026）

49. 四月丁酉朔，庚申，总督漕运内监崔文昇疏陈漕船事宜〈校记：红本总督漕运作漕运总督〉。得旨："览奏，运船回空过淮，比往岁既早一月，必株守瓜、仪，以俟民船。比不往，彼不来，反为担阁误运，说的是。会议以五月端节后，始截回空以待民船，兼用江、广船只，以省民雇。具见区画周详，深得厂臣密筹漕务善体民情之意。"

（明熹宗实录，卷 83，4052）

50. 四月丁酉朔，壬戌，削夺天津兵备、山东参政杨廷槐。为漕运内监李明道纠其久倚门户也。

（明熹宗实录，卷 83，4057）

51. 五月丙寅朔，癸酉，削巡按直隶监察御史何早籍。以漕运太监李明道劾之也。

（明熹宗实录，卷84，4068-4069）

52. 五月丙寅朔，甲申，总督漕运户部右侍郎郭尚友题："恭报回空粮船，尽数过洪、过淮事。"得旨："今岁冻阻既多，又兼王舟鳞集，览回空粮船过淮日期，较往年倍早。这本说厂臣虑殚储糈，计周军国，补偏救敝。思见京通红腐之积，朕所鉴知。两内臣协力同心，分督淮济，勤劳可嘉。自总河以下，有功大小诸臣，都与纪录。以后各省直督粮道臣，照本内派定地方，各押粮船，尽数送讫，方许回任。其迟早完欠，分别叙录参处。务要挽迟为速，以济国储。"

（明熹宗实录，卷84，4098-4099）

53. 五月丙寅朔，己丑，户部尚书郭允厚复督漕太监崔文昇，轻赍那借无已，料价积逋甚多。乞严敕追补，以免迟漕疏。得旨："轻赍银两关系漕务，漕臣体厂臣裕国硕画，彻底澄清，深得力挽迟漕之法。这那移数目已有着落，应补还应开销者，即与补还。开销未有著落，应行查应严追者，即与行查严追。向后本项银两，务逐年先期征解通库。别项不得那借，泉局铸本，另行设处，俱如议行。"

（明熹宗实录，卷84，4108）

54. 五月丙寅朔，庚寅，总督辽饷、兼巡抚天津户部尚书黄泰运奏〈校记：梁本作黄运泰，是也〉："通运艰难，乞截新漕以便飞输。"得旨："关门用兵行粮，时刻难稽，这奏新漕到津，即截留四万，速运赴关。免船至通湾剥载迟滞，是亦权宜一法，着如议行。豆料不敷，该部作速另措给数万，以便并运，毋淂延缓有误军需。其行粮系七年额外数，知道了。总俟日后造册销算。"

（明熹宗实录，卷84，4110）

55. 七月乙丑朔，丙子，总督漕运太监崔文昇纠参不职官员。得旨："览奏力挽运漕，尽心国储，深体厂臣帷幄筹边至意，勤恪可嘉。奸诡插和，势豪勒掯，漕例甚严。这崔世召、杨日显、何大显，都著先行削藉为民，追夺诰命。并吴贵四等，徐廷及蒋孝、毛魁芳等一干人犯，著行彼处抚按，提解赴内外督漕衙门，一并从重究拟。徐廷骫法徐仪世，不得不任其咎，著吏部重处来说。以后各省直，凡官户纳粮，俱与民户一例上仓。不许堆贮私家，勒军就兑，插和糠秕等弊，犯者指名参处。官军勒索的并行究拟。"

（明熹宗实录，卷 86，4148-4149）

56. 八月甲午朔，癸卯，总督漕河崔文昇题修筑堤工事。得旨："河决繇于堤薄，秋深相度地势起工，务为一劳永逸，说得是。骆马湖沙土难筑，邳土坚凝。预督浅夫开掘，俟回空粮船带取，委属可行。地方正官，管河官，有推委耽阁回空船的，参来处治。还著总河衙门通行速举，有冲决处，督河官勒限堵塞。其未完工的，刻期作竣，庶无误运艘，以称厂臣通漕速运，绸缪彻桑至意。"

总督漕河太监崔文昇、总河臣李从心、总漕臣郭尚友，山东抚臣李精白，按臣黄宪卿，漕臣何可及，各疏言："魏忠贤志存社稷，泽及烝黎，三桐齐封，不惊旁河之鸡犬。千艘相接，尽恬破浪之鱼龙衮属，各官议于济宁河干建祠，乞赐额标，以彰大典。"从之。祠名表勋。

（明熹宗实录，卷 87，4211，4213-4214）

57. 八月甲午朔，己酉，户部奏："天津海道，于永乐年间，设管仓户部司官一员。近因辽事倥偬，设淮粮道，后复设津道赞司〈校记：梁本脱道以上二十六字〉，共三员，专供辽饷。因有三印，今淮道归并于津道，赞司归并于津仓，而印仍不改。故一道二印，一司二印，省直所无而有之，自天津始也。然事权一，则官守不分；印信多，则毙窦易滋。应将津道、淮道、津仓赞司四司，一并掣回。于津粮道另铸‘整饬淮辽饷关防’一颗。于津仓另铸‘督理津仓辽饷关防’一颗，以畀之。”报可。

（明熹宗实录，卷87，4237-4238）

58. 八月甲午朔，庚戌，截漕接济宁锦，发过津帮船一百六十只，载粮十一万一千二百七十三石七斗。淮帮船一百二十只，载粮八万八千七百二十六石三斗。通共粮二十万，共用船二百八十八只。派陆续起运，往关外宁远、前屯等处交卸。

（明熹宗实录，卷87，4238-4239）

崇祯长编

1. 天启七年九月甲子朔，己巳，户部奏："令山东、河南、北直，漕河两岸二百里内，郡县应解金太仓，京边各照时价改本色，运至河上，官自为解，庶军民交济。"上从之。

（明□宗□皇帝实录，卷1，0003）

2. 天启七年十月甲午朔，壬寅，先是，总督仓场尚书苏茂相言："漕粮一年八截津门，觊觎无已，求核实数，以定将来之纷争。"于是，督饷部院黄运泰言："关门运米，岁以六十七万三千八百石为额，旧例头运该发四十万石。天启七年分，见在之米，只临清食粮四万，津门存库四万。而带运一项，入秋始至。臣不得已，于本年正月十八日，乞暂借冻粮，以带运抵补。奉先帝旨，借十五万以充春运。至本年二月内，辽抚袁崇焕以军饥入告。旨以六年分，原派米粮尚少七万，行天津饷臣，将新截冻粮，限二月内，开洋速运补还。前项续该宁远镇臣纪用，又以关外粮缺至急上请，旨又令天津饷臣补还额米。不拘何项米石，刻期攒运。臣仰奉严旨，即查前借囤粮十五万，除补去六年七万外，是三十万。带运仅得八万，尚缺二十二万。不得已，再借囤粮二十二万，以济关运，俟带运抵还。又于三月初三日，内阁传出上谕，前旨着天津饷臣速发七万石，尚系六年旧额。再发三万石，以抵今年春运。又因六十七万三千八百石正额内，尚缺五千一百九十三石，虚悬未派。而部议加增七年额米六万余石，并补宁远米七万石，共措米一十三万一千五百石，并应补仓场，扣除囤粮一万七千石。"又镇臣纪用题请："蒙先帝旨命，'不拘何项截拨二十万石，速令刻期运至宁远'。以上截漕共计八次，皆本先帝特旨奉行。"而仓场谓：

"臣为觊觎岂其然乎？旨以截漕既奉明旨，不必置辩。带运照例应截尾帮，着会同计臣议行。"

（崇祯长编，卷 2，0055-0057）

3. 天启七年十二月甲午朔，乙巳，海运粮艘抵南海口，以不即起驳，致骤风坏船二十四只，失米一万一千余石。户部请议处各员役。从之。

（崇祯长编，卷 4，0179）

4. 天启七年十二月甲午朔，戊申，直隶巡按何可及以漕运事竣，疏陈四事："一催空般；一速兑运；一查河道；一查限单。"下所司。

（崇祯长编，卷 4，0179）

崇祯元年（1628）

5. 春正月癸亥朔，癸未，户部题复巡按直隶监察御史何可及转运告成。疏言："年来新运迟滞，皆因回空不早。而回空不早，又因守冻致迟。今如御史议，交兑专责本舡官旗，押空仍责该总务。令一总尾一总之舡，照依水陆，官督南下。再有迟滞，即于过淮日分别参处。至于津关借搜盐以留难，诚宜禁止。而满载无忌者，似宜听该摠检举。如匿不闻，所在官司验实，即罪及该摠，此速回空之一法也。兑运不速，则开兑无期。自撤监兑部官，归并于粮储道，则监督不专其职，而又委用通判，遂多因循。今如御史议，每岁开仓已完，即专委推官亲历盘验。先呈样米于总漕、巡漕，而后漕储粮道官，即于回空舡到，亲历江广等地兑收。而巡漕御史，躬历苏、常一带水次，督查兑运。不惟兑缓有司揽收，积棍拖欠，粮里折乾，奸旗有所悚惕，而各官军之刁难迟滞，亦可禁戢也。河道通塞，漕运迟滞所关。祖宗设有总河，专理于上。部道府佐诸臣，分治于下，诚重之也。但以地远界分，遂尔心力不协，致河道淤塞，纤路残缺。如马湖之决，黄河之溜，废米可为永鉴。河臣原以治河当粮盛行之时，正河臣尽职之日。所宜止宜河干，使洪夫、闸夫、溜夫、浅夫，一一各效其力，无敢偷安，而后金钱淂有实用，即于漕运可无阻滞。至于专官查理，即于沿河推官内遴委一员。查验内有怠惰，委官督修不力者究治。庶兑官立济固即御史之所议及，而酌其便者。如此，限单之设原为粮运稽迟，而官旗以夹带营利之，故浸以不遵。若得徐、淮、济宁、乐昌、天津道臣逐处严查，按期责成，则有重臣弹压，其间而各官旗，谁敢复以迁延从事？况沧州一带，犹系各官旗回空载盐之薮，此处但一严查，则不惟兑运速，而回空亦速。犹当照议单申饬行之者也。”报可。

（崇祯长编，卷 5，0223-0226）

6. 二月癸巳朔，乙巳，户部疏言：“辽饷方殷，转运尤亟。议于截漕外，搜近仓米共足五十万石，益春运即以所截原船回津交割。其于省力速输，委称长计。运艘兼募民船，务求坚固，可以出海。”从之。

（崇祯长编，卷 6，0279）

7. 二月癸巳朔，丙午，叙开洳河功，荫故兵部尚书李化龙子中书舍人。

（崇祯长编，卷 6，0281）

8. 二月癸巳朔，丁未，浙江道御史范良彦言：“河流自潼关入汴，延袤千里，开封以西多山，水行地中，未甚为患。至铜瓦厢而东，尽皆平野，沮洳下温，溃决不时。故罗家口、苏家林、王家坝诸处，岁筑塞无虚日。而其所需一应埽料，若柳稍、椿草、檾麻等项，例招商运买。缘官价太少，未及其半，故商人不承，遗累里甲。兼之行水之地，树木凋残，咸市之数百里之外。脚力有费，雇船有费，搬运有费，交卸上纳又有费，合计岁发官银一万两。百姓必赔五千余金，而辽饷等额外之输不与焉。中州腹心之地，困苦至此，若不讲求长策，两河赤子何有见天之日？因思河南各府，原有额定，河道岁修钱粮，有司征解不时，拖欠数多。夫此项钱粮，即使在民若无拖欠，系别项借支，亦当速抵原数，听河臣凑手即发。如臣所言柳稍等项，招商办买，一一准之民间，公平价值，或使少沾利息，人自乐就。滨河小民，其有瘳乎？”旨命饬行。

（崇祯长编，卷 6，0281-0283）

9. 三月壬戌朔，甲申，巡仓御史李遵以仓差新复，疏陈二弊四宜：“一曰截留之弊；一曰逃欠之弊。一曰河道宜浚。遇有浅阻，河官亲诣河干，督同闸官先期挑浚。一曰漂没宜稽。在内地不许轻给印照；在海运不许轻委杂流，方可稽查实数。一曰起剥宜核。一曰余米宜清。”俱从之。

（崇祯长编，卷 7，0373）

10. 夏四月壬辰朔，癸卯，四川道御史吴焕言：“崔文昇为逆党第一腹心，故特遣之督漕，以扼江淮要害。昇凌铄抚按，剥军虐民，几激大变。且与刘志选朋比逞威，招权纳贿，生杀斥陟，俱出其手。倘忠贤逆谋果成，文昇必为元辅，此其罪在李寔、刘若愚之上，速应逮问正法。乃若十孩儿中之曹钦程杀四御史以献首功。投入魏良卿、崔呈秀之幕。伤残善类，无所不至。科臣潘士闻力击除之，临出都门，辞别忠贤，口称：‘君臣之义已绝，父子之恩难断’，遂恸哭失声而出。如此异类凶残，决当提问追赃，以偿三臣之命。”得旨：“文昇降净军，发南京间房居住。曹钦程所司看议。”

（崇祯长编，卷 8，0414-0415）

11. 六月庚寅朔，庚戌……李若星起升工部右侍郎兼都察院右佥都御史，总理河道提督军务。

（崇祯长编，卷10，0585）

12. 秋七月庚申朔，己巳，李待问为户部右侍郎兼都察院右佥都御史，提督漕运，巡抚凤阳。……

河道总督李从心罢。

（崇祯长编，卷11，0615）

13. 八月己丑朔，乙巳，户科给事中张承诏言："漕运稽迟，请改巡漕御史为大差。待两运告竣，方许报命。"旨以趱运官改差两年未协祖制。"今后巡漕御史，自九月内具题，即赴通湾到任。一面督催回空，随卸随发。一面移文各省直州县，趁禾稼初收，民力充裕之日，将本年应解漕粮尽征在仓。来春正月以里，悉行起兑，务渐复祖宗朝，三月过淮旧制。应行未尽事宜，漕臣奉命之日，还悉心条奏。各司道州县官，有奉行怠玩，及该管河道官不先行修浚，致稽重运者，许不时参奏处治。俟明岁运完果无冻阻，纪录示优，永为定例。"

（崇祯长编，卷12，0685-0686）

14. 九月戊午，甲子，南仓场侍郎吕图南，以南庾空匮，截留应解比漕米二十万石。帝怒其专擅，且长漕运避北趋南之奸，削图南籍。

（崇祯长编，卷13，0720）

15. 冬十月戊子朔，癸巳，巡漕御史潘士遴申饬漕政六事："一、回空之责成宜严；一、预储新粮待漕；一、行粮船价早给；一、佥旗当慎；一、截漕宜慎；一、闸河宜早浚。"

（崇祯长编，卷14，0770-0771）

16. 冬十月戊子朔，乙未，山西道御史喻思恂条漕务五事："其一，急催新运；其一，急攒回空；其一，急兑漕米；其一，急禁揽搭；其一，急分举剌。”允行。

（崇祯长编，卷 14，0774）

17. 冬十月戊子朔，甲寅，总理河道侍郎李若星报：“过洪漕船六千七百七十一只，运粮除南京截留外，凡三百四万六千五百二石二斗零。”乙卯，谕廷臣：“宁军需饷，屡奉严旨，王家祯职司国计，肆不经心，几送封疆，罪难轻宥。借口备宣，又将谁欺？然使抚镇洁身抚下，分醪洒惠，将见士卒，怀德畏威，何忍至此？王家祯、毕自肃、朱梅，致变辱国，大负倚任，启骄卒之效尤，遗边臣以口寔。朕令卿等会议，不公犹甚，以情面为重，封疆为轻。不知何以振纪纲，服天下？王家祯等，都着革了职，再行从公确议具奏。不得仍前狥纵以开姑息之端。”

（崇祯长编，卷 14，0820-0821）

崇祯二年（1629）

18. 九月壬午朔，壬辰，江西道御史饶京上挽漕十策：“一、首择运官；一、选择运官；一、查卫船之远近；一、查卫船之迟速；一、查岁运之早晚；一、起剥之宜时；一、比较之得法；一、清完粮之法；一、裁盗兑之主事；一、裁无用之把总。”帝是其言，章下所司。

（崇祯长编，卷 26，1486-1487）

19. 九月壬午朔，戊戌，差御史龚一程巡视漕运。

（崇祯长编，卷 26，1495）

崇祯三年（1630）

20. 正月辛巳朔，丙戌，命："勋戚文武内臣，及富民家所畜牛骡，俱赴户部报名，差官押至务关、漷县等处，驼载漕粮入京。依例给发脚价，事平仍行叙赉。"

（崇祯长编，卷30，1640）

21. 正月辛巳朔，辛卯，直隶巡按龚一程以"时已入春，阻兵漕艘，亟当起囤南下，以便新漕。并请漕储道周邦鼎加衔久任。"部复："加邦鼎浙江按察司副使。"报可。

（崇祯长编，卷30，1650）

22. 正月辛巳朔，甲辰，直隶巡按龚一程奏报："敌兵所毁漕船，一烧于通州，再烧于张家湾诸处，三烧于三河地方，共九百七十七只。备列各卫所数目以闻。"

（崇祯长编，卷30，1686）

23. 二月辛亥朔，辛亥，总督河道李若星疏奏："睢宁水患至于城池溃决，人民荡析，固百年来未有之奇惨也。臣与司道厅县诸臣佥议，淤沙壅塞之场，根基既不坚固，又沿河数十里尽皆泥沙。深者丈余，浅者七八尺，求一段故堤不可得。若于此筑堤，恐随筑随溃，徒掷金钱于洪波巨浪中，河患毫无补救，则南岸新堤之不必骤修也明矣。若露铺决口，始于天启丁卯之夏，迄今四年于兹。涓涓不止，渐成巨川。其漭漾澎湃之势，方山岳可撼，陵谷可迁，此岂寻常决口，而欲以埽料塞之乎？则露铺决口之不能堵塞也又明矣。计惟有开邳埧，复故道，沿河筑旧堤，以为补偏救𪾢之策耳。今细寻邳州新筑埧内，别有一泓环绕羊山之前，从此挑浚，便可泄水入故道。俟工完水涨，即开拦河坝，分正派以杀水势。将露铺束口之坝，借作迎水之用。再堵塞曹家口、匙头湾诸处，逼水北注，则泛滥之势自消，而睢宁之患可减。此目前最急工程，不容时刻缓者。其睢宁旧城湮溃已经三次，去年四月十四日，水涨湮而未溃，至七月十五日，堤坏而城始坍。其间历时三月，士民犹得移徙。若再因循不迁，贪沃饶之利，而忘沉溺之害。洚水复至，未有不胥人民而化为鱼鳖者。况此城昔如釜底，今已淤塞就平，仍此故墟终为陷阱。所当亟行抚按定议移城，不得以县民安土重迁付之不问也。前项募夫辨料，计用银八千六百二十六两有奇，应于淮安府山阳县河道项内动支，所当并例上奏。”

（崇祯长编，卷 31，1700-1702）

24. 三月辛巳朔，丁酉，仓场尚书孙居相上言："迩来运船多缺，运事大坏。持筹者蒿目焦思，无能为计，不得已，复理雇募民船之说。查运船缺数虽多，而运价额设原厚，如行月有粮，过江、过湖有米簠羡，房水有价。每一船之银，自可足一船雇募之用。即谓江广路遥，额用不足，则尚有缺船洒带之银。如数百船内缺至百只，洒带五十，而止雇募五十。以一船雇一船，若不足以二船雇一船，则有余。壬子年，臣曾行此法，于江南前银，除雇船外，尚有余賸而寄库者，如溧阳长洲等县是也。顷年民弱军强，文驯武悍，有司粮长每为运粮官旗所迫胁，而雇募浸失其初意。于是，有军民平出其值者；有军认三四，民认六七者甚至有独出于民者。夫运粮原系旗军之事，而移之于民，已为桃僵李代。况军任其少，而民反任其多乎？又况军坐领运价，而不亲运事，民既输粟米，而又代军力役乎？军何幸逸而有获，民何不幸劳而多费也。政体不平，莫大乎是，总由有司误认雇民船之说流害至此。臣谨平心而论，如民船直抵通关者，应提取行月粮银全给之，而簠羡房永等银，则仍给官旗。其军民分认者，查原数多寡，追取偿民，余者亦听官旗自领。但官旗散处他省直卫所，抚按文移隔越难行。而总漕、巡漕、提衡七藩，必当细心折算，分拨均平，祈勿累民，亦勿累军，以共勷漕事耳。然民船当恤又不止此，臣闻漕船过关犹或免税，至应募民船则无一获免者，锁吊拷勒数且倍之。夫民梯航数千里为国输，将非其本等差役，既装漕粮，即与漕船无异，似应一体免税。即或以食物自携，亦宜照例免其盘诘。如虑客船假托，令漕司给以印符可也。”帝谓：“览奏深晰民艰，民船运粮倍宜轸恤，有司雇募当现给运价。其关津稽勒，旗军欺凌，胥役需索诸弊，漕运官何不察禁？所司严饬行。”

（崇祯长编，卷 32，1868-1871）

25. 三月辛巳朔，己酉，漕运总督李待问以漕船为敌所毁，补造维艰。乞照正德年间例，每兑粮一石加银三分，及将淮、杨两关税钞，芜关积欠料价，抵造。章下所司。

（崇祯长编，卷 32，1901）

26. 四月庚戌朔，甲寅，总理河道李若星解搜括银助饷，命到日核收。

（崇祯长编，卷 33，1016）

27. 四月庚戌朔，丁巳，吏科都给事中刘汉儒上言：“国家以漕粮为命，敌更番入处，永、滦规图天津以绝我粮道。窃计过开平、宝坻便是天津，则守开平即以保天津也。年前敌舍蓟、通，而直薄城下，安见今日不舍开平，而直抵津门乎？况粮道所系，不仅天津由蓟而南，张家湾、河西务诸处，择一所据之，千艘万舰皆为敌资，国命中绝矣。为今之计，开平、蓟、通不徒以守城为要，当以扼其南下为功。至河西务一带，地近天津，津抚更宜择要设防。又不徒保津城而遂止也。然则，敌兵之势，非南下，即西驰，咫尺都门，前辙未远，城下之涿州有抚臣解经传，而兵力孤单，鞭不及腹。即有调来之兵，半皆疲乏。借以师谁为长子？况畿南已掠之处难堪，再来而未掠之处，宁容肆毒。今所恃者，止壮声灵，则可用。以摧锋刃，则难。于此时而安排不定，绸缪未周，欲恃一重墉之固，为中外大防，亦危甚矣。故必海子迤南，霸州迤北，添设京城援兵，以防南掠，则根本之地乃可恃以无恐。臣查霸州所属崔黄口、旧州二处，各有守备一员，设立兵马原为防盗，不如将二处合并，择才望武臣统之。加以参游名色，照原设兵数量为增添，驻东西交衢之处，赐霸州新任道臣方一藻专敕，俾之统辖。庶与涿州犄角，可以应援，可以堵截。居平仍可以捕盗，则都城根本之地，神气壮而人心固矣。”帝以“联兵集防，遏敌南掠，及守津护运，俱有屡旨”。其霸州捕盗兵将，原额若何？奏内整练事宜，所司即确议以闻。”

（崇祯长编，卷 33，1920-1922）

28. 五月庚辰朔，甲申，直隶巡按龚一程以上海县兑运无米，本府推官徐日曦创为米七银三之说，令其前途买运。显背漕运祖制，特疏参之。

（崇祯长编，卷 34，1976）

29. 五月庚辰朔，庚寅，直隶巡按董羽宸等，以“福建运到红彝二号炮一百二十具，已在通州城下”，请念通州重地，需用甚急，准留二十具于通州，留十具于张家湾，以为保御之计。

（崇祯长编，卷 34，1990）

30. 五月庚辰朔，辛卯，兵部候补主事、管通州知州事卢承业，以“通州为神京咽喉，漕储根本，恐敌兵再至，城守无资”，请拨京军八千隶之，听镇臣杨国栋训练。且请发红衣大炮四具，灭卤大炮三四百具，硝黄、火药三五万斤，铅铁子三五千斤，以为济胜之需。

（崇祯长编，卷34，1992-1993）

31. 五月庚辰朔，丙午，先敌兵未退时，广西道御史刘士祯上言："国家奠鼎于燕，一墙之外，即为敌国。盖欲天子自为守，以无忘宵旰之儆耳。虽蓟门天险带海扆山，雄于天下。而一重门限终属可虞。自嘉靖庚戌，兵临城下后，至万历初，得戚继光经理，稍获安枕数十年。迩者，东兵进塞，直逼京师，遂至凭城永、遵。耽耽未已，蓟之险，我已与彼共之。而且漕艘尾衔，托于带水。见今敌骑充斥丰润、玉田。闻粮运在在可虑，即在在当防。而津门为天下咽喉，垂涎有日，防之城下，尤为非策也。曷若防之于河上乎？查运河自密云直达天津，实为京东天堑。但由津至通二百余里，由通至密一百三十余里，中间水势高下，参差浅深不一，遂来能概限戎马，而我无可恃耳！今诚兴工浚筑，于上水挑浚，使深筑埧以壅其下流。使三百余里河水俱深丈余，人马即难飞渡。或五里，或十里，或数十里，随势高卑，建闸畜水。每闸内又量地远近，为分兵之多寡，设船以作游兵。船之两傍，各开炮眼，增以遮牌。船内实以火器，撑船军士，俱择练习火器者充之。俾借船为城，因河为堑。用火器以及远，既可以阻戎马长驱，而粮运无虞，战守有地，非特神京永无薄城之忧。而密云、通、津，咸可联为臂指，仗为犄角，是诚今日急著也。或谓此时征调已空，挑浚之役派军难而骚民，亦未易也。不知通州以下，户部原有挖运夫，各州县原有浅夫。通州以上，尚有钦依把总，领军八百，驻牛栏山，以供挑浚。今诚用挖运之夫，役牛栏之卒，如以省直班军，而又移中、东二协，修工班军之行粮、盐菜以给之。量加犒赏，以为鼓舞。军固不烦调募，粮亦不必多增，而事可举矣。然责任不专，则推卸易，课督无法，则收效难。今密云有裨将，通州有大将，天津有额兵额将，沿途又有援兵援将。若画地分功，责之各裨将，使择诸军之强者，磨励以待敌弱者。荷锸以治河，而统提衡于通州一大将。又令原设河厅往来巡督浅夫，州县同心协济，总责成于地方之抚按。廉其勤惰而黜陟赏罚，行焉数月，可即报竣，秋防庶几有赖矣。”章下部议复上。帝命：“分任责成，仍严限报竣。”直隶巡按董羽宸上疏争之曰：“通州上下一河若带，诚神京左臂第一重厄塞也。台臣建议欲挑河堆土，因高就深，使东顾有天堑之形，敌骑无冲突之患。臣踌躇终日，有不能必其决成者。谨按京左漕河，发源塞外，汇万山泉源以入密镇。又从顽石溜沙以抵潞河。自密至通，计二百四十余里，为浅五十九，则纯沙无土。沙之挑积岸际者，皆浮盈靡漫，日炙风吹，干如细面。若游尘扬于空中，复飘水底，旋淤旋挖。且时际亢旸，涓滴一溜，骤遇霖雨，浩淼无涯。甚而河道改徙，平陆成渊，通流倏涸，向名自在流沙，此地势然也。祖制，自密而下，户部挖运，差辖之由通而下，工部通惠，差疏之，止能因势利导。未闻有开掘丈许之深堆土数尺之高者。非谋不出此势不能也。今以五六百里之长渠，当千万粮艘之涌至，河流既不可堰，雨涸又不可期。畚锸诸夫何处著脚？加以额设挖运夫、浅夫，但可并力挖浅，不能处处兴工。”部复谓：“用力既倍于平时，工食岂沿于常格？浅夫议增漕镪，省直班军胥令其竭蹷以从？不知漕镪见在不敷，何不增设？省直班军修边正急，何得撤外障以事内濠？况今郡邑初复，自各城濠以及关墙屯堡，延绵数千里。秋防转眼，抚道拮据不遑顾，安得置此急务，而皇皇于旦暮莫效之功哉！漕河一带，军国命脉攸关。目前宜严责河职极力浚挖，阻浅必罪勿宥！不言高深，而高深自在其中。其密、通挑浚，虽奉有分任责成之旨，然熟察时势，恐未易按程而责也。倘徒劳人力，徒费金钱，浚之终不成深，堆之终不成高，异日皇上责诸臣之不用命，地方抚按自无所辞，而糜去金钱已不可返。臣今日安得默默而处此？

乞敕所司再加酌议，直截条奏。若以成命难回，乞敕台臣亲行踏勘，与抚院道部，确商可否，以取进止。”

（崇祯长编，卷 34，2044-2050）

32. 十二月乙巳朔，乙巳，督治通镇、兵部左侍郎范景文疏奏：“通州东门观音庵，封锁空房一间，内贮胖袄一百四十八包，每包十件，计一千四百八十件。裤一十八包，计四百十八件。鞋六百八十六双，共二千五百八十四件。住僧称：‘系天启六年正月，浙江金华府委官苏姓者所寄。’”帝以责工部。工部请行管理通惠河郎中董中行备查堪用者，起解进乙库收贮，以备京边请讨之需。其破烂不合式者，仍贮通州。俟解官提到发回补造。

（崇祯长编，卷 41，2448）

崇祯四年（1631）

33. 正月乙亥朔，己亥，长芦巡盐杨方盛：“以去岁盐船尽驱而转载漕米，致盐法壅滞，误国病商。今春冻解道开，乞敕运司杨梦熊速催诸商，将出坨盐引，限两月内尽数运到。务使发者如额，销者有凭，早为竣事，勿使延至秋杪。诸方漕粮云集，将考成之额盐仍行截住，庶于盐、漕二事两利，而并存之。亦持筹者，计不旋踵之时也。”

（崇祯长编，卷 42，2533-2534）

34. 四月甲辰朔，己未，福建道御史孙征兰上言时事得失：“……漕艘为国家命脉，倘贼不殄灭，一旦意外生虞，则国脉中断，此祸之隐伏者。……”

（崇祯长编，卷 45，2699-2700）

35. 八月壬寅朔，戊午，河道总督朱光祚，“以江南连月大雨，淮、黄骤涨，高邮、宝应、江都、仪真、山阳、清河六州县大水泛溢，害及陵寝、漕运。”具疏奏闻，并陈疏浚障堤大略。帝以“修筑疏浚事宜，俱命朱光祚率属筹度力行。”

（崇祯长编，卷 49，2893）

36. 九月壬申朔，乙亥，直隶巡按王邦柱疏陈治漕事宜四款：“一、申明定限，以速开帮；一、酌议截留，以销剥运；一、酌定事权，以定责成；一、坐派水次，以速兑运。”

（崇祯长编，卷 50，2904）

37. 十月辛丑朔，辛丑，直隶巡按饶京疏奏：“江南水利以河漕为先，而灌田次之。漕河之水利，以镇江之丹徒、丹阳为先，而他邑次之。何也？长江之水，自京口分，入镇江为河。河水历丹徒九十里，达丹阳。又九十里达常州之武进。由无锡以及苏州之吴江而过于浙。凡浙之运船，与苏州、松、常之运船，总由此河溯流而上，达京口以出江，此河乃运船之孔道也。然地形有高下，而水势下流，有若建瓴，易泄易涸。南去数百里皆无水源，而冬春几成陆地矣。臣尝闻丹阳有上、下二练湖，蓄其水可以济运河之穷，而利漕艘之涉。今于七月杪，出巡丹阳，即为询访，亲历其地。见其汪洋浩瀚，无异于汶上之南旺，东平之安山，济宁之马场，沛县之昭阳等湖。是天于水处生，此河以贮济水运，非等闲也。臣考练湖，又名练塘。仰受长山、骊山八十四汊之水，汇而为湖，即古之曲汲湖也。他不具论，即以本朝言之，洪武三十四年，太祖命镇江知府刘辰重修练湖。以丹阳令周复昌董其事，始塞上湖三斗门一石躂，引水入下湖。下湖塞，二石躂理废躂之石，先修中斗门，次修下斗门，最后上斗门。随湖势崇卑，板为五级以泄水。历一年余功乃成。正统中，令耆民筑梗植栉，修东埂二斗门。成化、弘治中，复修斗门。至嘉靖中，丹阳知县李道学复修治之，另开运河引水而入漕。盖上练湖在丹徒，高下湖数尺，而下练湖即仰流焉。下练湖在丹阳，高运河数尺，而运河即承流焉。势亦若建瓴，上练湖中埂，有石闸三座蓄水，以济下湖之涸。下湖亦有石闸三座蓄水，以待运河之涸。水出丹阳防其下泄，又于水之下流，离丹阳四十里，地名吕城，有石闸一座。过吕城二十里，地名奔牛，亦石闸一座，以护其外。水满又恐上泄，又于水之上流，京口有石闸二座。前人之制可谓甚备，亦总为此运船计耳。迨至万历年间，漕船移为夏秋之运，不苦无水，所以每年两湖弃置，空旷之地，变为桑田。上下之石闸，与奔牛、吕城、京口之石闸，俱成虚设矣。然而阅其故址，固宛然星列也。今漕规已复，起运在冬，每苦无水。奈何不复修祖宗旧政，而乃劳民费财，临时挑浚将无已时也。则臣得倡言，曰二湖之水当蓄，而既坏之诸闸当理也。闸能止水而亟涸，为尾闾之泄。傍湖之马林、上新等处一十三，亟当议也。湖水蓄，而临期不过一启闭之劳，浙直漕船可无迟误之虑。而数万生民，每年无浚掘之苦。真天地生成水利，古今独擅胜场，修复容可缓乎？或谓弃置已久，一旦修复，未免广费金钱。臣闻，浙直有协济镇江修河银，镇江府库贮有外府协济备倭银，二项内均可通融动支。盖费财一年，而可省国家频年之冒破；劳民一载，而可省百姓每岁之咨嗟。正所谓一劳永逸，暂费永宁者也。惟圣明采纳焉。”帝谓：“所奏深于漕务有裨，所司确议以闻。”

（崇祯长编，卷 51，2937-2941）

崇祯五年（1632）

38. 二月己巳朔，辛巳，蓟辽总督曹文衡以登贼披猖漕粮可虑，上言防护之策。谓：“宜设大帅一员，提兵其间。昼则金鼓动地，夜则悬灯击柝。张皇六师，可以折冲千里，御贼旁发，一利也。每船漕卒十人，则一万船，有十万，不烦召募，二利也。以船为家，不烦营房，三利也。各有行粮，不烦处置，四利也。择其十万中之骁勇知谋者，而亲试奖拔之。其余但使驾船护粮，不留在召募战守之列，五利也。漕船正米外，各有携带，可使人自为卫，比市人乌合不同，六利也。漕纲肃，而有虎豹之势；军容壮，而无风鹤之惊。水陆如常，客帆无恙，七利也。旌旗金鼓器械，委十三运总分责旗丁备办，大师第沿途点核之，八利也。如此，则足食兼以足兵，卫南兼以卫北；治标兼以治本。东南之输挽无虞，而西北之军声益壮矣。向者，隐士陈继儒曾建此策，臣献其议。不欲没其人敢并以其人，献继儒为一代大儒。凡天人秘策，古今典谟礼乐，兵农屯盐边政，靡弗考究，固不止以护漕一事见者。敢因议护漕而附及之。”章下所司确议。

（崇祯长编，卷56，3292-3294）

39. 二月己巳朔，癸未，工部尚书曹珖疏复河南巡按、李日宣条议河道四款：“其一为，职掌宜明。从来印官、河官均任河防，责原相等。按臣议：印、河分认职掌，以各按功罪，不惟交制，且以相成。从前诿卸之习，今始可以尽破。至中州之河道，即运河之部臣，一切防河事宜，尤应躬亲督核。其一为，支收当讲。凡河工物料买办、收存、支放，毙窦多端，耗费无纪。按臣立议：官买通计物料，就归德、开封二府，裒益价值，使之均平责成。印官自买，小民既免派扰，物料必无折乾，此为便计。其一为，寔工役。河防易堕，率由夫役多虚冒，与工糈无寔用耳。必使夫役，既无影占工食，始免虚糜。是宜按月销算，通行截给。每月终，印官出印领，关支不迟一日，不冒一工。如有包占、侵克，与工料不寔，即以为印、河之功罪。其一议迁改。河官防河，重在秋水泛涨之时，呼吸安危，顷刻而判。此后道臣升迁，务在冬季之后，期于不误秋防。至河厅设立同知、通判，从来已久。其升迁选授，当一遵此法，不至大相悬绝可也。”

（崇祯长编，卷 56，3295-3296）

40. 三月戊戌朔，丁未，河道总督朱光祚疏奏：“崇祯四年，夏秋霪雨为灾，黄淮湖海交涨冲决。淮安府山阳县，黄河新沟口三百五十丈中，深一丈六七尺；苏家嘴一百六十五丈中，深一丈二三尺。工大费繁，迄今未经修筑。臣会同总漕李待问，及司道厅县亲行勘估：约新沟口工料二万七千八百七十两有奇。苏家嘴工料一万七千六百五十两有奇，二项共需银四万五千五百三十余两，臣已陆续凑集。各项钱粮，责成郎中徐标暂驻淮安府料理。乞敕工部酌复，行臣转行濒河司道，督同各府佐河官，一体遵照办筑，如限报完。”章下所司。

（崇祯长编，卷 57，3330）

41. 四月戊辰朔，癸未，陕西道试御史谢三宾上言：“漕运官军十分凋疲，而每岁挂欠不下三四十万，上下交困法宜变通。而其中困苦亏损之端，总由挂欠之多。挂欠之多，总由克剥之众。旧例，粮船一只，月粮五十二两有奇，行粮一十六两有奇。而月粮解三月以归通库，留两月以备考成，所领不过三十金耳。以之雇募驾船诸人，已不足用，况监兑有费、把总有费、交粮有费、雇船委官有费、起剥船户有费，以至领砖交砖，领瓶交瓶之赘役，莫不有费。其睥睨舟中之粒，而出于资卖，固势所必至矣。当事者以为，皆官军所侵，宁知受其累者一人，而食其利者又一人耶！皇上诚欲抚恤穷军，亦惟痛革克剥之毙。而全给月粮免解通，免留府，则挂欠自少，而漕累得稍苏矣。臣又闻，条陈护漕者欲复漕镇，以练漕军，臣窃以为非计也。古今事势不同，利害分数不敌祖宗之制。每船旗甲一名，旂军十名，皆取之卫所。其人比闾同心，指臂相应，故号令得行。自卫所凋敝以后，旂甲尚难其人安有旂军以十数？今所号为水手者，沿途雇募无藉贫民耳。往还与值三两，得钱之后，往往逃去。其在船之时，复多方凌辱旂甲，鼠窃狗偷甚受其累。今试下一令，以某旂甲同旂军，付某总操练，窃恐运总能得之旂甲，旂甲必不能得之水手也。以重饷久练之兵，尚遇敌辄奔。彼无藉、无饷、无械、无甲之人，有何顾忌而不鸟惊兽散？亦徒增烦扰，重困官军耳。故曰：古今事势不同，利害分数不敌也。无已，则有一策，于此今各省皆有督漕把总、押漕粮道，若总镇可以练全漕之军，则把总亦可以练一省之军。请暂诏粮道与把总，先将各直省运军酌议训练，并令条上利病方略，苟其相安有效，然后设镇未为晚也。”帝谓：“运官既苦科索，各衙门何不详查严禁？至操练属卫弁，今但责成把总是否可成？并月粮全给，所司一并酌议以闻。”

（崇祯长编，卷 58，3368-3370）

42. 七月丁酉朔，癸丑，天津戴罪巡抚郑宗周上言：“从来关鲜海运，俱以三月清明起，九月重阳止。盖秋高风猛，鲸鲵鼓浪，则覆舟必多。今部咨云：‘秋涛汹涌，亦不过止重阳。前后数日，余日尚可杨帆’。当每月量发五千石，是十月不虑履霜，十一月、十二月不虞冻阻。正月、二月不俟冰泮，皆可每月扬帆，皆可量发五千石耶！鲜运海面辽远，尤多险阻。请仍于三月装粮，四月开船，五月抵鲜，六月回空，一年止可一次。九月以后，断不可行，庶不至逆天时，误军机，失人心，使岛中缺粮，致有他变也。”帝以“每年一运，与部疏迥殊”，令会同中枢确议以闻。

（崇祯长编，卷 61，3505-3506）

43. 八月丙寅朔，癸未，直隶巡按饶京疏报：“黄河漫涨，泗州、虹县、宿迁、桃源、沭阳、赣榆、山阳、清河、邳州、睢宁、盐城、安东、海州、盱眙、临淮、高邮、兴化、宝应诸州县，尽为淹没。而天长、高邮、宝应、秦州、兴化，处处盗贼公行。恳求皇上大沛恩膏，使再饥之民不愁追呼，而专求生计，庶恒心少留，寇盗亦可易弭也。”帝命：“抚按严督道府州县，抚字剿戢，仍将被灾实情勘明以闻。”

（崇祯长编，卷 62，3590-3591）

44. 十一月乙未朔，癸丑，直隶巡按饶京疏奏：“祖陵地绕淮黄，会合诸水，实王气所钟。然历年既久，河形之迁延无定，以致沙水之流、止非初。况当水患泛滥后，所宜讲求者不一事。敬陈护陵八议：一议二陈庄之决口；二议高家堰之三闸；一议添守闸之官；一议祖陵对照之山；一议大觉寺之塔；一议再申祖陵之禁；一议恤附陵之州县；一议设护陵之卫。”章下所司。

（崇祯长编，卷 65，3780）

45. 十一月乙未朔，丙辰，直隶巡按赵振业疏奏：“河道与漕运相表里，漕之迟速，以河之安危。河有安流，斯漕无滞艘，则治河正所以理漕也。臣于查历河南河道后，即驰至张秋，遍阅汶、济一带。南望河口，居南北之脊，一水贯注，潺湲如缕。每遇春旱，涸竭可虑。目前正当大挑之候，速敕挑浚，所关甚钜。倘浅处不浚，浚处不深，挑挖仅循故事，重运其何以济？至于北河口，尤汶水北泻之冲。今岁大水没堤，此口必塞，始能挽汶全力而注之漕。此中又有马踏、蜀山诸湖，名为水柜。时其盈诎而节宣之，斯可借润特患。经过内外官员倚势决坝，湖水泄漏，则蓄积不厚，何以待运？臣与管河诸臣，约严禁放决，力饬修筑。倘有犯者，即具实奏请定夺。若夫！上源诸泉派分流远疏而导之，汤汤皆济运洪波。国家特设泉部之臣，其职诚重。迩来岁久事湮，水利尽归占籍，泉夫几为虚设，源之湮矣，流曷能？遂臣移文泉部等官，亲行踏勘修复。倘诸臣以急公为务，浚河身蓄水利，疏泉源，一一实做，北河自不患于浅阻。而近日最可患者，莫如骆马一湖。此湖至陈窟口，清流安澜，纤挽最易，赐名顺济，历岁赖之。不意今年黄水突决，自青墩堤漫黄草湖，出骆马而归宿迁。直河故道一望平原，陈窑新口细流就淤。转盼明春重运踵至，溯流而上，纤挽安施，则所谓力塞决口，复河故道，尤当及时鸠工。即投璧沈马，似亦未可深惜也。乞亟敕总河督臣，严饬中河分司，及管河道府，早办物料，多发丁夫，刻期竣工，无误新运，此万不可缓之役，毫不可省之费也。”

直隶巡按饶京以江北淮安诸郡，连岁灾荒，流殍载道，疏奏：“为饥民数月之计，莫如煮粥一策。请留漕米二、三万石分派州县，命各设粥厂，以供本地饥民。行见流离之众，挈父母妻子归故土以就食，仍还其耕凿之常，此救灾之急计也。为饥民一年之计，莫如轸恤一节，盖州县之民，莫不望此秋收。而今尽付之波臣矣。被灾之邑，城市萧条，乡村空寂，而追呼之令一下，不独去者不来，将恐未去者思去，岂能向粥厂之民索逋乎？臣闻盐城不能开征一分，兴化未尝输米一粒。重灾之民，救死不赡，朝夕惶惧，莫若宽以抚之恩，以柔之灾重者。议蠲稍重者议折，民或可从容生计，无复瞻愿惊扰之虑，此救灾之善经也。为灾民年年之计，莫如筑新决河口一著。淮之盐城、庙湾，扬之兴化、宝应，皆棋布于河海之滨。黄河之水顺流入海，所恃此两岸之堤。今年水泛河身倏迁，复将苏嘴、建义等处，决两大口，各二、三百丈。河水直从两决口奔迅而下，入射阳湖。遂使相近各邑，尽沉水中。民所以无家无食，而思盗也。虽塞决工力颇大，然不塞恐所失倍多。所当乘时议筑，即驱此饥民为荷锄戴畚之举，将两利而俱存之，此又救灾之长计也。夫安灾民，即所以安地方。前秦饥，盗起，皇上大发帑金赈救，且为停征。兹既陵寝重地，又国课所出之区，非他省一隅可比。臣所以鳃鳃过计，为先事之图也。”章下所司看议。

蓟辽总督傅宗龙以：“防守密云把总马凤仪，所辖川兵一千二百名内，顶名幼弱虚冒者，至四百有余。每月费饷二千二百九十余金，全无实用。应将此兵撤回川中。其六年以后之饷，尽可还之司农矣。”章下所司复议。

（崇祯长编，卷 65，3785-3789）

46. 十一月乙未朔，庚申，直隶杨州府高邮州、宝应县灾民杨元达等疏言：“宝应首当淮、黄下流之冲，去岁六月既遭水患，流移尚未尽复。不意今年六月黄河涨溢，淮安苏家嘴复溃数百里之间，庐舍悉沉水底。宝应逼近淮、黄，水之来也独先，水之去也独后。自六月至今，已及半年，水势不退，无复种植之望。加以功令严切，漕米转盼开征，民间各项催科，杂然并起，穷民无衣无食，舍死计复何之？伏愿垂念濒河下邑两被异灾，准将本年漕料及一切逋欠钱粮慨赐蠲停。仍大发帑金赈济，俾守死不去之饥民，不致畏征而再窜，则祝颂皇恩世世以之矣。”章下所司。

直隶淮安府睢宁县灾民高荐等，以本邑叠罹水灾，民不聊生，逃亡相继，非破格蠲恤不能起沟壑残黎，具疏控陈。因条列六事：“一、淮属山阳等五州县，辽饷每项止派二三钱，睢宁独派及六钱，苦于过额。一、睢宁土俗不产粟米，每斗远出收买不得，比照安东改折事例，苦于赔累。一、睢宁原派有协济邳州、钟吾、桃源、惟明、百善等驿递银，今残县昏垫，不能舍己耘，人苦于协济。一、新征旧欠交催，不获邀暂停带征之恩，苦于并纳。一、河工夫料派在民间，每每取一赔十。节年累穷累逃，苦于夫扰。一、睢宁额设三十四里，迩来流离日众，逃者八九，有一里全无一人者，苦于虚额。乞敕户部酌议：均饷、改折、豁济、停欠、免派，并里并行。抚按将被灾地方，破格蠲恤，使灾民少得苏息，共祝圣寿于无疆矣。”章下户工二部复奏。

（崇祯长编，卷65，3798-3800）

47. 十二月甲子朔，丁卯，山东道御史吴甡以“扬州府属兴化等州县，自崇祯四年六月，水涨堤坏，决新河苏家嘴、建义口等处，修葺未成。至今年六月，苏家嘴等口又复大溃。由盐城而兴化，而宝应、高邮，无处不被其害。其宝应一带漕堤，如金门闸、九里、七颗柳及淮安二城，均等处，又在在告溃。数百里内，村舍、田庐漂荡一空，老弱饥溺之情，郑图难绘在计。臣亦知兴、盐为异常灾伤矣。而兴化漕粮止议半折，又每石折银八钱。夫兴化受水剧于盐城，即令全折，亦难完纳。神祖时，曾截漕粮数十万石，以赈山东饥民。今独奈何吝此数千石米，不以恤灾黎也？臣又闻祖宗朝，凡遇灾伤，必下诏蠲租改折。每石以五钱为则，所以恤其穷而宽之也。若概律以欠折新例，民何以堪？且京边等项，力难措纳，上即不蠲，民将自蠲。何如恩出朝廷可以感动人心也！近见按臣饶京两疏，不啻一字一泪，为民请蠲请赈。愿户部诸司遵旨速复，切勿缓视高阁，使皇仁不下沛也。至按臣言塞河一事，尤中肯，綮业蒙明旨诘责矣。然时日已久，若长堤不为速筑，黄淮永无归海之期，而兴、盐等州县，长为众水之壑。两淮盐课数百万，何所取给？大盗出没其间，漕运咽喉从此断矣。其关系何如者？及今冬末春初，水势稍退，施力颇易。至若明年桃花水泛，瓠子兴歌，农时一夺，终岁失望。伏望严敕漕河诸臣，选委廉能府佐州县正官，会勘确估，分理其事。责道府董其成，而抚按操三尺绳其后。严限今冬十二月内兴工，明年三月内报竣。更预悬赏格，筑塞坚完者，纪录优擢，迟缓疏虞者重议加罚。如是，则金钱不致委之逝波，而责任克专，功罪不爽，方无委卸之毙矣。”帝谓：“河决贻害如此，所设总河重臣谓何？著朱光祚会同总漕李待问速行勘估，刻期兴工。务在坚整早竣。其蠲恤事并议以闻。”

（崇祯长编，卷66，3808-3811）

崇祯实录

崇祯五年（1632）

48. 六月丁卯朔，壬申，河决孟津口，横浸数百里。

（崇祯实录，卷5，0156）

49. 十二月甲子朔，戊辰，御史吴甡言："河决浸及祖陵。"命："责河道尚书朱光祚勘闻，即督守臣修筑。明年以运河浅阻削一级。"寻罢。

（崇祯实录，卷5，0160）

崇祯六年（1633）

50. 春正月甲午朔，庚子，运舟出天津海口飓风尽覆。

（崇祯实录，卷6，0164）

51. 八月庚申朔，庚午，议城张家湾，从户科右给事中林正亨之言也。

（崇祯实录，卷6，0178）

崇祯七年（1634）

52. 十一月癸丑朔，丙寅，总督漕运杨一鹏议浚泇，从之。

（崇祯实录，卷7，0225）

崇祯八年（1635）

53. 二月壬午朔，癸巳，上传免经筵。时，凤阳失事报至。甲午，逮总督漕运、巡抚凤阳左副都御史杨一鹏、巡按御史吴振缨。

（崇祯实录，卷 8，0246）

54. 八月戊寅朔，戊寅，总督漕运刘荣嗣以骆马湖阻运，请挽黄河。自宿迁至邳州开河注之，计二百十里，估费五十万。上切责之。命：“科部各官分地督运。”从太监张彝宪之言也。

（崇祯实录，卷 8，0259）

55. 九月戊申朔，戊申，逮总理河道工部尚书刘荣嗣。初，荣嗣以黄水济宿迁之运。既凿，而黄河故道朝暮迁徙，不可以舟。于是，南京刑科给事中曹景参劾之被逮。中河工部郎中胡琏坐赃，多论死。始首事侵费俱不由琏，人颇惜之。

（崇祯实录，卷 8，0261）

崇祯九年（1636）

56. 四月乙亥朔，乙酉，重浚泇河成。

（崇祯实录，卷 9，0281）

崇祯十年（1637）

57. 八月丙申朔，甲子，修天津、通州城。

（崇祯实录，卷 10，0311）

崇祯十一年（1638）

58. 十一月己未朔，癸亥，清兵（从）良乡、高阳、涿州向河间。自入塞分四道，一趋沧瀛，一趋山东济南，一趋临清，一趋彰德卫辉。

（崇祯实录，卷 11，0347）

59. 十一月己未朔，甲子，清兵薄德州。渡河历临清，分道。一趋高唐，一趋济宁，合于济南。

（崇祯实录，卷 11，0350）

崇祯十二年（1639）

60. 春正月己未朔，甲戌，清兵自济南取东平。乙亥，入莘县。复至济宁、临清、固城。丙子，取营丘、馆陶。清兵取庆云、东光、海丰，遂东行。庚辰，入冠县。甲申，清兵至张秋、东平，入汶上。焚康庄驿，攻兖州，距徐州百余里，居人南渡。

（崇祯实录，卷 12，0356-0357）

崇祯十三年（1640）

61. 闰正月癸未朔，甲午，中书舍人沈廷扬请试海运，从之。既而，巡抚登、莱都御史徐人龙又以，成山道险不便，请罢议。

（崇祯实录，卷 13，0372）

62. 五月辛巳朔，戊戌，以运河日涸，谕责总理河道工部右侍郎张国维。

（崇祯实录，卷 13，0379）

63. 六月辛亥朔，壬子，兵科左给事中陈启新言海运之利，且临清副总兵黄胤昌已行之，报可。上命山东按察佥事来斯，行胶莱河说。

（崇祯实录，卷 13，0380-9381）

64. 六月辛亥朔，戊寅，中书舍人沈廷扬运万石，自淮安庙湾出海，十日抵天津。

（崇祯实录，卷 13，0382）

65. 六月辛亥朔，己卯，漕河涸。

（崇祯实录，卷 13，0382）

66. 七月庚辰朔，辛卯，临清副总兵黄胤恩上海运图。曰："难易不可不审，省费不可不较。河渠浅涩，必力加挑浚，而海则无籍也。河水旱干，又必远借湖泉，而海又无籍也，此难易审矣。登、莱陆运所费三緡，天津海运不及二钱，此费较然矣。因列上九议。……

（崇祯实录，卷 13，0384）

67. 八月庚戌朔，辛亥，定淮扬海运五万石。

（崇祯实录，卷 13，0385）

68. 冬十月戊申朔，命抵通州漕米每石带练米八升，以山东、河南饥，十五年为始。余从明年。

（崇祯实录，卷 13，0388）

69. 冬十月戊申朔，丁卯，工部请浚胡良河从之。

逮前总河道工部尚书周鼎。鼎去任年余，以河淤逮之。时见任张国维不问。

（崇祯实录，卷 13，0389）

崇祯十四年（1641）

70. 六月乙巳朔，乙巳，户部请设漕运总督，乃以史可法为户部右侍郎，兼右佥都御史，总督漕运兼巡抚凤、泗、淮、扬。

（崇祯实录，卷 14，0404）

71. 秋七月乙亥朔，戊寅，临清运河涸。

（崇祯实录，卷 14，0407）

72. 八月甲辰朔，甲辰，吏部奏言："漕运总督宜重。臣驻节淮上，当以史可法总督漕运巡抚凤阳。朱大典提督凤阳等处军饷。"报可。

（崇祯实录，卷 14，0408-0409）

崇祯十五年（1642）

73. 八月戊戌朔，乙丑，是月，开封围久食匮，人相食。刘泽清以朱家寨距城八里，若提五千兵渡河，依河为营，列水环之，达于大堤筑甬道，以运粮，则救援可济，遂先后立营。寇攻三日夜，诸兵不至，泽清遂引去。先是，开封城北十里枕黄河，巡抚高名衡、推官黄澍等议凿渠通运，且引河水环濠以自固。更决堤灌，贼可立走，渠遂成。既而，河水溢，自渠决城，贼竞以营。高得免。

（崇祯实录，卷 15，0445-0446）

74. 九月戊辰朔，庚寅，浙江海道副使卢若腾奏："臣八月抵临清，见内臣田国兴联舟二十四艘，所役九百余人，扰驿阻闸。"上命司礼监核其邮符。

河决，开封城陷。先五日决朱家寨，溢城北。至是，水大至灌城。周王恭枵及诸王走磁州，以巡按御史王汉舟迎之也。巡抚高名衡等俱北渡，文武吏卒各奔避。士民淹溺死者数十万人，城俱圮。官私官府庐舍，一朝成巨浸。贼所屯地高，独全。盖黄河秋时尝涨开封，推官黄澍凿渠导之，忽横溢，水大半入泗入淮，与故河分流，邳、亳皆灾。前太常寺少卿鄢陵、梁克从，亦举家溺死。

（崇祯实录，卷 15，0447-0448）

75. 十一月丁卯朔，戊辰，命黄希宪治河，塞决口。

（崇祯实录，卷 15，0450）

崇祯十六年（1643）

76. 二月乙丑朔，戊子，总督漕运朱大典免忻城伯赵之龙，劾其贪婪。命抚按核之。

（崇祯实录，卷 16，0465）

77. 十月辛酉朔，壬申……初，自成在楚，议所向。牛金星请先取河北，直捣京师。杨承裕欲先据留京，断漕运。顾君恩独曰："不然，留京势居下流，虽济大事，策失之缓，直捣京师。万一不胜，退无所归，策又失之急。不如先取关中，元帅桑梓之邦。且秦都百二，山河已得天下三分之二。建国立业，然后旁掠三边，资其兵力，攻取山西。转向京师。庶几进有可攻，退有可守，策无便于此者。"自成称善……

（崇祯实录，卷 16，0497-0498）

崇祯十七年（1644）

78. 二月庚申朔，辛巳，通州兵噪，伤巡抚杨鹗鹗，上章自劾乞罢。上以“杨鹗实心任事，不得辄易。赐药金三十两。”

（崇祯实录，卷 17，0625）

79. 二月庚申朔，乙西，以魏藻德、方岳贡为文渊阁大学士。□□渗德总督河道，屯练往天津。岳贡总督漕运，屯练往济宁……。

（崇祯实录，卷 17，0526）

《明实录大运河史料》索引

第一部分：海运航务（航线、海船、海盗、海难、官吏、军卒、罢运、临时复运）

第二部分：运河工程（清淤疏浚、开挖新河、创建月河、建闸筑坝、近筑缕堤、远筑遥堤、捻汇山泉、预建水柜、官吏军卒）

第三部分：漕务管理（支运兑运、商贾民运；宫廷贡品、运粮带砖；漕粮任务、漕粮折银；漕船数量、连帮同航、回空南返；仓厫分布、军卫护漕；皇帝出行、亲王之国、官吏往返、军夫民夫；太监乱漕、奸人盗粮、漕运刑法）

第四部分：水患频仍（黄河决口、黄河改道、江河泛溢、冲决运河、堵塞决口、筑堤建坝、言官弹劾、主官奏辩、官吏军夫）

第五部分：运河总汇通州港和通惠河（军卫驻守、城池建设、仓厫数量、仓厫规模、停泊船只、通京道路、巩华城、牛栏山、通惠河疏浚）

第六部分：其他相关史料

第一部分　海运航务

航线、海船、海盗、海难、官吏、军卒、罢运、临时复运洪武：1、4、7、9、11、12、15、16、17、20、21、24、27、29、30、32、38、45、46、47、48、51、52、57、59

永乐：2、9、12、20、27、28、29、30、32、35、37、38、39、42、43、44、47、50、58、59、60、61、63、64、65、68、70、72、76、77、85、91、116、119、123、142

正统：62、68、84、96

景泰：47、55

弘治：34

嘉靖：27、210、211、214、234、249、252

隆庆：64、80、98、104

万历：1、7、14、20、21、25、34、41、46、50、65、83、148、174、441、451、466、649、667、668、670

天启：1、24、57

崇祯：3、42、50、61、63、64、66、67

第二部分　运河工程

清淤疏浚、开挖新河、创建月河、建闸筑坝、近筑缕堤、远筑遥堤、捻汇山泉、预建水柜、官吏军卒

洪武：2、3、6、12、19、40、41、54、56

永乐：4、5、6、13、14、15、16、17、19、24、25、26、33、36、40、41、46、48、49、52、53、54、56、87、92、95、96、99、100、101、106、113、115、117、128、132、133、135、141、143、151、152、153、155、158、172、180

宣德：3、7、9、21、25、30、31、36、40、42、44、51、62、64、68、71、79、81、82、83、93、102、103

93、94、95、97、98、99、102、105、106、107、108、109、110、111、115、116、118、119、125、126、127、129、130、131、132、133、138、140、141、143、145、150、151、152、155、157、158、162、163、167、171、172、174、175、177、178、179、180、183、184、185、190、191、193、196、205、212、213、215、216、218、219、223、224、225、230、231、232、233、235、237、240、241、242、243、245、247、250、251、254、256

隆庆：1、3、5、6、9、10、18、21、22、24、27、29、30、31、32、33、34、37、42、44、46、47、49、50、52、58、61、63、65、67、68、69、71、72、73、75、76、78、79、81、83、84、89、91、92、93、96、101、102、103、104、105、107

万历：1、4、6、9、10、11、16、19、21、22、23、24、26、27、29、30、31、35、38、43、47、49、52、56、58、59、60、61、63、66、67、70、71、73、75、76、77、78、79、81、82、83、84、85、86、88、89、90、91、92、93、94、95、96、97、99、100、102、103、104、105、106、107、109、112、113、114、116、118、119、123、124、125、126、127、128、129、130、131、132、133、135、136、137、138、141、142、145、146、149、150、153、154、155、156、157、158、159、160、162、164、165、166、167、168、170、173、174、175、176、181、182、183、184、185、186、187、188、191、194、195、196、198、201、204、210、211、212、213、215、216、217、218、221、222、223、224、226、227、228、230、231、235、236、238、242、246、252、257、258、259、260、271、272、274、275、276、277、278、279、281、282、283、284、287、

第三部分 漕务管理

95、97、99、104、106、108

万历：2、3、5、8、12、13、15、17、18、28、32、33、36、37、39、40、42、45、48、53、54、55、62、64、68、69、70、72、80、88、96、98、101、108、111、115、117、120、133、139、140、147、151、152、161、163、171、172、178、179、180、190、192、197、199、200、203、205、206、207、209、214、219、220、225、229、233、237、239、240、241、243、244、245、246、247、249、250、251、253、254、255、256、258、262、264、265、266、267、268、280、289、297、306、307、309、311、314、321、322、325、331、333、334、338、340、347、353、354、358、360、362、368、370、375、384、386、389、390、394、399、400、408、411、417、422、423、426、429、446、450、455、460、461、464、468、475、476、487、489、490、491、492、509、510、511、514、515、525、528、530、532、533、534、535、536、538、543、563、565、566、568、571、578、581、588、591、595、599、600、604、606、607、608、612、616、617、618、620、621、622、623、625、626、627、629、632、634、635、638、643、645、646、647、648、650、652、654、655、656、660、661、663、666、669、671、672、673、674、675、676

泰昌：1

天启：2、4、5、6、8、10、11、12、15、16、17、21、22、23、25、26、27、28、29、30、37、38、39、40、41、43、45、46、48、49、50、52、53、54、55、58

崇祯：1、2、4、5、6、9、12、13、14、15、16、17、18、19、20、21、22、24、25、27、28、33、34、36、38、41、45、53、

第四部分 水患频仍

159、171、173、175、177、180、185、189、208、224、239、245、247、248

隆庆：2、4、6、7、21、27、28、29、30、34、49、53、54、66、71、75、100、101

万历：10、27、44、51、56、59、66、77、80、81、82、87、89、105、106、121、122、125、126、133、134、138、143、144、146、154、170、191、202、208、263、269、272、273、278、285、286、287、295、298、299、301、302、303、312、315、339、344、347、348、351、352、367、369、372、383、387、388、392、396、398、401、403、404、405、406、407、409、412、414、415、416、419、420、421、425、428、429、430、431、432、435、438、439、440、442、443、444、449、452、454、456、457、458、462、465、470、472、473、474、475、478、479、480、481、483、484、485、493、496、498、499、500、501、502、503、507、510、512、513、516、517、518、520、521、522、524、531、542、544、547、549、550、552、554、556、559、560、561、569、570、571、572、573、574、575、576、577、579、580、582、587、589、590、593、596、610、611、628、637、653

天启：20

崇祯：8、35、40、43、46、47、48、54、55、73、74、75

第五部分　运河总汇通州港和通惠河

军卫驻守、城池建设、仓厫数量、仓厫规模、停泊船只、通京道路、巩华城、牛栏山、通惠河疏浚

第六部分　其他相关史料